Knowledge Media Design

Theorie, Methodik, Praxis

Von
Maximilian Eibl, Harald Reiterer,
Peter Friedrich Stephan, Frank Thissen (Hrsg.)

2., korrigierte Auflage

Oldenbourg Verlag München Wien

Bibliografische Information Der Deutschen Bibliothek

Die Deutsche Bibliothek verzeichnet diese Publikation in der Deutschen
Nationalbibliografie; detaillierte bibliografische Daten sind im Internet
über <http://dnb.ddb.de> abrufbar.

© 2006 Oldenbourg Wissenschaftsverlag GmbH
Rosenheimer Straße 145, D-81671 München
Telefon: (089) 45051-0
oldenbourg.de

Lektorat: Margit Roth
Herstellung: Anna Grosser
Cover-Grafik: Bernd Keller
Satz: Media-Service, Siegen
Gedruckt auf säure- und chlorfreiem Papier
Gesamtherstellung: Grafik + Druck, München

ISBN   3-486-58014-0
ISBN 978-3-486-58014-3

Inhalt

I. Theorie

Inhalt

I. Theorie

II. Methodik

III. Praxis

Vorwort

Knowledge Media Design (KMD) ist eine noch junge Disziplin, die sich mit der Generierung, Vermittlung, Präsentation und Bewahrung von medial behandelbarem Wissen und Wissensmedien beschäftigt. Unter Wissensmedien werden computerbasierte Systeme verstanden, die Personen bei kreativen Tätigkeiten (z.B. Autorensysteme, CAD-Systeme), bei der Akquisition von Wissen (z.B. Lernplattformen des E-Learning, Museums-Informationssysteme, Bibliothekssysteme) sowie bei der Suche nach Wissensinhalten (z.B. digitale Bibliotheken, Internet) unterstützen.

Der komplette Lebenszyklus von Wissen steht im Fokus: Erzeugen, Speichern, Verarbeiten, Weitergeben, Aneignen und Recherchieren – das zentrale Medium hierbei ist der Computer. Zur Entwicklung derartiger computerbasierter Medien ist eine Integration heterogener Kompetenzen notwendig, die sich aus unterschiedlichen Fachdisziplinen ableiten: Informatik und Informationswissenschaften (z.B. Software- und Usability Engineering), Gestaltung (z.B. Screen Design, Kommunikationsdesign), Kognitionspsychologie (z.B. menschliche Informationsverarbeitung, visuelle Wahrnehmung) und Didaktik (z.B. multimediale Lernsysteme).

Der Ansatz des Knowledge Media Designs ist daher bewusst interdisziplinär angelegt: Die genannten Disziplinen tragen mit ihren Theorien und Methoden zur umfassenden Erforschung des Feldes bei. Hintergrund der Interdisziplinarität ist die oft schmerzhafte Erkenntnis der einzelnen Disziplinen, immer nur einen begrenzten Ausschnitt der komplexen Materie *Wissen* bearbeiten zu können. Diese Tatsache und die sich daraus ergebenden Beschränkungen für den Wirkungsgrad des eigenen Tuns werden zur Motivaton des Entstehens einer neuen, umfassenden Disziplin.

Vorreiter etablierten sich bereits Mitte der 1990er Jahre im anglo-amerikanischen Raum, wie das *Knowledge Media Design Institute* der University of Toronto (*http://kmdi.utoronto.ca*) und das *Knowledge Media Institute* der britischen Open University (*http://kmi.open.ac.uk*). In Deutschland wurde KMD im Jahre 2003 durch die Gründung des KMD-Forums durch die Herausgeber und einige der Autoren eingeführt. Ab dem 1. Januar 2006 geht das Forum in der neu gegründeten Fachgruppe *Knowledge Media Design* der Deutschen Gesellschaft für Informatik auf. Die Absicht der Fachgruppe besteht darin, die Vertreter der unterschiedlichen Disziplinen zusammenzubringen, um die verschiedenen theoretischen und methodischen Ansätze zur Gestaltung von Wissensmedien zu sichten und zusammenzuführen. Die Fachgruppe trifft sich dazu mehrmals im Jahr und diskutiert Ansätze und Ergebnisse, organisiert regelmäßig Konferenzen und Workshops und initiiert gemeinsame Projekte. Auf Initiative des KMD-

Forums wurde ein Knowledge Media Design Track auf der internationalen Konferenz Mensch & Computer 2005 eingerichtet (*http://www.mensch-und-computer.de/mc05*).

Der vorliegende Sammelband beschreibt verschiedene Aspekte von Wissensmedien und beleuchtet sie aus den Perspektiven der Theorie, der Methodik und der Praxis. Da bis heute erst wenig Diskussion zwischen den angesprochenen Disziplinen besteht, wird mit diesem Buch ein erster Versuch unternommen, die Positionen ausgewiesener Experten auf einer gemeinsamen Plattform darzustellen. Es werden theoretische Grundlagen, methodische Vorgehensweisen und erfolgreiche Anwendungen aus der Praxis vorgestellt, womit ein Ausgangspunkt für den weiteren Annäherungsprozess der Disziplinen für die Gestaltung von Wissensmedien definiert werden soll.

Der Sammelband beginnt mit dem programmatischen Beitrag *Knowledge Media Design – Konturen eines aufstrebenden Forschungs- und Praxisfeldes* von Peter Friedrich Stephan. Der Beitrag führt in die Ideen, Konzepte und Perspektiven des Knowledge Media Designs ein.

Es folgen die drei Teile zu Theorie, Methodik und Praxis. Jeder dieser drei Teile beginnt mit einer kurzen Einleitung, die einen Überblick über die folgenden Texte gibt. Innerhalb der einzelnen Teile werden Beiträge angeboten, die sich der interdisziplinären Auseinandersetzung stellen.

Im Teil *Theorie* werden grundlegende Betrachtungen zur Verortung des Themas und seinem Bezug auf andere Diskurse und Kontexte behandelt. Die Theorien stammen aus dem Design (Wolfgang Jonas), der Kulturtheorie (Mihai Nadin), der Philosophie (Johannes Balle), der Kognitionswissenschaft (Detlev Nothnagel, Steffen-Peter Ballstaedt), der Softwareergonomie (Maximilian Eibl) und der Psychologie (Marc Hassenzahl). Insgesamt geben die Beiträge einen guten Überblick über die notwendige Vielfalt an theoretischer Fundierung, zeigen aber auch, dass ein vollständig integriertes Theoriegebäude kaum zu erwarten ist, sondern dass dem komplexen Gegenstand des KMD eher eine Vielfalt von neuen Reflektionsformen und Theoriedesigns entspricht.

Der Teil *Methodik* befaßt sich mit Methoden aus dem Bereich der Mensch-Computer-Interaktion und dem Usability Engineering (Michael Burmester), dem Informationsdesign (Gesche Joost), dem Interface Design (Axel Platz, Jens Geelhaar), dem Interactive Digital Storytelling (Ulrike Spierling) sowie der interkulturellen Gestaltung (Frank Thissen, Carla Spinillo). Damit wird die Bandbreite bisher bewährter Methoden der am Knowledge Media Design beteiligten Disziplinen sowie deren Gemeinsamkeiten und Unterschiede aufgezeigt. Dies kann als ein erster Schritt in Richtung Entwicklung eines gemeinsamen Methodenverständnisses gelten. Inwieweit eine kohärentere Methodik erreichbar ist, die allen Akteuren im Gestaltungsprozess von Wissensmedien Rechnung trägt, muss zunächst offen bleiben.

Anhand von unterschiedlichen Anwendungsdomänen werden im Teil *Praxis* typische Beispiele von Wissensmedien vorgestellt. Die Projekte reichen von der Einbindung menschlicher Experten und deren Expertise (Udo Bleimann und Robert Löw) über die Synergie von Didaktik und Design zur Vermeidung von Akzeptanzproblemen von Lehr- und Lernsystemen (Franz Kluge und Marcus Haberkorn) bis zur Hypervideo basierten Lernplattform (Carmen

Zahn, Uwe Ostermeier und Matthias Finke) und visuellen Recherchesystemen für digitale Datenräume (Harald Reiterer).

Den Abschluss bildet ein Beitrag von Gale Moore und Ron Baecker, der Leiterin und dem Gründer des *Knowledge Media Design Instituts* der Universität Toronto, der sowohl die geschichtliche als auch die internationale Dimension des Forschungsfeldes deutlich macht.

Wir hoffen, mit dem vorliegenden Sammelband eine Grundlage für künftige Diskussionen zum Thema *Knowledge Media Design* zu geben und laden ein zur weiteren Entwicklung dieses zukunftsträchtigen Feldes.

Berlin – Konstanz – Köln – Stuttgart, 2006

Maximilian Eibl
Harald Reiterer
Peter Friedrich Stephan
Frank Thissen

Fachgruppe *Knowledge Media Design* im Fachbereich *Mensch-Computer Interaktion* der Deutschen Gesellschaft für Informatik, http://www.fg-kmd.de

Zahn, Uwe Ostermeier und Matthias Finke) und visuellen Recherchesystemen für digitale Datenräume (Harald Reiterer).

Den Abschluss bildet ein Beitrag von Gale Moore und Ron Baecker, der Leiterin und dem Gründer des *Knowledge Media Design Instituts* der Universität Toronto, der sowohl die geschichtliche als auch die internationale Dimension des Forschungsfeldes deutlich macht.

Wir hoffen, mit dem vorliegenden Sammelband eine Grundlage für künftige Diskussionen zum Thema *Knowledge Media Design* zu geben und laden ein zur weiteren Entwicklung dieses zukunftsträchtigen Feldes.

Berlin – Konstanz – Köln – Stuttgart, 2006

Maximilian Eibl
Harald Reiterer
Peter Friedrich Stephan
Frank Thissen

Fachgruppe *Knowledge Media Design* im Fachbereich *Mensch-Computer Interaktion* der Deutschen Gesellschaft für Informatik, http://www.fg-kmd.de

Knowledge Media Design – Konturen eines aufstrebenden Forschungs- und Praxisfeldes

Peter Friedrich Stephan

Das Gebiet des *Knowledge Media Designs (KMD)* wird in den Bereichen Theorie, Methodik und Praxis vorgestellt. Unter *Theorien* werden Anschlüsse an aktuelle Diskurse aufgezeigt, wobei auf technisches Denken, postmodernes Wissen und Nicht-Wissen sowie auf system-theoretische Ansätze Bezug genommen wird. Der Teil *Methoden und Forschungsfelder* stellt die Bandbreite gegenwärtiger Aktivitäten im Überblick dar. Unter *Praxis* werden Voraus-setzungen für erfolgreiche Projekte im Bereich der Wissensmedien gezeigt. Exemplarisch wird über ein Anwendungsprojekt des Institute of Electronic Business, An-Institut der Uni-versität der Künste Berlin, berichtet, wo am Beispiel einer Abteilung der Daimler Chrysler AG ein Wissensraum modelliert wurde. Eine Vielzahl von Links und Literaturhinweisen bie-tet vielfältige Einstiege ins Thema.

Zusammenfassend wird deutlich, dass *Knowledge Media Design* zum Ziel hat, eine effizien-tere Generierung und Kommunikation von Wissen durch die Gestaltung *kognitiver Behausun-gen* zu ermöglichen. Mit diesem Begriff wird eine Abkehr von einem instrumentellen Maschinenverständnis markiert und ein Eigensinn der Medien anerkannt sowie lebenswelt-lich verortet. Der Entwurf sozio-technischer Systeme erfordert integrative Ansätze, womit KMD als ein Forschungs- und Praxisfeld erscheint, das wesentliche Beiträge zur Ausgestal-tung der Wissensgesellschaft erwarten lässt.

1 Einführung

1.1 Knowledge Media Design als integratives Arbeitsfeld

Das sich entwickelnde Forschungs- und Praxisfeld des Knowledge Media Designs hat zum Ziel, den Austausch zwischen heterogenen Einzeldisziplinen zu allen Fragen der Wissens-medien zu organisieren.[1] International wird das Gebiet als *cognitive design* bearbeitet, das

---

1. Dazu wurde 2003 das Knowledge Media Design Forum gegründet, das ab dem 1. Januar 2006 in der neuen Fach-gruppe Knowledge Media Design der Deutschen Gesellschaft für Informatik aufging.
   http://www.gi-ev.de/gliederungen/fachbereiche/mensch-computer-interaktion-mci/knowledge-media-design-kmd/.

sich zusätzlich vornimmt, auch die interkulturellen Aspekte globaler Wirtschaft und Vernetzung in Bezug auf Wissensmedien zu erforschen.[2]

Angesichts ständig wachsender Datenmengen besteht eine **Aufgabe** des *Knowledge Media Designs* darin, unendliche Informationslasten auf endliche zu reduzieren. Die entgegengesetzte Aufgabe der Erzeugung von Informationen durch kreative Abweichungen gehört aber ebenso zum *Knowledge Media Design*. Allgemein kann also der Auf- und Abbau von Komplexität in pragmatischen Kontexten als Gestaltungsaufgabe beschrieben werden. **Methodisch** werden im *Knowledge Media Design* konzeptionelle, gestalterische, soziale und technische Kompetenzen eingesetzt. Das **Ziel** des *Knowledge Media Designs* ist es, eine effiziente und innovative Generierung und Kommunikation von Wissen zu ermöglichen durch die optimale Verbindung der Fähigkeiten des Menschen mit dem Potenzial digitaler Systeme.

Die **Forschungsfrage** lautet also: Wie können kognitive und kreative Leistungen durch künftige Medienumgebungen optimal unterstützt werden? Der Begriff der *Umgebung* beinhaltet dabei Menschen *und* Computersysteme und wird als *sozio-technisches System* verstanden. Die damit verbundene Komplexität von Wechselwirkungen führt zu einer Vielzahl von Gestaltungskriterien, der eine ebensolche Vielfalt der eingebrachten fachlichen Kompetenzen entsprechen soll.

Daran beteiligen sich unter anderem:

- Designer, die sich mit Informationsarchitektur und *Usability* beschäftigen.
- Informationswissenschaftler, die ihr Leitbild von Dokumenten-Management auf die Einrichtung von Kommunikationsräumen umgestellt haben.
- Informatiker, die ihre Tätigkeit als *Human Centered Systems Design* definieren.
- Wissensmanager der Unternehmen, die neue Organisationsformen entwickeln.
- Kulturwissenschaftler, die ihre Kompetenzen im medialen Umfeld einsetzen.
- Kognitionswissenschaftler, die über die biologischen und technischen Grundlagen der Erkenntnistätigkeiten arbeiten.
- Geistes- und Sozialwissenschaftler, die über die Zukunft der Wissens- und Mediengesellschaft forschen.

Insgesamt ergeben sich Überschneidungen zwischen den Feldern *Theorie*, *Design* und *Technik*, wie in Abbildung 1 dargestellt.

Diese Gebiete stehen vor der Aufgabe, ihre jeweiligen Kompetenzen nicht nur zu addieren, sondern auch zu integrieren, was theoretische und methodische Umstellungen erfordert und auf die fachspezifischen Diskurse zurückwirkt. So gibt es theoretische Defizite sowohl im Design als auch in der Informatik, an denen gemeinsam in einer Ausrichtung auf die Gestaltung sozio-technischer Systeme gearbeitet werden kann. In den bereits realisierten Kooperationen in der Praxis wurden die Möglichkeiten integrativer Ansätze deutlich. Andererseits

---

2. Siehe hierzu das Portal *http://www.cognitive-design.org* und die Tagung „Cognitive Design – Shaping interactive knowledge of the 21st Century", 21.–23.09.2005 in Lübeck, veranstaltet u.a von der International School of New Media Lübeck, *http://www.isnm.de.* Außerdem die Konferenz „Design, Computing and Cognition (DCC04)", erstmals veranstaltet vom 19.–21.07.2004 in Cambridge USA vom MIT und der University of Sydney. Nächste Tagung DCC06 vom 10.–12.07.2006 in Eindhoven, Niederlande, *http://www.arch.usyd.edu.au/kcdc/conferences/dcc04/.*

zeigt sich aber auch die Notwendigkeit, Theoriebildung und Methoden weiter zu entwickeln, um künftigen anspruchsvollen Aufgaben gerecht werden zu können.

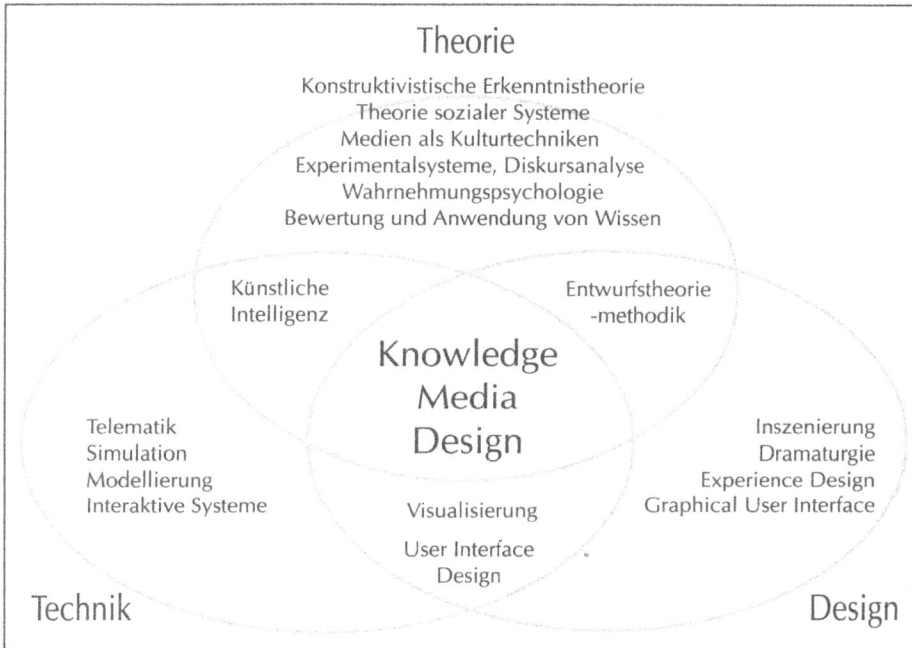

Theorie

Konstruktivistische Erkenntnistheorie
Theorie sozialer Systeme
Medien als Kulturtechniken
Experimentalsysteme, Diskursanalyse
Wahrnehmungspsychologie
Bewertung und Anwendung von Wissen

Künstliche
Intelligenz

Entwurfstheorie
-methodik

Knowledge
Media
Design

Telematik
Simulation
Modellierung
Interaktive Systeme

Inszenierung
Dramaturgie
Experience Design
Graphical User Interface

Visualisierung

User Interface
Design

Technik   Design

Abb.1:   *Knowledge Media Design integriert Teile der Felder Theorie, Design und Technik.*

Die beteiligten Fachgebiete verbindet die Einsicht in den unzureichenden Wirkungsgrad der Einzeldisziplinen, bezogen auf den Gegenstand der Wissensmedien sowie die Einschätzung, dass *Knowledge Media Design* ein *emerging field* ist, dessen Potenzial also noch am Anfang seiner Erkundung steht und eine Vielfalt von Forschungsaktivitäten erfordert und ermöglicht.

Im Folgenden werden die Perspektiven des *Knowledge Media Designs* dargestellt, wobei es sich zunächst nur um eine grobe Konturierung von Breite und Tiefe des Feldes handeln kann. Als *comprehensive effort* ist das Feld darauf angewiesen, von den beteiligten Disziplinen erweitert und durch gemeinsame Entwicklungen erprobt zu werden.

1.2   Kontext: Die Selbstbeschreibung als Wissensgesellschaft

Hoch entwickelte Industriegesellschaften beschreiben sich heute als Wissensgesellschaften. Nach und neben anderen Zuschreibungen als Risiko-, Freizeit-, Erlebnis-, Wirtschafts- und Mediengesellschaft soll damit eine Verschiebung der zentralen gesellschaftlichen Bedeutung von materiell und territorial geprägten Wirtschaftsprozessen zu symbolisch und telemedial bestimmten Prozessen markiert werden. Unbestritten scheint zu sein, dass durch digitale

Technik, globales Wirtschaften und fortschreitende funktionale Differenzierung der Gesellschaften jeder Einzelne und jede Organisation von neuen Praxen des Wissens betroffen sind.

Eine Voraussetzung dieses Wechsels ist die Präsenz digitaler Medien, deren dynamische Entwicklung die künftigen Möglichkeiten der Generierung, Verteilung und Bewahrung von Wissen unter Bedingungen stellt. Es geht also um zunehmend medial bestimmtes Wissen, und die entscheidende Frage ist, ob sich hier neue, im Gesellschaftsprozess emanzipatorisch wirksame Potenziale erschließen oder ob die sozialen, technischen und ökonomischen Randbedingungen restriktiv wirken und eine Verkürzung und Verarmung des Wissens bewirken (Hartmann, 2002).

Jegliche Beschreibung wirft die Frage nach dem Beobachtenden und dessen Unterscheidungskriterien auf, womit normative Aspekte angesprochen werden: Welche Arten von Wissen sind gemeint? Wer nimmt an der Wissensgesellschaft teil und wer profitiert von ihr? Welche Umstellungsprozesse in Wirtschaft, Recht, Wissenschaft etc. sind zu bewältigen? Welche Entscheidungs- und Erfolgskriterien sollen gelten?

Solchen und ähnlichen Fragestellungen wurde eine Vielzahl von wissenschaftlichen Studien, politischen Programmen und wirtschaftlichen Initiativen gewidmet[3]. Schon frühzeitig wurden die Auswirkungen der so genannten *Neuen Medien* beschrieben[4] und umfassende Konzepte zur Ausgestaltung der Wissensgesellschaft formuliert (Kreibich, 1986; Capurro, 1995; Spinner, 1998, 1994; Mainzer, 1999; Mohr, 1999; Schmidt & Roessler, 2000; Maar, Obrist & Pöppel, 2000; Stehr, 2001, 1994). Bereits zu Beginn des Multimedia-Booms wurde auf die soziale Konstruktion des Wissens hingewiesen und der Begriff *Sociomedia* (Barrett, 1994) vorgeschlagen, der vielleicht erst heute, im Zeitalter von *wikis* und *blogs* seine Bedeutung voll entfaltet (Rheingold, 2003).

Doch politische Konzepte, die sich nach Wahlperioden bemessen, und kurzfristige Renditeziele der Wirtschaft tun sich schwer damit, einen umfassenden Handlungshorizont für die Zukunft der Wissensgesellschaft zu gewinnen. Die ständig neu organisierte Praxis des Umgangs mit Daten, Informationen und Wissen im öffentlichen und privaten Leben sowie in den Unternehmen und Organisationen wird daher eher durch den Anpassungsdruck einer zunehmenden Dynamik *technology push* bestimmt als durch längerfristig formulierte Programmatik.

Hier zeigt sich bereits ein entscheidendes Kriterium der Wissensgesellschaft: Sie wartet nicht auf politische Programme oder die Produkte der Softwareindustrie. Sie ereignet sich unversehens. Die Taten eilen voraus, und die Begriffe folgen erst allmählich. Wenn neue Wissenskultu-

---

3. Exemplarisch seien hier genannt: der Kongress „Die Zukunft des Wissens" der Deutschen Gesellschaft für Philosophie (Mittelstraß, 1999), das DFG-Projekt „Von der ‚Ordnung des Wissens' zur ‚Wissensordnung digitaler Medien'" (Coy, Grassmuck & Pflüger, o.J.), (*http://waste.informatik.hu-berlin.de/Forschung/Wissensordnung/ default.html*) und das Portal *www.wissensgesellschaft.org* der Heinrich Böll Stiftung. Das Bundesministerium für Bildung und Forschung legte das Programm „Neue Medien in der Bildung" auf und förderte Projekte mit insgesamt mehreren hundert Millionen Euro aus den Erlösen der Versteigerung von UMTS-Lizenzen (http:// *www.medien-bildung.net*).
4. Bei Eurich, 1980, wird unter „Die Informationsgesellschaft – Eine negative Utopie" bereits eine kritische Perspektive beschrieben (S. 79 ff.), vgl. auch Spindler, 1984.

ren entstehen, dann nicht durch staatlich verordnete Vorgaben, sondern durch die Dynamik vernetzter Intelligenz und die Kreativität von experimentellen Forschern, Gestaltern und Hackern sowie künstlerischen und politischen Aktivisten. Zwischen Underground und Universität, Avantgarde und Akademie, Technik und Theorie, Club- und Corporate Culture ergeben sich ständig neue Mischungs- und Spannungsverhältnisse in Bezug auf medial konstituiertes Wissen. Erst diese *prinzipiell* anderen Bildungs- und Bewegungsformen erlauben es, von *Netzkultur* zu sprechen (Arns, 2002; Faßler, 2001; Lovink, 2003, 1997), die neuartige Verhältnisse schafft und nicht einfach eine Verlängerung und Beschleunigung bekannter Strukturen darstellt.

1.3 Autologische Forschung: Die Produktion von Wissen

Während es einerseits eine breite Übereinkunft gibt, die künftig entscheidenden gesellschaftlichen Produktionsfaktoren in wissensintensiven Bereichen zu lokalisieren, befinden sich andererseits die Prozesse von Wissenserwerb, -darstellung, -verteilung und -bewahrung noch keinesfalls auf dem ausdifferenzierten Niveau industrieller Produktionsweisen, sondern eher auf einem anfänglichen, experimentellen Niveau. So kann eine Schwellensituation beobachtet werden, die möglicherweise im Vorschein einer Wissensgesellschaft steht[5].

Ein solcher epochaler Wechsel kann nicht nur mit komplexeren Datenlagen und deren Anteil an der wirtschaftlichen Wertschöpfung begründet werden, sondern wird ausgelöst und fundiert durch die *Autologik* des Wissens, die das Paradoxon bearbeitet, dass Wissen zum Gegenstand des Wissens wird. Denn auch früher schon war Wissen neben Arbeit, Boden und Kapital ein Produktionsfaktor, und ohne die auf jeweils neuem Wissen beruhenden Erfindungen von Dampfmaschine und Ottomotor, Glühbirne, Fahrstuhl und nahtlosen Rohren ist der Aufschwung der Industriegesellschaft nicht denkbar. Nur bezogen sich die Funktionen des Wissens hier auf Anwendungsdomänen in der Beherrschung von Natur und Technik. Mit dem Aufschwung der Medientechnik jedoch bezieht sich Wissen auf sich selbst und tritt damit in selbst verstärkende Prozesse und exponentielle Dynamiken ein.

Solche Regelkreise sind aus der Festkörperphysik bekannt, die der Einführung von Computern ihre neueren Erkenntnisse über Materialstrukturen verdankt, die wiederum in die Produktion neuer, leistungsfähigerer Computer eingehen. Für die Geistestechniken gelten jedoch (noch) nicht die gleichen Kriterien der *Performance*, sondern höchst divergente Erfolgskriterien. Die Gestaltung von Wissensmedien bleibt daher eine multidimensionale Aufgabe, die nur in fortschreitenden, iterativen Entwicklungszyklen durch die potenziellen Anwender selbst bearbeitet werden kann. Ingenieure allein können diese Aufgabe nicht übernehmen.

Die akademische Forschung beginnt erst, diese Dimensionen eines Grund legenden Wandels ihrer eigenen Voraussetzungen und Handlungsmöglichkeiten wie -notwendigkeiten zu erkennen. Gründe für die Verzögerung der Adaption von Wissensarbeit an digitale Produktionsweisen können, im Gegensatz zu anderen Feldern gesellschaftlicher Produktion, in der Vielfalt und Subtilität des Gegenstandes „Wissen" gefunden werden sowie in einem befürchteten Ver-

---

5. Aus analogen historischen Umbrüchen ist zu lernen, dass die Zeitgenossen mit ihren Prognosen über sozio-technische Entwicklungen bisher ganz überwiegend gescheitert sind. Daher wird hier entsprechend vorsichtig formuliert.

lust bisheriger Privilegien. Dies wurde zwar frühzeitig bemerkt, ist jedoch noch lange nicht im Zentrum des akademischen Establishments angekommen.[6]

Entscheidender ist aber, dass sich Wissensarbeiter erstmals mit den Grundlagen und Bedingungen ihrer eigenen Produktion beschäftigen müssen und zum Bearbeiten dieser Paradoxa neue Formate *autologischer* Forschung zu entwickeln haben, die notwendigerweise eine kreative Dimension enthalten und damit kulturell codiert sind.[7] Diese Aufgabe ist wissenschaftstheoretisch anspruchsvoll und nicht mit überkommenen Theorieanlagen zu bewältigen. Dabei geht es um das Selbstverständnis einer Wissenskultur, die nicht nur privilegierte Angehörige umfassen soll, sondern ganzen Gesellschaften als Leitfigur dient.

1.4   Euphoriker und Apokalyptiker

Die enormen Leistungssteigerungen umfassend verfügbarer, digitaler Geräte und deren flächendeckender Einsatz in allen Bereichen öffentlichen und privaten Lebens sind eine Tatsache. Zweifellos können mit digitalen Medien Kommunikationen realisiert werden, die bis vor kurzem noch undenkbar schienen. Doch trotzdem: Verglichen mit den euphorischen Hoffnungen aus der Frühzeit der Computerentwicklung muss die gegenwärtige Situation enttäuschen.

Nicht nur die Pioniere der künstlichen Intelligenz versprachen das baldige Erscheinen von mit Vernunft begabten Maschinen. So unterschiedliche Kontexte wie die kalifornische Hippie-Bewegung[8] und die industriell-militärische Forschung[9] verbanden sich nicht nur in der praktischen Entwicklung der Technik, sondern auch in der Formulierung gesellschaftlicher Utopien. Die Vordenker und Entwickler des heutigen *personal computers* stellten sich Computer vor, die als „tools for thought" und „mind expanding technologies" (Rheingold, 1985) Aufgaben des „interfacing thought" (Carrol, 1987) übernehmen, kognitive Leistungen verbessern („augmentation of man's intellect", Engelbart, 1962) und die Kreativität beflügeln würden (Alan Kay: „fantasy amplifyer", Rheingold, 1985, S. 232).[10]

Wie vorher schon bei Designforschern wie Charles Eames und Buckminster Fuller erschien Technik hier als neutrales Werkzeug, das durch das Ingenium Einzelner neue Leistungen

---

6. „Der Wendung ins Defensive liegt subjektiv ein Gefühl der Ohnmacht zugrund. [...] Oft scheint es gerade an ihren progressiven Möglichkeiten zu liegen, dass die Medien als bedrohliche Übermacht erfahren werden: daran, dass sie die bürgerliche Kultur und damit die Privilegien der bürgerlichen Intelligenz zum ersten Mal von Grund auf in Frage stellen und zwar weit radikaler als jeder Selbstzweifel, den diese Schicht vorbringen kann". (Enzensberger, 1970, S. 163).

7. „Paradoxieentfaltung kann nur sprunghaft, nur kreativ (was nicht heißen soll: willkürlich) geschehen. Und Kultur scheint das Medium zu sein, in dem Paradoxieentfaltungsformen stabile und für je ihre Zeit plausible Identität annehmen können. Kultur ist die Börse, an der die Optionen für Paradoxieentfaltung gehandelt werden." (Luhmann, 1992, S. 201).

8. Steward Brand: Whole Earth – Access to Tools, Alan Kay: Dynabook, Ted Nelson: Xanadu. vgl.: Rheingold, 1985; Nelson, 1974, 1981.

9. Douglas Engelbart: Augmenting human Intellect, Ivan Sutherland: Sktechpad, Seymore Papert: Logo, Nicholas Negroponte: Soft Architecture Machines. vgl: Rheingold a.a.O.

10. Der letzte Utopist in dieser Reihe war Timothy Leary, der seine psychedelische Revolution von LSD- auf PC-Basis umstellte und als Maßeinheit „Realities processed per day" einführte (Leary, o.J.).

bereitstellt, die der Gesellschaft dienen und sie verbessern. Ähnliche Sichtweisen haben sich zuletzt bei der Verbreitung des Internet wiederholt und wurden in der mittlerweile entwickelten europäischen Netzkritik als „Kalifornische Ideologie" des Techno-Liberalismus kritisiert.[11]

Für die aufkommende Wissensgesellschaft mag es aufschlussreich sein, die Entstehung und Enttäuschung von Prognosen zur sozio-technischen Entwicklung zu analysieren. Sichtbar wird dann unter anderem, dass sich verblassende Abbilder ehemaliger Utopien heute noch in der Werbung (Microsoft: *Where do you want to go today?*) und in der Politik finden (*Information Super Highway, Daten-Autobahn*), während der ursprüngliche Kern emanzipatorischer Hoffnungen der so genannten Computerrevolution kaum mehr bekannt ist oder gar bearbeitet wird.

Im Gegenteil: Die öffentliche und private Nutzung von Computersystemen kann in weiten Bereichen nur als Zumutung begriffen werden, die zur Anpassung an maschinengerechte Formalisierungen zwingt. Computerbasierte Handlungsräume werden als immer schon vorstrukturiert erlebt. Rechtliche und technische Schutzmechanismen verhindern die tiefere Einsicht in die verwendeten Verfahren, aber angesichts übergroßer Komplexität der Soft- und Hardwaresysteme hilft eine Forderung nach Transparenz allein nicht weiter. Unter diesen Bedingungen muss sich der Handelnde an die Maschine anpassen und wird zum *user*, für den kein souveräner Umgang mit der Technik möglich ist. Die Rede von der *Bewusstseinsindustrie* (Enzensberger, 1964) gewinnt durch die heute verfügbaren, wirkungsmächtigen Techniken erst ihre wahre Bedeutung.

Zu den ersten Aufgaben einer Ausgestaltung künftiger Wissensgesellschaften gehört es daher, die weitere technische Entwicklung als *kontingent* erkennbar werden zu lassen. Künftige Computertechnik wird damit zu einem Gegenstand, der vielfältige Formen und Funktionen annehmen kann und über dessen Für und Wider Argumentationen möglich sind, durch die eine Freiheit der Aneignung oder Ablehnung begründet werden kann.

Über die Zukunft der Informationstechnik und ihre gesellschaftlichen Folgen sind vielerlei Mutmaßungen im Umlauf (Coyne, 1995; Leebaert, 1995; Dertouzos, 1997; Pias, 2005). Ob aber zukünftige Rechnergenerationen nun *calm, pervasive* oder *ubiquitous* sein werden, ob elektronisch, optisch oder überhaupt nicht gerechnet wird (Talbott, 1995): Es kann angenommen werden, dass soziale Praxen diskontinuierlich bleiben und die Vermittlung von Mensch und Technik zur Entwicklung künftiger Qualitäten weiter und zunehmend gestalterische Kompetenzen brauchen wird.

---

11. Bekannt wurde die „Unabhängigkeitserklärung für den Cyberspace" (Barlow, 1996, unter Einfügung kritischer Kommentare, auch *http://www.eff.org/~barlow*), die eschatologische und basisdemokratische Floskeln zu einem pathetischen Manifest verwob. Der maßgebliche Entwickler von Internet-Technologien behauptete: „The Web brings the working of society closer to the working of our minds" (Berners-Lee, 2001). Auch wenn hier im guten Glauben nur ein Hinweis auf dezentrale Formen der Selbstorganisation gemeint sein sollte, taugen die Erkenntnisse der Hirnforschung sicher nicht, um sie in einem vorschnellen Biologismus auf Gesellschaften zu übertragen.

2   Theorien des Knowledge Media Designs

Ein *Denken des Technischen* ist aus frühesten Überlieferungen bekannt. Wie über andere Gegenstände auch, wird über das Wesen der *techne* als Kunst der Hervorbringung und Verfertigung räsoniert. Dieses Denken wird selbstbezüglich, wenn es die Bedingungen seiner Denk- und Aussagemöglichkeiten als Erkenntnistheorie und Logik sowie unter kulturellen und technischen Voraussetzungen reflektiert. Demgegenüber erkennt ein radikalisiertes *technisches Denken* seine materiellen Voraussetzungen als Ermöglichung und Begrenzung an und leitet daraus Anforderungen an die Interaktion mit technischen Geräten, deren Anschauungsverfahren und technischer Operationalität ab.[12]

2.1   Das technische Denken

Dass die *Verfertigung der Gedanken* (Kleist, 1805 (1988)) nicht im bedingungsfreien Raum geschieht, sondern stets von Voraussetzungen abhängig ist, die in das Sag-, Zeig- und Denkbare eingehen, hat die Geisteswissenschaften in Form von Sprach- und Repräsentationstheorien, als Wissenssoziologie und Technikphilosophie beschäftigt. Stets schienen deren eigene Methoden und Positionen vom betrachteten Geschehen jedoch seltsam unberührt zu bleiben. Erst seit kurzem werden Geistes-, Natur- und Technikgeschichte im Forschungsfeld der *Kulturtechniken*[13] zusammengeführt. Hier interessieren die sozialen und materiellen Bedingungen der Gedankenproduktion, die etwa als „Schreibszene" (Stingelin, 2004) analysiert werden.

Im Rückblick der medialen Historiografien eröffnen sich häufig neue, teils überraschende Perspektiven, die den zuvor nach Fachgrenzen getrennten Geschichtsschreibungen verborgen blieben. So wird deutlich, dass es stets die pragmatischen Anwender aus Militär und Politik waren, die das Potenzial neuer technischer Entwicklungen als erste erkannten und umgehend nutzten, während die Mehrzahl der Geistesarbeiter eher mit Skepsis und Ablehnung reagierte. Auch die Einführung von Bildungstechniken wie der Volksschulpflicht mit dem Ziel der allgemeinen Alphabetisierung in Preußen verdankte sich eher handfester militärischer Planung als humanistischer Absichten.

Der Übergriff von Effizienzzwängen auf die geistige Produktion wurde im Kontext allgemeiner Mobilmachung früh bemerkt. Bereits Goethe und später Nietzsche sahen in ihrer Zeit Verengungen und Verkürzungen dessen, was einst *Bildung* genannt wurde (Osten, 2004). Heidegger sprach von einem *Informationsgetriebe,* dessen Dynamik das Denken gerade NICHT beschleunige, sondern im Gegenteil als dessen Bedrohung wirke.[14]

---

12. Dafür finden sich Beispiele wie etwa Raimundus Lullus' *ars combinatora*, die heute als Vorgeschichte des Computers gelesen werden können, vgl. Bexte & Künzel, 1993, 1996 sowie Krämer, 1988, 1993.
13. Führend sind hier das Helmholtz-Zentrum für Kulturtechnik an der Humboldt Universität zu Berlin (*http://www2.hu-berlin.de/kulturtechnik*) und die Fakultät Medien der Bauhaus Universität Weimar (*http://www.uni-weimar.de/medien*).
14. „Es kann auch sein, dass Geschichte und Überlieferung auf die gleichförmige Speicherung von Informationen eingeebnet und als diese für die unumgängliche Planung nutzbar gemacht werden, die eine gesteuerte Menschheit benötigt. [...] Ob dann auch das Denken im Informationsgetriebe verendet oder ob ihm ein Unter-Gang in den Schutz durch seine ihm selbst verborgene Herkunft bestimmt ist, bleibt die Frage. Sie verweist jetzt das Denken in die Gegend diesseits von Pessimismus und Optimismus." (Heidegger, 1967, S. VII f.).

Ähnliche Verhältnisse fanden sich bei der Einführung der so genannten *Neuen Medien*, die ab den 1980er Jahren ursprüngliche Militärtechniken wie Rechenanlagen und Vernetzung zu Alltagsgegenständen und *kognitiven Behausungen*[15] von privaten Nutzern machten. Hier zeigte sich erstmals deutlich, dass die Kultur- und Sinnproduzenten keinen außerhalb der Bedingungen von Technik und Medien liegenden Beobachterstandpunkt mehr einnehmen können.

Ein aktuelles *technisches Denken* muss den Inhalt stiftenden Einfluss medialer Randbedingungen (semantische Konstitution) anerkennen und zur Rettung eigener Souveränitätsansprüche bemüht sein, diese genauer zu erforschen und auf ihre Gestaltung Einfluss zu nehmen.[16] In dieser Situation können Geisteswissenschaftler, Gestalter und Informatiker auf entsprechend komplexe Theorieanlagen zurückgreifen, wie sie im Umfeld des radikalen Konstruktivismus als Kognitionstheorien, Kybernetik zweiter Ordnung und Systemtheorie entwickelt wurden und die den Beobachter zweiter Ordnung eingeführt haben. Nur Forscher, deren Ansätze die Ergebnisse ihrer Forschung auf die sie ermöglichenden Bedingungen rückkoppeln, also *autologisch*[17] verfahren, können hoffen, der Konstitutionsleistung der verwendeten Medien gerecht zu werden.[18]

2.2 Bewusstsein und Kommunikation

In der systemtheoretisch begründeten Unterscheidung zwischen Bewusstsein (*psychisch*) und Kommunikation (*sozial*) kann ein weiterer Ausgangspunkt für Knowledge Media Design gefunden werden. Bewusstsein kann nur beobachten, aber nicht kommunizieren und Kommunikation kann nur kommunizieren, aber nicht beobachten. Auch wenn Bewusstsein und Kommunikation funktional aufeinander angewiesen und strukturell gekoppelt sind, so führt die Einsicht in die strikte operative Geschlossenheit doch zu der entscheidenden Folgerung, dass Bewusstsein nicht beobachtet werden kann. Die Trennschärfe dieser Begriffe verdankt sich dem „heute unausweichlichen Radikalismus erkenntnistheoretischer Fragestellungen" (Luhmann, a.a.O., S. 10). Sie ist nützlich, wenn Verhältnisse des Austauschs von Signalen, Daten, Information und Wissen bestimmt und Erwartungen an sozio-technische Systeme und Verfahren realistisch eingeschätzt werden sollen. Hier wird, besonders im Design, häufig wenig reflektiert mit tradierten Metaphern wie *Schnittstellen* gearbeitet, und Begriffsbildungen mit

---

15. Ausdruck von Hubert Winkels: „Die graphischen Oberflächen, in denen die Datenprozesse visualisiert werden, verdichten sich zur Ornament-Tapete der kognitiven Behausungen." (Winkels, 1999, S. 67).
16. Dies wird in den angesprochenen Kulturtechniken reflektiert: „Philosophen produzieren schriftliche Texte, in denen sie denken. Medien aber produzieren Denkvermögen und setzen es unter Bedingungen; sie machen Denken (und folglich Verhalten, Handeln) möglich. Medien machen denkbar. Medienphilosophie ist deshalb ein Geschehen, möglicherweise eine Praxis, und zwar eine der Medien. Sie wartet nicht auf den Philosophen, um geschrieben zu werden. Sie findet immer schon statt, und zwar in den Medien und durch die Medien." (Engell, 2003, S. 53).
17. Luhmann leitet diese Anforderung ab aus der Einführung des Beobachters des Beobachters: „Man kann nach den physikalischen, biologischen, neurophysiologischen, psychologischen, linguistischen, soziologischen Bedingungen von Erkenntnis fragen. Immer muss man dabei ‚autologisch' forschen, das heißt: Rückschlüsse auf das eigene Tun beachten. […] Eine allgemeine Lizenz zum autologischen Forschen enthält freilich noch zu wenig Instruktion; sie erklärt noch nicht, wie es zu machen ist. Hier müssen die Disziplinen ihren eigenen, entsprechend revidierten Theorieapparat beisteuern […]." (Luhmann, 1992, S. 9).
18. Genau diese Frage wird gegenwärtig im Verhältnis von Philosophie und Medien verhandelt, vgl.: Krämer, 2003.

Inter (Interfaces, Interaktion) suggerieren zu gestaltende Zwischenbereiche, die bisher nur ungenügend analysiert wurden (siehe Abb. 1).

Festgehalten werden kann, dass die Bedingungen des Erwerbs, der Darstellung, Verbreitung und Bewahrung von Wissen als kommunikativ bestimmt werden und die kommunikativen Verhältnisse wiederum medialen Voraussetzungen unterliegen. Ob und gegebenenfalls wie aus den beobachtbaren Kommunikationen Bewusstsein oder Wissen entstehen, kann nicht erklärt werden. Der Wechsel didaktischer und pädagogischer Moden und Modelle scheint eher kulturell bedingt zu sein, als tatsächlich belegbaren Kriterien wie Effizienz zu folgen.

Frühere naiv-optimistische Annahmen der direkten Steuerung des Wissenserwerbs durch Lernmaschinen (mit dem Schrecken der so genannten *programmierten Unterweisung*) wurden daher ersetzt durch ein bescheidener gefasstes Katalysator-Modell. Dabei geht es um die Einrichtung medialer Verhältnisse, die individuelle und soziale Konstruktionsleistungen in Bezug auf Wissen wahrscheinlicher werden lassen als unter anderen Bedingungen. Die Teilnahme an der Einrichtung der medialen Verhältnisse und eine wenigstens teilweise Einsicht in deren Funktionen sind dafür schon eine gute Voraussetzung.[19]

Theoriebildung kann so als experimentelles Entwurfs- und Konstruktionsgeschehen aufgefasst werden, an dem Personen, Organisationen, Geräte, Methoden und Meme (Dawkins, 1987) beteiligt sind. Auch wissenschaftshistorisch eröffnet eine solche Sicht neue Perspektiven auf experimentelle Epistemologien, die dadurch keinesfalls so zielgerichtet und rational erscheinen, wie sie ein tradiertes geschichtliches Selbstbild im Nachhinein zugerichtet hat.[20]

Die Spuren experimenteller Epistemologien schließen an die Ahnengalerie der Medienaktivisten an, die sich von Athanasius Kircher bis zu den heutigen Hackern häufig als *Projektemacher* (Krajewski, 2004) zwischen Ingenieur- und Künstlertum bewegten und deren empirische Praxen und theoretische Spekulationen neue Spiel- und Erkenntnisräume eröffneten.[21]

2.3   Das postmoderne Wissen und Nicht-Wissen

Bereits vor einem Vierteljahrhundert beschrieb eine frühzeitig einsetzende Analyse tief greifende Veränderungen von Begriff und Funktionen des Wissens (Foucault, 1969; Lyotard, 1979). Der zunächst an entlegener Stelle publizierte Bericht mit der beiläufigen Bezeichnung *La condition postmoderne* wurde unversehens zur Markierung einer Schwellensituation. Die sich kurz darauf entwickelnde Netzkultur der 1980er Jahre kann geradezu als technische Implementierung postmoderner und poststrukturalistischer Konzepte und ihrer Metaphern angesehen werden (Landow 1992, 1994).

Kennzeichnend ist, dass ehemals statische, territoriale und militärische Beschreibungen (Gebiete erschließen, Fundamente legen, Positionen besetzen, Theoriegebäude errichten,

---

19. Schnell zu begreifende Publikationsplattformen wie *wikis* und *blogs* bewähren sich daher in der Lehre.
20. Dies wird vielfältig belegt durch die Forschungen des Max Planck Instituts für Wissenschaftsgeschichte (*http://www.mpiwg-berlin.mpg.de*), vgl. Rheinberger, 1992.
21. Das Forschungsfeld der Medienarchäologie nimmt sich solche vielfältig gebrochenen Schichten vor (vgl. Ebeling & Altekamp, 2004), wobei die Ordnung nahe legende Metapher der *Archäologie* punktuell bereits zur *MedienANarchäologie* umgedeutet wurde (Zielinski, 2001).

belastbare Beweise konstruieren) gegen dynamische, temporäre und passagere Begriffe ausgetauscht werden (Deleuze & Guattari, 1976: Rhizome, 1980: Mille Plateaux, Serres, 1964: Das Kommunikationsnetz Penelope, 1980: Hermès V – Le passage du Nord-Ouest).

Zusammenfassend wurde diese Verschiebung als eigengesetzliche Entwicklung der Wissenskultur der Moderne beschrieben, die sich selbst dekonstruiert.[22] Dadurch tritt die ästhetische Grundlage allen Erkennens stärker hervor, die als Folge postmoderner Diskussionen als *iconic turn* der Kulturwissenschaften wirksam wurde.[23]

Schon die industrielle Wirklichkeit wurde als beschleunigt, fragmentiert und widersprüchlich erfahren. Die bildenden Künste reagierten darauf bereits in den 1920er und 30er Jahren mit der Entstehung des Kubismus, und die Theoriebildung Walter Benjamins entwickelte zur gleichen Zeit einen *konstruktiven Fragmentarismus* (Schöttker, 1999). Für die medialen Gesellschaften wurde schließlich in den 1960er Jahren erkannt, dass tradierte, lineare Darstellungen den aktuellen Denkanforderungen nicht mehr genügen können[24]. Diese Erkenntnisse wurden aber, abgesehen von einigen experimentellen Formen, noch kaum praktisch umgesetzt. Auch vierzig Jahre und einige Technologiesprünge später hat sich das soziale System der Erzeugung von Bedeutung durch Veröffentlichung und Diskussion von Texten also immer noch erhalten, ebenso wie die Funktionen der Autorschaft als Legitimation und Orientierung von Diskursen zwar grundsätzlich kritisiert wurden, aber kaum verändert fortbestehen (Foucault, 1969, 2000; Barthes, 1968, 2000).

Hindernisse für die bisher ausgebliebene grundlegende Umgestaltung von Wissens- und Diskursproduktion können im Beharrungsvermögen von Institutionen, der Stabilität ökonomischer Verhältnisse und der sozialen Situation etablierter Wissensarbeiter vermutet werden. Vor diesem Hintergrund wird in einer aktuellen, systemtheoretisch fundierten „Kritik des modernen Wissens" (Willke, 2002) darauf hingewiesen, dass Wissen als Produktionsfaktor grundsätzlich besondere Verhältnisse der Generierung, Verteilung und Bewahrung fordert. Die im wirtschaftlichen Umfeld angestrebten Effizienzgewinne (mehr Wissen, schnelleres Wissen, wesentliches Wissen, nachhaltigeres Wissen) scheinen dagegen noch in Fortschreibung der

---

22. „Hier hat sich, nicht ohne Rückgriff auf Nietzsche, Freud, auch Heidegger, eine Bewegung zu bündeln begonnen, die an die Wurzeln der abendländischen Episteme rührt: Es geht um den Riss zwischen dem Wissen und dem Wahren, die Fragmentierung des Wissens durch die Wissenschaften selbst, im Raum und in der Zeit, die Ausfransung des Projekts der Moderne, die Einholung des Kantischen Satzes, dass man ‚nur so viel [...] vollständig ein(sieht), als man nach Begriffen selbst machen und zu Stande bringen kann', in der ganz und gar nicht kantischen Form: dass man, was man machen kann, nur gerade so weiß, wie man es jeweils und lokal macht, und auch das noch nicht einmal ganz." (Rheinberger, a.a.O., S. 18).
23. „Überall setzt sich heute in den Wissenschaften das Bewusstsein vom Grund legend ästhetischen Charakter des Erkennens und der Wirklichkeit durch. Ob zeichentheoretisch oder systemtheoretisch, ob in Soziologie, Biologie oder Mikrophysik, allenthalben bemerken wir, dass es kein erstes oder letztes Fundament gibt, dass wir vielmehr gerade in der Dimension der Fundamente auf eine ästhetische Verfassung stoßen." (Welsch, 1993, S. 41).
24. „Es geht nicht darum, der Buchhülle noch nie da gewesene Schriften einzuverleiben, sondern endlich das zu lesen, was in den vorhandenen Bänden schon immer zwischen den Zeilen geschrieben stand. Mit dem Beginn einer zeilenlosen Schrift wird man auch die vergangene Schrift unter einem veränderten räumlichen Organisationsprinzip lesen. [...] Was es heute zu denken gilt, kann in der Form der Zeile oder des Buches nicht niedergeschrieben werden." (Derrida, 1967, S. 155).

ansonsten gerade verabschiedeten Industriegesellschaft und deren Ziele, der Akkumulation, zu stehen.

Redensarten wie „Das Wissen der Welt verdoppelt sich alle fünf Jahre" sind daher unzutreffend und irreführend, denn das tatsächlich Gewusste wächst langsamer als das potenziell zu Wissende. Im Verhältnis zu exponentiell wachsenden Datensammlungen wird der Anteil des verfügbaren Wissens ständig kleiner. Trotzdem müssen innerhalb vernünftiger Zeiträume Entscheidungen getroffen werden, deren Grundlage immer nur einen angemessenen, nicht aber einen beliebig großen Aufwand rechtfertigt.

Im Kontext einer Überfülle abrufbarer Informationen hängt der Erfolg von Handlungen nicht nur von der Anwendung von Wissen ab, sondern besteht in zunehmendem Maße auch im kompetenten Umgang mit *Nicht-Wissen*.[25] Ob im Management, im Rechts-, Gesundheits- oder Verkehrswesen, in der Wissenschaft, der Politik, der Kunst oder der privaten Lebensführung: Ständig gilt es, angesichts einer unzureichenden Datenlage mit Wahrscheinlichkeiten zu rechnen und sich damit abzufinden, dass es unter dem Druck zeitnah erwarteten Verhaltens prinzipiell nicht möglich ist, sich einen vollständigen Überblick über Handlungsalternativen zu verschaffen *und* zusätzlich noch in einem vertretbaren Zeithorizont zu handeln.

Daher besteht die Aufgabe des *Knowledge Media Designs* neben dem oben genannten Auf- und Abbau von Komplexität auch darin, Methoden für den Umgang mit unter- oder überkomplexen Problemlagen anzugeben. Das könnte etwa eine Simulation von Wissen sein (die häufig genug in Lehrsituationen ungewollt eingeübt wird) oder die Einübung in andere Wissensformen, etwa durch Wahrnehmung feiner kommunikativer Unterschiede zur besseren Nutzung von sozialem Wissen, oder die Einfühlung in andere Personen in ähnlicher Lage und die damit verbundene Nutzung kollektiver Intelligenz (*swarm intelligence*).

3   Methoden und Forschungsfelder

3.1   Defizite organisierter Wissensarbeit

Tradierte wissenschaftliche Erkenntnisstile haben sich an der Dominanz des Wortes, beschränkt verfügbarer Dokumente und überlieferter Hierarchien der Institutionen gebildet. Heute geraten diese in einen Widerspruch zur Dynamik gesellschaftlicher Anforderungen. Daher gilt es, den veränderten Rahmenbedingungen angemessene, leistungsfähige Erkenntnisstile zu entwickeln und daraus zukunftsfähige Methoden und Verfahren abzuleiten.

---

25. Diese Frage wird bisher vor allem aus systemtheoretischer Perspektive bearbeitet (Baecker, 2003; Luhmann, 1992).

Die Differenz von hochgradiger Arbeitsteilung im industriellen Bereich und handwerklicher, zunftartig organisierter Wissensarbeit ist ein Widerspruch, der mit dem Aufkommen der Medientechnik in den 1980er Jahren bemerkt wurde.[26] Doch schon 1912 wurden Normierungen und Organisationen zur Entwicklung eines *Gehirns der Welt*[27] vorgeschlagen, und Benjamin sah bereits 1928 das Buch als *veraltetes Medium*[28] an.

Auch wenn die Aufgaben also jeweils früh erkannt wurden: Die gegenwärtige Forschung befindet sich noch immer überwiegend in der passiven Funktion der Anwendung ständig neuer Techniken (*technology push*), statt deren Entwicklungen Richtungen und Werte vorgeben zu können. Dazu wäre die Formulierung einer Gegenkraft als *culture pull* notwendig, die unter anderem vom Feld des *Knowledge Media Designs* erwartet werden kann. Denn unter den Bedingungen des technischen Denkens ist klar, dass es sich hier weder um theoretische Konzepte, noch um gestalterische Experimente oder technische Implementierungen alleine handeln kann: Nur die integrierte Konzeptions-, Gestaltungs- und Umsetzungskompetenz kann heute zu wegweisenden Beispielen führen, die es erlauben, Theorien in der Praxis zu überprüfen, Praktiken auf theoretische Belastbarkeit zu testen und Anwendungspartner empirisch zu überzeugen. Zur Realisierung solcher mehrwertiger Anforderungen sind jeweils projektorientierte Verbindungen mit staatlichen Förderprogrammen, industrieller Forschung oder privaten Initiativen einzugehen. Der postmoderne Methodenpluralismus des *Anything goes* wird also differenziert durch die pragmatische Anforderung: *Es geht, wenn es geht.*[29]

3.2 Vielfalt der Erkenntnisstile

Die Einzeldisziplinen des KMD bringen jeweils unterschiedliche Forschungsparadigmen mit: So treffen geisteswissenschaftliche Ansprüche auf ingenieurwissenschaftlichen und betriebswirtschaftlichen Pragmatismus sowie künstlerisch-gestalterische Experimente auf sozialwissenschaftliche und psychologische Ansätze. Die Forschungsfelder des *Knowledge Media Design* entstehen an den Grenzen zwischen Fachdisziplinen wie Kultur-, Bild- und Zeichenwissenschaft, Informationswissenschaft und Informatik sowie Kunst und Gestaltung (siehe Abb. 2).

---

26. „Mit Beharrlichkeit koexistieren Industrialisierung der Gesellschaft und handwerklich bleibende Intelligenzarbeit, die nirgends den Ansatz macht, die Stufe der großen Maschinerie und Kooperation zu erklimmen; das gilt für die in der Gesellschaft zerstreute unmittelbare Intelligenzarbeit der Produzenten ebenso wie für die berufliche. In der Industrieproduktion wird zwar die Intelligenztätigkeit angewendet, sie steckt ja bereits in der toten Arbeit [...]. Sogleich zieht sie sich aber auf die handwerkliche Stufe wieder zurück." (Negt & Kluge, 1981, S. 442).
27. Der Nobelpreisträger für Chemie, Wilhelm Ostwald, entwickelte dafür umfassende Systeme: „Die geistige Produktion lässt gegenwärtig an Menge und Wert nichts zu wünschen übrig; es wird vielmehr außerordentlich viel mehr produziert, als von der Menschheit, insbesondere von den Teilen, welche diese Produkte unmittelbar benutzen könnten, tatsächlich assimiliert und zu dauernder Wirkung gebracht werden kann. Ursache dieses Mangels ist eben das Fehlen eines ‚Gehirnes der Menschheit', das Fehlen eines Zentralorgans, welches diese einzelnen Produktionen zueinander ordnet und in geordneter Weise jedem Bedürftigen zugängig macht." (Ostwald, 1912).
28. „Und heute schon ist das Buch, wie die aktuelle wissenschaftliche Produktionsweise lehrt, eine veraltete Vermittlung zwischen zwei verschiedenen Kartotheksystemen. Denn alles Wesentliche findet sich im Zettelkasten des Forschers, der's verfasste, und der Gelehrte, der darin studiert, assimiliert es einer eigenen Kartothek." (Benjamin, 1928, 1997, S. 103).
29. Dies wurde bereits von Bazon Brock als Antwort auf Paul Feyerabend formuliert.

Eine aktuell verfasste evolutionäre Epistemologie wird eine Vielfalt von Wissenstypen anerkennen und aus systemischer Sicht auch Funktionen des Nicht-Wissens integrieren. Neben der wissenschaftlichen und technischen Intelligenz, die im Zentrum gegenwärtiger gesellschaftlicher Wertschätzung stehen, gewinnen Formen des nicht-propositionalen Wissens, etwa in der Bildkommunikation, an Bedeutung.

Daher sind Prozesse der Innovation, die aus gesellschaftlichen und wirtschaftlichen Notwendigkeiten gefordert werden, nicht denkbar ohne eine gestalterisch-künstlerische Intelligenz, die originäre Erkenntnisformen in Anspruch nehmen kann. Durch die Nutzung medial und technisch bestimmter Experimentalsysteme ist heute eine stärkere Integration wissenschaftlicher und künstlerischer Anschauungen und Methoden möglich und geboten (Sommerer & Mignonneau, 1998). Aus den vielen möglichen Schnittmengen sollen hier einige Forschungsfelder im Überblick vorgestellt werden.

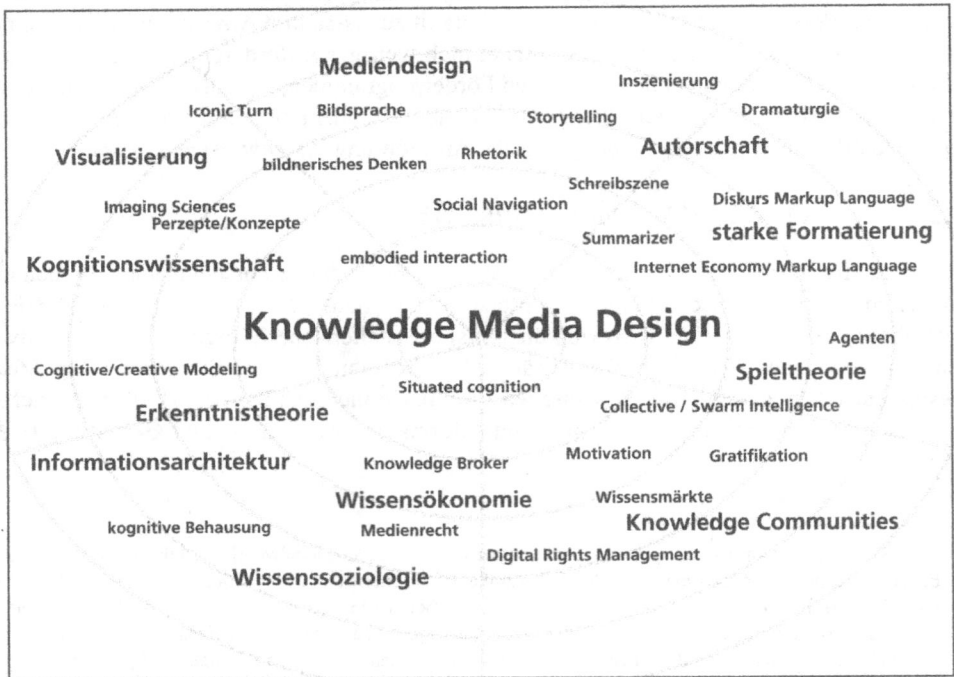

Abb.2:   Forschungsfelder des Knowledge Media Designs.

3.3   Forschungsachsen

Die im Folgenden vorgestellten Bereiche sind eigenständige Forschungsfelder, die in Teilbereichen die Gestaltung von Wissensmedien betreffen. Künftige Forschungsprojekte des *Knowledge Media Designs* werden sich im Wesentlichen an den Schnittstellen dieser Felder ansiedeln. Für eine erste Orientierung werden einige thematische Achsen vorgestellt, an denen sich die Forschungsbewegungen auf die Erfordernisse der Wissenskommunikation ausrichten können.

Dies sind:

1. Theoriebildung als Gestaltungsaufgabe
2. Visualisierung: Technische Bilder und bildnerisches Denken
3. Interaktion und Inszenierung: Nutzerbeteiligung, Präsentation/Konstitution medialer Inhalte
4. Autorschaft: Wer spricht? Biologischer, sozialer, institutioneller, medialer Körper: Gender
5. Agenten: Autonome Prozesse und Delegierung
6. Starke Formalisierung: Schreiben in Datenbanken, Normierung und Verknüpfung
7. Kollektive Intelligenz: Selbstorganisation, Autopoiesis, Emergenz
8. Wissensökonomien: Bewertung und Verwaltung von Wissen
9. Hybride Lebenswelten: kognitive/emotionale Behausung, Selbst- und Fremdbestimmung

3.3.1 Theoriebildung als Gestaltungsaufgabe

Hier werden jene Prozesse erforscht, als deren Ergebnis Theorie behauptet wird. Da nur Kommunikation, nicht jedoch Bewusstsein beobachtet werden kann (siehe 2.2.), sind die Vorgänge der Theoriebildung schwer zu beschreiben. Am ehesten können noch logische Gesetze differenziert werden (Aufbau, Gewichtung und gegenseitige Abhängigkeit von Argumenten), die bei theoretischen *Konstrukten* wirksam sein mögen. Der *Entwurf* jedoch, das unsichere Herstellen einer „Verfertigung der Gedanken" (Kleist, 1805 (1988)), wird für Theoriebildungen, als noch grundlegender vermutet und vereinzelt empirisch nachgewiesen (Rheinberger, 1992; Csikszentmihalyi, 1987). Im Kontext computerbasierter Systeme interessieren daher heute vor allem experimentelle Epistemologien, die eine Beobachtung ihrer Randbedingungen mitlaufen lassen und damit gestalterische, mediale und technische Bedingungen als inhaltlich konstitutiv anerkennen (Stephan, 2001).

Aufbauend auf Forschungen zu historischen *Schreibszenen* (Stingelin, 2004) gilt es heute, mediale *Denkszenen* prospektiv zu entwickeln. Hierbei ist vor allem auf eine bisher unterschätzte Form der spontanen Hypothesenbildung zu achten: Die Abduktion ist ein Sprung in antizipierte Kontexte, in denen aktuell als unpassend und überraschend empfundene Tatsachen wieder als Normalfall gelten können. Neben Induktion und Deduktion stellt die Abduktion die eigentliche kreative Form logischen Schließens dar, die für die Erzeugung heute hoch bewerteter Innovationen zentrale Bedeutung hat.[30]

Mediensysteme, die Abduktion ermöglichen, können nicht mehr nach dem Modell des *Problemraums* mit seinen logischen Suchoperationen und Optimaverteilungen modelliert werden, sondern wechseln ihr Leitbild zum *Möglichkeitsraum*, der prinzipiell offen ist und lediglich lokale und befristete Optima kennt.

---

30. Auf Basis der von Peirce konzipierten Abduktion beschreibt Hoffmann eine „Methodologie kreativen Denkens", (Hoffmann, 2003).

Eine Text, Bild und Ton integrierende Darstellungsweise (*Perzepte*) kann zusammen mit den Möglichkeiten der Interaktion multidimensionale und dynamische Vorgänge besser abbilden und zur Bildung neuer Hypothesen und Erklärungsmuster (*Konzepte*) beitragen (Stephan, 2003). Ein Beispiel dafür ist der *History Browser* (siehe Abbildung 3).

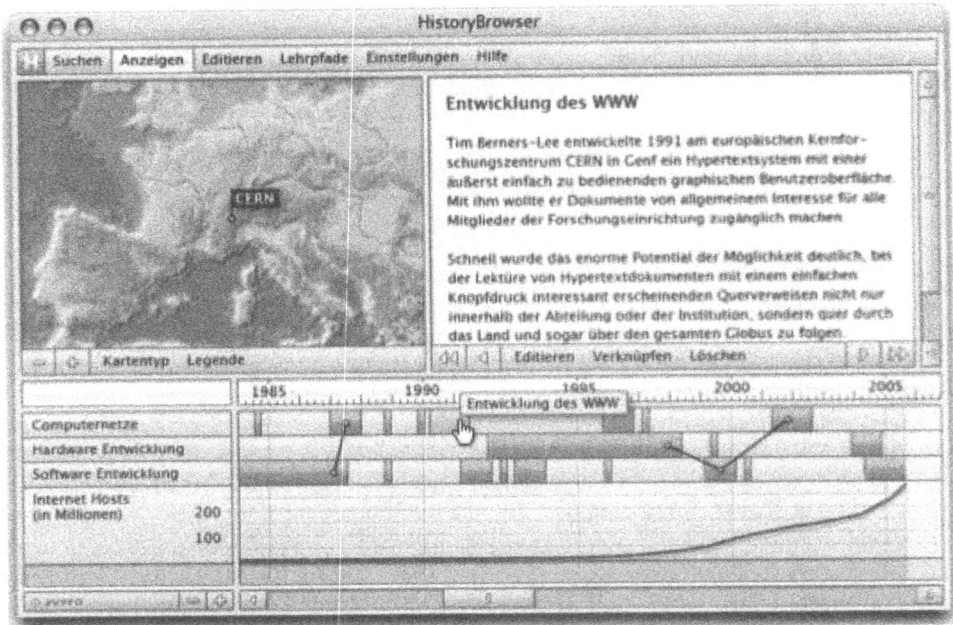

Abb.3:   *History Browser – System zur Visualisierung und Analyse von Multiparameterdatensätzen. Auf einem Zeitstrahl werden Ereignisse chronologisch eingetragen und miteinander in Beziehung gesetzt. Durch interaktive Steuerung werden soziale, technische, kulturelle und ökonomische Parameter in ihrer gegenseitigen Beeinflussung sichtbar. Für den Nutzer entsteht neben der Darstellung von Fakten eine Maschine zur Herstellung von Fragen.*[31]

Eine weitere Dimension ist die Verbindung und gegenseitige Abhängigkeit des Sag-, Zeig- und Denkbaren durch verteilte Autorschaften. Projekte wie die Wiki Enzyklopädie[32] zeigen das Potenzial einer *open theory* Produktion und einer entgegen den Erwartungen erfolgreichen sozialen Selbstorganisation. Hier sind anfängliche Formen neuer Theoriedesigns zu sehen, die in Ergänzung und Konkurrenz zu etablierten Formen treten und deren soziale, technische und ökonomische Voraussetzungen grundlegend verändert werden (Stephan & Asmus, 2000).[33]

---

31. Projekt von David Goldammer am Institute of Electronic Business Berlin, Projektbeschreibung unter *http:// www.dasauge.de/profile/multimedia/cd-rom/e27994?website*.
32. *http://www.wikipedia.org*, Artikel in der deutschen Ausgabe: 246.000, in der englischen Ausgabe: 601.000 (17.06.2005).
33. Vgl. *http://www.wissensdesign.de*.

3.3.2 Visualisierung: Technische Bilder und bildnerisches Denken

Vom „anschaulichen Denken" (Arnheim, 1969) und „bildnerischen Denken" (Klee, 1956, 1981) führt eine Entwicklungslinie über die Fragen normierter Bildsprache (Neurath, 1991; Hartmann & Bauer, 2002) zum *iconic turn* in den Kulturwissenschaften und dem heutigen künstlerischen Interesse an der Gestaltung von Wissensumgebungen (Huber, Lockemann & Scheibel, 2004). In den *imaging sciences* werden nicht-propositionale kognitive Leistungen der Bild-Kommunikation erforscht und experimentell realisiert. Sowohl analytisch in der Wissenschaftsgeschichte als auch empirisch in den Kognitionswissenschaften entstehen Erkenntnisse über die Dimensionen der Anschauung und den Einsatz von Bildern in der wissenschaftlichen Kommunikation (Breidbach, 2005, 1999; Breidbach & Clausberg, 1999; Bredekamp & Werner, 2003). Hier interessiert vor allem, inwiefern Bilder originär erkenntnisbildende Funktionen haben können und wie weit die Produktion von Evidenz durch Bildbeweise gelingen kann. Dieses Feld hat die philosophische Erkenntnistheorie schon früher beschäftigt (Kants *Schema* und Peirces *diagrammatic reasoning*) und bezieht sich heute auch auf die Möglichkeiten computerbasierter Modellierungen und Simulationen (Glasgow, Narayanan & Chandrasekaran, 1997).

Forschungsgebiete wie die *Computer-Visualistik* (Strothotte & Strothotte, 1997) und die *Informationsvisualisierung* (Card, Mackinlay & Shneiderman, 1999; Fayyad, Grinstein & Wierse, 2002) stellen die Orientierung in und die effiziente Vermittlung von komplexen Datenlagen in den Vordergrund.[34] *Knowledge Visualization* (Judelman, 2004) dagegen zielt auf die Erzeugung neuer Erkenntnisse durch überraschende Anschlüsse an Bestände. Mit der Visualisierung in wirtschaftlichen Kontexten (*Business Visualization*) werden Effizienzerwartungen beim Projektmanagement und der Entscheidungsfindung verbunden (Burkhard, 2004).

3.3.3 Interaktion und Inszenierung: Nutzerbeteiligung und Präsentation/Konstitution medialer Inhalte

Ein zentrales Merkmal und Versprechen der interaktiven Medien ist es, für den Nutzer individuell zuschneidbare Erlebnisse anzubieten. Durch Beteiligung sollen seine Aufmerksamkeit gehalten und nachhaltig zu erinnernde Inhalte vermittelt werden (Buurmann, 2005). Narrative und interaktive Dramaturgien sollen im Kontext der Wissensmedien für erhöhte Aufmerksamkeit und Beteiligung des Nutzers sorgen (Hagebölling, 2004). Während die Nutzerbeteiligung bei Simulationen im Bereich des Militärs und der Computerspiele am weitesten fortgeschritten sind, soll das *experience design* vor allem in didaktischen Zusammenhängen wirksam werden und es hat in Form populärer Darstellungen des *edutainment* auch die wissenschaftliche Kommunikation erreicht.

Auch wenn in den Wissenschaften durch Argumente überzeugt werden soll und nicht durch Überwältigung: Mittlerweile wird zunehmend anerkannt, dass es keine neutralen Medien gibt und Wissenschaften ohne Inszenierung nicht denkbar sind. Schon das Einrichten von Experimenten unterliegt der Kontingenz ebenso wie die Aufbereitung von Ergebnissen und die „Inszenierung von Information" (Faßler & Halbach, 1992). Rhetorische und inszenatorische Kriterien werden daher in aktuellen Wissenschaftsdiskursen vom Verdacht der Blendung und

---

34. Vgl. auch den Beitrag von Reiterer, „Visuelle Exploration digitaler Datenbestände", in diesem Band.

Unwahrhaftigkeit befreit und einer vergleichenden qualitativen Bewertung zugänglich gemacht (McAllister, 1996). Bezugspunkte dazu werden in der Antike gefunden, wo das Rhetorische nicht nur als illustrative Zutat, sondern als konstitutiver Bestandteil einer um Wahrheit und Zustimmung bemühten Rede galt (Gross, 1990). Multimediale Rhetorik findet in den Wissenschaftskommunikationen ebenso statt wie in den Wirtschafts- und Gesellschaftskommunikationen, wurde aber erst seit kurzem zum Forschungsgegenstand.[35]

3.3.4 Autorschaft: Wer spricht?
Biologischer, sozialer, institutioneller, medialer Körper: Gender

Die literaturwissenschaftliche Diskussion um den Autor als Subjekt (Foucault, 1969, 2000; Barthes, 1968, 2000) und die Erforschung seiner *Schreibszene* als materielle Voraussetzung seiner Tätigkeit (Kittler, 1985, 1986; Stingelin, 2004) gewinnt im vernetzten Medienumfeld neue Dimensionen. Neben anonymen und konstruierten Identitäten (Turkle, 1984, 1995) entstehen kollektive und temporäre Autorschaften. Mit dem Aufkommen der Publikation in ungefilterten *Peer-To-Peer*-Netzen verbinden sich Hoffnungen auf eine emanzipatorische (Gegen-) Öffentlichkeit unter Leitbildern wie „Reclaiming the tools of communication" (Branwyn, 1997) und „Smart Mobs" (Rheingold, 2003).

Während die Erfahrungen mit kollektiver Autorschaft in literarischen Experimenten zwiespältig blieben (Heibach, 2003) werden diese Möglichkeiten in sich selbst organisierenden Wissensgemeinschaften schon lange erfolgreich genutzt. So führen das gemeinsame Interesse und die gegenseitige Hilfe bei der Klärung von Fragen, etwa in der Software-Entwicklung, zur kollektiven Wissensbildung in Nutzerforen. In der wissenschaftlichen Fachkommunikation dagegen hat sich das Autorensubjekt mit seinen Abgrenzungsbedürfnissen noch erhalten. Autorennamen dienen zur Abschätzung von Wertigkeiten (nach Luhmann: Vertrauen als Mechanismus der Reduktion von Komplexität), und die Prozesse der *Peer-Reviews* sichern die Qualität. Doch auch hier verändert die Netzkommunikation die Verhältnisse. Verfahren wie *Citeseer* und *Google Scholar* können Zitiergemeinschaften automatisch erkennen und darstellen, während *Summarizer* Zusammenfassungen erstellen. Damit ist perspektivisch absehbar, dass Redundanzen künftig sehr viel schneller erkennbar sein werden. Dann wird es kaum mehr sinnvoll sein, wenige Ideen auf viele *Papers* zu verteilen, und Autoren wie Publikum würden entlastet durch gestraffte, übersichtliche Darstellungen von Positionen und Kontexten.

3.3.5 Agenten: Autonome Prozesse, Delegierung

Mediale Kommunikation enthält bereits heute vermittelnde Instanzen, die einen Mehrwert an Effizienz versprechen. Dazu gehören die Suche nach und die Verdichtung von Informationen sowie das selbsttätige Ausführen von Handlungen, wie etwa das Bieten, Kaufen und Verkaufen in Online-Börsen. Es wird erwartet, dass Agenten künftig noch wesentlich selbstständiger werden und etwa auf künftigen Informationsmärkten weitgehend autark agieren könnten (Kuhlen, 1999). Die Wirkungsmächtigkeit der zu erwartenden Agenten stellt Fragen hinsichtlich der Legitimation und sozialen Akzeptanz solcher Prozesse.

---

35. Vgl. auch den Beitrag von Gesche Joost, „Audio-visuelle Rhetorik und Informationsdesign", in diesem Band.

Auch wenn Agenten schon länger diskutiert werden (Bradshaw, 1997; Ford, Glymor & Hayes, 1997; Steels, 1995), sind die in Aussicht gestellten umfassenden praktischen Anwendungen bisher weit gehend ausgeblieben. Dies muss nicht notwendig ein Scheitern dieser Konzepte bedeuten. Ebenso ist denkbar, dass sich die Komplexität der damit verbundenen Fragen in sozialer und ökonomischer Hinsicht eher bestätigt. Der Einsatz avanciertester IT-Techniken samt eigenständig operierender *Crawler*, *Spider* und *Agenten* ist für die neuesten Geschäftsmodelle der führenden Unternehmen ebenso selbstverständlich wie für die entsprechenden Hackerszenen. Dass diese Techniken dem allgemeinen Publikum kaum bekannt sind, geschweige denn zur Verfügung gestellt werden, gehört schon zur Diagnose. Der Einsatz von RFID-Chips in Supermarktartikeln, Fussballkarten und Bibliotheksbüchern ist nur ein kleiner Ausschnitt dessen, was aktuell politisch und technisch umgesetzt wird. Eine Diskussion über die informationelle Selbstbestimmung, die der Tragweite der gesellschaftlichen Auswirkungen entspricht, ist aber kaum in Sicht.[36]

Ein Grund dafür kann die Abstraktheit der Materie sein, da Datenströme unsichtbar sind. Hier können Ausgangspunkte für Gestaltungsaufgaben gefunden werden, die dafür sorgen, dass Prozesse anschaulich und damit diskutierbar werden. Solche Aufgaben verweisen auf die Achsen *Visualisierung* und *Inszenierung*.[37] Unter dem Aspekt der Inszenierung stellen sich auch Fragen der möglichen Entwicklung von Agenten zu synthetischen, personalisierten Figuren (Trappl & Petta, 1997).

Schließlich ist das Gebiet der verteilten und verkörperten Information auch eine Hoffnung der Künstlichen Intelligenz, die Erkenntnisse der aktuellen Kognitionsforschung aufnehmen will (Clancey, 1997) und sich durch Robotik Anschlüsse an die Themen *situated action* und *embodied mind* verspricht (Christaller & Wehner, 2003).

3.3.6 Starke Formalisierung: Schreiben in Datenbanken, Normierung und Verknüpfung

Mit Beginn der Industrialisierung und deren Grundlagen in technischer Normierung wurde versucht, ähnliche Formalisierungen auch für die geistigen Gehalte der entstehenden Weltgesellschaft zu finden (Ostwald, 1912). Aus militärischen Nutzungen gingen erste Formulierungen für eine Infrastruktur der erforderlichen Medien hervor (Bush, 1945). Um die Publikationsfülle des Internet zu systematisieren, wurden starke Formalisierungen vorgeschlagen wie eine *Diskurs Markup Language* (Rost, 1996) und eine *Internet Economy Meta Language* (Levy, 2005).

---

36. Ausnahmen sind die vom Verein *Foebud* organisierten Veranstaltungen wie die Big Brother Awards, *http://www.foebud.org* und die Konferenzen *Wizard of OS*, *http://wizards-of-os.org*.
37. Ein Beispiel findet sich in der Diplomarbeit *Kontrollorgan* von Carsten Becker an der Kunsthochschule für Medien Köln, *http://www.kontrollorgan.de* (16.05.05).

Im Extremfall würden künftige Autoren nur mehr in Datenbankformulare schreiben.[38] Ein lediglich fachlich gebildeter, aber in Bezug auf Computertechnik naiver Nutzer wird diese Strukturen nicht übersehen oder gar verändern können und bleibt damit hinsichtlich seiner Aussagemöglichkeiten unsouverän. Ob aber der notwendige Aufwand zur Aneignung informationstechnischer Kenntnisse einer Erweiterung an theoretischer Durchdringung und praktischer Nutzung entspricht, werden künftige Autoren entscheiden müssen. Das gleiche gilt für die Frage, ob der Mehrwert der automatischen Auswertung den Verlust an Detailreichtum und persönlichem Stil aufwiegt.

Auch wenn diese Vision zunächst abwegig erscheinen mag, existieren bereits weitreichende Formalismen wie die Gliederungsvorgaben in den Konventionen wissenschaftlicher Literatur und die harten technischen Randbedingungen der digitalen Schreibsysteme. Deren Formatierungen werden bei Serienbriefen selbstverständlich eingesetzt, während ihre Leistungsfähigkeit in der wissenschaftlichen Fachkommunikation noch weitgehend ignoriert wird.

Heutige Autoren bewegen sich daher in einem Handlungsraum, der zwischen starker Formalisierung und experimenteller Offenheit oszilliert. Diese Umgebungen sind überwiegend historisch durch Gewöhnung gewachsen und bleiben idiosynkratisch gebastelt, statt souverän nach dem Leitbild der Schaffung eigenständiger Produktionsbedingungen gestaltet.[39] Diese methodische Indifferenz erstaunt auch in Hinsicht auf die greifbaren Selbstzeugnisse historischer Vorbilder, wo die großen *Verzetteler* von Leibniz und Hegel bis Luhmann bezeugt haben, dass sie ihre Produktivität und gedankliche Bandbreite vor allem einer umfangreichen, systematischen Exzerpierung sowie einer modularen Synthetisierung zu verdanken haben (Krajewski, 2002).

3.3.7 Kollektive Intelligenz: Selbstorganisation, Autopoiesis, Emergenz

Im Gegensatz zur starken Formalisierung (siehe oben) steht die Auffassung, dass lokale Intelligenzen, die ihrer eigenen Agenda folgen, aber aufeinander reagieren, bessere Kompetenzen erreichen können, als dies durch zentral verwaltete Strukturen möglich ist. Bewährt haben sich solche Prozesse bei der Bearbeitung von hohen Komplexitäten, etwa der Voraussage von politischen Wahlergebnissen durch das Handeln von „Parteienaktien" (Projekt *Wahlstreet*, 1998)[40]. Im Gegensatz zu starken Formalisierungen werden katalysatorisch wirkende Randbedingungen gesetzt, die dann der dynamischen Selbstorganisation überlassen werden.

---

38. Die Konsequenzen könnten bis zu einem Grenzfall gesteigert werden, wenn das Programm so detailliert strukturiert wäre, dass nur noch Auswahlen, aber keine Einträge mehr zu leisten wären, jede Semantik also auf Syntax reduziert wäre.

39. Eine Forschung, die Schreiben als Designproblem behandelt, setzte schon früh ein (Streitz, 1990). Hier wurde darauf hingewiesen, dass die Konzeption eines Textverarbeitungssystems fehlgeleitet ist, wenn sie Schreiben als das Auftragen von Farbe auf Papier modelliert. Vielmehr sollte Schreiben als entwerfende Gedankenentwicklung anhand von Repräsentationen verstanden werden, deren vielfältige Bewegungsformen u.a. als Skizzen-, Gliederungs- und Rhetorikräume aufzufassen wären (vgl. auch Stephan, 1997, 2001).

40. Artikel in Telepolis von Harald Taglinger vom 31.03.1998 unter *http://www.heise.de/tp/r4/artikel/1/1437/1.html*. Der damals am Projekt beteiligte Klemens Polatschek betreibt heute die Agentur *Collective Intelligence* (*http://www.collective-intelligence.de*, Motto: *Learn what you know*), gemeinsam mit Sabine Fischer, die bei Pixelpark mit dem legendären *Wild Park* eine der ersten funktionierenden Online-Communities verantwortete.

Biologisch fundierte Forschungen zur Modellierung von Erkenntnisprozessen begannen in den 1940er Jahren und führten zu weithin anerkannten Erkenntnissen in der Kognitionsforschung (McCullough, 1965; von Foerster, 1960–74, 1999; Eigen & Winkler, 1975; Maturana, 1990). Einfache kybernetische Steuerungsaufgaben wurden durch Einsichten in die Prozesse der Selbstorganisation, Autopoiesis und Emergenz zur Kybernetik zweiter Ordnung (2nd order Cybernetics) weiterentwickelt und gingen in die Grundlegung der konstruktivistischen Erkenntnistheorien ein.[41] Aktuelle Ansätze zur Erforschung kollektiver Intelligenz in mediatisierten Umgebungen bauen darauf auf (Bloom, 1999; Levy, 1997).

Verfahren des *Knowledge Engineering* (Debenham, 1998) und der *Kognitiven Modellierung* (Schmid & Kindsmüller, 1996) werden in der Informatik eingesetzt, wobei die Begriffe einen technischen Zugriff auf Wissen und Kognition suggerieren, der aber kaum eingelöst werden kann. Aussichtsreicher sind die Forschungen zur selbst organisierenden Züchtung von Algorithmen (Pflüger, 1994) oder der Verkörperung von Instanzen (Steels, 1995).

3.3.8 Wissensökonomien: Bewertung und Verwaltung von Wissen

Die Produktion von Wissen unterliegt sozialen und wirtschaftlichen Bedingungen, die sich im medientechnischen Umfeld radikal wandeln. Jeder einzelne wird zum Wissensunternehmer in eigener Sache und versucht, möglichst effizient Wissen zu generieren und, im Falle der wissenschaftlichen Fachinformation, möglichst weit zu verbreiten. Erfolgskriterien sind nach wie vor die soziale Anerkennung in den fachlichen *communities* sowie die Einwerbung finanzieller Unterstützung aus Wirtschaft und Politik. Neu ist jedoch, dass durch die mediale Transparenz fast sämtlicher Aktivitäten diese automatisch verfolgt und ausgewertet werden können (siehe Abbildung 4).

Systeme wie *citeseer* liefern Hitlisten der meistzitierten Artikel einzelner Autoren, wobei die Beiträge, die sich mit eben diesem Thema des *Rankings* beschäftigen, mit Abstand am meisten zitiert werden.

---

41. Entscheidend war hier die Verkörperung und das „In-der-Welt-sein" des Erkennenden nach dem durch von Foerster formulierten Motto: „Der ästhetische Imperativ: Willst Du erkennen, lerne zu handeln. Der ethische Imperativ: Handle stets so, dass die Anzahl der Möglichkeiten wächst." (von Foerster, 1993, S. 49).

CiteSeer Find: [Terry Winograd]   [Documents]

Searching for PHRASE terry winograd.
Restrict to: Header Title Order by: Expected citations Hubs Usage Date Try: Google (CiteSeer) Google (Web)
63 documents found. **Order: number of citations.**

The PageRank Citation Ranking: Bringing Order to the Web - Page, Brin, Motwani, Winograd (1998) (Correct) (196 citation)
[23] L. Page, S. Brin, R. Motwani, T. **Winograd**, The PageRank citation ranking: Bringing order
the Web Larry Page, Sergey Brin, R. Motwani, T. **Winograd**
www-db.stanford.edu/~backrub/pageranksub.ps

SenseMaker: An Information-Exploration Interface Supporting.. - Baldonado, al. (1997) (Correct) (34 citations)
Interests Michelle Q Wang Baldonado and **Terry Winograd** Gates 3B Computer Science Department
www-diglib.stanford.edu/diglib/WP/PUBLIC/DOC115.ps

Integrating Information Appliances into an Interactive.. - Fox, Johanson.. (2000) (Correct) (33 citations)
Armando Fox3 Brad Johanson, Pat Hanrahan, and **Terry Winograd** Stanford U niversity Integrating
eractz e Workspaces project at St anford. **Terry Winograd** is a professor of comput er scienceat St
www-robotics.usc.edu/~gaurav/CS599-IES/ieee-pda00.pdf

ICrafter : A Service Framework for Ubiquitous Computing.. - Shankar Ponnekanti Brian (2001) (Correct) (25 citations)
Brian Lee, Armando Fox, Pat Hanrahan, and **Terry Winograd** Stanford University Abstract. In this paper.
20. **Terry Winograd**. Architectures for Context. Human-Computer
graphics.stanford.edu/papers/icrafter_ubicomp01/icrafter_ubicomp01.pdf

Context and Structure in Automated Full-Text Information Access - Hearst (1994) (Correct) (24 citations)
tools. Journal of Computers and Translation 2. **WINOGRAD, TERRY**. 1972. Understanding natural language. New
parcftp.xerox.com/pub/hearst/phdthesis.ps.gz

Power Browser: Efficient Web Browsing for PDAs - Buyukkokten, Molina, Paepcke.. (2000) (Correct) (21 citations)
Hector Garcia Molina, Andreas Paepcke, **Terry Winograd** Digital Libraries Lab (InfoLab)Stanford
Hector Garcia Molina, Andreas Paepcke, **Terry Winograd**
www-db.stanford.edu/pub/papers/pb.ps

Designing the User Interface for Multimodal Speech.. - Oviatt, Cohen.. (2000) (Correct) (15 citations)
Bers, BBN Technologies, Thomas Holzman, NCR, **Terry Winograd**, Stanford University, James Landay,
Technology organization at NCR Corporation. **Terry Winograd** is a professor of computer science at
www.cse.ogi.edu/CHCC/Personnel/.../Publications/hci2000/HCI2000.pdf

Using Machine Learning To Improve Information Access - Sahami (1999) (Correct) (14 citations)
Steve Ketchpel, Andreas Paepcke, Larry Page, **Terry Winograd**, and the rest of the gang. I am also indebted
www.hpl.hp.com/personal/Carl_Staelin/cs236601/sahami-thesis.ps.gz

Abb.4:   *Ergebnisliste von* citeseer *auf die Suchanfrage „Terry Winograd". Die Artikel sind nach Zitierhäufigkeit aufgelistet. Das Paper „The PageRank Citation Ranking: Bringing Order to the Web" von Larry Page et al. wurde 196 Mal zitiert. Quelle: http://citeseer.ist.psu.edu/cis?q=Terry+Winograd (16.06.05)*

Die auf den Webseiten amerikanischer Professoren zu findenden Aussagen über *one of the most cited authors in the field* lassen sich damit leicht überprüfen. Kaum schwieriger wird es sich jedoch gestalten, diese Daten zu manipulieren, so wie es mancher Produktverkäufer bei *Amazon* und *Google* auch versucht. Es erscheint als wahrscheinlich, dass diese öffentlich zugänglichen, in der Systematik ihrer Erstellung aber nicht transparenten Verzeichnisse einflussreich werden und selbst verstärkende Prozesse auslösen: Die Herausstellung von Personen, Werken und Begriffen als bedeutsam wird zur Grundlage der Entscheidung über Berufungen und Fördermittel, womit weitere Bedeutsamkeit generiert wird.[42] Denkbar ist daher, dass Wissensarbeiter ihren Rang künftig noch stärker medial und werblich darstellen müssen, ebenso wie dies für bisher weniger betroffene Berufsgruppen wie Ärzte und Rechtsanwälte gilt.[43]

---

42. So wird die Prominenz von Autoren in der Informatik häufig aus einer Datenbank der Uni Trier abgelesen, die alle wesentlichen Publikationen berücksichtigt und Ergebnislisten etwa nach Zitierhäufigkeit liefert, vgl. Ley, o.J. und *http://www.informatik.uni-trier.de/~ley/db/*.

43. Bazon Brock hat dafür schon in den 1960er Jahren die Einführung so genannter Set-Karten betrieben, die ähnlich wie bei Fotomodellen die entscheidenden Bewertungskriterien in vergleichender, tabellarischer Form enthalten sollten. Innerhalb künftiger Wissensökonomien würden Wissensarbeiter damit ihre eigene Vermarktung wie Fußballspieler oder Rennfahrer betreiben.

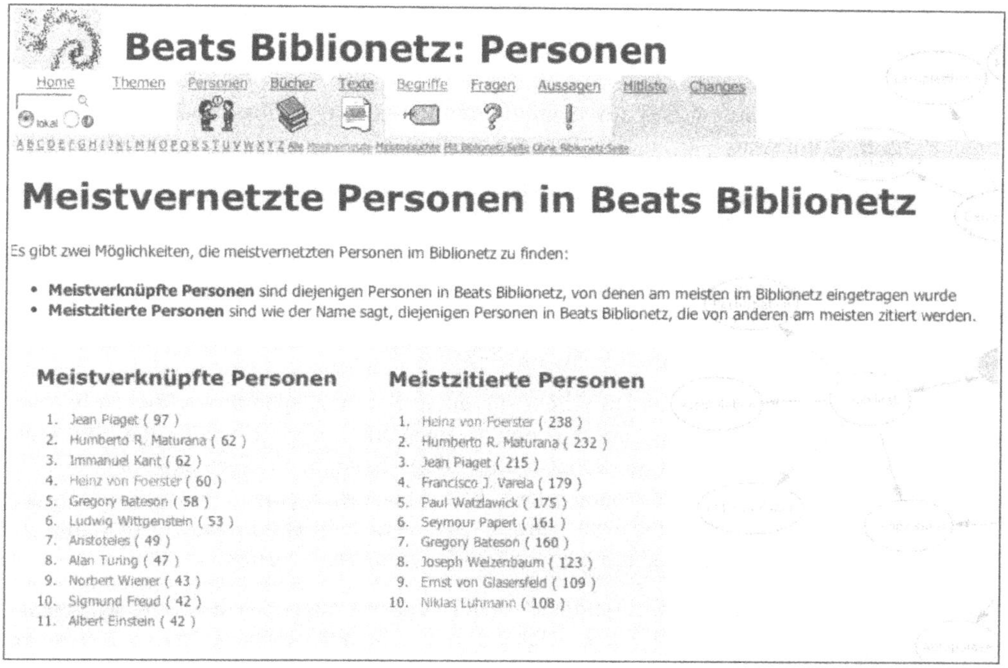

Beats Biblionetz: Personen

Home   Themen   Personen   Bücher   Texte   Begriffe   Fragen   Aussagen   Hitliste   Changes

A B C D E F G H I J K L M N O P Q R S T U V W X Y Z

Meistvernetzte Personen in Beats Biblionetz

Es gibt zwei Möglichkeiten, die meistvernetzten Personen im Biblionetz zu finden:

- **Meistverknüpfte Personen** sind diejenigen Personen in Beats Biblionetz, von denen am meisten im Biblionetz eingetragen wurde
- **Meistzitierte Personen** sind wie der Name sagt, diejenigen Personen in Beats Biblionetz, die von anderen am meisten zitiert werden.

Meistverknüpfte Personen	Meistzitierte Personen
1. Jean Piaget (97)	1. Heinz von Foerster (238)
2. Humberto R. Maturana (62)	2. Humberto R. Maturana (232)
3. Immanuel Kant (62)	3. Jean Piaget (215)
4. Heinz von Foerster (60)	4. Francisco J. Varela (179)
5. Gregory Bateson (58)	5. Paul Watzlawick (175)
6. Ludwig Wittgenstein (53)	6. Seymour Papert (161)
7. Aristoteles (49)	7. Gregory Bateson (160)
8. Alan Turing (47)	8. Joseph Weizenbaum (123)
9. Norbert Wiener (43)	9. Ernst von Glasersfeld (109)
10. Sigmund Freud (42)	10. Niklas Luhmann (108)
11. Albert Einstein (42)	

Abb.5: *Als Suchroutine dieser Datenbank werden die Kriterien* meistverknüpft *und* meistzitiert *angeboten. Die daraus abgeleiteten Rangfolgen können ähnlich wie beim Online-Buchhandel zu selbst verstärkenden Prozessen führen. Quelle: http://beat.doebe.li/bibliothek/p_linked.html (20.06.05).*

Neben den staatlichen Hochschulen sind es die *Corporate Universities* und alle Varianten weiterbildender Angebote, die versuchen, das Potenzial digitaler Systeme zu aktuellen und finanzierbaren Angeboten zu nutzen. Die Gestaltung wissensbasierter Wirtschaftsunternehmen und öffentlicher Verwaltungen ist ein florierendes Forschungsfeld und Beratungsgeschäft (Schildhauer, Braun & Schultze, 2003; Kurtzke & Popp, 1999; Schmidt, 2000; Willke, 1998; Papmehl, & Sievers, 1999; Roehl, 2002). Dabei verschiebt sich der Fokus gegenwärtig von ingenieurs- und betriebswirtschaftlich geleiteten Projekten des Wissensmanagements zu Fragen der sozialen Bewältigung im Rahmen von *Change Management*.[44] *Wissensmarktplätze* und *Knowledge Communities* können ohne Konzepte zur Motivationsförderung durch Gratifikationen oder andere Austauschprozesse nicht funktionieren.

Dass sich Wissensökonomien anders entwickeln, als traditionelle Wirtschaftsmodelle dies nahe legen, zeigen die Erfolge von Bewegungen wie *open source* und *wikipedia*. Um diese neuen Qualitäten in auch weiterhin traditionellen Ökonomien verhafteten Unternehmen zu integrieren, sind gemeinsame Bilanzierungen notwendig. Einen solchen Versuch macht

---

44. Am Institute of Electronic Business in Berlin (www.ieb.net) wurden entsprechende Forschungen durchgeführt, durch deren Ergebnisse bisher wenig genutzte Wissensmanagementsysteme höhere Akzeptanz erreichten und damit hohe Investitionen sicherten.

gegenwärtig der Energieversorger EnBW, indem er Wissensbilanzen erstellen lässt, die in die allgemeine, testierbare Bilanzierung einfließen.

3.3.9 Hybride Lebenswelten: kognitive/emotionale Behausung, Selbst- und Fremdbestimmung

Der Begriff *Architektur* wird heute als eine gemeinsame Metapher für die apparativen Grundlagen der *Softwarearchitektur* über das anschauliche Interface der *Informationsarchitektur* bis zu den tradierten und neu entstehenden Möglichkeiten aktueller Diskursformen als *Theoriearchitektur* verwendet (Wurman, 1996; Rosenfeld & Morville, 2002). Wenn Architektur als Bedingung der Möglichkeit zu wohnen verstanden wird, sind existentielle Kriterien angesprochen, denen heutige Medienumgebungen zu genügen hätten.

Deren neuartige Dimensionen wurden schon früh durch Raummetaphern beschrieben (*Cyberspace, Matrix, Docuverse, Turing-Galaxis*) und in Kunst und Design, Literatur und Film bearbeitet und anschaulich gemacht (vgl. Superstudio, 1972). Kulturelle Fragen entzünden sich an den Formen der Aneignung: Wie können solche Welten bewohnt werden? Wie richtet man sich ein?[45] Dazu gehören die Forderung nach Transparenz und Selbstbestimmung, die allerdings für die medialen Umgebungen noch kaum erhoben, geschweige denn eingelöst werden.

Wollte man die Architekturmetapher umdrehen und die gegenwärtigen, medientechnisch geprägten „kognitiven Behausungen" (Winkels, 1999, S. 67; siehe auch Fußnote 15) als physisches Konstrukt anschaulich machen, würden sowohl glitzernde Wolkenkratzer mit veralteter Technik sichtbar (Microsoft) als auch ein *sprawl* von endlos gereihten Vorstädten, deren Bewohner mit dem Notwendigen versorgt sind, sich aber unselbstständig im Mittelmaß eingerichtet haben. Als dritte Qualität gäbe es noch die aus den Versatzstücken öffentlich zugänglicher Baumärkte zusammengebauten Behausungen, die sowohl Individualität als auch Gemeinsinn zulassen.

Architekturtheorie hat die gegebenen Polaritäten aus gesellschaftlichen und individuellen, ästhetischen und funktionellen Anforderungen mit jeweils unterschiedlichen Ansätzen seit Jahrtausenden bearbeitet. Die heute wirkungsmächtigen, aber theoretisch defizitären Disziplinen Design und Informatik können davon profitieren. Das Selbstbild als Einrichter und Ermöglicher (*Enabler*) wird in beiden Fächern diskutiert und könnte in einem künftig zu etablierenden Fach des *cognitive design* zusammengeführt werden (Rolf, 1992).

Auch aktuelle Epistemologien sind durch ein neues Interesse am Kontext gekennzeichnet. Die raum-zeitliche Situation, der Leib und der Hintergrund des sozialen und sprachlichen Umfeldes stehen im Mittelpunkt und werden auf das aktuelle informationstechnische Umfeld bezogen. Eine Perspektive, die diese beiden Aspekte miteinander verband, boten die Weg weisenden Studien von Winograd & Flores, 1986, *Understanding Computers and Cognition – A new Foundation for Design*, und die von Baumgartner, 1993, *Der Hintergrund des Wissens – Vorarbeiten zu einer Kritik der programmierbaren Vernunft*.

---

45. Diese existentiellen Bezüge des Wohnens werden deutlich bei Heidegger, 1951 und Sloterdijk, 1993: „Welten sind bewohnte Bedeutungen".

In der Praxis werden zur Zeit räumliche Ansätze propagiert, wobei der Nutzer entweder durch mobile Geräte eine hybride Welt aus physischer und medialer Umgebung erlebt oder gebaute Umgebungen medial ausgestattet werden.[46] Zentral ist eine lebensweltliche Verortung *in den Medien*, die die künftigen Verhältnisse von Arbeit und Freizeit, Öffentlichkeit und Privatsphäre durchdringt.

4 Praxis

4.1 Voraussetzungen und Status Quo

Unternehmen, Hochschulen und Organisationen wenden bereits eine Vielzahl von Wissensmedien an. Die Bandbreite reicht dabei von groß angelegten Wissensmanagementprojekten in der Industrie über Lernplattformen an Schulen und Hochschulen bis zu komplexen Projekten der lernenden Organisation. In den meisten Fällen zeigt es sich, dass es nicht ausreicht, lediglich neue Software zu implementieren und Schulungen zu geben. Da fast alle Funktionssysteme von einer Umstellung auf die Wissensökonomie betroffen sind, sind tief greifende Umbauprozesse zu bewältigen, die von einem *change management* zu begleiten sind.

Die Ausrichtung auf Wissensmedien muss daher strategisch verankert sein und nimmt meist die Dimension von Großprojekten an. Da sich aber der soziale, technische und ökonomische Kontext noch sehr dynamisch entwickelt, ist es wahrscheinlich, dass sich die Voraussetzungen und Erfolgskriterien innerhalb der Projektlaufzeit verändern. Das Projektmanagement sollte in der Lage sein, auf solche dynamischen Einflüsse zu reagieren und sie im Idealfall zu antizipieren. Daher sind kurze, iterative Entwicklungszyklen ratsam, die modular verbunden werden können.

Damit sind drei Voraussetzungen für erfolgreiche Projekte im Bereich der Wissensmedien benannt:

1. Strategische Verankerung und langfristige Perspektive
2. Einbettung in umfassende Veränderungsprozesse
3. Flexibles Projektmanagement durch modulare Entwicklungszyklen

Auch wenn es inzwischen eine Vielzahl von implementierten Lösungen in einem breiten thematischen Anwendungsspektrum gibt, sind vollständige Beschreibungen oder Projektvergleiche schwierig zu finden. Dafür können zwei Gründe angeführt werden: Die meisten Projekte in den sensiblen Bereichen des Wissens sind mit Vertraulichkeitsvereinbarungen belegt und die unterschiedlichen Forschungsansätze legen verschiedene Kriterien an, die eine Vergleichbarkeit erschweren.

Generell kann aber festgestellt werden, dass Anwendungen besonders dann erfolgreich sind, wenn sie möglichst konkretes und gut formalisierbares Faktenwissen für relativ konstante und begrenzte Nutzungsszenarien anbieten sollen. Allerdings werden hier häufig nur bekannte

---

46. Vgl. auch den Beitrag von Jens Geelhaar, „Interaktion mit verteilten digitalen Informationsräumen", in diesem Band sowie Strauss et al., 2004.

Formate von Foliendarstellungen, Seminarstrukturen und Workflowprozessen digital abgebildet. Schwieriger und interessanter wird es, wenn das eigentlich originär neue Potenzial der Wissensmedien erschlossen werden soll durch eine experimentelle Offenheit zur Selbstorganisation und Emergenz.

Schon in den 1980er und frühen 1990er Jahren entstanden dazu Anwendungen, meist aus den Kreisen künstlerischer Aktivisten, die ihrer Zeit voraus waren und als Kunstwerke zwar anerkannt wurden, aber nicht an verbreitete Praxen anschließen konnten.[47] Heute jedoch, wo nur eine vorauseilende Praxis hoffen kann, den künftigen Möglichkeiten gerecht zu werden und im Wettbewerb zu bestehen, bieten sich größere Chancen, auch weit voraus greifende Konzepte mit Partnern aus der Industrie und der Wissenschaft experimentell zu realisieren. Auch die Politik hat Förderprogramme entwickelt, deren Ausschreibungen vor kurzem noch als Science Fiction gegolten hätten.[48]

Während der wissenschaftliche Bereich auf die Generierung neuen Wissens ausgerichtet ist, steht für überwiegend produzierende Unternehmen die effizientere Nutzung des bereits vorhandenen Wissens im Vordergrund. Im Folgenden wird ein Beispiel für einen innovativen Ansatz beschrieben.

4.2   Wissen – Design – Organisation

Gestaltung von Knowledge Communities auf der Basis von pattern language und systemtheoretischen Ansätzen

Das Projekt wurde 2004 als Kooperation von Prof. Peter Friedrich Stephan (Kunsthochschule für Medien Köln), Dipl.-Designer Soehnke Petersen (Institute of Electronic Business, An-Institut der Universität der Künste Berlin) und Dr. Steffen Klein (DaimlerChrysler AG Berlin, Interaktions- und Kommunikationsdesign) durchgeführt.[49]

---

47. Dazu gehören etwa die Arbeiten von *Ponton Media Lab* wie das Projekt *Comenius* (*http://www.ponton-lab.de/archiv/archive/comenius.html*), der *Hybrid Workspace* auf der Documenta 8 (*http://www.documenta12.de/archiv/dx/deutsch/groups/text-workspace.htm*) und die Arbeiten der Gruppe *Knowbotic Research* (*http://www.rcf.org/krcfhome*) (16.05.05).
48. Vgl. etwa das Strategische Positionspapier (2002) des *BMBF*, *Information vernetzen – Wissen aktivieren*, S. 1: „Vision: Eine Wissenschaftlerin kommt morgens ins Labor. Sie holt sich aus der internen Datenbank des Rauminformationssystems den aktuellen Versuchsaufbau als Flussdiagramm auf die Anzeigetafel an der Laborwand. Während sie ihren Arbeitsplatz vorbereitet, lässt sie das System extern im Internet und in kommerziellen Datenbanken recherchieren, ob es zu einem Teilbereich ihres Versuches bereits bekannte Forschungsergebnisse gibt. Einen Reaktionszyklus, über den die Forscherin auf dem Weg zur Arbeit besonders intensiv nachgedacht hat, zeichnet sie als Strukturformel direkt auf die Tafel.
Das System übernimmt das Formelbild als Frage und liefert wenig später mehrere Treffer, die es aus hochwertigen, qualitätsgeprüften Chemiedatenbanken hervorgeholt hat. Dann liest das Rauminformationssystem die Ergebnisse nach Rangfolge der Übereinstimmung zwischen Suchanfrage und Treffer laut vor. Auf Zuruf entscheidet die Wissenschaftlerin, welche Publikation verworfen und welche zur späteren Auswertung als abstract oder im Volltext in ihre persönliche, digitale Wissensbibliothek übernommen werden soll." *http://www.bmbf.de/de/298.php* (16.05.05).
49. Das theoretische Fundament des Konzepts steht unter *http://www.38stueck.de/diplom*.

Kontext

Wissen wird in den Unternehmen zunehmend als wertvolle Ressource begriffen, die trotz zahlreicher Initiativen zum Wissensmanagement noch nicht zufrieden stellend genutzt wird. In Abgrenzung zu Informations- oder Dokumentenmanagement gehen neuere Ansätze des Wissensdesigns (Stephan, 2001) davon aus, dass es die Interaktion von Personen ist, die Wissen hervorbringt und verwendbar erhält.

Für den Bereich der Innovation, der in der Wertschöpfungskette der Unternehmen weit oben steht, werden häufig informelle Kontakte und Erfahrungswissen (*tacit knowledge*) als entscheidende Impulse erfolgreicher Praxis genannt. Wenn systemtheoretisch unter *Interaktion* die Kommunikation unter Anwesenden verstanden werden muss (Baecker, 1999; Baraldi et al., 1997), so ist zu fragen, inwieweit Interaktion medial substituierbar ist und sich die entsprechenden Strukturen unter Anwendung der *pattern language* angemessen modellieren lassen.

Ansatz

Am Beispiel der Forschungsabteilung Interaktions- und Kommunikationsdesign (REI/VI) der DaimlerChrysler AG Berlin wurden auf der Basis von empirischer Beobachtung und Interviews experimentelle Modellierungen von Kommunikationsräumen erstellt. Teammitglieder und Artefakte (Dokumente, Themen, Methoden, Agenten) wurden dabei als Systembestandteile gesehen, die aufeinander einwirken und sich dabei gegenseitig beobachten. In diesem selbst organisierenden System entsteht Wissen als emergenter Effekt, und die Kommunikationsumgebung wirkt dabei katalysatorisch als Bedingung der Möglichkeit solchen Verhaltens (*situated actions*).

Umsetzung

Vorarbeiten: Beobachtungen der Arbeitsabläufe, Interviews mit den beteiligten Akteuren, Analyse der technischen und sozialen Infrastruktur, Untersuchungen der Artefakte, Extraktion wiederkehrender Bezüge, Rekonstruktion eines beispielhaften Projektablaufs. Unabhängig von Inhalten und Akteuren wurden Strukturen identifiziert, die als *patterns* visualisiert wurden. Auf Basis der *pattern language* (Alexander, 1977) wurden Mikro- und Makroebenen modelliert, die verschiedene Sichten auf Bestände und Bezüge ermöglichen: *Pattern Browser* (Abb. 6 und 7), *System Browser* (Abb. 8) und *Projekt Browser* (Abb. 9 und 10). Produktive Konstellationen wurden zur weiteren Nutzung erhalten (Best Practise) und neue Strukturen zu experimentellen Handlungsmöglichkeiten verknüpft, während unproduktive Muster verworfen wurden.

Ergebnis

Die hohe Komplexität und dynamische Entwicklung von Diskussions- und Entwicklungsprozessen konnte durch geeignete Visualisierungen anschaulich dargestellt werden. Eine Ausrichtung auf Interaktion und Strukturierung gemäß der *pattern language* ermöglicht eine ganzheitliche Modellierung und nähert die formalen Notwendigkeiten und kreativen Anforderungen aneinander an. Die Potenziale von Mensch und Maschine ergänzen sich dadurch besser zu einem hybriden Produktionssystem als in der vorgefundenen Umgebung. Ein solches *Sozio-Design* bildet die Dynamik der Wissenserzeugung als Entwurfswirklichkeit angemessen ab und ist anschlussfähig an aktuelle Ansätze des Wissensmanagements (Schön, 1982; Davenport & Prusak, 2000).

Damit wird praktisch eingelöst, was in der Theorie schon seit langem postuliert wurde: Die gestalterische Dimension kann auf der Basis kognitionswissenschaftlicher Erkenntnisse (Maturana, 1990; Varela, 1990) eine Erweiterung bisheriger IT-Konzepte leisten und Teilgebiete der Informatik als Gestaltungswissenschaft künftiger sozio-technischer Systeme integrieren (Suchmann, 1987; Rolf, 1992).

Ausblick

Es schließen sich Forschungsfragen zur verteilten Kognition an:

* Ab welcher Gruppengröße ist die Trennung von Teilnehmern und Beobachtern einer *knowledge community* sinnvoll?
* Welche Rollen können neben einem *knowledge broker* sinnvoll definiert werden?
* Wie können IT-Trends wie *pervasive, calm* und *ubiquitous computing* die Wissenskommunikation in hybriden Mensch-Maschine Systemen optimieren?
* Welcher Abstraktionsgrad ist bei hochkomplexen Modellierungen für wen zumutbar und welche Investitionen sind zum Erreichen entsprechender *media literacy* wirtschaftlich sinnvoll?

Abbildungen

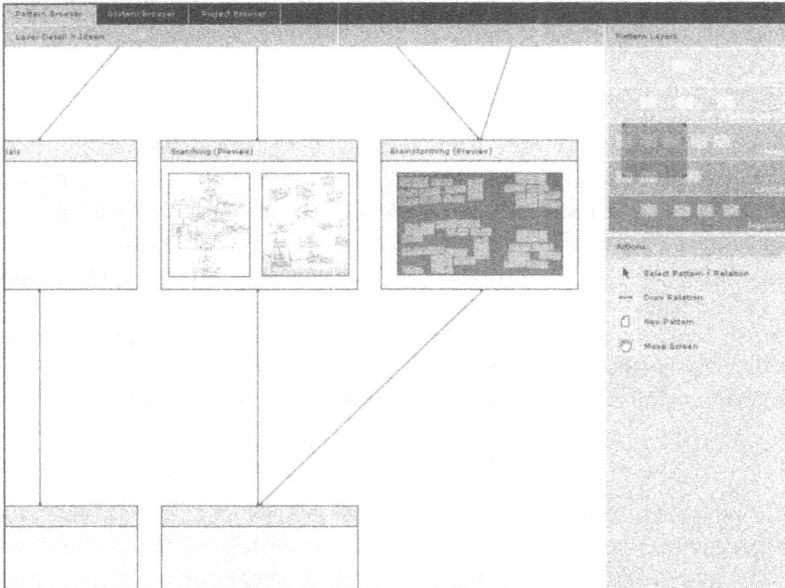

Abb.6:   *Pattern Browser, Übersicht. Navigation durch die Pattern Language der Abteilung mit dem Pattern Browser. Die Patterns bieten eine Vorschau der enthaltenen Beispiele (z.B. Fotos, Diagramme, Screenshots, Systemkonfigurationen, Pfade).*

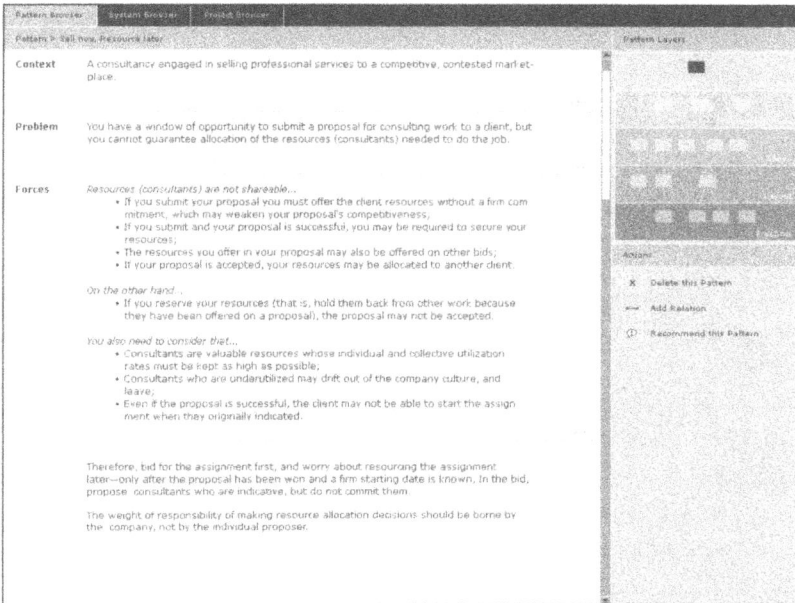

Abb. 7: *Pattern Browser. Detailansicht eines Patterns im Pattern Browser. Das Pattern kann editiert und weiterempfohlen werden.*

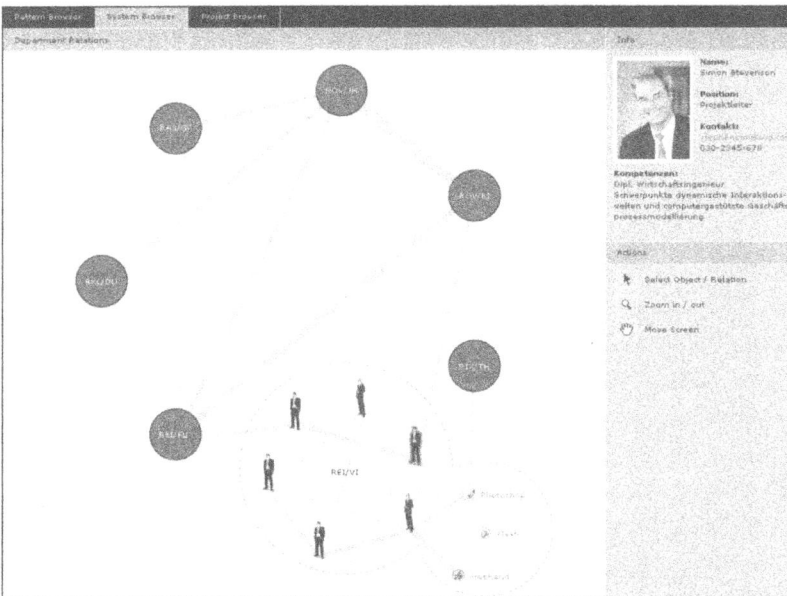

Abb. 8: *System Browser. Einstieg auf der Makroebene des System Browsers und stufenloser Übergang in die Abteilungsebene. Alle Relationen zwischen den Abteilungen, Personen und Artefakten werden dargestellt.*

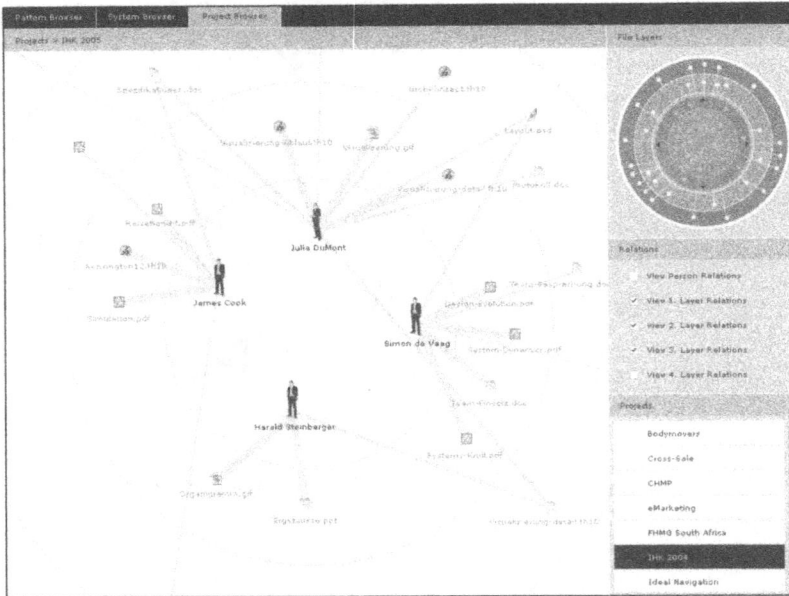

Abb.9:   *Project Browser, Übersicht. Übersicht über das Team und die personellen Verknüpfungen mit den Projektdateien im Project Browser.*

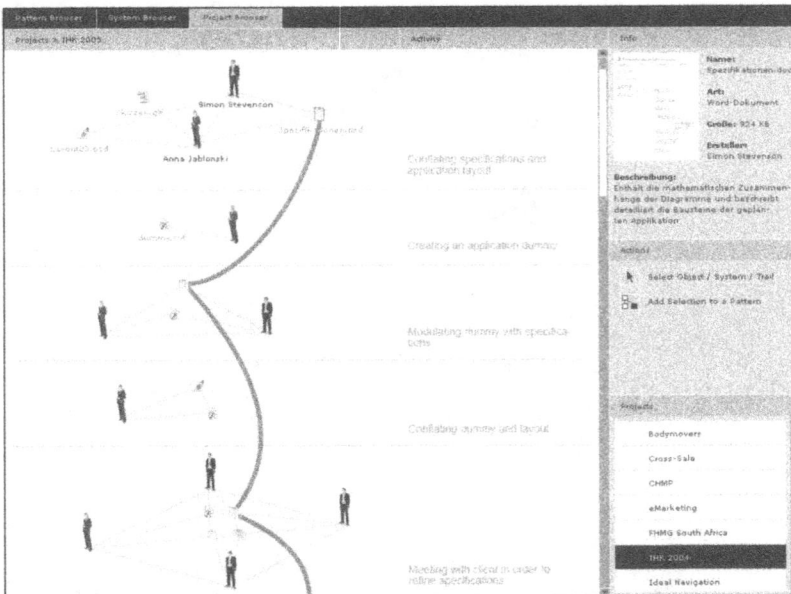

Abb.10:   *Project Browser, Detailansicht. Detaillierte Darstellung der Systemkonfiguration* Team-Artefakte *im Project Browser. Elemente jeder Art (Systemkonfigurationen, Dateien, Pfade) können von hier aus in ein Pattern kopiert werden (siehe Pattern Browser).*

5   Fazit und Ausblick

Der vorliegende Beitrag ist aus der Motivation entstanden, in das Thema Knowledge Media Design einzuführen. Zwischen Komprimierung und Komplexität wurde eine dem besprochenen Feld angemessene Darstellung gesucht. Dem eingangs formulierten Anspruch auf autologische Forschung können die Beobachtungen und Beschreibungen in diesem Text und den folgenden Beiträgen in diesem Band aber nicht genügen. Den Autoren geht es weniger darum, die vorhandene Literatur um weitere Schriften zu ergänzen. Vielmehr sollen Ausgangspunkte gefunden werden, von denen aus in die Voraussetzungen und Verhältnisse künftigen *Knowledge Media Designs* konkret eingegriffen werden kann.

Dabei sollte erkennbar geworden sein, dass hier nicht die Einrichtung von Lern- und Lehrsystemen gemeint ist, die alten Inhalten und Formen verhaftet bleiben und diese lediglich auf einem aktuellen technischen Niveau abbilden. Vielmehr ist es die Absicht, die Vorstellungskraft anzuregen um grundsätzlich andere Verhältnisse kreativen und kognitiven Verhaltens im Umfeld digitaler Medien zu konzipieren. Damit sind die Organisationsformen von Menschen, Maschinen, Methoden, Institutionen und Finanzierungen angesprochen. Die notwendigen innovativen Forschungs*formate*, die zwischen den geisteswissenschaftlichen Ansprüchen, der gestalterisch-technischen Realisation und einer ökonomischen Viabilität vermitteln, stellen die Meta-Aufgabe des Forschungs*designs* dar (Stephan, 1997).

Auch wenn alte Legitimationsdiskurse zur Planung privater und öffentlicher Ressourcen noch andauern, darf sich das Selbstverständnis der Handelnden nicht täuschen: Sie können heute nicht mehr im Auftrag übergeordneter Sinnproduktion agieren, sondern müssen sich als *Ruinenbaumeister* verstehen, die den Verfall ihrer Konstruktionen antizipieren. Künftige *Wissensdesigner* streben daher an, die theoretischen, gestalterischen und technischen Dimensionen ihrer Produkte nur *exemplarisch* in multidimensionale Wissensobjekte zu verschnüren und diese gleichzeitig zur Dekonstruktion und Rekombination zur Verfügung zu stellen. Die Anschlussfähigkeit solcher Unternehmungen soll daher ein wesentliches Kriterium ihres Gelingens sein.

Projekte aus der Frühzeit der digitalen Medienentwicklung haben dieses Kriterium häufig nicht ausreichend berücksichtigt. Daher bieten diese Ansätze, obwohl wegweisend konzipiert, heute kaum mehr Anschlußpunkte und wurden unerwartet schnell musealisiert.

Die Folgen einer dynamischen Entwicklung, die von Identität, Subjekt und Repräsentation auf Differenz, Projekt und Aktion umstellt, können nicht übersehen werden. Vorausgesetzt werden kann aber, dass sich durch digitale Medien die Anzahl möglicher Anschlüsse erhöht. Damit wird die Menge des potenziell Möglichen im Verhältnis zum aktuell Gegebenen größer, und die Selektion von Anschlüssen steht vor einer reicheren Auswahl. Genau dieses aber, die Unterscheidung von real/möglich oder aktuell/potenziell versteht die aktuelle Theorie sozialer Systeme als *Sinn* (Luhmann, 1987, S. 92 ff; Baraldi, Corsi & Esposito, 1997, S. 170–176). Hieraus lassen sich sozialisations- und bildungstheoretische Perspektiven ableiten, die auf eine sinnhafte biografische Selbstkonstruktion abzielen, ein „digitales Subjektdesign" (Marotzki, 1997, S. 187).

Ob technische Medien ihre Defizite an unmittelbar sinnlichem Erleben durch Simulationen ausgleichen oder gar überkompensieren können, und wie sich das eingespielte Verhältnis körperlichen Begreifens zu geistigem Begreifen im medialen Umfeld verändert, wird zwar umfassend diskutiert (Kamper & Wulf, 1986; Zacharias, 1996; Krämer, 1998), blieb aber bisher nur wenig empirisch untersucht.

Die Begegnung des Verstandes mit sich selbst führt in der Kognitions- und Kreativitätsforschung zu Paradoxa, die nicht aufgelöst, sondern nur entfaltet werden können.[50] Die stetig gesteigerte Einsicht in neurologische Prozesse, die mit Hemmung und Erregung um Wirkungsmächtigkeit konkurrieren, scheint nahe zu legen, dass unbewusste Entscheidungen Komplexität reduzieren und in Sinnkonstruktionen überführen, die dann bewusst zu verarbeiten sind. Neben der oben genannten Sinnkonstruktion aus medialen und sozialen Anschlussmöglichkeiten (Kommunikation) konstituiert sich hier Bewusstsein, das beginnt, die eigenen Operationen zu beobachten.

Dies ist neben dem Bereich der Wissenschaften auch die Domäne der Dichter und Philosophen. Dem poetischen Blick fällt dabei die Selbstähnlichkeit von Beobachter und Beobachtetem auf: „[...] ein Netz-Wesen, das nur noch Netze erkennen kann" (Strauß, 1992).[51] Die infiniten Regresse der selbstähnlichen Generierung stellen dann möglicherweise auch eine Form dar, die denkerisch nicht überstiegen werden kann und daher den von Heidegger beschriebenen „Unter-Gang in den Schutz durch seine ihm selbst verborgene Herkunft" bilden könnte (Heidegger, 1967, S. VII f.; siehe auch Fußnote 14).

Dann bliebe nur noch, „das leere Feld zirkulieren zu lassen und die prä-individuellen und unpersönlichen Singularitäten zum Sprechen zu bringen, kurz den Sinn zu produzieren: Darin besteht heute die Aufgabe" (Deleuze, 1969, S. 100).

6   Literatur

Alexander, Christopher 1977: A pattern language – Towns, Buildings, Construction, Oxford: Oxford University Press

Arnheim, Rudolf 1969: Visual Thinking, Berkeley: University of California Press (dt. 1977: Anschauliches Denken, Köln: DuMont)

Arns, Inke 2002: Netzkulturen, Hamburg: Europäische Verlagsanstalt, Sabine Groenewold Verlage

---

50. Anhand einer Serie von 34 Paradoxa beschreibt Deleuze eine „Logik des Sinns" (Deleuze, 1969).

51. „[...] so dass man die Zeit nicht mehr nach Zyklus und Pfeil unterscheidet, sondern sie wie das Ganze eines Gedächtnisses durchreist, das selbsttätig, inwärts, eher nach neuronalen als historischen Prinzipien sich erinnert. Auf dem Weg aber werden wir klein und kleiner sehen, immer enger und innerer sehen, Anschauungen verlieren, Wälder vergessen, Zaun und Fluss nicht mehr unterscheiden, Fels und gepuderte Wange nicht – aber den Gedanken selber erblicken in seiner endlosen Knospe. Um dann noch inwendiger zu sehen, wie er aus einer kosmischen Menge verschalteter Flecken und Fasern gemacht wird in einer wortlosen Sprache, und schließlich begreifen, dass wir durch und durch retikulär sind: ein Netz-Wesen, das nur noch Netze erkennen kann." (Strauß, 1992, S. 49/50).

Baecker, Dirk 1999: Organisation als System, Frankfurt a.M.: Suhrkamp

– 2003: Was wissen die Bilder? in: ders. & Kluge Alexander: Vom Nutzen ungelöster Probleme, Berlin: Merve, S. 135–143

Baraldi, Claudio; Corsi, Giancarlo & Esposito, Elena 1997: GLU – Glossar zu Niklas Luhmanns Theorie sozialer Systeme, Frankfurt a.M.: Suhrkamp

Barrett, Edward (Hrsg.) 1994: Sociomedia – Multimedia, Hypermedia, and the Social Construction of Knowledge, Cambridge: MIT Press

Barthes, Roland 2000: Der Tod des Autors (original 1968: La mort de l'auteur, in: Zeitschrift *Manteia*, S.12-17), in: Jannidis, Fotis; Lauer, Gerhard; Martinez, Matias & Winko, Simone (Hrsg.): Texte zur Theorie der Autorenschaft, Stuttgart: Reclam (UB 18058), S. 185–193

Baumgartner, Peter 1993: Der Hintergrund des Wissens – Vorarbeiten zu einer Kritik der programmierbaren Vernunft, Klagenfurt: Kärntner Druck- und Verlagsgesellschaft

Benjamin, Walter 1928/1997: Einbahnstraße, Frankfurt a.M.: Suhrkamp

Bense, Max 1971: Zeichen und Design, Baden-Baden: Agis

Berners-Lee, Tim 2001: Weaving the web, zitiert nach Ossi Urchs im Programm des DDV Kongress, Düsseldorf, 8/01, S. 5

Bexte, Peter & Künzel, Werner 1993: Allwissen und Absturz – Der Ursprung des Computers, Frankfurt a.M./Leipzig: Insel

– 1996: Maschinendenken / Denkmaschinen, Frankfurt a.M./Leipzig: Insel

Bloom, Howard 1999: Global Brain – Die Evolution sozialer Intelligenz, Stuttgart: DVA

Borchers, Jan O. 2000: A pattern approach to Interaction Design, DIS '00, ACM 1-58113-219-0/00/0008

Bradshaw, Jeffrey M. (Hrsg.) 1997: Software Agents, Cambridge: MIT-Press

Brand, Stewart 1990: Media Lab – Computer, Kommunikation und neue Medien, Die Erfindung der Zukunft am MIT, Reinbek: Rowohlt

Branwyn, Gareth 1997: Jamming the media, A citizen's guide – Reclaiming the tools of communication, San Francisco: Chronicle Books

Bredekamp, Horst & Werner, Gabriele (Hrsg.) 2003: Bildwelten des Wissens – Kunsthistorisches Jahrbuch für Bildkritik, Band 1, 2 Oberflächen der Theorie, Berlin: Akademie Verlag

Breidbach, Olaf 1999: Das Anschauliche oder: Über die Anschaulichkeit von Welt, Wien/ New York: Springer

– 2005: Bilder des Wissens. Zur Kulturgeschichte der wissenschaftlichen Wahrnehmung, München: Wilhelm Fink

Breidbach, Olaf & Clausberg, Karl (Hrsg.) 1999: Video ergo sum – Repräsentation nach innen und außen zwischen Kunst- und Neurowissenschaften (Band 4 der Interface Reihe, herausgegeben von Klaus Peter Dencker im Auftrag der Kulturbehörde Hamburg), Hamburg: Klaus Bredow Institut

Burkhard, Remo 2004: Visual Knowledge Transfer between Planners and Business Decision Makers – A Framework for Knowledge Visualization, unter *http://www.knowledgemedia.org/modules/pub/download.php?id=knowledgemedia-64&user=&pass=* (12.06.05)

Bush, Vannevar 1945: As we may think, in: Atlantic Monthly 176, July 1945, S. 101–108, teilweise Übersetzung in: formdiskurs 2, I/97, S. 136–146

Buurmann, Gerhard (Hrsg.) 2005: Total Interaction, Basel: Birkhäuser

Card, Stuart K.; Mackinlay, Jock D. & Shneiderman, Ben (Hrsg.) 1999: Readings in Information Visualization: Using Vision to Think, London: Academic Press

Carroll, John 1987: Interfacing Thought – Cognitive Aspects of Human-Computer Interaction, Cambridge: MIT Press

Christaller, Thomas & Wehner, Josef (Hrsg.) 2003: Autonome Maschinen, Wiesbaden: Westdeutscher Verlag

Clancey, William J. 1997: Situated Cognition – On Human Knowledge and Computer Representations, Cambridge: University Press

Clark, Andy 1997: Being there – Putting Brain, Body, and World Together Again, Cambridge/London: MIT Press

Coy, Wolfgang; Grassmuck, Volker & Pflüger, Jörg o.J. (ca. 1998): Von der „Ordnung des Wissens" zur „Wissensordnung digitaler Medien", von der Deutschen Forschungsgemeinschaft gefördertes Forschungsprojekt. *http://waste.informatik.hu-berlin.de/Forschung/Wissensordnung/default.html* (02.02.2005)

Coyne, Richard 1995: Designing Information Technology in the Postmodern Age – From Method to Metaphor, Cambridge: MIT-Press

Csikszentmihalyi, Mihaly 1987: Das Flow-Erlebnis. Jenseits von Angst und Langeweile, Stuttgart: Klett-Cotta (2. Auflage)

Davenport, Thomas H. & Prusak, Laurence 2000: Working Knowledge – How organizations manage what they know, Boston: Harvard Business School Press

Dawkins, Richard 1987: The selfish gene, Oxford: Oxford University Press

Debenham, J. 1998: Knowledge Engineering – Unifying Knowledge Base and Database Design, Berlin/Heidelberg u.a.: Springer

Deleuze, Gilles 1969: Logique du sens, Paris: Les Éditions de Minuit (dt. 1993: Logik des Sinns – Aesthetica, Frankfurt a.M.: Suhrkamp)

Deleuze, Gilles & Guattari, Felix 1976: Rhizome – Introduction, Paris: Les Éditions de Minuit (dt. 1977: Rhizom, Berlin: Merve)

– 1980: Mille Plateaux, Paris: Les Éditions de Minuit (dt. 1993: Tausend Plateaus, Berlin: Merve)

Derrida, Jaques 1967: De la grammatologie, Paris: Éditions de Minuit (dt. 1983: Grammatologie, Frankfurt a.M.: Suhrkamp), auch *http://www.hyperdis.de/txt/alte/theorie.html*

Dertouzos, Michael 1997: What will be – How the New World of Information Will Change Our Lives: Harper Collins (dt.: 1999: What will be – Die Zukunft des Informationszeitalters, Wien/New York: Springer)

Ebeling, Knut & Altekamp, Stefan (Hrsg.) 2004: Die Aktualität des Archäologischen in Wissenschaft, Künsten und Medien, Frankfurt a.M.: Fischer

Eigen, Manfred & Winkler, Ruthild 1975: Das Spiel – Naturgesetze steuern den Zufall, München: Piper

Engelbart, Douglas C. 1962: Augmenting Human Intellect – A Conceptual Framework, Summary Report AFOSR-3223 under Contract AF 49 (638), SRI Project 3578 Air Force Office of Scientific Research, Menlo Park, California: Stanford Research Institute, in: Wardrip-Fruin, Noah; Montford, Nick (Hrsg.) 2003: The New Media Reader, Cambridge: MIT Press, S. 95-108 (*http://www.newmediareader.com*)

Engell, Lorenz 2003: Tasten, Wählen, Denken. Genese und Funktion einer philosophischen Apparatur, in: Münker, Stefan; Roesler, Alexander & Sandbothe, Mike (Hrsg.): Medienphilosophie – Beiträge zur Klärung eines Begriffs, Frankfurt a.M.: Fischer, S. 53–77

Enzensberger, Hans Magnus 1964: Einzelheiten I – Bewußtseins-Industrie, Frankfurt a.M.: Suhrkamp

– 1970: Baukasten zu einer Theorie der Medien, in: Kursbuch 20, Frankfurt a.M.: Suhrkamp, S. 159-186

Eurich, Claus 1980: Das verkabelte Leben – Wem schaden und wem nützen die Neuen Medien?, Reinbek: Rowohlt

Faßler, Manfred 2001: Netzwerke – Einführung in die Netzstrukturen, Netzkulturen und verteilte Gesellschaftlichkeit, München: Fink

Faßler, Manfred & Halbach, Wulf 1992: Inszenierungen von Information – Motive elektronischer Ordnung, Gießen: Focus

Fayyad, Usama; Grinstein, Georges G. & Wierse, Andreas (Hrsg.) 2002: Information Visualization in Data Mining and Knowledge Discovery, London: Academic Press

Foerster, Heinz von 1993: Wissen und Gewissen – Versuch einer Brücke, Frankfurt a.M.: Suhrkamp

Ford, Kenneth; Glymor, Clark & Hayes, Patrick J. 1997: Android Epistemology, Cambridge: MIT-Press

Foucault, Michel 1969: L'archéologie du Savoir, Paris: Editions Gallimord (dt. 1987: Archäologie des Wissens, Frankfurt a.M.: Suhrkamp)

– 1999: Sicht und Einsicht – Versuche zu einer operativen Erkenntnistheorie, Heidelberg: Carl-Auer-Systeme

– 2000: Was ist ein Autor? (original 1969 in: Bulletin de la Societé française de Philosophie (Juli – September 1969, Abdruck eines Vortrags am Collège de France), in: Jannidis, Fotis; Lauer, Gerhard; Martinez, Matias & Winko, Simone (Hrsg.): Texte zur Theorie der Autorenschaft, Stuttgart: Reclam (UB 18058), S. 198–229

Glasgow, Janice; Narayanan, Hari N. & Chandrasekaran, B. (Hrsg.) 1997: Diagrammatic Reasoning – Cognitive and Computational Perspectives, Cambridge: MIT-Press

Gross, Alan G. 1990: The Rhetoric of Science, Harvard: University Press

Hagebölling, Heide 2004: Interactive Dramaturgies, Heidelberg: Springer

Hartmann, Frank 2002: Wissensgesellschaft und Medien des Wissens, in: SWS-Rundschau (42. Jg.) Heft 3/2002, S. 001–022

Hartmann, Frank & Bauer, Erwin K. 2002: Otto Neurath – Visualisierungen, Wien: Wiener Universitätsverlag, siehe auch *http://www.neurath.at*

Heibach, Christiane 2003: Literatur im elektronischen Raum, Frankfurt a.M.: Suhrkamp

Heidegger, Martin 1951: Bauen, Wohnen Denken, Vortrag auf dem 2. Darmstädter Gespräch „Mensch und Raum", in Führ, Eduard (Hrsg.) 2000: Bauen und Wohnen – Martin Heideggers Grundlegung einer Phänomenologie der Architektur, Münster u.a.: Waxmann, S. 31–49

– 1967: Wegmarken, Frankfurt a.M.: Klostermann, S. VII f.

Hoffmann, Michael H.G. 2003: Lernende lernen abduktiv: Eine Methodologie kreativen Denkens, unter *http://www.uni-bielefeld.de/idm/personen/mhoffman/papers/03-MH-abduktiv-Lernen.pdf* (12.06.05)

Huber, Hans Dieter; Lockemann, Bettina & Scheibel, Michael 2004: Visuelle Netze – Wissensräume in der Kunst, Ostfildern-Ruit: Hatje Cantz

Joy, Billy: Warum uns die Zukunft nicht braucht, in: Frankfurter Allgemeine Zeitung Nr. 130 vom 06.06.2000, S. 49–51, auch in Schirrmacher, Frank (Hrsg.) 2001: Die Darwin AG – Wie Nanotechnologie, Biotechnologie und Computer den neuen Menschen träumen, Köln: Kiepenheuer & Witsch

Judelman, Greg 2004: Knowledge Visualization: Problems and Principles for Mapping the Knowledge Space, Master Thesis, International School of New Media Lübeck, Download als PDF unter *http://isnm.de/greg/research/*

Kamper, Dietmar & Wulf, Christoph (Hrsg.) 1986: Das Schwinden der Sinne, Frankfurt a.M.: Suhrkamp

Kittler, Friedrich A. 1985: Aufschreibesysteme 1800/1900, München: Fink

– 1986: Grammophon – Film – Typewriter, Berlin: Brinkmann und Bose

Klaus, Georg 1967: Kybernetik und Erkenntnistheorie, Berlin: VEB Deutscher Verlag der Wissenschaften

Klee, Paul 1956/1981: Das bildnerische Denken, Basel: Schwabe & Co.

Kleist, Heinrich von 1805 (1988): Über die allmähliche Verfertigung der Gedanken beim Reden, in: (ders.): Gesammelte Werke, München: Hanser, S. 810–814, auch: *http:// www.kleist.org/texte/UeberdieallmaehlicheVerfertigungderGedankenbeimReden.pdf* (24.10.05).

Kornwachs, Klaus (Hrsg.) 1999: Zukunftsdialoge im VDI: Unterwegs zur Wissensgesellschaft, 4. Workshop, Konstanz, 6.-7. Oktober 1999 (ISSN 1436-2929) unter *http://www.tu-cottbus.de/techphil/Forsch/Wfdz/wfdzpt0499teil1.html*. Dokumentation des Workshops „Nachhaltigkeit des Wissens" auf dem Kongress „Die Zukunft des Wissens" der Allgemeinen Gesellschaft für Philosophie in Deutschland (Mittelstraß 1999)

Krämer, Sybille 1988: Symbolische Maschinen. Die Idee der Formalisierung im geschichtlichem Abriss, Darmstadt: Wissenschaftliche Buchgemeinschaft

– 1993: Operative Schriften als Geistestechnik: Zur Vorgeschichte der Informatik, in: Schefe, Peter; Hastedt, Heiner; Dittrich, Yvonne; Keil, Geert (Hrsg.) 1993: Informatik und Philosophie, Mannheim u.a.: BI-Wissenschaftsverlag, S. 69–83

– 1998: Sinnlichkeit, Denken, Medien: Von der Sinnlichkeit als Erkenntnisform zur Sinnlichkeit als Performanz, in: Kunst- und Ausstellungshalle der Bundesrepublik Deutschland (Hrsg.): Der Sinn und die Sinne, Schriftenreihe Forum Band 8, Göttingen: Steidl

– 2003: Erfüllen Medien eine Konstitutionsleistung? Thesen über die Rolle medientheoretischer Erwägungen beim Philosophieren, in: Münker, Stefan; Roesler, Alexander; Sandbothe, Mike (Hrsg.): Medienphilosophie – Beiträge zur Klärung eines Begriffs, Frankfurt a.M.: Fischer, S. 78–90

Krajewski, Markus 2002: Zettelwirtschaft – Die Geburt der Kartei aus dem Geiste der Bibliothek, Berlin: Kadmos, siehe auch *http://www.verzetteln.de*

– 2004: Projektemacher, Berlin: Kadmos

Kuhlen, Rainer 1999: Die Konsequenzen von Informationsassistenten – Was bedeutet informationelle Autonomie oder wie kann Vertrauen in elektronische Dienste in offenen Informationsmärkten gesichert werden?, Frankfurt a.M.: Suhrkamp

– 2003: Change of Paradigm in Knowledge Management – Framework for the Collaborative Production and Exchange of Knowledge, Plenary Session 03.08.2003 of the World Library and Information Congress: 69th IFLA General Conference and Council, Berlin 2003, published in: Knowledge Management – An asset for libraries and librarians. Collected papers from LIS professionals / Edited by Hans Christoph Hobohm. München: K.G. Saur 2003 (IFLA Publications)

Kurtzke, Christian & Popp, Petra 1999: Das wissensbasierte Unternehmen, München: Hanser

Kurzweil, Raymond 1990: Intelligent Machines, Cambridge: MIT Press (dt.: 1993: Das Zeitalter der künstlichen Intelligenz München/Wien: Carl Hanser)

– 1999: The Age of Spiritual Machines, London: Viking Press (dt.: 2000: Homo S@piens – Leben im 21. Jahrhundert, Was bleibt vom Menschen?, Köln: Econ)

Landow, George P. (Hrsg.) 1992: Hypertext – The Convergence of Contemporary Critical Theory and Technology, Baltimore/London: John Hopkins University Press

– 1994: Hyper / Text / Theory, Baltimore/London: John Hopkins University Press

Leary, Timothy o.J. ca.1995: Chaos & Cyberculture, Berkeley: Ronin Publishing Inc.

Leebaert, Derek (Hrsg.) 1995: The future of software, Cambridge: MIT Press

Levy, Pierre 1997: Die kollektive Intelligenz – Eine Anthropologie des Cyberspace, Mannheim: Bollmann

– 2005: Internet Economy Meta Language, *http://www.collectiveintelligence.info/documents/IEML-V2.pdf*

Ley, Michael, o.J.: Die Trierer Informatik-Bibliographie DBLP, unter *http://www.informatik.uni-trier.de/~ley/*

Lovink, Geert 2003: My first recession, Rotterdam: V2_NAi Publishers (auch: *http://www.laudanum.net/geert*)

– & Pit Schulz, nettime (Hrsg.) 1997: Netzkritik – Materialien zur Internet Debatte, Berlin: Edition ID-Archiv

Luhmann, Niklas 1987: Soziale Systeme – Grundriss einer allgemeinen Theorie, Frankfurt a.M.: Suhrkamp

– 1990: Die Wissenschaft der Gesellschaft, Frankfurt a.M.: Suhrkamp

– 1992: Ökologie des Nichtwissens, in ders.: Beobachtungen der Moderne, Opladen: Westdeutscher Verlag, S. 149–220

Lyotard, Jean-François 1979: La condition postmoderne, Paris: Éditions de Minuit (dt. 1986: Das postmoderne Wissen – Ein Bericht, Wien: Passagen)

Maar, Christa; Obrist, Hans-Ulrich & Pöppel, Ernst (Hrsg.) 2000: Weltwissen – Wissenswelt, Das globale Netz von Text und Bild, Köln: DuMont

Marotzki, Winfried 1997: Digitalisierte Biografien? Sozialisations- und bildungstheoretische Perspektiven virtueller Welten, in: Luhmann, Niklas; Lenzen, Dieter (Hrsg.): Bildung und Weiterbildung im Erziehungssystem – Lebenslauf und Humanontogenese als Medium und Form, Frankfurt a.M.: Suhrkamp, S. 175–198

Maturana, Humberto R. 1985: Erkennen – Die Organisation und die Verkörperung von Wirklichkeit, Braunschweig/Wiesbaden: Vieweg (2. Auflage, zuerst 1982)

– 1990: Ontologie des Konversierens, in: Kratky, Karl W. & Wallner, Friedrich (Hrsg.) 1990: Grundprinzipien der Selbstorganisation, Darmstadt: Wissenschaftliche Buchgesellschaft, S. 140

McAllister, James W. 1996: Beauty and Revolution in Science, Ithaca/London: Cornell University Press

McCullough, Malcolm 2004: Digital Ground, Cambridge: MIT Press

McCullough, Warren 1965: Embodiments of the Mind, Cambridge: MIT Press (dt. 2000: Verkörperungen des Geistes, Berlin / Heidelberg u.a.: Springer (Computerkultur Band VII, hrsg. von Rolf Herken)

Minsky, Marvin & Papert, Seymour 1969: Perceptrons: An Introduction to Computational Geometry, Cambridge, MA: MIT Press

Mittelstraß, Jürgen 1999: Die Zukunft des Wissens, Proceedings des XX. Kongresses der Deutschen Gesellschaft für Philosophie, Konstanz: Universitätsverlag

Moravec, Hans 1988: Mind children – The Future of Robot and Human Intelligence, Cambridge: Harvard University Press (dt. 1990: Mind Children, Hamburg: Hoffmannn und Campe)

Negt, Oskar & Kluge, Alexander 1981: Geschichte und Eigensinn, Frankfurt a.M.: Verlag 2001 (8. Auflage)

Nelson, Ted 1974/1987: Computer Lib/Dream Machines, Redmond, WA: Microsoft Press (revised edition) Nelson, Ted 1981: Literary Machines, Swarthmore: Verlag ohne Angabe

Neurath, Otto 1991: Gesammelte Bildpädagogische Schriften, Bd. 3, hrsg. von Rudolf Haller, Wien: Hölder Pichler Tempsky

Osten, Manfred 2004: Das geraubte Gedächtnis – Digitale Systeme und die Zerstörung der Erinnerungskultur, Frankfurt a.M./Leipzig: Insel

Ostwald, Wilhelm 1912: Die Organisierung der Organisatoren durch die Brücke, München: Selbstverlag der Brücke, zitiert nach: Sachsse, Rolf: Das Gehirn der Welt 1912, in: Weibel, Peter und Zentrum für Kunst- und Medientechnologie Karlsruhe (Hrsg.) 2004: Wilhelm Ostwald: Farbsysteme, Das Gehirn der Welt, Ostfildern: Hatje Cantz, S. 74, auch als Sachsse, Rolf (1998): Das Gehirn der Welt: 1912 – Die Organisation der Organisatoren durch die Brücke. Ein vergessenes Kapitel Mediengeschichte, veröffentlicht unter: *http:// www.telepolis.de/deutsch/inhalt/co/2481/1.html* (12.07.2001)

Papmehl, André & Siewers, Rainer (Hrsg.) 1999: Wissen im Wandel – Die lernende Organisation im 21. Jahrhundert, Wien/Frankfurt a.M.: Wirtschaftsverlag Carl Ueberreuter

Pflüger, Jörg 1994: Writing Building Growing. Zur Geistesgeschichte der Programmierung, in: Hellige H.-D. (Hrsg.): Leitbilder der Computer- und Informatikentwicklung, Technischer Bericht des Artec Bremen 33, S. 202–231

Pias, Claus 2005: Zukünfte des Computers, Zürich/Berlin: diaphanes

Rheinberger, Hans-Jörg 1992: Experiment – Differenz – Schrift, Marburg: Basilisken-Presse

Rheingold, Howard 1985: Tools for Thought – The History and Future of Mind-Expanding Technology, New York: Schuster & Schuster

– 2003: Smart Mobs: The Next Social Revolution, Cambridge: Basic Books

Roehl, Heiko 2002: Organisationen des Wissens – Anleitung zur Gestaltung, Stuttgart: Klett Cotta

Rolf, Arno 1992: Sichtwechsel – Informatik als Gestaltungswissenschaft, in: Coy, Wolfgang et al. (Hrsg.): Sichtweisen der Informatik, Wiesbaden: Vieweg, S. 33–47

Rosenfeld, Louis & Morville, Peter 2002 (1998): Information Architecture, Sebastopol Cambridge.: O´Reilly

Rost, Martin 1996: Wissenschaftliche Kommunikation im Netz – Vorschlag zur Entwicklung einer Diskurs-Markup-Language, in: Bollmann, Stefan & Heibach, Christiane (Hrsg.): Kursbuch Internet – Anschlüsse an Wirtschaft und Politik, Wissenschaft und Kultur, Mannheim: Bollmann Verlag, S. 413–423

Schefe, Peter; Hastedt, Heiner; Dittrich, Yvonne & Keil, Geert (Hrsg.) 1993: Informatik und Philosophie, Mannheim u.a.: BI-Wissenschaftsverlag

Schildhauer, Thomas; Braun, Matthias & Schultze, Matthias (Hrsg.) 2003: Corporate Knowledge – Durch eBusiness das Unternehmenswissen bewahren, o.O.: Business Village

Schinzel, Britta o.J.: Informatik, Wissenschaft im Spannungsfeld zwischen (technologischer) Determination und (kultureller) Vision, unter *http://mod.iig.uni-freiburg.de/publikationen/online-publikationen/Zuerich.pdf&e=10431*

Schmid, Ute; Kindsmüller, Martin Christof 1996: Kognitive Modellierung, Heidelberg: Spektrum

Schmidt, Michael Peter 2000: Knowledge Communities – Mit virtuellen Wissensmärkten das Wissen in Unternehmen effektiv nutzen, München: Addison-Wesley

Schön, Donald A. 1982: The Reflective Practitioner – How Professionals think in Action, o.O., USA: Basic Books

Schöttker, Dirk 1999: Konstruktiver Fragmentarismus – Form und Rezeption der Schriften Walter Benjamins, Frankfurt a.M.: Suhrkamp

Serres, Michel 1964: Das Kommunikationsnetz Penelope, in: Pias, Claus; Vogl, Joseph; Engell, Lorenz; Fahle, Oliver & Neitzel, Britta (Hrsg.) 1999: Kursbuch Medienkultur – Die maßgeblichen Theorien von Brecht bis Baudrillard, Stuttgart: DVA, S. 155–165

Sloterdijk, Peter 1993: Essayismus in unserer Zeit, in ders.: Medien-Zeit – Drei gegenwartsdiagnostische Versuche, Stuttgart: Cantz (Schriftenreihe der Staatlichen Hochschule für Gestaltung, Band 1)

Sommerer, Christa & Mignonneau, Laurent (Hrsg.) 1998: Art@Science, Wien/New York: Springer

Spindler, Wolfgang 1984: Unter dem Pflaster liegt das Kabel – Über die neuen Medien, Reinbek: Rowohlt

Spinner, Helmut F. 1994: Die Wissensordnung – Ein Leitkonzept für die dritte Grundordnung des Informationszeitalters, Opladen: Leske+Budrich

– 1998: Die Architektur der Informationsgesellschaft, Bodenheim: Philo

Steels, Luc 1995: Biology and Technology of Intelligent Autonomous Agents, Berlin / Heidelberg: Springer

Stehr, Nico 1994: Arbeit, Eigentum und Wissen – Zur Theorie von Wissensgesellschaften Frankfurt a.M.: Suhrkamp

– 2001: Wissen und Wirtschaften – Die gesellschaftlichen Grundlagen der modernen Ökonomie, Frankfurt a.M.: Suhrkamp

Stephan, Peter Friedrich 1997: Designer im Cyberspace: Ratlos – Perspektiven designspezifischer Forschung (deutsch/englisch), in: formdiskurs 2, I/97, S. 108–119

– 2001: Denken am Modell – Gestaltung im Kontext bildender Wissenschaft, in: Bürdek, Bernhard E.: Der digitale Wahn, Frankfurt a.M.: Suhrkamp, S. 109–129

– 2003: Time Design für Wissensmedien, in: Deutsche Gesellschaft für Semiotik (Hrsg.) 2003: Proceedings, 10. Internationaler Kongress Körper – Verkörperung – Entkörperung Kassel 2002, Tübingen: Stauffenburg (CD-ROM)

– & Asmus, Stefan 2000: Wissensdesign – Mit neuen Medien Wissen gestalten, in: Fortschritte in der Wissensorganisation Bd. 6, Proceedings der 6. Tagung der Deutschen Sektion der Internationalen Gesellschaft für Wissensorganisation ISKO, Hamburg 23.-25. September 1999, Würzburg: Ergon

Stingelin, Martin (Hrsg.) 2004: Mir ekelt vor diesem tintenklecksenden Säkulum – Schreibszenen im Zeitalter der Manuskripte. Zur Genealogie des Schreibens, München: Fink

Strauß, Botho 1992: Beginnlosigkeit, München/Wien: Hanser

Strauss, Wolfgang; Fleischmann, Monika; Denzinger, Jochen; Wolf, Michael & Yinlin, Li 2004: Knowledge Spaces: Cultural Education in the Media Age, in: Ghaoui, Claude (Hrsg.) 2001: E-Education Applications: Human Factors and Innovative Approaches. Hershes: Idea Group Publishing, S. 291–307, auch unter: *http://www.netzspannung.org/about/tools/intro* (24.06.2004)

Streitz, Norbert A. 1990: Werkzeuge zum pragmatischen Design von Hypertext, in: Herget, J. & Kuhlen, R. (Hrsg.) 1990: Pragmatische Aspekte beim Entwurf und Betrieb von Informationssystemen. Konstanz: Universitäts-Verlag, S. 297–304

Strothotte, Christine & Strothotte, Thomas 1997: Seeing between the Pixels – Pictures in interactive Systems, Berlin/Heidelberg: Springer

Suchmann, Lucy A. 1987: Plans and Situated Actions – The Problem of Human-Machine Communication, Cambridge: Cambridge University Press

Superstudio, 1972: Description of the Microevent/Microenvironment, in: Ambasz, Emilio: Haly – The New Domestic Landscape, New York: Museum of Modern Art, S. 240–251

Talbott, Stephen L. 1995: The future does not compute – Transcending the Machines in our Midst, Sebastopol: O`Reilly

Trappl, Robert & Petta, Paolo 1997: Creating Personalities for Synthetic Actors. Towards Autonomous Personality Agents (Lecture Notes in Computer Science Vol. 1195), Berlin/Heidelberg: Springer

Turkle, Sherry 1984: The Second Self. Computers and the Human Spirit, New York, N.Y.: Simon and Schuster (dt. 1986: Die Wunschmaschine – Der Computer als zweites Ich, Reinbek: Rowohlt)

– 1995: Life on the Screen, New York: Simon & Schuster (dt. 1997: Leben im Netz, Reinbek: Rowohlt)

Varela, Francisco J. 1990: Kognitionswissenschaft – Kognitionstechnik. Eine Skizze aktueller Perspektiven, Frankfurt a.M.: Suhrkamp

Volpert, Walter 1984: Maschinen-Handlungen und Handlungs-Modelle – Ein Plädoyer gegen die Normierung des Handelns, in: Gestalt Theory, Vol. 6 (1984), No.1, S. 70–100

– 1985: Zauberlehrlinge: Die gefährliche Liebe zum Computer, Weinheim

Wegner, Peter 1997: Why Interaction is more powerful than Algorithms, in: Communications of the ACM, Mai 1997/Vol. 40, Nr. 5, S. 80–91

Weizenbaum, Joseph 1976: Computer Power and Human Reason: From Judgement to Calculation, San Francisco: W. H. Freeman (dt. 1990: Computer und die Ohnmacht der Vernunft, Frankfurt a.M.: Suhrkamp)

Welsch, Wolfgang (Hrsg.) 1993: Die Aktualität des Ästhetischen, München: Fink

Willke, Helmut 1998: Systemisches Wissensmanagement, Stuttgart: Lucius & Lucius (UTB)

– 2002: Dystopia – Studien zur Krisis des Wissens in der modernen Gesellschaft, Frankfurt a.M.: Suhrkamp

Winkels, Hubert 1999: Leselust und Bildermacht – Über Literatur, Fernsehen und Neue Medien, Frankfurt a.M.: Suhrkamp

Winkler, Hartmut 1997: Songlines – Landschaft und Architektur als Modell für den Datenraum, in: Bolz, Norbert; Kittler, Friedrich & Tholen, Christoph (Hrsg.): Computer als Medium, München: Fink, S. 227–239

Winograd, Terry & Flores, Carlos Fernando 1986: Understanding Computers and Cognition: A New Foundation Of Design, Norwood, NJ: Ablex (dt. 1989: Erkenntnis Maschinen Verstehen – Zur Neugestaltung von Computersystemen, Berlin: Rotbuch)

Wirth, Uwe 2001: Der Tod des Autors als Geburt des Editors, in: Arnold, Heinz Ludwig (Hrsg.): Text+Kritik – Zeitschrift für Literatur Nr. 152: Digitale Literatur, München: Richard Boorberg, edition text+kritik, S. 54–64

Wurman, Richard Saul (Hrsg.) 1996: Information Architects, New York: Graphics Inc.

Zacharias, Wolfgang (Hrsg.) 1996: Interaktiv – Im Labyrinth der Wirklichkeiten. Über Multimedia, Kindheit und Bildung. Über reale und virtuelle Interaktion und Welten, Essen: Klartext

Zielinski, Siegfried 2001: Geglücktes Finden. Eine Miniatur, zugleich Korrektur, zur AnArchäologie des technischen Hörens und Sehens, in: Engell, Lorenz & Vogl, Joseph 2001: Mediale Historiografien, Weimar: Universitätsverlag (Archiv für Mediengeschichte), S. 151–160

I. Theorie

Einleitung
Theoriebildung als Gestaltungsaufgabe

Peter Friedrich Stephan

1   Ausgangspunkte

Das Thema *Knowledge Media Design* hat theoretische Dimensionen, die ebenso vielfältig sind wie die beteiligten Disziplinen. Nicht nur einzelne Theoriepositionen erscheinen dabei mitunter weit voneinander entfernt, sondern auch die Art und Weise der Theoriebildung selbst. Geistes-, Natur-, Technik-, Gestaltungs- und Kommunikationswissenschaften haben jeweils eigenständige Theorieanlagen ausgebildet. Eine simple Integration dieser Ansätze in ein konsistentes Theoriegebäude scheint daher nicht nur kaum erreichbar, sondern dem komplexen Gegenstand der Wissensmedien nicht angemessen. Die von Theorien üblicherweise erwartete Ableitung von Konzepten und Methoden für eine erfolgreiche Praxis kann daher nicht aus normativen Setzungen gewonnen werden.

Ein Ausgangspunkt für die Orientierung und Systematisierung des Feldes der Wissensmedien kann aber in der Selbstbeobachtung der Theorieproduzenten gefunden werden. Während die klassische Theoriebildung aus der einfachen Beobachtung Hypothesen gewinnt und Argumente konstruiert, geht ein transklassischer Ansatz von der Beobachtung des Beobachters aus. Dabei wird nach den Unterscheidungen gefragt, auf Grund derer ein Beobachter bestimmte Ausschnitte wählt und bearbeitet, während andere vernachlässigt werden. Dieser Beobachter zweiter Ordnung wurde in der neueren Systemtheorie durch die Aufnahme kognitionswissenschaftlicher Erkenntnisse eingeführt.

Die konstituierenden Elemente der Theoriebildung als Beobachtung, worunter man die Einheit von Unterscheidung und Bezeichnung zusammenfasst, sind zunehmend medial geprägt. Medien eröffnen und verschließen Unterscheidungs- und Bezeichnungsmöglichkeiten. Damit stellen sich Medien als *Bedingung der Möglichkeit* künftiger Wissens- und Theoriebildung heraus. Eine differenziert entwickelte Theorie der Wissensmedien kann somit weder als eine Sammlung unabhängiger Theorieansätze noch als konsistentes Gebäude angelegt werden, sondern muss notwendig als *autologisch* operierender Prozess konzipiert sein. Nur ein solches Theoriemodell kann dem Feld des Knowledge Media Designs in seiner Komplexität und Dynamik gerecht werden. Auf diesem Abstraktionsniveau kann ein gemeinsamer Ausgangspunkt für unterschiedliche Theorie*designs* gefunden werden, die in ihrer Vielfalt der großen Bandbreite der beteiligten Disziplinen entsprechen, sich aber gleichwohl aufeinander beziehen können.

Arbeiten im Bereich *Theorien der Wissensmedien* sollen daher drei Zwecke erfüllen:

1. Verbesserung der Praxis des KMD durch Orientierung, Systematik und Generierung neuer Fragen.
2. Förderung des Verständnisses der bei der Produktion von Theorie beteiligten Prozesse und deren angemessene Unterstützung.
3. Rückwirkung in die fachspezifischen Theoriebildungen.

Damit ist auch gesagt, dass der hier verwendete Begriff der *Theorie* nicht mit dem Begriff der *Wissenschaft* zusammenfallen kann. Die Wissenschaften erscheinen nur als jeweils *eine* mögliche Realisation einer Vielzahl von kontingenten Theoriedesigns. Diese offene Menge unterschiedlicher Weisen der Unterscheidung und Bezeichnung kann sinnvoll nur mit einem umfassenden Gestaltungsbegriff beschrieben werden, der unterschiedliche Wissens*typen* und Erkenntnis*stile* zulässt.

Die Praxis wartet nicht auf Konzepte und theoretische Durchdringung, sondern ereignet sich blind. Die Theorie kann das nur beobachten und ex post analysieren, wenn sie sich traditionell verhält und meint, unbeteiligt beobachten zu können. Wenn diese Illusion jedoch aufgegeben wird zugunsten der Einsicht, dass Theoriebildung selbst unter medientechnischen Konditionierungen steht und dementsprechend autologische Verfahren zum Einsatz kommen müssen, kann sich Theoriebildung als experimentelles Entwurfsgeschehen verstehen und antizipative Funktionen integrieren.

Damit steht das heutige Knowledge Media Design als Theorie- und Praxisfeld in der Traditionslinie erster Medienentwickler. In der Frühzeit der Entwicklung technischer Medien verbanden sich theoretische Spekulation und praktischer Erfindungsgeist in der Person grenzgängerischer Experimentatoren und *Projektemacher* (Krajewski, 2004). Ähnliche Konstellationen der Verschiebung von Möglichkeitsräumen durch die medientechnische Entwicklung haben sich in der jeweiligen Frühphase von Radio, Film, Fernsehen und Internet wiederholt. Für weiterhin transitorische Medienumgebungen scheinen daher experimentelle Verfahren der Theoriebildung angemessen zu sein.

Im Theorieteil dieses Bandes finden sich entsprechend tätige Autoren, deren gemeinsames Kennzeichen schon ihre häufig ungewöhnlichen Werdegänge sind, und die im akademischen Umfeld als Grenzgänger gelten können. Sie sind Physiker, Psychologen und Philosophen, Ethnologen, Computer- und Sozialwissenschaftler sowie Kultur- und Designtheoretiker und forschen über Antizipation, Hochenergiephysik, Strömungskörper, Systemtheorie, Semiotik und Gartenbaukunst.

Sieben Beiträge spannen einen Bogen von designtheoretischen Überlegungen (Wolfgang Jonas: Mind the gap! – Über Wissen und Nicht-Wissen im Design) und kultureller Situierung (Mihai Nadin: Knowledge Media Design and the Anticipation Challenge) über philosophische Grundlagen (Johannes Balle: Gestaltungsspiele – Unterwegs zu einer Philosophie des Verstehens) zu kognitionswissenschaftlichen Aspekten (Detlev Nothnagel: Wissensmedien und die Vermittlung zwischen externer und interner Repräsentation sowie Steffen-Peter Ballstaedt: Kognitive Verarbeitung von multikodaler Information) und evolutionstheoretischen (Maximilian Eibl: Schein und Sein der Bedienbarkeit) wie psychologischen Fragestellungen (Marc Hassenzahl: Interaktive Produkte wahrnehmen, erleben, bewerten und gestalten).

2   Die Beiträge im Einzelnen

Anhand der Frage nach Designgrundlagen und den Möglichkeiten einer spezifischen Designforschung diskutiert **Wolfgang Jonas** Typen und Funktionen von Wissen und Nicht-Wissen in Design und Wissenschaft. Grundlage dafür sind die evolutionäre Erkenntnistheorie, die Theorie sozialer Systeme und die Theorie der sozio-kulturellen Evolution. Design stellt sich dabei als handlungs- und kontextverbunden heraus, wodurch es als „ironische" Disziplin eine „Kompetenz des reflektierten Umgangs mit fundamentaler Ungewissheit" zeigt, während der Abstraktionsgrad von Wissenschaft begrenzteres, aber belastbarer reproduzierbares Wissen bearbeitet. Durch stärkere Sozialisierung und Projektorientierung werden Wissenschaften dem Design ähnlicher.

Einen umfassenden Überblick zur Verortung der Diskussion über Knowledge Media Design, seine Grundlagen und Perspektiven liefert **Mihai Nadin**. In einem pragmatischen Rahmen werden Medien als formative Kräfte beschrieben, die auf uns zurückwirken. Zunehmende Komplexität kann dabei nicht mit deterministischen Modellen behandelt werden, sondern sie erfordert eine Ergänzung durch *Antizipation*. Deren Verfahren werden im Design methodisch entwickelt und entsprechen der dynamischen Natur einer Generierung von Wissen im Kontext. Diese Verhältnisse werden an einem Beispiel aus der eigenen Forschungspraxis, der Entwicklung einer assoziativen Enzyklopädie, verdeutlicht.

Johannes Balle führt analog zu Wittgensteins *Sprachspielen* den Begriff der *Gestaltungsspiele* ein, der umfassendere Formierungen von Wahrnehmungen und Artikulationen anzeigt. Im Selbstverständnis einer *Philosophie der Praxis* versucht dieser Ansatz über wissenschaftliche Typisierungen und Schemata hinauszukommen und sich einer lebensweltlichen Verortung kognitiver und kommunikativer Vollzugsformen zu nähern. Demnach basieren auch höherstufige Wissensformen auf praktischen Erkenntnisweisen, die sich *in actu* realisieren, aber theoretischer Betrachtung kaum zugänglich erscheinen. Einbildungskraft und Symbolgestaltung vermitteln zwischen individuellen Erkenntnisstilen und sozialer Eingebundenheit und liegen als Gestaltungskompetenz jeglicher Wissensformation zu Grunde.

Den bisher wenig analysierten Einfluss sozio-kultureller Umgebungen auf das Nutzungsverhalten von Wissensmedien beschreibt **Detlev Nothnagel** in einer Untersuchung über die Vermittlung interner und externer Repräsentation. Von einer Referierung des Forschungsstandes

in den Kognitionswissenschaften ausgehend, werden ikonografische und symbolische Dar-
stellungsqualitäten in *concept maps* besprochen. Die empirische Untersuchung einer Suchaufgabe in Datenbeständen ergab detaillierte Aufschlüsse hinsichtlich der Überschätzung der
Funktion bildlicher Darstellung bzw. deren Erfolgsabhängigkeit von Nutzungssituation, Vorerfahrung und Geschlecht der Suchenden. Ansätze der alltagsweltlich eingebetteten Kognition zeigen die Inkongruenz von internen und externen Repräsentationen, denen nicht mit
einfachen Isomorphien begegnet werden kann.

Um den zwischen Euphorie und Ernüchterung schwankenden Einschätzungen der Möglichkeiten multimedialer Wissensmedien eine solide Grundlage zu geben, stellt **Steffen-Peter
Ballstaedt** den Stand der neurophysiologischen Forschung in Bezug auf die kognitive Verarbeitung multikodaler Information vor. Dazu gehören die Gestaltgesetze der Wahrnehmung,
das ästhetische Erleben und die Ökonomie der Aufmerksamkeit sowie Beschreibungen mentaler Modelle als ganzheitlich, anschaulich und dynamisch. Eine Übersicht der Theorien zu
multimodalem Lernen behandelt die produktive und rezeptive Medienkompetenz. Auch wenn
allgemeingültige Regeln beschrieben werden können, müssen doch Kontexte und Adaptionen
berücksichtigt werden, die in der kognitiven Evolution wirksam sind.

Auch wenn ihre Auswirkungen bereits in verschiedensten Wissenschaften von der Psychobio-
logie bis hin zur Literaturwissenschaft nachgewiesen werden konnten, wurde die Evolutionstheorie bei der Gestaltung von Benutzungsschnittstellen bislang nicht rezipiert. Doch gerade
ihre kognitionspsychologischen Auswirkungen scheinen bei der Konzeption von Wissensmedien elementar zu sein. **Maximilian Eibl** beschreibt mit dem Zusammenhang der ästhetischen
Wahrnehmung und ihrer qualitativen Interpretation eine dieser Implikationen und bildet damit
ein evolutionstheoretisches Fundament für die Integration von Softwareergonomie und
Design.

Interaktion und Wahrnehmung bei digitalen Produkten stehen schließlich im Zentrum des
Beitrags von **Marc Hassenzahl**. Produktfunktionen wie Stimulation, Kommunikation von
Identität und Symbolisierung fordern die Entwicklung hedonischer Qualitäten, die in den
Dimensionen *Wahrnehmen, Erleben, Bewerten* und *Gestalten* aufgezeigt werden. Ziel ist es,
das Formulieren von Gestaltungszielen und deren Überprüfung zu differenzieren, wobei die
Referenz auf eine empirische Untersuchung zeigt, dass Attribute stark kontextabhängig
bewertet werden.

3   Fazit

Zusammenfassend zeigt sich, dass sich in der Theoriebildung für Wissensmedien die Forschungsansätze unterschiedlicher Fachrichtungen begegnen. Gemeinsame Quellen werden in
aktuellen kognitions- und systemtheoretischen Ansätzen gefunden, die etwa die Bedeutung
des Kontexts als *situated cognition* herausstellen. Deutlich zeigt sich ein Defizit an empirischer Forschung in Verbindung mit experimentellen Konzepten, die vergleichende Aufschlüsse liefern könnten. Die Ambition des Forschungs- und Praxisfeldes des Knowledge
Media Designs als Verbindung von Theorie, Methodik und Praxis wird damit bestätigt.

Mind the gap! – Über Wissen und Nichtwissen im Design
Oder: Es gibt nichts Theoretischeres als eine gute Praxis

Wolfgang Jonas

Die Frage nach den Grundlagen oder dem „common ground" des Designs ist weiter offen. Grundlagen sind entweder „Nichts" – der Beginn der kulturellen Evolution, der „Nullpunkt" (der Stock und der Stein des Primaten) – oder „Alles" – die Geschichte dessen, was bis heute passiert ist. Vom „Nullpunkt" bis heute hatten wir einen endlosen Zyklus/eine Spirale/eine „Geschichte" der Konstruktion und Dekonstruktion von Artefakten und Wissen, oder: der Komplexifikation (um das überladene Wort „Lernen" vorerst zu vermeiden). Und wir haben die fortschreitende „Wellenfront" der Gegenwart, den Ort, an dem wir die Ähnlichkeit von Entwerfen und „science in action" erfahren können. Beide Prozesse agieren im hybriden Sumpf der Artefakte, Bewusstseine, Kommunikationen und menschlichen Körper. Bedeutung, Status und Gebrauch von Wissen sind jedoch im Design und in den Wissenschaften grundsätzlich verschieden. Wissenschaft zielt auf Vorhersagbarkeit und braucht deshalb stabile Modelle, die „das Gleiche" liefern. Wissenschaft muss ihre Modelle „reinigen", um sie aus Hypothesen in Vorhersagemaschinen zu verwandeln. Körper, Bewusstseine, Kommunikationen und Artefakte werden säuberlich voneinander getrennt. Wissenschaftliche Probleme sind gelöst, solange die Lösung sich nicht als falsch herausstellt, d.h. als weniger erklärungskräftig im Vergleich zu einer neuen Lösung. Design dagegen zielt auf Einzelphänomene, welche zu vielfältigen, unvorhersehbaren Bedingungen passen sollen. Design muss bewusst Variationen herstellen, Differenzen schaffen, weil die „Passungen" sich auflösen, verschwinden, altmodisch werden. Designumgebungen verändern sich zu schnell, um sinnvoll von wahrem oder falschem Wissen zu sprechen. Das Archiv von Designwissen ist wie ein Gedächtnis, ein wachsendes Reservoir von ermöglichenden wie beschränkenden Erfahrungen. Expertise im Design besteht in der Kunst des gleichzeitigen Umgangs mit wissenschaftlichem und nichtwissenschaftlichem Wissen, mit unscharfem und veraltetem Wissen und mit Nichtwissen, um diese wertgeladenen Passungen zu realisieren. Mit anderen Worten: in der „Kunst des Durchwurstelns".

Wir stehen vor der paradoxen Situation der wachsenden Manipulationsmacht durch Wissenschaft und Technologie bei gleichzeitig abnehmender prognostischer Kontrolle über die sozialen Konsequenzen. Die Grenzen dieser projektorientierten Wissenschaft deuten auf eine Anpassung der Rolle des Designs hin: bescheidener und anmaßender zugleich.

Meine konzeptionellen Werkzeuge zum Verstehen der Mechanismen der Produktion und Zerstörung von Artefakten und Wissen umfassen: (1) soziologische Systemtheorie (Luhmann) mit dem Konzept der Autopoiesis, einschließlich des Wechsels von Identitäts- zu Differenzdenken, (2) Evolutionstheorien (Darwin, Luhmann), (3) evolutionäre Erkenntnistheorie (Campbell, Riedl) sowie das Konzept der Aktionsforschung.

1   Warum immer noch Designgrundlagen?

Der Diskurs über Designgrundlagen ist isoliert und erratisch. Die geschäftigen und atemlosen „wissenschaftlichen" Designforschungsaktivitäten müssen durch einen kohärenteren und flexibleren und weniger rigiden theoretischen Rahmen gestützt werden, um die Autonomie und den spezifischen Charakter von Design (-forschung) zu befördern und zu klären.

Die Frage nach den Grundlagen habe ich mehrfach behandelt (Jonas, 1999, 2000). Der erste Artikel beschreibt Designtheorie, ähnlich wie Design selbst, als *floating network of chunks of ideas*, ohne festen epistemologischen Kern, agierend in der Interfaceregion zwischen sich ständig verschiebenden Bezugssphären: dem Kontextuellen und dem Artefaktischen. Einige provokante Konsequenzen wurden herausgestellt, etwa: es gibt *keinen Fortschritt im Design*, oder: *Design ist amoralisch* und muss es sein, um seine Funktion erfüllen zu können. Der zweite Artikel beschreibt das genannte Interface in Anlehnung an Schön (1983) als „Sumpf", eine provisorische Metapher für den hybriden Mix aus Natürlichem, Menschlichem und Göttlichem (Latour, 1998), der keine Grundlagen bieten kann, sondern nur Einstiegspunkte. Design hat keine Grundlagen, weil das Entwerfen selbst die grundlegende menschliche Aktivität darstellt. Grundlagen können als emergente kurzlebige Muster hervortreten. Wissenschaft agiert ebenfalls in diesem Sumpf (der dort Labor oder Feld genannt wird), aber sie ist gezwungen, die dort produzierten Fakten zu „reinigen" und zu de-kontextualisieren, um ihr mythisches Bild zu bewahren, dichter an der Wahrheit zu sein als andere Arten der Wissenserzeugung. Und ich habe gefragt, ob Design diesem verlockenden, aber problematischen Programm der Wissenschaftlichkeit folgen sollte.

Design hat zweifellos beachtlichen Status und hohe Komplexität erreicht:

• Dutzende von Professionen benutzen das Konzept *Design*. Aber worin bestehen ihre Gemeinsamkeiten, abgesehen von der Überführung existierender in neue (bestenfalls gewünschte) Situationen?

• Es gibt einen wachsenden Bereich der *Designforschung*. Aber worin besteht das designspezifische dieser Aktivitäten, abgesehen davon, dass sie für Designaufgaben hilfreich sein mögen?

• Es werden enorme, fast „kanonische" Listen von designrelevanten Wissensbeständen und Disziplinen, verbunden mit wohl etablierten akademischen Regeln propagiert (Friedman, 2001). Aber schafft dies tatsächlich „common ground" oder verstellt es nicht eher durch Quantität und Eloquenz den Blick auf die fehlenden eigenen Grundlagen und Regeln?

Ich will nicht als Spielverderber auftreten und auch nicht die gegenwärtigen Anstrengungen und Erfolge der Designforschung in all ihren Facetten in Frage stellen, aber angesichts des Dargestellten erscheint das laute Propagieren von gemeinsamem Grund und von Fortschritt im Design wie eine Beschwörungsformel. Es mag sinnlos erscheinen oder gar engstirnig, auf diesem Punkt zu beharren, aber ich halte es für notwendig, die Frage nach den Grundlagen offen und lebendig zu halten, um eine spezifische Designidentität entwickeln zu können. Diese umfasst ontologische, epistemologische und methodologische Aspekte:

1. Gibt es ein Wesen von Design/Entwerfen?
2. Was ist die allgemeine Funktion von Design?
3. Worin besteht die spezifische Natur von Wissen im Design?
4. Wie steht es mit der Beziehung Design/Wissenschaft?
5. Wie lässt sich der Prozess der „Problemlösung" durch Forschung verbessern?

Das angeblich zentrale Produkt des Entwerfens, das Artefakt, fehlt hier. In meiner Sicht sind Artefakte *kontingente* Materialisierungen in dem endlosen Prozess, welche bestenfalls *retrospektiv* (zweifellos mit Nutzen für weitere Projekte) interpretiert werden können.

Nach der „Common Ground"-Konferenz der Design Research Society im September 2002 gab es eine kurze Diskussion über die kritische Äußerung, dass für einige Leute die Konferenz nicht den durch die ambitionierte Metapher (*common ground*) geweckten Erwartungen entsprochen habe. Die Debatte wurde durch die lakonische Antwort der Organisatoren abgebrochen, es habe sich um „a title, not a theme" gehandelt. Dies ist höchst unbefriedigend, wenn man bedenkt, dass theoretische Beiträge, welche explizit die Frage der Grundlagen ansprechen, einen regelrechten „Karneval der Meinungen" in diesem Feld offenbaren (Jonas, 2001–2003, 2004). Wir sollten die Fallen und Sackgassen dieses Unternehmens im Auge behalten. Die Rede von „common ground" impliziert den Anspruch, das Ganze des Designs von einer Position innerhalb des Designs zu beschreiben. Normative Fixierungen und quasireligiöse Formeln sind häufige Folgen derartiger autologischer Situationen von Selbstreferenz und Paradoxie. Sie verdecken die notwendige Einzigartigkeit und Fluidität aller Selbstbeobachtungen und verleiten uns dazu, unsere Landkarte für die Landschaft zu halten.

Kann es Grundlagen mit Axiomen, Gesetzen und wissenschaftlichen Methoden geben? Oder müssen wir die Methode des eleganten „muddling through" akzeptieren? Jeder Versuch der Fixierung von Grundlagen führt zur Frage: was ist die Grundlage dieser Grundlagen? Das „Münchhausen-Trilemma" taucht auf (Albert, 1968) und bietet die Auswege des *infiniten Regresses*, der *Zirkularität* oder der *dogmatischen Setzung*. Love (2002) sucht auf der neurophysiologischen Ebene nach Grundlagen. Seine biologisch basierten Erklärungen werden im infiniten Regress enden, so ist zu befürchten. Buchanan (2001) führt „generative principles" ein, doch woher kommen diese? Sie sind selbstverständlich generiert, aber sie offenbaren einen reizvollen zirkulären Aspekt, wie gezeigt werden wird. Friedman (2001) definiert einige Begriffe und folgert: es gibt Grundlagen und basta! Meiner Ansicht nach scheint eine Mischung aus Zirkularität + Zeit („Spiralität") am meisten zu versprechen.

2   Grundlagen durch Definition und Deduktion?

Wir neigen zu der unangemessenen Erwartung, polymorphe Phänomene (Design, Fortschritt, Grundlagen) mittels geschärfter Definitionen und formaler Schlussfolgerungen in den Griff zu bekommen. Unscharfe Konzepte sind jedoch möglicherweise besser greifbar, indem der Kern des Phänomens mit Hilfe von Analogien illustriert wird. Dies bedeutet die Verschiebung von einer definitorischen (binären) in Richtung auf eine transitorische (fuzzy) Logik.

Friedman (2001) hat die erwähnten Artikel (Jonas 1999, 2000) kritisch gelesen. Das Folgende ist Teil eines imaginären Dialogs (Jonas, 2002), d.h. ich antworte auf seine Kritik und konzentriere mich auf die Frage des allgemeinen *Stils* und die Fragen nach *Fortschritt* und *Grundlagen*. Die hauptsächliche Kritik lautete: *„The arguments against the concept of foundations are intuitionist in nature."*

K.F.:

„ [...] These papers outline problems and issues without defining them. Opening the problem space allows us to reflect. Closing the problem space through robust definitions allows us to begin the search for solutions. "

W.J.:

The basic problems mentioned cannot be defined in a manner you would accept; definitions are not available. The concept of *interface* clearly refers to Simon and Alexander and their notions of design as interface discipline. „Robust" definitions might kill the problem before the search for solutions has even started. The idea that the problem space has to be closed in order to proceed towards solutions is inappropriate. Since the early 1970s we could know that in ill-defined, wicked problem situations problems and solutions evolve in a parallel process. If at all, the problem can be stated when a solution is achieved. And then the solution is the problem! I am convinced that this is true for design problems as well as for design theory problems.

K.F.:

„The growth of design knowledge, the steady history of improvements in design practice, the dramatic development of design research, and the gradual development of design teaching, all indicate progress.

Progress is not uniform. Comprehensive progress is impossible. Nevertheless, there is relatively wide agreement in our field that we are meeting Bunge's (1999, S. 227) definition of progress as a 'process of improvement in some regard and to some degree' in all four areas of design.

The state of physics in 1895 offers a good comparison for our field. Because we are a different kind of field, we cannot hope to make the fundamental progress that physics has made over the past 100 years. Even so, we can hope to grow if we focus on a progressive research program.

[...]

Progress in research and in practice depends on prior art. This is another way of stating that progress requires foundations. If there is progress – and there is – there must be foundation(s). There is progress in design. QED: design has foundations. "

W.J.:

There is an interesting rule, or axiom: „Progress requires foundations." And as we have progress, we have foundations. This is a nice circle, or syllogism/deduction, which fails immediately if one does not believe in your definition of progress and your postulation of progress in design. In my old-fashioned view progress comprises (1) an increase in scientific „truth" (there is progress e.g. in physics; but in design?), (2) an improvement of the human condition, the claim that Galilei and Bacon stated for science (there is progress in many fields; but through design?), and, (3) the utopian claim of enlightenment thinking: better human beings (no progress here!). But I do not accuse design for not showing much progress in this sense, because, as I argued, design is the agency of bridging the gap, the interface. There is no reference point for defining progress, but merely fit or non-fit. Is Mac OS X a design progress compared with OS 9, or just an increase in functional complexity?

Parallels with physics or even mathematics seem inappropriate. Maybe there are parallels to the situation of the Design Methods Movement (and the „design science decade") some 40 years ago: an exponential growth in rigidity [...] and then a collapse with important insights: that there are *designerly ways of knowing*, that design problems are mostly *ill-defined, embedded, situated*, etc.

Heute sind wir in einer Situation, wo andere Disziplinen den fragilen, fluiden, geschichtlichen Charakter ihrer jeweiligen „Grundlagen" erkennen. Wir sollten uns vor der „fallacy of misplaced concreteness" (A.N. Whitehead) hüten, also vor der Annahme, wenn wir nur ein Wort besitzen, dann gäbe es folglich auch ein Ding, welches von diesem Wort bezeichnet wird. Um es einfach auszudrücken: *Worüber reden wir eigentlich, wenn wir über Design und Designforschung reden?*

Ich lehne „systematische" Forschung keinesfalls ab. Aber dies muss nicht notwendigerweise dasselbe bedeuten wie etwa in den Sozialwissenschaften. Erfrischende und inspirierte designerische Forschungsweisen sind durchaus möglich (Dunne & Raby, 2001).

3   Grundlagen durch „Generative Prinzipien"?

„Generative Prinzipien" sind zuallererst generierte Prinzipien. Um den Grundlagen näher zu kommen, müssen wir die darunter liegenden evolutionären Mechanismen anschauen, die in der Lage sind „Prinzipien zu generieren".

Buchanan's (2001) „ecology of culture" könnte gut mit meinem berüchtigten „Sumpf" verglichen werden. Wenn er sagt, dass *„We tend to dismiss the way human beings have formed their beliefs in response to the natural and human environment"*, dann führt er explizit ein evolutionäres Konzept ein. In der Entwicklung unserer Denkwege und -weisen sind wir von den philosophischen Annahmen abhängig, die hinter unseren grundlegenden Überzeugungen stehen. Deren Kontingenz wird jedoch niemals explizit gemacht; sie bleiben meist in einem vorbewussten Zustand. Um sie deutlicher zu machen, identifiziert oder erfindet Buchanan vier „generative Prinzipien" als Erzeuger für die vielfältigen, manchmal inkompatiblen Muster des gegenwärtigen Theoretisierens im Design. Sein Schema zeigt zwei Dimensionen: die phänomenalen Prozesse (A) und die ontischen Bedingungen (B), jeweils mit zwei typischen Ausprägungen, so dass ein ordentliches Kreuzschema entsteht, ein Beispiel für *Theorie als Design*:

A: Phänomenal.

Die zugrunde liegende Annahme ist, *„that design is best understood by our experience of it […]."*

A1: Erfahrung und Umwelt.

Der Schwerpunkt liegt *„on the problems that human beings encounter in their environment. […] It seeks to identify and integrate multiple causes of design rather than reducing it to a single cause. […]"* Die vier Aristotelischen *causae* zeigen sich hier.

A2: Agent.

Der Schwerpunkt liegt auf *„the agent who performs an action. Design is shaped by the actions that human beings take in creating and projecting meaning into the world. […] This existential, operational approach is* exemplary *in its key features. It looks for successful examples of design practice in the past or present for models that may guide future ventures in designing. […]"*

B: Ontisch.

Die zugrunde liegende Annahme lautet, es gebe *„'real and ultimate' conditions that determine design in human experience […]"*

B1: Zugrunde liegende Kräfte.

Der Schwerpunkt liegt auf *„underlying natural forces and material reality. […] The paradigm of design is engineering, since engineering is closest to the natural conditions that are the 'real and ultimate' conditions of human life. […] This […] approach […] looks to the conditions that have shaped the past and seeks to project the trends of fundamental forces and movements into the future […]"*

B2: Transzendente Ideen.

Hier liegt der Fokus auf „*ideas and ideals that transcend the necessities and contingencies of physical or material culture and the limitations of individual, personal experience. [...] This vision [...] is always oriented toward an ideal of beauty, truth, or justice that transcends and permeates the world of human experience, giving structure to meaning and values. [...]*"

Auf diese Weise wird eine klärende Struktur für das chaotische Bild entworfen, welches Designtheoriebildung heute bietet. Das Schema als Ganzes hat eine stark Platonische Anmutung, was Buchanan nur dem Prinzip B2 zuschreibt. Es scheint in einem ewigen Reich der Ideen zu schweben und dabei die verwirrende Vielfalt der phänomenalen Welt der Designtheorien zu produzieren. Aber woher kommt es selbst? Kann es vielleicht in ein generativeres Modell der Wissensproduktion integriert werden? Die Antwort ist in dem Schema selbst enthalten. Buchanan – zwischen den Zeilen wird dies deutlich – scheint das Prinzip A1: Erfahrung und Umwelt zu favorisieren. Menschliche Erfahrungen lassen persönliche Verhaltensweisen, Präferenzen, Stile entstehen. In der Folge werden sich, entsprechend diesen Präferenzen, Theorien darüber, wie die Welt (oder Design) funktioniert, herausbilden. Buchanan's vier Prinzipien sind eine dieser emergenten Theorien, welche im Gegenzug durch ihre Verbreitung (*Design Issues* ist ein effizienter Replikator) persönliche Verhaltensweisen, Präferenzen und Stile in der Community und damit die weiteren Bedingungen unserer Erfahrungen beeinflussen. „Generative Prinzipien" sind generiert, auf dem evolutionären Hintergrund von 2500 Jahren westlicher Philosophie.

Um dies zusammenzufassen: Das generative Prinzip A1 scheint ein wenig „grundlegender" zu sein als die anderen, denn es enthält sowohl die anderen vier wie auch sich selbst bereits. Dies zeigt den fraktalen Charakter und die Selbstreferenz der Designtheorie und – dies ist wichtig – erlaubt es uns, dieses „Buchanan Mem" in den allgemeinen Prozess der Wissensgenerierung zu integrieren.

4   Eine Grundlage: Evolutionäre Erkenntnistheorie

Die evolutionäre Erkenntnistheorie liefert den elementarsten generativen Mechanismus zum Verständnis des Lernens in der lebenden Welt und erklärt auf diese Weise die fortlaufende Produktion und Reproduktion von Artefakten und von Wissen, schließlich von Design und Wissenschaft als dynamische Formen.

Dies ist das „Wesen" (→ Frage 1).

Es besteht keine Notwendigkeit für irgendeine spezifische Natur von Wissen im Design (→ Frage 3).

Ein Darwinscher Mechanismus von (1) Mutation – (2) Selektion – (3) Re-Stabilisierung – und so fort wird sichtbar: (1) Jonas führt ein neues Konzept ein, das als Mutation, kreativer Akt, beabsichtigte Provokation bezeichnet werden kann, je nachdem, was man als Beobachter bevorzugt. (2) Friedman agiert als selektive Umgebung, indem er die Aussage in Frage stellt. (3) Der Ideenklumpen übersteht diesen „Überlebenskampf", die Interaktion zwischen dem System (Jonas' Ideen) und dem Kontext (Friedmans Kritik). Das Konzept ist re-stabilisiert. (1') Buchanans neuer attraktiver Ideenklumpen erscheint und Jonas versucht, ihn zu integrieren. (2') Jemand könnte nun wiederum als selektiver Mechanismus agieren und so fort. Im Unterschied zu einem genetischen handelt es sich hier um einen *memetischen* Prozess. Die „Ideenklumpen", welche übertragen/fortentwickelt werden, können als *Meme* oder *Memplexe* (Dawkins, 1976; Blackmore, 1999) angesehen werden. Die wesentliche Beobachtung bis hierher ist, dass sich in Designdebatten *Lernzyklen* (ich wechsle zum geläufigeren „Lernen") entwickeln könnten, wenn es nur Debatten dieser Art gäbe.

Die Basis unserer Lernprozesse, welche aus meiner Sicht den epistemologischen Kern des Designs darstellen, kann als biologisch betrachtet werden, verankert in der Notwendigkeit von Organismen, in einer Umgebung zu überleben. Das Ziel kann nicht in der wahren Repräsentation einer externen Realität bestehen, sondern in ihrer *(Re-) Konstruktion* zum Zweck der angemessenen *(Re-) Aktion*. Schon Aristoteles vermutete, dass die Erkennbarkeit der Welt darauf beruhen müsse, dass es eine Art von Ähnlichkeit zwischen den „Partikeln" der Welt und denjenigen in unseren Sinnen gibt. Die Geschichte der biologischen Evolution legt tatsächlich Übereinstimmungen zwischen der Struktur der materiellen Welt und der Art und Weise nahe, wie wir diese wahrnehmen und über sie denken. Evolutionäre Erkenntnistheoretiker (Campbell, 1974) behaupten, dass das Kantische transzendentale Apriori durch die Annahme einer evolutionären Passung zwischen den Objekten und den Subjekten des Erkennens ersetzt werden müsse.

Das evolutionäre Modell der Wissensproduktion zeigt die Form eines Spiralschemas mit struktureller Identität von der molekularen bis zur kognitiven und kulturellen Ebene (Riedl, 2000). Die Grundstruktur besteht in einem Kreis aus Versuch (Erwartung) und Erfahrung (Erfolg oder Fehlschlag, Bestätigung oder Widerlegung), von Aktion und Reflektion. Ausgehend von vergangenen und getrieben von neuen Fällen besteht der Zirkel aus einem induktiven/heuristischen Halbkreis mit zielgerichtetem Lernen aus der Erfahrung, hinführend zu Hypothesen und Theorien und Prognosen darüber, wie die Welt funktioniert, und einem deduktiven/logischen Halbkreis mit der Bestätigung oder Widerlegung der Theorien. Je nach den Zwecken und erwünschten Ergebnissen haben wir es mit Design oder mit Wissenschaft zu tun.

Erst sehr spät im Laufe der kulturellen Evolution wurde dieses allgemeine Schema aufgespaltet in die *ratiomorphen* (ein von Konrad Lorenz geprägter Begriff) Systeme des Erkennens einerseits und die *rationalen* Systeme des Erklärens/Verstehens andererseits, mit dem Extrem im logischen Positivismus: dem Dualismus von „Entdeckungszusammenhang" (Handeln) vs. „Begründungszusammenhang" (Denken).

Tab. 1: Erkennen vs. Erklären (Riedl, 2000, S. 53–55).

Erkennen	Erklären/Verstehen
• Netzwerke, viele Ursachen	• lineare Ursache-Wirkungs-Beziehungen
• simultan (simul hoc)	• sequentiell (propter hoc)
• 4 Aristotelische *causae* berücksichtigt	• nur Wirkursachen berücksichtigt
• nur lokale Gültigkeit, der Kontext ist wesentlich	• globale Gültigkeit beansprucht, Kontext ausgeblendet
• erlaubt keine Experimente, zumeist irreversibel	• beruht auf Experimenten, zumeist reversibel
• Prognose bedeutet Projektion	• Prognose bedeutet Vorhersage
• Korrespondenz eines Organismus/Artefakt im Milieu	• Kohärenz von Elementen in einem System
• erreicht hohe Komplexität	• reduziert Komplexität
• Passung, „Wahrheit" bedeutet starkes Design	• „Wahrheit" bedeutet korrekte Kausalbeziehungen
• wird als „vor-wissenschaftlich" bezeichnet	• wird als „wissenschaftlich" bezeichnet

Während der ratiomorphe Prozess des Erkennens ein großes Potenzial für den Umgang mit komplexen, evolvierenden Phänomenen besitzt, ist er nicht immer hilfreich für kausale Erklärungen. Entsprechendes gilt umgekehrt. Aber dieses „Dilemma" ist kein inhärentes Merkmal der Natur der Wissensproduktion, sondern vielmehr eine Konsequenz des dualistischen Konzepts, welches wir dieser aufgezwungen haben. Der Pfad vom Erkennen zum Erklären ist kontinuierlich und zirkulär, manchmal führt er in Sackgassen. Unsere Sprache ist zu arm oder zu stark in der „schwarz-weiß" Tradition wissenschaftlich geprägten Denkens gefangen, um die wunderbaren Übergänge und Schattierungen von „Grau" zwischen den Polen auszudrücken.

Das Argument der *naturalisierten Erkenntnistheorie* erscheint in vielfältigen Formen und Formulierungen. Ein weiterer prominenter Vertreter ist John Dewey (1986). In seiner Sicht bilden intentional getriebene Prozesse des zirkulären Handelns den wesentlichen Kern der Wissenserzeugung. Die Trennung von *Denken* als reiner Kontemplation und *Handeln* als der körperlichen Intervention in die Welt wird damit obsolet; es ist gerade umgekehrt: Das Denken ist angewiesen auf zu meisternde Situationen der wirklichen Welt. Es wird angestoßen durch die Notwendigkeit, angemessene Mittel im Hinblick auf erwünschte Konsequenzen auszuwählen. Die projizierte aktive Verbesserung einer unbefriedigenden, problematischen Situation bildet die primäre Motivation für Denken, Entwerfen, und schließlich – in einer verfeinerten, gereinigten, quantitativeren Weise – für wissenschaftliche Forschung und Wissensproduktion. Wissen ist eine Weise des Handelns und „Wahrheit" wird bei Dewey durch das Konzept der „gerechtfertigten Behauptbarkeit" (*warranted assertibility*) ersetzt.

Schöns (1983) Erkenntnistheorie der „reflective practice" kann als designbezogene Umsetzung dieser Konzepte angesehen werden. Es ist gerade dieses spezifische/unspezifische Muster, welches Cross (2001) als „designerly ways of knowing" bezeichnet:

„The underlying axiom of this discipline is that there are forms of knowledge special to the awareness and ability of a designer, independent of the different professional domains of design practice."

5   Eine weitere Grundlage: Die Theorie sozialer Systeme

Luhmanns Theorie sozialer Systeme stellt die erforderliche Komplexität bereit, um das schöne, aber zu einfache Konzept des „ganzen Menschen" in getrennte Subsysteme aufzuteilen.

Design (oder Entwerfen) ist die Disziplin, welche mit Hilfe von Artefakten kontingente Passungen/Interfaces zwischen Körpern, Bewusstseinen und Kommunikationen herstellt (→ Frage 2).

Der Wechsel vom Denken in Identitäten zum Denken in Differenzen erlaubt es, mit der transitorischen Natur vermeintlich fixer Konzepte umzugehen.

Wenn wir diese hybride, unordentliche Situation erstmal akzeptiert oder zumindest zur Kenntnis genommen haben, dann können wir fortfahren, Design in der Gesellschaft zu beschreiben. Entsprechend dem von Alexander (1964) und Simon (1969) eingeführten Konzept des *Interface* agiert Design in der Region zwischen dem Artefaktischen und dem Kontextuellen und ist verantwortlich für die Passung zwischen den Objekten und den Kontexten, in denen sie funktionieren (oder in schlichten Darwinistischen Begriffen: überleben) müssen. Um dies produktiver zu machen, müssen wir die common-sense Begrifflichkeit überwinden und explizit kohärente systemische und evolutionäre Konzepte einführen. Luhmann (1997) verschiebt die Betonung im Systemdenken von der ontologischen Unterscheidung Ganzes/Teil hin zur differenztheoretischen Unterscheidung System/Umwelt, was notwendigerweise auf Beobachtung (= Unterscheidung + Bezeichnung) beruht.

Luhmann unterscheidet (heteronome) mechanische Systeme/Artefakte und (autonome) selbstorganisierende Systeme. Die letzteren umfassen *Organismen*, *Bewusstseine* und *Kommunikationen* als autopoietische Systeme. Organismen agieren im Medium des Lebens, Bewusstseine und Kommunikationen im Medium des Sinns. Wir müssen die operationale Geschlossenheit autopoietischer Systeme respektieren und jegliche zeitliche Entwicklung als Ko-Evolution isolierter Systeme betrachten. Dies vermeidet die Illusion der designerischen Kontrolle sozialer Situationen, die stets Bezug zu allen drei Domänen haben oder, wie John Chris Jones (1970) sagen würde, „to the whole of life".

Tab. 2: Der Wechsel von der Identität zur Differenz (nach Luhmann, 1997).

Identität	Differenz
Ein privilegierter Beobachter postuliert einen „Ursprung".	Die Ursprungsanforderung lautet: „Triff eine Unterscheidung".
Existenz/Nicht-Existenz als feste Ausgangs-unterscheidung (Sein/Nichtsein).	Diese unterliegt keiner einschränkenden Vorschrift.
Unterteilung des existierenden Ganzen in Teile.	Schaffen von marked/unmarked state durch eine Beobachtung (= Unterscheidung + Bezeichnung).
System/Elemente	System/Umwelt
Es gelten die logischen Gesetze der Identität, der Widerspruchsfreiheit, des ausgeschlossenen Dritten.	Die Einheit der Differenz von marked und unmarked state wird die „Form der Unter-scheidung" genannt.
Es folgt eine strikt zweiwertige Logik: Aussagen sind wahr/falsch.	Das Wechseln der Seite der Unterscheidung erlaubt die Negation und den Austausch der Gegenbegriffe.
	Damit wird eine Art von dreiwertiger Logik eingeführt – tertium datur.

Die Konsequenzen dieses Ansatzes sollten nicht als normativ oder gar „anti-humanistisch" angesehen werden, sondern als methodologisch: Keine Analyse des Bewusstseins wird je etwas über Kommunikation herausfinden und umgekehrt, ebenso wie eine Analyse von Gedankenprozessen niemals etwas über Gehirnprozesse verraten wird, die in der Domäne der lebenden Systeme ablaufen. Bewusstseine können nicht kommunizieren, lediglich Kommuni-kation kann kommunizieren. Bewusstseine und Kommunikation interagieren mittels Sprache. Sie haben eine Beziehung der „Interpenetration", d.h., sie machen Gebrauch voneinander, können sich aber nicht gegenseitig kontrollieren. Unsere Körper befinden sich außerhalb unserer Bewusstseine und außerhalb von Kommunikation. In der Theorie ist kein Platz (und kein Bedarf) für das Individuum („es gibt einfach zu viele davon"). Damit wird die einfache und diffuse Idee „des Menschen" vermieden, denn es existiert kein Obersystem, welches lebende, mentale und soziale Systeme vereint. Was „der Mensch" ist, das hängt davon ab, *wer wie beobachtet.*

Diese Gemengelage von Interaktionen zwischen Bewusstseinen, Kommunikationen, Organismen und Artefakten bildet den evolutionären „Sumpf", der hier als provisorische Metapher dient. Design geht mit dieser Situation um und hält an der optimistischen Überzeugung fest, dass Prognose im Hinblick auf den Erfolg von Designeingriffen möglich sei. Und genau dies, das Unwissen des Designs über sein Unwissen, macht es attraktiv für andere Disziplinen und sogar für die Wissenschaft (Baecker, 2000):

„Man wird das Design als Praxis des Nichtwissens auf unterschiedlichste Interfaces hin lesen können, aber dominierend sind wahrscheinlich die Schnittstellen zwischen Technik, Körper, Psyche und Kommunikation: Wenn man diese „Welten", die jeweils von einem mehr oder weniger elaborierten Wissen beschrieben werden, miteinander in Differenz setzt, verschwindet dieses Wissen und macht Experimenten Platz, die die Experimente des Design sind. [...] Hier nichts mehr für selbstverständlich zu halten, sondern Auflösungs- und Rekombinationspotential allerorten zu sehen, wird zum Spielraum eines Designs, das schließlich bis in die Pädagogik, die Therapie und die Medizin reicht. [...]"

Dies ist laut Baecker das *Skandalon der gespaltenen Kausalität*, welches die Systemtheorie sichtbar macht und mit dem Design stets umgegangen ist. Es gibt eine *geschlossene Kausalität*, d.h., das System kann als kausal beschrieben werden (Wissen), und es gibt eine *unbestimmte Kausalität*, die impliziert, dass es in der Umgebung eines Systems weitere Wirkursachen gibt, deren Effekte innerhalb des Systems nicht bestimmbar sind, gerade weil die Existenz des System auf seiner Differenz zur Umwelt beruht und auf seiner Fähigkeit Kausalketten zu zerschneiden (Nichtwissen). Genau diese Lücken sind es, welche die Orte für Modelle von Kreativität wie für Versagen bereitstellen. Wir können zwar noch von Kausalität sprechen, sollten aber bedenken, dass es sich dabei nur noch um die Wahl eines Beobachters handelt.

Dies bedeutet einen Wechsel von der Sicht des Designs als einem kausalen Feld mit (noch) einigen weißen Flecken hin zu einem – *prinzipiell unvorhersagbaren, nicht-kausalen* – Feld mit einigen *unverbundenen Inseln von Kausalität*, welche sich zumeist auf isolierte, technische oder wissenschaftliche Fakten beziehen. Sie impliziert die *Zurückweisung des Konzepts einer wissenschaftlichen Wissensbasis zugunsten eines funktionalen Schemas des Umgangs mit Wissen*. Eine Wissensbasis müsste, wegen der notwendigerweise transdisziplinären Natur von Designhandeln, „Alles" umfassen, wie Friedmans kanonisch anmutende Listen eindrucksvoll demonstrieren, ohne damit jedoch die Wissensinseln zu verbinden. Schließlich bedeutet es die *Zurückweisung des Konzepts von Fortschritt*. Während Design Passungen zwischen dynamischen Systemen herstellt, die je für sich selbst durchaus Fortschritt verzeichnen können, gibt es kein sinnvolles Kriterium für Fortschritt im Design selbst. Design evolviert.

Um noch einen Schritt weiter zu gehen: Design agiert als ein manchmal nützlicher, manchmal nervender *Parasit* (Serres, 1987), der Interfaces, Kupplungen, Hilfestellungen, Prothesen und Sinn generiert. Design beobachtet permanent das Feld im Hinblick auf Wünsche, unbefriedigte Bedürfnisse, potentielle Verbindungen, alle Gelegenheiten zur Einmischung wahrnehmend, die sich zeigen. Designerische Beobachtung ist stets Beobachtung zweiter Ordnung (Beobachtung von Beobachtungen). Kausalität wird, sobald sie von einem Beobachter eingeführt wurde, infolge von unkontrollierbaren Abweichungen und Interaktionen abgebaut. Wem der „Parasit" zu negativ erscheint, nehme das Bild des *Jokers*.

6 Eine dritte Grundlage: Die Theorie der sozio-kulturellen Evolution

Die Theorie der sozio-kulturellen Evolution bietet einen brauchbaren Rahmen zur Beschreibung der Nicht-Vorhersagbarkeit von Design-Entwicklungen und Projekter-gebnissen. Sie beschreibt auf wissenschaftliche Weise die Grenzen kausaler Erklä-rungsmuster.

Die Ordung und das Chaos des natürlichen und sozialen Lebens wird von einfachen Feedback-Mechanismen hervor gebracht. Die Einsichten über Evolution haben die Evolutionstheorie dazu geführt, sich selbst als ein Ergebnis von Evolution zu betrachten, was unmittelbar zur evolutionären Erkenntnistheorie führt. Es gibt zahlreiche Evidenzen für implizite, evolutionäre Konzepte in Designtheorien und -methoden, selbst in den vermeintlich „rigidesten" Ansätzen (siehe etwa Roozenburg & Eekels, 1991, fig. 5.12). Es gibt sogar explizite, evolutionäre Konzepte. Hybs & Gero (1992) beschreiben Artefakte als Entitäten, welche in der feindlichen Umgebung des Marktes um ihr Überleben kämpfen. Um zu originelleren Beschreibungen zu gelangen, sollte das verallgemeinerte Konzept von *Evolution* noch rigoroser auf Design angewendet werden. Das Folgende bezieht sich wieder auf Luhmann, dessen Theorien engen Bezug zur evolutionären Erkenntnistheorie aufweisen. In seinem Hauptwerk (1997) hat er begonnen, das Konzept der sozialen Evolution auszuarbeiten.

Zunächst basiert Evolutionstheorie auf dem Konzept der Unterscheidung von *System/Umwelt*. Gerade diese Differenz ermöglicht Evolution. Dann unterscheidet sie nicht historische Epochen, sondern *Variation*, *Selektion* und *Re-Stabilisierung*. Re-Stabilisierung ist die wesentliche Bedingung dafür, dass Variation und Selektion überhaupt stattfinden können. Evolutionstheorie dient der Entfaltung des Paradoxes von der Wahrscheinlichkeit des Unwahrscheinlichen und erklärt auf diese Weise die Entstehung von Formen und Substanzen aus dem Zufälligen. Indem die Theorie das terminologische Rahmenwerk der Weltbeschreibung vom Kopf auf die Füße stellt, entlastet sie die Ordnung der Dinge von jeglicher Fessel an einen Ursprung oder Form gebenden Anfang. Evolutionstheorie handelt weder von Fortschritt, noch liefert sie Projektionen oder Interpretationen der Zukunft. Das Konzept der autopoietischen Systeme erzwingt darüber hinaus eine Revision der Theorie der „Anpassung", welche nun Bedingung und nicht etwa Ziel oder Ergebnis von Evolution ist. Solange die Autopoiesis fortdauert, ist es möglich, auf der Grundlage von Anpassung immer riskantere Spielarten von Nicht-Anpassung zu produzieren.

Die drei getrennten Prozessschritte der Evolution können den Komponenten der Gesellschaft, betrachtet als kommunikatives System, zugeordnet werden:

• *Variation* variiert die *Elemente* des Systems, d.h. *Kommunikationen*. Variation bedeutet hier abweichende, unerwartete, überraschende Kommunikation. Dies kann einfach das Infragestellen oder Zurückweisen von Sinnerwartungen bedeuten. Variation produziert Rohmaterial und ermöglicht weitere kommunikative Anschlussmöglichkeiten und damit Sinnpotentiale.

- *Selektion* bezieht sich auf die *Strukturen* des Systems. Strukturen bestimmen die Kreation und den Gebrauch von Erwartungen, welche wiederum Kommunikationsprozesse bestimmen. Positive Selektion bedeutet die Auswahl sinnvoller Beziehungen, die einen Beitrag zum Aufbau oder zur Stabilisierung von Strukturen versprechen. Selektionen haben die Funktion von Filtern, welche die Ausbreitung von Variationen kontrollieren. Religion war ein derartiger Filter. Die symbolisch generalisierten Medien Wahrheit, Geld, Macht fungieren als Filter in modernen Gesellschaften.
- *Re-Stabilisierung* bezieht sich auf den Zustand eines evolvierenden *Systems* nach einer positiven/negativen Selektion. Sie ist zuständig für die *System-Kompatibilität* der Selektion. Selbst negative Selektionen erfordern Re-Stabilisierung, weil sie im Systemgedächtnis verbleiben. Heute wird die Stabilität selbst ein mehr und mehr dynamisches Konzept, welches indirekt als Anreger für Variation agiert.

Variation, Selektion und Re-Stabilisierung können durchaus auf die empirische Realität evolvierender Systeme bezogen werden und erlauben damit die Neu-Interpretation historischer Wirklichkeiten im Licht der Evolutionstheorie. Zum Beispiel:

- Frühe segmentierte Gesellschaften (Familien, Clans, …), in denen Kommunikation meist durch Interaktion zwischen Anwesenden passiert, benötigt kaum die Unterscheidung von Variation und Selektion, weil jede Interaktion auf unmittelbare Zustimmung oder Ablehnung zielt.
- Stratifizierte, hierarchische Gesellschaften haben Probleme mit der Unterscheidung von Selektion und Re-Stabilisierung, weil Stabilität das Ausschlag gebende Kriterium für Selektion darstellt.
- Moderne, ausdifferenzierte Gesellschaften unterscheiden Variation und Selektion sowie Selektion und Re-Stabilisierung, haben aber Probleme mit der Unterscheidung von Re-Stabilisierung und Variation, weil Stabilität heute einen extrem dynamischen Charakter angenommen hat und den Antrieb für evolutionäre Variation („Innovation") darstellt. Hier können wir Design, die Erzeugung von Varietät, als konstitutives Element von Modernität identifizieren.

Zurück zum Design: Die Gegenwart markiert keinesfalls die Wellenfront des Fortschritts, sondern besteht aus dem, was aus der Vergangenheit übrig geblieben ist. Und so leben wir nicht in der besten aller möglichen Welten. Harmonie, wenn sie überhaupt besteht, ist „poststabiliert" und wird in unseren Erzählungen kreiert. Das Studium fehlgeschlagener Innovationen („Floppologie") könnte ein vielversprechender Ansatz zur Verbesserung von Designqualität sein. Die „dunkle Seite" des Feldes ist vermutlich reicher als das Reservoir der „best practice".

7 Mind the gaps! – Kontrolle und Vorhersage sind beschränkt

Es gibt zwei grundsätzliche Probleme im Zusammenhang mit systemischen Wissenslücken:

(1) Die Lücken zwischen den im Design involvierten autopoietischen Systemen: Der fundamentale systemische „Eigensinn" wird mittels der hübschen und gebräuchlichen Begriffe „Kreativität", „Subjektivität", „Werte", „Trends", ... bezeichnet oder eher verschleiert.

(2) Die Lücken zwischen den evolutionären Mechanismen, die im Design involviert sind: Variation, Selektion und Re-Stabilisierung sind notwendigerweise kausal entkoppelt, um die „kreative" Erzeugung des Neuen zu ermöglichen.

Das bis hierher Gesagte erlaubt die folgende Zusammenfassung: Entwerfen besteht aus dem Umgang mit interagierenden/ko-evolvierenden autopoietischen Systemen (Organismen, Bewusstseine und Kommunikationen) und Artefakten. Zufällige Mutationen ebenso wie bewusste Entscheidungen und Verbindungen im kommunikativen Netz initiieren offene Prozesse der Selbstorganisation. Positive und negative Feedback-Mechanismen interagieren und produzieren wechselnde Muster, welche zu Zeiten relativ stabile Formen annehmen können, die wir dann zum Beispiel Moden oder Trends oder Stile nennen. Diese Art der wechselseitigen Kausalbeziehungen impliziert die Unmöglichkeit gerichteter Kontrolle über irgendeinen Satz von Variablen. Eingriffe werden mit hoher Wahrscheinlichkeit Rückwirkungen im Gesamtsystem haben. Auch wenn es manchmal möglich ist, einen ersten „Kick" zu geben, der das System in eine gewünschte Richtung bewegt, müssen wir uns immer bewusst sein, dass diese Anstöße nicht wirklich die Ursache der Endergebnisse sind. Sie stoßen lediglich Transformationen an, die in der Logik der beteiligten Systeme eingebettet sind. Wir können zwei Problemfelder identifizieren: (1) *Kontrolle*, aufgrund der System/Umwelt Unterscheidung, und (2) *Vorhersage*, aufgrund der Unterscheidung von Variation/Selektion/Re-Stabilisierung.

(1) Das Problem der Kontrolle:

Die Luhmannsche Systemtheorie stellt eine Landkarte der möglichen Lücken im Hinblick auf diese Interventionen, die wir Designaktivitäten nennen, bereit. Es gibt folgende Lücken produzierende Kombinationen:

*   Organismen/Artefakte
*   Bewusstseine/Artefakte
*   Kommunikationen/Artefakte
*   Organismen/Kommunikationen/Artefakte
*   Bewusstseine/Kommunikationen/Artefakte
*   Organismen/Bewusstseine/Artefakte und
*   Organismen/Bewusstseine/Kommunikationen/Artefakte.

Wir nehmen an, dass Artefakte als Artefakte funktionieren; hier liegt nicht die Hauptaufgabe des Designs. Ausgehend von den autopoietischen Systemen lassen sich die Lücken, welche stets in Wechselbeziehung und (je nach Designaufgabe) unterschiedlichen Anteilen auftreten, illustrieren:

- *Organismen* → die „*Funktionslücke*", die anzeigt, dass es keine triviale Aufgabe ist, ein Artefakt an einen Körper anzupassen. Körper können nicht sprechen, etwa beim Entwurf eines rückenfreundlichen Bürostuhls ...
- *Bewusstseine* → die „*Geschmackslücke*", die anzeigt, dass es keine triviale Aufgabe ist, individuelle Bewusstseine zu koordinieren, etwa zur Optimierung einer Lösung für eine bestimmte Zielgruppe auf dem deutschen Markt. Sie sind alle verschieden und können nicht in klarer und bestimmter Weise ihren Geschmack kommunizieren ...
- *Kommunikationen* → die „*Modelücke*", die anzeigt, dass es keine triviale Aufgabe ist, die Vielfalt von aus individuellen Bewusstseinen per Kommunikation gewonnenen Informationen in die Gestalt eines Artefakts zu transformieren, etwa zur Planung einer neuen Kollektion von Haushaltsartikeln für den türkischen Markt ...

(2) Das Problem der Vorhersage:

Die drei getrennten und unabhängigen Komponenten des Evolutionsprozesses erzeugen weitere Kausalitäts-Spaltungen:

- *Variation* zielt auf Alternativen. Dies scheint unproblematisch, weil Designer-Bewusstseine reichlich „Kreativität" bereitstellen, was zunächst ausreicht, um die Vielfalt der Auswahl zu erhöhen. Dies ist die „zeitlose" Aufgabe des *Entwerfens* ...
- *Selektion* zielt auf die Passung der erzeugten Alternativen in Strukturen. Dies ist tatsächlich ein Problem, denn es sind zwar kommunikative Strukturen erkennbar, nicht aber ihre zukünftige Stabilität. Wenigstens bis zu einem bestimmten Grade ist *Designforschung* in der Lage, *existierende Strukturen* zu untersuchen ...
  Einzelaspekte können durch isolierte Ansätze behandelt werden: Organismus-Artefakt-Lücken mit Hilfe von Ergonomie, Bewusstseins-Artefakt-Lücken mit Hilfe der kognitiven Ergonomie, Kommunikations-Artefakt-Lücken mit Hilfe von Marktforschung, etc.
- *Re-Stabilisierung* zielt auf die Integration der ausgewählten Alternativen. Hier gibt es kaum Vorhersagbarkeit, denn es handelt sich um eine Frage der langfristigen Lebensfähigkeit neuer Komponenten in kommunikativen Systemen. *Futures Studies* und *Szenarioplanung* befassen sich mit *evolvierenden Systemen* dieser Art...

Designaktivitäten intervenieren in das Beziehungsgeflecht ko-evolvierender autopoietischer Systeme. Dies geschieht mittels Artefakten, welche vorgeben, diese Beziehungen zu verbessern. Das grundsätzliche Problem besteht weder in fehlender individueller Kreativität noch in mangelhafter Planung, sondern im *unkontrollierbaren* und *nicht vorhersagbaren* Verhalten von Körpern, Bewusstseinen und Kommunikationen in der Umgebung der Artefakte. Designaktivitäten sind an die Zeitstrukturen anderer Systeme wie Wirtschaft, Wissenschaft, Politik angekoppelt. Design hat keine „Eigenzeit". Design evolviert „dazwischen". Das am weitesten entwickelte, fast universelle Instrument zur Überbrückung derartiger Lücken stellt die Sprache dar, welche Kommunikation ermöglicht. Funktionierende Kommunikation ist bekanntlich unwahrscheinlich. Funktionierendes Design ist noch unwahrscheinlicher...

8 Veränderungen in Gesellschaft und Wissensproduktion

Wissenschaft sieht sich, gerade wegen ihres Erfolgs, einer Veränderung ausgesetzt, einem Wechsel hin zu projektorientierten Formen wissenschaftlicher Praxis. Die Unfähigkeit, infolge der nun auch hier auftretenden Wissenslücken, mit den Folgen umzugehen, führt zu einer „Krisis des Wissens": es gibt kein reines „theoretisches" Wissen mehr, sondern nur praktisches Wissen über den Umgang mit Theorie.

Eine „Sozialisierung der Wissenschaft" findet statt: Wissenschaft wird sichtbarer, wird beobachtet und gerät unter wachsende öffentliche „Kontrolle".

Der bisher entwickelte Gedankengang wird durch Veränderungen in der Gesellschaft und in der Wissensproduktion unterstützt. Die entwickelte Moderne glaubte an Planung, Vorhersagbarkeit, Fortschritt und an die zwangsläufige „Verwissenschaftlichung der Gesellschaft". Das dritte Viertel des 20. Jahrhunderts erlebte den Höhepunkt der wissenschaftsbasierten Professionalisierung und erkannte zugleich deren Defizite (z.B. Schön, 1983). Seit den 1970ern zeigen sich massive Veränderungen in den Mustern der Wissensproduktion und in der Gesellschaft selbst, die, in positiver Begrifflichkeit, als „Wissensgesellschaft" (Bell, 1973), oder, negativer und „deutscher", als „Risikogesellschaft" (Beck, 1986) bezeichnet wurden. Um das unangemessene Konzept der Postmoderne zu vermeiden, können wir feststellen, dass die Moderne reflexiv wird. Design ist diesen Entwicklungen gegenüber höchst sensibel gewesen, wie etwa der radikale Wechsel im Design Methods Movement um 1970 zeigt.

Unsere Aktivitäten werden projektiver und machtvoller, und gleichzeitig erkennen wir die Unfähigkeit, ihre Konsequenzen vorherzusagen. Wir müssen solides, wissenschaftliches und technologisches Wissen über Interventionen mit reiner Ignoranz (Nichtwissen) bezogen auf ihre psychischen, sozialen, ökonomischen und ökologischen Folgen zu ganz neuen Handlungsmodellen verknüpfen. Kurzfristige Determiniertheit verwandelt sich in langfristige Ungewissheit. Die „Krisis des Wissens" (Willke, 2002) offenbart unsere Unfähigkeit im Umgang mit Nichtwissen. Frühere Gesellschaften hatten dafür angemessene Mechanismen: traditionelle Gesellschaften etwa in der Funktion der Religion oder industrielle Nationalstaaten in der auf Macht begründeten Funktion des freien Unternehmertums. Wenn wir auf das Konzept der *Form* zurückgreifen (zur Illustration der beobachtungsleitenden Unterscheidungen, siehe Kap. 5), dann erkennen wir, dass die entsprechenden *Formen des Wissens* in diesen Fällen Wissen/Glauben und Wissen/Macht sind. Beide Formen prozessieren ihre Entscheidungen nicht im Feld des Wissens, sondern auf dessen Gegenseite. In hochkomplexen, säkularen Gesellschaften müssen wir der Grausamkeit eines Wissenskonzepts ins Gesicht sehen, das seine andere Seite weder im Glauben noch im Machen findet, sondern im Nichtwissen selbst. Wir sind nicht länger in der Lage, die Last des Nichtwissens in die Ferne transzendentaler Symbolisierungen oder in die Unmittelbarkeit des forcierten Machens zu verschieben.

Diese Konzeptverschiebung mag als akademische Übung erscheinen, aber sie verdeutlicht die Möglichkeit und Notwendigkeit, kognitiven Sackgassen zu entkommen, indem wir die Probleme von der anderen Seite der Unterscheidung her angehen. Pragmatisch gesprochen: die

Aneignung von Kompetenz im Umgang mit Ungewissheit bedeutet beispielsweise, dass wir die richtigen Fehler schneller als andere machen müssen.

Nowotny et al. (2001) charakterisieren diese Entwicklung als eine Verschiebung von einer „Mode-1-" zu einer „Mode-2"-Gesellschaft. Die Schnittstellen zwischen Staat, Märkten und Kultur werden zunehmend verwischt. Die relativ autonomen Räume, welche diese Systeme besetzt hatten, waren Ergebnisse der modernen Differenzierung, ebenso wie die Wissenschaft. In scheinbarem Gegensatz zu Luhmann wird die These vertreten, dass das Schema der funktionalen Differenzierung sich in Teilen auflöst. Das neue Programm des französischen CNRS[1] belegt diese Verschiebung von traditionellen Disziplinen hin zu interdisziplinären Problemfeldern. Darüber hinaus führt das CNRS die Institution von „Bürgerkonferenzen" ein (Frankfurter Allgemeine Zeitung, 26.03.2002). In der Mode-2-Gesellschaft zeigt sich eine Entwicklung, die man als „Sozialisierung von Wissenschaft" bezeichnen könnte oder als Wechsel von der Mode-1- zur Mode-2-Wissensproduktion. Wissenschaft und Gesellschaft werden transgressiv, d.h., dass nicht nur die Wissenschaft zur Gesellschaft spricht (was sie immer getan hat), sondern, dass die Gesellschaft nun ihrerseits die Wissenschaft anspricht. *Innovation* bildet das Kernstück eines neuen Kontrakts zwischen Wissenschaft und Gesellschaft. Wissenschaft begibt sich in die *Agora* (Nowotny et. al., 2001, S. 201): *„ Science is no longer outside, either as a cognitive or quasi-religious authority or as an autonomous entity with its special access to the reality of nature."*

Gerade wegen ihrer Erfolge gerät die Wissenschaft unter den Druck, effektive Lösungen für eine weite Spanne von zunehmend komplexen Problemen zu liefern. Auf diese Weise wird die Wissenschaft zur Produktion von *kontextualisiertem Wissen* gedrängt. Kontextualisierung geschieht durch die Verschiebung von einem „Segregations-" zu einem „Integrationsmodell", vom disziplinären zum Problemfokus, oder: von der gegenstandsbezogenen Wissenschaft zur projektorientierten Forschung. Dies ist gekennzeichnet durch höhere Ungewissheit infolge der „darwinistischen" Mechanismen von Variation und selektiver Re-Stabilisierung sowie durch die größere Aufmerksamkeit für den Platz und die Rolle von „Menschen" dabei: aktiv in die Wissensproduktion involviert entweder als Gegenstände der Untersuchung oder als Adressaten zu entwickelnder Politiken. *Mode-2-Wissensproduktion* impliziert, dass:

- die Trennung von Grundlagen- und angewandter Forschung sich verwischt (Beispiel Quantencomputer),
- die Trennung von natürlich und künstlich, von Wissenschaft (was ist) und Design (was sein könnte) unscharf wird (Beispiel genetisches Design),
- die Unterscheidung von Fakten und Werten ein Problem wird,
- der Kontext der Anwendung sich ausweitet zu einem Kontext der Auswirkungen,
- der Fokus von verlässlichem zu sozial robustem Wissen wechselt,
- das Konzept des „Entdeckungszusammenhangs" im Gegensatz zum „Begründungszusammenhang" obsolet wird,
- …

Aus dieser Perspektive betrachtet, *gibt es kein „theoretisches" Wissen mehr, sondern nur praktisches Wissen über den Umgang mit Theorie. Es gibt kein „abstraktes" Wissen, sondern lediglich praktisches Wissen im Umgang mit Abstraktionen.*

---

1. Centre national de la recherche scientifique (vergleichbar mit der deutschen Max-Planck-Gesellschaft).

Der „harte" epistemische Kern der autonomen Wissenschaft, um dessen Artikulation und Eta-
blierung die Wissenschaftler Jahrhunderte lang gekämpft haben, wird „weicher". Der Ort ist
nicht leer, sondern bevölkert und heterogen. Es handelt sich nicht um einen plötzlichen Paradigmenwechsel von Wissenschaft zu Nicht-Wissenschaft oder von universellen, objektiven
Standards zu einem lokal bestimmten Relativismus, sondern um die vorerst letzte Stufe der
Angleichung an eine komplexer werdende Realität. Möglicherweise kann man die Situation
als eine Entkopplung der Modernisierung von der Modernität charakterisieren. Die Prozesse
der Innovation werden von den Werten, auf denen sie einst paradigmatisch beruhten, getrennt.

9   Design als nicht-moderne Disziplin –
Wissenschaft nähert sich dem Design

*In kleinerem Rahmen war Design immer schon die Expertendisziplin des Umgangs mit
Nichtwissen. Design und Wissenschaft basieren auf zirkulären Untersuchungsprozes-
sen. Sie unterscheiden sich (noch) in ihren Zielsetzungen und Ergebnissen und in den
Kriterien zur Bewertung dieser Ergebnisse. Dennoch: Wissenschaft wird zunehmend
„design-ähnlich".*

*Design ist daher aufgefordert, sein in den Grundzügen nicht-modernes Profil zu schär-
fen, statt nach der Anpassung an ein sich in Richtung Design veränderndes Wissen-
schaftskonzept zu streben (→ Fragen 2, 4).*

Ursprünglich sind die Menschen „universelle Dilettanten". Die Strukturierung und funktionale Differenzierung von Gesellschaften hat diese einzigartige Trans-Kompetenz entwertet.
Design, als ein Produkt der Moderne, entsteht als vermittelnde Schnittstelle zwischen dem
zunehmend getrennten Machen und dem Benutzen der Artefakte. Design professionalisiert
die Kompetenz des „universellen Dilettantismus"; der poietische menschliche Trieb wird
längst durch das Angebot der Do-It-Yourself Industrien kompensiert. Die funktionale Differenzierung der Gesellschaften stellt die paradoxe Grundlage des Designs dar. Paradox deshalb, weil Design gleichzeitig als vorlaute „Un-Disziplin" diese Separierung ablehnt und sich
permanent überall einmischt. In diesem Sinne, wegen seiner Orthogonalität zur operationalen
Geschlossenheit der autopoietischen Systeme, steht Design auch quer zu den traditionellen
Strategien der Modernisierung. Design ist niemals ganz modern gewesen. Und deshalb kann
es möglicherweise als Modell für den Umgang mit den Konflikten der Modernität dienen.

Andererseits gibt es deutliche Anzeichen dafür, dass wissenschaftliche Forschungspraxis den
designerischen Wegen des Handelns und Reflektierens ähnelt. Ein „dritter Weg", eine nuan-
ciertere und soziologisch sensiblere Epistemologie scheint erforderlich, welche die „weichen"
individuellen, sozialen und kulturellen Visionen ebenso wie den „harten" Bestand wissenschaftlichen Wissens integriert. Ich habe drei Thesen zum Design formuliert (Jonas, 2001),
die auf die Wissenschaft ausgedehnt werden können.

(1) Design muss passen – Wissenschaft ebenso.

Dies bezieht sich auf das Interface-Konzept des Designs. Die wachsende *Kontextualisierung wissenschaftlicher Praxis* verschiebt die Betonung von interner Kohärenz der Modelle und Ergebnisse hin zur Passung in Bezug auf die Kontexte (externe Korrespondenz).

(2) Design endet niemals – Wissenschaft auch nicht.

Dies bezieht sich auf Design als projektive Disziplin, welche versucht, existierende Situationen in bevorzugte zu verwandeln. Wenn das Problem gelöst ist, wird die Lösung zumeist zum Keim eines neuen Problems. Das neue *wissenschaftliche* Kriterium der sozialen Robustheit (s.o.) erfordert permanentes Feedback mit dem Kontext in der Institution der „Agora". Kontextualisierte wissenschaftliche Probleme sind, wie Designprobleme, niemals gelöst (Carroll, 1974, S. 38, 39):

„ ‚Jetzt! Jetzt!' rief die Königin. ‚Schneller! Schneller!' Und nun sausten sie so schnell dahin, daß sie beinahe nur noch durch die Luft segelten und den Boden kaum mehr berührten, bis sie plötzlich, als Alice schon der Erschöpfung nahe war, innehielten, und im nächsten Moment saß Alice schwindlig und atemlos am Boden.

Die Königin lehnte sie mit dem Rücken gegen einen Baum und sagte gütig: ‚Jetzt darfst du ein wenig rasten.'

Voller Überraschung sah sich Alice um. ‚Aber ich glaube fast, wir sind die ganze Zeit unter diesem Baum geblieben! Es ist ja alles wie vorher!'

‚Selbstverständlich', sagte die Königin; ‚was dachtest du denn?'

‚Nun, in unserer Gegend', sagte Alice, noch immer ein wenig atemlos, ‚kommt man im allgemeinen woandershin, wenn man so schnell und lange läuft wie wir eben.'

‚Behäbige Gegend!' sagte die Königin. ‚Hierzulande mußt du so schnell rennen, wie du kannst, wenn du am gleichen Fleck bleiben willst. Und um woandershin zu kommen, muß man noch mindestens doppelt so schnell laufen!' "

(3) Design ist eine besondere Kunst – Wissenschaft auch.

Design sollte sich seiner vormodernen Relikte nicht schämen. Es gibt „geheimnisvolle" Aspekte im Entwerfen, wie immer wir sie nennen: Intuition, Kreativität, Einsicht, oder, was ich bevorzugen würde: Zufall. Heisenberg vergleicht mentale Bilder mit den schließlich resultierenden mathematischen Modellen und schlägt sogar in den „sehr harten" Wissenschaften eine komplementäre Sicht der Wissensproduktion vor (Miller, 1996, S. 319, 320):

"[...] And, of course, then you try to give this picture some definite form in words or in mathematical formula. Then what frequently happens later on is that the mathematical formulation of the 'picture' or the formulation of the 'picture' in words turns out to be rather wrong. Still the experimental guesses are rather right, that is, the actual 'picture', which you had in mind was much better than the rationalization which you tried to put down in the publication. That is, of course, a quite normal situation, because the rationalization, as everyone knows, is always a later stage and not the first stage. [...] "

In einem strikten Mode-1-Sinne ist Design nie modern gewesen und die Disziplin sollte nicht um Modernität kämpfen, zumal in einer Situation, wo auch andere „Wissenschaften vom Künstlichen" (BJM, 2001) wichtige Aspekte von Modernität hinter sich lassen. Design kann als Agentur der Modernisierung (Innovation) beschrieben werden, entkoppelt von den Idealen der Modernität, angesiedelt zwischen den etablierten wissenschaftlichen und professionellen Sphären und Expertendisziplinen. Und gerade dies ist seine besondere Stärke. Wiener (1948) hat betont, dass die fruchtbarsten Felder für das Gedeihen der Wissenschaft diejenigen sind, die im unbeachteten „Niemandsland" zwischen den anerkannten Disziplinen liegen. Die Kybernetik etwa war ein Produkt konkreter Entwurfsprobleme. Aus diesen fruchtbaren Niemandsländern können sich weitere Disziplinen entwickeln. Design selbst wird jedoch im Sumpf bleiben, oder genauer: Design wird der evolutionäre Sumpf bleiben, wo sich die potentiellen Sinnpfade bilden und materialisieren; oder das noch unverdrahtete Gehirn, wo die Axonen ihre Verbindungen suchen: hypothetisch, explorativ, spekulativ...

10   Glauben wir nicht an Grundlagen – Design als ironische Disziplin

Je „wahrer" und damit normativer Designgrundlagen zu sein vorgeben, desto kontraproduktiver werden sie. Systemische Ironie ist die optimale Strategie gegen einschläfernde Wahrheiten und fest gefügte Standards. Die temporale Zirkularität (Spiralität) von Machen, Beobachten, Theoretisieren, Planen, Machen, ... mit den genannten Konsequenzen hinsichtlich der Konsequenzen scheint die ultimative Grundlage zu bilden.

In der Designforschung können wir (vorerst) nur Feyerabend folgen (→ Frage 5).

Feierabend!

Zusammenfassend: wir stehen vor der paradoxen Situation steigender Manipulationsmacht durch Wissenschaft und Technologie, sogar die natürliche Evolution selbst betreffend, und zugleich abnehmender prognostischer Kontrolle. Design agiert evolutionär, sowohl was seine Funktion betrifft (Entwurfsprozesse) als auch die Schaffung eigener unwahrscheinlicher disziplinärer Ordnung (Strukturen und theoretische Grundlagen) betreffend. Designtheorie muss eine Passung zwischen sich selbst (als Artefakt) und seiner Umgebung herstellen, die aus sozialen Bedingungen, modischen Theorien, Wertvorstellungen, etc. besteht. Es gibt Selbstähnlichkeit zwischen den Prozessen des Entwerfens und den Prozessen der disziplinären Entwicklung. Möglicherweise ist *temporale Zirkularität* (wie etwa in der Aktionsforschung) das einzig brauchbare Prozessmodell in der Designpraxis wie in der Designtheoriebildung.

Ich schlage eine perspektivische Kehrtwendung vor, oder, etwas bombastischer: einen „Paradigmenwechsel". Der wichtigste Lerneffekt nach 40 Jahren Designforschung könnte darin bestehen, den Anspruch auf Erklärung und Begründung wie auf Vollständigkeit und Kohärenz der theoretischen Modelle zu reduzieren oder aufzugeben. *Funktionale Äquivalente*, welche die Prozessdynamik auf den unterschiedlichen Ebenen beschreiben, scheinen mehr zu versprechen als normative *Wissensbasen* und Regeln. Der Gewinn an Interpretationspotential wird den Verlust an Erklärungskraft mehr als ausgleichen. Statt die Inseln scheinbarer wissenschaftlicher Rationalität mit ungeeigneten Mitteln auszudehnen (was sich häufig als nicht tragfähig erweist), sollten wir mutig die Grenze vom Wissen zum Nichtwissen überschreiten. Und auf dieser Seite der Grenze können wir (wissenschaftlich begründet!) die Gebiete *sicherer Nicht-Vorhersagbarkeit* bestimmen.

Das Akzeptieren der Grenzen wissenschaftlicher Begründungen in der Schaffung des Neuen erfordert tatsächlich ein neues Selbstkonzept. Broadbent (2002) schlägt ein designerisches „Leitsystem" der soziokulturellen Evolution vor, was reichlich ambitioniert, fast arrogant erscheint. Ich würde vorschlagen, ein wenig bescheidener zu sein. Selbstverständlich sollten wir aber an dem großen, aber sympathischen (und etwas naiven) und professionellen Anspruch festhalten, die „Lebensqualität" zu befördern. Dies bedeutet, dass unsere Theorie Züge einer *ironischen Theorie* annehmen muss, denn nur Ironie ist in der Lage, Bescheidenheit mit Arroganz zu kombinieren:

- Wir kennen die Sokratische Ironie („Ich weiß, dass ich nichts weiß.") als den Kern des maieutischen Ansatzes, der immer schon ein Element guter Planung war.
- Wir kennen die romantische Ironie als das elegante Spiel des Genialen. Auf die eigenen Fähigkeiten angewendet, wird mittels dieser Art von Ironie die eigene Überlegenheit zugleich dekonstruiert und bestätigt.
- Wir kennen Rortys (1989) Ironiekonzept mit seiner tiefen Skepsis in Bezug auf abgeschlossene und endliche Vokabulare.
- Und wir haben die „systemische Ironie", die beansprucht, eine Kompetenz des reflektierten Umgangs mit fundamentaler Ungewissheit darzustellen. Dies bedeutet, dass Letztere nicht durch geduldige Reflektion aufgelöst werden kann, sondern dass sie sich in der Reflektion sogar ausweitet, weil jede Beobachtung neue Felder (noch) nicht beobachteter Phänomene eröffnet. Die andere Seite der systemischen Ironie ist nicht Gewissheit, sondern nichts anderes als das unvermeidbare Paradox des Wissens. In eben diesem Sinne erklärt Schlegel (zitiert nach Willke, 2002): *„Ironie ist die Form der Paradoxie."* Es ist *„klares Bewußtsein ... des unendlich vollen Chaos."*

11 Literatur

Albert, H. (1968). Traktat über kritische Vernunft. Tübingen.

Alexander, C. (1964). Notes on the Synthesis of Form. Cambridge, Mass.: Harvard University Press.

Baecker, D. (2000). Die Theorieform des Systems. Soziale Systeme 6 (2000), H. 2, S. 213–236. Opladen: Leske + Budrich.

Beck, U. (1986). Risikogesellschaft. Auf dem Weg in eine andere Moderne. Frankfurt a.M.: Suhrkamp.

Bell, D. (1973). The Coming of Post-Industrial Society. London: Heinemann.

BJM (2001). British Journal of Management Volume 12, Special Issue on Mode-2 knowledge production, December 2001.

Blackmore, S. (1999). The Meme Machine. Oxford: Oxford University Press.

Broadbent, J. (2002). Generations in design methodology. Common Ground. International Conference of the DRS, Brunel University, London 5–8 September 2002.

Buchanan, R. (2001). Children of the Moving Present: The Ecology of Culture and the Search for Causes in Design. Design Issues 17: 1, 67–84.

Campbell, D.T. (1974). Evolutionary epistemology. In Schlipp, P.A. (ed.), The Philosophy of Karl Popper, Vol. 1, 413–463. La Salle, IL: Open Court Publishing.

Carroll, L. (1974). Alice hinter den Spiegeln. Frankfurt a.M.: Insel Verlag.

Common Ground (2002). Proceedings of DRS International Conference, Brunel University, London 5–8 September 2002, edited by David Durling and John P. Shackleton.

Cross, N. (2001). Designerly Ways of Knowing: Design Discipline Versus Design Science. Design Issues 17: 3, 49–55.

Dawkins, R. (1976). The Selfish Gene. Oxford: Oxford University Press.

Dewey, J. (1986). Logic: The Theory of Inquiry Carbondale: Southern Illinois University Press. Original 1938.

Dunne, A. & Raby, F. (2001). Design Noir: The Secret Life of Electronic Objects. Basel Boston Berlin: August/Birkhäuser.

Feyerabend, P. (1976). Wider den Methodenzwang. Skizze einer anarchistischen Erkenntnistheorie. Frankfurt a.M.: Suhrkamp.

Friedman, K. (2001). Problem and paradox in foundations of design. In W. Jonas (ed.), the basic PARADOX. *http://www.thebasicparadox.de.*

Glanville, R. (2001). Researching design and designing research. In W. Jonas (ed.), the basic PARADOX. *http://www.thebasicparadox.de.*

Hybs, I. & Gero, J. S. (1992). An evolutionary process model of design. Design Studies Vol. 13, No 3, July 1992, 273–290.

Jonas, W. (1999). On the Foundations of a 'Science of the Artificial'. useful and critical – the position of research in design. International Conference, UIAH, Helsinki, September 1999.

– (2000). The paradox endeavour to design a foundation for a groundless field. International conference on design education in the university. Curtin University, Perth, December. 2000.

– (2001–2003). the basic PARADOX. *http://www.thebasicparadox.de.*

– (2002). Common Ground – a product or a process? Common Ground. International Conference of the DRS, Brunel University, London, 5–8 September 2002.

Jonas, W. & Meyer-Veden, J. (2004). Mind the gap! – On knowing and not-knowing in design. Bremen: Hauschildt Verlag.

Jones, J.C. (1970) Design Methods. Seeds of human futures. London: John Wiley & Sons.

Latour, B. (1998). Wir sind nie modern gewesen – Versuch einer symmetrischen Anthropologie. Frankfurt a.M.: Fischer. Original 1991.

Love, T. (2002). Learning from the design-science paradox: new foundations for a field of design. In W. Jonas (ed.), the basic PARADOX. *http://www.thebasicparadox.de*.

Luhmann, N. (1997). Die Gesellschaft der Gesellschaft. Frankfurt a.M.: Suhrkamp.

– (1984). Soziale Systeme. Grundriß einer allgemeinen Theorie. Frankfurt a.M.: Suhrkamp.

Miller, A. I. (1996). Insights of Genius. Imagery and Creativity in Science and Art. New York: Copernicus.

Nowotny, H. & Scott, P. & Gibbons, M. (2001). Re-Thinking Science. Knowledge and the Public in the Age of Uncertainty. Cambridge, UK: Polity Press.

Riedl, R. (2000). Strukturen der Komplexität. Eine Morphologie des Erkennens und Erklärens. Berlin Heidelberg New York: Springer.

Roozenburg, N.F.M. & Eekels, J. (1991). Product Design: Fundamentals and Methods Chichester: Wiley.

Rorty, R. (1989). *Contingency, irony, and solidarity* Cambridge, UK: Cambridge University Press.

Schön, D. A. (1983). The Reflective Practitioner. How Professionals Think in Action. New York: Basic Books.

Serres, M. (1987). Der Parasit. Frankfurt a.M.: Suhrkamp.

Simon, H.A. (1969). The Sciences of the Artificial. Cambridge, Mass.: MIT Press.

Wiener, N. (1948). Cybernetics or control and communication in the animal and the machine. Cambridge, Mass.: MIT Press.

Willke, H. (2002). Dystopia. Studien zur Krisis des Wissens in der modernen Gesellschaft Frankfurt a.M.: Suhrkamp.

Knowledge Media Design and the anticipation challenge

Mihai Nadin

"The strongest principle of growth lies in human choice."
George Eliot

1 Introduction

Against the background of ubiquitous computation, new fields of human activity are continuously being established. Knowledge Media Design (*KMD for short*) is one from among those fields. It is probably more relevant than most due to its focus on knowledge. To experience the never-ending diversification of human activity is challenging and rewarding, as well as exciting. Nevertheless, each time a new field is declared, we are inclined to stop and answer the cliché question "What's new?" Experience shows that many times much of what is, at a given moment, pursued as new, or even as a major breakthrough is no more than what we already know and have practiced under different labels.

Take wireless telephony as an example. Yes, once upon a time – and even today, in some places – isolated on hills, or from towers in their towns, watchmen signaled to each other using fire, smoke, or noise: no data, only meaning (Danger!). True, no one will claim that the limited communication of the past is the precursor of wireless telephony on the mere ground that fire and noise do not require wires as conduits. And we know that wireless telephony is only a modest part of what wireless networks allow us to accomplish in terms of data integration and rich human interaction. To give another example: Teachers structured their classes and used illustrative means (drawings and photographs, preserved stuffed animals, dissections, rudimentary experiments, etc.) before anyone could have guessed that one day computation would replace written natural language as the underlying structure of human activity. This applies to teaching, learning, and training as well as to communications, entertainment, manufacturing, and market transactions, to name only four areas of human activity. Still, KMD is not what teachers in the not too distant past practiced in order to enhance the education experience and to make learning more attractive and effective.

In both cases (wireless communication and KMD), but more so in KMD, designers and users deal with a fundamental change. Indeed, what defines the plethora of new human activities emerging in the age of computation is the totally new way of conceiving and carrying out tasks. We are part of a new pragmatic framework. This means that a never-before experienced set of requirements and expectations lead to the self-constitution of human beings who, while apparently not different from their predecessors (almost the same anatomy, slight physiological differences), are engaged in activities fundamentally different from all those practiced in the past. Although people living and working today have much in common with people living in previous ages, the condition of today's human being – especially the cognitive component – is not reducible to that of preceding generations. Let me explain. *Pragmatics* is a word that encompasses how we become what we are through what we do, through our activities. The means involved – language, tools, or media – are not neutral; they exert a formative influence. This is a decisive aspect to which I shall return more than once. Thinking in language, for example, is not the same as thinking in images. Operating a machine according to a certain procedure is not the same as choosing an operation from a menu that prompts the next step. KMD is a new practical experience impossible to reduce to previous experiences, even though it does not necessarily exclude those experiences. On the contrary, given its ever expanding means, KMD is a synthesis based on the revolutionary change brought about by computation. It not only benefits from computation, it also affects the new forms through which computation enters our lives. And it affects computation as well. But again, what is KMD?

First of all, KMD is different things to different people. One company, conveniently called KMD[1], offers professional Website design and development. Another one[2] builds upon the peer-to-peer (P2P) model, a decentralized form of networking that enables the one-to-one model of communication that helps individuals swap data (from music files to animation to research resources). Yet others see it as the answer to each and every form of education and training in our age. There is a common denominator to all these different views, but not common enough to make us understand what the new human experience of KMD really means.

In order to understand the premises and pitfalls of defining a new field, we need to clarify our terms. With the understanding of what it means when we label some activity by using particular words, we can see whether the name suggests an opening or a dead end. This is my subject here: the viability of KMD, not of operations and enterprises such as the ones mentioned above. Is it a new hype, with many promises and few accomplishments? Or is it a deep and wide-reaching new practical experience? As I write these lines, there are almost 500 dedicated programs, in various universities and colleges, at undergraduate, graduate, and even doctoral levels, around the world. Almost all programs in KMD feel that they have to provide some introduction to the field. (Otherwise, how would they sell the attraction of KMD?) They start by looking for the definition of the three nouns used: knowledge, media, design. Like all etymological exercises, this one is interesting, but it misses the point. By referring to definitions given in dictionaries and other sources, one actually refers to the pragmatics of the past. What made KMD possible is a new pragmatic framework. What makes KMD relevant is the

---

1. KMD is based in Brighton, the United Kingdom. See *www.Kindwebdesign.com*.
2. Two P2P sites are *www.kazaa.com* and *www.kephyr.com*.

opening of new pragmatic dimensions that transcend the field itself. These new dimensions affect the human being's condition and the nature of human existence. The political clang of the formula "We live in a knowledge economy" does not do justice to what is expressed here.

"Nothing new," some will say again. Humans needed knowledge to hunt, to gather fruits, nuts, and grains; they needed more knowledge in order to make tools, to farm; and even more knowledge to make and use machines. So what's the big deal over the knowledge humans need today in order to carry out their tasks? The knowledge of the past was present in the pragmatics of human existence as a requirement related to performance. Guided by this knowledge (sometimes rudimentary, other times quite sophisticated), people carried out tasks related to survival and to progress. Knowledge is the object of experience; it is the object of human actions, and it is often the end: the product, the result. In the past, knowledge corresponded to a relatively stable world and expressed an expectation of permanency – the quest for eternal truth, whether religious or scientific in nature. Today, knowledge is only a measure of change; and as such, it contributes to faster cycles of innovation. It sounds like a paradox: Knowledge makes knowledge obsolete. But that is how knowledge came into existence. That is how knowledge is ultimately validated. Behind each negation of knowledge remains the force of questioning as an underlying factor of the dynamics of human existence – not the illusory hope of eternal knowledge that characterized both religion and science in the past. I do not intend to revisit my broader elaborations on the subject (Nadin 1997, 1999, 2003), but rather to focus tightly on the characteristics of KMD, in particular on the anticipatory dimension of this new human experience.

2   Determinism and non-determinism

The definitions given to knowledge – such as "truth, facts, or principles" (Baecker 1997; Perkins 1986) – media – "enveloping substance . . . through which impressions are conveyed to senses" (cf. Oxford English Dictionary) – and design – "to form a plan" (cf. Oxford English Dictionary) have in common a reductionist-deterministic foundation. This foundation corresponds to an explanation of everything as nothing more than the cause-and-effect sequence – one thing, the cause, determines the other, the effect – and the associated method of reducing complexity – reduce the whole to its parts and gain understanding of the whole by understanding one or more of its parts. Everyone in the Western world has been educated in the spirit of this explanatory model; the rest of the world adopted it, too. There is little to reproach but for the fact that it proves incomplete, at best, in a broader perspective of our universe of existence. The world that this model describes, quite successfully, is that of physics: all matter and its infinite array of expression as elements, states, and change. Based on this explanation, humankind leaped from being part of the world into assuming the role of shaping it. If we take the religious foundation of the human being as a reference (literary or literally, depending on where one places himself in respect to the subject) – "Be like me" is what Divinity demands of the human being – we find in determinism the serious acceptance of the invitation to partake in "making the world." Alternatively, science starts from the need to know in order to change what is not yet agreeable to the human being. The new endeavors that humankind is engaged in – exploring the submolecular and subatomic levels of matter, as well as the extraterrestrial – are indicative of the effort. They continue the acts of controlling nature and opposing it to "human nature." The "patron saints " of all these spectacular attempts are Newton, Descartes, and all their followers, including many scientists currently active in physics, chemistry, computer science, and the ever growing number of fields of inquiry resulting from progressive specialization.

Now that I have acknowledged the "saints " and "church" of determinism and reductionist thought, it is time to challenge these perspectives by pointing out that the extremely effective description of physical phenomena that they gave is far from being adequate for dealing with the living. The current scientific focus on the living – biology at the DNA level, molecular biology, bioengineering, etc. – although still dominated by the deterministic-reductionist model, is indicative of the fact that further advances in science will more likely result from examination of what does not fit the model. The deterministic model is one of reaction (Actio est reactio, as Newton, 1687, claimed); the complementary model is that of anticipation. From the reactive model, we inherited the broadly accepted viewpoint that the living is reducible to a machine. And since the living, like everything else in our universe of existence, is a physical entity, its dynamics can be represented through the functioning of a machine. The difficulty starts as we notice that the living is indeed a physical entity with a plus. This plus dimension was eliminated (or at least left out) as science tried hard to get rid of the animistic dimension (from anima, the soul or spirit, that which, in opinions prevailing in the past, moves a physical entity, gives it life). The best description science could come up with some 400 years ago to oppose the animistic viewpoint is expressed in the reductionist-deterministic model. But today, we are much farther ahead, in time as well as in our understanding of science. And we are much better prepared to handle complexity, instead of explaining it away. Without entering into the details of a scientific foundation of anticipation (Nadin 1999, 2003), let us present here a short framework of understanding.

In the deterministic view, the past defines the present and future. In an anticipatory perspective, this is not negated, but complemented by accounting for the action from the future to the present: „Die Ursache liegt in der Zukunft" (The cause lies in the future). Below is a diagram explaining what is meant and how von Foerster's (1999) sentence can and should be interpreted.

The reader will understand without any difficulty that no anima is reintroduced here. Rather, we benefit from understanding the notion of information made possible and realize that the future in von Foerster's statement is an informational future. In this respect, probably all of us will easily agree that in the process of making ourselves into what we are, we are subject to physical laws (probably more sophisticated than we realize). But we are just as much subject to the fact that we are guided by representations of what we want to do or accomplish, representations of drives, goals, ideals – projections coming from the future. The high of drugs as much as the deep feelings of love, success, satisfaction associated with discovery for example, are all anticipations that guide our actions, including the act of choosing. If we shift our focus from eating to knowledge, the future for which we need to know something is what drives us to learn. That digital media can help us with our representations of that future better than what teachers used yesterday in the classroom is a moot point. In the reductionist view, there is one, and only one, time, the duration machine called clock (very much inspired by natural cycles, which all scientists of centuries ago assumed to be uniform – which is actually not the case).

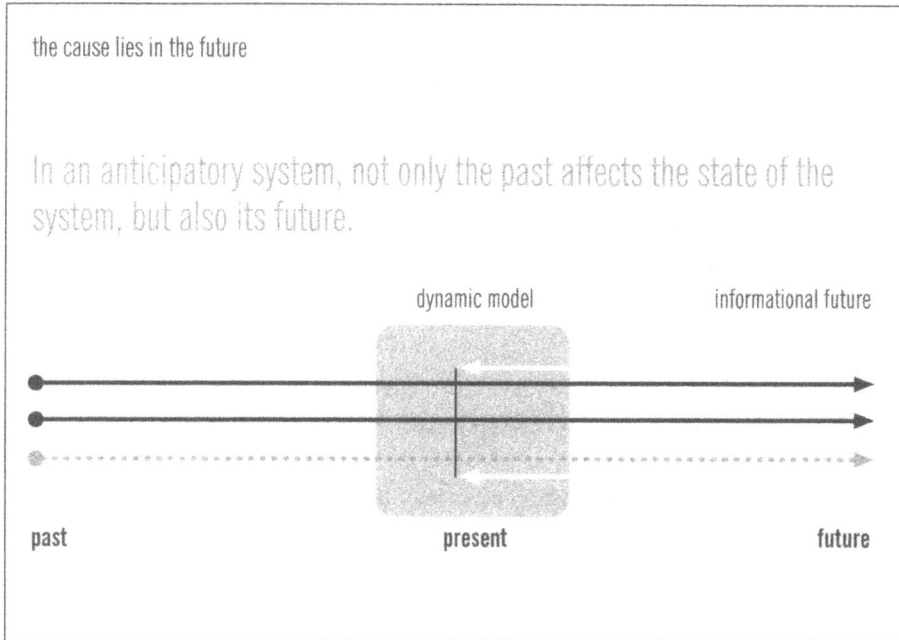

Fig. 1:   *The cause lies in the future.*

In the living, there are many different times, many different clocks, and therefore, "to be ahead of time," (the visionaries, the dreamers, as well as musicians, actors, athletes, people avoiding accidents, etc.) is not a metaphor, but an informational state. As Arthur M. Young (1992) put it: "If there were but one time rate, it would not be possible to anticipate [...]. Without anticipation, the future, like a meal without appetite, would be meaningless."

Based on all of what has been presented above, it is clear that knowledge and design in the KMD discipline make necessary a perspective that unites reaction and anticipation. Media – unless we integrate the living into media (the human being as a medium, an exciting but slippery subject) – can be suitably dealt with in the reactive perspective. With all this in mind, it is clear that the fire signal from those stationed on a mountain to those living on the opposite mountain is, at best, information. It corresponds to the definition of information as we know it from Shannon and Weaver. In his Introduction to Claude Shannon's *The Mathematical Theory of Information*, Warren Weaver (1949) unequivocally states: "The word information, in this theory, is used in a special sense that must not be confused with its ordinary usage. In particular, information must not be confused with meaning." He goes on to say: "Information is a measure of one's freedom of choice when one selects a message."

This information can be expressed in bits. Today's wireless application is based on information theory and is deterministic in nature. But it opens an anticipatory dimension because it integrates the living (usually called user) and the physical system. In other words, it is a hybrid entity. In the physical, systems tend towards higher entropy. (The laws of thermodynamics express this in precise terms.) In the living, the negentropic (the negation of entropy) – the design, the giving shape and form, the realization of identity – opposes the physical disorder. Indeed, the opposing tendencies are expressed when the human being makes KMD the result of integrating the physical and the living, integrating reaction and anticipation.

Those who conceive KMD only from a deterministic perspective are animated by the thought that at the end of the exercise, there is a machine they can conceive of that will perform knowledge media design. Such a machine will take the ingredients, mix them according to some formula, and generate a valid learning environment as output. What they do not realize is that if such a machine were possible, it would ultimately be deployed to teach machines, but it would not be part of the human experience of learning.

3 Knowledge and design are anticipatory

Let us now deal with the specific anticipation aspects of the living components of KMD, i.e., knowledge and design. As a matter of pinciple, we do not consider the reactive and the anticipatory as mutually exclusive, rather as complementary.

3.1 Operational knowledge

The deterministic-reductionist view is that knowledge can be seen as a result of some human experience; that is, the expression of the past as it determines the present and future. It takes the form of descriptions, laws, principles; and it is subject to measurement, it is quantifiable. We realize that this is not a unanimously held definition, but it proves to be an operational instrument most of the time. It is used when it makes sense, and even when it does not. From the intrauterine phase of an individual's life to the so-called "golden age," someone or some groups will define what knowledge can be imparted: provide the right type of music to the fetus; give the newborn and toddler "educational" toys; give kindergarten children the occasion to prepare for college or for professional life – cause and effect in pure form, guided by the love that parents have for their offspring, and by the way parents themselves were "broken in." "How do you drive a new car so that it will 'learn' your habits and not break down too soon?" – is the mechanical model behind the action described.

What kindergarten, schools, colleges, training facilities, life-long learning providers do not realize is that, together with learning all that has been accumulated from the past – the knowledge from any "how-to" book, be it how to write, spell, sing, dress, ski, dance, behave at the table, add numbers, write programs, play tennis, sequence a DNA sample, you name it – the living always learns what does not yet exist, what will be, that is, the future – before the future happens. In the container model of the education practiced in the Industrial Age, someone – teacher, advisor, professor, coach – mixes and dispenses the "right" amount of knowledge accumulated from the past. This is the input. The children (or whoever receives this so-called knowledge) take it in, process it in some way, and *voilà*, they should be able to read, write, do math, play an instrument, or look through a microscope and see what the professor wants them to see. But this is not how the living, human or not, operates. Living means to express one's identity through action. The human being becomes what he or she is through doing, not through processing knowledge dispensed by others. Machines can be taught, and are effectively taught, how to carry out certain operations. Human beings are in anticipation of such operations. Hammering takes place first of all in the mind. With all knowledge of hammering disbursed to an apprentice, we only train a human being expected to act like a machine. Anticipation puts knowledge in context: You do not nail into water – a machine does not know this – or into a block of steel. You nail as the experience of self-constitution makes it possible and, under certain circumstances, necessary. Charlie Chaplin's[3] genius in *Modern Times* expressed this idea so much more convincingly than my words here.

Fig. 2:   *The Tramp feeds a co-worker caught in the wheels of a machine.*

Knowledge in the deterministic-reductionist perspective can be extremely sophisticated. Just think about automation in its enormous variety. It applies very well to homogenous situations, to repetitious patterns. That kind of knowledge can be "canned" – and artificial intelligence claimed knowledge-based systems as some of its major successes. Training and learning by rote are "can-able." This is why so many companies are selling "Training" as a product.

---

3. Chaplin, Charlie. Author of the movie Modern Times (1936). The story is set in 1930, the Great Depression, and points out the dehumanizing effects of machines, that is, humans reduced to machines.

Knowledge from an anticipatory perspective is actually process. From this perspective, to learn is not to be fed knowledge, but to be in the condition to construct it, to discover, as you go along, what else is necessary in view of the goal pursued.

Knowledge is process

Allow me to present a summary of how acknowledgment of the anticipatory nature of knowledge prompts the fundamentally new condition of human activity. Economies used to base their development on raw materials, energy, and capital as wealth emerged as a sublimation (in the chemical sense of sublimation) of human activity. Knowledge is the complementary asset, and its importance will overtake that of the old sources of wealth. A knowledge economy is one in which reaction and anticipation are pursued in tandem. In such a context, learning, as a knowledge-related activity, is no longer reducible to recording or acquiring knowledge, but to constitute it in learning experiences. What we know affects how we construct new knowledge; that is, what we know affects what we do. The contextual nature of knowledge explains why some knowledge is, within a particular experience, more meaningful than another. Knowledge is distributed; the hierarchic and centralized model of knowledge is replaced by the distributed model. Therefore, to approach knowledge media from an anticipatory perspective means to focus on integration of knowledge, integration of human beings, and on the reality of the fact that human beings are infinitely different, and therefore difficult to bring together. The model of a homogenous society made up of similar individuals corresponds to the machine model. Hitler practiced it; Utopian models are based on it; the new fanaticism of our age requires it. Acknowledging differences – because difference is the source of dynamics – corresponds to the anticipatory description.

Motivational aspects are anticipatory in nature. But within a mechanical model, motivation is often understood only as a behaviorist aspect (the required model as a cause-and-effect mechanism). The chart contrasts the reactive and anticipatory modes.

Tab. 1:   Reactive and anticipatory elements of knowledge

	Reaction perspective	**Anticipation perspective**
Knowledge	Object	Process
Learning	Analytical process	Constructive experience
Knowledge dissemination	One-to-many	Discovery
Structure of practical experience	Hierarchic, centralized	Distributed, non-hierarchic (peer-to-peer)
Practical experience	Standardized	Spontaneous
Failure	To be avoided	Source of new knowledge, new opportunities

This is not, by any means, a complete image of what the new context means; but it gives those individuals involved in KMD a framework for defining their specific role.

3.2   Design

The definitions of knowledge that resulted within a deterministic-reductionist view of the world could not escape the limitations intrinsic in this view. In contrast, the definitions of design have always made clear that there is an opening towards a direction that involves the future. Indeed, we can never redesign the past; we can, at most, reinterpret it. Moreover, in every definition of design, there is the element called creation, i.e., to make something that did not exist before. Machines are repetitive; they can make the same thing again and again. Cause-and-effect implies the expectation of uniformity and homogeneity. Machines embody it. Design is the new take on whatever the subject of a given design experience is.

It has been said, over and over, that design is ubiquitous. It is part of everything we do: the way we present ourselves (clean, dress according to a particular style, etc.); speak, move, arrange our universe (flowers in a garden or vase, stickers in an album, papers on a desk, etc.). Through design, we say something about how we like things to be, how we like to project our identity. This applies just as much to children as they order pebbles on the beach, to mothers as they provide a proper environment for their children, to runners as they care for their physical condition, to professional designers – architects, media consultants, event designers, people who lay out newpaper pages, designers of new genes and new materials, for example. There is no human-made entity that does not have a design component to it. As encompassing as design is, in discussing the anticipatory dimension of KMD, we cannot ignore the fact that design is not in reaction to something, but in anticipation – of pleasure, harmony, satisfaction, usefulness, or whatever else a design might accomplish. Although a new design negates a preceding design (the reactive component), it is in the end legitimized through the new, the anticipation.

Problem-solving?

Surprisingly, the dominant view of design is deeply anchored in the deterministic-reductionist view of the world: design as problem-solving. At its best, this description is confusing. (I would prefer to say "idiotic," but so many great names are attached to this ill-conceived formula that one ends up more iconoclastic than constructive in describing the formula for what it is.) It says that there are problems out there in the real world, and all it takes is for a designer to be asked to fix them. Once this is done, we all live happily ever after. If this were so, invention, which is part of the practical experience of design, would not come about. Problems, or breakdowns, in the mechanical model of the world are well defined. A water pipe bursts, the plumber will repair it. Machines operate according to this simple description. Problem-solving in this context makes sense and is one of the accomplishments upon which the society of the Industrial Age was predicated. Within the problem-solving paradigm, one needs the knowledge related to the problem. It is like the functioning of an engine for which one needs gasoline or electricity.

In design, knowledge is generated, while previous knowledge is either integrated or discarded – because it stands in the way or blocks new avenues. Accordingly, design is actually complementary to problem-solving, but not reducible to it. This complementary dimension is the generation, the creation, of new ideas, artifacts, actions, or processes. The separation of analysis, which qualifies as a possible premise for design, from synthesis, without which there is no design, led many to believe that a good theory of design can do justice to what design is by explaining what design was: teach design by example.

Design is not independent of the medium/media in which it is expressed. The integration of computers in design processes might facilitate the automation of many tasks, but not of design itself.

Design is creation

The new is an expression of an anticipation. It can go wrong (the most recent example is the Air France terminal at Charles de Gaulle Airport in Paris/Roissy[4], but it can, as well, open new avenues for the unfolding of the human being. To understand design, one needs to be subject to it, to experience it (a concert in Los Angeles County's new Walt Disney Concert Hall[5], designed by Frank Gehry, is not describable in words), or integrated in a communication experience.

From the many aspects of design related to KMD, I shall mention only the notion of participation. Designers engage those involved in a KMD situation by making co-design, i.e., interaction, possible. A shared context of knowledge guides anticipation in the design and in the experience of knowlegde experience. This is why to talk about design in KMD is to refer to the need to "design the design process," that is, to realize that it is not design that is mediated through KMD, but the constitution of knowledge. In order to again facilitate some understanding of what anticipation-guided design is able to provide, I suggest a short-hand contrast scheme.

Tab. 2:   Reaction and anticipation perspectives of design concepts

	Reaction-based	**Anticipation-based**
Design	Problem-solving	Problem-generation
Method	Top-down	Bottom-up
Means	Homogenous	Heterogenous
Concepts	Given, stable	Emerging

---

4. "Terminal 2E was designed by world-renowned architect Paul Andreu, who designed the Beijing Opera House and other terminals at Charles deGaulle Airport." The terminal was supposed to turn the airport into the hub of Europe, replacing London and Frankfurt. (cf. *http://www.cbc.ca*, May 24, 2004).
5. For more information on the Walt Disney Concert Hall, see *http://laphil.org*. Numerous books and Websites deal with Frank Gehry's design. But even this design had to be fixed: too intense sun reflections on the metal structure triggered complaints.

But we can, and should, consider yet another aspect. Within the deterministic-reductionist model, design became a specialized activity. The profession designer was eventually accepted. (So were many other professions defined along the line of a particular cause-and-effect sequence: medicine for causalities pertinent to health, with the physician as engineer of the human being understood as "machine;" pharmacy for causalities pertinent to healing (or at least the appearance thereof), with the pharmacist as the "chemist" of the "biological" machine; education for causalities pertinent to teaching and learning, with the teacher or professor as the source of knowledge to be dispensed by the "machine" called school or university, etc., etc.) The realization that complexity cannot be discarded, but rather ought to be integrated in our practical experiences, makes the next steps necessary. Combine specialized knowledge (leading to expertise in a limited experience) with the knowledge of those persons involved in new experiences. Make possible the interaction of minds, instead of the narrow taming of minds; instead of the reduction of heterogeneity (variety) to homogeneity (the "right" solution eliminates all other possibilities), allow for the multiplication of options.

3.3   To engage

Although we still practice the inappropriate distinction designer-user, we come more and more to the realization that users need to be engaged. They need to be empowered in order to produce alternatives corresponding to the fact that no two users can be the same. I do not suggest here the adoption of the cheap talk and demagoguery of the politically correct: "Understand users' need." In reality, there is no way to achieve this. This formula eventually leads to the absurd measurement of design adequacy based on the model of usability (cf. Nielsen 2000 and Norman 2002, the imperturbable champions of a mechanistic view of design applied to user interfaces). This model reduces the infinite diversity of individuals to some averaging formula, and concludes that the "machine-like" performance of users forced to give up individuality is a good measure of the software performance. My focus is on forms of engaging all those who become part of the experience. No doubt, professional designers, in the meanwhile specialized to a degree that defines the encompassing notion of design, share experiences that resulted from their particular involvement in creating new entities. There are technical aspects (the "how to" of the profession), as there are a conceptual framework and organizational principles that can be shared. In addition, the professional designer can (or should be able to) express what many people imagine – How should something look? What should it accomplish? How should it feel? – that is, qualitative aspects. For this, the professional designer is competent in the visual, or at least realizes that the visual carries design much better than words do.

The community of professional designers (PD) might regard those for whom they design as unqualified for being engaged. This reflects the cause-and-effect based reality of top-down, from designer to user, mentality. It also explains the impertinence of the distinction: the designers look down on what they call users. If all works right, the design is good. If it does not, the user is considered incapable of realizing the value of the design. Or the designer has to address the phantom average user and allow him or her to perform like a machine. But the complementary entity to PD can no longer be ignored. Creativity relies on complexity. It does not emerge as complexity is ignored, especially through so-called simple solutions (promoted by Krug, 2000, for example). Design Addressees (DA) are thoses who realize the need for design, as well as the specific nature of design for their own practical experiences. The physician who integrates visualization techniques (such as advanced functional magneto-resonance imaging, i.e. fMRI) in his profession is such a DA; the pharmacist who understands virtual reality methods for "making" new, individualized substances, corresponding to each person, is also such a DA; and so are teachers and professors who no longer put their stereotype classes on the Web (old content carried by a new medium), but individualize their activity so as to address each student according to his/her characteristics.

To finish here: Only by engaging the PD and the DA can we reach a form of design that will make possible the new practical experiences of this age. KMD is by necessity an engaging form of design; and it is driven by anticipation. That engagement, as I suggested above, is not an easy task need not be belabored. An asymmetry of competence between PD and DA renders the act of engaging dramatic. We cannot ignore it, but neither can we afford giving it up only because it is difficult.

4   Media

Marshall McLuhan understood better than his many followers how media "are extensions of some human faculty – psychic or physical" (McLuhan 1967, p. 26). In *Understanding Media* (1964), he enumerated media such as

> *"[...] the spoken word, written word, printed word, comics, photographs, press, ads, games, movies, radio, television, telegraph, typewriter, telephone, phonograph, money, clocks, automation, roads, wheels, bicycles, airplanes, motor car, weapons, clothing, housing, number."*

We know by now that the list can be only partial; some media disappear, new ones appear. Essentially, they are the matter in which information that makes human interaction possible is embodied; they are not just conduits (channels), as some think. As physical entities, media are subject to all that pertains to the physical understanding of causality. From the perspective of anticipation, media cannot be conceived as "containers" or even "pipes." Media rather embody, i.e., materialize, the expression. To express means to bring out to one's own awareness or attention, or to that of others, to externalize what otherwise might be part of the dynamics of the living. The act of expressing is not independent of the medium of expression. This is especially relevant in the expression of knowledge: an equation, as an expression in the medium of mathematical formalism is much different from a visualization. The concise mathematical expression in which the fractal dimension is implicit becomes a totally different thing once we look at images that make the self-similarity clear.

The precise definition is: The Mandelbrot set M consists of all of those (complex) c-values for which the corresponding orbit of 0 under $x2 + c$ does not escape to infinity.

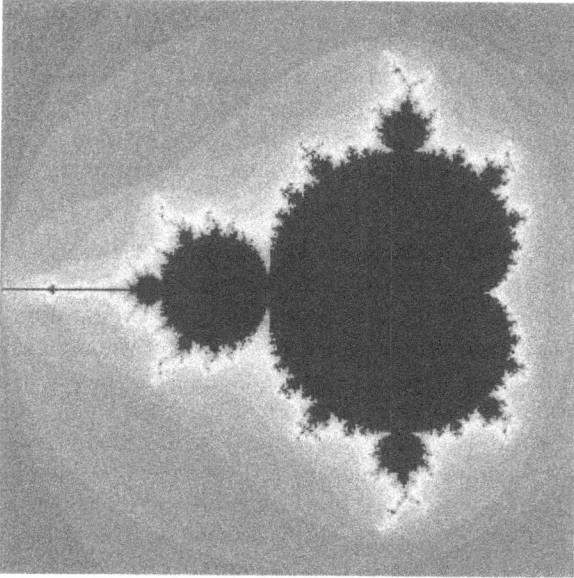

Fig. 3: For the filled Julia sets, we fix a c-value and then consider
the fate of all possible seeds for that fixed value of c. Those
seeds whose orbits do not escape form the filled Julia set
of x2 + c.

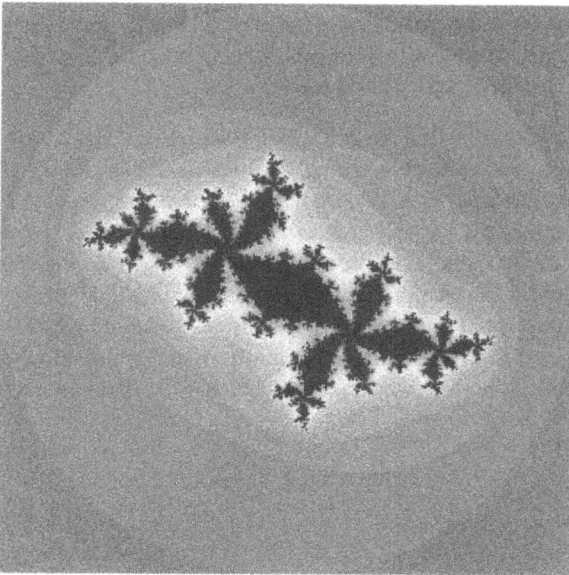

Fig. 4: Mathematical formalism and expression through images.

To make possible the dynamics of anticipation, media need to be conceived, designed, and realized as interactive. This means that they need to allow for the active influence of those who express themselves in one medium or another, but also the practical experiences of modeling, simulation, and redesigning pertinent to teaching and learning. KMD cannot passively deal with media; it has to be involved in conceiving media, as it has to develop means and methods for evaluating the appropriateness of media. The notion of appropriateness implies interactivity.

At the time when I challenged McLuhan's successful formula "The medium is the message," my position was rather isolated. In the meanwhile, some media professionals joined me in this conclusion – Nicholas Negroponte is only one among them – noticing that a computational model of weather contains many possible realizations: as a voice message ("Tornado watch"), as a diagram, as an animation, etc. In other words, the message is the medium/media, as I claimed, as it is instantiated in a given context, in one or another form of expression: The weatherperson on television is but a "medium" for the common underlying computational model from which others derive "media" such as "warnings," "watches," SMS weather products (for your cellular phone), and many more. The meteorological knowledge driving the choice of media and the learning experience is of extreme complexity. The dissemination of knowledge can take quite a number of specific forms, as the practical context requires (What do we do with the knowledge?).

5   The associative encyclopedia

By way of a concrete KMD development (through a project in the area of digital dissemination of knowledge), I would like to make all these theoretical principles a bit more concrete. An interactive application will illustrate the anticipatory perspective.

One way to represent knowledge is to see it as an infinite sequence of associations. Such associations can exist between what we know and what we are in the process of acquiring as knowledge, or between some related or apparently unrelated entities. Associations are cognitive processes supporting knowledge acquisition, as well as knowledge dissemination. How associations come into being is difficult to describe. One short explanation would be that we receive information from the outside world (the reaction aspect), but we also generate information (the anticipation aspect). Associations that have taken place can be documented, refined, or, if some turn out to be irrelevant, discarded. Associations are almost always multimedial, i.e., we associate texts, sounds, pictures, motion, etc. This characteristic of associations is especially relevant to KMD.

With all this in mind, I suggested that we focus on a very powerful repository of knowledge: the encyclopedia. In its classic form, it is a collection of articles reflecting the state of knowledge at a given time. Associated with the written text, and occasionally richly illustrated, the encyclopedia is a sort of sui generis memory of the knowledge community. In order to give it the anticipatory dimension that KMD facilitates, my collaborators[6] and I realized that, as opposed to a book (and eventual additions in successive editions), the associative enyclopedia will have to accomplish the following

- allow for interactivity
- contain engaging forms of design
- be an open entity, subject to continuous actualization
- serve as part of new practical experiences, as opposed to being merely a container of knowledge.

Accordingly, we proceeded by defining a new structure. The structure of an interactive, multimedia encyclopedia based on associations includes a knowledge space/domain; an associative search procedure; and a function for storing and refreshing associative traces.

5.1 Proactive multimedia navigation-interactivity

Until now, problems of navigation in multimedia have in the main been reduced to the research of interface. Aspects of metaphor constitution, of the role of visual language, of the understanding of feedback mechanisms, as well as of the role of back channels, were pushed into the background. Therefore, we proceeded with a powerful metaphor: knowledge as a sphere whose dimensions change as knowledge advances. The less one knows, the less the surface between the known and the unknown; that is, the less the awareness of one's own ignorance. Various spheres result from various fields of interest. For example: to know chemistry involves a knowledge of physics, of symbolism, of dynamics (how things change). Each sphere of knowledge is variable. And each type of knowledge can be considered from various perspectives. In cooking, chemistry is only indirectly significant. In creating a new substance, the taste of the elements is not the most important aspect.

---

6. The project was carried out in the framework of the (erstwhile) Computational Design Program (University of Wuppertal). Associates involved in the project include Silke Braemer, Stefan Freisem, Oliver Helmich, Clemens Lango, Stephan Lehmann, Lutz Müller, Alex Rösgen, Torsten Stapelkamp, Peter Stefan. Some ideas from that work are currently pursued within the Institute for Interactive Arts and Engineering at the University of Texas at Dallas.

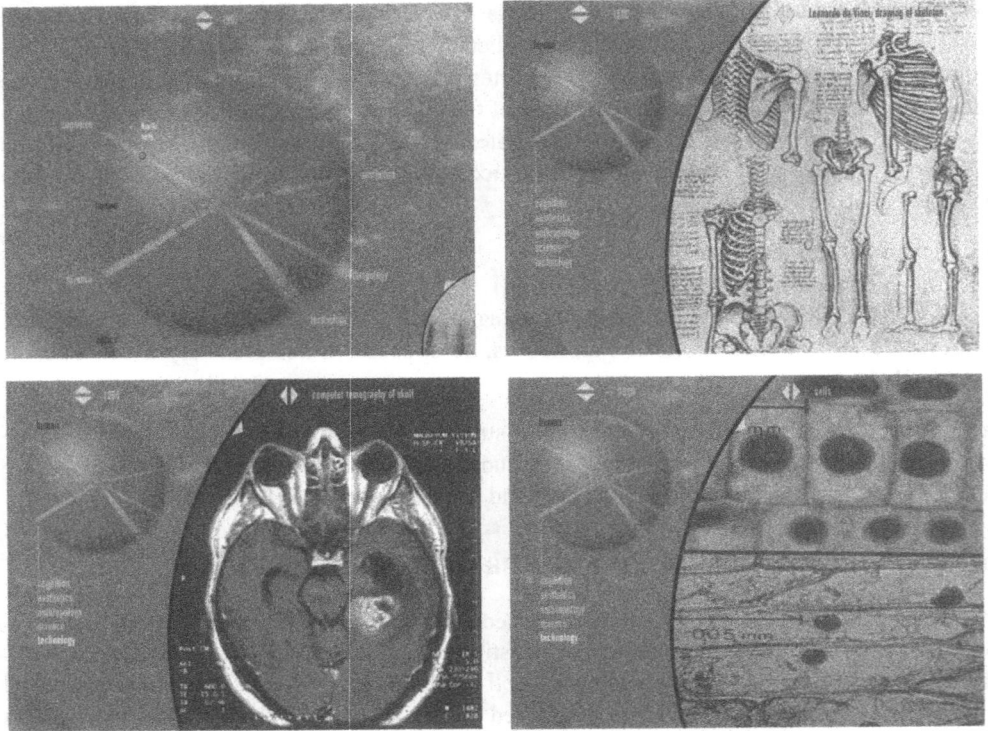

Fig. 5: *(a, b, c, d) The associative encyclopedia is based on variable perspectives of the same subject.*

Moreover, questions pertinent to knowledge acquisition, expression, understanding, and application must also be taken into consideration. Consequently, we realized several things.

1. In some knowledge dissemination situations, we can assume homogenous sets of data. For example, plumbers, who have to make house calls, know that they will usually encounter a relatively standard situation, which can be easily translated into a training program. Associations are kept at a minimum. What counts is the rapid diagnostic and the remedy. Shared experiences of this kind of knowledge require little interactivity.

2. In other situations, data change continuously. There are several types off expression. New experiences affect what was expressed as knowledge. This is the rule in the medical fields. Moreover, a plumber will rarely have to ask a colleague for advice; physicians quite often rely on advice from colleagues. In this situation, associations are open, and media expression (e.g., fMRI images, an electrocardiogram, blood pressure measurement) is extremely varied.

3. There are also open systems of knowledge that allow for continuous generation of new hypotheses, tests, experiments, confirmations and invalidations. For such an open-ended encyclopedia representation, the generalized medium of networks (integrating wired, wireless, digital, analog, etc.) is probably the next best metaphor. The sphere of knowledge becomes a node in the network, and every change is propagated and weighted against previous explanations.

Although the community of scientists dedicated to the design and implementation of distribu-ted collaborative learning systems is aware that the real potential of the digital dissemination of knowledge lies in media integration, very little has been done to specifically deal with the integration of image (produced as computer graphics, photographs, film, animations, videos), text, audio, and other media. Even less has been done in developing navigation concepts, methods, and instruments appropriate to this complex task.

Until now, navigation has been predominantly considered independent of forms and means of representation. Representation, however, is a constitutive dimension of gnoseological activity, not just a theme of formal description and focus. Accordingly, those involved in the cognitive aspects of learning realized that it is essential to conceive, design, and optimize navigation tools in respect to representation models, and not only to what is still naively defined as con-tent. Various possibilities and restrictions are intrinsic to a chosen representational mode – assuming that the requirement of adequacy is effectively met. It is not the same thing when navigation takes place in a 3-dimensional space as when it takes place in 2-dimensional text display. We can read of molecular docking, or we can experience it. But the two – reading vs. Experiencing – are by far not equivalent.

The representation chosen (text description, graphical illustration, or virtual reality context) affects to a high degree the nature and the outcome of the learning experience. Texts can be disseminated in various forms (from e-mail to scholarly publications). Graphic representati-ons can range from simple diagrams to animated sequences. However, these forms are interactive in a limited sense only. They can be integrated in Web interactions, but not in cooperative forms of learning. A virtual reality environment can be distributed and accessed from many parts of the world, and experienced in a cooperative effort.

In recent times, with the emergence of channels and active desktops, the dynamic characteris-tics of navigation tools have again changed. We know "pull" methods (learner finds a site and pulls a subject in some format varying between a PS or pdf download of text to a chat room), as well as "push" methods. These apply to "subscriptions" made in the network by those pursuing a specific course of learning. In both cases – push and pull – the subject of naviga-tion must reflect the need for customization (learning is an individual experience regardless of where and when it takes place).

Our past research at the Computational Design Program was focused on the concept of mind ergonomics. Currently the same is pursued in respect to the broad area of intelligent learning, story telling, gaming. These areas address the expectation of customization, i.e., the indivi-dual nature of learning based on how minds, as opposed to systems, work. The three aspects that make up the object of our research are:

1. the expression of knowledge through interactive multimedia;
2. navigation tools corresponding to the expression of knowledge through interactive multi-media;
3. mechanisms for updating both the body of knowledge represented through interactive multimedia methods and the appropriate navigation tools.

A multimedia system for digital dissemination of knowledge usually consists of editors, search tools, and browser. Within this model, those using it still face shortcomings such as getting "lost in hyperspace;" "spaghetti appearance" (interference of data streams); and desynchronization (between navigation methods and new knowledge, between the representation and inner connection of this new knowledge). Our alternative mind ergonomic approach addresses the following aspects:

- the constitution of vast knowledge spaces, the best example being the web;
- the evolution of communication models (one-to-one, one-to-many, many-to-many);
- the variety of forms of access, from the traditional question-answer model to hyperlinks and time scaling;
- the anticipatory nature of the mind.

This approach suggests the following data-mining procedure: the constitution of associative links and the automatic generation of associative maps corresponding to different types of learning and investigation. In order to accomplish this goal, we suggest a multimedia database with powerful indexing and classification functions, eventually with resident intelligent procedures. This database is complemented by an intelligent search procedure able to handle multimedia representations of knowledge.

The underlying information is provided with a gnoseological map of known interpretations, as well as with an indexing utility in which the learner or researcher advances new hypotheses or new interpretations as these arise through the continuous progress of knowledge acquisition and discovery.

In developing the navigational tools, we addressed the constitutive elements of the mind-ergonomic structure. Specifically, this refers to the variety of cognitive types of learners, exemplified, for instance, in question formulation through text queries or through visual or aural queries. Answers, although independent of these cognitive types, are made available in a variety of formats corresponding to those types. They are collected and submitted to further evaluation through the program and through the users themselves.

The major cognitive process on which the project focuses at this time is association. The difficulty in dealing with these processes is that they constitute an open system. Once constituted, associations can be documented, refined, discarded if they are irrelevant, or submitted for future evaluation by the learner and by researchers. In terms of programming, associations require the involvement of fuzzy models and soft computing, and a fully supported interactive multimedia environment. (A text can be associated to sound, image, motion, etc., and combinations thereof). Anticipatory computation will probably better address issues of association by researching the domain of possible and not only probable connections.

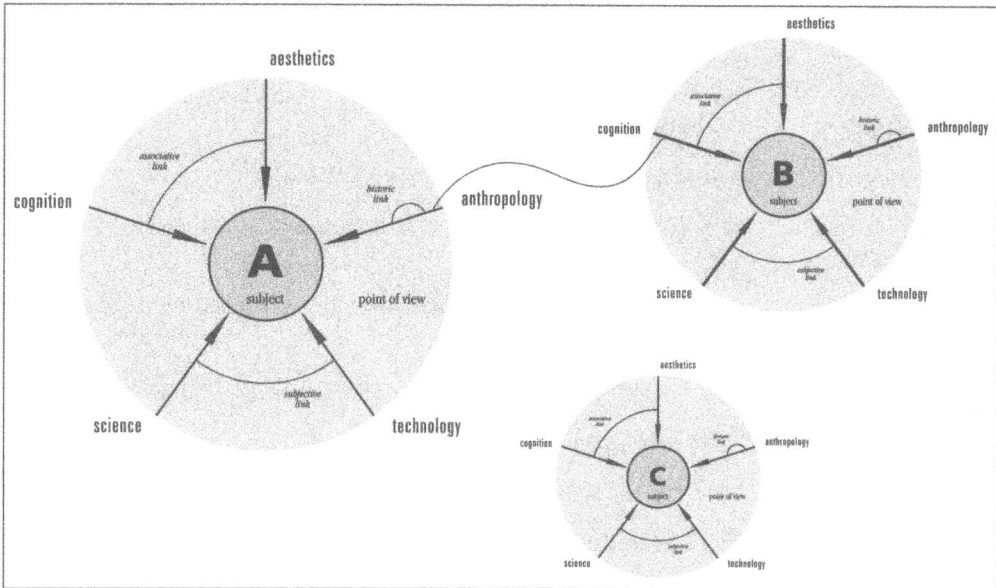

Fig. 6:   *Associations are an open-ended form of minds interaction.*

In the knowledge space that we define, learners can pursue a one-dimensional inquiry, the classic example being historical analysis, i.e., the gnoseological sequence. Or they can pursue a multi-dimensional inquiry, for instance, the relations between a theory in physics and the broader context of knowledge and action, including identifiers such as aesthetic value, dominant cognitive characteristics, the state of technology, etc. We are motivated in this approach by the notion that knowledge dissemination cannot and should not be reduced to retrieval mechanisms.

Learning minds, i.e., people interacting in the process of learning in a digitally supported environment, are actually defined in a process of discovery. This is where anticipation comes to expression. The active component of the act of learning – the anticipation – is what we in fact pursue. Accordingly, the navigation tools developed are tools for making such interaction possible, that is, for engaging the individual or the group, not just for triggering reactions. Especially in a context of information overload, learners have to be able to prune what appears to them as the seemingly endless knowledge trees provided by digital systems.

The result of learning guided by anticipation is expressed through the associative map generated by the system as the learner/researcher gets closer to understanding the subject researched. After several inquiries, the learner/researcher will "own" several such associative maps and will be able to continue the learning process at the level of generality or abstraction at which new knowledge can be generated. It is an extremely individualized process. Obviously, we no longer support learning as a form of information consumption, but rather as a form of knowledge generation in anticipation of events, not only in reaction to them.

6   References

Baecker, Ron (1997). The Web of Knowledge Media Design. At the launching of the KMDI and Institute at the University of Toronto.

Eliot, George (1876). Daniel Deronda. Book VI, Chapter XLII.

Foerster, Heinz von (1999). Der Anfang von Himmel und Erde hat keinen Namen (2nd ed.). Vienna: Döcker Verlag.

Krug, Steve (2000). Don't Make Me Think: A Common Sense Approach to Web Usability. Indianapolis: New Riders.

McLuhan, Marshall (1964). Understanding Media. New York: McGraw Hill, pp. 23, 65.

– (1967). The Medium is the Massage. New York: Bantam, p. 26.

Nadin, Mihai (1997). The Civilization of Illiteracy. Dresden: Dresden University Press.

– (1999). Jenseits der Schriftkultur. Das Zeitalter des Augenblicks. Dresden: Dresden University Press.

– (1999). Anticipation: A Spooky Computation, in CASYS, International Journal of Computing Anticipatory Systems (D. Dubois, Ed.), Partial Proceedings of CASYS 99, Liege: CHAOS, Vol. 6, pp. 3–47

– (2003a). A Mind at Work. (M. Vilanova and F. Chorda, Eds.). Heidelberg: Synchron Publishers.

– (2003b). Anticipation – The End Is Where We Start From (English-German-French text). Baden, Switzerland: Lars Müller Publishers.

Newton, Sir Isaac (1687). Philosophiae naturalis principia mathematica.

Nielsen, Jakob (2000). Designing Web Usability: The Practice of Simplicity. Indianapolis: New Riders Publishing.

Norman, Donald A. (2002). The Design of Everyday Things. New York: Basic Books.

– (2004). Emotional Design: Why we love (hate) everyday things. New York: Basic Books.

Perkins, David (1986). Knowledge as Design. Hillsdale NJ: Erlbaum.

Young, Arthur M. (1992). Thoughts on a Science of Life. From the journals of Arthur M. Young (Part II: Discovering Three Dimensions of Time in the Theory of Process). (www.arthuryoung.com/discovering.html)

Weaver, Warren (1949). "Recent Contributions to the Mathematical Theory of Information," Introduction to Claude Shannon, The Mathematical Theory of Information. Champaign, IL: The University of Illinois Press.

Gestaltungsspiele: Unterwegs zu einer Philosophie des Verstehens

Johannes D. Balle

Von Philosophen erwartet man vor allem dies: dass sie sich um das Wahre und Allgemeingültige kümmern. Und tatsächlichen fühlen sich Erkenntnistheoretiker und Sprachphilosophen bis heute dazu berufen, die notwendigen Bedingungen des Wissens und die zeitlosen Prinzipien des Verstehens zu erforschen. Folgerichtig orientiert sich die Philosophie nicht an individuellen Erlebnissen und Erfahrungen, sondern unternimmt den Versuch, Glaubensinhalte anhand von allgemeinen Rationalitätsstandards, Verfahrensweisen oder Anwendungsregeln zu rechtfertigen. Rechtfertigung, ein Schlüsselbegriff der Epistemologie, zielt also mitnichten aufs Individuelle und Unvorhersehbare, sondern aufs Berechenbare, Verallgemeinerbare und in diesem Sinne Verständliche ab. Das Individuelle erscheint hier wie der Fall zu einer Regel, als jeweiliges Exemplar eines Idealtypus. Wir leben so sehr in einer Welt der wissenschaftlichen Typisierung und Schematisierung, dass wir das, was ich im Folgenden die Logik der Gestaltung nennen werde, scheinbar ganz aus dem Blick verloren haben. Diese Logik der Gestaltung aber, so möchte ich behaupten, steht am Grunde unserer Verständigungsakte, sie ist der Quellpunkt der Rechtfertigung unseres Wissens sowie die Grundlage von Bedeutung und propositionalem Gehalt.

Der Philosophie – dies jedenfalls ist der Tenor jenes geistesgeschichtlichen Stromes, den man von Descartes über Kant und Husserl bis hin zu Putnam und Habermas als „Aufklärung" bezeichnet – komme die Aufgabe zu, die allgemeinen und zeitübergreifenden Bedingungen und Formen des Verstehens und Erkennens herauszuarbeiten. Dies diene, so wird behauptet, dem Zwecke einer überindividuellen Verständigung und Orientierung an allgemeinen Wahrheiten und Vernunftregeln und in diesem Sinne, sei es als eigenständige philosophische Arbeit am Begriff, sei es als Teil der empirisch-wissenschaftlichen Forschung, wird die Philosophie zu jener abendländischen „Episteme", die ihrem Wesen nach wahre, rational akzeptable und allgemeingültige Aussagen formuliert.

Doch fragen wir uns: Was wäre, wenn wir der Philosophie und den Wissenschaften selbst nachweisen könnten, dass ihre Fundamente und Formen ihrerseits infiziert sind von jenen dynamischen Prozessen, die ich hier „Gestaltungsspiele" nennen werde, und die sich als produktive, individuelle und regelabweichende Kräfte in den Maschen der assertorischen Rede verfangen?

1   Phänomenologie der Praxis

Eine *nachmetaphysische* Philosophie der Gestaltung, die sich als Beitrag zu einer Philosophie der Praxis versteht, sei im Folgenden anhand der beiden erkenntnistheoretischen und sprachphilosophischen Phänomene der Gegenstandserkenntnis sowie des Individualstils vorgestellt. Dabei gilt das sprachphilosophisch und epistemologisch bedeutsame Phänomen des Individualstils lediglich als ein Teil des noch umfassenderen *anthropologischen* Konzeptes der Gestaltung, worunter auch nicht-sprachliche Akte fallen. Ich werde mich hier aus Gründen der Übersichtlichkeit also auf die genannten Aspekte beschränken, möchte aber nicht versäumen, auf die fundamentale anthropologische Dimension des Gestaltungsphänomens hinzuweisen, das über Fragen zur Sprachphilosophie, Erkenntnis- und Wissenschaftstheorie im engeren Sinne hinausreicht.

Daher besitzen meine Überlegungen zunächst eine *anthropologische Pointe*: Als „Gestaltungsspiele" sind menschliche Handlungen im Sinne einer *Phänomenologie der Praxis* zu beschreiben, welche sich die Aufgabe zu eigen macht, die *kognitiven und kommunikativen Vollzugsformen* zu untersuchen, worin sich der menschliche Geist konkret verkörpert. Ich will mich hierzu der Reihe jener Interpreten anschließen, die sich auf Ludwig Wittgensteins philosophische Überlegungen beriefen und darin den Beginn einer Philosophie erkannten, die eine *theoretische Haltung* gegenüber den Phänomenen zu vermeiden suchte: Jene vergegenständlichende „Theoria", welche die feine Haut zerreißt, die uns in das alltägliche Gewebe der *lebensweltlichen Praxis* einbettet. Indem wir philosophieren und in diesem undogmatischen Sinne des Begriffs als Phänomenologen tätig werden, wird unser Geschäft vor allem darin bestehen, *diesseits der menschlichen Praxis* sehen zu lernen. Wenn wir uns daher als Philosophen den Alltäglichkeiten und Gewöhnlichkeiten und der ihnen eigenen Dynamik, Individualität und Endlichkeit zuwenden, verabschieden wir uns damit zugleich von jener theoretischen Betrachtungsweise, die ausschließlich auf das Allgemeine und Wahre unserer Verstehens- und Wissensformen abzielt. Dies wäre eine Phänomenologie, die sich an Wittgenstein mehr als an Edmund Husserl orientierte – schließlich war es Husserl, der vor jener Haltung des Alltagsverstandes gegenüber den lebensweltlichen Gegenständen warnte und im Gegenzug zur Haltung des Theoretikers riet, der die Erkenntnisgegenstände aus ihrem *praktischen und ungegenständlichen* Erfahrungszusammenhang loslöst. Die Aufgabe einer Philosophie der Gestaltung könnte daher in der Untersuchung der nicht-gegenständlichen Vollzugsweisen unserer alltäglichen Orientierung bestehen und sich hierbei Wittgenstein anschließen, für den die Philosophie ihrem Wesen nach eine unabschließbare Tätigkeit und keine Lehre darstellte.

Anthropologisch nun nenne ich weiterhin diese Gedanken zu einer Philosophie der Gestaltung, weil uns hierdurch nicht nur der *essentiell-dynamische*, d.h. *unabschließbare* Charakter unserer Erkenntnis- und Verstehensakte vor Augen geführt wird, sondern darüber hinaus gerade die *praktische Wissenskompetenz* systematische Berücksichtigung findet – und damit die *körperliche* Seite unserer Weltorientierung. In der alltäglichen Praxis bringt sich der menschliche Körper, wie Pierre Bourdieu bereits 1980 lehrte, als *Erkenntnisorgan* zum Ausdruck, wird selbst ein notwendiges Ingredienz unseres Weltverstehens und beleuchtet so die Abhängigkeit höherstufiger Wissensformen von *praktischen Erkenntnisweisen*, die als *Gestaltungskompetenzen* am Grunde unserer Selbst- und Weltverhältnisse liegen. Als praktisch-gestaltende Wesen finden wir uns je wieder in *konkreten Situationen und Handlungskontexten.* Und daher sind wir immer auch daraufhin angelegt, die Grenzen des Verstehbaren und Erkennbaren, des Gegenständlichen und Einsehbaren, in Abhängigkeit neuer Informationen zu modifizieren. Hierdurch wird die scheinbar lückenlose Allgemeinheit unserer Wissensordnungen permanent und unvorhersehbar durchsetzt von jenen aufstörenden, prinzipiell unabschließbaren Dynamiken der Gestaltungsspiele, die unsere kognitiven und semantischen Harmonien immer wieder aufs Neue unterminieren. Ein Beispiel jener fundamentalen Gestaltungsdynamik stellt das Phänomen des Individualstils dar, auf das Gilles-Gaston Granger und in neuerer Zeit insbesondere Manfred Frank so eindringlich hingewiesen haben. Der Individualstil scheint in epistemologischer und semantischer Hinsicht, wie wir später sehen werden, durchaus interessant. Bevor wir uns jedoch dem Stilphänomen zuwenden, sei zunächst eine Skizze des symbolischen Charakters unserer Weltorientierung sowie der Dialektik der Gegenstandserkenntnis gegeben.

2 Symbolisierung und Gegenstandsfähigkeit

Zu unserem Selbstverständnis als Personen gehört es, dass wir uns als Wesen verstehen, denen die Fähigkeit zu eigen ist, sowohl Gegenstände als auch Eigenschaften denken zu können. Es ist dieser *praktische Sinn* der *gegenständlichen Gestaltung,* dem wir uns zunächst zuwenden.

Unser Verstehen sprachlicher und nichtsprachlicher Sinne, unsere Erkenntnisakte und Wissensinhalte, seien es nun die alltäglichen Vollzüge und Bedeutungsgehalte oder auch theoretische Postulate, erfolgen zumeist und zunächst im Zuge von *Symbolisierungen.* Unser geistiges und emotionales Leben, nicht nur unsere Gedanken und Überzeugungen, sondern auch unsere Absichten, Meinungen, Stimmungen und Gefühle treten auf in Form von Vergegenwärtigungen symbolischer Träger. Man könnte davon sprechen, dass Symbole, als Symbolphänomene betrachtet, so etwas wie die Erstarrungen vergangener Erfahrungen darstellen. Nun teilt der Begriff der Symbolisierung mit dem Begriff der Bedeutung die Eigenschaft, homogene und nichtindividuelle Strukturen zu bezeichnen. Offenbar ermöglicht gerade die schematische Allgemeingültigkeit von Bedeutungen und Symbolen so etwas wie lebensweltliche Kommunikation und Orientierung. Daher entsteht die Kontinuität als ganz natürliche Forderung unserer Lebensgestaltung als Personen. Es ist jene *kulturelle Symbolisierungsleistung,* die uns Orientierung im Umgang mit anderen und unserer Welt verschafft, von der Oskar Schwemmer schon 1997 sprach. Diese *Dynamik der Symbolisierungsprozesse* soll hier zunächst als *Dynamik von Gestaltungsprozessen* begriffen werden.

Zur praktischen Gestaltungskompetenz nun gehört die Fähigkeit, die eigene Umwelt als eine Welt von *Gegenständen* zu erkennen. Die Erkenntnis der Gegenstände, seien es empirische oder abstrakte Objekte, ermöglicht Freiheit und Unabhängigkeit vom jeweils gegenwärtigen Handlungskontext. Die gegenständliche Welt bringt Ordnung in eine chaotische Welt der Wahrnehmung mannigfaltiger Erscheinungen. Als objektfähige Lebewesen emanzipieren sich Personen aus ihrer natürlichen Umgebung und vermögen jene Abbildungsleistungen zu vollbringen, die ihnen mit Hilfe von Einbildungskraft und Symbolgestaltung ein von ihrem jeweiligen Kontext, ihrer Herkunft und Situation losgelöstes Leben ermöglichen. In der Fähigkeit, Gegenstände zu formen, also etwa in Abwesenheit eines bestimmten Individuums an dasselbe zu denken, erheben sich Personen aus den Zwängen und Bedingtheiten festgelegter Situationen. Und im Gegenstand, dem eine Identität im Wechsel der Kontexte zugesprochen wird, erlebt sich die Person selbst als gestaltend in einer Welt, die nicht notwendigerweise präsent, sichtbar und zuhanden ist. Damit ermöglicht die Gegenstandsfähigkeit eine gewisse Souveränität im Umgang mit dem Abwesenden und Irrealen.

Zu dieser Gegenstandskompetenz nun gesellt sich jenes andere kognitive Talent, Eigenschaften (Nichtindividuelles) aus einem jeweiligen Handlungszusammenhang loszulösen und auf andere, fremde Zusammenhänge, Ereignisse und Gegenstände abzubilden. Anders gesagt: Indem wir uns eine Welt von Gegenständen und Eigenschaften gestalten, scheinen wir in der Lage zu sein, zweierlei grundsätzliche Kalamitäten zu überwinden: Zum einen die penetrante Wechselhaftigkeit und Veränderlichkeit unserer *zeitlichen Welt* der Ereignisse. Und zum anderen jene Unübersichtlichkeit einer zur Desorientierung verführenden *räumlichen Welt* unzähliger, unvergleichbarer Dinge. Ich werde diese gegenstandskonstitutive Kompetenz „Individualgestaltung" nennen.

In der zeitgenössischen „philosophy of mind" spricht man gelegentlich von *„kognitiver Dynamik"* als der Fähigkeit, Gegenstände über Raumzeitkontexte hinweg als jeweils identisch erscheinende Objekte in unterschiedlichen Handlungssituationen zu erfassen. Dabei spielt der propositionale Wahrheitsgehalt dieser dynamischen Bezugnahmen eine untergeordnete Rolle – entscheidend ist vielmehr, dass ein singulärer intentionaler Gehalt sich *seinem Anspruch nach* auf ein bestimmtes Objekt bezieht, mithin auf *denselben Gegenstand* wie im Basiskontext der Uridentifikation und auf diese Weise als handlungs- und verhaltenserklärendes Element wirksam wird. Das hierdurch angesprochene sprachphilosophische Phänomen der Singularität, dem wir etwa bei demonstrativen Identifikationen begegnen, wird im Zusammenhang mit gedanklicher Dynamik zu einem erheblichen erkenntnistheoretischen Problem, wobei der zeitübergreifende Zusammenhang von kontextueller Einbettung und kontextueller Unabhängigkeit eine Grundbedingung der Individualgestaltung darstellt. Damit aber rückt die Dialektik von Kontext und Intention in den Mittelpunkt der phänomenologischen Arbeit: Sofern wir Interesse an der Klärung unseres *gegenstandsdynamischen Talentes* bekunden, sollten wir zunächst erörtern, was es bedeutet, wenn sich unsere Gedanken buchstäblich in Bewegung befinden, indem sie der Spur der Dinge quer durch Raumzeitkontexte folgen. Diese Kompetenz setzt ihrerseits offenbar die Fähigkeit voraus, einen Gegenstand *als denselben* in unterschiedlichen Kontexten zu identifizieren, ihn also aus einem Hintergrund herauszugreifen aufgrund gewisser Merkmale, die seit der Urbezugnahme mit ihm assoziiert werden. Hier wirken Kontextabhängigkeit (etwa in Form von Wahrnehmungen) und kontextuelle Unabhängigkeit (man denke hier an die Aufgabe der Einbildungskraft) zusammen. Fest steht, dass ein Individuum immer dann in relativer Unabhängigkeit vom aktuellen Kontext erkannt wird, wenn eine kognitive Bekanntschaft aus vorhergehenden Kontexten besteht. Doch ist hierzu des Weiteren eine *individuelle* Auffassungsweise des *aktuellen* Kontextes vonnöten, damit der Erkenntnisgegenstand vom gegenwärtigen Umfeld abstrahiert werden kann. Diese Fähigkeit ist Ausdruck einer komplexen Individualgestaltung, wobei hier begriffliche, perzeptive und imaginative Gestaltungsaspekte gleichermaßen im Spiel sind (Balle, 2003).

Wir sahen: Der Fähigkeit, Individuelles zu erfassen, entspricht korrelativ jene andere Fähigkeit, Nichtindividuelles zu denken. Vollständig wird Individualgestaltung daher erst durch unsere Fähigkeit, Eigenschaften als Symbole zu gestalten. In ihr kommt die Fähigkeit der Individualgestaltung zu ihrer vollen Ausprägung, weshalb beide Vermögen daher Hand in Hand gehen.

Symbolisierung nun erfordert ihrerseits Allgemeinheit. Doch alles Singuläre, so sahen wir, stört die vermeintliche Harmonie kognitiver Identitäten und durchsetzt sie mit einer ärgerlichen Dynamik. Symbolisierung ist Formverleihung, freilich in materialer und kognitiver Hinsicht. Das sichtbare Symbol bedeutet uns je etwas, doch das, was es uns bedeutet, ist im Kontext jeweils auf neue Weise aufzufassen. Wir *verstehen* uns auf den Gebrauch von Symbolen und dies sollte man sich durchaus als praktische Fertigkeit vorstellen. Die gestaltete Form wird zur praktischen Regel, die uns die korrekte Anwendung des Symbols auf die jeweilige Situation jedoch nicht abnimmt. Allerdings sind wir hierdurch im Besitz einer grobkörnigen Verfahrensweise, vermittels der wir Individuelles wiedererkennen können. Unser kognitives Leben besteht auch in diesem Sinne in einer *Dynamik gestalteter Formen*, die zu unterschiedlichen Anlässen und Begebenheiten gebraucht werden.

Nun sind Regeln, Schemata und Verfahrensweisen keine *Inhalte*. Sie bilden lediglich ein strukturelles Gerippe und es bedarf einiger Geschicklichkeit, sie zunächst am geeigneten Ort anzuwenden, um ihnen Geist und Leben einzuhauchen. Der zielgenauen Handhabung symbolischer Formen wohnt daher ganz selbstverständlich die Fähigkeit der praktischen Orientierung und Selbstgestaltung inne: Indem wir Schemata, Symbolgestaltungen und Formen anwenden, sichern wir uns unseren Platz in der Welt und gewinnen Souveränität und Orientierung. Der Gestaltungswille, der unsere symbolischen Formen als Verstehens- und Erkenntnisinhalte durchzieht, schuldet sich dabei dreierlei: der Abhängigkeit vom Kontext, dem Willen zur Selbständigkeit sowie unserer Lust auf Neues. Von entscheidender Bedeutung für das Zusammenspiel dieser Gestaltungsaspekte freilich ist die Doppelbewegung der epistemischen Individualgestaltung, die als *praktische Erkenntnisleistung* sowohl *individuierende* als auch *generalisierende* Elemente beinhaltet.

An der Gestaltungskompetenz des Menschen, die wir hier als individuierenden und symbolischen Prozess beschreiben, tritt damit der dynamische Charakter unseres Erkennens als Grundbedingung von *Verstehensprozessen* hervor: Unser Verstehen besitzt insofern *dynamischen* Charakter, als es von Natur aus unabgeschlossen und unfertig ist und daher stets *anschlussfähige, offene Reihen* von Individualgestaltungen provoziert. Jede Individualgestaltung, die ihrerseits Eigenschaften- und Symbolgestaltungen in sich einschließt, kann daher auch als eine *poetische Praxis* gedeutet werden, die zu immer neuen Gestaltungsspielen, also Verständigungsmöglichkeiten und Handlungsspielräumen, einlädt.

Indem hier also die praktische, *anwendungsbezogene* Seite unseres Sinnverstehens betont wird, soll einer gewissen Skepsis gegenüber Positionen Ausdruck verliehen werden, deren erkenntnistheoretisches Anliegen in einer Kodifizierung im Sinne des Typisierungsmodells besteht. Eine Phänomenologie der Praxis betont hingegen den individuellen und dynamischen Charakter der menschlichen Reflexions- und Vollzugsformen. Hierbei könnte geradezu von einem harmonisch-disharmonischen Gestaltungsprozess gesprochen werden, wobei sich individuelle und soziale Formen im Sinne eines „dynamischen Äquilibriums" einspielen in konkreten Handlungsvollzügen und so Habitualisierung und Stilisierung erzeugen. Die entsprechende Lust an der Erneuerung allerdings steht und fällt offenbar mit unserem anderen Grundbedürfnis nach Beharrung und Erhaltung. Die hierbei entstehenden kognitiven und kommunikativen Disharmonien indessen, deren Logik ich an anderer Stelle ausführlicher beschreiben konnte (Balle, 2003), sind aber beileibe nicht immer als produktive Sinnverschiebungen des Subjektes aufzufassen.

3   Stil und Bedeutung

Anders als eine Subjekthermeneutik, welche die anthropologischen Potentiale schöpferischer Interpretationsleistungen des Individuums ins Zentrum der Explikation von Bedeutung und Sinnverstehen stellt, steht der Begriff der Gestaltungsdynamik zunächst für zwei disharmonische Tendenzen: Zum einen werden Verstehensgehalte nicht länger als Derivate eines ursprünglichen, idealtypisch rekonstruierten subjektiven Interpretationsaktes beschrieben. Zum anderen bezeichnet das Phänomen des Gestaltungsspieles gerade das reziproke Ineinander von allgemeinen Formen und individuellen Sinnerschließungen, die sich jedoch, wie erwähnt, nicht auf sprachliche Vollzüge beschränken. Ich sprach oben von einer „Doppelbewegung": Sie betrifft das Aufgehen des Individuellen in allgemeinen Strukturen sowie gegenläufig hierzu das Einfügen der Allgemeinstrukturen in individuelle Praxen. Diese Dialektik vollzieht sich zwischen Konstanz und Dynamik der betreffenden Verstehensgehalte, zwischen Situationsbezogenheit und kontextueller Unabhängigkeit. Indem nun beide Aspekte in ein wechselseitiges Verhältnis und damit in eine jeweilige *kontextbezogene Konfiguration* treten, erweist sich dieser dynamische Prozesscharakter individuell gestalteter Formen als der hier skizzierte Transformationsprozess.

Der Individualstil nun, auf den Manfred Frank bereits 1992 in dem richtungsweisenden Essay „Stil in der Philosophie" im Anschluss an Gilles-Gaston Granger hingewiesen hat, *zeigt* sich, und wird daher im strengen Sinne nicht *ausgesagt*. Was sich zeigt, so können wir einem Wort Wittgensteins entsprechend formulieren, ist das, was sich der Aussagewahrheit, der Logik unserer assertorischen Redeweise, geradezu entzieht. Der Stil *unterbestimmt* allgemeine Bedeutungsregeln sowie propositionale Inhalte. Als „Individualstil" sei hier jene sprachliche Gestaltungsform bezeichnet, welche die individuelle Kombinatorik von Grammatik und Wortwahl charakterisiert. Und auch hier begegnen wir der Logik des Typisierungsmodells, demzufolge sprachliche Typen in strenger Abhängigkeit vom definierenden Regelbegriff aufgefasst werden, der modifikationslos identische Zeichenvorkommnisse reproduziert. Doch das Gestaltungsphänomen kann durch dieses Erklärungsmodell nicht in zufriedenstellender Weise eingefangen werden, denn Stil zeichnet sich gerade durch seine *Individualität und Dynamik* aus. Der Individualstil entspricht keiner Regel und kann daher auch nicht gleichförmig, in endlosen Wiederholungen und ohne Unterschied reproduziert werden. Darin besteht seine eigentümliche Dynamik, die vergleichbar ist mit der poetischen Dynamik der Individualgestaltung. Es ist diese *Unvorhersehbarkeit* des Stilphänomens, das es zu einem *Gestal-*

tungsspiel werden lässt und damit zu recht, wie bereits Wittgenstein bemerkte, etwas Nichtdeskriptives darstellt, das sich erst in actu zeigt.

So wäre also der Individualstil fast mit einem Bild, Gleichnis oder Ereignis vergleichbar, dessen Sinnfülle nicht schon durch einen einfachen Akt der Interpretation erschöpft wird. Übrigens ist diese Stilgestaltung auch kein Produkt nur des Stilwillens eines Subjektes, sondern das Resultat transsubjektiver Gestaltungsprozesse, wobei allerdings in individueller Weise allgemeine Formen *angeeignet* werden. Und so verweist die individuelle Stilgestaltung tatsächlich auf etwas, das man nicht aussprechen kann und das sich daher im Modus des Erscheinens oder Zeigens offenbart. Ganz in diesem gestaltungsdynamischen Sinne könnte man auch Wittgensteins Äußerung in einem Brief an Paul Engelmann vom 9.4.1917 verstehen: „Und es ist so: Wenn man sich nicht bemüht, das Unaussprechliche auszusprechen, so geht nichts verloren. Sondern das Unaussprechliche ist – unaussprechlich – in dem Ausgesprochenen enthalten."

Gestaltungsspiele wie der Individualstil begegnen uns daher in einer Weise, die man mit Manfred Frank auch „proto-propositional" nennen kann. Sie sind ursprünglich produktiv und bereiten den Boden für das, was als mögliche Aussagewahrheit auch der Wissenschaften in Frage kommt. Gestaltungsphänomene sind in diesem Sinne das Ergebnis kognitiver Dynamiken, die in „welterschließender" Weise propositionale Gehalte *unterbestimmen*. So begegnen wir auch in anderen (nichtsprachlichen) Gestaltungsspielen, wie etwa der Gestik oder dem Habitus, der praktischen Fertigkeit, vor dem Hintergrund einer körperlichen und egozentrischen Situierung im gesellschaftlichen Raum mit bestimmten Gegenständen auf bestimmte Weise zu hantieren. Der praktische Sinn ist hierbei nichts anderes als der Sinn dieser Gestaltung nicht-geschlossener, dynamisch unabschließbarer Formen.

Daher kann gegen eine positivistisch ausgerichtete Wissenschaftsauffassung und gegen eine den universellen Regeln verpflichteten Philosophie behauptet werden, dass es sich beim Individuellen keineswegs um ein Singuläres handelt, das wie etwa das Konzeptuelle als der Fall einer Regel aufzufassen ist. Das individuelle Moment des Gestaltungsspiels bleibt unvorhersehbar und ist als solches ein Individualphänomen, das nicht ohne Sinnverlust in allgemeinen Bedeutungsregeln aufgeht. Im Zentrum einer Philosophie des Verstehens steht daher die Untersuchung der Art und Weise der reziproken Integration des Individuellen in einen konkreten Prozess des Allgemeinen, die Ermittlung von regelkonformen und regelabweichenden Bestimmungsgründen. Und damit könnte eine Pointe dieser philosophischen Überlegungen in ihrer dynamischen Form selbst liegen, in ihrer Offenheit und Anschlussfähigkeit im Zuge des philosophischen Gesprächs, das uns einlädt, je neue Individualgestaltungen zu schaffen, um damit auch das *philosophische* Gestaltungsspiel selbst in Bewegung zu halten.

4 Gestaltungsspiele

Zuletzt also scheint es, als fielen damit auch Wissenschaft und Philosophie jener Gestaltungsdynamik anheim, die unsere alltäglichen Überlegungen, Handlungen und Vollzüge gleichermaßen durchwirkt. Auch und gerade die philosophische Betätigung, der Versuch, kontextübergreifende und allgemeingültige Bedingungen der Möglichkeit der Erkenntnis zu formulieren, scheint infiziert von Gestaltungsspielen, die immer wieder zur Modifikation des Erkenntnisobjektes Veranlassung geben und damit die Bewegung unserer Gedanken und Theorien in Gang halten.

„Die Mythologie", so schrieb Wittgenstein in dem Nachlasswerk „Über Gewissheit", „kann wieder in Fluß geraten, das Flußbett der Gedanken sich verschieben. Aber ich unterscheide zwischen der Bewegung des Wassers im Flußbett und der Verschiebung dieses; obwohl es eine scharfe Trennung der beiden nicht gibt." Ganz in dieser Art könnte von einer unaufhörlichen Bewegung der Inhalte unserer Gedanken, Sprechakte und Handlungsvollzüge gesprochen werden, die, als Gestaltungsspiele gefasst, keine scharfe Trennung zwischen kontinuierlichen und veränderlichen Verstehensbedingungen zulassen.

Individualstil und Gegenstandskonstitution erwiesen sich damit als zentrale Paradigmata der Gestaltungsdynamik. Hier war die Rede von Gestaltungsspielen, die nicht nur die unüberschaubare Vielzahl sprachlicher Verständigungsakte, sondern sprachliche und nicht-sprachliche Prozesse gleichermaßen umfassen. So wie der individuelle Stil als Spur verstanden wurde, die sich durch die Strukturen des Allgemeinen zieht, so wäre umgekehrt auch die dynamische Kraft der Eigenschaftengestaltung als Indiz einer permanenten feinkörnigen Modifikation unserer epistemischen Ordnungsgefüge zu verstehen. Indem wir also das Allgemeine in Form von Symbolen und Bedeutungen als das interpretieren, was sich nicht ohne Unterschied auf jeweils neue Weise abbilden lässt, liegt ein zentraler Akzent dieser Überlegungen auf der poetischen Dimension unseres Denkens, Sprechens und Handelns. Von entscheidender Bedeutung ist allerdings, dass wir dabei den praktischen Charakter auch jener Tätigkeiten nicht aus den Augen verlieren, die sich mit Typisierung und Generalisierung beschäftigen, wie etwa die Philosophie und die Wissenschaft. Denn schließlich zeigen sich Gestaltungsspiele gerade auch in den mannigfachen Handlungsformen wissenschaftlicher Rechtfertigung, die oft genug als allgemeingültige und dauerhafte Formen menschlicher Erkenntnis missverstanden werden.

5 Literatur

Balle, J. D. (2003). Gedanken in Bewegung. Zur Phänomenologie dynamischen Sachbezuges. Würzburg: Königshausen und Neumann.

Bourdieu, P. (1980). Le Sens Pratique. Paris: Les Éditions de Minuit.

Frank, M. (1992). Philosophie des Stils. Stuttgart: Reclam.

Granger, G. (1968). Essai d'une Philosophie du Style. Paris: Armand Colin.

Schwemmer, O. (1997). Die kulturelle Existenz des Menschen. Berlin: Akademie Verlag.

Wittgenstein, L. (1984). Werkausgabe. Frankfurt: Suhrkamp.

Wissensmedien und die Vermittlung zwischen externer und interner Repräsentation

Detlev Nothnagel

In Zeiten der Informationsüberflutung kommt elektronischen Medien der Informationsbeschaffung und -verarbeitung steigende Bedeutung zu. Dies gilt nicht nur in quantitativer Hinsicht, die an Kapazität und Zugriffszeiten entsprechender Speichermedien gebunden ist. Auch qualitativ, d.h. vor allem als Repräsentationsmedium bieten elektronische Verfahren der Informationsverarbeitung neue Chancen. Besondere Bedeutung wird in diesem Zusammenhang der Visualisierung von Datenbeständen eingeräumt, wie sie, z.B. in Form von „concept maps", möglich werden. Hier verhilft computergestützte Technik zu Ansichten, die so noch nie zu sehen waren. Der Vergleich von sprach- mit bildgebundenen Repräsentationsweisen in Retrievalkontexten zeigt allerdings, dass die Nutzung von „concept maps" nicht zwangsläufig zu überdurchschnittlichen Erfolgen führt. Einer der wesentlichen Gründe liegt darin, dass die Nähe, die die Kopräsenz der Einträge als wesentlichen „cue" zur Verfügung stellt, bei automatisierten Verfahren graphischer Repräsentation zu wenig Übereinstimmung zur semantischen Distanz aufweist, die den alltagsweltlichen, erfahrungsgebundenen Aufbau von Domänen bestimmt. Weiteres kommt hinzu. Der Vergleich der Geschlechter und von Einzel- und Gruppennutzung zeigt, dass das Ausmaß situativer Plastizität, dem entsprechende Instrumente unterliegen, bemerkenswert ist. Die Prozesse des „re-framing" sind umso bedeutsamer, als entsprechende Nutzungsformate unterschiedlich erfolgreich sind.

1 Ausgangspunkte

Informationsflut ist ein Kennzeichen postmoderner Gesellschaften, das mit Bezeichnungen wie „information overload" oder „data smog" (Königer/Reithmeyer, 1998:14; Kriegel, 2000: 47) illustriert wird. Zwei Trends zeichnen dieses Phänomen aus. Zum einen wissen Menschen heute durchschnittlich erheblich mehr als jene, die vor ihnen gelebt haben. Zum anderen umfasst dieses Wissen einen exponentiell abnehmenden Teil dessen, was potentiell gewusst werden kann (Wersig, 1996:14). Grund ist die Konvergenz von steigender Wissensproduktion und raschen technologischen Fortschritten vor allem bei elektronischen Speichermedien. Der rasante Anstieg des potentiell Wißbaren wird in seiner ökonomische Bedeutung zunehmend gewürdigt und mit Schlagwörtern wie „Wissensgesellschaft" oder „Informationszeitalter" beschrieben. Die skizzierte Entwicklung bringt spezifische Komplexitäten (Wersig, 1996:13) mit sich, die die quantitative Herausforderung mit einer qualitativen Dimension versehen. Letztere ist an den Mangel an Metawissen gebunden, das notwendig ist, um disparate, häufig in verweisungsoffenen, strukturarmen Formaten vorliegende Daten in Information und schließlich in Wissen zu transformieren. Konsequenz ist das „Informationsparadox". Es verweist auf den Umstand, dass „ein zu viel" ein „zu wenig" an Information zur Folge hat (Königer/Reithmeyer, 1998:13 ff.; Reeves, 1999). Es kann deshalb kaum verwundern, wenn elektronischen Verfahren eine zentrale Rolle bei der Optimierung von Prozessen der Informationsgewinnung eingeräumt wird. In diesem Rahmen sind Visualisierungstechnologien bereits früh mit hohen Hoffnungswerten versehen worden: „The map, perhaps more than any other chart form, gains the most from the availability of computer graphics." (Ives, 1982:16). Erste Studien zeigen – allerdings in eher globaler Weise –, dass Visualisierungen Arbeits- und Lernerfolge im Vergleich zur reinen Textarbeit befördern (etwa Albalooshi/Alkhalifa, 2002) oder im Rahmen des „data mining" Vorteile versprechen (etwa Kriegel, 2000: z.B. 68). Besondere Bedeutung wird „concept maps" eingeräumt, die bereits auf semantischer Ebene den Anspruch vertreten, mediatisierte Informationsspuren in eine Gestalt einzubringen, die Orientierung verspricht[1]. Die zunehmende Verbreitung derartiger Technologien kontrastiert mit dem geringen Wissen darüber, was ihre Nutzer in realweltlichen, komplexen Umfeldern machen und wie die wesentlichen Einflussfaktoren bestimmt werden können, die ihr Handeln und Verhalten charakterisieren. Untersuchungen, die über die Erforschung isolierter Parameter unter Laborbedingungen hinausgehen, werden deshalb zunehmend angemahnt und vielfältig aufgestellte empirische Formate eingefordert (Nygien, 1996:1, 24; Scaife/Rogers, 1996:206, 210). Dem liegt die Einsicht zugrunde: „In general, real-world problems could not be understood outside the context in which they occur." (Sternberg, 1994:218 f.). Hier setzen die folgenden Überlegungen an.

2   Konkretisierung: Wissensmedien und ihre Nutzer

Grundsätzlich ist vor dem skizzierten Hintergrund zu fragen, was Medien mit Wissen tun, d.h. ob und – wenn ja – wie und in welchem Ausmaß Wissen durch den Wechsel des Repräsentationsmediums verändert wird. Ökologische Ansätze, die die Umgebungsabhängigkeit menschlicher Kognition hervorheben, gewinnen in diesem Zusammenhang zweifache Bedeutung. Zunächst rücken Prozesse der „tool mediated perception" die kognitive Rolle von Werkzeugen (z.B. Kaptelinin/Kuutti, 1999:153 ff.; Norman, 1993:44) in den Vordergrund: „They

---

1. Die Darstellungsform schließt an die Tradition des „Brainstorming" an (Buzan, 1995). Gewöhnlich werden „concept maps" als Repräsentation semantisch-deklarativen Wissens definiert, das eine graphische Form gefunden hat (etwa Bruillard/Baron, 2000:331; Bernd, 2000:25 sowie Davis, 1998). In welchem Umfang propositionale Einträge durch graphische Aufbereitung – etwa Verbindungslinien – begleitet werden müssen, um diese als „concept map" zu qualifizieren, ist umstritten (Chang et al., 2001:21). Um sich von dieser Tradition zu distanzieren, wählt Stoyanov (1997) die Bezeichnung „cognitive mapping" für externe graphische Wissensrepräsentationen, die über deklarative Wissensbestände hinausgehen, indem sie ihnen Gestalt verleihen.

constrain the ways the people organize and represent ideas, so they necessarily engage different kinds of thinking." (Garilova et al., 1999:2) Hinzu tritt das Interesse für die soziokulturellen Umgebungen, in denen sich entsprechende Kognition vollzieht. Denn die Skepsis
gegenüber normativ geprägten Kodemodellen vermittelt der aktiven, umgebungsabhängigen
Relevanzgeneration Bedeutung (Sperber/Wilson, 1986), so dass Prozesse der Re-invention
oder des Re-framing, die sich in Abhängigkeit von materiellen und nicht-materiellen Umgebungen vollziehen, wichtig werden: Die Rolle von Wissensmedien ist nicht ohne ihr
Nutzungsumfeld zu verstehen und umgekehrt (Dourish, 1997:167). Inwieweit soziale Parameter mediengebundene Möglichkeitshorizonte im Detail beeinflussen, ist kaum bekannt.

2.1   Modalitäten: Sprache und Bild

Der grundlegendste Unterschied in der Systematik der Wissensmedien betrifft den Gegensatz
zwischen Sprache und Bild. Dabei mehren sich die Hinweise, dass entsprechende Unterschiede in der physiologischen Verortung und Verarbeitung im Gehirn (Richardson, 1991) mit
Differenzen in den Repräsentations- und Möglichkeitshorizonten einhergehen. Die in diesem
Zusammenhang einschlägigsten seien kurz genannt. Ikonische sind von symbolischen Weisen
des Bedeutens unterschieden:

* durch eine Isomorphie, die Bedeutendes und Bedeutetes verbindet,
* durch logische Eigentümlichkeiten, denn bildliche Darstellungen können z.B. nicht ver-
  neint werden,
* dadurch, dass bildliche Repräsentationen verweisungsoffener sind,
* dadurch, dass sie in der Regel spezifischer als sprachliche Aussagen, d.h. weniger abs-
  traktionsfähig sind
* und dadurch, dass sie – sofern sie übergreifende Organisationsparameter, d.h. metakognitive Kategorien des Beobachtens enthalten – in der Regel erinnerungsmächtiger sind.

Daran schließen untergeordnete Eigenschaften an wie etwa:

* die bessere Repräsentation von Relationen und/oder
* von feinverteilten, komplexen Strukturen etc. (etwa Texturen), die – wenn überhaupt – der
  Sprache nur aufwendig zugänglich sind.[2]

Damit stellt sich die Frage, ob die Suche und Problemlösung mit entsprechend unterschiedenen Werkzeugen spezifische „gebundene Rationalitäten" und Performanzunterschiede
(zsfd. Salomon, 1993:125 sowie Foss/deRidder, 1987) ins Werk setzt.

Die grundlegende Variable, die bei „concept maps" Visualisierung ausmacht, ist die Distanz.
Denn die sinnfällige Repräsentation von Distanzen zwischen Wörtern und die über die rela-
tive Nähe ins Werk gesetzte spatiale Konfiguration fungiert hier als entscheidender „cue", der
über die propositionale Ebene hinausverweist (Gattis, 2001:4; Franklin, 1996:6 ff.; Norman,
1993:74; Tversky, 2001: z.B. 92; Winn, 1993). Damit gilt in diesem Umfeld: „Space is a
medium, not a metaphor. It is a tool for thought, not an iconic presence." (Andex, 1999:74)

---

2. Dazu zsfd. etwa Bernd (2000:25), Doelker (1997:52 ff.), Gattis (2001:2, 2003), Larkin/Simon (1987), Mecklen-
   bräucker (1992: 5 ff.) und Tversky (2001).

Allerdings ist diese Variable externer Repräsentation nicht ohne interne Voraussetzungen: die semantische Distanz. Untersuchungen alltagsweltlicher Klassifikation (Rosch, 1978; Lakoff, 1987; Johnson, 1987) weisen nach, dass die Mehrzahl prototypischen Charakters ist und auf einem radialen, anschauungsnahen Muster[3] basiert, das durch sogenannte „best examples" geeicht wird (etwa im Fall der Vögel). Dies erinnert – auch wissenschaftshistorisch nicht ohne Zufall – an gestaltpsychologische Gesetze, vor allem das der Prägnanz[4]. Seltener werden sie durch komplexe mentale Modelle zusammengehalten, sogenannte „family resemblances", etwa im Fall der Spiele, für die sich keine übergreifenden Kriterien finden lassen (zsfd. Lakoff, 1987: z.B.12 ff.). Suchen und Problemlösen ist elementar mit Prozessen der Kategorisierung verbunden. Dabei erweist sich, dass Kategorien an ihren Rändern häufig auf keinen stabilen Zuordnungen beruhen, sondern in dynamischer Weise konkreten Umständen Rechnung tragen (zsfd. Taylor 2003:chap.4,5).

2.2   Haltung wird Gehalt: Individuen und Gruppen, Frauen und Männer als Nutzer

Realweltlich orientierte Untersuchungen zur spezifischen Leistungsfähigkeit verschiedener, durch soziale Parameter ausgerichteter Konstellationen in Such- und Problemlösungsprozessen stellen den zweiten Ausgangspunkt dar. Im Vergleich zwischen Gruppen- und Einzelleistungen fallen zunächst die Vorzüge sozialer Konstellationen auf. Und in der Tat kann nachgewiesen werden, dass verteilte Kognition in komplexen Arbeitssituationen Vorteile bringt (etwa Flor/Hutchins, 1991). Eigenschaften, die dies detaillieren, sind die größeren kognitiven Kapazitäten durch Addition von Ressourcen (Brodbeck et al., 2002:35) und – in der Folge – der bessere Umgang mit Komplexitäten und Informationsmengen (zsfd. Larsen/ Christensen, 1993:12). Zudem kann im Durchschnitt von einer optimaleren Ausstattung mit Vor- und Metawissen ausgegangen werden (Larsen/Christensen, 1993:16). Allerdings sind Voraussetzungen zu erfüllen, denn Gruppen müssen nicht nur die Teilhabe an Information sicherstellen, sondern auch Konsens erreichen (Brodbeck et al., 2002:37; Larsen/Christensen, 1993:18 ff.). Beides ist besonders dann, wenn keine gemeinsame Geschichte vorhanden ist, keineswegs trivial und wesentlich an die Kommunikationsstile gebunden, die Gruppen charakterisieren. Von besonderer Bedeutung ist die Kooperation (Monteil/Huguet, 1999:128). Ihre Konsequenzen sind ambivalent, denn kommunikative Anschlussfähigkeit unterwirft sowohl das Problemverständnis wie die Lösungsansätze und -wege einem konsensuellen Zuschnitt. Erhöhter Konformitätsdruck in Gruppen (Larsen/Christensen, 1993:20) und nachgeordnete Prozesse wie Selbstzensur (Larsen/Christensen, 1993:25; Schulz-Hardt et al., 2000) sind die Folge, so dass unkonventionelle Lösungsansätze bei Gruppen unwahrscheinlicher werden (Larsen/Christensen, 1993:11). Sie sind im Mittel besser als der Durchschnitt, jedoch schlechter als die besten der individuell agierenden Problemlöser (Larsen/Christensen, 1993:25). Allerdings haben die Thematisierungsnotwendigkeiten, die auf Gruppen zukom-

---

3. Bock (1990:40) spricht von durchschnittlichen zentralen Handlungssituationen des Alltags.
4. Zu diesen gestaltpsychologischen Aspekten bei semantischen Ordnungsprozessen siehe zsfd. Bock (1990:3, 26 ff.), der an anderer Stelle (1990:32) speziell auf das gestaltpsychologische Konzept der Prägnanz abhebt, wenn er schreibt: „Ich gehe von einer prinzipiellen und zentralen Verwandtschaft zwischen prototypischen und prägnanten Phänomenen aus." Es muß also eine Qualität der „Vogelheit" geben (Weber 2002:21).

men, neben den Ressourcen, die sie beanspruchen, auch Vorteile, da hier eine besondere, kommunikativ gebundene Gedächtnisform erwächst, die Individuen nicht in dieser Weise zur Verfügung steht (Larsen/Christensen, 1993:18).

Zusätzlich sind erhebliche Geschlechtsunterschiede zu vermuten (Monteil/Huguet, 1999:124; Nothnagel, 2001:119 f.,162 f., 204 ff.). Denn Frauen sind durch einen vergleichsweise kooperativen Kommunikationsstil charakterisiert. Demnach ist auch die Tendenz bei Gruppen, Entscheidungen zu präferieren, die aus den implizit geteilten Informationen erwachsen, nicht geschlechtsneutral. Erweiterungsfähig wird die Abschätzung verteilter Formen der Kognition also durch den Geschlechtsunterschied, der eine weitere systematische Ebene eröffnet. Entsprechende Unterschiede in der Computernutzung sind häufiger untersucht worden. Dies gilt besonders für die Einstellungen, die an diese Technologie herangetragen werden und deren Nutzung prägen. Im Vordergrund stehen Nutzungsintensivität, -strukturen und adressierte Umfelder, die meist durch formale Kriterien bestimmt werden (was, wann, wie, wie lange?) sowie die attributiven Zuweisungen, die die zugrunde liegenden Einstellungen begleiten. Dabei zeigt sich eine durchschnittlich geringere Computernutzung durch Frauen, eine höhere Distanz zur Technik sowie andere Schwerpunkte in der Funktionszuschreibung. Frauen zeigen weniger Persistenz bei der Computernutzung sowie Unterschiede bei selbstbezogener Kognition also etwa dem Umgang mit und der Bewertung von Fehlern[5]. Hinzu kommt, dass Männer den Computer eher als Mittel der Selbstdarstellung und Arena der Konkurrenz entwerfen (zsfd. Dickhäuser, 2001:13 ff.; Collmer, 1997:17–96). Kaum erforscht sind dagegen geschlechtsgebundene Nutzungsstile im Detail, die an die direkte und indirekte Beobachtung situativen Handelns und Verhaltens gebunden und hier von vordringlichem Interesse sind. Dabei stehen vor allem Navigationspatterns und Problemlösungsstile im Vordergrund (McDonald/Spencer, 2000:174 f.). Diese Unterschiede haben, zumal in komplexen Umgebungen, Konsequenzen für die Konfiguration von Inhalten: Haltung wird Gehalt.

3 Empirischer Ansatz

Empirisch adressierbar werden die Ausgangspunkte durch die Untersuchung von Problemlösungs- und Suchverhalten in instrumentellen Umgebungen, die sprach- und bildgebundene Repräsentationsweisen kombinieren, d.h., vor dem Hintergrund einer konstanten Datenbasis eine Wahl ins Werk setzen, und zwar im Umfeld der skizzierten Unterschiede zwischen Nutzern und Nutzungskonstellationen. Fundierte Untersuchungen zu Nutzungspraxen sind anspruchsvoll, denn sie betreffen Verhaltensformen, die häufig unbewusst und in Frequenzen eingetragen sind. Dies bietet nachhaltige Herausforderungen, gerade weil die Erforschung alltagsweltlicher Kontexte experimentelle Formate ausschließt. Ethnographische Verfahren, die

---

5. Im Vordergrund stehen Unterschiede in der Zuschreibung von Selbsteffizienz (zsfd. Busch, 1995:147; Dickhäuser, 2001:28 ff.), dem Niveau der Angst (zsfd. Busch, 1995:148; Corston/Colman, 1996:172 f.; King et al., 2002: 73 f.) bzw. dem Grad an Selbstbewusstsein (McDonald/Spencer, 2000:179 f.). Allerdings gibt es Hinweise, dass entsprechende Unterschiede kulturspezifisch sind (zsfd. Busch, 1995:148 f.) und an das Komplexitätsniveau der Aufgabenstellung koppeln, wobei sich Geschlechter bei komplexen Aufgaben stärker unterscheiden als bei einfachen (zsfd. Busch, 1995:154).

auf direkter Beobachtung und/oder der Auswertung von Videoaufzeichnungen basieren, bieten sich an. Dabei ist dieser Ansatz umso vielversprechender, da er durch Trackingtechnologien in virtuelle Kontexte ausgeweitet werden kann, die konventioneller Dokumentation verschlossen sind. Nachgelagerte Interviews mit standardisierten und narrativen Anteilen sowie spezifische Aufgabenstellungen helfen, die Datenbasis zu ergänzen und die Nutzungspraxen im Hinblick auf ihre bewussten Ein- und Zuordnungen zu präzisieren.

Eine „concept map" bietet die visuelle Aufbereitung von Ein- und Mehrwortanfragen, die im gesamten Korpus – ein Jahrgang der *Frankfurter Rundschau* – präsent sind. Sie fußt auf formalen Kriterien der Nachbarschaft und Ähnlichkeit (Schmidt, 2003) und bringt Unbekanntes in den Blick. Diese „enabling function" ist auch in die Ethnotheorien eingetragen, die dieses Instrument konfigurieren. Es heißt z.B.: „Was ich ganz praktisch fand, man **sieht** [Hervorhebung D.N.] halt die meisten Begriffe, während man sich nach dem alten Schema immer erst durch den Text finden muss und gucken muss, welche Wörter tauchen da noch auf."

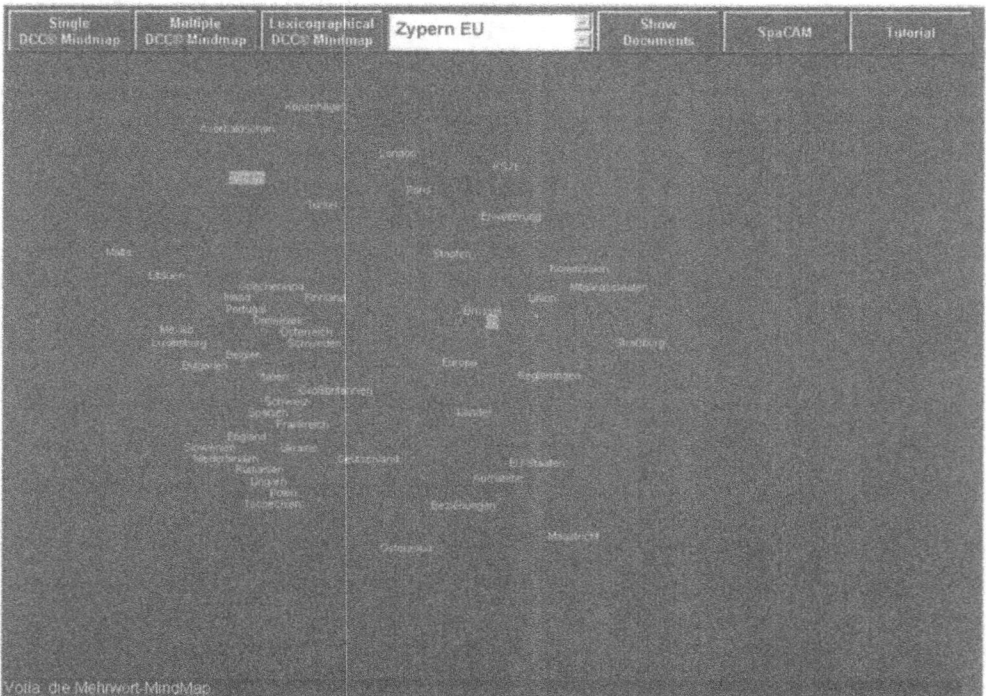

Abb. 1: *Beispiel einer „concept map".*

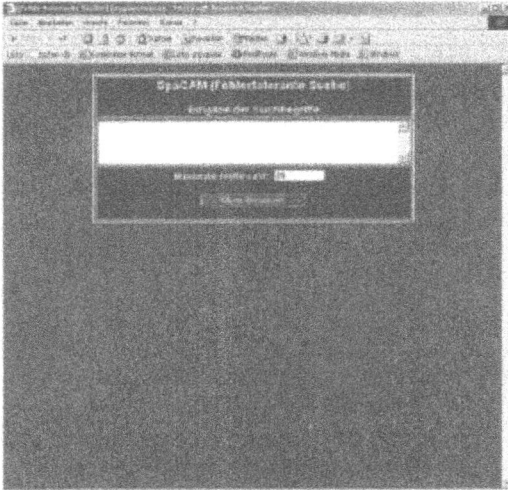

Abb. 2:   *Eingabeoberfläche des Listenverfahrens.*

Abb. 3:   *Ergebnispräsentation des Listenverfahrens.*

Dagegen steht ein Verfahren, das Dokumentenlisten prozentual geordnet nach dem Überein-
stimmungsgrad mit der Anfrage anbietet. Die formalen Prinzipien dieses Prototyps[6] eines

6. Die Konfiguration der Instrumente, die Entwicklung des Trackings sowie die Erhebung der Rohdaten fanden im
    Rahmen eines von VW-Stiftung/Land Niedersachsen finanzierten Drittmittelprojektes statt, das der Verfasser
    zusammen mit H.-J. Bentz 2001–2003 durchgeführt hat. In diesem Zusammenhang gilt mein Dank Heike Klap-
    prott sowie Monika Jankowska und Ralf Reimann.

semantikbasierten Volltextretrievals sind identisch. Als zusätzliches Feature steht ein „high-lighting" zur Verfügung, das Suchworte in Text und MindMap markiert.

Insgesamt sechzig Versuchspersonen einer zufallsbestimmten, studentischen Population mit unterschiedlichem fachlichen Hintergrund nahmen teil. Einzel- und Zweiersuche sowie die Geschlechter ergeben vier gleich große Gruppen. Um die Domänenvarianz und den Einfluss von Schwierigkeitsgraden abzuschätzen, wurden fünf verschiedene, durch einen Pretest bewertete Aufgaben gestellt[7], zu denen passende Dokumente gesucht werden sollten. Für die Bearbeitung standen nach einer Einarbeitung durch einen virtuellen Tutor jeweils 15 Minuten zur Verfügung[8].

3.1   Ergebnisse

In einer globalen Perspektive zeigt sich zunächst, dass automatisierte „concept maps" keineswegs die erhofften Vorteile bringen. Gute Sucher, die bei der Güte der Lösungen um gut 80% und domänenunabhängig von schlechtesten unterschieden sind[9], nutzen sie unterdurchschnittlich oft (14,70%). Zusätzlich ist eine erfolgreiche Suche und Problemlösung durch eine erheblich höhere Aktivitätsrate gekennzeichnet. Gute Sucher agieren also insgesamt sehr viel textnäher, öffnen erheblich häufiger Dokumente und verhalten sich im Hinblick auf die „black boxes", die die maschinelle Visualisierung produziert, distanzierter.

Die Messung der Recall-Raten gibt weiteren Aufschluss. Dazu wurden die Versuchsteilnehmer einzeln gebeten, die letzte „concept map", die generiert wurde, etwa 20 Minuten nach Ende der Suche zu zeichnen. Die Skizzen wurden anschließend mit dem Original verglichen. Die Ergebnisse sind ernüchternd. Von den MindMap-Nutzern, die in der Lage waren, eine Reproduktion anzufertigen[10] wurden durchschnittlich 59% der Suchwörter richtig wiedergegeben[11]. Die Werte für Einträge, die nicht an den übergreifenden Aktivitätshorizont – die Suche – gebunden sind, sind deutlich schlechter. Insgesamt werden von 45,66 Wörtern, die die „Wolken" durchschnittlich enthielten, 2,86 in den Reproduktionen platziert. Nur 48% sind richtig. Die Erinnerungsleistung ist noch am besten für Wörter, die jene der Sucharmatur variieren bzw. ihnen auf ungewöhnliche Weise zugeordnet sind (z.B. seltene Eigennamen). Gruppen haben hier Vorteile, was für die Bedeutung der Kommunikation für individuelle Gedächtnisleistungen spricht. Bezogen auf die Gesamtzahl richtiger, d.h. real lokalisierter Wörter kommen durchschnittlich 74% räumlichen Verortungsfehler[12] vor. Neben dem Großteil der Fehlverortungen,

---

7. Eine der Aufgaben war: „Suche Dokumente, die Perspektiven der Handynutzung diskutieren. Relevante Dokumente berichten über die Aussichten der Handynutzung und die Entwicklung der Mobilfunkindustrie." Datenkorpus wie die Fragen gehen auf den Forschungsverbund CLEF zurück (Peters, 2001; *www.ici.pi.cnr.it:* 2002).
8. Zum empirischen Ansatz siehe genauer Nothnagel (2005).
9. In Funktion des durchschnittlichen Sucherfolges wurden drei Gruppen gebildet. Die Fluktuation zwischen der Gruppe der guten und der, der mittleren Sucher beläuft sich auf 22,50%, die zwischen guten und schlechten Suchern kommt nur bei einer Aufgabe vor.
10. Zehn waren nicht in der Lage, eine Reproduktion zu versuchen bzw. fertigten – in seltenen Fällen – Phantasieprodukte an; sieben von ihnen waren Frauen.
11. Flexionen gingen mit dem halben Wert in die Zählung ein.
12. Als solche wurden Verschiebungen von mehr als 2 cm gewertet. Es wurden nur die primäre, am Mittelpunkt geeichte Verschiebung von Wörtern gewertet, die in der MindMap vorhanden waren. Zweidimensionale Verortungsfehler gehen mit doppeltem Gewicht in die Statistik ein.

die erratischen Charakter aufweisen, lässt sich bei der Anordnung der Suchwörter die Tendenz beobachten, diese ins Zentrum zu rücken. Kaum in der Lage sind die Versuchspersonen, die gestaltischen Aspekte wiederzugeben, d.h. Clusterungen bzw. Umrisse oder ihr Gegenteil – diffuse Strukturen – zu reproduzieren. Konkret geben zwei der Versuchspersonen interne Clusterungen und fünf die generelle Kontur annähernd genau wieder, wobei sich weibliche Versuchspersonen im Vorteil befinden. Die Erinnerungsschwerpunkte bei den übergreifenden, aktivitätsbezogenen Sucharmaturen machen deutlich, welche Bedeutung einem gelungen, über die Intention vermittelten „mental blend"[13] zwischen innerer und äußerer Repräsentation zukommt. Er ist zentrale Voraussetzung für die Anschlussfähigkeit semantischer Distanz als Ausdruck mehrheitlich prototypischer Klassifikation an diejenigen Distanzen, die die graphische Aufbereitung von Suchergebnissen als gestaltischen „cue" zur Verfügung stellt.

Hinzu kommt die dynamische Ebene. Sie spricht nicht nur eine der Grundkonstanten menschlicher Wahrnehmung an, die an den Kontrast gebunden ist (Weber, 2002:9), sondern ist auf übergeordneter Ebene zugleich hervorragende, situierte Quelle metakognitiven Wissens. Denn bei der Genese von Wissen und Fertigkeiten ist die Suche nach Rückmeldung ein bedeutendes Mittel der Reduktion von Unsicherheit: „User's sense of control necessary for conviviality depends on understanding how a given tool functions and why procedures for operation are as they are […] This understanding requires that the tool makes visible its operations and how they are integrated with the embedded context." (Orhun, 1995:310) Die numerische Variation der Anfragen, die auf inhaltlicher Ebene die Auflösung von Ambiguitäten und Vagheiten leitet, bringt teilweise drastische Änderungen der Suchergebnisse, die von den Versuchspersonen kaum nachvollzogen werden können. Dies illustriert die folgende Aussage: „[...] wenn wir z.B. vorher zwei Suchbegriffe drinne hatten, über die multiple MindMap das haben laufen lassen, haben wir eine Wolke und dann beim nächsten Mal, wenn wir quasi einfach nur einen Begriff zugefügt haben, sah die Wolke völlig anders aus und [...] [man] musste sich dann erst mal wieder neu orientieren. Das fand' ich ein bisschen schade." Vor dem Hintergrund der vorausgesetzten Domänenkonstanz und im Kern relativ stabilen Zuordnungen ihrer Komponenten werden Prozesse des diachronen, sequentiellen „mental blend" auf dieser dynamischen, durch graphische Repräsentation vermittelten Ebene, vielfach als unmöglich erlebt. Sie müssten sich vor einem spezifischen Verhältnis von Figur und Grund realisieren, das auf semantischer Ebene den dynamischen Umgang mit prototypischen Klassifikationen charakterisiert (Rosch, 1978:29). Dafür spricht auch, dass scheinbar erratische Veränderungen der „Wolken" als Inkonsistenz der Instrumente[14] und nicht als konsistente Zurichtung einer, allerdings maschinell gebundenen Beobachtungskategorie bewertet werden, für die es in der menschlichen Informationsverarbeitung kein systematisches Komplement gibt. Zwar spielt Nähe auch bei Prozessen des Textverstehens eine Rolle, z.B. beim „semantic priming", allerdings werden diese Effekte durch konzeptionelles Wissen moderiert, dessen erfahrungsgesättigte Eigenschaft weit über diese Ebene hinausverweist. Der eingeschränkte „mental blend" zwischen interner und externer Repräsentation schränkt Strukturbildungsprozesse – Lernen –, die ein Mindestmass an Anschlussfähigkeit, d.h. „Vorwissenskompatibilität" (Funke, 1990) und damit die Genese von Pfaden voraus-

---

13. Zur Bedeutung des „mental blend" für kognitive Prozesse höherer Ordnung siehe Coulson/Oakley, (2000:183).
14. Gefragt wurde: „Haben Sie Inkonsistenten der Instrumente feststellen können [intra und inter]?"

setzen, ein. Ambiguitäten sind die Folge, die Inferenz-Prozesse beschneiden und „cognitive load" auf der prozeduralen Ebene verursachen (Barsalou/Billman, 1989:166 ff.; Sweller, 1999:36 ff.; von Merriënboer et al., 2003:10).

Zwei Aspekte, die Experten von Novizen unterscheiden, sind in diesem Umfeld formal[15] zugänglich. Der eine – es handelt sich, daran sei erinnert, um eine studentische Population – ist an professionelle Vermittlungskontexte, d.h. im Schwerpunkt an kanonische Wissensbestände geknüpft und verweist auf Studienfach und -dauer. Die im Sample repräsentierten Fächerprofile wurden erfragt, mit der Studiendauer gewichtet und anhand ihrer curricularen Ausrichtung in drei Klassen eingeteilt, die die Dichte relevanter Angebote zum Ausdruck bringen, so wie sie im Vorlesungsverzeichnis niedergelegt ist. Das Kompetenzniveau männlicher Versuchspersonen liegt genau 10% über dem der Frauen, so dass eine Tendenz der Männer deutlich wird, entsprechend einschlägige Studienfächer zu bevorzugen. Wesentlich bedeutender ist der Unterschied in der Frequentierung informeller Lernkontexte, also hier des Internets u.ä., die alle Versuchspersonen nutzen. Hier wurde die wöchentliche Nutzungsdauer mit der Anzahl der Jahre gewichtet, seit der das Internet u.ä. genutzt wird. Beide Werte wurden erfragt. Im Hinblick auf die Nutzung dieses Erfahrungs- und Lernumfeldes sind Männer den Frauen um gut 100% voraus. Beide Befunde bestätigen zunächst die Ergebnisse anderer Studien zur Geschlechtsspezifik in der Einstellung zu und im Umgang mit Informationstechnologie (s.o.). Vor diesem Hintergrund sind die Unterschiede im Sucherfolg erstaunlich gering. Frauen weisen eine um 25,56% schlechtere Erfolgsquote auf als Männer. Eine Querprobe in Bezug auf den Einfluss von Expertise wird möglich, indem man die Gruppe der besten und der schlechtesten Sucher gegenüberstellt (s.o.). Es zeigt sich, dass bei einschlägigen Vorerfahrungen, und zwar sowohl was formelle wie informelle Lern- und Erfahrungskontexte betrifft, die schlechtesten über den besten liegen. Einschlägige Expertise, die an traditionelle Kontexte anknüpft, hilft nicht, sondern verschlechtert den Erfolg. Auch im Hinblick auf die prozeduralen Aspekte des Wissens kommt dem „mental blend" zwischen aktuellen Anforderung und dem Erfahrungswissen entscheidende Bedeutung zu.

Ethnoepistemologische Konfigurationen verleihen den Wissensmedien eine explizit soziale Komponente, etwa wenn es heißt: „Nicht nötig, einen zweiten zu haben, weil man hat ja die MindMap [...] Neben einem/einer, der sagt, ,ja such' doch mal nach dem Wort. Aber durch die MindMap hat man ja eigentlich schon diese Hilfe, diese gedankliche Hilfe." Allerdings täuschen sich Versuchspersonen im Hinblick auf die reale Ausrichtung ihrer Nutzungspraxen, die offensichtlich durch Parameter bestimmt sind, die der Selbstreflektion unzugänglich bleiben. Denn zeitlich gewichtet nutzen Zweiergruppen die MindMap 12% häufiger als Einzelsucher[16]. Dabei ist die Steigerung bei Männern erheblich gewichtiger (48,39%) als bei Frauen (8,33%), d.h., männliche Einzelsucher weisen die absolut geringste Nutzungsfrequenz von MindMaps auf. In der Konsequenz gewinnen die Instrumente sowohl bei sozialen wie geschlechtsgebundenen Parametern als auch bei den Veränderungsdynamiken, die ihre Kombination ins Werk setzt, deutliche Signaturen.

---

15. Siehe auch Weber/Groner (1999:186).
16. Einen Zusammenhang zwischen Mapping-Techniken in virtuellen Umgebungen und sozialen Kooperationsformen weist auch die Studie von Bruhn et al. (2000) nach.

Auch die Inspektion der Texte koppelt entsprechend. Dies wird beim Vergleich der Einzel- und Zweiersuche deutlich. Die absolute Zahl richtiger Lösungen ist bei Frauengruppen geringfügig besser als bei der Einzelsuche. Allerdings verbessert sich das Verhältnis von angegeben und richtigen Lösungen, und zwar um 13%, d.h., die Inspektion der Texte fällt umfangreicher und genauer aus. Männer dagegen finden absolut gesehen in der Zweiergruppe knapp 20% weniger Treffer. Gruppenarbeit ist also hier ein klarer Nachteil, was auf die oben genannten Unterschiede in der sozialen Konfiguration der Instrumente verweist. Allerdings verbessert sich auch bei ihnen das Verhältnis von angegebenen und richtigen Treffern, wenn auch vergleichsweise geringfügig (6,77%). Die absolute Zahl richtiger Treffer bleibt jedoch in beiden Fällen über der der Frauen. In der Summe liefert die Vergleichsmatrix also weitere Hinweise darauf, dass nicht nur die Geschlechtsunterschiede mit anderen Variablen koppeln, sondern dass sie auch die beiden unterschiedlichen sozialen Konstellationen in spezifischer Weise konfigurieren.

Ähnliche Einflüsse werden bei den Nutzungsweisen der „concept maps" deutlich. Im Vergleich mit männlichen Versuchspersonen ist bei Frauen die Generationsfrequenz innovativer MindMaps zugunsten einer eher konservativen, an die Nutzung bereits gegebener Begriffsensembles gebundenen Strategie reduziert (13,10%). Frauen erzeugen mit derselben MindMap also erheblich mehr Suchanfragen als Männer. Die über die Dynamik etablierten explorativen Komponenten des Problemlösungs- und Suchverhaltens treten entsprechend zurück. Suchwörter, die die „concept maps" bieten, sind etwas, das vorliegt und opportunistische Strategien vereinfacht. Dies gilt vor allem auch deshalb, weil gegebene Sucharmaturen einfach durch einen Doppelklick auf ein Einträge in der vorliegenden „concept map" verändert werden können. Der geringe Aufwand vermeidet konflikthaltige Entscheidungen. Der „Aufforderungscharakter" einer spezifischen Funktionalität wird also durch die Kopräsenz der Einträge, die die Visualisierung in Form von „concept maps" bereithält, besonders profiliert.

Die Präsenz eines Anderen akzentuiert das Suchverhalten der Geschlechter zusätzlich. Während Frauen im Vergleich von Einzel- und Zweiersuche wenig auffällig sind, verstärken Männer bei der Nutzung der MindMaps in Präsenz eines Anderen explorative Tendenzen, die über Gegebenes hinausverweisen, und zwar in einem Ausmaß von 16,94%. Die Anwesenheit eines Anderen gleichen Geschlechts führt also zu differenten Praxen und koppelt Prozesse der Sinn- an jene der Gemeinschaftsstiftung. Die unterschiedliche Konfiguration des Anderen in Verbindung mit dem Verhalten in technikbestimmten Umgebungen – auch ein jeweils Anderes – verleiht den Mensch-Maschine-Schnittstellen in der Konsequenz eine weitere situierte Komponente, die sie außerhalb eines technischen Rahmens stellt, der den Anspruch erhebt, unabhängig von situativen Umständen in gleicher Weise zu funktionieren.

Diese Profile haben Konsequenzen. Eine Untersuchung der semantischen Sucharmaturen zeigt, dass ihr numerischer Umfang mit dem Sucherfolg koppelt. Von den trefferrelevanten Mehrwortsuchanfragen – 94,37% sind diesen Typs; er enthält bis zu elf Einträge – sind jene am erfolgreichsten, die zwei oder drei Suchwörter enthalten. Sie bieten am häufigsten Zugang zu trefferrelevanten Dokumenten. Besonders Zweiergruppen, aber auch die Frauen – wenngleich die Geschlechtsunterschiede weniger profiliert sind als beim Vergleich der numerischen Suchkonstellation – nutzen sie besonders selten.

4   Fazit: Alltagweltliche Kognition und weltvergessene Technologie

Die griechische Wurzel des Wortes Theorie verweist auf „Sicht" und „Blick". Theorie ist demnach etwas, was Perspektiven vermittelt und im fundamentalen Sinn sichtbar macht. Sehen als komplexer Vorgang ist theorie-, d.h. schemagebunden bzw. von mentalen Modellen abhängig (Glasersfeld/Stadler, 2000; Krapmann, 1993:29). Anders gesagt: „[...] there is no way of distinguishing between *properties* and modes of interaction [...] every property results from modes of interaction and every mode of interaction is a property." (Roth/Schwegler, 1990:39) Werkzeuge als „boundary objects" (Star, 1989), die zwischen Nutzern und einer Datenbasis vermitteln und bei der Suche und Problemlösung zentralen Stellenwert genießen, gewinnen im vorliegenden Kontext deutliche Konturen. Im Umfeld komplexer Anforderungen führen „concept maps" zu unterdurchschnittlichen Sucherfolgen und erfüllen ihre Rolle als Entdeckungswerkzeug nicht. Damit bestätigt sich hier die Skepsis gegenüber undifferenzierten Überlegungen zu Vorteilen von Visualisierung (McDonald/Stevenson, 1998:131). Werkzeuge, die an ein bestimmtes Modalitätsformat gebunden sind, fungieren als Wissensmedium, indem sie erlauben, bestimmte Datenausschnitte zu beobachten („tool mediated perception"), Daten in Information und schließlich in Wissen zu verwandeln oder auch nicht. Dies verweist auf die mediale Komponente von Kognition. Im Detail verweisen die Ergebnisse auf die Schwierigkeit, interne und externe Repräsentationsweisen in Einklang zu bringen. Durch diese Einschränkung ist eine wesentliche Eigenschaften ikonisch ausgelegter Wissensmedien – ihre Isomorphie, d.h. der Transfer vorhandener Strukturen in einen graphischen, zweidimensionalen Ausdruck – nur begrenzt gegeben. Kaiser et al. (1992) beschreiben die Konsequenzen als „resemblence fallacy". In ähnlicher Weise argumentiert Norman (1993:72): „Experiential cognition is enhanced when properties of a representation relate to the thing represented", d.h., wenn Absichten und Vorwissen in einer engen – Norman benutzt den Begriff „directness" – Beziehung zu dem stehen, was ein automatisiertes System an Antworten bereit hält. Ihr Fehlen schränkt einen der Vorteile ikonischer Repräsentation, die bessere Memorierbarkeit (Franklin, 1996: 285; Mecklenbräuker et al., 1992:4), in der, anhand der Recall-Rate deutlich gewordenen Weise, ein.

Die Koordination von und die Übersetzung zwischen verschiedenen externen Repräsentationsformaten – Hutchins (1995:117) spricht von „the propagation of representational states across a series of representational media" – wird damit zur elementaren kritischen Größe (Hutchins, 1995:117; zsfd. Ainsworth, 1999:132, 146). Dies kann hier auf den „mental blend" zwischen internen und externen Formaten der Repräsentation ausgeweitet werden[17] und exemplifiziert einen Hinweis von Steels (1990:71), der die Geringschätzung interner Repräsentationsweisen in diesem Kontext beklagt. Mangelnde Berücksichtigung des Domänenwissens wird damit zu einer wesentlichen Ursache für das Scheitern von Data-Mining-Projekten (Kopanas, 2002:297).

---

17. Im Hinblick auf die prozedurale Ebene, d.h. das Mensch-Maschine-Interface ist diese Distanz von Hutchins et al. (1985) „directness distance" beschrieben worden. Auf die zu geringe Berücksichtigung von Domänenwissen bei automatisierten Retrievalprozessen verweisen auch Kopanas et al. (2002).

Weiteres kommt hinzu. Soziale und geschlechtsgebundene Faktoren führen zu Prozessen der „re-invention" oder des „re-framing", die über die häufig unbewusste, ethnotheoretisch nicht nachvollzogene Konfiguration der Instrumente auch Konsequenzen für das Ergebnis hat. In Funktion sozialer und geschlechtsgebundener Konstellationen verleihen situierte Praktiken den Werkzeugen in bemerkenswertem Ausmaß plastische Anteile. Dies ist zunächst ein weiterer Beleg für den besonders von Reeves/Nass (1996) in Ausschnitten erwiesenen Zusammenhang, nach dem medial vermittelte Kommunikation nach Maßstäben modelliert wird, die aus der Face-to-face-Kommunikation abgeleitet sind. Das Re-framing relativ traditionsloser, medialer Technologien folgt in seinen Strukturen demnach z.T. Maßstäben, die weit über die entsprechend gefasste Epoche hinausverweisen. Wissensmedien sind keineswegs funktional eindeutig, sondern immer situiert. Ihre modalen Eigenschaften werden in dieser Perspektive ins Werk gesetzt. In der Konsequenz gibt dies zur Skepsis gegenüber pauschalen Aussagen Anlass, dass eine Reduktion sozialer Einflüsse in entsprechenden Umgebungen zwangsläufig ist (Preece, 2001:271).

Nicht nur Repräsentation und Problemlösungsverhalten koppeln (zsfd. Ainsworth, 1999:137), vielmehr muss die Rekonfiguration der Instrumente als entscheidende Größe berücksichtigt werden, was ein nachdrückliches Argument für breit aufgestellte empirische Formate ist. Dabei zeigt sich, dass metakognitive Formate, die Komplexität durch einen übergreifenden, erfahrungsgebundenen Ausdruck reduzieren, keineswegs generell von Nutzen sind. Vielmehr ist bei der großen Distanz zwischen interner und externer Repräsentation, vor allem jene Expertise, die an einen informationstechnischen Hintergrund gebunden ist, kontraproduktiv. Denn sie setzt Komplexitäten in Form von Beobachtungsmöglichkeiten in die Welt, die Kapazitäten binden und „cognitive load" zur Folge haben. Traditionsbildung verhindert neue Sichtweisen.

In der übergreifenden Konsequenz sind nachhaltige Argumente für ein ökologisches Verständnis von Kognition gegeben, das wie folgt in Erinnerung gerufen werden kann: „Instead of conceiving the relation between person and environment in terms of moving information across a boundary, let us look for processes of entrainment, coordination, and resonance among elements of a system that includes a person and the person's surrounding." (Hutchins, 1995:288) Diese Koordination im Kontext einer „weltvergessenen Technologie" zu optimieren, stellt eine zentrale Herausforderung dar. Inwieweit dies generell möglich ist, muss an dieser Stelle offen bleiben. Einen Eindruck vom Ausmaß der Herausforderungen bei Ansätzen zu einer generalisierten maschinellen Intelligenz auf propositionaler Ebene vermittelt das Projekt Cyc (Lenat/Guha, 1990). Es zeigt sich damit auch hier: „Natural cognitive systems, such as people, aren't computers." (Port/v.Gelder, 1995:2) Dabei ist es besonders die ökologische Qualität menschlicher Kognition und die vielfältigen, dynamischen Strukturen des „mental blend", die sich anschließen, die für Unterschiede sorgt.

5   Literatur

Ainsworth, S., The Functions of Multiple Representations. In: Computers & Education, 33, 1999:131–152

Albalooshi, F. & Alkhalifa, E. M., Multimedia as Cognitive Tool. In: Educational Technology & Society, 5, 2002

Andex, P., Envisioning Cyberspace. New York etc. 1999

Barsalou, L.W. & Billman, D., Systematicity and Semantic Ambiguity. In: Gorfain, D. S. (ed.), Resolving Semantic Ambiguity. New York 1989:146–203

Bernd, H. et al., Durcharbeiten von Begriffsdarstellungen in unterrichtlichen und computergestützten Lernumgebungen. In: Mandl, H.; Fischer, F. (Hrsg.), Wissen sichtbar machen. Göttingen etc. 2000:15–36

Bock, H., Die Prototypenlehre der Bedeutung. *www.inf-gr.htw-zittau.de/~bock/publikationen/prototypenlehre.html*, 1990

Brodbeck, F. C., The Dissemination of Critical. Unshared Information in Decision Making Groups. In: European Journal of Social Psychology, 32, 2002:35–56

Busch, T., Gender Differences in Self-efficiency and Attitudes towards Computer. In: Journal of Educational Computing Research, 12, 1995:147–158

Collmer, S., Frauen und Männer am Computer. Wiesbaden 1997

Coulson, S.; Oackley, T., Blending Basics. In: Cognitive Linguistics, 11, 2000:175–196

Dickhäuser, O., Computernutzung und Geschlecht. Münster etc. 2001

Doelker, C., Ein Bild ist mehr als ein Bild. Stuttgart 1997

Dourish, P., Accounting for System Behavior. In: Kyng, M.; Mathiassen, L. (eds.), Computers and Design in Context. Cambridge, Mass.; London 1997:145–170

Flor, N. & Hutchins, E., Analyzing Distributed Cognition in Software Teams. In: Koenemann-Belliveau, J. et al. (eds.), Proceedings of the 4th Workshop on Empirical Studies of Programmers. Norwood 1991:36–59

Foss, D. J. & deRidder, M., Technology Transfer: On Learning a New Computer-Based System. In: Carroll, J.M. (ed.), Interfacing Thought. Cambridge, Mass.; London 1987:159–183

Franklin, N., Language as a Means of Contructing and Conveying Cognitive Maps. In: Portugali, J. (ed.), The Construction of Cognitive Maps. Dordrecht etc., 1996:275–295

Funke, J., Systemmerkmale als Determinanten des Umgangs mit dynamischen Systemen. Sprache und Kognition, 3, 1990:143–154

Gattis, M., Reading Pictures. In: Gattis, M., (ed.), Spatial Schemas and Abstract Thought. Cambridge, Mass. 2001:223–245

Hutchins, E., Cognition in the Wild. Cambridge, Mass.; London 1995

Johnson, M., The Body in Mind. Chicago; London 1987

Kaptelinin, V. & Kuutti, K., Cognitive Tools Reconsidered. In: Marsh, J. P. et al., Humane Interfaces. Amsterdam etc. 1999:145–160

King, J. et al., An Investigation of Computer Anxiety by Gender and Grade. In: Computers in Human Behavior, 18, 2002:69–84

Königer, P. & Reithmeyer. W., Management unstrukturierter Information. Frankfurt; New York 1998

Kriegel, H.-P., Datenbanktechniken zur Unterstützung des Wissenserwerbs. In: Mandl, H.; Reimann-Rothmeier, G. (Hrsg.), Wissensmanagement. München; Wien 2000:47–71

Lakoff, G., Women, Fire, and Dangerous Things. Chicago; London 1987

Larkin, J. & Simon, H. A., Why a Diagram is (Sometimes) Worth Ten Thousand Words. In: Cognitive Science, 11, 1987:65–99

Larsen, J.R. & Christensen, C., Groups as Problem-solving Units. In: British Journal of Social Psychology, 32, 1993:5–30

Lenat, D. B. & Guha, R.V., Building Large Knowledge Based Systems. Reading, Mass. 1990

McDonald, S. & Spencer, L., Gender Differences in Web Navigation. In: Balka, E.; Smith, R. (eds.), Women, Work and Computerization. Boston etc. 2000:174–181

McDonald, S. & Stevenson, R. J., Navigation in Hypertext. In: Interacting with Computers, 10, 1998:129–142

Mecklenbräuker, S. et al., Bildhaftigkeit und Metakognition. Göttingen etc. 1992

Merriënboer, van J. J. G. et al., Taking the Load off a Learner's Mind. In: Educational Psychologist, 38, 2003:5–13

Monteil, J.-M. & Huguet, P., Social Context and Cognitive Performance. Hove 1999

Norman, D. A., Things That Make Us Smart. Reading 1993

Nothnagel, D., „The Physics Way" – Kulturen, Geschlechter und die kommunikative Praxis einer Wissenschaftskultur. Frankfurt 2001

– Wissensmedien als kognitive Werkzeuge in komplexen Feldern der Informationssuche: Über das komplexe Verhältnis zwischen innerer und externer Repräsentationen. MS 2005

Nygien, E., From Paper to Computer Screen. Upsala 1996

Orhun, E., Design of Computer-Based Cognitive Tools. In: DiSessa, A. A. et al. (eds.), Computer and Exploratory Learning. Berlin etc. 1995:305–319

Peters, C. (ed.), Cross-Language Information Retrieval and Evaluation. Berlin etc. 2001

Reeves, B. & Nass, C., The Media Equation. Cambridge etc. 1996

Reeves, W., Learner-centred Design. Thousand Oaks 1999

Rosch, E., Principles of Categorization. In: Rosch, E.; Lloyd, B. (eds.), Cognition and Categorization. Hillsdale 1978:27–48

Roth, G.; Schwegler, H., Self-organization, Emergent Properties and the Unity of the World. In: Krohn, W. et al. (eds.), Selforganization. Dordrecht etc. 1990:36–50

Salomon, G., No Distribution without Individuals' Cognition: A Dynamic Interaction View: In: Salomon, G. (ed.), Distributed Cognitions. Cambridge etc. 1993:111–138

Scaife, J. & Rogers, Y., External Cognition: How Do Graphical Representations Work? In: International Journal of Human Computer Studies, 45, 1996:185–213

Schmidt, M., Neuronale Assoziativspeicher im Information Retrieval. Paderborn: Universität Paderborn, 2003

Schulz-Hardt, S. et al., Biased Information Search in Group Decision Making. In: Journal of Personality and Social Psychology, 18, 2000:655–669

Sternberg, R. J., PRSVL: An Integrative Framework for Understanding Mind in Context. In: Sternberg, R.J.; Wagner, R.K. (eds.), Mind in Context. Cambridge etc. 1994:218–232

Stoyanov, S., Cognitive Mapping as Learning Method in Hypermedia Design. In: Journal of Interactive Learning Research, 8, 1997:309–323

Sweller, J., Instructional Design in Technical Areas. Victoria 1999

Taylor, J. R., Linguistic Categorization. Oxford 2003

Tversky, B., Spatial Schemas in Depictions. In: Gattis, M., (ed.), Spatial Schemas and Abstract Thought. Cambridge; Mass. 2001:79–112

Weber, J., Das Urteil des Auges. Wien etc. 2002

Wersig, G., Die Komplexität der Informationsgesellschaft. Konstanz 1996

Winn, W., Charts, Graphs, and Diagrams in Educational Materials. In: Williams, D. M.; Houghton, H.A. (eds.), The Psychology of Illustration (Vol 1). New York 1987:152–198

Kognitive Verarbeitung von multikodaler Information

Steffen-Peter Ballstaedt

1   Multikodale Kommunikate

Schon heute ist der Computer ein Knotenpunkt der Information und eine Quelle des Wissens. Wir bekommen aus dem Internet, von CDs und DVDs Texte, Bilder und Filme auf den Monitor und können sie nicht nur lesen und betrachten, sondern oft auch mit ihnen interagieren. Derzeit dominiert noch die *visuelle Modalität*, aber zunehmend wird auch die *auditive Modalität* einbezogen, wir hören Texte, Musik und Geräusche. Auch die *taktile Modalität* wird zum barrierefreien Zugang für Sehbehinderte genutzt, indem Texte als Braille-Schrift und Bilder als abstastbare Konturen „begreifbar" sind. Wenn in einigen Jahren Computer und Fernsehen zu einer Konfiguration zusammenwachsen, dann haben wir es mit dem mächtigsten Medium zu tun, das die technische Evolution hervorgebracht hat. Aber wie werden wir damit umgehen? Die räumliche und zeitliche Dichte medialer Informationen ist meist größer als in der alltäglichen Wahrnehmung, mediale Kommunikate kombinieren zahlreiche Zeichen und nutzen alle Kodes, die unsere Kultur bisher hervorgebracht hat.

Dies wird einerseits als eine große Chance gesehen, als „eine neue Perspektive menschlicher Kommunikation" (Hasebrook, 1995): Im Web verteiltes Wissen kann für alle nutzbar gemacht werden, die Möglichkeiten der Recherche und des Wissenserwerbs sind unbegrenzt. Es entstehen neue Kommunikations- und Kooperationsformen und das mediale Angebot stimuliert unsere kognitiven Fähigkeiten. Wir müssen neue Kompetenzen im Umgang mit den Zeichen und den Medien lernen: Produktive Medienkompetenz bei der Gestaltung, rezeptive Medienkompetenz bei der Verarbeitung (Ballstaedt, 2003).

Diesen optimistischen Perspektiven widersprechen andererseits kulturpessimistische Positionen. Ihre Argumentation: Während die primären Erfahrungen verarmen, überfordern die mediale Informationsflut, die Bilderschwemme, der Hyperspace unseren kognitiven Apparat, der auf die Bewältigung derartig komplexer Kommunikate nicht vorbereitet ist. Das führt zu einer Desorientierung und einem Weltbild, das nur aus einer inkohärenten Montage medialer Fragmente besteht, sozusagen zusammengelesen, -gezappt und -gesurft. Joseph Weizenbaum, der Provokateur unter den Computerkritikern, bezeichnet das Internet als Misthaufen, in dem nur wenige Perlen zu finden sind.

Es ist schwierig, in dem derzeitigen Streit der Ansichten und Meinungen einen nüchternen Kurs zu halten. Eine Hilfe dazu ist der konsequente Bezug auf Erkenntnisse, wie unser Gehirn Informationen aufnimmt, zu Wissen verarbeitet, es repräsentiert und das Wissen in sprachlichen und nichtsprachlichen Handlungen nutzt. Die kognitive Psychologie in Kooperation mit der Neuropsychologie kann zwar bisher keine kohärente Theorie medialer Informations- und Wissensverarbeitung anbieten, aber sie schützt davor, in extreme Standpunkte zu verfallen (Ballstaedt, 2004). Zudem hat diese Position praktische Konsequenzen: Knowledge Media Design muss die mentale Verarbeitung berücksichtigen, um multikodale Kommunikate so zu gestalten, dass sie unsere kognitiven Fähigkeiten nicht überfordern, sondern sich produktiv zum Lehren und Lernen, zum Denken und Problemlösen, zum Kommunizieren und Kooperieren nutzen lassen.

Die nachfolgend referierten Ansätze tauchen in vielen Versuchen auf, den Umgang mit multikodalen Kommunikaten aufzuschlüsseln. Es handelt sich um Bausteine, die unterschiedliche Aspekte der Verarbeitung behandeln, aber noch nicht zu einer Theorie zusammengewachsen sind (vgl. Issing & Klimsa, 2002; Weidenmann, 2002; Schwan & Hesse, 2004). Dabei stehen Kombinationen aus geschriebener Sprache und statischen Bildern im Fokus. Die Grundideen sind zwar auch für audiovisuelle Vorgaben, also gesprochene Sprache und bewegte Bilder, gültig, aber es gibt doch einige Unterschiede durch die strikte Vorgabe des Aufnahmetempos und die Beanspruchung zweier Sinnesmodalitäten. Wir befassen uns also mit multikodaler, aber monomodaler Verarbeitung. Dabei beginnt die Darstellung beim ersten Blickkontakt und endet bei der langfristigen mentalen Repräsentation des Kommunikats.

2   Visuelle Organisation und ästhetisches Empfinden

Der erste Blick auf einen Bildschirm und damit die Prozesse etwa 200 Millisekunden vor dem Start der ersten Sakkade werden als voraufmerksame Ebene der Verarbeitung zusammengefasst. Man kann sie simulieren und untersuchen, indem man einen Screen in einer unscharfen Darstellung präsentiert, die noch keine sprachlichen oder bildlichen Informationen entnehmen lässt, und sie zunehmend in eine scharfe Darstellung übergehen lässt. Bei dieser *Aktualgenese* eines Screens bilden sich Strukturen heraus, die durch das Layout, die Text-Bild-Komposition und die Farbgestaltung bedingt sind.

Visuelle Organisation. Angeborene Wahrnehmungsprinzipien sorgen dafür, dass wir keine pointillistische Fläche sehen, sondern eine gegliedertes visuelles Feld. Das Figur-Grund-Prinzip sorgt für einen Hintergrund und etwa 30 Gestaltprinzipien für davorstehende und voneinander getrennte Objekt. Zu den wichtigsten Gestaltprinzipien gehören die Gesetze der Nähe, der Ähnlichkeit, der Geschlossenheit, der guten Fortsetzung, des gemeinsamen Bereichs und des Zusammenhangs. In den letzten Jahren wurden viele dieser im Gehirn einprogrammierten Gesetze reformuliert, denn sie spielen eine wichtige Rolle bei Programmen, die Robotern das

Sehen ermöglichen sollen (Hoffman, 2001). Besonders bei Informationsarealen, die mit Text und Bild dicht vollgepackt sind, spielen diese trivial anmutenden Gestaltgesetze eine wichtige Rolle, da sie für eine visuelle Struktur, für Gruppierung und Abgrenzung sorgen (Thissen, 2001). Wirkt eine Seite auf den ersten Blick unübersichtlich und wenig strukturiert, so schreckt sie die Informationssuchenden ab. Die immer wieder abgeschriebene Faustregel, dass nur etwa sieben Einheiten gleichzeitig wahrgenommen werden können, ist dabei sehr grob, denn es kommt auf die Art der Einheit und das Vorwissen an. Konkret können schon fünf Einheiten zu viel sein.

Ästhetisches Empfinden. Zum ersten Eindruck gehören auch die schwer fassbaren ästhetischen Empfindungen, die durch Strukturen und vor allem Farben ausgelöst werden. Ein Screen wirkt heiter und harmonisch, ein anderer depressiv und chaotisch. Seit Gustav Theodor Fechner 1876 eine „Vorschule der Ästhetik" geschrieben hat, gibt es eine empirische Ästhetik, die feststellen möchte, welche visuellen Merkmale welche Empfindungen und Urteile bedingen. Ein Beispiel: In einem Experiment wurde den Versuchspersonen eine Serie von Gemälden gezeigt, bei denen bei einigen die Ausgewogenheit der Komposition verändert war. Die manipulierten Bilder wurden selbst bei sehr kurzer Expositionszeit sofort erkannt (Locher & Nagy, 1996). Das bedeutet, dass Ausgewogenheit prima vista gesehen wird. Was die Wirkungen von Farben betrifft, so liegen zwar zahlreiche Untersuchungen vor, die Ergebnisse sind aber so wenig konsistent, dass man nur sehr vorsichtig Gestaltungsrichtlinien formulieren kann. Denn die Reaktion auf Farben ist von zahlreichen kulturellen, kognitiven und persönlichen Bedingungen abhängig (Heller, 2000; Welsch & Liebmann, 2004). Bisher gibt es kein wissenschaftliches Fundament für ein Design, das ästhetisches Erleben sicher vorhersagen lässt. Noch schwieriger sind ästhetische Begriffe wie Harmonie, Ausgewogenheit, Einfachheit, Eleganz, Schönheit usw. operationalisierbar (vgl. Mullett & Sano, 1995). Deshalb lässt sich auch stundenlang und oft ergebnislos über ästhetische Kriterien diskutieren.

Der *erste Eindruck* hat in der Sozialpsychologie einen wichtigen Stellenwert, da er bei der Personenwahrnehmung die weitere Verarbeitung prägt. So hat z.B. Siegfried Frey (1999) ermittelt, dass bereits eine Expositionzeit von etwa 250 Millisekunden ausreicht, um bei Betrachtenden eines Portrait eine dezidierte Meinung über die Persönlichkeit hervorzurufen. Auch die Headline einer Zeitung gibt eine Tendenz für die nachfolgende Textverarbeitung vor (Hartley & Jonasson, 1985). Bei Websites spielt der erste Eindruck eine wichtige Rolle, denn er entscheidet darüber, ob man rasch weiter klickt oder sich zu einer Inspektion eingeladen fühlt.

3   Aufmerksamkeit und Blickbewegungen

Aufmerksamkeit bedeutet Konzentration auf bestimmte Informationen unter Vernachlässigung von anderen. Je nach Mentalität kann man die Selektivität als Informationsverlust beklagen oder die Fokussierung als Informationsgewinn loben. Es gibt zwei Formen der Aufmerksamkeit, denen unterschiedliche neuronale Mechanismen zugrunde liegen: die *unwillkürliche Aufmerksamkeit*, die über die visuelle Vorlage (bottom-up) gesteuert wird, und die *willkürliche Aufmerksamkeit*, die von den Interessen der Betrachtenden (top-down) abhängig ist. Willkürliche Aufmerksamkeit ist die zielgerichtete Zuwendung zu bestimmten Inhalten, sie ist das ausführende Organ unserer Interessen. Diese kann der Designer zwar aufgrund einer Adressatenanalyse berücksichtigen, aber nur in sehr engen Grenzen steuern. Hingegen ist die unwillkürliche Aufmerksamkeit für Mediendesigner besonders wichtig, denn hier kann er versuchen, die Arbeit der Augen in seinem Sinne zu manipulieren.

Obwohl sich Psychologen seit den Anfängen ihrer Wissenschaft mit der Aufmerksamkeit befassen, gibt es bisher kein einheitliches Konstrukt. Unter praktischer Perspektive hat Thomas Wirth (2004) formale und inhaltliche Aufmerksamkeitsgesetze zusammengestellt:

Intensität. Das visuelle Merkmal mit der größeren Intensität zieht die Aufmerksamkeit auf sich: das Große, Helle, Grelle usw.

Farbe. Farbige Reize werden eher beachtet als eine graue Vorlage. Reine Farben, gesättigte Farben und warme Farben werden eher beachtet als Mischfarben, Farben mit geringer Sättigung und kalte Farben.

Position. Es gibt Orte, die ausgezeichnet sind, z.B. die Mitte, aber auch die Diagonalen, vor allem die von links oben nach rechts unten. Es gibt visuelle Hierarchien: Was oben steht, ist wichtiger als das, was unten steht.

Ausnahme (Popout-Effekt). Jeder Reiz, der sich von der Umgebung in einer Dimension unterscheidet, zieht die Aufmerksamkeit auf sich, z.B. eine schwarzweiße Anzeige unter lauter farbigen Anzeigen.

Dissonanz. Das Unerwartete und Ungewöhnliche zieht die Aufmerksamkeit auf sich, dazu zählen auch optische Verzerrungen oder ungewöhnliche Perspektiven.

Eye Catcher. Dies ist eine Bezeichnung für Reize, welche die unwillkürliche Aufmerksamkeit reflektorisch auf sich ziehen. Dabei ist meist unser biologisches Erbe im Spiel, es geht um Reize, die Sexualität, Aggression und Brutpflege betreffen.

Gewöhnung. Auch Reize, die einmal die Aufmerksamkeit gefesselt haben, verlieren bei Wiederholung schnell ihre Wirkung: Adaptation führt zu Langeweile.

Bei einem konkreten Design können derartige Gesetze zusammen oder gegeneinander wirken. Messbare Indikatoren der visuellen Aufmerksamkeit sind die Blickbewegungen, die Abfolge von Fixationen und Sprüngen, mit denen wir eine Vorlage auswerten. Da wir nur während der Fixationen aus Text oder Bild Informationen aufnehmen, offenbaren Abfolge und Dichte der Fixationen die mentale Verarbeitung. Blickbewegungen lassen sich mit komplizierten Apparaturen aufzeichnen. Bei *Texten* gibt die Abfolge der Wörter in Sätzen und Zeilen eigentlich die Sequenz von Fixationen vor. Dies gilt aber nur für das sorgfältige lineare Lesen, nicht für das selektive Scanning und Skimming, mit dem gewöhnlich ein Monitor durchmustert wird. Bei *Bildern* ist die Abfolge der Fixationen grundsätzlich nicht festgelegt. Trotzdem lässt sich das Auswertungsmuster aufgrund der Aufmerksamkeitsgesetze und der individuellen Interessen teilweise vorhersagen. Die Durchmusterung eines Bildes ist zum Teil bei allen Personen ähnlich, aber jede Person hat auch individuelle Fixationen.

Eye-tracking-Befunde bei Text-Bild-Kombinationen auf dem Monitor gibt es bisher nur wenige. Dabei gehört der erste Blick meist dem Bild, aber dann springt der Blick auf Überschriften und Textteile. Erst in einem zweiten Durchgang werden die Bilder detailliert ausgewertet. Dabei findet ein Switching zwischen beiden Kodes statt: Der Blick springt zwischen Text und Bild hin und her. Das kann man sehr schön in Videos sehen, die auf der Website des Poynter-Instituts den Blickverlauf auf einer Page auf der Basis von Eye-tracking-Daten animieren haben (Poynter Studie, 2005). Dabei muss man in der Verarbeitung mit *Sequenzeffekten* rechnen. Es macht einen Unterschied, ob zuerst ein Bild und dann der Text oder zuerst ein Text und dann das Bild ausgewertet wird. Es gibt zahlreiche Untersuchungen, die belegen, dass ein Bild die Textverarbeitung beeinflusst (Weidenmann, 1994). Und es gibt Untersuchungen, die belegen, dass der Text die Bildverarbeitung beeinflusst (Zimmer, 1983). Real haben wir es mit einer wechselseitigen Beeinflussung zu tun, die allerdings methodisch schwer aufzubrechen ist.

Den Designer stellen diese komplexen Abhängigkeiten vor schwierige Aufgaben. Er kann zwar unter Berücksichtigung der Aufmerksamkeitsgesetze und der kulturellen Konventionen (z.B. Leserichtung) Blickpfade anlegen, er kann auch inhaltliche Brücken vom Text in das Bild (Verweise, Sehanleitungen) und vom Bild in den Text (Unbestimmtheiten) schlagen. Aber es gibt nie eine Garantie dafür, dass die Rezipienten diesen Vorgaben auch folgen. Die Aufmerksamkeit ist nur in Grenzen über externe Mittel zu steuern.

4 Duale Kodierung von Text und Bild

Die Theorie der dualen Kodierung des Psychologen Allan Paivio (1986) ist ein Klassiker, auf den immer wieder zur Erläuterung multikodaler Verarbeitung zurückgegriffen wird. Paivio nimmt an, dass es zwei unabhängige kognitive Systeme zur Verarbeitung und Speicherung gibt:

Verbales System. Es verarbeitet Worte, Sätze, Texte und ist auf sequentielle Verarbeitung spezialisiert. Es gibt modalitätsspezifische Untersysteme für gehörte, gelesene und geschriebene Sprache. *Logogene* sind die Einheiten der Speicherung.

Imaginales System. Es verarbeitet Objekte, Szenen, Bilder und ist auf analoge Verarbeitung spezialisiert. Es gibt modalitätsspezifische Untersysteme für gesehene, gehörte z.B. Melodien und gefühlte Objekte. *Imagene* sind die Einheiten der Speicherung, mit deren Hilfe z.B. Vorstellungen generiert werden.

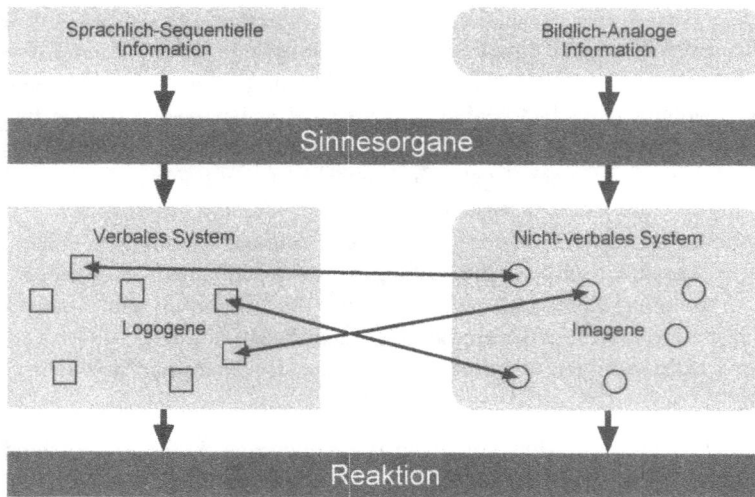

Abb. 1: *Das Modell der dualen Kodierung: Zwei unabhängige Systeme für sprachliche und bildliche Informationen, zwar mit Querverbindungen, aber ohne übergreifende Repräsentation.*

Die beiden Systeme interagieren miteinander: Sprache kann – bei anschaulichen Formulierungen – visuelle Vorstellungen auslösen, und Bilder können – zumindest teilweise – verbalisiert werden. Dabei werden aber Bilder leichter verbalisiert als Sprache visualisiert. Das bedeutet, dass Bilder stets doppelt kodiert werden (größere Verarbeitungsintensität) und damit solider mental repräsentiert sind als vor allem abstrakte Wörter. Diese Theorie muss immer wieder dazu herhalten, um eine Überlegenheit beim Behalten von Bilder gegenüber der Sprache zu begründen.

Paivio und seine Forschungsgruppe haben zahlreiche Experimente zur Bestätigung des Modells durchgeführt. An ihm fällt auf, dass es zwar eine Übersetzung von einem System in das andere gibt, aber keine integrative mentale Repräsentation, in der beide zusammengeführt werden. Das ist mehrfach kritisch angemerkt worden, denn in konkurrierenden Modellen gibt es als weiteres Stockwerk eine konzeptuelle Repräsentation als Zusammenführung beider – und auch anderer – Modalitäten (Ballstaedt, 1990). Dort sind Text- und Bildinformationen in einem Format als modalitätsunspezifisches Wissen aufbewahrt.

5   Verarbeitungsintensität

Die Intensität der Verarbeitung wurde in der kognitiven Psychologie im Rahmen des Levels-of-processing-Ansatzes thematisiert, der von folgender Grundidee ausgeht (Craik & Lockhart, 1972): Je intensiver ein Material verarbeitet wird, desto besser ist es im Langzeitgedächtnis verankert. Die Intensität kann dabei qualitativ die Tiefe und quantitativ die Breite der Verarbeitung betreffen.

Verarbeitungstiefe. Es lassen sich Ebenen der zunehmenden Extraktion von Bedeutung unterscheiden. Wer nur schnell eine Bildschirmseite überfliegt, der behält nur oberflächliche sprachliche und visuelle Merkmale. Wer hingegen differenziert liest und sich die Bilder anschaut, der nimmt eine inhaltlich tiefere Verarbeitung vor. Und am meisten wird derjenige behalten, der sich zurücklehnt und über das Aufgenommene weiter nachdenkt.

Verarbeitungsbreite. Hier geht es um die Verarbeitung auf einer Ebene. Wir sprechen von elaborativer Verarbeitung, wenn zahlreiche Wissensstrukturen aktiviert werden. Konkret bedeutet das, dass viele Assoziationen und Schlussfolgerungen stattfinden und das neue Wissen vielfältig im Vorwissen verankert wird. Auch das Generieren von Vorstellungen trägt zur Breite der Verarbeitung bei.

Das Konzept der Verarbeitungsintensität kann man in zahlreichen medientheoretischen Ansätzen entdecken. So in der Theorie der Bildverarbeitung von Bernd Weidenmann (1988), der bereits skizzierten dualen Kodierung von Allan Paivio (1986) und der unten referierten Theorie der multiplen Ressourcen von Annie Lang (2000). Eine zentrale Rolle spielt der Verarbeitungsaufwand – amount of invested mental effort – in der Medientheorie von Gavriel Salomon (1984). Er hat ermittelt, dass Rezipienten bei verschiedenen Kodes ein unterschiedliches Maß an mentalem Aufwand investieren. Texte werden z.B. eher tiefer und breiter verarbeitet als Bilder, die nur eine oberflächliche Zuwendung bekommen, mit negativen Folgen für Verstehen und Behalten.

Die didaktische Konsequenz dieses Ansatzes: Alle Maßnahmen, die zu mentaler Aktivität anregen, erhöhen die Intensität der Verarbeitung und verbessern die Einspeicherung im Langzeitgedächtnis. Dies ist ein starkes Argument für *Interaktivität*, denn jeder aktive Umgang mit Bildern und (Hyper)Texten fördert die Verarbeitungsintensität. Dazu kommt der Reiz, etwas zu bewirken und eine Rückmeldung zu bekommen, beides steigert zusätzlich die Motivation. Wahrscheinlich ist die Interaktivität die effektivste Innovation der neuen Medien.

6 Arbeitsgedächtnis und Cognitive Load

Zum Arbeitsgedächtnis (AG) gibt es eine unüberschaubare Anzahl von Untersuchungen mit den unterschiedlichsten Materialien. Das AG ist kein einheitliches kognitives System, sondern in zwei modalitätsspezifische Subsysteme – ähnlich wie bei Paivio – und eine modalitätsunspezifische Exekutive unterteilt (Baddeley, 1986):

Phonologische Schleife. Dieses Subsystem verarbeitet sprachliche Informationen. Wenn wir z.B. einen langen Satz verstehen, dann gelingt das nur, wenn Informationen vom Anfang des Satzes noch greifbar sind, wenn wir das Ende des Satzes hören. Dieses Subsystem hat eine begrenzte Kapazität, die aber weniger durch eine feste Anzahl von Elementen, als durch eine Zeitspanne bestimmt ist, nach der die Information gelöscht wird. Die Behaltensdauer kann durch inneres Wiederholen (= Memorieren) ausgedehnt werden. Zwei Subkomponenten des verbalen AG werden unterschieden: der *phonologische Speicher* für gesprochene Sprache und der *artikulatorische Prozess*, der geschriebene Sprache in inneres Sprechen umkodiert.

Räumlich-visueller Notizblock. Dieses Subsystem verarbeitet visuelle Informationen. Ein Bild behalten wir im AG durch eine memorierte Vorstellung, z.B., um die Einstellungen eines Films mental miteinander zu verbinden. Dieses Subsystem ist noch nicht so ausführlich erforscht wie die phonologische Schleife. Nach neuropsychologischen Befunden ist es sehr wahrscheinlich, dass es wiederum ein Subsystem für visuelle und eines für räumliche Informationen gibt.

Zentrale Exekutive. Gesteuert und kontrolliert werden die beiden Systeme durch eine modalitätsunabhängige Exekutive, welche die Aufmerksamkeit Inhalten des verbalen und visuellen AG zuteilt. Auch dieses System besteht wahrscheinlich aus weiteren Komponenten, ist aber noch wenig erforscht.

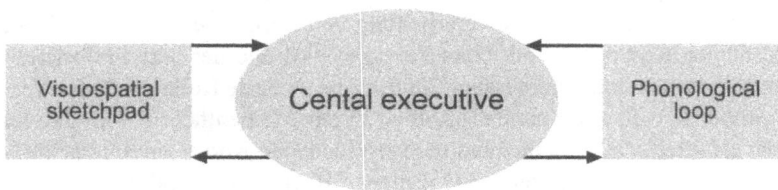

Abb. 2: Chart des Arbeitsgedächtnisses nach Baddeley (1986), das sich aus drei Komponenten zusammensetzt.

Die phonologische Schleife und der räumlich-visuelle Notizblock halten Informationen für eine Zeit lang durch Memorieren verfügbar, um zwischen ihnen und Informationen aus dem *Langzeitgedächtnis (LZG)* Beziehungen herstellen zu können. Im LZG ist das begriffliche Wissen und sind die persönlichen Erfahrungen in Netzwerken aufbewahrt. Bei der Verarbeitung multikodaler Kommunikate ist das AG ein entscheidender Engpass, denn es kann nur einen begrenzten Zufluss an sprachlichen und visuellen Informationen bewältigen. Nur im AG können aber Informationen aus Text und aus Bild mental integriert werden!

Die beschränkte Kapazität des AG führt zur Idee des Cognitive Load des Kognitionspsychologen John Sweller (1994). Dieser Ansatz ist in den letzten Jahren theoretisch und empirisch eindrucksvoll weiterentwickelt worden (Paas, Renkl & Sweller, 2002). Er untersucht die Bedingungen, unter denen die Kapazität optimal genutzt werden kann. Kognitive Überlastung des AG droht aus zwei Quellen:

Intrinsic Cognitive Load (ICL) wird durch die Komplexität der Inhalte in Bezug auf das Vorwissen der Lernenden bestimmt. Je mehr neue Konzepte miteinander verknüpft werden müssen, desto schwieriger ist eine Wissensdomäne.

Extraneous Cognitive Load (ECL) ist durch eine Mediengestaltung bedingt, die überflüssigen Verarbeitungsaufwand erfordert und dadurch zu einer Überlastung des Arbeitsgedächtnisses führt.

Sweller und sein Team untersuchen, mit welchen Maßnahmen man eine kognitive Überlastung vermeiden kann. Bei geringem ICL hat ECL keine messbaren Konsequenzen auf die Verarbeitung, d.h., bei einfachen Inhalten spielt die Gestaltung keine durchschlagende Rolle.

Erst komplexe Inhalte führen zu deutlicher Verschlechterung des Verstehens und Behaltens, wenn sie nicht so aufbereitet sind, dass sie kein ECL verursachen. Bei der multikodalen Darbietung von Text und Bild werden zwei Fälle unterschieden, je nach inhaltlicher Beziehung beider Kodes (Kalyuga, Chandler & Sweller, 1999):

Redundanz-Effekt. Sind Text und Bild *kongruent*, so führt die Verdopplung der Botschaft zu einer vermeidbaren Belastung des AG, da im Prinzip die Verarbeitung einer Informationsquelle ausreicht. Die didaktische Konsequenz daraus ist einfach: Ein Kode genügt, am besten der, welcher die Inhalte am adäquatesten repräsentiert.

Split-Attention-Effekt. Sind Text und Bild *komplementär* und müssen für das Gesamtverstehen integriert werden, droht ebenfalls eine Überlastung: Der oder die Verarbeitende muss Inhalte aus dem Text im AG zwischenspeichern, während er das dazugehörige Bild auswertet, und natürlich auch umgekehrt: Je mehr Switching zwischen Text und Bild, desto größere kognitive Belastung.

Das oberste Prinzip der multikodalen Gestaltung nach der Cognitive-Load-Theorie lautet: Reduziere bei komplexem Material die kognitive Belastung, wo immer es geht. Oder: Vermeide jeden überflüssigen Verarbeitungsprozess. So haben Purnell, Solman & Sweller (1991) festgestellt, dass Benennungen besser im Bild eingetragen als in einem Begleittext mit Bezugsziffern eingeführt werden. Der Grund: Bei Bezugsziffern muss der Blick andauernd zwischen Text und Bild hin und her springen, um Bilddetail und Benennung zu integrieren. Bei Beschriftung im Bild ist dies nicht notwendig. Allgemein gilt die Richtlinie, dass Text und Bild möglichst nah beieinander angeordnet sein müssen, damit die Chance einer mentalen Integration steigt (Prinzip der Kontiguität bei Mayer, 2001, 81ff).

7 Generative Theory of Multimedia Learning

So hat Richard E. Mayer (2001) seinen empirisch gut bestätigten Versuch getauft, die mentale Konstruktion einer Repräsentation aus visuellen und sprachlichen Informationen in ihrem zeitlichen Verlauf zu beschreiben. Schauen wir uns den Ansatz in einem Chart an, das der Autor selbst verwendet:

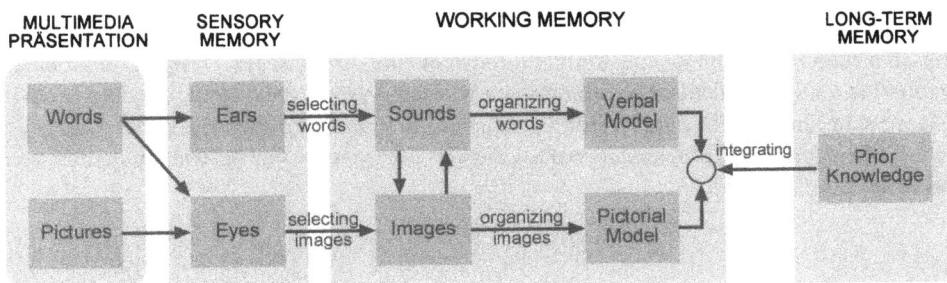

Abb. 3: Chart der Theorie des multimedialen Lernens (aus Mayer, 2001, S. 44). Ausführliche Erläuterung im Text.

Der Chart zeigt links die multimediale – genauer: multikodale – Repräsentation in Wörtern und Bildern, die dann in drei kognitiven Systemen verarbeitet wird. In den *sensorischen Registern (= sensory memory)* wird die verbale und visuelle Information kurz für die folgende selektive Auswertung bereitgehalten. Wörter sind in gehörter und gelesener Form berücksichtigt. In das *Arbeitsgedächtnis (= working memory)* sensu Baddeley kommen nur noch durch die Aufmerksamkeit ausgewählte visuelle und sprachliche Informationen. Diese selegierten Elemente werden dort noch modalitätsspezifisch zu einem verbalen und einem piktorialen „Model" verknüpft. Mit Hilfe von Vorwissen aus dem *Langzeitgedächnis (= long term memory)* werden die beiden noch getrennten Repräsentationen dann teilweise integriert und in den Bestand des LZG aufgenommen.

Selektion, *Organisation* und *Integration* sind die drei Levels of processing von Text und Bild. Dabei sind Selektion und Organisation noch modalitätsspezifisch, erst bei der Integration werden beide Kodes zusammengeführt.

Richard Mayer (2001, S. 184) hat insgesamt sieben Prinzipien des multimedialen Lernens formuliert, die er durch zahlreiche Untersuchungen bestätigt sieht:

Multikodales Prinzip. Mit Wörtern und Bildern lernt man besser als mit Wörtern allein. Bebildertes Lernmaterial ist reinem Text überlegen.

Prinzip der räumlichen Kontiguität. Studierende lernen besser, wenn zusammengehörige Texte und Bilder auf der Seite oder dem Monitor möglichst nahe beieinander sind.

Prinzip der zeitlichen Kontiguität. Studierende lernen besser, wenn zusammengehörige Texte und Bilder simultan statt sukzessiv präsentiert werden.

Kohärenz-Prinzip. Studierende lernen besser, wenn überflüssige Wörter, Bilder und Töne wegfallen. Überflüssig sind Inhalte, die für das Lernziel keine Bedeutung haben und deshalb nur ablenken.

Modalitätsprinzip. Studierende lernen besser mit Bildern und gesprochenem Text als mit Bildern und geschriebenem Text.

Redundanz-Prinzip. Studierende lernen besser mit Bildern und gesprochenem Text als mit Bildern, gesprochenem und geschriebenem Text.

Prinzip der individuellen Unterschiede. Studierende mit geringem Vorwissen profitieren mehr von einem effektiven Design als Studierende mit hohem Vorwissen.

Mit diesen sieben Prinzipien ist ein solider Grundstein zum didaktischen Design multikodaler Kommunikate gelegt. Im deutschen Sprachraum wurden Ansätze entwickelt, die dem Modell von Mayer sehr ähneln. Ein *integriertes Modell des Text- und Bildverstehens* hat Wolfgang Schnotz (2003) vorgelegt. Ein *Rahmenmodell für das Verstehen von Multimedia* stammt von Joachim Hasebrook (1995).

8   Multiple Resource Theory

Dieser Ansatz nimmt ebenfalls eine begrenzte Kapazität des AG an, aber keine einheitliche Aufmerksamkeit, die entweder einer Informationsquelle zugeteilt oder nicht zugeteilt wird. Die Multiple-Resource-Theorie geht dabei von der Beobachtung aus, dass wir die Aufmerksamkeit in Grenzen aufteilen können, wenn wir doppelte Aufgaben ausführen, z.B. Auto fahren und dabei ein Gespräch führen. Dieses Modell wurde für die Verarbeitung von Fernsehsendungen entwickelt, lässt sich aber auf andere multikodale Kommunikate übertragen (Basil, 1994; Lang, 2000). Wir halten uns hier an die Darstellung von Annie Lang. Sie greift explizit auf die Levels of processing zurück und unterscheidet ebenfalls drei Stufen der Verarbeitung: Selektion, Einspeicherung, Abruf. Ihnen können unterschiedliche Ressourcen zugeteilt werden.

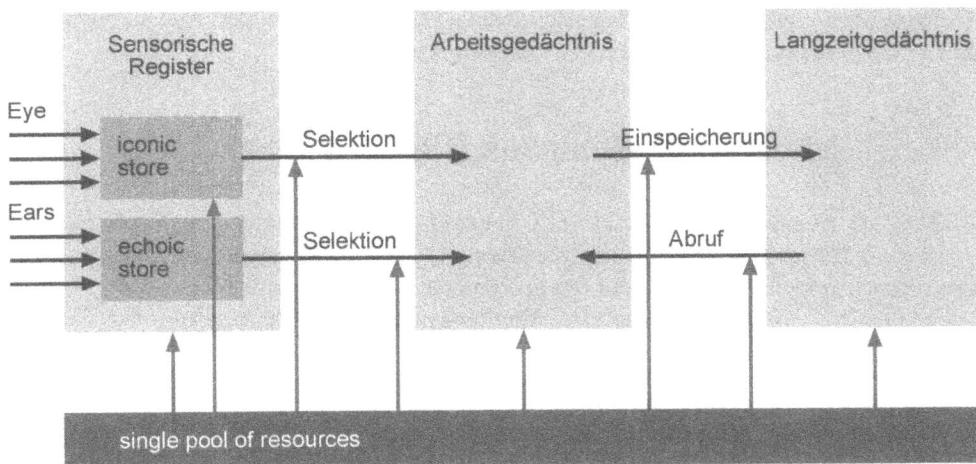

Sensorische Register | Arbeitsgedächtnis | Langzeitgedächtnis

Eye

iconic store — Selektion — Einspeicherung

Ears

echoic store — Selektion — Abruf

single pool of resources

Abb. 4:   Das Limited Capacity Model of Mediated Message Processing nach Lang (2000). Es werden drei Instanzen mit eigenen Ressourcen unterschieden: Sensorische Register, Arbeitsgedächtnis, Langzeitgedächtnis. Zwischen ihnen laufen drei Prozessstufen ab: Selektion, Einspeicherung, Abruf.

Selektion (encoding). Diese Stufe umfasst alle Prozesse, mit denen ein multikodales Angebot für Auge und Ohr in eine mentale Repräsentation im AG überführt wird: Zuerst die Aufnahme durch die Rezeptoren und die kurzfristige modalitätsspezifische Speicherung in *sensorischen Registern*. Daraus die Auswahl von Informationen durch die unwillkürliche und die willkürliche *Aufmerksamkeit*, aus der eine mentale Repräsentation im Arbeitsgedächtnis konstruiert wird. Ein Mangel an Ressourcen führt zu einem völligen Verlust an Information.

Einspeicherung (storage). Die konstruierte mentale Repräsentation wird mit bereits im Langzeitgedächtnis vorhandenen Repräsentationen verknüpft. Ein Mangel an Ressourcen für diese elaborativen Prozesse führt zu einer schlechten Reproduktionsleistung. Eine Person, die z.B. nur zur Unterhaltung durchs Web surft, wird geringe Ressourcen auf die elaborative Verarbeitung und die Einprägung von Informationen verwenden. Dementsprechend wenig wird schließlich hängen bleiben!

Abruf (retrieval). Hier geht es um die Nutzung des gespeicherten Wissens durch Prozesse des Suchens im LZG und der Rekonstruktion im AG. Zwei Fälle können unterschieden werden: Einmal der Abruf aus dem LZG als kontinuierlicher Prozess beim Verarbeiten von neuen Informationen. Und zweitens der spätere Abruf des Wissens aus dem LZG, alltagssprachlich, das Erinnern.

Bei allen drei Stufen kann die Verarbeitungsintensität unterschiedlich sein, je nachdem, wie viele Ressourcen ihnen zugeteilt werden. Wenn ein Prozess viele Ressourcen bindet, dann stehen für andere Prozesse weniger Ressourcen zur Verfügung. Im Prinzip wird jeder Verarbeitungsinstanz und jedem Verarbeitungsprozess auch eine eigene Ressource zugeordnet. Das führt zu einer Inflation von Ressourcen und zu dem Problem, wer die Zuteilung nach welchen Kriterien trifft, denn ein zentraler Prozessor fehlt in dem Modell.

Praktisch hat dieses Modell die Konsequenz, dass die Zuteilung der Ressourcen weitgehend in der Hand bzw. im Kopf des Rezipienten liegt. Der Designer verliert an Einflussmöglichkeiten über die Gestaltung des multikodalen Kommunikats.

9   Mentale Modelle aus Bild und Text

Ein mentales Modell (MM) dient dazu, bestimmte Leistungen beim Problemlösen zu erklären, aber die Konzeption ist vage und von Autor zu Autorin unterschiedlich. Manchmal wird der Ausdruck „mentales Modell" nur für eine komplexe Wissensstruktur verwendet, meist ist er aber für eine eigenständige Repräsentation eines Realitätsbereichs neben oder über dem konzeptuellen Wissen reserviert.

Wenn man eine Website aufruft und sich in sie hineinklickt, dann baut man ebenfalls ein mentales Modell dieses Kommunikats auf. Man lernt nicht nur die Inhalte kennen, sondern über die Navigation auch die hypertextuelle Struktur. Eine Sitemap dient dazu, sich eine Vorstellung von der gesamten Site zu machen, wie sie wahrscheinlich der jeweilige Webmaster im Kopf hat.

Es werden verschiedene Typen von mentalen Modellen unterschieden, aber folgende Eigenschaften lassen sich als gemeinsamer harter Kern formulieren (Gentner & Stevens, 1983; Seel, 1991):

*   Ein MM ist *ganzheitlich*, es bildet strukturelle und funktionale Eigenschaften des jeweiligen Realitätsbereichs ab.

*   Ein MM ist *anschaulich*, d.h., es sind visuelle, räumliche und andere Vorstellungen (haptisch, motorisch, olfaktorisch usw.) damit verbunden.

*   Ein MM ist *dynamisch*, d.h. es werden auch Abläufe repräsentiert. Es ermöglicht mental simulierte Problemlösungen.

Mentale Modelle sind sozusagen ein kognitiver Alleskleber, der verschiedene Repräsentationen integriert. Für empirische Untersuchungen stellen mentale Modelle eine Herausforderung dar, denn es ist kaum möglich, aus einer Leistung (Behalten, Verstehen, Problemlösen) auf die zugrunde liegende Repräsentation zu schließen. Für die Medienforschung ist die Konzeption trotzdem attraktiv, weil zum Aufbau eines mentalen Modells verschiedene Kodes beitragen. Ein multikodales Angebot ist eine deutliche Hilfe zur Konstruktion von mentalen Modellen. Vielen Abbildern – man denke an Geografie oder Biologie – spricht man die Funktion zu, die Konstruktion eines mentalen Modells zu unterstützen (Glenbergh & Langston, 1992; Schnotz, 2003).

10   Mediale Supplantation mentaler Skills

Die bisher referierten Theorien befassen sich mit den kurz- und mittelfristigen kognitiven Auswirkungen medialer Angebote. Die Theorie der Supplantation geht darüber hinaus und thematisiert, welche langfristigen Auswirkungen der Umgang mit medialen Kommunikaten auf unseren Intellekt hat.

Die Medientheorie von Gavriel Salomon (1979) knüpft an Ansätze der kulturhistorischen Schule an (Vygotsky, Luria): Zeichensysteme sind nicht nur Werkzeuge der Kommunikation, sondern auch Werkzeuge des Denkens. Seine Konzeption der *Supplantation* verbindet die in den Medien extern eingesetzten Zeichensystemen mit den internen mentalen Prozessen und Repräsentationen. Die Wirkung eines medialen Angebots ist umso größer, je besser es diejenigen geistigen Operationen präsentiert, die der Lernende ausführen soll. Diese „Einpflanzung" mentaler Skills wird in drei Stufen verwirklicht:

Modellierung. Der Mediennutzer bekommt den Ausgangszustand, die Prozesse und den Endzustand präsentiert. Dadurch werden ihm die Prozesse, die er eigentlich selbst durchführen müsste, im Medium abgenommen. Beispiel: Graduelles Isolieren eines Teils aus dem Ganzen wird im Film durch das Zoom simuliert: aus einer Totalen wird auf ein Detail gezoomt.

Abkürzung. Medial präsentiert werden der Ausgangszustand und der Endzustand, die Prozesse vom ersten zum zweiten Zustand muss der oder die Betrachtende selbst nachvollziehen. Beispiel: Im Film werden die Totale und ein Detail gezeigt, aber nicht die graduelle Überführung durch ein Zoom.

Aktivierung. Es wird nur noch der Ausgangszustand präsentiert, die Prozesse und den Endzustand muss der oder die Lernende selbst konstruieren. Das bedeutet, dass dazu notwendige mentale Skills vorhanden sein müssen. Beispiel: Es wird nur noch die Totale gezeigt, aus der der oder die Lernende die relevanten Details selbst herauslösen muss. Eine zentrale Bedeutung für die Supplantation dürften *Animationen* haben, mit denen Bewegung und Dynamik gezeigt und mental etabliert werden können.

Diese Abfolge der Supplantation verlangt eine zunehmende Intensität der Verarbeitung. Bei adressatengerechter didaktischer Gestaltung können kognitive Prozesse und fehlende mentale Skills vermittelt werden. Allerdings klingt das einfacher, als es in Wirklichkeit zu realisieren ist. Eine passgenaue Gestaltung dürfte nur in wenigen Fällen mit klar definierten Zielgruppen möglich sein.

Im Rahmen des Ansatzes der Supplantation lässt sich auch die Frage diskutieren, ob der Umgang mit den neuen Medien langfristig neue intellektuelle Fähigkeiten aufbaut. Welche Auswirkungen haben komplexe multikodale Kommunikate auf unsere individuelle Sozialisation und die kognitive Evolution (dazu Ballstaedt, 2004)?

11   Herausforderungen und Potenziale

Die referierten Ansätze belegen, dass unser Gehirn bzw. unser kognitiver Apparat gewohnt ist, mit Multikodalität und Komplexität umzugehen. Die Entwicklung verschiedener Mechanismen der Aufmerksamkeit ist mit Fokussierung und Selektion eine „Reaktion" auf die Fülle an Informationen, mit der wir bereits in der natürlichen Wahrnehmung zu tun haben. Multikodale Kommunikate stellen sicher neue Anforderungen an die kognitive Verarbeitung, die aber nicht unbedingt Überforderungen, sondern auch Herausforderungen sind. Die menschliche Intelligenz hat sich immer mit Hilfe ihrer Kodes (z.B. Schrift oder Bilder) und Medien (z.B. Buch oder Computer) weiterentwickelt.

Der Umgang und die Verarbeitung komplexer multikodaler Kommunikate ist bisher erst in Ansätzen geklärt. Einen Fortschritt lässt das Einbeziehen neuropsychologischer Methoden und Ergebnisse erwarten. Aktivitätsmuster im Gehirn könnten anzeigen, welche Areale bei der Bearbeitung einer multikodal präsentierten Aufgabe beteiligt sind. Aber auch der fragmentarische Stand unseres Wissen erlaubt es bereits, gut bestätigte Richtlinien zum adressatengerechten Design multimedialer Kommunikate zu formulieren. Neben den geltenden Regeln zu Verständlichkeit von Texten und Bildern muss vor allem Vorsorge getroffen werden, dass überflüssige Informationen nicht Ressourcen zur Verarbeitung der wesentlichen Informationen binden. Die zentrale Aufgabe liegt in der radikalen Beschränkung (= didaktischen Reduktion) unter Nutzung der neuen medialen Potenziale. Dazu gehören die Bilder und Visualisierungen, vor allem aber die Interaktivität.

12   Literatur

Baddeley, A. (1986). Working memory. Oxford: Oxford University Press.

Ballstaedt, St.-P. (1990). Integrative Verarbeitung bei audiovisuellen Medien. In K. Böhme-Dürr, J. Emig, & N. M. Seel (Hg.). Wissensveränderung durch Medien. Theoretische Grundlagen und empirische Analysen (185–196). München: Saur.

– (2003). Anforderungen an die Gestaltung elektronischer Kommunikate: Texten und Visualisieren. Fachsprache. International Journal of LSP, 25, 6–13.

– (2004). Kognition und Wahrnehmung in der Informations- und Wissensgesellschaft. In Kübler, H.-D. & Elling, Elmar (Hg.), Handbuch Medien: Wissensgesellschaft. Bonn: Bundeszentrale für politische Bildung. Internet: www.bpb.de/files/HA65KC.pdf

Basil, M. D. (1994). Multiple resource theory I: Application to television viewing. Communication Research, 21, 177–207.

Craik, F.I.M. & Lockhart, R.S. (1972). Levels of processing: A framwork for memory research. Journal of Verbal Learning and Verbal Behavior, 11, 671–684.

Frey, Si. (1999). Die Macht des Bildes. Der Einfluß der nonverbalen Kommunikation auf Kultur und Politik. Bern: Huber.

Gentner, D. & Stevens, A. (eds.), (1983). Mental models. Hillsdale: Erlbaum.

Glenberg, A.M. & Langstone, W.E. (1992). Comprehension of illustrated text: Pictures help to build mental models. Journal of Memory and Language, 31, 129–151.

Hartley, J. & Jonasson, D.H. (1985). The role of headings in printed and electronic texts. In D.H. Jonasson (ed.), The technology of text. Vol. 2, Englewood Cliffs: Educational Technology Publications, 237–263.

Hasebrook, J. (1995). Multimedia-Psychologie. Eine neue Perspektive menschlicher Kommunikation. Heidelberg: Spektrum Akademischer Verlag.

Heller, E. (2000). Wie Farben auf Gefühl und Verstand wirken. Farbpsychologie, Farbsymbolik, Lieblingsfarben, Farbgestaltung. München: Droemer.

Hoffman, D. (2001). Visuelle Intelligenz. Wie die Welt im Kopf entsteht. Stuttgart: Klett-Cotta.

Issing, L.J. & Klimsa, P. (Hg.), (2002). Information und Lernen mit Multimedia und Internet. Weinheim: Beltz, Psychologie Verlags Union.

Kalyuga, S.; Chandler, P. & Sweller, J. (1999). Managing split-attention and redundancy in multimedia instruction. Applied Cognitive Psychology.13, 351–371.

Lang, A. (2000). The limited capacity model of mediated message processing. Journal of Communication, 50, 46–70.

Locher, P. & Nagy, Y. (1996). Vision spontaneously establishes the percept of pictorial balance. Empirical studies of the arts, 14, 17–31.

Mayer, R. E. (2001). Multimedia Learning. Cambridge: Cambridge University Press.

Mullett, K. & Sano, D. (1994). Designing visual interfaces. Communication oriented techniques. Prentice Hall PTR..

Paas, F.; Renkl, A. & Sweller, J. (2002). Cognitive Load theory and instructional design: Recent developments. Educational Psychologist 38, 1–4.

Paivio, A. (1986). Mental representations: A dual coding approach. Oxford: Oxford University Press.

Poynter Studie (2005). Internet 3.5.2005. *http://www.poynterextra.org/et/i.htm*

130

Purnell, K., Solman, R. & Sweller, J. (1991), The effekt of technical illustrations on cognitive load. Instructional Science, 20, 443–462.

Salomon, G. (1979). Interaction of media, cognition and learning. San Francisco: Jossey-Bass.

– (1984). Television is „easy" and print is „tough": The differential investment of mental effort in learning as a function of perceptions and attributions. Journal of Educational Psychology, 76, 647–658.

Schnotz, W. (2003). Informationsintegration mit Sprache und Bild. In Gert Rickheit, T. Herrmann & W. Deutsch (Hg.), Psycholinguistik. Ein internationales Handbuch. Berlin: Walter de Gruyter, 577–587.

Schwan, S. & Hesse, F. W. (2004). Kognitionspsychologische Grundlagen. In R. Mangold, P. Vorderer & G. Bente (Hg.), Lehrbuch der Medienpsychologie. Göttingen: Hogrefe, 73–99.

Seel, N. M. (1991). Weltwissen und mentale Modelle. Göttingen: Hogrefe.

Sweller, J. (1994). Cognitive Load theory, learning difficulty, and instructional design. Learning and Instruction, 4, 295–312.

Thissen, F. (2001). Screen-Design Handbuch. Effektiv informieren und kommunizieren mit Multimedia. Berlin. Springer.

Weidenmann, B. (1988). Psychische Prozesse beim Verstehen von Bildern. Bern: Huber.

– (Hg.), (1994). Wissenserwerb mit Bildern. Bern: Huber.

– (1997). Multicodierung und Multimodalität im Lernprozeß. In L. J. Issing & P. Klimsa (Hg.), (2002). Information und Lernen mit Multimedia und Internet. Weinheim: Beltz, PsychologieVerlagsUnion, 45–64.

Welsch, N. & Liebmann, C. (2004). Farben. Natur, Technik, Kunst. Heidelberg: Spektrum.

Wirth, Thomas (2004). Missing Links. Über gutes Webdesign. München: Hanser.

Zimmer, H. D. (1983). Sprache und Bildwahrnehmung. Die Präsentation sprachlicher und visueller Informationen und deren Interaktion in der Wahrnehmung. Frankfurt a. M.: Haag & Herchen.

Schein und Sein der Bedienbarkeit

Maximilian Eibl

In den letzten Jahren wurde die Ästhetik von der Softwareergonomie mehr und mehr als wichtige Komponente der Gestaltung von Nutzerschnittstellen wahrgenommen. Dennoch tut sich die Ergonomie nach wie vor schwer, Ästhetik zu erklären, geschweige denn einzusetzen. Dieser Beitrag versucht zu klären, wie sich Ästhetik auch auf ehemals als rein ergonomisch eingeordnete Bereiche auswirkt. Dabei werden mögliche Wirkungsweisen diskutiert und erste empirische Untersuchungen herangezogen. Die grundlegenden Wirkmechanismen der Ästhetik sieht der Autor evolutionär in der menschlichen Biologie verankert. Es scheint ihnen kein Entrinnen zu geben.

1 Ausgangsfrage: Macht eine ästhetische Aufbereitung ergonomisch Sinn?

Erinnern Sie sich noch an die ersten handelsüblichen graphischen Benutzungsoberflächen, die Macintosh und Microsoft in den 1980er Jahren auf den Markt brachten? Von Graphik war kaum die Rede: ein paar schwarze Linien als Viereck angeordnet stellten ein Fenster dar, ein paar schwarze Pixel auf weißem Grund dienten als Icon. Wer zwanzig Jahre später in die Welt von Windows XP eintaucht, bekommt erstmal einen Schreck: Fenster haben einen leuchtend blauen Rahmen mit einer scheinbar in den Raum hinein gewölbten Titelleiste, Icons sind knallbunt und mit 3-D-Effekten und Schattierungen hinterlegt, Buttons sind, nachdem sie zwischenzeitlich beispielsweise bei Windows 3.1 sinnvollerweise dreidimensional dargestellt wurden, wieder flach und werden erst durch Berührung mit dem Mauszeiger durch eine farbliche Hinterlegung als anklickbar gekennzeichnet.

Vom Prinzip her haben sich graphische Benutzungsoberflächen seit ihrem Bestehen nicht geändert: WIMP – Windows, Icons, Menus, Pointer – sind nach wie vor die maßgeblichen Elemente, Direktmanipulation das Interaktionsparadigma. Daran wird sich wohl auch in absehbarer Zeit nicht viel ändern. Selbst als fortschrittlich geltende Technologien wie Virtual Reality haben einen nicht zu unterdrückenden Drang, mit einem Mauszeiger zu öffnende Menüs und Fenster im dreidimensionalen Raum erscheinen zu lassen.

Was sich geändert hat, sind auf den ersten Blick marginal erscheinende Modifikationen in Farb- und Formgebung. Diese führen einerseits zu ärgerlichen Inkonsistenzen: Windows XP hat beispielsweise eine Vielzahl von Erscheinungsformen von Buttons: flach oder dreidimensional, mit oder ohne Umrahmung, mit und ohne Hover-Effekt, mit oder ohne Schattierung. Im Vergleich zu Windows 3.1, als Buttons zumindest in ihrer Erscheinung noch einheitlich waren, ein klarer Rückschritt.

Interessanter aber sind die Veränderungen in Bezug auf die Form und Farbgebung der Icons. Hier lässt sich eine gewisse Kontinuität in der Windows-Familie feststellen. Waren die ersten Icons noch flach und schwarzweiß gehalten, so zog doch bereits bei Windows 3.1 Farbigkeit ein, die in der weiteren Entwicklung immer weiter verbreitet und gleichzeitig durch eine dreidimensionale Erscheinung verstärkt wurde. Der ursprüngliche Piktogrammstil wich einer Bildsymbolik, die wahrscheinlich im Photorealismus münden würde, wenn der denn durchgängig realisierbar wäre.

Diese Entwicklung ist aus ergonomischer Sicht zunächst einmal zweifelhaft. Der Einsatz von mehr Farbe und vielfältigeren Formen bedeutet zusätzliche Information, die vom kognitiven Apparat des Menschen wahrgenommen, entschlüsselt und weiterverarbeitet werden muss. Diese zusätzliche Information ist dabei nicht unbedingt notwendig: ob der Mülleimer auf dem Desktop schwarzweiß oder farbig ist, ob flach oder dreidimensional, ist für die erfolgreiche Interpretation des entsprechenden Icons nicht relevant – erkannt wird er so oder so. Umgekehrt genauso: Die meisten in modernen graphischen Benutzungsoberflächen verwendeten Icons erschließen sich den Anwendern erst, wenn sie den dazugehörigen Text lesen – Farbigkeit hin oder her.

Dabei handelt es sich keineswegs um eine spezifische Eigenheit von Microsoft. Bei MacOS lässt sich eine äquivalente Entwicklung beobachten. Selbst Mobiltelefone, deren Möglichkeiten der Anzeige ja deutlich unter denen moderner Computerbildschirme liegen, locken ihre Käufer mit immer bunteren Icons. Mitunter mit kuriosen Effekten. So verwendet beispielsweise das Samsung SGHX600 das halbe Display für eine Graphik, die verdeutlicht, in welchem Menübereich man sich gerade befindet. Den auswählbaren Menüpunkten steht die andere Hälfte zur Verfügung, die gerade einmal Platz für drei Einträge bietet. Alle übrigen Einträge müssen durch Scrollen erreicht werden.

Warum also den Anwender mit unnötigem Ballast an Formen und Farben belasten, wenn er die Icons genauso gut oder schlecht auch ohne Farben erkennt? Einigen Studien zufolge verlangsamt dieser Ballast die Verarbeitung tatsächlich deutlich, ist also ineffizient. Nun, wenn man bedenkt, wie viel Zeit, Arbeitskraft, Systemressourcen und letztendlich Geld kommerzielle Firmen in die farbenfrohe Gestaltung ihrer Produkte investieren, dann bleibt nur eine logische Schlussfolgerung: offensichtlich wollen es die Käufer nicht anders. Bunt ist chic, trendig, modern. Bunt kommt an und wird gekauft.

Aber ist das alles? Soweit wäre es aus ergonomischer Sicht eine verdammungswürdige Entwicklung. Jede unnötig transportierte Information verstößt gegen das Effizienzgebot, einem der Grundpfeiler der Ergonomie. Vielleicht aber hilft ein etwas entspannterer Blick jenseits dieser tatsächlich ziemlich bunten Icons mit der Hoffnung, deren Zukunft möge einen sinnvolleren Einsatz bringen. Zwar mag es wenige geben, die beim Anblick von Windows XP

nicht erst einmal über die Farbenvielfalt zumindest lächeln, jedoch können wir davon ausgehen, dass Microsoft diese Gestaltung nicht aus der hohlen Hand gezaubert hat, sondern auf
der Basis von Anwenderuntersuchungen, vermutlich in Amerika, wählte. Der durchschnittli-
che amerikanische Käufer scheint also die Gestaltung ansprechend zu finden.

Die Wirkung einer ästhetischen Verpackung auf den Kunden nutzen auch Web Sites. Hier ist
der Konkurrenzdruck besonders hoch. Zahlreiche Angebote zu einem Thema sind mit nur ein
paar Mausklicks zu erreichen. Eine ästhetisch abschreckend gestaltete Site kann sehr einfach
zugunsten eines Konkurrenten verlassen werden:

*"... there is much competition for the attention and he or she may easily move to
another site if the site does not prove to be satisfactory. The reasons for moving away
from the site could be technical, e.g. if the loading time is very slow, content related,
e.g. the site does not provide what is expected, and form related, e.g. the first home
page gives a bad impression to the user. It is important that the first impression of a
novel site be appealing to the user." (Schenkman & Jönsson, 2000, S. 367)*

Auf den ersten Blick scheint diese Bemerkung aus Sicht der Ergonomie völlig wertlos. Wenn
Ästhetik nur dazu dient, Anwender für eine Webseite zu interessieren, hat dies erst mal keinerlei
Vorteile für die Handhabung, sondern stellt eher ein Marketingargument dar. Andererseits aber
subsumieren Schenkman und Jönsson (2000) Ästhetik zusammen mit Technik und Inhalt unter
dem Begriff der Zufriedenstellung (*user satisfaction*). Diese wiederum wird in ISO 9241-11
neben Effizienz und Effektivität als drittes Grundmaß der Softwareergonomie genannt.

*"Measures of satisfaction may assess attitudes to use of the product, or assess the
user's perception of aspects such as efficiency, helpfulness or learnability." (ISO 9241-
11, S.9, §5.4.4)*

Zugegeben, dies erklärt noch nicht die oben beschriebene Farbenpracht. Aber für einen Ausgangspunkt für die weitere Diskussion scheint hier am hilfreichsten der am schwierigsten in
den Griff zu bekommende Begriff *attitude* – Haltung – zu sein. Welche Haltung der Anwender gegenüber der Software einnimmt, hängt nicht nur davon ab, wie gut er mit ihr arbeiten
kann, sondern auch davon, ob sie ansprechend gestaltet ist – eine Softwareeigenschaft, die in
ISO 9241-11 noch nicht explizit genannt wurde, aber in ihrer Fortsetzung, der Multimedia-
norm ISO 14915-1 unter dem Gestaltungsgrundsatz „Eignung für Benutzerbeteiligung" die
Hauptaussage ausmacht:

*„§5.2.7 Eignung für Benutzerbeteiligung:
Eine Multimedia-Anwendung ist ansprechend, wenn sie die Aufmerksamkeit der
Benutzer auf sich zieht und sie motiviert, mit ihr zu interagieren." (ISO 14915-1, S. 12,
§5.2.7)*

Im Gegensatz zu den bei anderen Gestaltungsgrundsätzen üblichen Erklärungen und Beispielen sind die Autoren hier erstaunlich zurückhaltend mit Erläuterungen und verweisen auf die
professionelle Hilfe Dritter:

„Für Hinweise hinsichtlich ästhetischer und ansprechender Qualitäten können Medi-engestalter konsultiert werden." (ISO 14915-1, S. 12, §5.2.7)

Ästhetisch ansprechende Gestaltung wird offensichtlich nicht nur von Softwarefirmen verstärkt genutzt, um Kunden zum Kauf zu animieren. Vielmehr findet sie sich – in den Normen der 1990er Jahre noch nur mit viel interpretatorischem Geschick bemerkbar – mittlerweile explizit auch in neueren Normen wieder. Auch die softwareergonomische Literatur oder im Internet verfügbare Vorlesungsskripte und Positionspapiere verweisen zunehmend auf die Wichtigkeit ästhetischen Gestaltens – freilich in der Regel ähnlich hilflos wie der obige Verweis auf die Kompetenz der „Mediengestalter."

Doch auch die hier zitierten normativen Gestaltungsgrundsätze können nicht wirklich erklären, wozu ästhetische Gestaltung aus softwareergonomischer Sicht dienlich sein kann. Nutzerzufriedenheit allein mag zwar ein hehres Ziel sein, aber muss Software denn gleich glücklich und zufrieden machen? Reicht es nicht, wenn man mit ihr arbeiten kann? Auch die Forderung nach Eignung für Benutzerbeteiligung durch ansprechende Gestaltung scheint eher didaktischer Natur zu sein und vielleicht für den Spezialfall E-Learning zu gelten. Was aber soll das bei Informationssystemen, Tabellenkalkulation oder Büroverwaltungsprogrammen?

2   Ein paar empirische Ergebnisse zum Zusammenhang Ästhetik – Usability

Theoretische Überlegungen und normative Grundsätze helfen nicht weiter. Ein Blick in die Empirie aber kann Aufschluss geben: 1995 führten Kurosu und Kashimura das Schlagwort *apparent usability* ein. Sie bezeichneten damit die subjektive a priori Einschätzung von Bedienbarkeit im Gegensatz zu der objektiv in Nutzertests messbaren.

Sie schufen 26 verschiedene Layouts für Geldautomaten und ließen diese von insgesamt 252 Studenten in Bezug auf Handhabung und Ästhetik beurteilen. Da den Testpersonen allerdings keine tatsächlichen Programme, sondern nur einzelne Graphiken vorgelegt wurden, konnten sie nicht etwa die tatsächliche Handhabung beurteilen. Vielmehr konnten sie nur Mutmaßungen anstellen, wie einfach die einzelnen Layouts zu bedienen seien.

Dabei zeigte sich eine starke Korrelation der Koordinaten *beauty* und *ease of use*. Offensichtlich hing die ästhetische Qualität der verschiedenen Interfaces mit der wahrgenommenen ergonomischen Qualität zusammen. Kurosu und Kashimura (1995) sehen einen kausalen Zusammenhang: Ästhetik bedingt *apparent usability*.

"This suggests that the user may be strongly affected by the aesthetic aspect of the interface even when they try to evaluate the interface in its functional aspects and it is suggested that the interface designers should strive not only to improve the inherent usability but also brush up the apparent usability or the aesthetic aspect of the interface." (Kurosu & Kashimura, 1995, S. 293).

Interessant an dieser Untersuchung sind zwei Punkte: erstens stellen die Autoren eine Dichotomie zwischen tatsächlich vorhandener und subjektiv empfundener ergonomischer Qualität fest. Dies hat weit reichende Folgen. Wenn nämlich eine Benutzungsoberfläche schwierig zu bedienen erscheint, bauen sich auf Anwenderseite ablehnende Emotionen, sprich Ängste auf, welche die Bedienung dann tatsächlich erschweren. So kann auch die ergonomischste Lösung beim Anwender Blockaden aufbauen, die das Arbeitsergebnis ruinieren. Umgekehrt kann eine einladend gestaltete Oberfläche den Anwender dazu bringen, Hürden zu überwinden, für die eine mangelnde Ergonomie verantwortlich ist. Es ist also aus Sicht der Ergonomie von großer Bedeutung, die ergonomische Qualität eines Interfaces auch zu vermitteln. Hier stellen Kurosu und Kashimura (1995) zweitens fest, wie eine solche Vermittlung erreicht werden könnte: durch Ästhetik nämlich.

Offensichtlich wirkt der erste optische Eindruck, unabhängig von den tatsächlichen Eigenschaften, der Software sehr stark. Systeminhärente Ergonomie muss also durch entsprechende Maßnahmen dem Anwender vermittelt werden. Die Vermittlung ergonomischer Qualität kann über ästhetische Qualität erreicht werden. Ästhetik im Interface Design ist daher kein Selbstzweck, sondern dient vielmehr der Veranschaulichung von Bedienbarkeit. Letztendlich müssen folglich ästhetische Aspekte Teil einer ergonomischen Gestaltung sein.

3   Frage der Verallgemeinerbarkeit

Doch lassen sich diese Ergebnisse in irgendeiner Form verallgemeinern? Es scheint so. Bereits Kurosu und Kashimura (1995) führen ihre Untersuchung nicht etwa an einer homogenen Gruppe durch, sondern an 156 Designstudenten und 96 Psychologiestudenten. Auch wenn die Autoren keine Beschreibung der unterschiedlichen Sehgewohnheiten, ästhetischen Präferenzen, Interessen und individuellen Erfahrungen im Umgang mit Software liefern, so kann man doch für einen ersten informellen Hinweis davon ausgehen, dass Psychologen und Designer sich hier als Gruppen unterscheiden sollten. Dennoch korrelierten die Einschätzungen der beiden Gruppen zur *apparent usability* und zur Ästhetik soweit, dass Kurosu und Kashimura (1995) in ihrer Studie beide Gruppen einfach zusammenfassten.

Zugegeben, dies mag allenfalls als erster Hinweis auf eine Verallgemeinerbarkeit durchgehen, einer wirklichen formalen statistischen Prüfung würde die Behauptung bei den vorliegenden Daten nicht standhalten. Anders sieht es bei einer Untersuchung von Tractinsky (1997) aus: Er wiederholt die in Japan durchgeführte Studie von Kurosu und Kashimura in Israel mit dem erklärten Ziel, eine interkulturelle Übertragbarkeit zu überprüfen.

Ausgangspunkt von Tractinskys Studie ist die Annahme, dass ästhetische Qualität in Japan höher geschätzt wird als in Israel. Der in der Originalstudie ermittelte Zusammenhang zwischen Ästhetik und *apparent usability* könnte also im weniger ästhetisch sensibilisierten Israel anders oder gar nicht wirken.

Tractinsky (1997) verwendete für die Studie die Originallayouts von Kurosu und Kahimura (1995) und übersetze sie ins Hebräische, bzw. ersetzte kulturell variierende Graphiken. So war beispielsweise das Bild einer sich wiederholt leicht verbeugenden Dame nicht interpretabel. Es wurde durch das für westliche Betrachter verständlichere Bild der Sanduhr ersetzt.

Ausgehend von der Annahme, dass die israelische Testgruppe aufgrund des kulturellen Hintergrunds weniger sensibel für ästhetische Qualität sei, fand Tractinsky erstaunliche Ergebnisse. Generell bestätigte sich die in Japan ermittelte Tendenz. Jedoch waren die israelischen Beurteilungen der ästhetischen Qualität etwas extremer und die Korrelation zwischen den Koordinaten *beauty* und *apparent usability* war noch stärker ausgeprägt.

Eine eigene Untersuchung transferiert die Idee auf Webseiten. An der Universität Koblenz-Landau wurden 54 Computervisualistik-Studenten Screenshots von 30 verschiedenen Internet-Zeitschriften vorgelegt – und zwar jeweils ein Screenshot der Homepage und ein Screenshot eines Artikels. Die Screenshots zeigten, was auf einem Bildschirm mit einer Auflösung von 1024*768 Pixeln ohne Scrollen zu sehen ist. Die Studenten hatten für jede Zeitschrift maximal eine Minute Zeit, um neun Fragen auf einer 7-wertigen Skala zu beantworten. Die Fragen und ihre im weiteren Text verwendete Kurzbezeichnung lauteten:

- *Ästhetik*: Die Gestaltung ist ansprechend – nicht ansprechend
- *Bedienbarkeit*: Die Gestaltung ist leicht – schwer zu bedienen
- *Farbvielfalt*: Die Gestaltung ist zu bunt – zu trist
- *Graphiken*: Die Bilder/Graphiken sind zu wenige – zu viele
- *Schrift*: Die Schrift ist gut – schlecht lesbar
- *Navigation*: Die Navigation ist einfach – kompliziert
- *Glaubwürdigkeit*: Die Aufmachung ist glaubwürdig – unglaubwürdig
- *Layout*: Das Layout ist klar – verwirrend
- *Farbe*: Die Farbgebung gefällt mir – gefällt mich nicht

Wie erwartet, gab es auch in diesem Kontext eine starke Korrelation zwischen den Kriterien Ästhetik und Bedienbarkeit. Je ansprechender eine Website gestaltet ist, desto bedienbarer erscheint sie auch – oder umgekehrt?

4   Frage der Wirkungsweise: Kausalität

Die oben zitierten Autoren stellen einen kausalen Bezug zwischen Ästhetik und *apparent usability* her. Ihrer Auffassung nach ist ästhetisches Design maßgeblich für die subjektive Einschätzung ergonomischer Qualität verantwortlich. Tatsächlich jedoch liefern die erhobenen Daten erstmal keinen Beweis für diese These, sondern zeigen allenfalls eine Korrelation der beiden Faktoren auf. Ob diese Korrelation zufällig ist, oder ob die beiden Faktoren einander bedingen und wenn, in welche Richtung diese Wirkung geht, wird aus den Daten nicht schlüssig bewiesen. Die Schlussfolgerung der Autoren ist eher eine subjektive Interpretation der Daten.

Dennoch scheinen die Schlussfolgerungen recht plausibel, weshalb wir hier den Autoren folgen wollen. Aber auch wenn wir eine Wirkung von Ästhetik auf die *apparent usability* annehmen, bleibt die Frage, wie diese Wirkung funktioniert.

Die Empirie ist hier etwas mager. Die oben zitierten Autoren gehen wie selbstverständlich davon aus, dass ästhetisches Design die *apparent usability* maßgeblich beeinflusst – nur: Ist dieser Einfluss positiv verstärkend oder negativ abschwächend?

Die Bedeutung dieser Frage wird durch einen Ausflug in die Arbeitspsychologie deutlich. Hier gibt es die recht bekannte Zwei-Faktoren-Theorie von Frederick Herzberg, ein Modell zur Arbeitszufriedenheit. Das Modell basiert auf empirischen Daten, die Herzberg seit den fünfziger Jahren in Befragungen zur Arbeitszufriedenheit sammelte. Er stellte dabei fest, dass die Gründe für negative oder positive Erfahrungen aus unterschiedlichen Kategorien herrühren.

Das Modell besteht entsprechend aus zwei grundlegenden Faktoren: Motivatoren und Hygienefaktoren. Motivatoren wie Anerkennung, Verantwortung, Interesse, Aufstieg sind verantwortlich für die Zufriedenheit. Hygienefaktoren wie Gehalt, Vorgesetzte oder Arbeitsbedingungen beeinflussen die Unzufriedenheit. So können fehlende Motivatoren, wie zum Beispiel mangelnde Entfaltungsmöglichkeit, zwar die Zufriedenheit senken, unzufrieden wird man allerdings erst, wenn auch die Hygienefaktoren, wie beispielsweise das erwünschte Gehalt, fehlen. Umgekehrt können wohldosierte Hygienefaktoren, wie ein angemessenes Gehalt, zwar Unzufriedenheit ausschalten, wirklich zufrieden wird der Arbeitnehmer aber erst durch einen entsprechenden Motivator wie eigene Verantwortung.

Funktioniert Ästhetik nun in Analogie zu Herzbergs Modell als Motivator oder Hygienefaktor in Bezug zur *apparent usability*? Steigert Ästhetik also den Eindruck, dass etwas leicht zu bedienen ist, oder verhindert sie den Eindruck, dass etwas schwer zu bedienen ist? Im ersten Fall können wir uns auf die Ästhetik spezialisieren, wenn wir Software gestalten wollen, die nicht nur leicht zu bedienen ist, sondern auch so erscheint. Im zweiten Fall benötigen wir auf jeden Fall noch zusätzliche Faktoren, um den Eindruck leichter Bedienbarkeit hervorzurufen. Ästhetik würde hier allenfalls verhindern, dass eine Software allzu schwierig aussieht.

Eine wirklich fundierte Untersuchung zu dieser Frage gibt es bislang nicht. Die einzige Studie, die dieses Thema zumindest am Rande anreißt, ist die von Spool, Scanlon, Schroeder, Snyder und DeAngelo (1999). Hier werden 11 verschiedene Internetauftritte auf verschiedene Faktoren hin untersucht. Dabei präsentieren die Autoren unter anderem drei Listen, in denen die Websites nach den Kriterien *users like most*, *users dislike least* und *user success* geordnet sind. *Like* und *dislike* können hier als Ausdruck ästhetischen Empfindens gesehen werden. *User success* spiegelt die tatsächliche Bedienbarkeit wider. Bei den vorgelegten Tabellen korreliert *user success* mit *dislike* doppelt so stark wie mit *like*. Dies würde darauf hindeuten, dass Ästhetik eher als Hygienefaktor zu sehen ist: Ein ästhetisches Design nimmt dem Anwender Gefühle wie Angst, Misstrauen, Argwohn und verhindert so, dass er das Gefühl bekommt, vor einer unlösbaren Aufgabe zu stehen. Ästhetisches Design kann aber nicht das Gefühl einer besonders leicht zu bedienenden Software vermitteln. Damit stünden die Ergebnisse im Gegensatz zu den Annahmen von Kurosu und Kashimura (1995) und Tractinsky (1997), die Ästhetik klar als verstärkende Bedingung für *apparent usability* sehen.

Die genaue Wirkung bleibt allerdings unklar. Die Studie von Spool et al. gibt allenfalls einen Hinweis darauf, wie es auch sein könnte, ein Beweis ist sie nicht. So messen Spool et al. den Erfolg bei der Arbeit mit einer Website und nicht die *apparent usability*. Ferner treffen die Probanden ihre Aussagen zu den Parametern *like* und *dislike,* nachdem sie mit den Seiten gearbeitet haben. Sie sind also bereits durch die Arbeit beeinflusst. Und tatsächlich: Positive Bewertungen treffen die Probanden scheinbar vor allem aufgrund inhaltlicher Aspekte, negative Bewertungen treffen sie aufgrund von Problemen bei der Navigation. Neben diesen Punkten ist aber die gesamte Studie bereits von ihrem Aufbau her eher fragwürdig und zu angreifbar, als dass mit ihr irgendeine unanfechtbare Beweisführung gelänge. Die Frage nach den generellen Wirkungszusammenhängen bleibt daher unbeantwortet.

Klärung kann hier nur ein direkter Vergleich bringen: In der bereits erwähnten Koblenzer Untersuchung wurde den Probanden nach den 30 Internet-Zeitschriften noch eine weitere vorgelegt. Diese gab es in zwei Varianten. Eine Variante war von einem Designer gestaltet, die zweite unterschied sich von der ersten durch eine komplette Reduzierung der Farbgebung auf die Grautöne der Anfangszeit des WWW und durch einen Verzicht auf alle graphischen Elemente, die ohnehin nur dekorativen Charakter hatten. Die Struktur der Seiten sowie die Navigation blieben identisch.

Die Studenten wurden in zwei Gruppen geteilt. Jede Gruppe erhielt jeweils eine der Varianten und musste die oben beschriebenen Fragen beantworten. Einzig bei der Frage nach der Lesbarkeit schnitten beide Varianten gleich ab. Alle anderen Aspekte schnitten in der farblichen Variante deutlich besser ab als in der grauen – obwohl sich an Navigation und Layout nichts geändert hatte. Die Veränderungen lagen allein bei Elementen, die die ästhetische Anmutung beeinflussen, nicht aber die Handhabung.

Es scheint also tatsächlich eine kausale Beziehung zwischen Ästhetik und angenommener Bedienbarkeit zu geben. Ob Ästhetik dabei analog zu Hygienefaktoren oder zu Motivatoren dient, konnte aber auch diese Untersuchung nicht klären. Auch bleibt offen, wie es zu dieser Verbindung von ästhetischer Anmutung und angenommener ergonomischer Qualität kommt.

Dazu sollte nicht unerwähnt bleiben, dass es sich bei den Probanden der Koblenzer Untersuchung um Studenten der Computervisualistik handelt, die bereits eine Vorlesung zur Softwareergonomie absolviert hatten – also durchaus in der Lage sein sollten, ergonomische Qualität nüchtern zu betrachten. Dennoch war bei ihnen der gleiche Einfluss ästhetischer Gestaltung zu messen, wie er auch bei einer parallelen Untersuchung mit softwareergonomisch unbedarften Studenten nachgewiesen wurde. Woher aber rührt diese offensichtlich starke Beeinflussung durch die ästhetische Erscheinung?

5   Frage der Wirkungsweise

5.1   Verbindung Ästhetik und ergonomische Qualität – Ein Ausflug in die Evolution

Die assoziative Verknüpfung von Ästhetik und Qualität ist ein Mechanismus, der in ähnlicher Form auch von der Psychologie berichtet wird. In zahlreichen Studien wird hier belegt, dass Menschen ihre Artgenossen stark nach ihrer physischen Erscheinung beurteilen. Dies geht soweit, dass den Beurteilten allein auf der Basis ihrer Physis charakteristische Eigenschaften zugeschrieben werden.

Dion, Berscheid und Walster (1972) beispielsweise konfrontierten eine Gruppe von 60 Versuchspersonen (30 weiblich, 30 männlich) mit je einem Photo eines sehr attraktiven, eines mittelmäßig attraktiven und eines unattraktiven Menschen (Die Beurteilung der Attraktivität war in einer vorhergehenden Studie ebenfalls empirisch vorgenommen worden.). Die eine Hälfte der Versuchspersonen erhielten Bilder von männlichen, die andere von weiblichen Personen. Insgesamt gab es 12 unterschiedliche Mengen von Bildern. Die Versuchspersonen mussten nun den einzelnen photographierten Personen 27 Merkmale auf einer Sechs-Punkte-Skala zuordnen, wie zum Beispiel: warm, offenherzig, freundlich, ernst, ehrgeizig, hilfsbereit oder sexuell freizügig. Die Untersuchung ergab, dass den attraktiveren Personen auch eher wünschenswerte Merkmale zugesprochen werden. Die Studie ging sogar noch einen Schritt weiter: Den attraktiveren Personen wurde auch eher zugetraut, ein glückliches Leben zu führen oder einen geeigneten Ehepartner zu finden. Die Autoren schließen entsprechend auch bereits im Titel: *What is beautiful is good.*

Dion et al. (1972) gehen allerdings nicht soweit, Aussagen über das resultierende Verhalten zu machen. Es wurde nicht untersucht, inwieweit die zugeschriebenen Qualitäten tatsächlich so vorhanden waren. Es wurde auch nicht untersucht, ob sich diese Qualitäten eventuell gerade dadurch entwickelten, dass sie den Personen zugeschrieben wurden – im Sinne vom Menschen als Produkt seiner Umwelt.

Die Autoren verweisen allerdings auf andere Publikationen, die beispielsweise durch Verweise auf vergleichsweise milde Gerichtsurteile für junge attraktive Frauen zu bestätigen scheinen, dass die aufgrund der physischen Erscheinung vorgenommene Charakterisierung tatsächlich auch auf den Umgang Auswirkung hat.

Ganz so einfach, wie es sich in der Studie von Dion et al. (1972) zunächst darstellt, ist es in der Tat auch nicht. Eine Meta-Studie von Eagly, Ashmore, Makhijani und Longo (1991) untersucht eine Reihe von Studien zu diesem Thema. Der Grundtenor, dass attraktiven Personen auch positive Charaktereigenschaften zugeschrieben werden, ist in allen untersuchten Studien vorhanden, allerdings variiert die Stärke dieser Korrelation stark.

Den Mechanismus der Verknüpfung physischer Attraktivität mit positiven charakterlichen Eigenschaften machen sich relativ auffällig Film, Werbung und Literatur zunutzen. In Märchen gibt es die hässliche Hexe, die Kinder verspeist, und den schönen Prinzen, der als eine Art Erlösergestalt Rapunzel oder Aschenputtel rettet. Hier ist der hässliche Gute wie etwa der tragische Held Quasimodo als buckliger Glöckner von Notre Dame eher die Ausnahme. Und auch ihm wird die schöne Esmeralda zu Seite gestellt, um seinen guten Charakter zu visualisieren. Umgekehrt sorgt die schöne aber charakterlich verwerfliche Frau als Femme Fatale immer wieder für besondere Aufmerksamkeit, da diese widersprüchliche Kombination als besonders gefährlich angesehen wird. Ein hässlicher oder gar entstellter Bösewicht hingegen ist schon fast zu normal.

Wenn die Einschätzung von Attraktivität also ein so zentrales Kriterium in der Beurteilung von Menschen ist, dann stellt sich die Frage, wie denn die Attraktivität selbst wiederum beurteilt wird. Eine ganze Reihe von Studien zeigen, dass offensichtlich Symmetrie ein ausschlaggebendes Maß für Attraktivität ist, allerdings längst nicht das einzige, wie Penton-Voak, Jones, Little, Little, Baker, Tiddeman, Burt und Perrett (2001) andeuten.

Gangestad und Thornhill (1998) zeigen in einem auf den ersten Blick erstaunlichen Versuch die Bedeutung von Symmetrie für die Partnerwahl beim Menschen: Einer Reihe von College-Studentinnen wurden in der Zeit ihres Eisprungs Hemden vorgelegt, die von ihren männlichen Kommilitonen über mehrere Tage hinweg getragen worden waren. Die Studentinnen sollten die Hemden nach der Attraktivität des Geruchs hin sortieren. Das Ergebnis war eine weitgehende Übereinstimmung der Attraktivität des Geruchs mit der physischen Symmetrie des jeweiligen Trägers.

Das soll natürlich nicht heißen, dass Symmetrie riecht. Aber es gibt offensichtlich eine auffällige Korrelation zwischen angenehmen Geruch, symmetrischem Bau und Attraktivität.

Aus Sicht der Evolution macht diese Fixierung auf Attraktivität bzw. auf Symmetrie als Maß von Attraktivität absolut Sinn. Evolutionär gedacht gilt es doch, einen Partner zu finden, dessen Veranlagung am geeignetsten dazu ist, die eigenen Gene erfolgreich an die nächste Generation weiterzugeben. Gleichzeitig ist die Natur so angelegt, dass Abweichungen von der Symmetrie immer ein Hinweis auf ein aktuelles oder zurückliegendes Problem in der Entwicklung ist: "Organisms stressed during early development manifest greater asymmetry than do organisms for whom development proceeds more normally." (Kogan, 1994, S. 150) Tiere mit einem hinkenden Lauf, einem hängenden Flügel oder einer fehlenden Flosse haben in der Regel nicht die notwendigen Überlebenschancen, um Nachkommen erfolgreich aufzuziehen. Entsprechend gering sind auch ihre Chancen bei potentiellen Geschlechtspartnern.

Hier kommt natürlich immer das Problem ins Spiel, wie viel vom menschlichen Verhalten genetisch bedingt ist und wie viel anerzogen. Drei Punkte spiegeln die genetisch bedingte Bedeutung der Ästhetik bei der Partnerwahl wieder:

Erstens wurde ähnliches Verhalten auch im Tierreich festgestellt, und zwar nicht nur bei den höher entwickelten Primaten, sondern auch bei Spezies, die keine nahe Verwandtschaft zum Menschen aufweisen: Hier gilt ebenfalls Symmetrie als starkes Kriterium für Attraktivität. Nachvollziehen lässt sich das leicht am Kopulationsverhalten. So bevorzugen Weibchen offensichtlich generell eher symmetrische Männchen. Ridley (1992) zeigt dies beispielsweise für Skorpione und Schwalben.

Zweitens scheinen die Kriterien für die Einstufung von Ästhetik interkulturell unabhängig. Beispielsweise hat Cunningham (1991) (nach: Kogan, 1994) ganz ähnliche Versuche wie die oben beschriebenen mit Photographien von Personen verschiedener Ethnien gemacht. Die Beurteilungen blieben dabei ziemlich einheitlich – und zwar egal, ob die Befragten Personen der eigenen oder einer anderen Ethnie beurteilen sollten. Wären Kriterien für die Beurteilung von Attraktivität aber rein kultureller und nicht zumindest zum Großteil angeborener Natur, so hätte es hier zu unterschiedlichen Beurteilungen kommen müssen.

Drittens scheinen ästhetische Kriterien bereits bei Babys feststellbar zu sein. Langlois, Riter, Roggman und Vaughn (1991) berichten von einer Studie, bei der Babys im Alter von sechs Monaten verschiedene Photographien von attraktiven und weniger attraktiven Menschen vorgelegt wurden. Die Einschätzung der Attraktivität war in einem vorherigen Test von erwachsenen Personen vorgenommen worden. Anhand der Fixationszeiten wurde die Aufmerksamkeit gemessen, die die Kinder den einzelnen Photographien entgegenbrachten: Sie widmeten sich deutlich länger den Bildern attraktiver Menschen – und das auch hier über ethnische Grenzen hinweg. Offensichtlich legten die Babys die gleichen Kriterien für Attraktivität zugrunde wie Erwachsene, was wiederum auf einen angeborenen Mechanismus schließen ließe.

Offensichtlich hat der Mensch im Laufe der Evolution eine kulturell unabhängige biologisch bedingte Methode entwickelt, Attraktivität einzuschätzen. Die Entwicklung solcher kognitiven Mechanismen ist in der Soziobiologie in den letzten Jahren in den Fokus geraten. Sie erweitern Darwins ursprüngliche Theorie von der rein physischen zu psychischen Evolution. Die Schwierigkeit in diesem Bereich liegt in der problematischen Beweislage. Letztendlich lässt sich auf Basis der Evolutionstheorie reichlich Unsinn theoretisieren und so tummelt sich in diesem Gebiet auch so manche zwielichtige Gestalt.

Die Studien zur Attraktivität scheinen jedoch fundiert. Auch macht ihre für uns relevante Schlussfolgerung, der Verknüpfung physischer Symmetrie über den generelleren Term der Attraktivität mit den völlig andersartigen Qualitäten der Persönlichkeit durchaus Sinn – so abenteuerlich dieser Dreisatz rein rational nachvollzogen auch ist. Lebewesen, die von der Norm der Symmetrie abweichen, tun dies in der Regel aufgrund genetischer Defekte, Mangelernährung, Unfällen und anderen Gegebenheiten, die eine erfolgreiche Reproduktion in Frage stellen und die sie somit als Partner weniger interessant erscheinen lassen.

Um einer üblichen Verständnisproblematik entgegenzutreten: Es ist nicht so, dass ein Weibchen ein Männchen betrachtet, eine Asymmetrie feststellt, und sich einem anderen zuwendet, weil es sich denkt, mit diesem bessere Nachkommen zu erhalten. Vielmehr besagt die Evolutionstheorie, das die Weibchen, die sich aus irgendeinem Grund symmetrisch gebauten Männchen zuwendeten, sich erfolgreicher vermehren konnten, da diese Männchen eben nicht an Mangelernährung, genetischen Defekten oder Verstümmelungen leiden und somit langlebigere Väter sind. Mit ihnen haben die Weibchen eine größere Chance, ihre Gene zu verbreiten. In diesen Genen war aber eben eine Vorliebe für symmetrische Männchen verankert, so dass sich im Laufe der Zeit tatsächlich eine Vorliebe für symmetrisch gebaute Partner genetisch verankerte.

Doch was hat das nun mit der Bedienbarkeit von Software zu tun?

5.2   Einzelaspekte

Es soll hier keinesfalls propagiert werden, dass Software symmetrisch gestaltet sein muss, um ein hohes Maß an *apparent usability* zu erreichen. Genauso wenig lässt sich natürlich auch Attraktivität beim Menschen auf Symmetrie reduzieren. Für die Partnerwahl sind zahlreiche andere Faktoren maßgeblich: Taille-Hüfte-Relation ist als Gesundheitsmaß (Singh, 1993, S. 294) noch leicht biologischen und nicht kulturellen Ursprungs nachvollziehbar. Aber auch scheinbar kulturelle Kriterien der menschlichen Partnerwahl wie gesellschaftliche Stellung, Statussymbole, persönlicher Geschmack, angenommener Erfolg beim anderen Geschlecht und viele andere Faktoren lassen sich durchaus als evolutionär bedingte Mechanismen begründen.

Die Symmetrie wurde hier herausgegriffen, weil sie vergleichsweise gut erforscht scheint. Eine eins zu eins Übertragung auf Softwaredesign muss allerdings schon von Beginn an scheitern: Symmetrische Software ist nicht nur in der Regel ausgesprochen unpraktisch, sondern gilt auch als ästhetisch unbefriedigend. Ähnliches ist ja auch aus der Architektur bekannt, die nicht umsonst den Goldenen Schnitt einführte, ein vergleichsweise komplexes Verhältnismaß.

Genauso, wie es verschiedene Faktoren gibt, die für die Attraktivität eines Menschen verantwortlich sind, sind wohl auch zahlreiche Faktoren die für die Attraktivität von Benutzungsoberflächen maßgeblich. Am Beispiel des Geldautomaten versuchen Kurosu und Kashimura (1995) verallgemeinerbare Merkmale zu identifizieren. Sie beginnen mit Elementen kognitiver Effizienz:

*   Leserichtung (*glance sequence*): Das Display eines Geldautomaten sollte links sein, da hier der Blick des Anwenders zuerst hinfällt und hier die wichtigen Informationen stehen.
*   Gewohnheit (*familiarity*): Die Zifferntasten sollten wie die bekanntere Telefontastatur und nicht die Taschenrechnertastatur angeordnet werden.
*   Gruppierung (*grouping*): Die Tasten sollten entsprechend der Gestaltgesetze ihrer Funktion nach gruppiert sein.

Ferner identifizieren sie drei Elemente bezüglich der operativen Effizienz:

*   Bearbeitungsreihenfolge (*operation sequence 1*): Spezielle Tasten für die Eingabe von Tausender-Endungen und Zehntausender-Endungen sollten in dieser Reihenfolge angebracht sein.
*   Händigkeit (*hand dominance*): Aufgrund der Mehrheit von Rechtshändern sollten die Zifferntasten rechts platziert werden.
*   Bearbeitungsreihenfolge (*operation sequence 2*): Die Währungstaste (hier für Yen) sollte unten rechts positioniert werden.

Schließlich identifizieren sie noch ein sicherheitsrelevantes Kriterium:

*   Sicherheit (*safety strategy*): Der Abbruch-Button sollte von den restlichen Buttons getrennt positioniert sein, um versehentliches Drücken zu vermeiden.

Es ist nur auf den ersten Blick verwunderlich, dass all diese Kriterien – Positionierung, Bekanntheit, Bearbeitungsreihenfolge und Sicherheit – zum traditionellen Werkzeugkasten der Softwareergonomen gehören und keine neuen Erkenntnisse bringen: Es handelt sich um Designstrategien, die Kurosu und Kashimura (1995) bei der Befragung von Interfacedesignern ermittelten und die ihnen am plausibelsten erschienen. Interessanter wäre es gewesen, die Anwender zu befragen, nach welchen Kriterien sie ihr Urteil bildeten.

Keinonen (1998, S. 202f.) beschreibt am Beispiel des Designs von Mobiltelefonen die Auswirkung von vorhandenen Steuerelementen auf die *apparent usability*. Mobiltelefone werden längst nicht mehr nur zum einfachen Telefonieren verwendet, sondern sie verfügen über zahlreiche weitere Funktionen wie Telefonbuch, Kontomanager, SMS, MMS, WAP, Photographie, Musik, Spiele und so weiter. Mehrere tausend Systemzustände sind längst keine Seltenheit mehr – und alle müssen mit ein paar wenigen Tasten erreicht werden. Da kann eine Taste schon mal ein gutes Dutzend verschiedene Funktionen auslösen.

Eigentlich gilt hier der ergonomische Grundsatz, dass Funktionen durch entsprechende Tasten sichtbar gemacht werden. Die Handhabung von Telefonen erweist sich mit zunehmender Mehrfachbelegung der vorhandenen Tasten als immer schwieriger. Vereinfacht ausgedrückt bedeutet dies: Je mehr Knöpfe für die verschiedenen Funktionen zur Verfügung stehen, desto einfacher ist ein Gerät zu benutzen.

Soweit die tatsächliche Ergonomie. Nun kommt aber der Anwender als Käufer ins Spiel. Er sucht sich ein Mobiltelefon nach verschiedenen Kriterien wie Preis, Vertrag, Marke oder eben Bedienbarkeit aus. Wird der Käufer vor die Aufgabe gestellt, ein möglichst leicht zu bedienendes Mobiltelefon zu kaufen, wird er sich eher für ein Telefon mit wenigen Tasten entscheiden. Dieses erscheint einfacher zu bedienen – obwohl es das offensichtlich nicht ist.

Auf den ersten Blick scheint es sich hier endlich um ein greifbares Merkmal der *apparent usability* zu handeln. Und so lässt auch Klara Rohlin (2002) in ihrer Untersuchung *Apparent Usability Attributes* von allen untersuchten potentiellen Merkmalen einzig die Anzahl der Bedienelemente gelten.

Bei genauerer Betrachtung tut sich aber eine weitere Schwierigkeit auf: Die scheinbare und die tatsächliche Ergonomie stehen hier in beispielhaftem Kontrast. Weniger Bedienelemente vermitteln einfache Handhabung, mehr Bedienelemente sind einfacher zu handhaben.

Auch hier sei wieder die bereits erwähnte, eigene Studie an der Universität Koblenz-Landau bemüht. Die Korrelation zwischen ansprechender Gestaltung und scheinbarer Bedienbarkeit war offensichtlich. Daneben wurde den Probanden aber noch eine Reihe von Fragen vorgelegt, welche die genaue Wirkungsweise untersuchen sollten. Einige der Fragen bezogen sich auf Unteraspekte der Ästhetik (Farbvielfalt, Graphiken, Glaubwürdigkeit, Layout, Farbe), andere auf Unteraspekte der Bedienbarkeit (Schrift, Navigation). Zusätzlich wurden verschiedene zählbar vorhandene Eigenschaften (Navigationsart, Links) ausgewertet.

Nach den Untersuchungen von Keinonen (1998) und Rohlin (2002) müsste es eigentlich eine starke Korrelation zwischen scheinbarer Bedienbarkeit und der Anzahl der Farben, Links, oder Graphiken geben. Tatsächlich beeinflussen Farben und Graphiken die ästhetische

Erscheinung, die empfundene Bedienbarkeit können sie allerdings nicht direkt beeinflussen. Auch die Anzahl der Verlinkungen und anderer interaktiver Elemente steht in keinem erkennbaren Zusammenhang mit der scheinbaren Bedienbarkeit.

Eine leichte Korrelation gibt es allenfalls zwischen dem Gefallen der Farbgebung und der angenommenen Bedienbarkeit. Allerdings nur im negativen Bereich: schwer bedienbar erscheinende Sites haben in der Regel auch eine weniger ansprechende Farbgebung. Eine Kausalität lässt sich nicht festhalten: leicht zu bedienende Sites werden in ihrer Farbgebung völlig unterschiedlich beurteilt.

Interessanter wird es beim Zusammenhang zwischen Ästhetik – Layout – Navigation – Bedienbarkeit. Die Antworten zu Navigation und Bedienbarkeit lagen so nah beieinander, dass die Anwender beide Begriffe scheinbar synonym gebrauchten. Und für eine einfache Navigation sind offensichtlich zwei Punkte ausschlaggebend: Das Layout muss klar sein. Es gibt eine starke Korrelation zwischen Navigation/Bedienbarkeit und Layout. Und eine Navigationsspalte scheint sich zu empfehlen: Websites mit Navigationsspalte schnitten deutlich besser ab, als Sites mit Navigationsleiste oder ohne Zentralnavigation.

6   Ein noch etwas hilfloses Fazit

Setzt man das Ganze zusammen, so bleiben mehr Fragen als Antworten. Offensichtlich gibt es eine starke Verbindung zwischen der ästhetischen Wirkung einer Software und dem Anschein von Bedienbarkeit, die sie vermittelt. Diese Verbindung ist nicht auf Software beschränkt, sondern spiegelt einen generellen menschlichen Mechanismus wider, ästhetisches Empfinden mit anderen Qualitäten zu verknüpfen. Wie stark dieser Mechanismus wirkt, zeigt die Koblenzer Studie: selbst Studenten mit ergonomischer Vorbildung gehen in die „Ästhetik-Falle". Für die Softwareergonomie bedeutet dies, dass die ästhetischen Aspekte unbedingt in der Gestaltung von Software realisiert werden müssen, da sich hier eine Eigendynamik entwickeln kann, die eingefangen werden muss.

Soweit scheint die Sachlage klar. Doch leider ist nach wie vor fraglich, was genau *apparent usability* ausmacht. Die Ergebnisse von Kurosu und Kashimura (1995) scheinen doch stark auf das Referenzsystem zugeschnitten, beziehungsweise nicht unbedingt jenseits der üblichen softwareergonomischen Praxis zu liegen. Spezielle Elemente der *apparent usability* können sie jedenfalls nicht identifizieren. Auch die Hinweise von Keinonen (1998) sind sehr speziell auf Mobiltelefone zugeschnitten. Für Webseiten konnten sie in der Koblenzer Studie jedenfalls nicht bestätigt werden.

Letztendlich bleibt die Frage, welche Faktoren hier wirken und ob es nicht sogar unterschiedliche Faktoren für verschiedene Anwendungsgebiete sind. Die hier aufgeführten Studien äußern sich unbefriedigend. So bleibt – vorerst – nur wieder ISO 14915-1 §5.2.7 zu zitieren: „Für Hinweise hinsichtlich ästhetischer und ansprechender Qualitäten können Medien-Gestalter konsultiert werden."

7   Literatur

Crozier, R. (1994). Manufactured pleasures. Psychological responses to design. Manchester & New York: Manchester University Press.

Cunningham, M. R. (1991). A Psycho-Evolutionary, MultipleMotive Interpretation of Physical Attractiveness. In: J. A. Simpson & S. W. Gangestad (Eds.), (1991). Sex and Mating: Evolutionary Perspectives. Symposium conducted at the 99th Annual Convention of the American Psychological Association. San Francisco.

Dion, K.; Berscheid, E. & Walster, E. (1972). What is beautiful is good. In: Journal of Personality and Social Psychology, Vol. 24, No. 3, 285–290.

Eagly, A. H.; Ashmore, R. D.; Makhijani, M. G. & Longo, L.C. (1991). What is beautiful is good, but…: a meta-analytic review of research on the physical attractiveness stereo-type. Psychological Bulletin, Vol. 110, 109–128.

Eibl, Maximilian (2005). Natural Design. Some Remarks on the Human nature and the Design of User Interfaces. In: M. Eibl, C. Womser-Hacker & C. Wolff (Hrsg.), Designing Information Systems. Festschrift für Jürgen Krause. Schriftenreihe des Hochschulverband der Informationswissenschaft, 157–170.

– & Mandl, Thomas (2005). The impact of aesthetics on apparent usability. Proceedings of the HCI Interantional 2005. To appear at Lawrnece Erlbaum.

Gangestad, S. W. & Thornhill, R. (1998). Menstrual Cycle Variations in Woman's Preference for the Scent of Symmetrical Men. Proceedings of the Royal Society of London, 256, 927–933.

Keinonen, T. (1998). Onedimesional Usability. Influence of usability on consumers' product preference. University of Art and Design Helsinki, Report UIAH A21.

Kim, Do Wan; Eibl, Maximilian & Mandl, Thomas (2005). How Do Web Sites Appear in Different Cultures? A comparative Study with Korean and German Users Proceedings of the HCI Interantional 2005. To appear at Lawrnece Erlbaum.

Kogan, N. (1994). On Aesthetics and Its Origins: Some Psychobiological and Evolutionary Considerations. In: Social Research, Vol. 61, Nr.1, 139–165.

Kurosu, M. & Kashimura, K. (1995). Apparent Usability vs. Inherent Usability Experimental analysis on the determinants of the apparent usability. CHI95, Denver, 7.11. Mai 1999, 292–293.

Langlois, J. H.; Riter, J. M.; Roggman, L. A. & Vaughn, L. S. (1991). Facial Diversity and Infant Preferences for Attractive Faces. Developmental Psychology 27, 79–84.

Penton-Voak, I. S.; Jones, B. C.; Little, A. C.; Little, A. C.; Baker, S.; Tiddeman, B.; Burt, D. M. & Perrett, D. I. (2001). Symmetry, sexual dimorphism in facial proportions and male facial attractiveness. In: Proceeding of the Royal Society London B (2001) 268, 1617–1623.

Rohlin, K. (2002). Apparent Usability Attributes. Research Paper, Department of Product Design, NTNU, Zugriff am 3. Februar 2003 unter *http://design.ntnu.no/internt/pd9_2002/ PD9_Artikkel_2/file.asp?ID=19.*

Schenkman, B. N. & Jönsson, F. U. (2000). Aesthetics and preferences of Web Pages. Behavior & Information Technology, Vol. 19, Nr. 15, 367–377.

Singh, D. (1993). Adaptive Significance of Female Physical Attractiveness: Role of WaisttoHip Ratio. Journal of Personality and Social Psychology 65: 293–307.

Spool, J. M.; Scanlon, T.; Schroeder, W.; Snyder, C. & DeAngelo, T. (1999). Web Site Usability A Designer's Guide. San Francisco: Morgan Kaufmann Publishers.

Tractinsky, N.; Katz, A. S. & Ikar, D. (2000). What is beautiful is usable. Interacting with Computers 13: 127–145.

Tractinsky, N. (1997). Aesthetics and Apparent Usability: Empirically Assessing Cultural and Methodological Issues. ACM SIGCHI 1997, Atlanta, 22.27. März 1997, 115–122.

Interaktive Produkte wahrnehmen, erleben, bewerten und gestalten

Marc Hassenzahl

Das vorliegende Kapitel beschreibt ein Modell gestaltungsrelevanter, psychologischer Prozesse des Produktnutzers beim Umgang mit interaktiven Produkten. Es definiert notwendige Schlüsselkonzepte, wie z.B. Produktattribut, Bedürfnis und emotionale Reaktion, und bettet sie in Prozesse des Wahrnehmens, Bewertens, Erlebens und Gestaltens interaktiver Produkte ein. Es erlaubt dem Gestalter das Formulieren übergeordneter Gestaltungsziele und ihre Überprüfung. Damit unterstützt es ein „rationales" Herangehen an Gestaltungsaufgaben und wird zur notwendigen Grundlage der Operationalisierung und Beurteilung von *Qualität*.

1 Einleitung

Moderne Informations- und Kommunikationstechnologien sind aus unserem privaten Leben nicht mehr wegzudenken. Spielen, Musik hören, mit alten Freunden kommunizieren oder neue finden, sich informieren, digitale Urlaubsfotos sortieren oder einen neuen Urlaub planen – Software hat den Sprung vom reinen Arbeitsmittel zum Alltagsprodukt geschafft. Dieser Sprung stellt Softwaregestalter (z.B. Software-Entwickler, User-Interface-Designer, Web-Designer) vor neue Herausforderungen. Nicht nur die Nützlichkeit und Benutzbarkeit ihres Produkts muss garantiert werden, sondern auch seine Attraktivität und ein im Ganzen positives „Nutzungserleben". Vielleicht soll das Produkt darüber hinaus sogar Emotionen wecken. Um diese Aspekte beim Gestalten berücksichtigen zu können, müssen sie und ihre Beziehungen untereinander verstanden werden. Das vorliegende Kapitel stellt ein entsprechendes Modell vor. Es definiert notwendige Schlüsselkonzepte und bettet sie in einen Prozess des Wahrnehmens, Bewertens, Erlebens und Gestaltens interaktiver Produkte ein. Im Zuge des wachsenden Bedürfnisses nach „rationalen" Gestaltungsprozessen, in denen Gestaltungsentscheidungen mit Hilfe empirischer Erkenntnisse systematisch getroffen und begründet werden, ist ein solch vereinfachtes Modell die notwendige Grundlage zur Operationalisierung und Beurteilung von Qualität. Diese Operationalisierung ermöglicht auch die Validierung des Modells selbst. In diesem Sinne versteht es sich eher als eine überprüfbare Beschreibung zentraler Prozesse bei der Produktwahrnehmung bzw. -bewertung (ein „so ist es"), denn als eine normative Setzung („so soll es sein"), die spezifische Gestaltungsziele wie z.B. Einfachheit und Askese als den oftmals einzig gangbaren Weg zur „guten Form" verstehen.

Vor der Beschäftigung mit dem hier vorgestellten Modell steht sicher die Frage nach seinem Nutzen bzw. nach seinem Verhältnis zu bestehenden Gestaltungstheorien. Die zentrale Frage ist: Benötigen Gestalter eigentliche Modelle/Theorien zum Gestalten? Neben der Sicht auf das Gestalten als einen (kreativen) Problemlöseprozess, kann es auch als ein Entscheidungsprozess verstanden werden. Viele Gestaltungsprobleme lassen sich auf verschiedene Arten lösen. Dabei müssen auch oft tragfähige Kompromisse gefunden werden. In solchen Situationen setzt „gutes" Entscheiden sowohl voraus, dass Werte und Ziele der Entscheidung formuliert werden als auch, dass die Entscheidungen im Einklang mit diesen Werten und Zielen stehen. Diesen Einklang kann man auch als eine Form der Rationalität verstehen. Es ist also rational, sich für ein schnelles Autos zu entscheiden, wenn man die Geschwindigkeit liebt, oder für eines mit wenig Verbrauch, wenn man die Umwelt im Blick hat. Irrational ist es für den Geschwindigkeitsliebhaber ein langsames Auto und für den Umweltorientierten ein benzinfressendes zu kaufen. Dieses Beispiel macht auch klar, was diese Form der Rationalität *nicht* ist: Nämlich eine normative Setzung des Guten und Richtigen. Es geht nicht um eine Bewertung der Ziele und Werte als vernünftig, gesellschaftlich erwünscht etc. Der Wunsch nach Geschwindigkeit ist genauso gerechtfertig, wie der Wunsch nach einer sauberen Umwelt. Das einzige, was vom Entscheider gefordert wird, ist die Übereinstimmung der Entscheidung mit den eigenen Werten und Zielen. Das vorliegende Modell verfolgt diesen Ansatz. Es will Gestaltern beim Formulieren ihrer Ziele und bei der Überprüfung der Zielerreichung unterstützen, ohne den Inhalt der Ziele vorzugeben. Es ist also eher deskriptiv (beschreibend) oder präskriptiv (anleitend) als normativ.

Diese Ausrichtung steht im Gegensatz zu manchen Debatten, bei denen über die Frage gestritten wird, ob weniger nun mehr oder einfach nur langweilig ist oder was „guten" Geschmack auszeichnet. Bei beidem geht es um normative Setzungen, um „richtig" und „falsch". Ich halte solche Debatten für unfruchtbar. Viel wichtiger ist es, dass sich im Ergebnis des Gestaltungsprozesses die *gewünschten* Ziele und Werte widerspiegeln. Wer weniger wollte, sollte am Ende nicht ein barock anmutendes Produkt präsentieren. Und wer nicht langweilen wollte, sollte dies dann auch nicht tun.

Es gibt noch einen weiteren Unterschied zu einer Reihe etablierter Gestaltungstheorien. Während sich solche Theorien stärker mit dem Prozess des Gestaltens beschäftigen, möchte ich die Seite des Rezipienten, des Benutzers und des Besitzers stärker betonen. Theorien der Produktsprache, klassifizieren und schematisieren beispielsweise die Wirkung der Gesamtheit eines Produktes auf den Rezipienten. Das vorliegende Modell beschreibt nun diese Wirkungsseite weiter: das Wahrnehmen, Bewerten und Erleben dieser Produktgestalt. In diesem Sinne ist es ein Modell des Benutzers, das sich mit Modellen über Produkte kombinieren lässt.

Kurz zusammengefasst: Das vorliegende Modell soll dabei helfen, übergeordnete Gestaltungsziele zu formulieren und deren Erreichung zu überprüfen. So wird rationales Gestalten möglich, ohne dass dem Gestalter Ziele vorgeschrieben werden. Das Modell fokussiert auf psychologische Prozesse des Benutzers und ergänzt damit Gestaltungstheorien, die sich – natürlicherweise – hauptsächlich auf das Produkt konzentrieren.

Im Folgenden werden die einzelnen Komponenten des Modells vorgestellt und diskutiert. Für den interessierten Leser finden sich weitere vertiefende Informationen in zusätzlichen Kästen.

2 Grundlegende Prozesse

Ich unterscheide vier grundlegende Prozesse: Das Gestalten, Wahrnehmen, Erleben und Bewerten von Produkten (Abbildung 1, siehe auch Hassenzahl, 2003a, für eine frühere Version des Modells). Da ich mich aber im vorliegenden Kapitel hauptsächlich auf die benutzerseitigen Prozesse konzentrieren möchte, werde ich zunächst auf diese eingehen und das Gestalten am Ende behandeln.

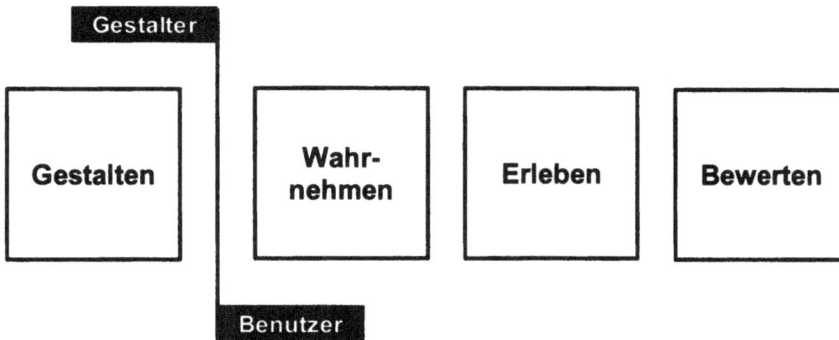

Abb. 1: *Vier Grundprozesse.*

2.1 Wahrnehmen

Interaktive Produkte können als ein Bündel von Funktionen und Inhalten verstanden werden, die sich in einer bestimmten Art und Weise präsentieren und mit denen man auf eine bestimmte Art und Weise interagieren kann. Jedes Produkt besteht aus einer einzigartigen Kombination dieser Elemente. Werden Personen mit einem Produkt konfrontiert, nehmen sie es zunächst wahr. Beim Wahrnehmungsakt findet eine Art Zusammenfassung des Produkts im Sinne eines Produktcharakters oder einer Produktpersönlichkeit statt (vgl. Janlert & Stolterman, 1997). Produkte besitzen beispielsweise eine bestimmte Eckigkeit, Farbigkeit, einen bestimmten Funktionsumfang, einen Sinn, eine Größe, eine Bewegung. Sie haben ein bestimmtes Aussehen, einen Klang oder sie verändern sich. Manche riechen, schmecken, gestikulieren oder reden sogar. Diese Merkmale eines Produkts werden nicht einzeln vom

Menschen „gespeichert", sondern zu abstrakten Attributen zusammengefasst. Auf diese Weise wird das Produkt ganzheitlich wahrgenommen. Die Attribute (zusammengefasste Merkmale) bestimmen dann den Produktcharakter. Dies ist vergleichbar mit der Wahrnehmung von Personen. Genauso wie wir andere als warm, intelligent oder stolz wahrnehmen, können Produkte übersichtlich oder professionell wirken, originell oder traditionell sein, oder präsentabel und Klasse haben. Warum werden Merkmale zu Attributen und dann zu Charakteren zusammengefasst? Charaktere (und Attribute) haben mindesten zwei Vorteile: Zum einen wirken sie strukturierend und vereinfachend, zum anderen erlauben sie Schlüsse über das eigentlich Wahrgenommene hinaus. Das Attribut *übersichtlich* fasst beispielsweise den Eindruck über eine ganzen Reihe komplexer Layouts (z.B. verschiedene Teile einer Website) zusammen. Weiterhin ist wahrscheinlich, dass sich ein übersichtliches Produkt auch leichter erlernen lässt. Diese Ableitung wird gemacht, auch wenn der Wahrnehmende das Produkt noch gar nicht verwendet hat. Ein Produktcharakter ist also eine kognitive Struktur, ein System von Attributen und Annahmen über die Kovariation dieser Attribute. Dieses Konzept kann analog zu der in der Psychologie bekannten *Impliziten Persönlichkeitstheorie* (Schneider, 1973) verstanden werden. Nur das hier der (Bewertungs-) und Wahrnehmungsgegenstand nicht eine andere Person, sondern ein Produkt darstellt. Der Unterschied zwischen der Wahrnehmung einer anderen Person und eines Produkts spiegelt sich hauptsächlich in den verwendeten Attributen und Attributgruppen wider. Typische Attributgruppen für das Wahrnehmen von Menschen sind soziale oder intellektuelle Kompetenz, Reife, Potenz oder Integrität. Jeder Attributgruppe liegt die Bedeutung dieser Attribute für den Umgang mit der jeweiligen Person zugrunde. Der Umgang mit Personen, denen eine hohe Integrität (Ehrlichkeit, Einhalten von Normen) zugeschrieben werden, ist sicher ein anderer als mit Personen, denen eine niedrigere Integrität zugeschrieben wird. Die Attributgruppen haben also eine Handlungsrelevanz. Bei Produkten ergeben sich Attributgruppen aus Bedürfnissen, die dem Produktbesitz bzw. der Produktverwendung zugrunde liegen (siehe Abbildung 2, für einen Blick auf die grundlegende Struktur eines Produktcharakters).

Ich unterscheide das Bedürfnis nach erfolgreicher Manipulation der Umwelt (Zielerreichung), Stimulation (persönlichem Wachstum, Verbesserung von Kenntnissen und Fertigkeiten), Identität kommunizieren (Ausdruck und Kommunikation von Werten an relevante andere) und Symbolisieren (Erinnerungen bewahren). Attribute, die mit dem ersten Bedürfnis verbunden sind, bezeichne ich als pragmatisch, die anderen als hedonisch. Kasten 1 gibt einen Überblick über die vier Bedürfnisse. Diese stellen eine Auswahl dar, die ich im Rahmen der Gestaltung interaktiver Produkte als sinnvoll empfinde. Natürlich sind zusätzliche Bedürfnisse oder sogar vollständig andere „Bedürfnissysteme" denkbar (z.B. Schwartz & Bilsky, 1987; Gaver & Martin, 2000). Beides kann in das Modell integriert werden, ohne dass dies die postulierten Prozesse in Frage stellt.

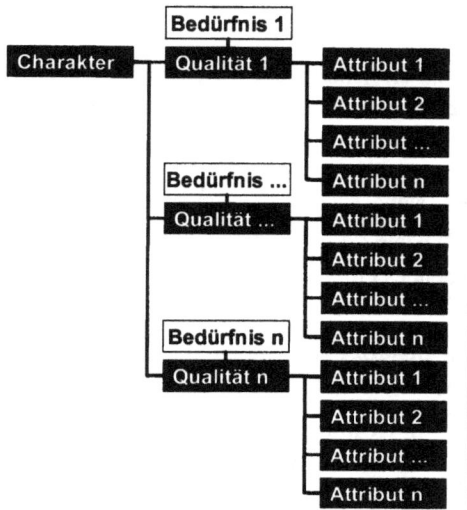

Abb. 2: *Struktur eines Produktcharakters.*

Kasten 1: Ein mögliches „Bedürfnissystem" und damit verbundene Produktattribute

Manipulation der Umwelt. Menschen haben Ziele – Dinge die sie erledigen wollen oder müssen. Solche Ziele sind hierarchisch strukturiert. Vielleicht habe ich das Ziel, mich heute Abend mit jemandem zu verabreden. Dazu ist es notwendig, einen Anruf zu tätigen. Hierzu wähle ich aus dem Adressbuch meines Mobiltelefons eine Nummer aus und initiiere den Anruf. Im Kontext interaktiver Produkte sind besonders die Ziele von Belang, die auf einer konkreten Ebene mit dem Produkt erreicht werden können. Solche konkreten Ziele, wie z.B. „einen Anruf tätigen", können in bestimmten Situationen mehr oder weniger Relevanz haben. Ein Notruf, beispielsweise, ist sicher dringlicher, als der Anruf bei einem Freund aus Langeweile. Das Bedürfnis nach erfolgreicher Manipulation der Umwelt kann also je nach Relevanz des Ziels mehr oder weniger angeregt werden. Ziele müssen nicht unbedingt real sein, d.h., die manipulierte Umwelt muss nicht unbedingt eine reale sein. Computerspiele bieten oft einen ganzen Reihe von Fantasiezielen an, wie z.B. den Sieg über ein bestimmtes Monster. Ziele sind bei dem Bedürfnis nach Manipulation immer sehr konkret gemeint. Sie spielen sich auf einer Verhaltenseben ab. In diesem Sinne dürfen Bedürfnisse wie „Spaß haben", „etwas Neues lernen", „andere beeindrucken" nicht als Ziele missverstanden werden. Mit dem Bedürfnis nach erfolgreicher Manipulation der Umwelt sind auch die grundlegenden menschlichen Bedürfnisse nach Sicherheit und Kontrolle verbunden.

• Ein Beispiel für ein primär der „Manipulation" dienendes Produkt ist ein Bankautomat. Bei ihm geht es einzig und allein um die schnelle, einfache und sichere Auszahlung eines bestimmten Betrags.

Die folgenden Produktattribute signalisieren dem Benutzer die Fähigkeit, das Bedürfnis nach Manipulation der Umwelt zu befriedigend: praktisch, voraussagbar, übersichtlich, handhabbar, etc.

Kasten 1, Fortsetzung:

Stimulation. Neben dem Bedürfnis konkrete Ziele zu erreichen, haben Menschen auch das Bedürfnis, ihre Kenntnisse und Fertigkeiten zu verbessern. Sie streben nach persönlichem Wachstum, nach *self-actualization* (vgl. auch Ryan & Deci, 2001). Die Neugier ist beispielsweise ein Indikator für dieses Bedürfnis (siehe Malone, 1981, zur Rolle der Neugier bei interaktiven Produkten). Auch Csikszentmihalyi (1997, siehe Kasten 8) versteht ein gewisses Maß an Herausforderung als eine wichtige Vorraussetzung für „optimales Erleben".

- Ein Beispiel für ein primär der „Stimulation" dienendes Produkt ist ein Puzzle. Bei ihm geht es nur um die kognitive Anregung und das beim Lösen des Puzzles zu erwartende Erlebnis.

Die folgenden Produktattribute signalisieren dem Benutzer die Fähigkeit, das Bedürfnis nach Stimulation zu befriedigend: fesselnd, kreativ, originell, herausfordernd, etc.

Identität kommunizieren. Produktnutzung und -besitz ist immer auch ein *statement* (z.B. Holbrook & Hirschman, 1993). Belk (1988) spricht vom Produkt als „erweitertes Selbst". Es dient zur Kommunikation von Werten an relevante andere. In der Sozialpsychologie gibt es eine ganze Reihe empirisch belegter Theorien, die die kommunikative Funktion von Dingen betonen. Die Theorie der *Symbolischen Selbstergänzung* (Wicklund & Gollwitzer, 1982) geht beispielsweise davon aus, dass Menschen eigene, wahrgenommene Defizite durch „Symbole" ausgleichen. Beispiele dafür sind der talentlose Künstler, der sich auf das Sammeln von Kunst verlegt oder die BWL-Studentin, die trotz ihres noch fehlenden Abschlusses bereits ausschließlich Kostüm trägt

- Ein Beispiel für ein primär der „Identität" dienendes Produkt ist ein teurer Sportwagen. Durch dessen Besitz und die Benutzung werden hauptsächlich Status und Reichtum kommuniziert.

Die folgenden Produktattribute signalisieren dem Benutzer die Fähigkeit, das Bedürfnis nach dem Kommunizieren von Identität zu befriedigend: bringt mich den Leuten näher, fachmännisch, verbindend, stilvoll, etc.

Symbolisieren. Besonders Erlebnisse sind oft persönlich wichtig, aber nur von begrenzter Dauer und schwer zu wiederholen (siehe auch Abschnitt „Erleben"). Die Geburt der eigenen Tochter beispielsweise, dauert nur ein paar Stunden, ist aber ein einschneidendes Erlebnis. Es ist nicht nur einschneidend im Sinne der damit verknüpften Veränderungen, sondern auch eine wichtige Komponente der Definition des eigenen Selbst und der sich kontinuierlich verändernden Beziehung zum Kind. Objekte können nur als Symbole dienen, indem sie mit den Erinnerungen „aufgeladen" werden. So bekommt ein altes Hemd eine ganz besondere Bedeutung, weil es das Hemd war, das die Mutter bei der Geburt trug. Elster und Loewenstein (1992) weisen daraufhin, dass Menschen nicht nur aus dem tatsächlichen Erlebnis, sondern auch aus dem Antizipieren (Vorfreude) und dem Erinnern an ein Erlebnis Nutzen ziehen können. Objekte können sowohl beim Antizipieren als auch beim Erinnern unterstützen. Das bedeutet auch, das Produkte dieses Bedürfnis gezielt ausnutzen können (siehe z.B. *Nostalgie*, Schindler & Holbrook, 2003).

- Ein Beispiel für ein primär dem „Symbolisieren" dienendes Produkt sind Gutscheine und Souvenirs. Bei ihnen geht es um das Antizipieren oder Erinnern eines Erlebnisses.

2.1.1 Persönliche Standards

Die Wahrnehmung des Grads der Bedürfnisbefriedigung wird auf der Basis persönlicher Standards vorgenommen. Das Attribut *originell* beispielsweise, ist mit dem Bedürfnis nach Stimulation verbunden. Originelle Dinge versprechen neue Eindrücke und Erweiterung der eigenen Erfahrungen. Allerdings kommt es auf die Vorerfahrung mit einem bestimmten Produktbereich an, ob etwas als originell wahrgenommen wird oder nicht. Je nach salientem, persönlichen Standard (Vergleichsmaßstab) wird sich die Wahrnehmung verändern. Aus der Annahme, dass diese Art der Wahrnehmung den Vergleich mit einem Standard beinhaltet (siehe z.B. *norm theory*, Kahneman & Miller, 2002), ergeben sich zwei Voraussagen über ihre Stabilität. Erstens ist mit Unterschieden *zwischen* Personen zu rechnen. Was der eine originell findet, ist für den anderen langweilig. Dies beruht meist auf Unterschieden in der Vorerfahrung der Personen mit ähnlichen Produkten oder dem Produktbereich (siehe Kasten 2 für ein Beispiel). Diese Unterschiede in den Standards machen das Gestalten besonders schwierig. Gestalter haben häufig bereits ein hohes Maß an Erfahrung mit bestimmten Produktbereichen. Ein Produkt, dass dem Gestalter bereits als *einfach* vorkommt, kann für den Benutzer immer noch *kompliziert* sein.

Kasten 2: Unterschiede in der Wahrnehmung zwischen Personen

Die Untersuchung eines Systems zur Heimautomatisierung zeigte deutliche Unterschiede in der Bewertung der hedonischen Aspekte (insbesondere der Neuartigkeit und Originalität) in Abhängigkeit vom ausgeübten Beruf (Hassenzahl, Burmester, & Sandweg, 2000). Personen in technischen Berufen fanden das System deutlich weniger hedonisch als Personen in nicht-technischen Berufen. Funktionen und Möglichkeiten, die für den technisch Erfahrenen üblich und langweilig erscheinen, können für den technisch weniger Erfahrenen außergewöhnlich und interessant sein.

Zweitens kann sich die Wahrnehmung eines Produkts *innerhalb* einer Person über die Zeit verändern. Was heute originell ist, kann morgen schon langweilig sein (siehe Kasten 3). Obwohl diese Veränderung über die Zeit beim Gestalten nur schwerlich zu berücksichtigen ist, sollte sie doch eine angemessene Rolle spielen. Ein Produkt ist eben nicht nur einfach da, sondern es entfaltet sich für seinen Benutzer über die Zeit. Dieser Entfaltungsprozess muss ebenfalls gestaltet werden.

Kasten 3: Dynamische Aspekte beim Wahrnehmen

In Rahmen der Gestaltung und Evaluation eines Systems zu Heimautomatisierung haben sechs Personen an einem sogenannten Usability Test teilgenommen. (In einem solchen Test werden potentiellen Benutzern eine Reihe realistischer Aufgaben vorgelegt, die diese dann ohne weitere Hilfe bearbeiten sollen.) Jede Person bekam elf Aufgaben vorgelegt. Nach jeder Aufgabe wurde sie gebeten, ihre Wahrnehmung hinsichtlich des Systems mit drei pragmatischen Attributen („vorhersehbar – nicht vorhersehbar", „übersichtlich – verwirrend", „kontrollierbar – nicht kontrollierbar") und drei hedonischen Attributen („exklusiv – standard", „eindrucksvoll – nichtssagend", „innovativ – konservativ") anzugeben.

Kasten 3, Fortsetzung:
Diese Einschätzung wurde auf einer Skala von 0–100 vorgenommen. Die drei pragmatischen und die drei hedonischen Einschätzungen wurden durch Mitteln zu zwei Einzelwerten zusammengefasst (Cronbachs α; pragmatisch = ,91, hedonisch = ,81). Abbildung 3 zeigt die zwei Werte, pro Aufgabe über die sechs Teilnehmer gemittelt.

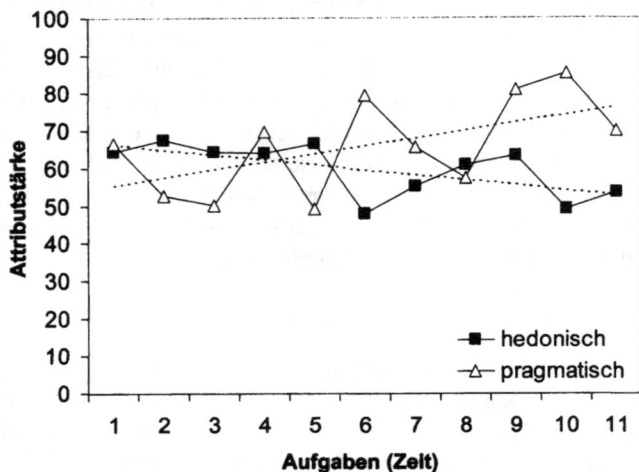

Abb. 3: *Wahrnehmung eines Produktes als pragmatisch und hedonisch über die Zeit.*

Die Wahrnehmung pragmatischer Attribute verstärkt sich über die Zeit (steigende gestrichelte Linie: $r = ,55, p < ,10$), wohingegen sich die Wahrnehmung hedonischer Attribute vermindert (fallende gestrichelte Linie: $= -,64, p < ,05$). Dies demonstriert den dynamischen Charakter der Wahrnehmung.

2.1.2 Warum ist Wahrnehmen nicht gleich Bewerten?

Warum unterscheide ich Wahrnehmen und Bewerten (mehr zum Bewerten im Abschnitt 2.3, „Bewerten")? Oder anders gefragt: Stellt der Produktcharakter nicht auch gleichzeitig eine Wertung des Produkts dar?

Wahrnehmen hat sicher auch schon bewertenden Charakter. Die Wahrnehmung eines Produkts als *originell* ist auch eine Bewertung, wenn Originalität für den Wahrnehmenden einen wichtigen Wert darstellt bzw. Stimulation eine Rolle spielt. Ob allerdings Originalität in einem spezifischen Fall ein wichtiger Wert ist, wird stark vom Kontext abhängen. Wer würde beim Abheben eines Betrags vom eigenen Bankkonto Wert auf die Originalität des Bankautomaten legen? Man kann also ein Produkt als originell wahrnehmen, Originalität im Prinzip auch schätzen, sie aber bei bestimmten Produkten oder in bestimmten Situationen trotzdem unwichtig oder sogar hinderlich finden (siehe Kasten 4). Ein weiterer Unterschied zwischen

Wahrnehmung und Bewertung ist der Grad der Explizitheit: Die Wahrnehmung eines Produkts als beispielsweise *originell* kann vielleicht eine implizite Bewertung beinhalten, die Bewertung eines Produkts als *gut, schlecht, attraktiv* ist immer explizit.

Kasten 4: Die Wichtigkeit von Attributen in Abhängigkeit von der Situation

In einer Studie wurden Teilnehmer gebeten, eine Reihe von Websites zu benutzen (Hassenzahl, Kekez & Burmester 2002). Im Anschluss daran wurden die Websites im Hinblick auf die wahrgenommene Befriedigung des Bedürfnisses nach Manipulation eingeschätzt (z.B. „verwirrend – übersichtlich") und generell bewertet (z.B. „gut – schlecht"). Die eine Hälfte der Teilnehmer bekam allerdings eine Reihe lösbarer Aufgaben zur Erledigung vorgelegt (z.B. einen Einkauf im Online-Shop tätigen), die andere Hälfte wurde instruiert „einfach nur Spaß zu haben". Zwischen diesen Gruppen zeigten sich keine Unterschiede in der Wahrnehmung der Websites bzgl. des Bedürfnisses nach Manipulation. Allerdings beruhte die Bewertung der Websites als „gut" oder „schlecht" in der Gruppe mit Aufgaben stark auf der wahrgenommenen Befriedigung des Bedürfnisses nach Manipulation ($r = ,87$), während sich dieser Zusammenhang in der Spaßgruppe nicht zeigte ($r = -,10$). Die Wahrnehmungen werden also durch die Situation nicht modifiziert, die Bewertung kann aber offensichtlich situationsabhängig sein.

Kasten 5 bietet eine Zusammenfassung der wichtigsten Elemente im Prozess „Wahrnehmen":

Kasten 5: Die wichtigsten Elemente im Prozess „Wahrnehmen"

- Ein Produkt ist eine einzigartige Kombination von Funktion, Inhalt, Präsentation, Interaktion.
- Der Produktcharakter ist die ganzheitliche Wahrnehmung des Produkts.
- Bei der Wahrnehmung wird das Produkt mit persönlichen Standards verglichen.
- Persönliche Standards ergeben sich aus Vorerfahrungen mit einem Produktbereich, sie können zwischen Personen und innerhalb einer Person über die Zeit variieren.
- Ein Produktcharakter besteht aus Attributen.
- Attribute ergeben sich aus unterliegenden Bedürfnissen.
- Ein pragmatisches Bedürfnis ist die Manipulation/Zielerreichung.
- Hedonische Bedürfnisse sind Stimulation, Identität kommunizieren und Symbolisieren.

2.2 Erleben

Erlebnisse ergeben sich aus der Kombination ganz unterschiedlicher Elemente: Dem Produkt, den Zielen (z.B. wichtige oder unwichtige), psychologischen Zuständen (z.B. Stimmungen, Hunger) sowie den äußeren Umständen (z.B. Lärm, Hitze) oder sogar anderen Personen (siehe Kasten 6).

Kasten 6: Beispiele für Dinge und Erlebnisse

Der Krimi im Schrank – Eine durchwachte Nacht, in der man den Krimi nicht weglegen konnte, weil er so spannend war.

Eine Tomate im Kühlschrank – Der Geschmack einer wunderbaren Tomatensoße zu selbstgemachten Gnocchi bei einem romantischen Abendessen.

Das Cabrio in der Garage – Die Fahrt mit den besten Freunden durch sonnige, grüne Weinberge, Fahrtwind im Haar.

Eine gute Flasche Wein im Keller – Ein ruhiger Abend zuhause, ein Glas Wein und ein guter Film.

Erlebnisse beziehen sich also meist auf komplexe Situationen. Sie stellen eine ganzheitliche Sicht auf eine bestimmte Kombination aller Elemente dar. Jedes Element steht in Bezug zu den anderen. Elemente modifizieren sich gegenseitig und verändern so das Erlebnis. „Cabriofahren" beispielsweise verändert sich, wenn man es alleine oder mit Freunden oder bei Regen anstelle von Sonne erlebt. Die daraus resultierende Komplexität führt dazu, dass Erlebnisse oft einzigartig und nur schwer zu wiederholen sind.

Ein zentrales Merkmal von Erlebnissen ist die Zeit. Ein Erlebnis hat immer einen Anfang und ein Ende; es betrifft eine bestimmte Zeitspanne. Über diese Zeit entwickelt sich das Zusammenspiel der Elemente. Hier kommen auch Emotionen ins Spiel.

Emotionen können als Reaktionen auf bestimmte Elementkonfigurationen einer Situation an spezifischen Zeitpunkten verstanden werden. Sie beziehen sich meist auf das Erlebnis als Ganzes und nicht auf spezifische Elemente (z.B. das Produkt). Zufriedenheit beispielsweise ist eine Emotion, die sich bei der Erfüllung vorheriger Erwartungen einstellt. Zum Abschluss eines Erlebnisses tritt eine Elementkonfigurationen ein, die genau so auch als Abschluss erwartet wurde. Wichtig ist weiterhin, wem die Ursache für diese Konfiguration zugeschrieben wird. Der eigenen, einer anderen Person oder dem Zufall? Nur wenn man die Ursache hauptsächlich in der eigenen Person sieht, wird Zufriedenheit als emotionale Reaktion wahrscheinlich. Das eigentliche Produkt spielt bei der Zufriedenheit eine untergeordnete Rolle. Allerdings ist es möglich, dass eine Person das Produkt als eine wichtige Hilfe bei der Befriedigung eigener Bedürfnisse wahrgenommen hat. In diesem Fall kann sich Zufriedenheit auf das Produkt richten.

Zufriedenheit ist nur eine mögliche emotionale Reaktion. Die momentan viel diskutierte Freude ist ein weiteres Beispiel. Freude kann man als eine emotionale Reaktion beim überraschenden Übertreffen der Erwartungen verstehen. Im Gegensatz zur Zufriedenheit, muss hier nicht unbedingt die eigene Person als Ursache gesehen werden. Auch Erlebnisse mit externalen Ursachen wie Glück oder Zufall können zur Freude führen. Um den Unterschied zwischen Zufriedenheit und Freude deutlich zu machen, stellen Sie sich bitte die folgende Situation vor. Sie haben ihr jährliches Mitarbeitergespräch. Aufgrund ihrer guten Leistungen im letzten Jahr erwarten Sie eine Belobigung und eine Gehaltserhöhung. Beides tritt ein. Wie fühlen Sie sich in dem Moment, in dem Sie belobigt werden? Erleichtert, zufrieden? Jetzt stellen Sie sich dieselbe Situation, aber mit einem etwas anderen Ausgangspunkt vor. Sie selbst bewerten Ihre Leistungen im letzten Jahr als eher mittelmäßig. Sie erwarteten zwar keine negativen Konsequenzen, aber auch keine Belobigung oder gar Gehaltserhöhung. Wie würden Sie sich jetzt in derselben Situation fühlen? Überrascht, erfreut? Eine objektiv gleiche Situation kann also je nach kognitiver Verarbeitung zu unterschiedlichen Emotionen führen.

Emotionen sind kognitive Ausdifferenzierung diffus positiver oder negativer affektiver Zustände. Im Prinzip kann man sich das folgendermaßen vorstellen: Jeder Mensch bewertet unablässig das momentan Erlebte auf einer einfachen positiv/negativ-Skala. Diese Bewertung ist eher als ein körperlicher Zustand, ein innerer Kommentar zu verstehen, denn als bewusst (vgl. Kahneman, 1999). Erreicht dieser Zustand eine gewisse Intensität (negativ oder positiv), wird der Versuch unternommen, ihn zu interpretieren. Er wird kognitiv verarbeitet und je nach Inhalt dieser Verarbeitung entstehen qualitativ unterschiedliche Emotionen als Ausdifferenzierung des ursprünglichen Zustands.

Zufriedenheit und Freude sind Emotionen, die sich aus spezifischen Elementkonfigurationen ergeben. Sie sind nicht automatisch mit einem Element des Erlebnisses verbunden. Anders ist dies bei Attraktionsemotionen (z.B. mögen, lieben, hassen). Diese beziehen sich direkt auf eine Person oder ein Objekt. Kasten 7 fasst die Überlegungen zu Emotionen in einem vereinfachten Modell zusammen.

Kasten 7: Ein vereinfachtes Model positiver Emotionen (in Anlehnung an Ortony, Clore & Collins, 1988; siehe auch Desmet & Hekkert, 2002)

Abbildung 4 zeigt ein vereinfachtes Model der produktrelevanten, positiven Emotionen Zufriedenheit, Stolz, Freude und Attraktion (mögen, lieben).

Die ersten drei genannten Emotionen beziehen sich auf komplexe Situationen bzw. Ereignisse. Im Rahmen der Produktnutzung kommt es zu einer intensiven, diffus positiven Reaktion auf eine spezifische Elementkonfiguration. Diese Reaktion wird vom Benutzer interpretiert. Dabei spielen Erwartungen und Ursachenzuschreibungen eine zentrale Rolle. Zufriedenheit ergibt sich beim Eintritt einer Erwartung. Die Ursache für das Eintreten muss allerdings vom Benutzer bei sich selbst gesehen werden (z.B. „Durch meine Anstrengung habe ich die Ziele erreicht."). Wird die Ursache etwas anderem (z.B. „Ich hatte Glück! Obwohl ich mich nicht sonderlich angestrengt habe, habe ich die Ziele erreicht.") zugeschrieben, ist eher Freude die Folge. Werden Erwartungen übertroffen, erlebt man zunächst ein Gefühl (positiver) Überraschung. Je nach Ursachenzuschreibung kann dann zur Freude noch der Stolz hinzukommen. Dieses Modell der Emotionen lässt beispielsweise durchaus Zufriedenheit zu, auch wenn das Produkt alles in allem als wenig hilfreich erlebt wurde. Nimmt man noch die Idee der *emotional amplification* (Kahneman & Miller, 2002) hinzu, die davon ausgeht, dass emotionale Reaktionen auf unerwartete Ereignisse immer stärker sind als auf erwartete, kann man Freude als eine starke und Zufriedenheit als eine blasse Emotion bezeichnen. Auch wird so klar, dass Freude insgesamt seltener auftreten sollte als Zufriedenheit.

Kasten 7, Fortsetzung:

Attraktionsemotionen sind zwar produktbezogen, speisen sich aber aus dem Produkterleben. Wenn Zufriedenheit, Stolz oder Freude erlebt wird und das Produkt als eine wichtige, mitverursachende Komponente gesehen wird, erhöht das die Wahrscheinlichkeit von Attraktionsemotionen. Es existieren aber auch direkte Einflüsse auf Attraktionsemotionen, wie beispielsweise die Vertrautheit der Objekte. Vertraute Dinge erscheinen im Allgemeinen attraktiver (*mere exposure effect*, Zajonc, 1968).

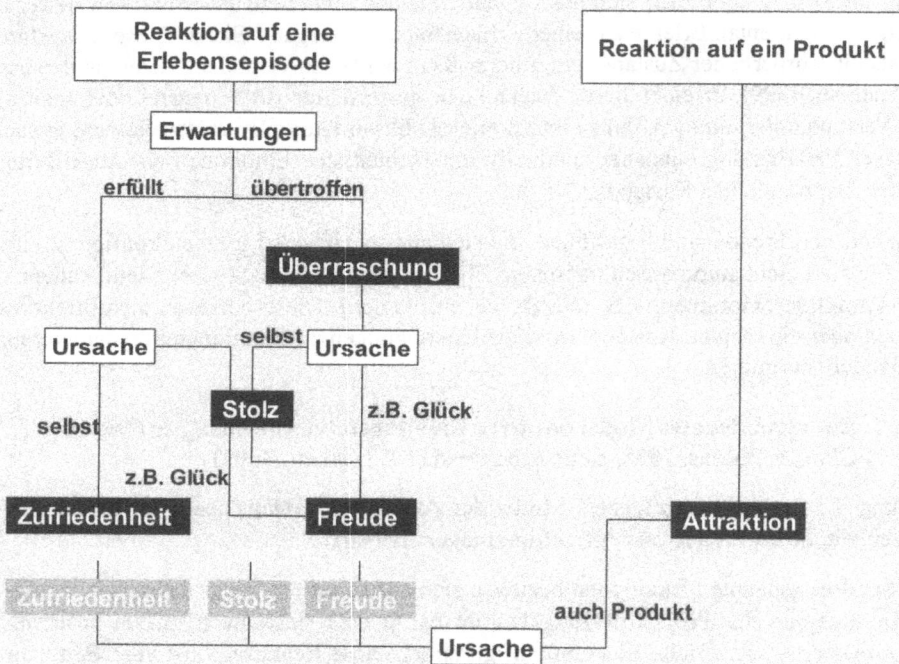

Abb. 4:   *Ein vereinfachtes Modell positiver Emotionen.*

Emotionale Reaktionen sind relativ kurzfristige, psychologische Zustände und werden von Menschen auch so erlebt. Das Gefühl der Zufriedenheit (Leichtigkeit, Wärme, Entspannung, Größe) beispielsweise darf nicht mit einem Zufriedenheitsurteil verwechselt werden (siehe z.B. ISO 9241-11, 1998). Zufriedenheitsurteile haben keine unmittelbaren Erlebnisqualitäten. Sie stellen Bewertungen dar (siehe Abschnitt „Bewerten").

Erlebnisse und die damit verbundenen Emotionen werden von Menschen oft besonders geschätzt (van Boven & Gilovich, 2003). Allerdings machen die bis hierher angestellten Überlegungen auch klar, dass Erlebnisse und Emotionen nur schwer gestaltbar sind. Sie ergeben sich aus oft einzigartigen, nur schwer wiederholbaren Konfigurationen einer Vielzahl von Elementen in einer Situation. Gestalter besitzen im Allgemeinen nicht das Maß an Kontrolle über die Situation und schon gar nicht über die psychischen Prozesse der Benutzer, um gezielt Erlebnisse zu erzeugen. Gestalter können also wohl eher die *Voraussetzungen* für Erlebnisse und Emotionen schaffen, als diese tatsächlich gestalten. Dieser Grundgedanke lässt die in letzter Zeit stark propagierte Idee des *emotional design* (z.B. Norman, 2004, oder *www.designandemotion.org/*) eher fraglich erscheinen. Emotionen und Erlebnisse sind vielleicht zu flüchtig. Versteht man *emotional design* aber als den Aufruf, nicht nur pragmatische, sondern auch hedonische Bedürfnisse bei der Gestaltung zu berücksichtigen, relativiert sich diese Kritik (siehe Kasten 8 für eine beispielhafte Perspektive auf Erleben; vergleiche auch Wright, McCarthy & Meekison, 2003).

Kasten 8: *Flow* als eine Perspektive auf Erleben

Diskussionen über *Flow* (z.B. Csikszentmihalyi, 1997), das sogenannte optimale Erleben, werden in letzter Zeit verstärkt im Kontext der Gestaltung interaktiver Produkte geführt. *Flow* hat acht Elemente: (1) klare Ziele, (2) unmittelbare Rückmeldung, (3) Herausforderung und die zur Erfüllung notwendigen Fähig- und Fertigkeiten befinden sich im Einklang, (4) hohes Maß an Konzentration und Fokus, (5) Gefühl der mühelosen Kontrolle, (6) Selbstvergessenheit, (7) Veränderung des Zeitempfindens und (8) die Aktivität wird autotelisch (zum Selbstzweck). Das Flow-Konzept beschreibt zunächst die psychologischen Charakteristika eines positiven Erlebnisses (Punkte 4, 5, 6) und seine möglichen Konsequenzen (7, 8). Im Rahmen der Produktgestaltung sind besonders die Bedingungen für Flow interessant (1, 2, 3), denn diese erscheinen „gestaltbar". Schaut man hier genauer hin, lässt sich vereinfacht sagen, dass ein Produkt mit „Flowpotential" deutlich die damit erreichbaren Ziele kommunizieren und klare, unmittelbare Rückmeldungen geben muss (beides übrigens klassische Forderungen der Software-Ergonomie). Man könnte weiterhin fordern, dass Produkte Herausforderungen bereitstellen sollen. Das wäre ein Argument für die Wichtigkeit von „Stimulation" durch das Produkt (siehe Kasten 1). Allerdings sollte ein Produkt nicht wirklich den Benutzer herausfordern, sondern eher Möglichkeiten bereitstellen, die vom Benutzer zu Herausforderungen gemacht werden können.

Eine wichtige Frage betrifft den Zusammenhang zwischen Produktcharakter und Erleben bzw. Emotionen. Aus den Überlegungen zur Genese produktrelevanter Emotionen (siehe Kasten 7) können einige Überlegungen abgeleitet werden. Zufriedenheit ist mit Zielerreichung/Erwartungen verbunden, damit sollten besonders pragmatische Produkte zu emotionalen Zufriedenheits-Reaktionen führen. Bei Freude geht es um das Übertreffen von Erwartungen. Neuartigkeit, Originalität und die damit verbundene Stimulation kann zu Gefühlen der Freude führen. Dementsprechend sollten – im weitesten Sinne – hedonische Produkte eher zur Freude führen. Stolz benötigt vielleicht beide Aspekte. Bei den produktbezogenen Emotionen ist eine Verbindung zum Produktcharakter nur schwer herzustellen. Sie ergeben sich eher aus früheren Erfahrungen. Dementsprechend werden sie als Folge wiederholt erlebter Freude, Stolz und/oder Zufriedenheit verstanden, und nicht so sehr als die Folge eines bestimmten Produktcharakters.

Kasten 9 bietet eine Zusammenfassung der wichtigsten Elemente im Prozess „Erleben":

Kasten 9: Die wichtigsten Elemente im Prozess „Erleben"

Eine Situation besteht aus einer Kombination unterschiedlicher Elemente, z.B. dem Produkt, den Zielen (z.B. wichtige oder unwichtige), psychologischen Zuständen (z.B. Stimmungen, Hunger), äußeren Umständen (z.B. Lärm, Hitze) oder anderen Personen.

Erleben ist eine Art unmittelbare „innere Kommentierung" einer Situation.

Ein Erlebnis hat immer einen Anfang und ein Ende; es betrifft eine bestimmte Zeitspanne.

Elemente einer Situation stehen in Bezug zueinander, Elemente modifizieren sich gegenseitig und verändern so das Erlebnis.

Bestimmte Elementkonfigurationen zu bestimmten Zeitpunkten führen zu diffus positiven oder negativen emotionalen Reaktionen.

Qualitativ unterschiedliche Emotionen entstehen durch die kognitive Ausdifferenzierung emotionaler Reaktionen.

Emotionen sind relativ kurzfristige psychologische Zustände.

Typische produktrelevante positive Emotionen sind Zufriedenheit, Freude, Stolz, Überraschung und Attraktion (mögen, lieben).

2.3   Bewerten

Bewerten impliziert immer das Zuweisen eines bestimmten Wertes (negativ, positiv). Dabei kann der Gegenstand der Bewertung ein Erlebnis oder nur ein Element aus der erlebten Situation sein. Die Frage „Wie war die Geburtstagsfeier deiner Tante gestern?" bezieht sich beispielsweise auf ein Erlebnis, während sich die Frage „Wie hat Dir der Begrüßungscocktail geschmeckt?" auf ein Element der Situation bezieht. Auf die Produktgestaltung übertragen, können wir Benutzer um eine Bewertung des Erlebens bei der Produktnutzung bitten (was dann alle Elemente der Situation einschließt) oder aber um eine direkte Bewertung des Produkts.

Das eigentliche Erlebnis und seine Bewertung sind miteinander verbunden, aber nicht identisch. Da Personen Bewertungen erst „konstruieren", wenn sie danach gefragt werden, müssen sie sich dann auf ihr Gedächtnis verlassen. Der Beurteiler denkt an das Erlebte zurück. Das Urteil wird auf der Basis erinnerter Bruchstücke gebildet. Diese Erinnerungen werden aber selektiv sein. An kürzer zurückliegende Momente des Erlebnisses erinnert man sich häufiger als an länger zurückliegende (der sogenannte *Recency*-Effekt). Und auch herausragend gute (oder schlechte) Momente im Erlebnis werden besser erinnert. Zusammen ergibt das die sogenannte *peak/end*-Regel (siehe z.B. Kahneman, 1999). In die Bewertungen eines Erlebnisses gehen herausragende und kürzer zurückliegende Momente stärker ein als andere. Daraus

ergibt sich z.B. der paradoxe Befund, dass die Dauer eines unangenehmen Erlebnisses wenig
zu seiner retrospektiven Beurteilung beiträgt.

Die spezifische Bewertung eines Produkts auf der Basis des Erlebten ist sicher noch um einiges
schwieriger als die retrospektive Bewertung des Erlebten selbst, da hier ja noch die Heraus-
lösung des Produkts aus dem Erlebten notwendig wird. Im Allgemeinen steht dazu noch
Forschung aus (siehe Kasten 10, eine Beispieluntersuchung). Es kann allerdings davon ausgegangen werden, dass die Produktbewertung unter mindestens ähnlichen Verzerrungen wie die
Bewertung von Erlebnissen leidet. Die schon oben dargestellte Untersuchung (siehe Kasten 4)
zeigt deutlich die Abhängigkeit, der in die Bewertung einfließenden Aspekte (hedonische oder
pragmatische) von der jeweiligen Situation (hoch oder niedrig aufgabenorientiert). Außerdem
kann die Bewertung eines Produkts auch hinsichtlich inhaltlich unterschiedlicher Aspekte vorgenommen werden. Prinzipiell haben alle Bewertungen zwar die explizite Beurteilung auf einer
positiv/negativ-Dimension gemeinsam, allerdings unterscheiden sich beispielsweise Schönheitsbewertungen von Gut/Schlecht-Bewertungen in ihrem Bezug zum Produktcharakter (Hassenzahl, 2004a, 2004b). Schönheitsbewertungen fokussieren sich hauptsächlich auf den Aspekt
Identität kommunizieren und werden durch das Erleben des Produkts kaum modifiziert, während sich Gut/Schlecht-Bewertungen durch das Erlebte beeinflussen lassen.

Kasten 10: Vom Erleben zur Bewertung eines Produkts (Hassenzahl & Sandweg, 2004)

Teilnehmern wurden eine Reihe von Aufgaben gestellt, die sie mit einem bestimmten Produkt (Software) erledigen sollten. Im Anschluss an jede Aufgabe wurden die Teilnehmer
gebeten, ihre momentan erlebte mentale Anstrengung anzugeben. Erhöhte Anstrengungs-
werte findet man besonders dann, wenn Teilnehmer Probleme im Umgang mit einem Produkt haben. Am Ende wurden die Teilnehmer gebeten, die Gebrauchstauglichkeit
(Usability) des Produkts zu bewerten. Es zeigte sich, dass diese Bewertung übermäßig
stark von der am Ende der Untersuchung erlebten Anstrengung abhing. Dies ist mit dem
sogenannten Recency-Effekt zu erklären, bei dem kürzer zurückliegende Momente stärker
in retrospektive Urteile einfließen als länger zurückliegende.

Die generelle Bewertung eines Produkts erfordert noch einen zusätzlichen Schritt der
Abstraktion. Beurteiler müssen die Rolle des Produkts in einer größeren Zahl verschiedener
Erlebnisse bestimmen und diese Ergebnisse quasi „integrieren". Je abstrakter die Urteile wer-
den, desto anfälliger werden sie für systematische Verzerrungen.

Bewertungen sollten aber trotz dieser Befunde und Überlegungen nicht als „falsch" oder
unwichtig abgetan werden. Obwohl sie kontextabhängig und systematisch verzerrt sind, stellen sie für den Benutzer doch Realität dar. Sie haben sowohl eine handlungssteuernde, moti-
vierende Funktion als auch eine kommunikative. Also, auch wenn das Urteil über ein Produkt
nicht unbedingt die tatsächlichen Erlebnisse mit diesem Produkt „objektiv" zusammenfasst,
wird es doch einen Einfluss auf die zukünftige Nutzung des Produkts und die Inhalte der
Kommunikation über das Produkt haben.

Kasten 11 bietet eine Zusammenfassung der wichtigsten Elemente im Prozess „Bewerten":

Kasten 11: Die wichtigsten Elemente im Prozess „Bewerten"

Bewerten bedeutet das Zuweisen eines Wertes; eine Bewertung ist eine momentane Konstruktion, sie wird damit vom Gedächtnis (und dem Kontext) abhängig.

Gegenstand der Bewertung kann ein Erlebnis selbst sein oder aber das Produkt als Element dieses Erlebnisses. Bewertungen können auch auf spezifische Dimension beschränkt sein (z.B. Schönheit).

Bewertungen können beliebig abstrakt werden, d.h., beliebig viele Erlebnisse integrieren.

Bewertungen haben handlungssteuernde und kommunikative Funktionen.

2.4   Gestalten

Was kann nun aus den oben angestellten Überlegungen Hilfreiches für die gestalterische Arbeit abgeleitet werden? Zunächst erscheint mir das Erleben als nur schwer gestaltbar. Erleben ist situiert, komplex und nur kaum gestalterisch zu kontrollieren. Ein typisches Beispiel für gestaltete Erlebnisse bieten Vergnügungsparks, wie beispielsweise Disney World. Solche Umgebungen sind bis ins kleinste Detail geplant und üben ein hohes Maß an Kontrolle über ihre Benutzer aus. Produktgestalter haben diese Möglichkeit der Kontrolle nicht.

Gestalter können allerdings den Versuch unternehmen, Schlüsselelemente der Situationen zu antizipieren und ihre Produkte darauf anzupassen, um so wenigstens das Potential für bestimmte Erlebnisse und Emotionen zu schaffen. Wie kann das oben vorgestellte Modell dabei helfen? Sind die antizipierten Nutzungssituationen beispielsweise überwiegend sozial (d.h. die Anwesenheit oder sogar Interaktion mit anderen ist wahrscheinlich), dann spielt das Bedürfnis nach *Identität* (siehe Kasten 1) eine verstärkte Rolle. Eine detaillierte Analyse, die dieser Logik folgt, könnte eine produktspezifische Gewichtung der zu adressierenden Bedürfnisse vornehmen, um diese Bedürfnisse dann so mit Hilfe von bestimmten Funktionen, Inhalten, Präsentations- oder Interaktionsstilen in das Produkt einzubetten. Eine einfachere Strategie ist es, *immer* den Versuch zu unternehmen, *alle* vier Bedürfnisse mit einem Produkt zu befriedigen. Tatsächlich gibt es nur wenige Produkte, die hauptsächlich ein Bedürfnis befriedigen. Anders als Geldautomaten, Puzzles, Sportwagen, Souvenirs oder Gutscheine, werden interaktive Produkte, wie beispielweise Mobiltelefone, in sehr verschiedenen Situationen genutzt. Demzufolge spielen auch verschiedene Bedürfnisse eine Rolle. Auch wenn am Ende die zeitlichen oder monetären Ressourcen für die systematische Berücksichtigung mancher Bedürfnisse fehlen, sollte der Gestalter sie beim Entwurf doch alle präsent haben und bedenken.

Häufig wird das hier vorgestellte Modell als ausschließlich auf Konsumprodukte anwendbar verstanden. Für Produkte, die in einem Arbeitskontext verwendet werden (sogenannte Werkzeuge), soll nur *Manipulation* wichtig sein. Ich bin da anderer Meinung. Tatsächlich spielen in typischen Nutzungssituationen, für beispielsweise eine Textverarbeitung, sowohl *Manipulation* als auch *Stimulation* eine Rolle. Besonders im Arbeitskontext ist die Weiterentwicklung persönlicher Kenntnisse und Fertigkeiten nicht nur von persönlichem Belang, sondern auch wichtig für die Organisation (vgl. Igbaria, Schiffman & Wieckowski, 1994). Kommen jetzt noch soziale Situationen hinzu, spielt auch *Identität* eine Rolle. Auch hier kann es um die Identität der Organisation oder des Einzelnen gehen. Ein vor oder mit Kunden zu benutzendes Produkt wird unweigerlich eine Botschaft über die Organisation kommunizieren. Dabei geht es nicht nur um die Kommunikation organisationaler Werte in typischen, vom Marketing im Allgemeinen bereits antizipierten Situationen (wie z.B. bei der Benutzung eines Firmenwebseiten). Ein interaktives Produkt, wie beispielsweise ein Computertomograph, hinterlässt einen Eindruck beim Patienten, der sowohl die Qualität der Untersuchung als auch der Organisation betrifft (vgl. Burmester, Platz, Rudolph & Wild, 1999). Bei einem technischen Produkt zur Programmierung von Industrieanlagen fand sich beispielsweise das Bedürfnis nach *Identität* immer dann, wenn Teile der Arbeiten vor Ort bei dem Kunden zu erledigen waren. Da muss das Produkt nicht nur nützlich und benutzbar sein (wie man es eben von einem Werkzeug erwarten würde), sondern diese Qualitäten auch noch explizit an andere kommunizieren. Bedürfnisse nach *Identität* findet man im Arbeitskontext aber auch auf der persönlichen Ebene: Familienbilder oder ein Bild des Haustiers als *desktop* Hintergrund haben nicht nur die Funktion, mich nach langen Arbeitsstunden daran zu erinnern, wie meine Familie aussieht oder dass ich einen Hund besitze, der Hunger hat. Es soll meine persönlichen Umstände auch an andere kommunizieren.

Gestalter sollten sich also mit den oben beschriebenen Grundbedürfnissen auseinandersetzen und auf der Basis antizipierter Nutzungssituationen gewichten. Zur Vereinfachung kann immer der Versuch unternommen werden, *alle* Bedürfnisse zu befriedigen. Vom Benutzer wahrgenommene Bedürfnisbefriedigung wird damit zum Gestaltungsziel. Darum spreche ich auch meist von „bedürfniszentrierter Produktentwicklung". Auf der Ebene des konkreten Produkts ist es der Produktcharakter, der Bedürfnisbefriedigung signalisiert oder nicht. Gestalter gestalten also eigentlich den Produktcharakter, und hier liegt auch sicher das gestalterisch zu lösende Problem.

Produktsprachliche Theorien helfen dabei, die Brücke vom Material (bei interaktiven Produkten eben Funktion, Inhalt, Präsentation, Interaktion) zum Produktcharakter zu schlagen. Aber auch andere, mehr erfahrungsbasierte Vorgehensweisen können hilfreich sein (siehe Djajadiningrat, Gaver, & Frens, 2000, für ein außergewöhnliches Beispiel). Speziell für die Gestaltung interaktiver Produkte habe ich die Analyse erfolgreicher Computerspiele zur Inspiration vorgeschlagen (Hassenzahl, 2003b).

Bei der Gestaltung stellt sich immer wieder die Frage, ob der *intendierte* Produktcharakter auch so vom Benutzer wahrgenommen wird. Habe ich mich entschieden, bei der Gestaltung eines Produkts das Bedürfnis nach erfolgreicher *Manipulation* (siehe Kasten 1) zu berücksichtigen und Funktion, Inhalt, Präsentation und Interaktion so gewählt, dass der Produktcharakter dies (vermeintlich) auch signalisiert, kann ich mir aber noch nicht sicher sein, dass es die Gruppe der potentiellen Benutzer auch so wahrnimmt. Wie im Abschnitt „Persönliche Standards" angesprochen, können Unterschiede in den Standards zu Unterschieden in der Wahrnehmung führen. Was mir einfach erscheint, muss für den anderen noch lange nicht so erscheinen. Eine Möglichkeit, die Wahrnehmung des Produktcharakters auf Seiten der Benutzer standardisiert zu erfassen, ist der AttrakDiff-Fragebogen (Hassenzahl, Burmester & Koller, 2003, *www.attrakdiff.de*). Er deckt die Bedürfnisse *Manipulation*, *Stimulation* und *Identität* ab, und ermöglicht eine zusammenfassende Bewertung der Attraktivität, wobei diese, wie im Abschnitt „Bewerten" ausgeführt, situationshängig sein kann. Eine explorativere Methode ist das *character grid* (z.B. Hassenzahl, 2002). Um es durchzuführen, müssen eine ganze Reihe alternativer Produktentwürfe vorliegen. Mit Hilfe einer strukturierten Interviewtechnik lassen sich sowohl qualitative als auch quantitative Daten über die Wahrnehmung und Bewertung der alternativen Entwürfe erheben. „Welcher Entwurf hat den attraktivsten Produktcharakter? Was macht ihn attraktiv? Wie ähnlich oder unähnlich sind sich die Charaktere? Worin unterscheiden sie sich? Wie unterscheidet sich die Wahrnehmung des Gestalters von den Benutzern?" sind nur einige Fragen, die mit den erhobenen Daten beantwortet werden können.

Gestalten schließt bereits eine ganze Reihe etablierter Aktivitäten und damit verbundener Techniken ein. Das vorliegende Modell stellt keine Alternative zu diesen Ansätzen dar, vielmehr ist mir daran gelegen, dass Gestalten auch als ein Entscheidungsprozeß wahrgenommen wird, der neben dem kreativen Akt des Problemlösens, das Formulieren, Gewichten und empirische Überprüfen verbindlicher Gestaltungsziele notwendig macht.

Kasten 12 bietet eine Zusammenfassung der wichtigsten Elemente im Prozess „Gestalten":

Kasten 12: Die wichtigsten Elemente im Prozess „Gestalten"

Gestalten bedeutet Entscheiden (Zielsetzung, Zielerfüllung überprüfen) und Problemlösen.

Bedürfnisse der Benutzer können als Ziele verstanden werden. Gestalter müssen sich für eine Gewichtung der Bedürfnisse entscheiden (auch Gleichgewichtung ist möglich). Damit wird die Zielstruktur festgelegt.

Der intendierte Produktcharakter muss Bedürfnisbefriedigung signalisieren. Es ist der Produktcharakter, der im engen Sinne gestaltet wird.

Die Wahrnehmung des intendierten Produktcharakters muss empirisch überprüft werden. Dies stellt die eigentliche Evaluation dar.

3   Fazit

Kees Overbeeke und Stephan Wensveen, zwei Gestalter der Technischen Universität Eindhoven, haben mir kürzlich die Frage gestellt "But how, Marc, tell us how?" (Overbeeke & Wensveen, 2004). Wie geht man als Gestalter jetzt genau vor? Ich kann und will diese Frage nicht beantworten. Das vorliegende Modell schreibt keine detaillierte Handlungsweise vor. Dem stark im Tun verhafteten Gestalter wird es dementsprechend keine Hilfe sein.

Allerdings hoffe ich, dass es den reflexiven Gestaltern beim Berücksichtigen von Themen wie Erleben und Emotionen im Rahmen ihrer Gestaltungspraxis hilfreich sein kann. Erleben und Emotionen sind *heiße* Themen, aber leider auch oft missverstanden. Nur allzu schnell wird emotional als das Gegenteil von rational verstanden. Warm – kalt, Herz – Verstand, Bauch – Kopf, all dies sind kulturell tief sitzende Gegensätze, die schnell *emotional design* als Aufruf zur Abkehr vom Funktionalismus verstehen lassen. Diesem Verständnis möchte ich vorbeugen. In meinem Modell erzeugen sowohl pragmatische als auch hedonische Produkte emotionale Reaktionen, allerdings qualitativ unterschiedliche. Das Modell soll als eine Art Leitfaden bei der Beschäftigung mit dem Wahrnehmen, dem Erleben, dem Bewerten interaktiver Produkte durch Benutzer dienen. Und es soll zu wissenschaftlichen „Ausflügen" in diese Welt animieren, um so mehr über diese Prozesse im Kontext der Produktgestaltung zu lernen. Denn nichts ist praktischer als eine gute Theorie.

4   Literatur

Belk, R. W. (1988). Possessions and the extended self. *Journal of Consumer Research, 15,* S. 139–168.

Boven, L. v. & Gilovich, T. (2003). To do or to have? That is the question. *Journal of Personality and Social Psychology, 85,* S. 1193–1202.

Burmester, M.; Platz, A.; Rudolph, U. & Wild, B. (1999). Aesthetic design – just an add on? In H.-J. Bullinger & J. Ziegler (Hrsg*.), Proceedings of the HCII '99 international conference on human-computer interaction, Vol. 1* (S. 671–675). Mahwah, NJ: Lawrence Erlbaum.

Csikszentmihalyi, M. (1997). *Finding flow: The psychology of engagement with everyday life.* New York: Basic Books.

Desmet, P. M. A. & Hekkert, P. (2002). The basis of product emotions. In W. Green & P. Jordan (Eds.), *Pleasure with products: beyond usability* (S. 60–68). London: Taylor & Francis.

DIN EN ISO 9241-11 (1998). Ergonomische Anforderungen für Bürotätigkeiten mit Bildschirmgeräten – Teil 11: Anforderungen an die Gebrauchstauglichkeit; Leitsätze (ISO 9241-11:1998). Berlin: Beuth.

DIN EN ISO 14915-1 (2002). Software-Ergonomie für Multimedia-Benutzungsschnittstellen – Teil 1: Gestaltungsgrundsätze und Rahmenbedingungen (ISO 14915-1:2002). Berlin: Beuth.

Djajadiningrat, J. P.; Gaver, W. W. & Frens, J. W. (2000). Interaction Relabelling and extreme characters: Methods for exploring aesthetic interactions. In *Proceedings of DIS'00, Designing Interactive Systems* (S. 66–72). New York: ACM.

Elster, J. & Loewenstein, G. (1992). Utility from memory and anticipation. In J. Elster & G. Loewenstein (Hrsg.), *Choice over time* (S. 213–224). New York: Russell Sage Foundation.

Gaver, W. W. & Martin, H. (2000). Alternatives. Exploring Information Appliances through Conceptual Design Proposals. In T. Turner & G. Szwillus (Hrsg.), *Proceedings of the CHI 2000 Conference on Human Factors in Computing* (S. 209–216). New York: ACM, Addison-Wesley.

Hassenzahl, M. (2002). Character Grid: a Simple Repertory Grid Technique for Web Site Analysis and Evaluation. In J. Ratner (Hrsg.), *Human Factors and Web Development, 2nd ed.* (S. 183–206). Mahwah, NJ: Lawrence Erlbaum.

– (2003a). The thing and I: understanding the relationship between user and product. In M. Blythe, C. Overbeeke, A. F. Monk, & P. C. Wright (Hrsg.), *Funology: From Usability to Enjoyment* (S. 31– 42). Dordrecht: Kluwer.

– (2003b). Attraktive Software – Was Gestalter von Computerspielen lernen können. In J. Machate & M. Burmester (Hrsg.), *User Interface Tuning. Benutzungsschnittstellen menschlich gestalten* (S. 27– 45). Frankfurt: Software & Support Verlag.

– (2004a). The interplay of beauty, goodness and usability in interactive products. *Human Computer Interaction, 19,* S. 319–349.

– (2004b). Beautiful objects as an extension of the Self. A reply. *Human Computer Interaction, 19,* S. 377–386.

Hassenzahl, M.; Burmester, M. & Koller, F. (2003). AttrakDiff: Ein Fragebogen zur Messung wahrgenommener hedonischer und pragmatischer Qualität. In J. Ziegler & G. Szwillus (Hrsg.), *Mensch & Computer 2003. Interaktion in Bewegung* (S. 187–196). Stuttgart, Leipzig: B. G. Teubner.

Hassenzahl, M.; Burmester, M. & Sandweg, N. (2000). Perceived novelty of functions – a source of hedonic quality. *Interfaces, 42,* S. 11.

Hassenzahl, M.; Kekez, R. & Burmester, M. (2002). The importance of a software's pragmatic quality depends on usage modes. In H. Luczak, A. E. Cakir & G. Cakir (Hrsg.), *Proceedings of the 6th international conference on Work With Display Units (WWDU 2002)* (S. 275–276). Berlin: ERGONOMIC Institut für Arbeits- und Sozialforschung.

Hassenzahl, M. & Sandweg, N. (2004). From Mental Effort to Perceived Usability: Transforming Experiences into Summary Assessments. In *Proceedings of the CHI 04 Conference on Human Factors in Computing Systems*.

Holbrook, M. B. & Hirschman, E. C. (1993). *The semiotics of consumption.* Berlin, New York: de Gruyter.

Igbaria, M.; Schiffman, S. J. & Wieckowski, T. J. (1994). The respective roles of perceived usefulness and perceived fun in the acceptance of microcomputer technology. *Behaviour & Information Technology, 13,* S. 349–361.

ISO (1998). ISO 9241: *Ergonomic requirements for office work with visual display terminals (VDTs) – Part 11: Guidance on usability.* Geneve: International Organization for Standardization.

Janlert, L.-E. & Stolterman, E. (1997). The character of things. *Design Studies, 18,* S. 297–314.

Kahneman, D. (1999). Objective happiness. In D. Kahneman, E. Diener & N. Schwarz (Hrsg.), *Well-being: The foundations of hedonic quality* (S. 3–25). New York: Sage.

– & Miller, D. T. (2002). Norm theory: Comparing reality to its alternatives. In T. Gilovich, D. Griffin, & D. Kahneman (Hrsg.), *Heuristics and biases. The psychology of intuitive judgment* (S. 348–366). Cambridge: Cambridge University Press.

Malone, T. W. (1981). Toward a theory of intrinsically motivating instruction. *Cognitive Science, 4, S.* 333–369.

Norman, D. A. (2004*). Emotional Design: Why We Love (or Hate) Everyday Things.* New York: Basic Books.

Ortony, A.; Clore, G. L. & Collins, A. (1988). *The cognitive structure of emotions.* Cambridge, MA: Cambridge University Press.

Overbeeke, C. J. & Wensveen, S. A. G. (2004). Beauty in use. Comment on Hassenzahl's „The interplay of beauty, goodness and usability in interactive products". *Human Computer Interaction, 19,* S. 367–369.

Ryan, R. M. & Deci, E. L. (2001). On happiness and human-potentials: a review of research on hedonic and eudaimonic well-being. *Annual Review of Psychology, 52,* S. 141–166.

Schindler, R. M. & Holbrook, M. B. (2003). Nostalgia for early experience as a determinant of consumer preference. *Psychology and Marketing, 20,* S. 275–302.

Schneider, D. J. (1973). Implicit personality theory. A review. *Psychological Bulletin, 79,* S. 194–309.

Schwartz, S. H. & Bilsky, W. (1987). Toward a universal psychological structure of human values. *Journal of Personality and Social Psychology, 3,* S. 550–562.

Wicklund, R. A. & Gollwitzer, P. M. (1982). *Symbolic self-completion.* Hillsdale, NJ: Lawrence Erlbaum.

Wright, P. C.; McCarthy, J. & Meekison, L. (2003). Making sense of experience. In M. Blythe, C. Overbeeke, A. F. Monk & P. C. Wright (Hrsg.), *Funology: From Usability to Enjoyment* (S. 43–53). Dordrecht: Kluwer.

Zajonc, R. B. (1968). Attitudinal effects of mere exposure. *Journal of Personality and Social Psychology, 9,* S. 1–27.

II. Methodik

Einleitung
Benutzerzentrierung als
gemeinsames Paradigma

Harald Reiterer

1   Ausgangspunkte

Der folgende Teil des Buches stellt verschiedene Methoden vor, die heute typischerweise bei der Entwicklung von Wissensmedien zum Einsatz kommen. „Die" Methoden des Knowledge Media Design gibt es (derzeit noch) nicht, da es sich hierbei noch um eine sehr junge Forschungsdisziplin handelt, die außerdem Akteure aus sehr unterschiedlichen Fachgebieten zusammenbringt. Daraus ergibt sich auch, dass die Art und der Umfang der eingesetzten Methoden sehr heterogen und vor allem dadurch geprägt sind, aus welcher „Heimatdisziplin" der jeweilige Akteur kommt.

Was aber alle Methoden gemeinsam haben, ist eine starke Zentrierung auf die Benutzer der jeweiligen Wissensmedien. Sie stehen damit in der Tradition des „user-centered design", das seine Wurzeln in der Forschungsdisziplin Mensch-Computer Interaktion hat[1]. Beim benutzerzentrierten Design sind der Benutzer, seine Aufgaben und der jeweilige Anwendungskontext, innerhalb dessen die Wissensmedien genutzt werden sollen, Ausgangspunkte und gleichzeitig die bestimmenden Faktoren für das Design.

---

1. Siehe dazu das nach wie vor lesenwerte Buch von Norman und Draper (Hrsg.) aus dem Jahre 1986 mit dem Titel „User Centered System Design" (erschienen bei Lawrence Erlbaum, Hillsdale).

2   Die Beiträge im Einzelnen

In seinem Beitrag *Usability Engineering für interaktive Wissensmedien* gibt **Michael Burmester** (Usability Engineer) einen sehr umfassenden Überblick über gängige Methoden des Usability Engineering. Anhand des am Beginn vorgestellten Modells zur Benutzer-Wissensmedien-Interaktion wird die Benutzer- und Nutzungskontextzentrierung des Usability Engineering sehr anschaulich dargestellt. Sehr detailliert wird mittels eines typischen Gestaltungsprozesses des Usability Engineering für dessen einzelne Phasen beschrieben, welche Gestaltungsaktivitäten und Methoden jeweils zur Anwendung gelangen können. Hier zeigt sich klar, dass die Methoden und Vorgehensweisen des Usability Engineering einen engen fachlichen Bezug zu Methoden des Software Engineering haben. Unterschiede ergeben sich vor allem in der starken Fokussierung auf die Aufgaben der Benutzer im jeweiligen Nutzungskontext (anstatt auf Funktionen und Daten) und dem hohen Stellenwert, den die Evaluierung der Systeme mit Benutzern im Entwicklungsprozess einnimmt. Burmester betont einen oft zu wenig beachteten Aspekt der benutzerzentrierten Entwicklung, nämlich deren Potenzial zur Generierung neuer Gestaltungsideen. Aus einer konsequent angewendeten benutzerzentrierten Gestaltung können seiner Meinung nach, aus den Erkenntnissen aus dem Nutzungskontext oder aus der Evaluation, ganz neue Ideen zur Produktgestaltung entstehen (technology pull satt technology push).

Eine etwas andere benutzerzentrierte Sichtweise bei der Entwicklung von Wissensmedien vertritt **Gesche Joost** (Interface Designerin). In ihrem Beitrag *Audio-visuelle Rhetorik und Informationsdesign* steht die Kommunikation zwischen dem Benutzer und dem Wissensmedium im Zentrum der Betrachtung. Zur Gestaltung dieses kommunikativen Aktes bietet sich nach Ansicht der Autorin die Rhetorik an. Dabei kommt der audio-visuellen Rhetorik eine besondere Bedeutung zu, da vielfach textuelle Informationen in ein audio-visuelles, interaktives Zeichensystem überführt werden müssen. Wobei auch hier der wesentliche Bezugspunkt der Benutzer ist, als Adressat dieser audio-visuellen Botschaften. Nach Ansicht der Autorin erhält die alte Lehre der Rhetorik im Kontext von interaktiven Wissensmedien eine ganz neue Bedeutung und bietet interessante Möglichkeiten für das Design. Die Autorin spricht sogar von der „Rhetorik als Toolbox des Designers". Auch hier wird anhand eines fünfphasigen Prozessmodells der Rhetorik gezeigt, wie sich die Gestaltung von Wissensmedien in einen methodischen Rahmen einbetten lässt. Mittels eines anschaulichen Beispiels einer multimedialen CD-ROM über Sigmund Freud erläutert sie, wie die Rhetorik als Analyseinstrument multimedialer Zeichensysteme eingesetzt werden kann.

Auch in **Jens Geelhaars** (Interface Designer) Beitrag *Interaktion mit verteilten digitalen Informationsräumen* steht der Benutzer im Mittelpunkt. Bezugspunkte dabei sind Kognitionstheorien, die in ihrer aktuellen Formulierung von einer Einheit der leiblichen Existenz mit kognitiven Leistungen ausgehen. Nachdem sich Computer von Großrechenanlagen über Personal Computer zu ubiquitären Prozessorleistungen in Alltagsgegenständen entwickelt haben und wir damit nicht nur MIT, sondern auch IN Medien leben, wurden neue Bestimmungen zwischen Mensch, Maschine, Raum und Information notwendig. Forschungsfelder wie „Tangible User Interfaces" und „Embodied Interaction" befassen sich mit dieser Thematik, für die Geelhaar ein Praxisbeispiel in Form einer Museumsanwendung mit RFID Technologie vorstellt. Schließlich werden individuelle und soziale Auswirkungen diskutiert, mit dem Fazit, dass auch inmitten künftiger Vernetzungen noch technikfreie Räume bleiben sollten.

Über die „Methodik des Weglassens" im Rahmen des User Interface Design berichtet **Axel Platz** (Interface Designer) in seinem Beitrag *Horror Vacui? Die Leerstelle als Paradigma im User Interface Design*. Dabei zeigt er, wie eine tradierte Methode aus der Literaturwissenschaft nutzbringend auf das Interface Design übertragen werden kann. Ausgehend vom Problem des *information overload* durch den zunehmenden Einsatz digitaler Medien, wird die Idee hinter dem Begriff der „Leerstelle" als bewusste Designmaßnahme vorgeschlagen. Neben einer wahrnehmungsphysiologischen Funktion der einfacheren und schnelleren Wahrnehmbarkeit von Inhalten, da nur wenige prägnante Inhalte angeboten werden, ist vor allem die inhaltliche Funktion für den Gestalter interessant. Durch gezielte Enthaltung wird Irrelevantes oder Redundantes vermieden. Damit wird die Botschaft an den Benutzer ausgesandt, dass seine Anforderungen verstanden, dass sein Bedarf, seine Kenntnisse, Erfahrungen und Fähigkeiten ernst genommen werden. Klar wird herausgearbeitet, dass die Kunst des Weglassens beim Gestalter ein tiefes Verständnis bezüglich der Inhalte und Strukturen, aber auch hinsichtlich der Nutzer (z.B. Auffassungen, Vorwissen) und des Nutzungskontextes voraussetzt. Damit sind wir wieder beim Paradigma des benutzerzentrierten Designs angelangt!

Einen radikalen Ansatz der Benutzerzentrierung vertritt das *Interactive Digital Storytelling als eine Methode der Wissensvermittlung*, wie **Ulrike Spierling** (visuelle Kommunikationsdesignerin) in ihrem gleichnamigen Beitrag darstellt. Hier wird der Benutzer als ein die Handlung einer interaktiven Geschichte unmittelbar bestimmender Akteur gesehen. Die Interaktion zwischen dem Benutzer und dem Medium Computer wird in einen narrativen Kontext gestellt, wobei diese Interaktion mit virtuellen Akteuren (z.B. Avataren) erfolgt und der Grad der Immersion durch fortschrittliche Ein-/Ausgabetechniken (z.B. Spracheingabe, Gestenerkennung) möglichst hoch sein sollte. Methodisch ergeben sich hier Anknüpfungspunkte zu den Bereichen der Entwicklung von Filmen und Computerspielen, dem traditionellen Erzählen von Geschichten sowie dem Aufbau eines Dramas. Diese methodischen Grundlagen werden vorgestellt und dann in einen Gestaltungsprozess eingebettet. Dabei zeigt sich, dass hier Akteure mit Gestaltungskompetenzen aus sehr unterschiedlichen Designdisziplinen (z.B. Erzählen und Drehbuch, Usability Engineering, Kommunikationsdesign, Game Design) zusammengeführt werden müssen. Die Autorin sieht für die Ideen des *digital storytelling* vor allem im Bereich der Wissensmedien für das Edutainment ein großes Potential, da dieses durch die Konzepte und Techniken des *interactive digital storytelling* zu einer Experimentierplattform werden könnte, die den Beteiligten im Wissenskontext, also sowohl den Lehrende als auch den Lernende, die Möglichkeit eröffnet, zwischen Lernen und Spielen selbst zu aktiven Autoren zu werden.

Dass Benutzerzentrierung auch Rücksichtnahme auf den jeweiligen kulturellen Kontext bedeutet, zeigen die beiden letzten Beiträge dieses Buchteils. Im ersten Beitrag geht **Frank Thissen** (Informationsdesigner) auf die zunehmende Bedeutung des *Interkulturellen Knowledge Media Design* ein. Auch Wissensmedien müssen sich in der globalisierten Welt von heute bewähren, d.h., sie müssen den kulturellen Unterschieden ihrer Benutzer Rechnung tragen. Thissen zeigt dies sehr anschaulich anhand von Web Sites global tätiger Unternehmen (z.B. Nestle). Dabei muss sich interkulturelles Knowledge Media Design auf drei Ebenen beziehen: Erstens, auf die Ebene der Zeichensysteme einer Kultur (z.B. Schrift, Farbe, Icons). Hier spielt das Konzept der *cultural markers* eine wichtige Rolle, worunter alle für das Interface-Design wesentlichen Elemente gemeint sind, die innerhalb einer kulturellen Gruppe verbreitet und bevorzugt sind und somit die kulturelle Verbundenheit anzeigen. Hier gibt es mittlerweile einen reichen Fundus an Designregeln, die man hilfreich zu Rate ziehen kann. Auf der zweiten Ebene des interkulturellen Knowledge Media Designs geht es um Wahrnehmungs- und Verhaltensmuster, die eine bestimmte Kultur kennzeichnen. Sie drücken gewisse Wertehaltungen einer Kultur aus. Bei aller Gefahr einer zu simplen Stereotypisierung, bieten sie doch Hilfestellungen für eine interkulturelle Gestaltung. Dies zeigt Thissen sehr deutlich anhand der fünf „Kulturdimensionen" von Hofstede und erklärt, welche konkreten Gestaltungsimplikationen sich aus diesen, beispielsweise beim Design von Web Sites, ergeben. Die dritte Ebene des interkulturellen Knowledge Media Designs setzt sich mit der Fremdartigkeit anderer Kulturen im globalen Sinne auseinander. Ziel ist es dabei, die Welt mit den Augen eines anderen zu sehen, um eine humane Begegnung der Kulturen zu ermöglichen. Hier ist es schwer, konkrete Gestaltungsempfehlungen zu geben, aber anhand von vier Begegnungsmodellen von Sundermeier zeigt Thissen interessante Möglichkeiten auf, wie man der Andersartigkeit von Kulturen begegnen kann. Der Beitrag zeigt anschaulich, dass Benutzer unterschiedlicher Kulturen sehr unterschiedlich auf das Interface Design reagieren können (sowohl emotional als auch vom Verständnis) und daher ein globales, benutzerzentriertes Design immer auch ein interkulturelles Design mit beinhalten muss!

Im Beitrag *Information design and cultural understanding* beleuchtet **Carla Spinillo** (Informationsdesignerin) ebenfalls die Bedeutung der kulturellen Eignung für das Information Design. Dazu wird am Beginn eine kurze Einführung in den Designprozess des Information Design gegeben. Die Benutzerzentrierung kommt hier vor allem durch die Berücksichtigung folgender Gestaltungsdimensionen zum Ausdruck: Informationsbedürfnisse des Benutzers sowie Vertrautheit des Benutzers mit grafischen Darstellungen und deren Akzeptanz (im Sinne von soziokulturellen Werten und persönlichen Präferenzen). Anhand von bildhaften Darstellungen wird die Problematik der adäquaten Gestaltung und der kulturellen Eignung anschaulich gezeigt. Daraus wird die Schlussfolgerung gezogen, dass die späteren Betrachter einer visuellen Botschaft aktiv in den Designprozess einbezogen und, dass die so entwickelten Designentwürfe mit den späteren Betrachtern getestet werden müssen, um die Verständlichkeit und deren kulturelle Eignung sicherstellen zu können.

3 Fazit

Bei aller Unterschiedlichkeit der Methoden, im Detail zeigen die Beiträge dieses Teiles doch ganz klar, dass alle beschriebenen Ansätze den Benutzer in den Mittelpunkt des Gestaltungsprozesses stellen. Neben den schon als klassisch zu benennenden Verfahrensweisen des Usability Engineering finden auch Praktiken aus dem Bereich der Rhetorik, der Literaturwissenschaft, des Erzählens von (digitalen) Geschichten und des interkulturellen Designs Anwendung. Eine beachtliche methodische Spannweite, die naturgemäß nur von interdisziplinär besetzten Designteams geschultert werden kann.

Die ausgeprägte Benutzerzentrierung der Methoden führt auch dazu, dass die von den unterschiedlichen Autoren vorgeschlagenen Gestaltungsprozesse große Gemeinsamkeiten aufweisen. Am Beginn steht immer eine umfassende Analyse der Benutzerbedürfnisse und des Benutzungskontextes der zu entwickelnden Wissensmedien. Die dabei erhobenen Bedürfnisse werden dann in Anforderungen an das Design überführt und in der anschließenden Designphase mittels verschiedener Varianten umzusetzen versucht. Die Einbindung der Benutzer reicht dabei von aktiver Teilnahme am Designprozess (als stärkste Form der Benutzereinbindung) bis zum Testen von Designentwürfen (als minimale Form der Benutzerbeteiligung). Alle Gestaltungsprozesse beinhalten somit eine Evaluationsphase und sind iterativ angelegt, d.h., die im Rahmen von Tests mit Benutzern erkannten Probleme führen zu einem Re-Design der Entwürfe.

Mit dem Aufzeigen von bisher bewährten Methoden der verschiedenen, beteiligten Disziplinen des Knowledge Media Designs sowie deren Gemeinsamkeiten und Unterschiede, ist ein erster Schritt in die Richtung der Entwicklung eines gemeinsamen Methodenverständnisses getan. Weitere Schritte dieser Art müssen nun folgen, die zur Entwicklung eines kohärenteren „Methodenbaukastens" führen, der den Bedürfnissen aller Akteure im Rahmen des Gestaltungsprozesses von Wissensmedien Rechnung trägt. Dies ist eines der wesentlichen Ziele des Forums Knowledge Media Design.

Usability Engineering für interaktive Wissensmedien

Michael Burmester

Für die Gestaltung interaktiver Wissensmedien ist es notwendig, die Ziele der Nutzer und die der Anbieter bezüglich der Informationen gleichermaßen zu berücksichtigen. Usability Engineering interaktiver Wissensmedien muss dem in theoretischer und in methodischer Hinsicht gerecht werden. Im Folgenden wird geklärt, wie Usability als Qualität der Nutzung im Hinblick auf interaktive Wissensmedien zu verstehen ist. Es wird ein Modell der Interaktion für Wissensmedien entworfen und wesentliche theoretische Grundlagen für die Suche nach und zur Verwendung von Informationen sowie hinsichtlich der Glaubwürdigkeit von Informationsangeboten dargestellt. Usability Engineering interaktiver Wissensmedien wird auf der Basis eines international anerkannten und erprobten Gestaltungsprozesses – der benutzerzentrierten Gestaltung – beschrieben und erläutert.

1 Usability als Qualität der Nutzung

Usability als eine zentrale Qualität interaktiver Produkte ist besonders durch Fragen zur richtigen Gestaltung von Web-Sites und Web-Applikationen in die Diskussion geraten. Dort wurde sehr schnell deutlich, dass Internetnutzer frustriert die Web-Site wechseln, wenn nicht die richtigen Informationen oder Funktionen vorhanden, auffindbar bzw. verständlich sind. Bei bisherigen interaktiven Produkten werden die Benutzer mit der Usability erst konfrontiert, wenn sie das Produkt erworben und dafür bezahlt haben. Produkte im beruflichen Einsatz werden den Benutzern häufig vom Arbeitgeber als Werkzeuge zur Verfügung gestellt. Schlechte Usability verursacht dann während der Nutzung der Produkte mangelnde Produktivität, geringe Akzeptanz der Produkte, hohe Schulungskosten etc. (vgl. Bias & Mayhew, 1994; Kalbach, 2003 und Marcus, 2002). Im Internet sammeln die Benutzer zunächst Erfahrungen mit der Usability und treffen dann die Entscheidung, ob sie beispielsweise für einen Service zahlen.

Usability oder Gebrauchstauglichkeit, wie es in der offiziellen deutschen Übersetzung der internationalen Norm ISO 9241, Teil 11, heißt, wird definiert als „das Ausmaß, in dem ein Produkt durch bestimmte Benutzer in einem bestimmten Nutzungskontext genutzt werden kann, um bestimmte Ziele effektiv, effizient und zufriedenstellend zu erreichen." (DIN EN ISO 9241-11, 1998, S. 4). Ganz wesentlich an dieser Definition ist, dass über Usability nur etwas ausgesagt werden kann, wenn der Nutzungskontext bekannt ist. Dieser umfasst die Benutzer, die von ihnen zu erledigenden Aufgaben, die Arbeitsmittel sowie die physische, organisatorische und soziale Umgebung, in der das Produkt genutzt wird. Nigel Bevan, der Editor des Teil 11 der ISO 9241 weist darauf hin, dass es sich bei Usability um eine Qualität der Nutzung handelt. Es lässt sich also nicht anhand der reinen Produkteigenschaften entscheiden, ob ein Produkt gebrauchstauglich ist oder nicht. Das Produkt muss immer in Bezug zum Nutzungskontext betrachtet werden. Bevan spricht von „Quality of use" und meint damit „that the product can be used for its intended purpose in the real world" (Bevan, 1995).

In der Usability-Definition findet sich ein Hinweis auf Zielorientierung. Der Definition liegt die Vorstellung zugrunde, dass Benutzer Ziele erreichen wollen, die als das angestrebte Arbeitsergebnis verstanden werden. Die dafür notwendigen Aktivitäten werden in der Norm als Aufgabe definiert. Das Produkt soll die Benutzer so unterstützen, dass diese ihre Ziele vollständig und genau, d.h. effektiv erreichen können. Der im Verhältnis zur Genauigkeit und Vollständigkeit der Zielerreichung eingesetzte Aufwand beschreibt die Effizienz der Zielerreichung. Werden die Ziele mit angemessenem Aufwand erreicht, dann stellt sich die Zufriedenstellung der Benutzer ein. Damit ist gemeint, dass durch die Nutzung des Produktes keine Beeinträchtigungen des Benutzers (z.B. erhöhte Anstrengung durch zu kleine Schriften oder fehlerhafte Interaktionen) eintreten. Zudem entwickelt der Benutzer eine positive Einstellung zu dem Produkt, was die wiederholte Nutzung des Produktes fördert. Damit die Ziele effektiv und effizient erreicht werden können, muss das Produkt an die Bedingungen des Nutzungskontextes angepasst sein. Dazu gehört, dass das Produkt über die Funktionen und Inhalte verfügt, die zur Zielerreichung benötigt werden (Nützlichkeit). Zudem muss der Zugang zu Funktionen und Inhalten leicht zu erlernen und zu handhaben sein (Benutzbarkeit).

2   Interaktive Wissensmedien

2.1   Werkzeug und Medium

Die Usability-Definition der DIN EN ISO 9241-11:1998 wurde ursprünglich für Produkte entwickelt, die Bürotätigkeiten unterstützen („ergonomische Anforderungen für Bürotätigkeiten mit Bildschirmgeräten", DIN EN ISO 9241, 1996–1998). Bei diesen Produkten steht stark die Manipulation von Daten und Informationen im Vordergrund, wie beispielsweise die Verwaltung von Kundendaten und -verträgen in Versicherungsunternehmen. Solche Produkte lassen sich als Werkzeuge bezeichnen. Wissensmedien hingegen haben auf der einen Seite einen Werkzeugcharakter, denn Benutzer suchen Informationen, analysieren diese, eignen sie sich an, stellen neues Wissen her, verteilen, bewahren und nutzen es. Auf der anderen Seite haben Medien einen Kommunikationsaspekt. Bei Wissensmedien verfolgt der Anbieter von Informationen auch bestimmte Ziele. So weist beispielsweise Screven (1999) darauf hin, dass mit Informationsobjekten in Museen eine Informationsbotschaft überbracht bzw. Wissen vermittelt werden soll. Die Norm zur Gestaltung multimedialer Produkte, DIN EN ISO 14915 (2002) *Software-Ergonomie für Multimedia-Benutzungsschnittstellen*, bringt es im Teil 1 „Gestaltungsgrundsätze und Rahmenbedingungen" zu den speziellen Gestaltungsgrundsätzen für Multimedia mit dem Grundsatz „Eignung für das Kommunikationsziel" auf den Punkt. Dort wird deutlich gemacht, dass in der Gestaltung sowohl die Ziele des Anbieters einer Information als auch die Ziele des Benutzers der Information berücksichtigt werden müssen (vgl. Kasten 1).

Kasten 1: Spezieller Gestaltungsgrundsatz für Multimedia „Eignung für das Kommunikationsziel" (DIN EN ISO 14915, 2002, S. 9)

„Ein Hauptzweck von Multimedia-Anwendungen ist die Übermittlung von Informationen von einem Informationsanbieter an einen Empfänger. Eine Multimedia-Anwendung ist für das Kommunikationsziel geeignet, wenn sie so gestaltet ist, dass sie

a) sowohl den Zielen des/der Anbieter/s der zu übermittelnden Information als auch

b) dem Ziel oder der Aufgabe der Benutzer oder Empfänger dieser Information entspricht.

Um dies zu erreichen, sollte der Anbieter oder Designer der Information das vorgesehene Ziel der Kommunikation festlegen und die Multimedia-Anwendung entsprechend gestalten. Die Anwendung sollte auch so gestaltet sein, dass sie auf die Ziele des Empfängers, seine Aufgaben und seine Informationsbedürfnisse abgestimmt ist.

Übergeordnete beabsichtigte Ziele des Anbieters können z.B. Lehre, Information oder Unterhaltung sein. Spezifische Ziele bei einer Multimedia-Kommunikation können z.B. das Zusammenfassen, Erklären, Darstellen, Überzeugen, Rechtfertigen, Beeindrucken oder Motivieren sein. Mögliche Benutzerbedürfnisse können z.B. Lernanforderungen, erforderliche Information zur Erledigung von Aufgaben oder Gestaltungsmerkmalen, die zur Benutzung motivieren, sein."

2.2   Ein Modell zur Benutzer-Wissensmedien-Interaktion

Um die Interaktion zwischen Benutzern und Wissensmedium sowie die Beziehung von Informationsanbieter und Wissensmedium zu beschreiben, wird ein Modell zur Benutzer-Wissensmedien-Interaktion vorgestellt. Das in Abbildung 1 gezeigte Modell greift auf Modelle und theoretische Ansätze der DIN EN ISO 9241-11 (1998) und DIN EN ISO 14915-1 (2002) sowie Donald Norman (1988) und Horst Oberquelle (1994) zurück. Das Modell fokussiert auf die interaktiven und für die Usability von Wissensmedien relevanten Aspekte. Zusätzlich zu den klassischen Modellansätzen der Mensch-Computer-Interaktion (wie das ABC-Modell von Frese & Zapf, 1991, oder dem IFIP-Modell von Dzida, 1983) wurde der Anbieter von Informationen gemäß der DIN EN ISO14915-1 (2002) mit aufgenommen. Aufgrund der Fokussierung auf Usability fehlen bestimmte Gestaltungsaspekte von interaktiven Wissensmedien. Dazu gehören beispielsweise didaktische Aspekte des Erlernens, Präsentierens, Abrufens und Nutzens von Wissen durch den Benutzer. Aspekte der Kommunikation und Kollaboration von Benutzern, die bei Wissensmedien wie z.B. E-Learning-Produkten recht häufig vorkommen, werden nur angedeutet.

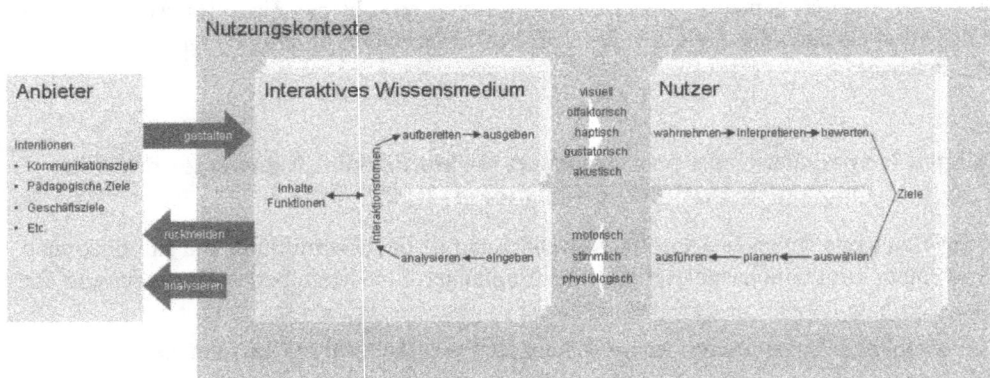

Abb. 1: *Modell zur Benutzer-Wissensmedien-Interaktion.*

Im Folgenden werden die wesentliche Komponenten des Modells zur Benutzer-Wissensmedien-Interaktion beschrieben.

Anbieter

Die Anbieter von Informationen verfolgen bestimmte Ziele mit ihrem Informationsangebot. Zu diesen Zielen gehört beispielsweise, dass Informationen zu kommerziellen Zwecken angeboten werden. Oder es werden didaktische Ziele verfolgt. Benutzer des Wissensmediums sollen beispielsweise bestimmte Inhalte erlernen und verstehen oder eine bestimmte Botschaft aufnehmen (Petterson, 2002, S. 5–27). Die Anbieter werden die Informationen so gestalten, dass Ihre Ziele optimal erreicht werden. Meist werden die Anbieter Gestalter mit der Umsetzung ihrer Ziele beauftragen. Dieser Aspekt ist im Modell nicht abgebildet.

Gemäß des in Abschnitt 4 genauer vorzustellenden benutzerzentrierten Gestaltungsprozesses sammeln und analysieren Anbieter zur Gestaltung der Wissensmedien Daten, die sie aus dem Nutzungskontext erhalten können. Ferner können Anbieter zur Optimierung ihres Wissensmediums Daten aus den Interaktionen der Benutzer (z.B. Log-Files) ziehen und direkte Rückmeldungen oder Fragen der Benutzer zu den angebotenen Informationen erlangen. Diese Informationen können Änderungen der Inhalte und deren Präsentation oder aber das Hinzufügen neuer Inhalte zur Folge haben.

Benutzer

Die Benutzer verfolgen während der Nutzung eines interaktiven Wissensmediums eigene Ziele. Diese Ziele können aus unterschiedlichen Quellen stammen. Sie können u.a. von den Benutzern selbst generiert, durch die Arbeitsorganisation vorgegeben oder durch das Wissensmedium (z.B. bei E-Learning-Angeboten) gestellt werden.

Der Benutzer nimmt Informationen über unterschiedliche Modalitäten der jeweiligen Ausgabegeräte wahr, interpretiert sie und bewertet, inwieweit das jeweilige Ziel erreicht wurde. Um Ziele zu erreichen wird ein möglicher Lösungsweg ausgewählt, eine Interaktionsplanung gemacht und der Plan schlussendlich ausgeführt. Genutzt werden Eingabegeräte, die Eingaben je nach Produkt gemäß unterschiedlicher Modalitäten erlauben.

Wissensmedium

Wenn von Wissensmedium die Rede ist, soll darunter ein interaktives Produkt verstanden werden, das in der Lage ist, unterschiedliche Formen von Informationen (wie z.B. Text, Video, Grafik, Animation, Foto, Audio etc.) darzustellen. Das Produkt reagiert auf die Eingaben der Benutzer mit der Ausgabe von Informationen. Die Benutzungsoberfläche eines interaktiven Wissensmediums umfasst die Ein- und Ausgabegeräte sowie alle Darstellungsformen und Interaktionstechniken die es dem Benutzer ermöglichen, mit dem Produkt in Interaktion zu treten.

Mit der Entwicklung allgegenwärtiger Computer (*ubiquitous computing*) ergibt sich, dass Informationen auf unterschiedlichen Medien mit jeweils eigenen Interfaces verteilt sein können (in Abbildung 1 durch mehrere Medienblöcke hintereinander angedeutet).

Die klassische Vorstellung von der Benutzungsoberfläche verändert sich zunehmend. So können beispielsweise verschiedene Geräte mit unterschiedlichen Ein- und Ausgabemöglichkeiten im Kontext einer kooperativen Wissensumgebung eingesetzt werden. Ein interaktiver Seminarraum beispielsweise kann aus einer Kombination mehrerer Laptops und interaktiven Präsentationswänden bestehen (z.B. Schwabe & Löber, 2002). In diesem Fall arbeiten mehrere Benutzer zusammen und nutzen gemeinsam unterschiedliche Geräte zur Ein- und Ausgabe mit eigenen Interaktionstechniken. Informationen können von den Benutzern einzeln oder gemeinsam genutzt werden.

Die Vielfältigkeit einer Benutzungsoberfläche wird auch bei einem Beispiel aus dem Bereich von mobilen Augmented-Reality-Systemen zur Wissensdarbietung für Service und Wartung von Anlagen deutlich (Schmidt et al., 2004). Die Informationen zur jeweiligen Nutzungsumgebung verteilen sich auf eine Datenbrille, die visuelle Informationen im Sichtfeld des Benutzers anzeigt, sowie auf akustische Informationen aus einem Kopfhörer und visuelle Informationen auf einem um den Arm geschnallten Display. Interagiert werden kann über einen Drehdrückregler des am Körper getragenen Computers, mit Spracheingabe über ein Mikrophon vor dem Mund und per Touchscreen auf dem am Arm befestigten Display. Zusätzlich kann ein Laptop oder ein PDA zum Einsatz kommen.

Modalitäten

Wissensmedien bieten zunehmend verschiedene Modalitäten, mit denen Informationen ausgegeben und eingegeben werden können. Der klassische Monitor mit Tastatur und Maus wird mehr und mehr ergänzt und erweitert durch zusätzliche Ein- und Ausgabemöglichkeiten (Übersichten z.B. bei Hinckley, 2003; Luczak, Roetting & Oehme, 2003; Iwata, 2003). Auch ungewöhnlichere Ein- und Ausgabe-Varianten sind bereits in der Erforschung: z.B. Gesichtererkennung zum Erfassen des emotionalen Zustands des Benutzers (Wahlster, 2003), Duft-Ausgabegeräte (Kaye, 2004) und Gehirn-Computer-Schnittstellen zur Eingabe (Neuper et al., 2003).

Interaktionsformen

Unter Interaktionsformen werden regelhafte Verknüpfungen von Ein- und Ausgaben verstanden, die wiederholt für bestimmte Nutzungsaufgaben eingesetzt werden (Herczeg, 1994, S. 85). Eine Interaktionsform ist beispielsweise ein Menü zur Auswahl von Funktionen oder ein Formular für die Eingabe einer erweiterten Suche. Durch die Protokollierung der Interaktionen können personalisierte Interaktionen und personalisierte Inhalte präsentiert werden (Jameson, 2003).

Nutzungskontexte

Wie bereits in Abschnitt 1 erwähnt, spielt der Nutzungskontext eine besondere Rolle. In diesem Modell wird von mehreren Nutzungskontexten gesprochen. Es wird der Tatsache Rechnung getragen, dass unterschiedliche Benutzer mit unterschiedlichen Aufgaben sich verschiedenen Wissensmedien in unterschiedlichen Nutzungsumgebungen nähern können.

3   Ausgewählte theoretische Grundlagen

3.1   Zur Auswahl

Für die Gestaltung von interaktiven Wissensmedien spielen verschiedene Theorien und Modelle eine wichtige Rolle. Aufgrund der Vielfältigkeit von Wissensmedien können hier nicht alle relevanten Theorien und Modelle behandelt werden (Übersicht über Theorien und Modelle der Human-Computer-Interaction bei Carroll, 2003). Beispielsweise wirft die Gestaltung von Avataren, die mit Benutzern in Interaktion treten, Fragen danach auf, welche Aspekte menschlicher Kommunikation im Umgang mit Avataren berücksichtigt werden müssen (Krämer & Bente, 2001). Aus der Perspektive der Benutzer soll hier vor allem die Suche nach Informationen als eine zentrale Tätigkeit im Umgang mit interaktiven Wissensmedien behandelt werden. Der zweite theoretische Ansatz der hier vorgestellt wird, beschäftigt sich mit der wahrgenommenen Glaubwürdigkeit von Informationsquellen. Nur Informationen aus glaubwürdigen Quellen werden von Benutzern genutzt und haben das Potential Wissen, Einstellungen oder Verhalten von Benutzern zu ändern. Eine Beeinflussung von Benutzern kann im Rahmen der Ziele von Anbietern liegen, z.B., wenn Personen von umweltfreundlichem Verhalten durch eine Energiespar-Web-Site überzeugt werden sollen. Wie noch gezeigt wird, haben beide theoretische Ansätze enge Beziehung zum Usability Engineering.

3.2   Die Jagd nach Informationen

Wichtige theoretische Grundlagen für interaktive Produkte sind die Theorien des Handelns und des Problemlösens (Miller, Galanter & Pribram, 1960; Card, Moran & Newel, 1983; Norman, 1988). Gegenüber funktionsorientierter Software steht bei Wissensmedien der interaktive Umgang mit Informationen im Vordergrund. Von besonderer Bedeutung sind hier die Suche, die Aufnahme und die Bewertung von Informationen.

Um die Exploration und das Finden von Informationen theoretisch besser erklären zu können, wurde die Information-Foraging-Theorie entwickelt (Pirolli, 2003, S. 157–158). Es sollen die Strategien der Benutzer und deren Technologienutzung bei der Suche, der Sammlung und dem Verwenden von Informationen in Bezug zu dem Vorkommen der Informationen in der informationsanbietenden Umgebung erklärt werden. Pirolli fasst zusammen: „Information-foraging theory deals with understanding how user strategies and technologies for information seeking, gathering, and consumption are adapted to the flux of information in the environment" (Pirolli, 2003, S. 158).

Die Information-Foraging-Theorie ist eine stark formalisierte Theorie, die auch mathematisch verfasst wurde. Hier sollen nur die wesentlichen Komponenten dargestellt werden, da sie grundlegende Überlegungen zur Gestaltung von interaktiven Wissensmedien enthalten, bei denen Informationssuche und -sammlung eine Rolle spielen. Umfassende Beschreibungen der Theorie finden sich bei Card und Pirolli (1999) und Pirolli (2003).

Im Folgenden werden die wichtigsten Komponenten der Information-Foraging-Theorie erläutert (nach Card und Pirolli,1999; Pirolli, 2003):

Wurzeln der Information-Foraging-Theorie

Die Wurzeln dieser Theorie liegen in evolutionären und ökologischen Theorien zur Nahrungssuche (Pirolli & Card, 1999). Wenn ein Nahrungssucher in der Umgebung ein reiches Nahrungsangebot vorfindet, so geht es ihm darum, möglichst viel Energie in Form von Nahrung wie Beeren oder Beutetieren aufzunehmen und das bei möglichst geringem eigenen Energieaufwand. Somit soll ein hoher Nutzen bei möglichst geringen Kosten (z.B. Energieverbrauch) erzielt werden. Erfolgreiche Nahrungssuche hängt demnach davon ab, welche Art von Nahrung angeboten wird, wie diese verteilt ist, wie zugänglich sie ist und wie hoch der Jagdaufwand und der Aufwand des Verschlingens ist. Die Information-Foraging-Theorie baut auf diese Annahmen aus evolutionären und ökologischen Theorien auf „[...] modern-day information foragers use perceptual and cognitive mechanisms that carry over from the evolution of food-foraging adaptations" (Pirolli, 2003, S. 164).

Zielorientierte Suche

Die Information-Foraging-Theorie geht von zielorientierter Suche nach Informationen aus und vernachlässigt Fälle, bei denen es um aktivitätsorientiertes Verhalten geht, wie z.B. sich anregen zu lassen.

Information-Scent

Auf der Suche nach Informationen kann der Informationssucher aufgrund von Informationsspuren „Witterung" nach von ihm gewünschten Informationen aufnehmen (Information-
Scent). Spuren sind gewöhnlich Hinweise auf weiterführende Informationen, die bei der
Suche gefunden werden (proximal cues). Beispiele für solche Hinweise sind Linkbezeichnungen im Internet, die auf eine Web-Seite mit vertiefenden Inhalten verweisen oder Zusammenfassungen in einer Suchergebnisliste einer Datenbank. Auf der Basis der Linkbezeichnung
muss der Informationssucher entscheiden, ob die Informationen auf der dazu gehörigen Web-
seite relevant für den Informationsbedarf sind und welche Kosten beim Aufsuchen der Seite
entstehen. „Information-Scent is the (imperfect) perception of the value, cost, or access path
of information sources obtained from proximal cues, such as bibliographic citations, WWW
links, or icons representing the sources" (Pirolli & Card, 1999). Abbildung 2 zeigt schema-
tisch Information-Scent bei einer Informationssuche nach Informationen über neue Behand-
lungsformen zur Heilung von Krebs. Durch den Informationsbedarf werden die damit
verbundenen Konzepte im Gedächtnis aktiviert. Auf dem Bildschirm würde beispielsweise
eine Zusammenfassung zu gefundenen Dokumenten angezeigt. Dieser Text aktiviert ebenfalls
verwandte Konzepte im Gedächtnis des Benutzers. Zwischen aktivierten Konzepten des
Informationsbedarfs und aktivierten Konzepten des Textes auf dem Bildschirm gibt es mehr
oder minder stark ausgeprägte Assoziationen, die im Wissen des Benutzers repräsentiert sind.
Je mehr Assoziationen zwischen den Konzepten des Informationsbedarfs und den Konzepten
des Bildschirmtextes existieren, desto höher wird der Benutzer die Relevanz der Information
einschätzen. „If the goal and browser text are strongly associated, then we expect people to
judge them as being highly relevant to one another" (Pirolli, 2003, S. 175).

Die Qualität der Informationsspuren ist sehr entscheidend. Pirolli (2003, S.185) weist darauf
hin, dass bei den meisten Aufgaben zur Informationssuche im Internet textuell formulierte
Linkbezeichnungen besser sind als reine grafische Darstellungen. Eine Kombination zwischen beiden Darstellungsformen kann durchaus vorteilhaft sein.

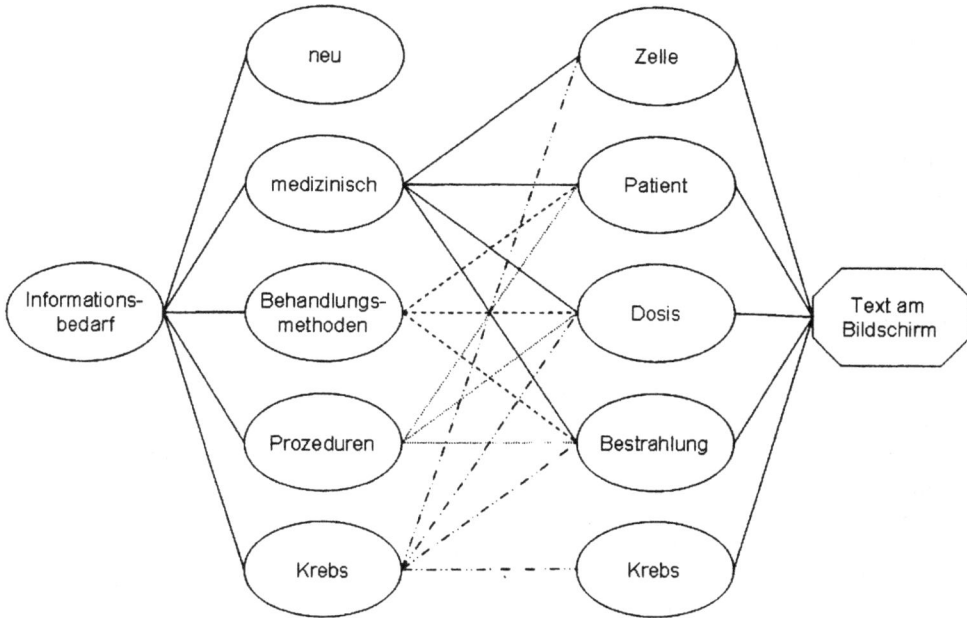

Abb. 2:   *Darstellung des Information-Scent eines Benutzers (adaptiert und übersetzt aus Pirolli, 2003, S. 175).*

Die Kosten

Informationssuche hat verschiedene Arten von Kosten. Pirolli und Card zitieren hier den Nobelpreisträger Herbert A. Simon, der auf Folgendes hinweist „What information consumes is rather obvious: it consumes the attention of its recipients. Hence a wealth of information creates a poverty of attention, and a need to allocate that attention efficiently among the over-abundance of information sources that might consume it" (Simon, 1995, zitiert nach Pirolli & Card, 1999). Sie unterscheiden drei Arten von Kosten, die beim Zugang zu, dem Verarbeiten von und der Nutzung von Informationen auftreten können:

1. Zeitkosten (*time cost*), d.h. der Zeitbedarf für die jeweilige Aktivität (z.B. Zeitbedarf beim Navigieren durch eine Web-Site auf der Suche nach einer bestimmten Information).

2. Ressourcenverbrauch (*resource costs*) wie Anstrengung, Geld etc.

3. Kosten verpasster Alternativen (*opportunity costs*) d.h. die Kosten dafür, dass sich der Informationssucher nicht für ein Verhalten entschieden hat, das ihm mehr Vorteile bringt als das derzeitig gewählte. Beispielsweise würde ein Informationssucher mit einer anderen Suchmaschine als der gerade gewählten schneller ans Ziel kommen können.

Der Informationsraum

Nahrungssucher begeben sich in einer Umgebung auf Nahrungssuche, die in unterschiedliche Suchgebiete (*patches*) aufgeteilt ist. Ebenso ist der Informationsraum des Informationssuchers in unterschiedliche Gebiete aufgeteilt. Dies sind Bibliotheken, Bücherregale, Dokumentenstapel etc. oder im Internet Web-Sites, Suchmaschinen etc. In einer Studie von Card et al. (2001) konnte gezeigt werden, dass Informationssucher den Informationsraum im Internet in Suchgebiete einteilen. Die zentrale Frage ist, ob das Informationsangebot eines Suchgebietes so gut ist, dass sich weitere Informationssuche lohnt oder ob es optimaler ist, in ein anderes Suchgebiet zu wechseln.

Optimale Informationssuche

Der Informationssucher versucht konsequent die Menge nützlicher Informationen für jede Einheit Kosten unter den Randbedingungen der Aufgabenumgebung zu optimieren, d.h., die meisten relevanten Informationen zu den niedrigsten Kosten zu finden. Bei der Suche nach Informationen muss einbezogen werden, dass der Informationssucher manipulativ in die Informationsumgebung eingreifen kann. Der Aufwand des Wechsels von einem Suchgebiet in ein anderes lässt sich so optimieren. Beispielsweise lässt sich der Aufwand des Wechsels von einer bestimmten Suchmaschine zu einer alternativen Suchmaschine durch Anlegen einer Linkliste für Suchmaschinen reduzieren. Die Ausbeute eines Suchgebietes lässt sich durch Anwendung von Filtern, durch Optimierung der Suchbegriffe oder die Verwendung von detaillierter Suche (*advanced search*) verbessern (Pirolli & Card, 1999).

Zusammenfassend lässt sich sagen „people prefer, and consequently select, technology designs that improve on information foraging" (Pirolli, 2003, S. 165).

3.3   Glaubwürdigkeit von Informationsquellen

Während die Information-Foraging-Theorie die Strategien und die Techniknutzung bei der Suche und Nutzung von Informationen zu erklären versucht, bringt Fogg (2003a) noch einen weiteren Aspekt ins Spiel: die wahrgenommene Glaubwürdigkeit der Informationsquelle. Informationen aus glaubwürdigen Quellen werden zum einen eher genutzt und sind zum anderen eher geeignet, den Benutzer zu beeinflussen. Mit dem zweiten Aspekt treten die Anbieter von Informationen mit ihren eigenen Zielen auf den Plan. Chak (2002) beschreibt Glaubwürdigkeit als eine wesentliche Voraussetzung, damit potentielle Kunden von Online-Shops zu Transaktionen motiviert werden. Fogg (2003a, S. 121) weist darauf hin, dass die Nutzung von Informationen und deren Einfluss auf die Benutzer entscheidend von der Glaubwürdigkeit der Informationsquelle abhängt.

Fogg (2003a, S. 122) definiert Glaubwürdigkeit (*credibility*) als eine wahrgenommene Qualität. Ob eine Informationsquelle bzw. die von ihr angebotenen Informationen als glaubwürdig eingeschätzt werden, hängt von dem Beurteiler ab. Das soll nicht darüber hinweg täuschen, dass sich Beurteiler auch sehr einig über die Einschätzung der Glaubwürdigkeit von Informationen sein können. Zunächst müssen Elemente eines Wissensmediums von dem Benutzer entdeckt werden. In einem zweiten Schritt werden diese vom Benutzer interpretiert. Auf der

Basis der Interpretation trifft der Benutzer ein Urteil über die Glaubwürdigkeit des Mediums (Fogg, 2003b). Entdeckt der Benutzer beispielsweise einen Link, der nicht funktioniert, dann interpretiert er diese Tatsache möglicherweise als Indiz dafür, dass die Web-Site nicht sorgfältig gestaltet und gepflegt wurde. Diese Interpretation kann die Glaubwürdigkeit, die der Benutzer der Web-Site zuschreibt, senken.

Wahrgenommene Glaubwürdigkeit ist das Resultat der wahrgenommenen Vertrauenswürdigkeit (*trustworthiness*) und der wahrgenommenen Expertise (*expertise*) (Fogg, 2003a, S. 123–125). Vertrauenswürdigkeit eines Produktes wird dann zugeschrieben, wenn die dargebotenen Informationen als wahr und objektiv, d.h. nicht durch Interessen beeinflusst, beurteilt werden: „a computer that is ‚trustworthy' is one that is perceived to be thruthful, fair and unbiased" (Fogg, 2003a, S. 123). Als zweite wichtige Dimension für die Glaubwürdigkeit wird die wahrgenommene Expertise genannt. Eine hohe wahrgenommene Expertise stellt sich dann ein, wenn Wissen, Fähigkeiten und Erfahrung einer Informationsquelle hoch eingeschätzt werden. Hinweise auf die Expertise einer Quelle können beispielsweise wissenschaftliche Anerkennungen wie Wissenschaftspreise sein.

Fogg (2003a, S. 147 ff.) führte 1999 und 2002 Studien zur Glaubwürdigkeit von Web-Sites durch. Von besonderem Interesse war, welche Elemente von Web-Sites zur Glaubwürdigkeit beitragen und welche nicht. Dabei wurde festgestellt, dass die Vertrauenswürdigkeit als eine Grunddimension der Glaubwürdigkeit einer Web-Site positiv durch bestimmte Informationen beeinflusst wird. Dazu gehörten beispielsweise Informationen wie die Angabe der tatsächlichen Adresse einer Organisation, deren Telefonnummern und Kontakt-E-Mail-Adressen sowie die Angabe von Referenzen zu Quellen außerhalb der Web-Site. Vertrauenswürdigkeit wird hingegen herabgesetzt durch z.B. schlechte Unterscheidbarkeit von Werbung und Inhalt sowie Verlinkung auf als unglaubwürdig beurteilte Quellen. Die wahrgenommene Expertise als zweite Grunddimension der Glaubwürdigkeit wird z.B. durch schnelle Beantwortung von Anfragen, die Bestätigung von Transaktionen, die Angabe von Empfehlungen für die angebotenen Artikel sowie durch eine professionell anmutende Gestaltung positiv verändert. Im Gegenzug verringern z.B. seltene Aktualisierung der Web-Site, nicht funktionierende Links, Schreibfehler und zeitweise eingeschränkte Zugänglichkeit der Web-Site die wahrgenommene Expertise.

Fogg (2003a, S. 163 ff.) unterscheidet vier Arten von Glaubwürdigkeit:

Auf Annahmen des Benutzers basierende Glaubwürdigkeit (*presumed*):
Benutzer schreiben bestimmten Eigenschaften einer Web-Site aus ihren Vorkenntnissen besondere Glaubwürdigkeit zu. Dies ist z.B. der Fall, wenn es sich bei dem Anbieter um eine Non-Profit-Organisation handelt, da die Meinung besteht, dass solche Organisationen eher glaubwürdig sind.

Durch Urteile Dritter bestätigte Glaubwürdigkeit (*reputed*):

Jede Form von Urteilen unabhängiger Dritter über die fragliche Web-Site kann zur Glaubwürdigkeit beitragen. Dies kann das gute Abschneiden bei einem Test einer respektierten Testorganisation (wie z.B. Stiftung Warentest oder TÜV) oder aber der Gewinn eines Designpreises sein.

Durch oberflächliche Inspektion einer Web-Site zugeschriebene Glaubwürdigkeit (*surface*):

Was vielleicht schon oft vermutet wurde, hier wird es bestätigt: unprofessionelle und amateurhafte Gestaltung von Sites verringern deren Glaubwürdigkeit. Der Einsatz von Werbung, die kaum noch von den Inhalten zu unterscheiden ist, veraltete Informationen, unnötiges Registrieren oder lange Download-Zeiten verringern die Glaubwürdigkeit.

Durch die Benutzererfahrung begründete Glaubwürdigkeit (*earned*):

Diese Form der Glaubwürdigkeit ist deshalb wichtig, weil sie eine dauerhafte Beziehung zu den Benutzern etablieren kann. Ein zentrales Element erworbener Glaubwürdigkeit ist die Usability einer Web-Site. Schwierigkeiten beim Navigieren, mangelnde Rückmeldung zur getätigten Transaktion und mangelnde Personalisierung des Inhalts für den Benutzer verringern die erworbene Glaubwürdigkeit.

Durch die Überlegungen zur Glaubwürdigkeit wird sehr deutlich, dass wahrgenommene Glaubwürdigkeit eine wesentliche Voraussetzung für die Aneignung und Nutzung von Informationen durch die Benutzer sein kann und ebenso eine wesentliche Vorraussetzung der Beeinflussung von Benutzern durch den Anbieter ist. Weiter wurde klar, dass wahrgenommene Glaubwürdigkeit durch bestimmte Informationen und gestalterische Elemente gefördert oder verringert wird. Somit müssen solche Überlegungen bei der Gestaltung von Wissensmedien eine wichtige Rolle spielen.

4   Usability Engineering zur Gestaltung von interaktiven Wissensmedien

4.1   Usability Engineering und benutzerzentrierte Gestaltung

Deborah J. Mayhew definiert Usability Engineering als „a discipline that provides structured methods for achieving usability in user interface design during product development" (1999, S. 2). Vergleicht man international die Ansätze, wie das Gestaltungsziel Usability zu erreichen ist, dann kann in den Eckpunkten des methodischen Vorgehens weitgehende Einigkeit entdeckt werden (z.B. Beyer & Holtzblatt, 1998; Burmester & Görner, 2003; Gould & Lewis, 1985; Hix & Hartson, 1993; Mayhew, 1999; Nielsen, 1993; Rauterberg et al., 1994; Rosson & Carroll, 2002). Diesen Ansätzen ist gemein, dass die Anforderungen der Benutzer konsequent und systematisch die Gestaltung leiten. Dabei wird ein Prozess beschrieben, in dem Gestaltungsziele zur Usability definiert, diese umgesetzt und das Erreichen der Gestaltungsziele überprüft wird. Prinzipiell lassen sich jedoch auch andere Gestaltungsziele wie die „Gestaltung hedonischer Produkte" (siehe den Beitrag von Hassenzahl in diesem Band, S. 151 ff.) oder Kommunikationsziele der Anbieter formulieren. Im Folgenden wird beschrieben, wie im Rahmen des Usability Engineerings das Gestaltungsziel Usability systematisch erreicht werden kann.

Benutzerzentrierte Gestaltung oder *user centred design* (UCD) ist der zentrale Prozessansatz des Usability Engineerings. Darunter wird ein fundierter, praktikabler und bewährter Gestaltungsprozess für Benutzungsschnittstellen interaktiver Produkte verstanden. Benutzerzentriert gestalten heißt, dass die Benutzer mit ihren Bedürfnissen, Interessen, Zielen und Aufgaben in ihren sozialen, organisatorischen, physischen und technischen Umgebungen als Maßstab für Gestaltungsentscheidungen gesehen und in den Gestaltungsprozess einbezogen werden (vgl. Burmester & Görner, 2003, S. 47). Warum sollen die Benutzer so stark in das Zentrum der Gestaltung gestellt werden? Die Produkte werden für die Benutzer gestaltet und entwickelt. Auch wenn die Anbieter von Informationen oder die Hersteller von Produkten eigene Ziele, z.B. Kommunikationsziele oder ökonomische Ziele, verfolgen, so können sie nur erfolgreich sein, wenn die Produkte von den Benutzern akzeptiert und genutzt werden. In der DIN EN ISO 13407 (2000) wird darauf hingewiesen, dass Produkte, die mit einem benutzerzentrierten Gestaltungsprozess gestaltet und entwickelt werden, von Benutzern leichter zu verstehen und zu benutzen sind. Die Benutzer erfahren weniger Stress und Unbehagen und sind zufriedener mit den Produkten. Darüber hinaus wird die Produktivität der Benutzer und die Effizienz von Organisationen erhöht und schließlich können Wettbewerbsvorteile erzielt werden. Diese Aussagen sind mittlerweile durch zahlreiche Studien belegt (vgl. dazu Bias & Mayhew, 1994; Kalbach, 2003 und Marcus, 2002).

Benutzerzentrierte Gestaltung weist folgende zentrale Eigenschaften auf:

- Gestaltung ist eine multidisziplinäre Aufgabe.

- Gestaltung findet in einem Prozess unterschiedlicher Phasen statt.

- Die Prozessphasen sind methodisch unterstützt.

- Die Prozessphasen werden wiederholt bis zum Erreichen der Gestaltungsziele durchlaufen.

- Empirische Daten haben eine besondere Bedeutung als Gestaltungsgrundlage, d.h., Benutzer werden aktiv und kontinuierlich in den iterativen Prozess eingebunden und alle weiteren Aspekte des Nutzungskontextes werden ebenfalls empirisch untersucht.

4.2   Gestaltung als multidisziplinäre Aufgabe

Gestaltung wird als eine multidisziplinäre Aufgabe verstanden. Bei Wissensmedien kommen viele Disziplinen zusammen, die an der Gestaltung beteiligt sind. Die unterschiedlichen Perspektiven der Disziplinen werden während der Gestaltung eines Produktes berücksichtigt und integriert. Wichtig ist, die verschiedenen Disziplinen im Prozess der Gestaltung im Team arbeiten zu lassen (DIN EN ISO 13407, 2000). Hier sollen nur einige mögliche Disziplinen genannt werden: Benutzer des Wissensmediums als zentrale Figur, Autoren von Informationen und Fachexperten, Didaktiker, Usability-Engineering-Fachleute, Designexperten, Produktanalytiker, Systemarchitekten, Softwareentwickler, Marketing und Verkaufspersonal, Produkt- und Projektmanager, etc.

Die verschiedenen Disziplinen werden an unterschiedlichen Stellen im Produktlebenszyklus aktiv und haben einen Einfluss auf die Gestaltung des Wissensmediums.

4.3   Gestaltung als methodisch gestützter Prozess

Phasen

Gestaltung ist ein Prozess, der aus unterschiedlichen Phasen besteht. Wird Usability als eine Qualität der Nutzung verstanden, bei der das Produkt sich im Nutzungskontext und somit für bestimmte Benutzer mit bestimmten Zielen und Aufgaben in einer bestimmten sozialen und physischen Umgebung bewähren muss, so wird deutlich, dass zu Beginn eines Gestaltungsprozesses die Analyse des Nutzungskontextes (Phase 1) stehen muss. Ist dieser verstanden, kann mit dem Entwurf der Benutzungsschnittstelle begonnen werden, was als Entwurfs- und Gestaltungsphase (Phase 2) bezeichnet wird. Der benutzerzentrierte Gestaltungsprozess lebt von der Kommunikation im multidisziplinären Team. Es muss möglich sein, Gestaltungsideen anschaulich zu kommunizieren. Damit die Kommunikation über die Gestaltungsideen möglichst anschaulich verlaufen kann, müssen diese erfahrbar gemacht werden. Dies wird über gezielt eingesetztes Prototyping (Phase 3) erreicht. Elementarer Bestandteil eines Gestaltungsprozesses bei dem die Gestaltungsideen kontinuierlich verbessert werden sollen, ist die Phase der Evaluation (Phase 4), in der die als Prototypen erfahrbar gemachten Gestaltungsideen geprüft und bewertet werden.

Jede Phase erfordert bestimmte Aktivitäten (in Abbildung 3 als analysieren, gestalten, prototyping und evaluieren bezeichnet), die durch Methoden unterstützt werden. Die Aktivitäten einer Phase münden in verschiedene Formen der Ergebnisrepräsentation (in Abbildung 3 sind die Arbeitsergebnisse jeder Aktivität als Kreise dargestellt). Dies können je nach Phase und eingesetzter Methode unterschiedliche Formen von Artefakten sein (z.B. Evaluationsbericht als Ergebnis einer Usability-Studie oder ein Prototyp).

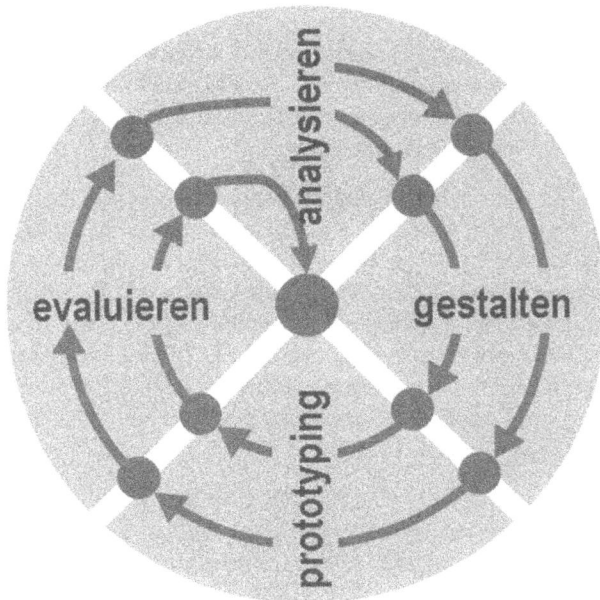

Abb. 3: *Benutzerzentrierter Gestaltungsprozess: Die Kreise stellen jeweils die Ergebnisse der Aktivitäten in den vier Phasen dar. Der zentrale Kreis steht für das Prozessergebnis.*

Entscheidung für ein benutzerzentriertes Vorgehen

Bevor der Gestaltungsprozess beginnen kann, steht die Entscheidung für oder gegen einen benutzerzentrierten Gestaltungsprozess. Bei Produkten, die einen hohen Anteil von Benutzerinteraktionen aufweisen, ist ein benutzerzentrierter Gestaltungsprozess zu empfehlen. Die Entscheidung für solch einen Prozess hat Konsequenzen. Folgendes sollte dabei beachtet werden:

- Der Prozess muss in den Produktentwicklungsplan integriert werden, d.h. auch, dass Ressourcen, finanzielle Mittel und Zeit mit eingeplant werden müssen.
- Benutzerzentrierte Gestaltung betrifft nicht nur die Visualisierung und die Interaktionen, also das, was gemeinhin mit der Benutzungsoberfläche verbunden wird, sondern hat Konsequenzen für die Informationsinhalte und Produktfunktionalität sowie die Systemarchitektur.
- Der benutzerzentrierte Prozess muss in den Entwicklungsprozess integriert werden. Dabei ist vor allem darauf zu achten, dass ein Großteil der Aktivitäten des benutzerzentrierten Gestaltungsprozess abgeschlossen ist, bevor in großem Stil Software oder Inhalte produziert werden. Änderungen in der Software sind zeitaufwändig und teuer.
- Für Maßnahmen im benutzerzentrierten Gestaltungsprozess müssen ausgebildete Experten tätig werden. Ist dies nicht der Fall, so können externe Experten herangezogen oder Trainings durchgeführt werden.

Phase 1: Nutzungskontextanalyse

Ziel der Nutzungskontextanalyse ist es, ein umfassendes Verständnis des Nutzungskontextes zu entwickeln. Folgende Bestandteile des Nutzungskontextes müssen analysiert werden: die Benutzer, die Ziele und Aufgaben der Benutzer, die organisatorische und soziale sowie die technische und physische Umgebung, in der das Produkt genutzt wird.

Welche Eigenschaften in dem Nutzungskontext erhoben und analysiert werden müssen, ist sehr stark produktspezifisch und abhängig von dem damit assoziierten Nutzungskontext. Angelehnt an die Norm DIN EN ISO 9241-11 (1998), Beu (2003) sowie Shneiderman & Plaisant (2004), beschreibt Tabelle 1 einige Eigenschaften, die bei der Analyse des Nutzungskontextes von Bedeutung sein können. Besonders hervorgehoben werden soll die Bedeutung der Kultur, in der das Produkt genutzt werden soll. Der Nutzungskontext muss kulturspezifisch erhoben werden, da die Benutzergruppen und deren Eigenschaften, deren Aufgaben und die Nutzungsumgebungen sich interkulturell stark unterscheiden können (Honold, 2000). Diese Problematik wird im Beitrag von Frank Thissen, S. 281 ff., ausführlich behandelt.

In der Phase der Nutzungskontexteanalyse ist es gemäß der DIN EN ISO 14915 (2002) auch angemessen, die Ziele des Anbieters zu beschreiben. Wenn neben Usability auch hedonische Qualitäten bei der Produktgestaltung verwirklicht werden sollen, so müssen entsprechende Anforderungen auch in dieser Phase mit erhoben werden. Zur Frage der hedonischen Qualitäten wird auf den Beitrag von Marc Hassenzahl verwiesen.

Tab. 1:   Ausgewählte Eigenschaften des Nutzungskontextes

Eigenschaften pro Benutzergruppe	Eigenschaften pro Aufgabe	Eigenschaften der Nutzungsumgebungen
• Fähigkeiten, Vorerfahrungen, Wissen • Demographische Daten wie Alter, Geschlecht, etc. • körperliche Einschränkungen und spezielle Anforderungen • Mentale Eigenschaften wie Motivation, Einstellung zum Produkt, zur Aufgabe, zur Informationstechnologie, Lernstile • Stellenbeschreibung, z.B. Position, Verantwortung, Arbeitszeiten	• Aufgabenziel • Einbettung der Aufgabe in einen Arbeitsablauf oder Workflow • Wahlfreiheit • Beschreibung der Vorgaben und des Aufgabenergebnisses • Häufigkeit • Bearbeitungsdauer • Physikalische und mentale Anforderungen • Sicherheit	• Organisatorische Einbettung der Benutzer, der Aufgaben und des Produktes • Unterbrechungen der Nutzung • Weitere Medien und Arbeitsmittel • Unternehmenskultur • Kontrolle der Arbeit • Technische Umgebung • Physikalische Umgebung wie Lichtverhältnisse, Lärm, Klima, Schmutz • Arbeitsplatz bzw. Nutzungsort • Sicherheit und Gesundheit

Bei der Nutzungskontextanalyse muss unterschieden werden, ob ein neues Produkt entwickelt oder ein bereits bestehendes erneuert werden soll. Bei der Überarbeitung bestehender Produkte kann in der Nutzungskontextanalyse auf bestehendes Wissen aus vorherigen Nutzungskontextanalysen und aus bereits durchgeführten Evaluationsstudien der Vorgängerversion zurückgegriffen werden. Bei neuen Entwicklungen oder bei Entwicklungen, die bestehende Produkte komplett ersetzen sollen, muss der Nutzungskontext vollständig untersucht werden.

In der Nutzungskontextanalyse müssen die relevanten Nutzungskontexteigenschaften (vgl. Tabelle 1) erhoben werden. Quellen solcher Informationen sind zunächst verschiedene Dokumente, wie z.B. Marktforschungsberichte, wissenschaftliche Literatur, Konkurrenzanalysen, Beschreibungen vergleichbarer Produkte, Dokumentationen von Vorgängerversionen, Arbeitsplatzbeschreibungen, Beschreibungen technischer und ökonomischer Randbedingungen, White Papers, Testberichte oder Hotline-Reports von Vorgängerversionen. Es wurde bereits darauf hingewiesen, dass Informationen zum Nutzungskontext empirisch erhoben werden sollen. Tabelle 2 zeigt typische Methoden der Datenerhebung im Nutzungskontext. Daten müssen im Anschluss an die Erhebung analysiert werden. Dazu stehen ebenfalls verschiedene Methoden zur Verfügung. So werden im Rahmen des Contextual Design von Hugh Beyer und Karen Holtzblatt (1998) verschiedene Modelle zu wichtigen Aspekten des Nutzungskontextes erstellt. Dazu gehören das Modell der Arbeitsorganisation und des Workflows (Flow Model), Arbeitsabläufe (Sequence Model), Beschreibungen der Gegenstände mit denen Benutzer umgehen (Artefact Model), das Modell der Unternehmensorganisation und -kultur (Cultural Model) und eine Darstellung der Arbeitsumgebung, in der der Benutzer arbeitet (Physical Model). Weitere Möglichkeiten der Datenanalyse sind beispielhaft in Tabelle 2 aufgeführt.

Tab. 2:   *Beispiele für Datenerhebungs- und Datenanalysemethoden*

Methode	Beschreibung
Datenerhebung	
Kontextsitzung	In einem Workshop führen Benutzervertreter, Produktmanager, Entwickler und Usability-Experten gemeinsam eine Nutzungskontextanalyse durch (Thomas & Bevan, 1996).
Kontextinterview	In einem Kontextinterview (contextual inquiry) werden Benutzer in ihrer Arbeitsumgebung zu ihren Tätigkeiten befragt. Dabei nehmen die Interviewer die Rolle eines Schülers und die Benutzer, als Experten für Ihre Aufgaben, die Rolle eines Meisters ein (Beyer & Holtzblatt, 1998).
Fokusgruppe	Bei einer Focus Group handelt es sich um eine Gruppenbefragung, bei denen Eigenschaften des Nutzungskontextes und Anforderungen der Benutzer erhoben werden (z.B. Krueger & Casey, 2000; Hassenzahl, 2003).

Tab. 2, Fortsetzung: *Beispiele für Datenerhebungs- und Datenanalysemethoden*

Methode	Beschreibung
Datenanalyse und -dokumentation	
Aufgabenanalyse	Es gibt eine Reihe von Aufgabenanalysemethoden, die jeweils an die Art der Aufgaben und Tätigkeiten angepasst sind. (z.B. Kirwan & Ainsworth, 1992; Hackos & Redish, 1998).
Contextual Design	Im Text sind die verschiedenen Analysemodelle von Beyer & Holtzblatt (1998) bereits beschrieben.
Problem Scenario	Im Rahmen des Scenario Based Designs von Rosson & Carrol (2002) werden unterschiedliche Darstellungsformen für Elemente des Nutzungskontextes verwendet, wie z.B. auch Persona-Beschreibungen nach Cooper (1999). Zentrales Ergebnis jedoch ist eine narrative Beschreibung der derzeitigen Situation des Nutzungskontextes: das Problem Scenario.

Definition von Usability-Zielen

Nach der Logik iterativer Gestaltung mit dem Gestaltungsziel Usability werden Iterationen so lang wiederholt, bis die zuvor festgelegten Usability-Ziele (Mayhew, 1999) erreicht sind. Ein typisches Usability-Ziel wäre beispielsweise, dass 90% der Benutzer eine Suche in einem Informationssystem bei der ersten Nutzung fehlerfrei abschließen können. Usability-Ziele dienen u.a. als Abbruchkriterien für den iterativen Prozess. Sobald die Usability-Ziele erreicht sind, wird keine weitere Iteration benötigt. Auf der Basis des Verständnisses des Nutzungskontextes lassen sich die Usability-Ziele definieren.

Das Setzen von Usability-Zielen und das Finden geeigneter Kriterien für die Zielerreichung sind nicht einfach. Das Definieren eines harten Kriteriums macht aus der Logik eines iterativen Prozesses durchaus Sinn, da so eine klare Entscheidung über das Fortsetzen der Iterationen getroffen werden kann. Allerdings stellt sich die Frage, ob eine weitere Iteration wirklich gerechtfertigt ist, wenn das Usability-Kriterium nur knapp verfehlt wurde. In der Praxis erfordert die Entscheidung über eine weitere Iteration häufig eine Abwägung der zur Verfügung stehenden Informationen und Randbedingungen. Wurde das Usability-Ziel wirklich deutlich verfehlt? Lässt sich im bestehenden Zeit- und Kostenrahmen noch eine weitere Iteration rechtfertigen? Solche Fragen gilt es bei der Entscheidung über eine weitere Iteration im multidisziplinären Team zu klären.

Neben den Usability-Zielen kann es bei Wissensmedien, wie bereits erwähnt, weitere Gestaltungsziele geben, die es ebenso zu definieren gilt.

Entwurf und Gestaltung

Der Übergang vom Nutzungskontext zum Entwurf einer Benutzungsschnittstelle ist ein zentraler und sehr schwieriger Schritt. Der Schritt wird umso schwieriger, je mehr Freiheitsgrade die Gestaltung hat. Bei grafischen Benutzungsoberflächen (Graphical User Interface, GUI) werden die möglichen Gestaltungsvarianten durch die technischen Plattformen, die standardisierten Dialogbausteine und die gültigen Styleguides beschränkt. Dennoch sprechen viele beim Übergang von den Nutzungskontextanalysen zum ersten Entwurf vom „Wunder der

Gestaltung". Einige Entwurfsverfahren versuchen diesen Übergang methodisch zu unterfüttern und zu erleichtern, wie z.B. OVID (Robert et al., 1998) oder Scenario Based Design (Rosson & Carroll, 2002).

Versuche, den Entwurfs- und Gestaltungsprozess hochgradig zu strukturieren oder gar zu automatisieren (z.B. Weisbecker 1995), haben nicht den gewünschten Erfolg erbracht. Vielmehr muss anerkannt werden, dass der Entwurfsprozess eher einen Diskurs im Gestaltungsteam erfordert (Rosson & Carroll, 2002) als frühzeitige Festlegungen auf der Basis von Formalisierungen, wie z.B. durch zu detaillierte und formal beschriebene Use Cases (Cockburn, 2001).

Nach Rosson und Carroll (2002) wird der Entwurfs- und Gestaltungsprozess in drei Arbeitsschritte untergliedert. Im ersten Schritt wird entwickelt, wie ein zu gestaltendes Produkt die Tätigkeiten von Benutzern optimal unterstützen kann. Dabei werden Szenarien als narrative Beschreibungen entworfen, die zeigen, welche Funktionen den Benutzer unterstützen. Es wird entschieden, welche Aspekte einer Aufgabe automatisiert werden und welche Aspekte unter Kontrolle des Benutzers stehen sollen. Zudem werden Metaphern für die Tätigkeiten gesucht, um diese dann in der Benutzungsschnittstelle umzusetzen. Dieser Arbeitsschritt wird als Activity Design bezeichnet. In einem zweiten Schritt werden die zentralen Informationsdarstellungen im Aufgabenfluss gestaltet, Information Design genannt. Hier wird an der Informationsarchitektur gearbeitet, so dass die unterschiedlichen Informationen, die für die Aufgabe benötigt werden, vorhanden sind. Ferner müssen die Informationen angemessen und konsistent strukturiert und präsentiert werden. Zudem wird die Grobnavigation zwischen Informationsbereichen entworfen (vgl. auch Rosenfeldt & Morville, 2002). Der dritte und letzte Schritt ist das Interaction Design. Hier werden die notwendigen Interaktionen gestaltet. Dialogelemente werden im Hinblick auf ihre grafische Gestaltung und ihr Interaktionsverhalten bis ins Detail ausgearbeitet und spezifiziert.

Alle Entwurfs- und Gestaltungsschritte werden anhand von textuellen oder grafisch aufbereiteten Szenarien erarbeitet. Ein entscheidender Vorteil der Szenarien ist, dass sie schnell verworfen und geändert werden können. Dahinter steht die Erkenntnis, dass Gestaltungsideen mehrfach revidiert werden müssen, bevor ein tragbarer Entwurf entsteht. Dieser Tatsache entspricht auch das von Nielsen (1993, S. 85 ff.) vorgeschlagene parallele Design, bei dem mehrere Teams von Gestaltern an der gleichen Gestaltungsaufgabe arbeiten. Sobald diese abgeschlossen ist, werden die besten Ansätze aus den verschiedenen Entwürfen diskutiert und integriert.

Bei der Ausarbeitung der Informationsdarstellungen und der Interaktionen stehen aus dem Bereich der Human Computer Interaction eine Reihe von Prinzipien, Regeln, Normen, Standards und Interaction Patterns zur Verfügung (Tabelle 3). Diese sollten als „Input" für den benutzerzentrierten Gestaltungszyklus verstanden werden. Jede Regel und jedes Prinzip muss seine Tauglichkeit im Zyklus der Gestaltung beweisen. Regeln und Prinzipien müssen auch gebrochen und verändert werden können, wenn diese sich in der Evaluation für die Benutzer, deren Aufgaben oder die Nutzungsumgebungen nicht als anwendbar oder vorteilhaft erweisen (Burmester & Machate, 2003).

Auch in der Gestaltungsphase können Benutzer direkt mit einbezogen werden (Muller & Kuhn, 1993). Beispielsweise können Benutzer nach ihren eigenen Kriterien mit Hilfe der Card-Sorting-Technik Informationen strukturieren. Die Benutzer erhalten die Aufgabe, Informationseinheiten, die auf Karteikarten bezeichnet sind, nach ihrem persönlichen Verständnis und Vorlieben zu gruppieren. Tullis und Wood (2004) empfehlen mindestens 20 Benutzer, um zu stabilen Ergebnissen zu kommen. Mit Hilfe der von IBM kostenlos zur Verfügung gestellten Analyse-Software EZSort (Dong & Waldo, o.A.) kann dann eine hierarchische Informationsstruktur aus den unterschiedlichen, von Benutzern gelegten Kartenstrukturen errechnet werden. Schon Nielsen (1993, S. 88 f.) weist darauf hin, dass Benutzer auch bei der Gestaltung einbezogen werden sollen. Allerdings ist es wichtig zu wissen, dass Benutzer meist nicht in Gestaltung ausgebildet sind. Sie sind Experten für ihre Bedürfnisse, Ziele und Aufgaben. Benutzer können auf dieser Basis sehr gut Gestaltungsideen beurteilen und Anforderungen nennen. Moderatoren von Gestaltungsworkshops mit Benutzern müssen verstehen, ob bestimmte Gestaltungsideen den Anforderungen der Benutzer genügen und welche Aspekte des Designs dies nicht tun. Neuere Ansätze der Benutzerpartizipation binden Benutzer und Entwickler in Form von Rollenspielen in die Gestaltung ein. Nutzungssituationen werden mit einfachen Prototypen aus Papier oder Holz gespielt (Svanæs & Seland, 2004). So können Abläufe, Informationsbedarf etc. direkt in gespielten Situationen erprobt und untersucht werden.

Tab. 3:   *Wissen zur Gestaltung*

Gestaltungsthema	Ausgewählte Hinweise
Dialoge für graphische Benutzungs-oberflächen	DIN EN ISO 9241 (1996–1998); Görner, Beu & Koller (1999) und Industriestandards wie Microsoft (2003)
Multimediale Produkte	DIN EN ISO 14915 (2002); Issing & Klimsa (1997)
Geräte, mobile Produkte	Weiss (2000); Baumann & Thomas (2001); Burmester (1997)
Interfaces fürs Web	Nielsen (2000); Thissen (2003); Wirth (2002)
Interaction Patterns	Van Welie (2002)
Visualisierung komplexer Daten	Bederson & Shneiderman (2003)

Während der Gestaltungsphase gibt es immer wieder Gestaltungsentscheidungen bei denen die Argumentationslage zwischen unterschiedlichen Experten im Patt sein kann. In diesen Fällen lohnen sich Verfahren zum Transparentmachen der Argumente. Dazu lässt sich beispielsweise die QOC-Methode einsetzen (Bellotti, 1993), bei der es um eine Gestaltungsfrage (Q = question), um mögliche Gestaltungsvarianten (O = Options) und Entscheidungskriterien (C = criteria) geht. Die Entscheidungskriterien sprechen für oder gegen eine Gestaltungsvariante. Wenn dies für die zur Diskussion stehenden Gestaltungsvarianten dargestellt wird, ist die Entscheidungssituation für alle Beteiligten deutlicher (Überblick bei Louridas & Loucopoulos, 2000). Auch mit einem transparenten Verfahren gibt es Situationen, die nicht eindeutig entscheidbar sind. Dann kann die Klärung, z.B. welche der fraglichen Gestaltungsvarianten besser sind, in eine Liste der Evaluationsziele aufgenommen werden, um in der Evaluationsphase eine Klärung herbei zu führen.

Prototyping

Zwischen Entwurf, Gestaltung und Prototyping besteht eine enge, manchmal sich verwischende Beziehung, denn Gestaltung muss konkretisiert werden. Eine Zeit lang helfen geschriebene Szenarien oder konzeptuelle Modelle. Die Gestaltung einer Benutzungsoberfläche muss aber erfahrbar gemacht werden, da sie sonst nur schwerlich kommunizierbar ist. Kommunikation ist aber entscheidend in der benutzerzentrierten Gestaltung, denn das Designteam muss sich über Gestaltungsideen verständigen und diese bewerten. Produkt- und Projektmanagement sowie Marketing müssen verstehen, in welche Richtung sich das Produkt entwickelt. Und „last but not least" müssen Gestaltungsideen potentiellen Benutzern kommuniziert und erfahrbar gemacht werden. Dies gilt für partizipative Gestaltung und Evaluation. Damit wird deutlich, wie wichtig Prototyping für benutzerzentrierte Gestaltung ist.

Beaudouin-Lafon und Mackay (2003, S. 1007) definieren einen Prototypen „[...] as a concrete representation of part or all of an interaction system. A prototype is a tangible artefact, not an abstract description that requires interpretation." Ferner beschreiben Beaudouin-Lafon und Mackay (2003, S. 1007 ff.) Prototypen in vier Dimensionen:

1. „Representation" zielt darauf ab, welche Form der Prototyp hat: z.B. Papierprototyp oder Softwaresimulation.
2. „Precision" zielt darauf ab, wie detailliert der Prototyp ausgearbeitet ist: z.B. von groben Skizzen bis hin zu Bildschirmgestaltungen, die kaum unterscheidbar vom realen Produkt sind.
3. „Interactivity" zielt darauf ab, bis zu welchem Grad der Benutzer mit dem Prototypen in Interaktion treten kann: z.B. zeigen Papierprototypen einzelne Bildschirmdarstellungen, während bei anderen Prototypen der Benutzer durch Mausklicks Bildschirmwechsel auslösen kann.
4. „Evolution" zielt darauf ab, wie der Lebenszyklus der Prototypen aussieht. Je nach Lebensdauer lassen sich rapid prototypes (für einen bestimmten Zweck entwickelt, z.B. für einen Usability-Test hergestellt und dann weggeworfen), iterative prototypes (werden im Laufe des Gestaltungsprozesses weiter ausgearbeitet und verfeinert) und schließlich evolutionary prototypes (werden Schritt für Schritt Teil des Zielsystems) unterscheiden.

Nielsen (1993, S. 93 ff.) differenziert ferner zwischen horizontalen und vertikalen Prototypen. Horizontale Prototypen veranschaulichen das zu gestaltende Produkt in der Breite. Viele Sichten und Funktionen werden gezeigt, sind aber nicht oder nur teilweise umgesetzt. Diese Art von Prototypen eignet sich beispielsweise, um einen ganzen Aufgabenablauf zu demonstrieren. Details wie einzelne Interaktionen werden weggelassen. In die Tiefe gehen die vertikalen Prototypen. Mit ihnen werden einzelne Funktionen oder Interaktionen sehr detailliert erfahrbar gemacht. Werden bei einem Wissensmedium beispielsweise neue Eingabeinteraktionen erprobt, wie z.B. das Auswählen von Informationen durch Fokussieren des Blicks des Benutzers, so könnte eine Softwaresimulation die Auswahl von Informationen auf einem Bildschirm mit einem Eye-Tracking-System als Eingabeinstrument erfahrbar machen. So ließe sich in einem Usability-Test die innovative Eingabeinteraktion untersuchen. Der Rest des Produkts wäre durch diese Prototypen dann nicht abgedeckt.

Ein häufiger Fehler beim Prototyping ist, dass Prototypen als Produkt im Kleinen verstanden werden. Die Prototypentwicklung weist dann alle typischen Probleme der Entwicklung von Systemen auf (Integration, Software-Tests, Debugging, etc., vgl. Burmester & Görner, 2003, S. 51). Entscheidend ist also, Prototypen gezielt zu entwickeln. Soll das Management von dem zukünftigen Produkt beeindruckt werden, so kann ein gut ausgearbeiteter Video-Prototyp angemessen sein. Sollen die Informationsdarstellungen eines Wartungsunterstützungssystems untersucht werden, so können Screenshots auf Papier reichen. Die Navigation durch eine Informations-Web-Site kann durch eine Reihe von groben Papierskizzen verdeutlicht werden. Die in der Gestaltungsphase erhobenen Evaluationsziele steuern ebenfalls die Auswahlart des Prototyps und seine Ausgestaltung. Die jeweilige Fragestellung, die in einem Evaluationsziel zum Tragen kommt, muss durch die Prototypen abgedeckt werden können. Wenn ein Evalua-tionsziel existiert, bei dem zwei Gestaltungsideen gegeneinander getestet werden sollen, dann muss es jeweils einen Prototypen geben, der ein vergleichbares Szenario abdeckt. Weitere Ausgangsinformationen für die Gestaltung und Entwicklung von Prototypen sind die im Nut-zungskontext definierten Aufgaben und die in der Entwurfs- und Gestaltungsphase entwickel-ten Szenarien.

Tabelle 4 zeigt verschiedene Arten von Prototypen, die eingesetzt werden können.

Tab. 4:   *Arten von Prototypen (nach Rosson & Carroll, 2002, S. 199)*

Prototypart	Erläuterung
Storyboard	Skizzen oder Bildschirmabzüge, an denen die Nutzung eines Produkts erläutert oder als Szenario beschrieben wird.
Papierskizzen	Verschiedene Informationssichten werden auf Papier skizziert. Aus Serien von Informationssichten können ganze Aufgabenabläufe mit dem Produkt simuliert werden.
Papier, Karton oder Holz	Eignet sich vor allem für mobile Geräte, die durch Modelle aus unter-schiedlichen Materialen simuliert werden.
Wizard of Oz	Mit Wizard-of-Oz-Prototypen werden meist komplexe Systemreaktio-nen durch einen menschlichen Assistenten simuliert. Beispielsweise können so Sprachdialoge evaluiert werden, bevor überhaupt ein sprach-erkennendes System implementiert wird.
Video Prototyp	Video Prototypen zeigen, wie die Systeme zukünftig genutzt werden sollen.
Computeranimation	Abläufe von Bildschirmanzeigen und Eingaben werden als laufender Prozess gezeigt.
Scenario Machine	Ein bestimmtes Szenario demonstriert durch Weiterschalten Ein- und Ausgaben.
Rapid Prototype	Interaktives System, das einen bestimmten Produktaspekt simuliert. Hierfür werden häufig spezielle Prototyping-Werkzeuge eingesetzt.
Systemteil	Ein Teil des Zielsystems kann als Prototyp genutzt werden.

Evaluation

Evaluation erfüllt zwei zentrale Aufgaben in der Benutzerzentrierten Gestaltung:

1. In der Evaluationsphase wird geprüft, ob die Usability-Ziele erreicht wurden. Dabei handelt es sich tendenziell um summative Evaluation, d.h., es wird ein Urteil hinsichtlich der Evaluationsziele, und zwar bezüglich des gesamten Prototypen oder Produkts, getroffen. Wenn also das Usability-Ziel aufgestellt wurde, dass das Produkt effizient zu nutzen sein muss und sich das darin zeigt, dass eine Suchaufgabe nach bestimmten Informationen nicht länger als 30 Sekunden dauern darf, dann muss gemessen werden, ob dieses Kriterium erfüllt und damit das Usability-Ziel erreicht wurde. Dieses Urteil bildet dann die Grundlage dafür, ob das Design nochmals revidiert werden muss. Neben dieser stark auf das Management des Prozesses abgestimmten Art der Evaluation, wird summative Evaluation auch eingesetzt, wenn es um die Frage geht, ob ein fertiges Produkt insgesamt den Anforderungen, beispielsweise einer Norm oder einem Industriestandard, entspricht. Ferner können Entscheidungen zwischen Produkten (Preece, 1994, S. 604–605) oder zwischen alternativen Gestaltungsideen (vgl. Parallel Design, Nielsen, 1993, S. 85) getroffen werden.

2. Daten werden gesammelt, um die Gestaltung zu optimieren. Hierbei handelt es sich um formative Evaluation. In der Praxis hat diese Form der Evaluation eine wesentlich größere Bedeutung (Hassenzahl & Burmester, 1999).

Evaluation kann mit Usability-Experten oder den tatsächlichen Benutzern durchgeführt werden. Somit kann von expertenorientierter Evaluation und von nutzerorientierter Evaluation gesprochen werden. Bei expertenorientierter Evaluation bewerten Usability-Experten eine Benutzungsoberfläche auf der Basis bestimmter Kriterien. Dies können Usability-Heuristiken sein (wie bei der Heuristischen Evaluation von Nielsen, 1994) oder theoretische Grundannahmen (wie bei dem Cognitive Walkthrough von Wharton et al., 1994 oder der Evaluation mit GOMS-Modellen, Kieras, 2002). Bei benutzerorientierter Evaluation werden repräsentative Benutzer befragt oder beobachtet. Befragungen können mittels Interviews und Fragebögen stattfinden. Bei Beobachtungen wird die Interaktion eines Benutzers mit einem Produkt erfasst und protokolliert. Verhalten kann durch einen Evaluator beobachtet werden. Es können aber auch Interaktionen in Log-Files vom System aufgezeichnet und anschließend ausgewertet werden (vgl. Abbildung 1). In den letzten Jahren sind weitere Beobachtungsmethoden hinzugekommen. Dazu gehört beispielsweise das Eye-Tracking (Scheier & Heinsen, 2003; Seifert & Rötting, 2003), Erhebung physiologischer Daten (Hazlett, 2003) oder Beobachtung der Gesichtsmimik zur Erhebung der emotionalen Reaktionen eines Benutzers (Mangold et al., 2000).

Tabelle 5 gibt einen Überblick über mögliche Evaluationsverfahren. Details können z.B. bei Burmester (2003), Dumas (2002), Dumas und Redish (1999), Hamborg et al. (2003), Kuniavsky (2003), Nielsen (1993), Nielsen und Mack (1994) sowie Schweibenz und Thissen (2003) nachgeschlagen werden.

Tab. 5:   *Überblick über Evaluationsmethoden grob eingeteilt nach experten- versus benutzerorientierter und summativer versus formativer Evaluation*

	Expertenorientiert	Benutzerorientiert
Summativ	• EVADIS II (Oppermann et al., 1992) • SHIVA (Ziegler & Burmester, 1995) • Checklisten	• Fragebögen: z.B. ISONORM10 oder AttrakDiff (Überblick bei Hamborg et al., 2003) • Summatives Usability Testing (Dzida et al., 2001) • Log-File-Analyse
Formativ	• Heuristische Evaluation • Cognitive Walkthrough • Formal Usability Inspection • GOMS als Evaluationsverfahren (Kieras, 2002)	• Pluralistic Usability Walkthrough • IsoMetrics[L] • Formatives Usability Testing • Eye-Tracking (Scheier & Heinsen, 2003)

Als Reaktion auf wissenschaftliche und damit allzu aufwändige Methoden des Usability Engineerings forderte Nielsen (1989) die sogenannten „discount usability methods". Ursprünglich waren damit vor allem Benutzer- und Aufgabenbeobachtungen, Szenarios, einfaches, lautes Denken und heuristische Evaluation gemeint. Diese Methoden sind dazu geeignet, Benutzungsoberflächen zu gestalten, die den Anforderungen der Usability genügen und dabei realistisch in die meist knappen Zeit- und Budgetvorstellungen von Entwicklungsprojekten passen. Studien zur Güte dieser Methoden weisen darauf hin, dass es erhebliche Mängel in der wissenschaftlichen Fundierung und der praktischen Anwendung gibt (Gray und Salzmann, 1998; Molich et al., 1998, 1999). In Anlehnung an Cockton et al. (2002) und Dumas (2002) lassen sich folgende Erfolgskriterien der Planung und Durchführung formativer Evaluation nennen:

• Evaluationsziele formulieren: Für jede Evaluation muss geklärt werden, was mit der Evaluation erreicht werden soll. Dabei kann es übergreifende Ziele geben, wie allgemein die Ermittlung von Usability-Problemen in einer Oberfläche. Häufig jedoch kann so ein übergreifendes Ziel herunter gebrochen werden in Detailziele, wie beispielsweise die Überprüfung der Navigationsstruktur eines Produkts oder die Einstellung von Suchfiltern. Wie bereits in der Phase der Gestaltung erwähnt, ergeben sich schon während der Gestaltung Aspekte, die in der Evaluationsphase geklärt werden sollen. Dazu gehören auch die Usability-Ziele eines Produktes. Die Evaluationsziele müssen im Gestaltungsteam gesammelt werden, um diese aus allen Perspektiven zu erfassen.

• Nutzungskontextanalyse: Die Analyse des Nutzungskontextes ist unbedingt erforderlich, da Usability sich aus dem Zusammenwirken des Produktes mit dem Nutzungskontext definiert. Nur wenn bekannt ist, welche Eigenschaften die Benutzer haben, welche Aufgaben sie bewältigen müssen und unter welchen sozialen und physischen Umgebungsvariablen sie dies tun, kann evaluiert werden, ob Usability besteht. Beispielsweise können aus den in der Nutzungskontextanalyse ermittelten Aufgaben Aufgabenszenarien für einen Usability-Test oder auch expertenbasierte Evaluationsmethoden abgeleitet werden.

- Kenntnis des Prüflings: Das zu untersuchende Produkt muss den Evaluatoren bekannt sein. Nur durch die Kenntnis der relevanten Funktionen und Inhalte, der Navigations- und Dialogstrukturen sowie der Informationsdarstellungen kann erkannt werden, an welchen Stellen es zu Usability-Problemen kommt und unter welchen Bedingungen das Usability-Problem entsteht.
- Wer evaluiert? Bei expertenorientierter Evaluation müssen erfahrene Usability-Experten ausgewählt werden, die die Methoden beherrschen und im optimalen Fall auch Experten im Nutzungskontext sind. Letzteres ist selten der Fall. Bei benutzerorientierten Methoden müssen die Zielgruppen für das jeweilige Produkt bekannt sein und die Benutzer für die Evaluation entsprechend repräsentativ aus diesen Zielgruppen ausgewählt werden.
- Evaluationsplan: Ein Evaluationsplan enthält Informationen zu den Evaluationszielen, zum Nutzungskontext, zu den zu prüfenden Produktbereichen, zu den Evaluatoren und/ oder Testbenutzern, zu den Aufgabenszenarien, zu den eingesetzten Methoden, zum Durchführungsplan sowie zur Ergebnisanalyse und Ergebnisdokumentation. Ein solcher Evaluationsplan ist eine Art Vertrag zwischen den Evaluatoren und dem Auftraggeber. Der Evaluationsplan stellt sicher, wie die Evaluation ablaufen soll.
- Durchführung: Bei der Durchführung der Evaluation muss sich dann an die jeweiligen Regeln der Evaluationsverfahren und des Evaluationsplans gehalten werden.
- Datenauswertung und -interpretation: Die Art der Datenauswertung muss den Evaluationszielen entsprechen. Die Daten werden quantitativ und/oder qualitativ ausgewertet.
- Severity Rating: Bei formativer Evaluation entstehen Listen von Usability-Problemen. Diese müssen nach ihrer Schwere (*severity*) eingeschätzt werden, um zu einer Priorisierung aus Usability-Sicht zu kommen. Dies machen in der Regel Usability-Experten, da sie das notwendige Hintergrundwissen des Usability Engineerings und über die Randbedingungen der Evaluation besitzen. Nielsen (1994) hat eine Einschätzskala für das Severity Rating entwickelt.
- Ergebnisdarstellung: Evaluationen werden in Berichtsform oder als Präsentation niedergelegt. Für Usability-Tests wurde in der Norm ANSI NCITS 354 (2001) ein „Common Industry Format for Usability Test Reports" – ein Standardberichtsformat – festgelegt. Mit diesem Standard werden bestimmte Informationen gefordert, die in einem Bericht erscheinen müssen. Obwohl dieser Standard sich eher für summative Tests eignet, können viele Anforderungen an die Informationen im Bericht formativer Tests übernommen werden. Zusätzlich zu einem Bericht ist es sinnvoll, dass die Evaluatoren persönlich die Ergebnisse präsentieren, da sie die Usability-Probleme am genauesten kennen und bei Rückfragen und Gestaltungsideen zur Behebung der Usability-Probleme die fundiertesten und detailreichsten Antworten geben können.

Prozessergebnis

Wenn die Usability-Ziele erreicht wurden und damit die Iterationen abgeschlossen werden können, muss das Ergebnis an die Entwicklung weiter gegeben werden. Dies geschieht in Form von Spezifikationen oder in Form von Prototypen als sogenannte Live-Specification. Begleitend dazu werden häufig Styleguides geschrieben (Görner, 2003), in denen neben den Layoutfragen und der Informationspräsentation vor allem Beschreibungen der für das Produkt definierten Interaktionsformen enthalten sind (auch Dialogbausteine genannt, vgl. Görner et al., 1997).

4.4   Gestaltung als fortlaufende Verbesserung

Wie bereits oben erwähnt, werden die vier Phasen der benutzerzentrierten Gestaltung so lang wiederholt, bis die Usability-Ziele erreicht werden. Dann werden die Ergebnisse des Gestaltungsprozesses gesichert. In der Theorie funktioniert dies auch gut. In der Praxis ist die Situation oft nicht ganz eindeutig (Burmester & Görner, 2003). Gründe dafür sind:

- Die Festlegung von Usability-Zielen ist oft nicht so einfach, da keine Vergleichsdaten vorliegen und die Festsetzung von Kriterien mitunter allzu willkürlich ist. Einfacher ist es, wenn aktuelle Produkte mit Vorgängerversionen verglichen werden.
- Der Nutzungskontext ist meist komplex und es ist nicht möglich, diesen ab Beginn des Projektes vollständig zu erfassen und zu dokumentieren. Somit passiert es, dass sich aufgrund neuer Erkenntnisse die Ziele während des Prozesses ändern können.
- Häufig werden die Iterationen nicht durch das Erreichen von Zielkriterien beendet, sondern durch Zeit- und Budgetgrenzen im Projekt. Allerdings sind der Erkenntnisgewinn und damit der Qualitätssprung in der Gestaltung nach der ersten Evaluation am größten.
- Nicht jedes Usability-Problem führt gleich zu einer Revision des Nutzungskontextes.

Aus den vermeintlichen Nachteilen lassen sich auch Vorteile ableiten. So ermöglichen Iterationen Korrekturen im Prozess. Eine fehlerhafte oder ungenügende Nutzungskontextanalyse kann bei der Evaluation wieder ausgeglichen werden (Burmester et al., 2002).

Innerhalb des Prozesses haben die Arbeitsergebnisse einzelner Phasen Auswirkungen auf mehrere andere Phasen:

- Szenarien, Zielgruppendefinitionen, Umgebungsbeschreibungen etc. aus der Nutzungskontextanalyse sind für Gestaltung, Prototyping und Evaluation wichtige Basisinformationen.
- Evaluationsziele werden bereits in der Gestaltungsphase generiert und steuern dann Prototyping und Planung der Evaluation.
- Prototypen werden nicht nur für die Evaluation verwandt, sondern auch für die interne Kommunikation sowie internes und externes Marketing.

Produkte, wie beispielsweise Web-Sites, mit kontinuierlichen Änderungen der Oberfläche erfordern einen kontinuierlichen Prozess der Gestaltung und Evaluation (Parkitny & Görner, 2003).

4.5 Gestaltung als integrierter Bestandteil der Entwicklung

Benutzerzentrierte Gestaltung muss in die Entwicklungsprozesse eingebunden werden. Dabei ist es wichtig, dass die meisten Iterationen bereits vor dem Erzeugen von Softwarecodes abgeschlossen sind. Wird parallel Software geschrieben, die durch Ergebnisse des benutzerzentrierten Prozesses beeinflusst werden könnte, dann können Änderungen sehr aufwändig und teuer werden. Es ist zu beachten, dass mit Usability Engineering nicht nur die Benutzungsoberfläche entworfen und gestaltet wird, sondern bis zu einem gewissen Grad auch Funktionen und Inhalte definiert werden. Dies kann auf die Software-Architektur erhebliche Auswirkungen haben.

Zu bedenken ist auch, dass Methoden benutzerzentrierter Gestaltung an Projektgrößen, -budget und -zeitplanungen angepasst werden können. Es existieren unterschiedlich aufwändige Methoden, die in ihrem Aufwand bis zu einem gewissen Grad skaliert werden (Burmester & Görner, 2003).

5 Fazit und Ausblick

Neben den Zielen von Informationsanbietern muss bei der Gestaltung von Wissensmedien sichergestellt werden, dass Benutzer ihre eigenen Informationsbedürfnisse und Aufgaben in einer effektiven und effizienten Form erfüllen können. Dies lässt sich durch systematisch angewendetes Usability Engineering erreichen. Allerdings wird Usability Engineering häufig vor allem unter dem Aspekt der Qualitätssicherung und der Akzeptanz diskutiert. Es gibt noch einen weiteren Aspekt der benutzerzentrierten Gestaltung, der erhebliche Vorteile bringt. Benutzerzentrierte Gestaltung hat das Potenzial, neue Ideen zur Gestaltung der Produkte zu generieren (Burmester & Görner, 2003; Holmquist, 2004). Innovationen entstehen meist noch durch einen sogenannten Technology Push, d.h. technische Neuerungen führen zu Innovationen. Durch konsequent angewendete benutzerzentrierte Gestaltung können aus den Erkenntnissen hinsichtlich des Nutzungskontextes oder aus der Evaluation ganz neue Ideen zur Produktgestaltung generiert werden. Was dann eher ein Technology Pull wäre.

Benutzerzentrierte Gestaltung bietet die Möglichkeit, Innovation aus den Bedürfnissen der Benutzer und den Anforderungen des Nutzungskontextes sowie aus Evaluationsdaten zu entwickeln. Ben Shneiderman kennzeichnet den Innovationsaspekt benutzerzentrierter Gestaltung in seinem Buch Leonardo's Laptop äußerst treffend, in dem er schreibt, „the old computing was about what computers could do; the new computing is about what users can do" (Shneiderman, 2002, S. 2).

6   Literatur

ANSI NCITS 354 (2001). Common Industry Format for Usability Test Reports. American National Standards Institute, Inc.

Baumann, K. & Thomas, B. (2001). User interface design of electronic appliances. London: Taylor & Francis.

Beaudouin-Lafon, M. & Mackay, W. (2003). Evolution of Human-Computer Interaction: From Memex to Bluetooth and beyond. In J. A. Jacko & A. Sears (Eds.), The Human-Computer Interaction Handbook (p. 1006–1031). Mahwah: L.E.A.

Bederson, B. B. & Shneiderman, B. (2003). The Craft of Information Visualization: Readings and Reflections. San Francisco: Morgan Kaufmann.

Bellotti, V. (1993). Integrating theoreticians' and practitioners' perspectives with design rationale. IN: Proceedings of Interchi '93 (p. 101–106). New York: ACM.

Beu, A. (2003). Analyse des Nutzungskontextes. In J. Machate & M. Burmester (Hrsg.), User Interface Tuning – Benutzungsschnittstellen menschlich gestalten (S. 67–82). Frankfurt: Software und Support.

Bevan, N. (1995). Usability is Quality of Use. In: Y. Anzai, H. Mori & K. Ogawa (Eds.), Proceedings of the Sixth International Conference on Human-Computer Interaction (p. 349–354). Amsterdam: Elsevier.

Beyer, H. & Holtzblatt, K. (1998). Contextual design: defining customer-centered systems. San Francisco, Calif.: Kaufmann.

Bias, R. & Mayhew, D. (1994). Cost Justifying Usability. New York: Academic Press.

Burmester, M. (Ed.), (1997). Guidelines and Rules for Design of User Interfaces for Electronic Home Devices. Stuttgart: IRB.

– (2003). Ist das wirklich gut? Bedeutung der Evaluation für die benutzerzentrierten Gestaltung. In J. Machate & M. Burmester (Hrsg.), User Interface Tuning – Benutzungsschnittstellen menschlich gestalten (S. 97–119). Frankfurt: Software und Support.

–; Beu, A; Hackl, H. & Niedereder (2002). User Interface Design for a digital welding machine. Behaviour & Information Technology, Vol. 21 (5), p. 321-326.

– & Görner, C. (2003). Das Wesen benutzerzentrierten Gestaltens. In J. Machate & M. Burmester (Hrsg.), User Interface Tuning – Benutzungsschnittstellen menschlich gestalten (S. 47–66). Frankfurt: Software und Support.

Burmester, M. & Machate, J. (2003). Creative Design of Interactive Products and Use of Usability Guidelines – a Contradiction?. In Proceedings of HCI international 2003. Mahwah: Lawrence Erlbaum.

Card, S. K.; Moran, T.P. & Newel, A. (1983). The psychology of Human-Computer Interaction. Hillsdale, New Jersey: Lawrence Erlbaum.

–; Pirolli, P.; Wege, van der M.; Morrison, J. B.; Reeder, R. W.; Schraedley, P. K. & Boshart, J. (2001). Information Scent as a Driver of Web Behavior Graphs: Results of a Protocol Analysis Method for Web Usability. Chi Letters, Vol. 3 (1), p. 498–505.

Carroll, J.M. (2003). HCI Models, Theories, and Frameworks – Toward a Multidisciplinary Science. Amsterdam: Morgan Kaufmann.

Cockburn, A. (2001). Writing Effective Use Cases. Boston: Addison-Wesley.

Cockton, G.; Lavery, D. & Woolrych, A. (2002). Inspection-based Evaluations. In: J. A. Jacko & A. Sears (Eds.), The Human-Computer Interaction Handbook (p. 1118–1137). Mahwah: L.E.A.

Cooper, A. (1999). The Inmates Are Running the Asylum. Why High Tech Products Drive Us Crazy and How To Restore The Sanity. Boston: Pearson Professional Education.

DIN EN ISO 9241 (1996–1998). Ergonomische Anforderungen für Bürotätigkeiten mit Bildschirmgeräten. Berlin: Beuth.

DIN EN ISO 9241-11 (1998). Ergonomische Anforderungen für Bürotätigkeiten mit Bildschirmgeräten – Teil 11: Anforderungen an die Gebrauchstauglichkeit; Leitsätze (ISO 9241-11:1998). Berlin: Beuth.

DIN EN ISO 13407 (2000). Benutzer-orientierte Gestaltung interaktiver Systeme (ISO 13407:1999). Berlin: Beuth.

DIN EN ISO 14915 (2002). Software-Ergonomie für Multimedia-Benutzungsschnittstellen – Teil 1: Gestaltungsgrundsätze und Rahmenbedingungen (ISO 14915-1:2002). Berlin: Beuth.

Dong, J. & Waldo, P. (o.A.). EZSort. Letzter Zugriff am 21.06.2004 unter *http://www-3.ibm.com/ibm/easy/eou_ext.nsf/Publish/1876*

Dumas, J. C. (2002). User-Based Evaluations. In: J. A. Jacko & A. Sears (Eds.), The Handbook of Human Computer Interaction (p. 1093–1116). Mahwah, New Jersey: Lawrence Erlbaum.

– & Redish, J. C. (1999). A practical guide to usability testing. Exeter: Intellect.

Dzida, W. (1983). Das IFIP-Modell für Benutzungsschnittstellen. Office Management, 6–8.

–; Hoffmann, B.; Freitag, R.; Redtenbacher, W.; Baggen, R.; Geis, T.; Beimel, J.; Zurheiden, C.; Hampe-Neteler, W.; Hartwig, R. & Peters, H. (2001). Gebrauchstauglichkeit von Software. ErgoNorm: Ein Verfahren zur Konformitätsprüfung von Software auf der Grundlage von DIN EN ISO 9241 Teile 10 und 11. Dortmund: Wirtschaftsverlag NW.

Fogg, B. J. (2003a). Persuasive Technology. Using Computers to Change What We Think and Do. San Francisco, USA: Morgan Kaufmann.

– (2003b). Prominence-Interpretation Theory: Explaining how people assess credibility online. In: Proceedings of CHI 2003 Conference (p. 722–723), 2003-04-05–10, Ft. Lauderdale, Florida, USA. New York: ACM.

Frese, M. & Zapf, D. (Hrsg.), (1991). Fehlersystematik und Fehlerentstehung: Eine theoretische Einführung. In: M. Frese. & D. Zapf (Hrsg.), Fehler bei der Arbeit mit dem Computer: Ergebnisse von Beobachtungen und Befragungen im Bürobereich (S. 14–31). Reihe „Schriften zur Arbeitspsychologie", Band 52. Bern: Huber.

Görner, C. (2003). Styleguides – Vom Ladenhüter zum Steuerungsinstrument. In J. Machate & M. Burmester (Hrsg.), User Interface Tuning – Benutzungsschnittstellen menschlich gestalten (S. 139–164). Frankfurt: Software und Support.

–; Beu, A. & Koller, F. (1999). Der Bildschirmarbeitsplatz: Softwareentwicklung mit DIN EN ISO 9241. Berlin: Beuth Verlag.

–; Burmester, M. & Kaja, M. (1997). Dialogbausteine. Ein Konzept zur Verbesserung der Konformität von Benutzungsschnittstellen mit internationalen Standards. In: R. Liskowsky, B. M. Velichkovsky & W. Wünschmann (Hrsg.), Software-Ergonomie '97. Usability Engineering: Integration von Mensch-Computer-Interaktion und Software-Entwicklung. Stuttgart: B. G. Teubner.

Gould, J. D. & Lewis, C.H. (1985). Designing for usability: key principles and what designers think. Communications of the ACM Vol. 28 (3), p. 300–311.

Gray, W. & Salzmann, M. (1998). Damaged merchandise? A review of experiments that compare usability methods [special issue]. Human-Computer Interaction, 13, p. 203–261.

Hackos, J. & Redish, J. (1998). User and Task Analysis for Interface Design. New York: Wiley & Sons.

Hamborg, K.-C.; Gediga, G. & Hassenzahl, M. (2003). Fragebogen zur Evaluation. In S. Heinsen & P. Vogt (Hrsg.), Usability praktisch umsetzen (S. 172–187). München: Hanser.

Hassenzahl, M. (2003). Focusgruppen. In S. Heinsen & P. Vogt (Hrsg.), Usability praktisch umsetzen (S. 138–153). München: Hanser.

– & Burmester, M. (1999). Zur Diagnose von Nutzungsproblemen: Praktikable Ansätze aus der qualitativen Forschungspraxis. Konferenzband des ZMMS Konferenz 05.–08.10.1999 in Berlin.

Hazlett, R. (2003). Measurement of User Frustration: A Biologic Approach. In Proceedings of CHI 2003 Conference on Human Factors in Computing Systems (p. 734–735). New York ACM.

Herczeg, M. (1994). Software-Ergonomie. Bonn: Addison-Wesley.

Hinckley, K. (2003). Input Technologies and Techniques. In: J. A. Jacko & A. Sears (Eds.), The Human-Computer Interaction Handbook (p. 151–169). Mahwah: L.E.A.

Hix, D. & Hartson, H. R. (1993). Developing user interfaces: ensuring usability through product and process. New York: John Wiley.

Holmquist, L. E. (2004). User-Driven Innovation in the Future Applications Lab. In: Proceedings of CHI 2004, 2004-04-24–29, Vienna, Austria. New York: ACM.

Honold, P. (2000). Interkulturelles Usability Engineering Eine Untersuchung zu kulturellen Einflüssen auf die Gestaltung und Nutzung technischer Produkte Fortschritt-Berichte. Fortschritt-Berichte, Band Nr. 647. Düsseldorf: VDI-Verlag.

Issing, L. J. & Klimsa, P. (1997). Information und Lernen mit Multimedia. Weinheim: Beltz/ Psychologie Verlags Union.

Iwata, H. (2003). Haptic Interfaces. In: J. A. Jacko & A. Sears (Eds.), The Human-Computer Interaction Handbook (p. 206–219). Mahwah: L.E.A.

Jameson, A. (2003). Adaptive Interfaces and Agents. In: J. A. Jacko & A. Sears (Eds.), The Human-Computer Interaction Handbook (p. 306–310). Mahwah: L.E.A.

Kalbach, J. (2003). Von Usability überzeugen. In S. Heinsen & P. Vogt (Hrsg.), Usability praktisch umsetzen (S. 8–23). München: Hanser.

Karat, C.M. (1997): Cost-justifying usability engineering in the software life cycle. In: M. Helander, T. Landauer & P. Prabhu (Eds), Handbook of Human-Computer Interaction. Elsevier Science, Amsterdam.

Kaye, J. (2004). Making Scents: aromatic output for HCI. interactions, Vol. 11 (1), p. 48–61.

Kieras, D. (2002). Model-based Evaluation. In: J. A. Jacko & A. Sears (Eds.), The Human-Computer Interaction Handbook (p. 1139–1151). Mahwah: L.E.A.

Kirwan, B. & Ainsworth, L. K. (1992). A guide to task analysis. London: Tailor & Francis.

Krämer, N. C. & Bente, G. (2001). Mehr als Usability: (Sozial-)psychologische Aspekte bei der Evaluation von anthropomorphen Interface-Agenten. i-com, 0, S. 26–31.

Krueger, R. A. & Casey, M. A. (2000). Focus Groups. A practical guide for applied research. Thousand Oaks: Sage.

Kuniavky, M. (2003). Observing the User Experience. San Francisco: Morgan Kaufmann.

Louridas, P. & Loucopoulos, P. (2000). A Generic Model for Reflective Design. ACM Transactions on Software Engineering and Methodology, Vol. 9 (2), S. 199–237.

Luczak, H.; Roetting, M. & Oehme, O. (2003). Visual Displays. In: J. A. Jacko & A. Sears (Eds.), The Human-Computer Interaction Handbook (p. 187–205). Mahwah: L.E.A.

Mangold, R.; Reese, F.; Klauck, T. & Stanulla, S. (2000). "Designed for emotions"? Mimikbasierte Mikroevaluation von Onlineangeboten. planung & analyse, S. 58–81.

Marcus, A. (2002). Return of Investment for usable UI Design. User Experience, 1(3), S. 25–31.

Mayhew, D. L. (1999). The usability engineering lifecycle. A practitioner's handbook for user interface design. San Francisco: Morgan Kaufmann.

Microsoft (2003). Windows XP – Guidelines for Applications *http://www.microsoft.com/ hwdev/windowsxp/downloads/*. Überprüft am: 02.01.2003.

Molich, R.; Bevan, N.; Curson, I; Butler, S.; Kindlung, E.; Miller, D. & Kirakowski, J. (1998). Comparative evaluation of usability tests. Pro-ceedings of the Usability Professionals' Association.

Molich, R.; Thomsen, D.A.; Karyukina, B.; SGI, Schmidt, L.; Ede, M.; Oel, W. van & Arcuri, M. (1999). Comparative Usability Evaluation. URL: *http://www.dialogdesign.dk/tekster/ cue2/abstract.doc*. Überprüft am 21.03.2003.

Muller, M.J. & Kuhn, S. (1993). Partcipatory design. Communications of the ACM, Vol. 36 (24), p. 28.

Neuper C.; Müller G.; Kübler A.; Birbaumer N. & Pfurtscheller G. (2003). Clinical application of an EEG-based Brain – Computer – Interface: a case study in a patient with severe motor impairment. Clinical Neurophysiology, Vol. 114 (3), S. 399–409.

Nielsen, J. (1989). Usability Engineering at a discount. In: G. Salvendy & M. J. Smith (Eds.), Designing and Using Human-Computer Interfaces and Knowledge Based Systems. Amsterdam: Elsevier Science.

Nielsen, J. (1993). Usability Engineering. Boston: Academic Press.

– (1994). Heuristic Evaluation. In: J. Nielsen & R. L. Mack (Eds.), Usability Inspection Methods (p. 25–62). New York: John Wiley.

– (2000). Web Design – Erfolg des Einfachen. München: Markt & Technik.

– & Mack, R. L. (Eds), (1994). Usability Inspection Methods. New York: John Wiley.

Norman, D. (1988). The Psychology of Everyday Things. New York: Basic Books.

Oberquelle, H. (1994). Formen der Mensch-Computer-Interaktion. In H. Balzert (Hrsg.), Einführung in die Software Ergonomie (S. 95–144). Berlin: De Gruyter.

Oppermann, R.; Murchner, B.; Reiterer, H. & Koch, M. (1992). Software-ergonomische Evaluation. Der Leitfaden EVADIS II. Berlin: Walter de Gruyter.

Parkitny, J.-U. & Görner, C. (2003). Kontinuierliches Usability Engineering – das Erfolgsrezept des Online-Reisebüros Expedia.de. In J. Machate & M. Burmester (Hrsg.), User Interface Tuning – Benutzungsschnittstellen menschlich gestalten (S. 251–274). Frankfurt: Software und Support.

Pettersson, R. (2002). Information design: an introduction. Philadelphia: Benjamins.

Pirolli, P. (2003). Exploring and Finding Information. In: J. M. Carroll (Ed.), HCI Models, Theories, and Frameworks – Toward a Multidisciplinary Science (p. 157–192). Amsterdam: Morgan Kaufmann.

Pirolli, P. & Card, S. K. (1999). Information Foraging. Psychological Review, 106, p. 643–675.

Preece, J. (1994). Human-Computer Interaction. Wokingham: Addison-Wesley.

Rauterberg, M.; Spinas, P.; Strohm, O.; Ulich, E. & Waeber, D. (1994). Benutzerorientierte Software-Entwicklung. Zürich: Hochschulverlag an der ETH Zürich; Stuttgart: Teubner.

Robert, D.; Berry, D.; Mullaly, J. & Isensee, S. (1998). Designing for the User with OVID. Macmillan Technical Publishers.

Rosenfeld, L. & Morville, P. (2002). Information Archtecture (2nd Edition). Sebastopol: O'Reilly.

Rosson, M. B. & Carroll, J. M. (2002). Usability Engineering – Scenario-based development of human-computer interaction. San Francisco: Morgan Kaufmann.

Scheier, C. & Heinsen, S. (2003). Aufmerksamkeitsanalyse. In S. Heinsen & P. Vogt (Hrsg.), Usability praktisch umsetzen (S. 172–187). München: Hanser.

Schmidt, L.; Beu, A.; Edelmann, M.; Epstein, A.; Oehme, O.; Quaet-Faslem, P.; Rottenkolber, B.; Triebfürst, G.; Wiedenmaier & Wohlgemuth, W. (2004). Benutzerzentrierte Systemgestaltung. In: W. Friedrich (Hrsg.), ARVIKA – Augmented Reality für Entwicklung, Produktion und Service (S. 28–51). Erlangen: Publicis.

Schwabe, G. & Löber, A. (2002). Personalisierbare elektronische Gruppenräume. In: M. Herczeg, W. Prinz & H. Oberquelle (Hrsg.), Mensch & Computer 2002: Vom Werkzeug zu Kooperativen Arbeits- und Lernwelten (S. 65–74). Stuttgart: B. G. Teubner

Schweibenz, W. & Thissen, F. (2003). Qualität im Web: benutzerfreundliche Webseiten durch Usability Evaluation. Berlin: Springer.

Screven, C. G. (1999). Information Design in Informal Settings: Museums and Other Public Places. In: R. Jacobson (Ed.), Information Design (p. 131–192). Cabridge, Mass.: The MIT Press.

Seifert, K. & Rötting, M. (2003). Sonderheft: Blickbewegung. MMI-interaktiv Journal. Zugriff am 23.02.2004 unter *http://www.useworld.net/servlet/handleiss?obj_id=558& cat_id=40&vie=true*

Shneiderman, B. (2002). Leonardo's Laptop. Cambridge, Mass: MIT Press.

Shneiderman, B. & Plaisant, C. (2004). Designing the User Interface. Bosten: Pearson.

Svanæs, D. & Seland, G. (2004). Putting the Users Center Stage: Role Playing and Low-Fi Prototyping Enabled End Users to Design Mobile Systems. In Proceedings of CHI Conference, 2004-04-24–29 in Vienna (p. 479–486). Bevan, N. (1995). Usability is Quality of Use. Proceedings of the HCII 1995 International Conference on Human Computer Interaction, p. 349–354.

Thissen, F. (2003). Kompendium Screen-Design. Berlin: Springer.

Thomas, C. & Bevan, N. (1996). Usability Context Analysis – A Practical Guide, Version 4.04. URL: *http://www.usability.serco.com/trump/documents/UCA_V4.04.doc*. Überprüft am 03.07.2004.

Tullis, T. & Wood, L. (2004). How Many Users Are Enough for a Card-Sorting Study? Proceedings UPA'2004 (Minneapolis, MN, 2004-06-7–11).

Wahlster, W. (2003). SmartKom: Symmetric Multimodality in an Adaptive and Reusable Dialogue Shell. In: R. Krahl & D. Günther (Eds), Proceedings of the Human Computer Interaction Status Conference 03.06.2003 (S. 47–62). Berlin: DLR.

Weisbecker, A. (1995). Ein Verfahren zur automatischen Generierung von software-ergono-misch gestalteten Benutzungsoberflächen. Berlin: Springer.

Weiss, S. (2002). Handheld Usability. New York/Chichester: Wiley.

Welie, M. van (2002). Interaction Design Patterns. Retrieved 2003-02-05, from *http:// www.welie.com/patterns/index.html*

Wharton, C.; Rieman, J.; Lewis, C. & Polson, P. (1994). The Cognitive Walkthrough Method: A Practitioners's Guide. In: J. Nielsen & R. L. Mack (Eds), Usability Inspection Methods (p. 105–140). New York: John Wiley.

Wirth, T. (2002). Missing Links. München: Hanser.

Ziegler, J. & Burmester, M. (1995). Structured Human Interface Validation Technique – SHIVA. In Y. Anai, K. Ogawa & H. Mori (Eds.), Symbiosis of Human and Artifact (p. 899–906). Proceedings of the 6th International Conference on Human-Computer-Interaction. Tokio, 1995-07-09–14, Volume 2. Amsterdam: Elsevier.

Audio-visuelle Rhetorik und Informationsdesign

Gesche Joost

Wherever there is design, there is rhetoric, so könnte man das Zitat von Kenneth Burke (1950, S. 172) variieren und damit die im Folgenden verhandelte These zuspitzen: Design und Rhetorik sind zwei Wissensverbünde, die transdisziplinär aufeinander angewandt werden können. Rhetorik kann als eine spezifische Medientheorie Design beschreiben, und Design ist in seiner Praxis rhetorisch verfasst. Ein kurzer Abriss über die Verbindungslinien zwischen Design und Rhetorik soll die Möglichkeiten einer Anwendung rhetorischer Theorien auf Gestaltungsprozesse im Design skizzieren. Zunächst beschreibe ich das Anforderungsprofil des Informationsdesigns, um die Komplexität des Gestaltungsprozesses und seine Implikationen aufzuzeigen. Darauf aufbauend geht es um die wachsende Bedeutung der Rhetorik als Theoriemodell und um einen exemplarischen Ansatz, Design *als* Rhetorik zu konzipieren (Buchanan, 1985). An diesen Ansatz schließen sich weitere Perspektiven für eine Anwendung rhetorischer Theorien auf den Gestaltungsprozess an, u.a. die Konzeption einer rhetorischen Toolbox für das Design. Den Abschluss bildet eine exemplarische Analyse der audio-visuellen Rhetorik einer CD-ROM, durch die veranschaulicht wird, wie sich die rhetorische Systematik auf multimediale Produkte konkret anwenden lässt.

1 Anforderungen an das Informationsdesign

Bei der Gestaltung werden Informationen zu mehrschichtigen Architekturen verknüpft, die zur Präsentation, und letztlich auch zur Generierung von Wissen entstehen. Dabei ist der formale Entwurf für die Interpretation des Gehaltes maßgeblich. Diese These lässt sich im Bild der Architektur beschreiben: Unterschiedliche Bauweisen wie die Variationen des Zugangs, die Abfolge und Strukturierung der Räume und ihre Verbindungselemente sowie die räumliche Positionierung determinieren die Nutzungs- und Erfahrungsmöglichkeiten desjenigen, der sich durch die Räume bewegt. Designer gestalten virtuelle Räume, in denen die Informationen angeordnet und verbunden werden. Welche Zugänge sie aufbauen, welche Verbindungen sie generieren und welche Möglichkeiten der Erfahrung somit geschaffen werden, ist eine Frage des Designs und erfordert rhetorische Kompetenz.

Für das Design gilt folglich: Form und Inhalt sind nicht zu trennen. Eine Manipulation der Zeichengestalt bezieht immer gleichzeitig die Bedeutungsdimension ein. Dass sich Design auf die rein formale Oberflächengestaltung beziehe, abgekoppelt vom semantischen Gehalt, ist ein leicht zu widerlegendes Vorurteil. Die Variation der Gestaltungsparameter im Entwurf wird allzu häufig als „kreativer" Prozess beschrieben, der nahezu kontingenten formal-ästhetischen Kriterien unterliege. Ausdrucks- und Inhaltsseite bilden jedoch erst in ihrem Zusammenhang den Begriff des Zeichens – die „Oberfläche" als Erscheinung verweist immer auf die Tiefenstruktur der Bedeutung und ist Träger des semantischen Gehaltes. Für den Entwurfsprozess ergeben sich daraus vielfache Anforderungen. Die Gestaltgebung strukturiert, kontextualisiert und bestimmt semantisch ihren Inhalt. In Bezug auf das Informationsdesign kommt diesem Aspekt besondere Bedeutung zu, wenn es um den Transfer von Informationen geht, die oftmals von einer schriftlichen Form in ein audio-visuelles, interaktives Zeichensystem übertragen werden müssen. Darin wird ein kognitiver Prozess der Gestaltgebung beschrieben, der seinen Gegenstand *transformiert:* von diskreten Informationseinheiten zu vernetztem Wissen. Bezugspunkt ist die Instanz des Adressaten, des *Users*, für den nach den Kriterien der *Usability* der Inhalt angemessen aufbereitet werden muss.

Auf welche theoretischen Modelle können derartige Kommunikationsprozesse rekurrieren? Was sind Kriterien der angemessenen, wirkungsvollen Gestaltung, und wie kann, um Gui Bonsiepe zu zitieren, ein „kognitiver Metabolismus" entstehen, durch den die kommunikative Effizienz der Darstellung zunimmt? Durch die technologischen Entwicklungen entsteht ein Möglichkeitsraum der multi-medialen Kommunikationen, der neue Anforderungen an das Design stellt, für die jedoch ein theoretisches Beschreibungsmodell zur Reflexion noch kaum entwickelt werden konnte. Der Rekurs auf die Rhetorik ist hier vielversprechend, wenn die antike Lehre der Beredsamkeit auf audio-visuelle und interaktive Zeichensysteme übertragen wird.

2   Die Renaissance der Rhetorik

Die antike Rhetorik gewinnt im 20. Jahrhundert insgesamt an Bedeutung. Sie wird als eine zentrale gesellschaftliche Funktion aufgefasst und als Metatext zur Beschreibung des Kultursystems rekonstruiert. Durch den rapide zunehmenden Einfluss der Massenmedien auf die Kommunikation entstehen neue Anforderungen an die Theoriebildung – auch aus diesem Grund entsteht eine Rückbesinnung auf die Rhetoriktradition. Gewährsmänner dieser Bewegung sind die Vertreter der „New Rhetoric", Kenneth Burke, I.A. Richards, R. Weaver und C. Hovland in den USA sowie der „Nouvelle Rhétorique", Chaim Perelman und Roland Barthes in Frankreich. Burke formuliert die Funktion der Rhetorik im gesellschaftlichen Kontext grundlegend als „the use of words by human agents to form attitudes or to induce actions in other human agents" (Burke, 1959, S. 41). Somit wird die Rhetorik im Sinne Burkes zu einer wichtigen Funktion des gesellschaftlichen Zusammenlebens, indem sie die kommunikativen Interaktionen steuert. Die kollektiven Bedeutungsräume, die einer Gesellschaft eigen sind, verstehen sich nach Burke als grundlegend rhetorisch strukturiert. Mit dieser Aktualisierung und gleichzeitigen Öffnung des Rhetorik-Begriffs ist das Feld für neue theoretische Bezüge bereitet. Gui Bonsiepe (1965) präsentiert den Entwurf einer visuell-verbalen Rhetorik bereits in den 1960er Jahren, Umberto Eco (1972) und Roland Barthes (1990) skizzieren eine Rhetorik des Bildes, Perelman (1980) entwickelt eine umfassende Argumentationstheorie im „Reich der Rhetorik", um nur einige Ansätze zu nennen. Aufbauend auf diesen Vorläufern entstanden in jüngerer Zeit zudem Ansätze aus dem Design heraus, die Verbindungslinien zwischen Design und Rhetorik neu zu formulieren. Speziell um den Beitrag von Richard Buchanan (1985) soll es im Folgenden gehen.

3 Buchanans Ansatz: Design als Rhetorik

Richard Buchanan konzipiert in den 1980er und 1990er Jahren den Designprozess programmatisch als rhetorische Argumentation. Im Zentrum dieser Konzeption steht die *Persuasion*, die Überzeugung des Adressaten, die durch das Design*argument* geleistet werden soll. Drei Faktoren sind dabei bestimmend: „*technological reasoning, character*, and *emotion*" (Buchanan, 1985, S. 9). Mit diesen Begriffen unternimmt Buchanan eine Einführung mit den Termini der klassischen Rhetorik *Logos, Ethos* und *Pathos*, und beleuchtet damit die informativ-rationalen, die ethischen sowie die emotionalen Anteile einer Argumentation. Buchanan weist so den Gestaltungsprozess im Design dezidiert als rhetorische Kommunikation aus und eröffnet eine Lesart, die sich mit der Rolle des Designs im gesellschaftlichen Gefüge auseinandersetzt. Daraus leitet er eine neue Definition des Designs ab: „*Design is an art of thought directed to practical action through the persuasiveness of objects and, therefore, design involves the vivid expression of competing ideas about life.*"(Buchanan, 1985, S. 7). Mit dieser Definition knüpft er an den Rhetorik-Begriff Burkes an und beschreibt Design als kommunikative Interaktion. Der Entwurfsprozess und die daraus resultierenden Produkte werden zum Ausdruck sozialer, kultureller, ästhetischer Konzepte, die sich in einem Wettkampf der Überzeugung durchzusetzen suchen. Im Entwurfsprozess kommen rhetorische Techniken zum Einsatz, die die argumentative Kraft eines Produktes gestalten. Durchsetzen kann sich jener Entwurf, der sich an den Erwartungen und Vorstellungen des Adressaten orientiert und der *überzeugend* ist.

An Buchanans theoretische Verbindung zwischen Design und Rhetorik knüpfen auch Charles Kostelnick und Michael Hassett (2003) an, wenn sie eine Rhetorik der visuellen Gestaltung im Design entwerfen. Sie fokussieren die Rolle von Konventionen der „visuellen Sprache" im Design. Dieser Ansatz wird durch eine enge Koppelung an eine praktische Umsetzung bestimmt. So entsteht ein Handbuch der Gestaltung, das weniger die theoretische Fundierung entwickelt, als vielmehr Lösungen für die Praxis bereitstellt. Mit der Untersuchung der „Autorität" der visuellen Konventionen, den Aspekten ihrer Entwicklung und Mutation geht dieser Ansatz über die Figurentheorie der visuellen Rhetorik, z.B. nach Poggenpohl (1998), hinaus.

Die *persuasive* Dimension der Rhetorik stellt meiner Ansicht nach nur *einen* Aspekt des Kommunikationsprozesses dar. Zentral für die Wirkungsmacht des Designs ist darüber hinaus die soziokulturelle Funktion, wenn wir Designprozesse mit André Vladimir Heiz als „kollektive Symbolisierungen" begreifen. Das Design schafft einen kollektiven Schatz an Zeichen und Bezeichnungen, auf den es selbst immer wieder zugreift und den es gleichzeitig neu generiert und *um*schreibt. Auf diesen Zeichenvorrat greift das Informationsdesign zurück, ihn gestaltet es auch. Die audio-visuelle Rhetorik ist die Kompetenz, mit der Informationen effizient strukturiert und präsentiert werden, so dass der Adressat daraus einen hohen kommunikativen Nutzen ziehen kann. Wie wichtig dieser Aspekt für die Assimilation und Verbreitung von Wissen innerhalb der Gesellschaft ist, betont auch Bonsiepe (2001) in seinen jüngsten Ergebnissen zur audio-visuellen Rhetorik. Design, gelesen als rhetorischer Kommunikationsakt, stellt sich folglich als eng verwoben mit gesellschaftlichen Bezeichnungsprozessen dar und übernimmt die Funktion, *Wissen aufzubereiten und verfügbar zu machen*. An dieser Stelle öffnet sich die Perspektive auf einen soziokulturellen Diskurs im Design, in dem Funktion und Standort neu definiert werden.

4 Perspektiven: Rhetorik als Beschreibungsmodell für den Designprozesses

Buchanan beschreibt *einen* möglichen Ansatz, die Zusammenhänge zwischen Rhetorik und Design darzustellen, indem er die argumentative Seite hervorhebt. Kostelnick dagegen untersucht die praktischen Implikationen einer rhetorischen Designlehre. Bonsiepe betont eine dritte Perspektive: das „Wissensdesign" mit rhetorischer Kompetenz. Es gibt darüber hinaus weiterer Ansätze, die Verbindungslinien zwischen Rhetorik und Design nachzuzeichnen. Zwei neuere Beiträge entstammen der Arbeitsgruppe Design – Rhetorik – Film in Köln: zum einen Arne Scheuermanns Präsentationslehre des Films, (Scheuermann, 2004, 2005) zum anderen mein eigener Ansatz zur audio-visuellen Rhetorik. Im Rahmen der audio-visuellen Rhetorik lassen sich folgende Perspektiven für Design *und* Rhetorik aufzeigen:

1. Die Rhetorik kann den Gestaltungsprozess beschreiben, da sie Kategorien des kommunikativen Prozesses benennt, die sowohl für die *Produktion* als auch für die *Analyse* von Zeichensystemen eine sinnvolle Struktur bilden. So öffnen sich zwei Perspektiven: zum einen zielt die Frage auf den Einfluss rhetorischer Strategien auf den *produktiven Prozess* der Gestaltung, zum anderen auf die Anwendung rhetorischer Kategorien zur *Analyse* von Zeichensystemen (Plett 1985, S. 3f.). Diese doppelte Perspektive formuliert Eco in seiner Definition der modernen Rhetorik, wenn er sie einerseits als generative Technik zur Erzeugung von persuasiven Argumentationen beschreibt, andererseits als Sammlung von codifizierten Lösungen zur effizienten Kommunikation bezeichnet, d.h. als Repertoire von Mustern und Motiven mit bestimmtem konnotativen Gehalt (Eco 1972, S. 184f.). Der Einfluss der rhetorischen Lehre auf den Designprozess kann also zweifach formuliert werden:

a.) als Produktionssystem: eine Sammlung von kommunikativen Strategien und Mustern, die in der Zeichenproduktion mit der Zielsetzung der überzeugenden Vermittlung und Gestaltung von Informationen für den Adressaten angewandt werden;

b.) als Analyseinstrument: zur analytischen Durchdringung medialer Zeichensysteme mit der Zielsetzung, die argumentativen, affektischen und stilistischen Konstruktionsprinzipien offenzulegen.

Beide Zugänge hängen zusammen: in der Analyse wird die Produktion gleichsam rekapituliert.

2. Im Produktionsprozess kann die Kenntnis des rhetorischen Systems die Entwurfstätigkeit des Designers unterstützen. Dazu benennt die Rhetorik fünf Phasen:
Die *inventio* als Material- und Argumentensammlung, die *dispositio* als Gliederung und Strukturierung, die *elocutio* als stilistische Inszenierung, die *memoria* als Erinnerung des Materials sowie die *actio* als Präsentation eines Entwurfes. Diese Produktionsstadien bilden unterschiedliche Phasen der Gestaltung ab und reflektieren ihre jeweilige Bedeutung für den Entstehungsprozess. Im Wissen um diese *opera oratoris,* die als Kontinuum, Verflechtung und Durchdringung der unterschiedlichen Entwicklungsphasen verstanden werden müssen, wird der Zusammenhang zwischen dem thematischen Gegenstand und den Strategien der Inszenierung im Hinblick auf ihre überzeugende Wirkungsweise auf den Adressaten dargestellt. In der thematisch orientierten Materialsammlung der ersten Phase vollzieht sich ein Prozess des Erkennens des Themas und seines Gehalts (*intellectio*). In der zweiten Phase wird diese Sammlung dann in eine Struktur überführt, die eine Kontextualisierung bedeutet. Die dritte Phase stellt sich als die formale Umsetzung, als „Formulierung" und Gestaltgebung dar und liefert das Produkt.

3. Als Kriterien für die *gelungene,* d.h. für die effiziente und wirkungsvolle Gestaltung benennt die Rhetorik zunächst die Angemessenheit, das *aptum.* Diese Kategorie richtet sich zum einen nach innen, als innere Kohärenz des Zeichensystems und als dem Thema angemessene Gestaltung. Die Angemessenheit bestimmt die Auswahl und die Anordnung des Stoffes, welche das Funktionieren der Gestaltung maßgeblich beeinflußt. Zum anderen bezieht sich diese Kategorie auf das *äußere aptum* und benennt damit die Bezugsdimension zum Adressaten: trifft der Entwurf die Anforderungen der Zielgruppe? Ist der angemessene Stil gewählt: rein informativ und sachlich, unterhaltsam und ansprechend oder emotional aufgeladen und mitreißend? Überlegungen zur „Stilhöhe" sind wichtig bei der Konzeption, da ein adäquater Stil zum einen für die Darstellung des Themas, zum anderen für die Glaubwürdigkeit eines Entwurfs, für seine Überzeugungskraft maßgeblich ist. Die schlichte Stilart (*genus subtile*) entspricht einem informativen Zweck und fordert Schärfe und Treffsicherheit des Ausdrucks. Der mittlere Stil, als *genus medium* benannt, eignet sich für die Gewinnung und Unterhaltung des Publikums, arbeitet mit sanften Affekten und einem mäßigen Einsatz rhetorischer Figuren. Der hohe Stil als *genus grande* ruft heftige Emotionen beim Adressaten hervor und nutzt dafür eine starke affektische Lenkung. Insgesamt zeichnet sich die erfolgsorientierte rhetorische Kommunikation durch Deutlichkeit und Klarheit in Struktur und Bedeutung aus, in der Rhetorik als *perspicuitas* benannt. Die Klarheit der Gedankenführung und die Ökonomie der Anordnung sind, neben der Forderung nach formaler Korrektheit (*puritas*), zentrale Kriterien für die überzeugende Kommunikation.

4. Darüber hinaus systematisiert die Rhetorik die Figuren des Redeschmucks (*ornatus*), die figurative Muster der Syntax und Semantik benennt. Das rhetorische System der Figuren bezeichnet Lausberg (1963, S. 15) als „Werkzeuge der Wirkungs-Intention" des Produzenten. Zeichenstrukturen, die sich durch den Gebrauch etabliert haben und sich zum gemeinsamen Formenkanon fügen, sind rhetorische Figuren oder *patterns*, deren sich das Design bedient und die es gleichzeitig kontinuierlich verändert. Lausberg weist darauf hin, dass es sich bei den rhetorischen Figuren im Sinne von Vorlagen, Mustern, eben nur um „Formen" handelt, die durch die Intention des Redenden im situativen Kontext mit relevanten Inhalten gefüllt werden, so dass aus starren Mustern lebendige Figuren erwachsen (Lansberg, 1963, S. 14). Es sind Figuren der Semantik und der Syntax, die sich im Gebrauch entfalten und sich dem Adressaten empirisch erschließen, indem sie an seine Erfahrungen anknüpfen.

Für das Informationsdesign sind der Erfahrungshorizont des Nutzers, seine Sehgewohnheiten und der Nutzungskontext zentrale Bezugspunkte der Kommunikation. Die rhetorischen *patterns* sind Figuren, die zur Gestaltung genutzt werden können, da sie sich im Gebrauch etabliert haben. Solche etablierten Muster unterstützen den kognitiven Prozess der Nutzung. Ein einfaches Beispiel für einen gängigen Metaphern-Komplex ist die Visualisierung des *desktop* mit seinen Symbolen, oder auch die ikonographischen Übersetzungen auf Software-Ebene, wenn bestimmte Handlungen durch metaphorische oder metonymische Transformationen in Bildsymbolen dargestellt werden (die Funktion des „Ausschneidens" wird durch eine Schere symbolisiert).

5   Rhetorik als Toolbox des Designers

Mit der Anwendung der rhetorischen Systematik und der Adaption ihrer etablierten Terminologie entsteht eine Toolbox für das Design, die für den Gestaltungsprozess wie für die Analyse von Nutzen ist. Diese Toolbox ist die Theorie und Praxis der audio-visuellen Rhetorik. In ihr werden Kommunikationsmuster als Grundbausteine medialer Gestaltung systematisiert. Neben den Figuren der audio-visuellen Rhetorik sind es rhetorische Techniken der Präsentation und der Argumentation sowie rhetorische Affekttechniken, die für die Gestaltung funktionalisiert werden können. Mit einer solchen Systematisierung der Gestaltungstechniken und -muster wird eine Basis für die Durchdringung von Theorie und Praxis der Gestaltung geschaffen: die Toolbox entsteht aus der Synthetisierung praktischer Lösungen und stellt dadurch eine eigene Theorie. So, wie die antike Rhetorik als praktische Handlungsanweisung für die Produktion einer erfolgreichen Rede konzipiert wurde und Kommunikationstechniken für den Redner zur Verfügung stellte, so versteht sich die audio-visuelle Rhetorik als Toolbox für die Gestaltung.

Ihre Ausarbeitung sowie ihre theoretische Fundierung sind Ansätze der Designtheorie, an denen sich ein neues Forschungsfeld anknüpft. Bisher gibt es einige verstreute Ansätze, die Teildisziplinen der Rhetorik für das Design aktualisieren. Eine umfassende systematische Darstellung der rhetorischen Figuren in ihrer Übertragung auf multimediale Zeichensysteme steht jedoch weiter aus, wobei durch die Beispiele von Bonsiepe, Poggenpohl und Ehses (Ehses & Lupton, 1988) bereits gezeigt werden konnte, welche Perspektive die rhetorische Systematik für die Beschreibung und Interpretation entwerfen kann. Eine Ausarbeitung der Argumentationstheorie, wie sie Buchanan vorschlägt, liegt bisher nicht vor.

Um die Anwendung der rhetorischen Toolbox für die Analyse zu veranschaulichen, stelle ich im Folgenden eine Kategorisierung von Text-Bild-Figuren vor. Diese Figuren begreifen sich als Teil einer übergreifenden Systematik audio-visueller Figuren. Durch die Darstellung der unterschiedlichen Typen von Relationen zwischen Bild- und Textelementen in einem Medienensemble entsteht eine Liste transmedialer Figuren. Bei der Ausarbeitung dieser Figuren beziehe ich mich auf Forschungsergebnisse der Rhetorik wie der Semiotik. Die ausgewählten Text-Bild-Figuren werden zur Analyse des Informationsdesigns einer CD-ROM herangezogen – damit zeigt sich die Anwendbarkeit der rhetorischen Theorien für die Analyse multimedialer Produkte ganz konkret.

Zunächst stellt sich die Frage, auf welchen Ebenen in einem audio-visuellen Zeichensystem Informationen vermittelt werden. Auf der auditiven Ebene werden sie über die Parameter Sound, Dialog und Musik vermittelt, auf der visuellen Ebene über Bild (statisch), Text (als Typographie) und Bewegt-Bild als Film oder Animation. In der Kombination dieser Parameter, in ihrem Zusammenspiel, ergeben sich zunächst drei übergreifende Figuren:

1. die Übereinstimmung *(Konvergenz)*,
2. der Widerspruch *(Divergenz)*,
3. die Ergänzung *(Komplementarität)*.

Durch diese Figuren werden visuelle und auditive Zeichen in ihrer gegenseitigen Dependenz systematisiert. Eine fehlende Übereinstimmung zwischen einer Information auf der Bildebene und einer auditiven Information, z.B. eines Sprechertextes, ergibt beispielsweise eine *Divergenz*, die als stilistisches Mittel der Gestaltung eingesetzt werden kann. Die Figur der *Komplementarität* ist ein Beispiel, das sich bei der Gestaltung multimedialer Produkte häufiger findet, wenn es um die Darstellung eines Informationszusammenhangs durch unterschiedliche Mittel wie Text, Informationsgraphik, Sprechertext, geht. Es entsteht eine informationelle Vielfalt, die die Rezeption und Verarbeitung der Information unterstützt und dem Rezipienten eine Auswahl kognitiver Zugänge eröffnet.

Um nun die Zusammenhänge zwischen bildlichen und verbalsprachlichen Mitteln auf der visuellen Ebene differenzierter beschreiben zu können, stelle ich eine Typologie der Bild-Text-Beziehungen nach Nöth (2000, S. 481ff.) vor. Für die Beschreibung der Interferenzen zwischen Bild und Text werden die drei Kategorien der Semantik, der Syntax und der Pragmatik angewendet.

Semantische Kategorien der Bild-Text-Beziehungen
- *Redundanz*: Bild wird textergänzend eingesetzt.
- *Dominanz*: Überwertigkeit des Bildes gegenüber dem Text.
- *Komplementarität*: Bild und Text sind gleichermaßen notwendig, um die Gesamtbedeutung zu verstehen.
- *Diskrepanz/Kontradiktion*: Unvereinbarkeit beider Botschaften oder Widerspruch zwischen textlichem und bildlichem Inhalt.

Syntaktische Kategorien der Bild-Text-Beziehungen (räumliche Zusammenhänge)
- *Koexistenz*: Wort und Bild im gemeinsamen Bildrahmen.
- *Interreferenz*: Wort und Bild räumlich getrennt, jedoch gleiche Verortung (Seite, Screen).
- *Koreferenz*: Wort und Bild verweisen auf unterschiedliche Bedeutungskontexte.
- *Selbstreferenz*: als Sonderfall, Bild oder Text verweist auf sich selbst und reflektiert sich (Beispiel: visuelle Poesie).

Pragmatische Kategorien der Bild-Text-Beziehungen (Formen der Bezugnahme)
- *Relais*: Wort und Bild zusammenhängend als Teil eines größeren Syntagmas.
- *Verankerung*: indexikalische Bezugnahme zwischen Bild und Text (Text hat Selektionsfunktion für die Bildinterpretation).

(Barthes 1990, S. 34)

Diese zehn Bild-Text-Figuren können zur Beschreibung unterschiedlicher medialer Produkte herangezogen werden, wenn es um die Analyse der Funktion von Bild und Text geht. Exemplarisch nutze ich diese Figuren zur Beschreibung von drei ausgewählten Screens der CD-ROM „Sigmund Freud – Archäologie des Unbewussten" (Abbildungen 1 bis 3) und skizziere damit eine rhetorische Analyse des Informationsdesigns. Die gewählte CD-ROM bietet ein Beispiel für einen differenzierten Umgang mit den Möglichkeiten der medialen Vermittlung von Informationen (über Sprechertexte, Musik, Sound, Film und Animation) und eine gelungene formal-ästhetische Umsetzung der Informationsfülle zu Leben und Werk des Wiener Psychoanalytikers Sigmund Freud.

Zur Übersicht sind die untersuchten Bildelemente mit Großbuchstaben (weiß) bezeichnet, die Textelemente mit Zahlen. Die Analyse gliedert sich jeweils in eine kurze inhaltliche Beschreibung des Screens, um dann die Bild-Text-Figuren wie auch die rhetorischen Figuren zu benennen.

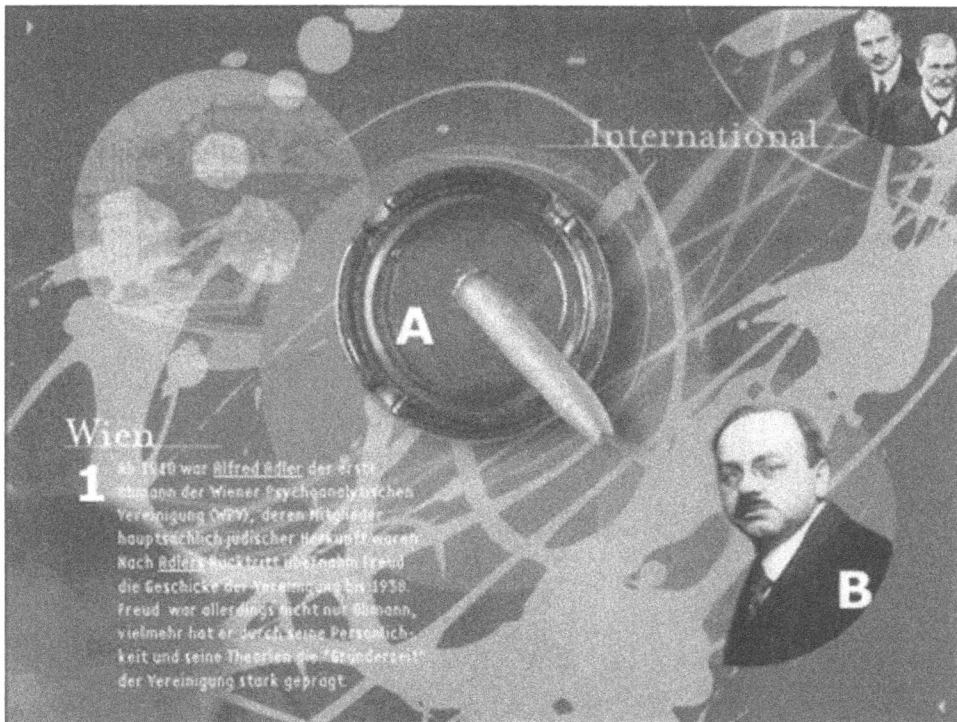

Abb. 1: *Screen 1: Die Wiener Psychoanalytische Vereinigung.*

Inhalt des Screens

Es wird die Entwicklung der Wiener Psychoanalytischen Vereinigung (WPV) und ihre internationale Vernetzung dargestellt.

Bild-Text-Beziehungen

Auditive Information und Text: Der Sprechertext formuliert einen Überblick zum Thema „Psychoanalyse in Wien" um 1900. Er steht im Verhältnis der *Komplementarität* zu den ikonographischen Zeichen: Bilder und visueller Text spezifizieren die auditive Information.

Bild A, Text 1: Das Bild des Aschenbechers ist zentrales Element auf dem Screen (*Dominanz* des Bildes). Bild und Text verweisen auf unterschiedliche Aspekte des Dargestellten (*Interreferenz*): der Text informiert über die Wiener Psychoanalytische Vereinigung (WPV), während das Bild auf die Person Freuds verweist.

Bild B, Text 1: Das Bild illustriert den Text (*Redundanz*), der Text verankert die Bildbedeutung durch die Namensnennung des Gezeigten (es handelt sich um Alfred Adler, den ersten Vorsitzenden der WPV).

Rhetorische Figuren

Metonymie: Die Zigarre als Attribut Freuds weist metonymisch auf ihn hin, steht für die Figur Freuds und bezeichnet in gleichzeitig näher durch das Attribut der Zigarre.

Symbol: Der Aschenbecher steht als formales Symbol für den Kreis der Psychoanalytiker um Freud. Die Kreisform verweist gleichzeitig auf den Titel des Kapitels: „Der Ring".

Formale Konjunktion: Die Kreisform wird in der Screengestaltung zur Konjunktion der einzelnen Elemente.

Abb. 2:   *Screen 2: Die Ausbildung zum Psychoanalytiker.*

Inhalt des Screens

Referiert wird die Entwicklung der Ausbildung zum Psychoanalytiker in zwei aufeinanderfolgenden Phasen: die „heroische Phase" und die „neue Generation".

Bild-Text-Beziehungen

Bild A, Text 1: Die Bilder sind zum Verständnis des Textes notwendig und konkretisieren ihn (*Komplementarität*).

Bild A, Text 2: Der Text (die Namensnennung der abgebildeten Personen) bezeichnet das Bild und selektiert eine Bedeutung (*Verankerung*), indem der jeweilige Name den abgebildeten Personen zugewiesen wird.

Rhetorische Figuren

Dynamische Emphase: die Entwicklung der zwei unterschiedlichen Positionen wird durch eine Animation verdeutlicht, in der sich beide Kreise nacheinander bilden und einander kontrastierend gegenüberstehen.

Metapher: Die Kreisform fungiert als bildliche Übertragung zur Bezeichnung der beiden Gruppierungen.

Synekdoche: Die Bilder der Personen stehen als *pars pro toto*, als Teil für das ganze, da sie einzelne Vertreter der Gruppe repräsentieren.

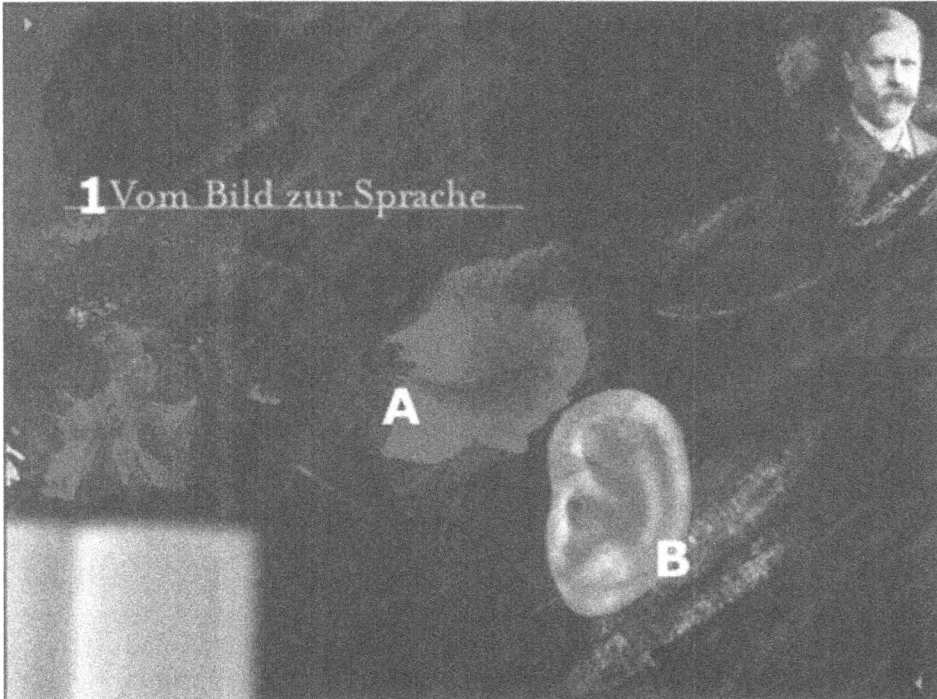

Abb. 3: *Screen 3: Die Gesprächsanalyse.*

Inhalt des Screens

Im Rahmen der psychoanalytischen Methodik entsteht eine Bedeutungsverschiebung von der anatomischen Analyse der Medizin zur Gesprächsanalyse in der Psychoanalyse.

Rhetorische Figuren

Visuell-verbale Übertragung: Das Bild des Auges steht als Metapher für die medizinische Analyse der menschlichen Anatomie, das Bild des Ohres als Metonymie für den sprachlichen Ausdrucks im Rahmen der Gesprächsanalyse. Wort und Bild haben eine inhärente Beziehung zueinander.

Dynamische Veranschaulichung: Die Bedeutungsverschiebung wird durch eine Animation veranschaulicht, in der erst das Auge, dann als Überlagerung das Ohr dargestellt wird. Diese Animation realisiert die Figur der *Metonymie*.

In dieser kurzen Analyse des Informationsdesigns wird bereits deutlich, wie vielfältig die Palette der *patterns* ist, die angewendet werden. Durch die Nutzung der rhetorischen Fachtermini in der Analyse wird das jeweilige Zeichen und sein Bezeichnungskontext detailliert beschrieben. Die Figuren der Übertragung und der Verschiebung, Metapher und Metonymie, kommen in der Gestaltung audio-visueller Medien häufig zur Anwendung, da sie rein schriftlich fixierte Informationen veranschaulichen und damit zur kognitiven Effizienz der Informationen beitragen. Der Einsatz dieser Figuren geschieht oftmals rein intuitiv – den Vorgang des Sehens durch ein Auge zu symbolisieren, ist eine nahe liegende Übertragung. Im analysierten Beispiel sehen wir jedoch ein vielschichtiges Bild, das die Bedeutungsverschiebung von der visuell orientierten anatomischen Analyse hin zur auditiv orientierten Gesprächsanalyse der menschlichen Psyche *visuell überträgt*. Durch diesen visuell-verbalen Transfer entsteht ein abstrahiertes Bild für die Information, das als eine Art *shortcut* funktioniert. Die Formel „Auge + Ohr" präsentiert die Information in Kurzform über den visuellen Kanal und macht sie auf diese Weise gut erinnerbar. Die Synthetisierungsleitung des Informationsdesigns ist somit keinesfalls trivial, vielmehr wird darin eine hohe rhetorische Kompetenz deutlich. Diese Kompetenz der audio-visuellen Rhetorik ist für das Design wichtig: sie aus dem rein individuellen Erfahrungswissen herauszulösen und auf eine theoretisch reflektierte Basis zu stellen, ist das Ziel der Forschung zur audio-visuellen Rhetorik im Design.

Wenn wir den hier skizzierten Ansatz weiter verfolgen, so sind interessante Ergebnisse für eine theoretische Basis des Designs zu erwarten. Die Rezeption der rhetorischen Lehre für das Design eröffnet insgesamt eine Möglichkeit der Differenzierung und Strukturierung des Gestaltungsprozesses. Durch die Weiterentwicklung der Rhetorik für den Gestaltungsprozess entsteht eine Inspiration der Disziplinen von Design und Rhetorik – und zwar in *beiden* Richtungen. Die hier skizzierte Reformulierung und Ausweitung der Rhetorik geschieht aus dem Design heraus und befragt damit auch die Grenzen der Rhetorik-Disziplin. Die Fragestellungen, die aus der Praxis der Gestaltung heraus entspringen, setzen somit die Impulse für die Theoriebildung und Forschung, wie es an den Ergebnissen der Forschung zur audio-visuellen Rhetorik bereits abzulesen ist. Somit entstehen transdisziplinäre Ansätze, die sich mit heutigen Anforderungen der Informationsgesellschaft auseinandersetzen und daraus theoretische Modelle entwickeln, die für die Praxis nutzbar sind. Design und Rhetorik arbeiten an dieser Stelle fruchtbar zusammen, um die Forschung weiterzuentwickeln. Das Eingangszitat kann also in beide Richtungen variiert werden: *Wherever there is rhetoric, there is design.*

6   Literatur

Barthes, R. (1990). Rhetorik des Bildes. In: ders., Der entgegenkommende und der stumpfe Sinn. Frankfurt a.M., S. 28–46.

Bonsiepe, G. (1965). Visuell-verbale Rhetorik. In: Zeitschrift der Hochschule für Gestaltung 14/15/16, Ulm. S. 23–40; überarbeitete Neuversion: Bonsiepe, G. (1996), Interface – Design neu begreifen. Mannheim. S. 85–103.

Bonsiepe, G. (2001). Audiovisualistik und die Darstellung von Wissen. Unveröffentlichter Beitrag für das Symposium „Visuelle Kompetenz im Medienzeitalter". Stuttgart.

Buchanan, R. (1985). Declaration by Design: Rhetoric, Argument, and Demonstration in Design Practice. Design Issues, Volume II, Number 1, S. 4–23; Nachdruck in: V. Margolin (Hrsg.), Design Discourse. History, Theory, Criticism. Chicago, 1989, S. 91–109; vgl. auch Buchanan, R. (1995). Rhetoric, Humanism, and Design. In: ders. & V. Margolin (Hrsg.), Discovering Design: Explorations in Design Studies. Chicago. S. 23–68.
Für den Hinweis auf Richard Buchanan danke ich Arne Scheuermann.

Burke, K. (1950). A Rhetoric of Motives. New York. S. 172.

Eco, U. (1972). Einführung in die Semiotik. München. S. 179ff.

Ehses, H. & Lupton, E. (1988). Rhetorical Handbook. An Illustrated Manual for Graphic Designers. Halifax: Design Division, Nova Scotia College of Art and Design.

Joost, G. (erscheint demnächst). Filmrhetorik. Theorie, Systematik und Praxis der audiovisuellen Rhetorik.

Kostelnick, C. & Hassett, M. (2003). Shaping Information. The Rhetoric of Visual Conventions. Carbondale.

Kostelnick, C. & Roberts, D. (1998). Designing visual language. Strategies for Professional Communicators. Boston.

Lausberg, H. (1963). Elemente der literarischen Rhetorik. Ismaning.

Nöth, W. (2000). Handbuch der Semiotik. Stuttgart/Weimar.

Perelman, C. (1980). Das Reich der Rhetorik. Rhetorik und Argumentation. München.

Plett, H. (1985). Einführung in die rhetorische Textanalyse. Hamburg.

Poggenpohl, S. (1998). Visual Rhetoric: An Introduction. Visible Language (32) Nr. 3, S. 197–199; dies. (1998a): Double Damned: Rhetorical and Visual. In Visible Language (32) Nr. 3, S. 200–234.

Scheuermann, A. (2004). Moving Picture Audience – Affektkommunikation im populären Film. In A. Zika (Hrsg.), the moving image – Beiträge zu einer Medientheorie des bewegten und bewegenden Bildes (S. 113–130). Weimar/Kromsdorf.

Scheuermann, A. (2005). Schmerz und Affekttechnik – Versuch über die dramaturgischen
Bedingungen von Schmerz im populären Film. In R. Borgards (Hrsg.), Schmerz und Erinnerung. München. S. 245–257.

Scheuermann, A. (erscheint demnächst). Film als Rhetorisches Design. Grundzüge einer
Theorie des Filmemachens.

Sigmund Freud Gesellschaft (2000). Sigmund Freud – Archäologie des Unbewussten. CD-
ROM. Wien.

Interaktion mit verteilten digitalen Informationsräumen

Jens Geelhaar

Verschiedene aktuelle Theorien zur Interaktion mit verteilten, ortsunabhängigen Rechenressourcen und Informations- bzw. Unterhaltungsangeboten sollen dargestellt werden. Hierbei soll insbesondere der Zugang zu Informationen mittels neuer Technologien betrachtet werden. Zentrale Themen aus verschiedenen Forschungsbereichen wie „Ubiquitous Computing" (Ubicomp), „Artificial Intelligence" (AI) und „Tangible User Interfaces" (TUI) werden zusammengefasst und aus ihnen Ansätze zu neuen Interaktionsformen abgeleitet. Philosophische und soziologische Ansätze aus diesen Themengebieten werden unter kritischer Würdigung ihrer Aussagekraft verwendet, um Interaktionsprinzipien abzuleiten. Eigene Entwicklungsarbeiten werden beispielhaft diskutiert. Abschließend sollen diese neuen Formen der Interaktion mit digitalen Informationsräumen in Bezug auf ihre individuellen und sozialen Auswirkungen diskutiert werden.

1 Kognition und Aktion

Um die Diskussion aktueller Tendenzen zur Interaktion mit verteilten Rechenressourcen und Informations- bzw. Unterhaltungsangeboten auf eine Basis zu stellen, erlaube ich mir, einige Vorbemerkungen zu zentralen Begrifflichkeiten und Theorien vorauszuschicken.

Tony Clear beschreibt die Grundlage des etablierten Paradigmas der Computerwissenschaft als „ein Set von starken Dualismen – die Dualität zwischen dem Jetzt und der Zukunft, zwischen dem Gedanken und der Tat und zwischen der Entscheidung und der Aktion." (Clear, 1997).

Er wirft zwei Fragen auf. Zum einen, ob Kognition noch als Prozess losgelöster, abstrakter Überlegungen oder vielmehr als Prozess des aktiven Engagements und der Aktion zu betrachten ist. Zum anderen, ob das Konzept der Entscheidung als Vorläufer der Handlung noch tragfähig ist oder, ob nicht vielmehr die Entscheidung ein deduktiver Nachhall des Ereignisses ist. Zwei Fragestellungen die auch in der heutigen Diskussion im Bereich der „Human Computer Interaction" (HCI) nachwirken. Hierzu wirft er einen Blick auf die Entwicklungsgeschichte der Künstlichen Intelligenz und der Computerwissenschaft den ich hier kurz zusammenfassen will.

Mingers unterscheidet drei Perioden in der Geschichte der Künstlichen Intelligenz (AI) und der Computerwissenschaft „die sich aufgrund ihrer Annahmen in Bezug auf die Natur der menschlichen Kognition unterscheiden" (Mingers, 1996).

Die *erste Periode* basiert auf der kartesischen Trennung von Geist und Körper und einem Modell der Kognition, das auf der Verarbeitung von Repräsentationen beruht. Hieraus leiten sich vier Prinzipien ab, die Entwicklungen der AI, die mit diesem Ansatz arbeitet, bestimmen:

- Kartesische Trennung von Körper und Geist.
- Denken besteht aus der Manipulation abstrakter Repräsentationen.
- Diese Manipulationen können in einer formalen Sprache ausgedrückt werden.
- Diese Determinationen können in eine Maschine integriert werden.

Die *zweite Periode* markiert Mingers mit dem Erscheinen der Publikation von Winograd und Flores die „die Kontext gebundene und Situation bezogene Natur der menschlichen Aktivität sowie die Verbindung von Sprache und Aktion mit der Kognition" (Winograd & Flores, 1986) anerkennt. Hieraus ergeben sich folgende Thesen:

- Organisationsprozesse werden zu vernetzten, rekursiven und sich wiederholenden Kommunikationsformen zwischen Individuen und Gruppen.
- Informationssysteme, die diese Aktivitäten unterstützen, müssen offen und flexibel gestaltet sein und so die Kommunikation und Organisation unterstützen.
- Eine strukturelle Kopplung von Problemfeldern muss unterstützt werden.

Die *dritte Periode* wird von Mingers als „Embodied/Enactive Cognition" bezeichnet. Sie kann verkürzt durch folgende Annahmen beschrieben werden:

- die Ablehnung des Konzepts von der Trennung von Körper und Geist,
- die Annahme, dass unsere Kognition, Maturana und Varela folgend, untrennbar mit unserem verkörperten Selbst verbunden ist (Matura &Varela 1980),
- der These Maurice Merleau-Pontys folgend anzuerkennen, dass eine Theorie des Körpers bereits eine Theorie der Wahrnehmung beinhaltet (Merleau-Ponty, 1945).

An dieser Stelle lassen sich einige Begrifflichkeiten und Zusammenhänge formulieren, die ich im Weiteren als gegeben annehmen will.

1.1   Wahrnehmen, Erkennen und Wissen

Der Mensch ist vollkommen in seine Umwelt eingebettet. Mit unseren Sinnesorganen nehmen wir die Umwelt kontinuierlich wahr. Wir befinden uns Martin Heidegger folgend „In-der-Welt" (Heidegger, 1927). Unsere Aufmerksamkeit wechselt jedoch abhängig vom Kontext ihren Fokus. Wirklichkeit wird vom Menschen somit fragmentarisch aufgenommen und verarbeitet (Mingers, 1995). Der Umgang mit der Welt wird durch kognitive (Erkenntnis-) Prozesse gesteuert. Wissen gibt uns die Sicherheit, dass sich die Umwelt unseren Erwartungen entsprechend verhält (Maturana, 1998).

1.2   Informieren

Information im allgemeinen Sinn gibt unserer Umgebung eine Form und Gestalt.

Ein Klumpen Ton wird in diesem Sinne „informiert" (Flusser, 1983), wenn er zur Tasse geformt wird. Indem dabei die Gesetze der Gravitation inhärent berücksichtigt werden, verbleibt der Inhalt der Tasse in Zukunft dort, wo er sein soll. Information bewirkt so eine unmittelbare Funktion in der dinghaften Umwelt.

Information im weiteren Sinn ermöglicht uns die Wahrnehmung einfacher und komplexer Zusammenhänge und erweitert so unseren individuellen Erkenntnis- bzw. Wahrnehmungsbereich. Informationssysteme sind jedoch nur ein Teil von menschlichen Bedeutungssystemen.

1.3   Orientieren und Navigieren

Unser Orientierungssinn basiert auf der Verknüpfung verschiedener Wahrnehmungsebenen und deren Erinnerung. Stellen wir uns einfach vor, wie wir in einer fremden Stadt von A nach B laufen und anschließend den Weg zurück finden. Navigationstechniken erlauben uns anhand von Hilfsmitteln präzise Standortbestimmungen und Routenberechnungen. Sie erleichtern oder ermöglichen so eine Orientierung. In einigen Fällen kann jedoch das praktische Tun zu schnelleren und besseren Lösungen führen, als das geplante, entscheidungsgesteuerte Agieren.

2   Verteilte Rechenleistung und ubiquitäre Information

Eine Relation, die in der Informatikliteratur immer wieder angeführt wird, ist die Veränderung des zahlenmäßigen Verhältnisses von Benutzern zu Computern. Während sich zu Beginn des Computerzeitalters viele Menschen eine Maschine teilten und wir zwischenzeitlich das Verhältnis „ein Computer pro Mensch" erreicht hatten, sind wir heute in einer Situation, in der viele Computer oder Geräte mit Prozessorkapazität einen einzelnen Benutzer umgeben. Die Einführung des neuen Internetprotokolls Ipv6 mit seinem immensen Namensraum[1] als auch die Entwicklungsfortschritte bei kleinsten Gegenständen, die untereinander kommunizieren, werden diese Entwicklung zukünftig vermutlich noch beschleunigen.

---

1. Theoretisch können 655.570.793.348.866.943.898.599 Adressen pro Quadratmeter Erde vergeben werden.

2.1   Ubiquitous Computing und seine Verwandten

In dieser Situation können wir auf die Ergebnisse aus dem Forschungsgebiet des „Ubicomp" zurückgreifen. Vergleichbare Forschungsrichtungen sind „Calm Computing" und „Pervasive Computing".

Der Ursprung des „Ubicomp" ist verbunden mit den frühen Arbeiten im „Electronics and Imaging Laboratory" des Xerox **P**alo **A**lto **R**esearch **C**enters und der Person Mark Weisers sowie den grundlegenden Untersuchungen der anthropologischen Arbeitsgruppe am gleichen Ort um Lucy Suchmann (Suchman 1995). Von 1987 bis 1994 wurde bei Xerox PARC eine funktionierende Infrastruktur aufgebaut, die aus dem LiveBoard®, dem ParcPad®, dem ParcTab®, dem ActiveBadge® und einer flexiblen Rechner Struktur bestand (Weiser, Brown & Gold, 1999). Wesentlich war hierbei die Vernetzung einzelner Artefakte zu einem kommunizierenden Gesamtsystem. Dieses System kann als Ausgangspunkt der Forschung zum Thema „Ubicomp" gesehen werden.

Auch heute besteht eine der größten Herausforderungen immer noch in der Einbettung elektronischer und digitaler Technologie in benutzbare Artefakte und intelligente Umgebungen. Der persönliche Raum, unsere Umwelt, wird in Zukunft zunehmend von diesen mehr oder weniger intelligenten Umgebungen[2] durchdrungen sein. Neue Paradigmen der Interaktion erscheinen für diese Art des ubiquitären und konstanten Zugriffs auf Information und Rechenleistung notwendig. Ein großes aktuelles Themengebiet des „ Ubiquitous Computing" ist der Umgang mit kontextbezogenen Daten. (Dieses Thema wird hier in einem eigenen Absatz behandelt.) Neue Applikationsszenarien werden im Verlauf dieser Entwicklung auch im Bezug auf verteilte Informations- und Unterhaltungsangebote entstehen.

In einem Rückblick zeigen Abowd und Mynatt (2000) Entwicklungslinien des „Ubicomp" auf und benennen drei relevante Arbeitsbereiche in Bezug auf Fragen der Interaktion:

Natürliche Schnittstellen (natural interfaces)

Die Notwendigkeit von Schnittstellen jenseits von Tastatur und Maus wird betont. Hierbei soll es sich insbesondere um Schnittstellen handeln, die natürliche Ausdrucksweisen des Menschen verwenden können. Die Ergebnisse der Sprach-, Gesten- und Stift-Eingabe erscheinen immer noch zu fehlerhaft. Die Forschungsgebiete „Tangible Media" (Ullmer & Ishii, 2000) und „Multimodale Schnittstellen" sind eng mit diesem Problemfeld verknüpft.

Anwendungen mit Kontextbezogener Aufmerksamkeit (context-aware applications)

„Ubicomp"-Applikationen müssen einen hohen Grad an Aufmerksamkeit für die jeweilige reale und virtuelle Umgebung sowie den Kontext enthalten. Bisher wurden überwiegend ortsbezogene Informationen und die Identität des Benutzers mit einbezogen. Offen sind Fragen nach der Wiederverwendbarkeit und Generierung von komplexen, kontextbezogenen Inhalten aus der Verbindung von Sensordaten und Aktivitätserkennung.

---

2. Intelligenz im Sinne des *ubiquitous computing* muss in meinen Augen immer Kontext und Aufgaben bezogen definiert sein.

Automatisierte Aufnahme- und Zugangsmöglichkeiten (automated capture and access)

Die Aufnahme, Speicherung und Wiedergabe persönlicher Erfahrungen und kontextbezogener Inhalte sollte ermöglicht werden. Weiterhin kann die Einspeisung solcher Daten in allgemein zugängliche Informationsräume ermöglicht werden. Hierzu haben wir ein prototypisches System auf der Grundlage eines Wireless-LAN-Positioning-Systems (Transgo®) entwickelt, dass bisher die Ein- und Ausgabe ortsgebundener, persönlicher Erfahrungen und Inhalte mittels eines PDA's ermöglicht (Geelhaar et al., 2004).

Ein weiteres Forschungsgebiet, das hier erwähnt, aber nicht näher betrachtet werden soll, ist das Gebiet der „Augmented Reality". Aus diesem Gebiet lassen sich ebenfalls einige Hinweise im Umgang mit verteilten ortsbezogenen Informationsangeboten ableiten. Die Verbindung zwischen „Ubicomp", „Tangible User Interfaces" und „Augmented Reality" wird in einem Artikel von Sinclair et al. (2002) deutlich.

Aus diesen Definitionen von „Ubicomp" Forschungsthemen lassen sich einige Anforderungen an verteilte Informations- und Unterhaltungsangebote ableiten:

- Die Interaktion mit Informations- und Unterhaltungsangeboten sollte mit verschiedenen Ein- und Ausgabegeräten erfolgen können.
- Bei verteilten Systemen müssen die jeweiligen ortsbezogenen Inhalte und der lokale Kontext kenntlich gemacht werden. Die Bezüge zu anderen Inhalts-Orten bzw. Quellen muss aufgezeigt werden. Die Aufmerksamkeit der Benutzer muss gesteuert und das Navigieren in verteilten Systemen ermöglicht werden.
- Bei verteilten Informationsanwendungen muss der Übergang zwischen verschiedenen Applikationen und technischen Systemen geregelt werden. Wenn ein Benutzer das Informationsangebot A verlässt und in das Angebot B wechselt, sollten beispielsweise einige Daten gespeichert werden, andere kontextbezogene Informationen sollten an Applikation B weitergereicht werden. Datenschutz und Sicherheit spielen auch hier eine zentrale Rolle. Bereits heute bewegen wir uns in den Mobilfunknetzen in solch zellularen Strukturen. Diese müssen im Sinne des „Ubicomp" natürlich deutlich enger gefasst werden. GPS und andere Lokalisierungstechnologien machen dies technisch möglich. Weiterhin könnten verschiedene Angebote identifiziert und verglichen werden, resultierend in einer höheren Benutzerfreundlichkeit und einer höherwertigen Informationsqualität.
- Die Eingabe von persönlichen Notizen und Daten sowie die allgemeine Nutzung dieser Daten sollte ermöglicht werden. Digital-Rights-Management-Konzepte müssen von Beginn an mitentwickelt werden.
- Informationsangebote sollten mit den Aktionen des Nutzers in der physischen Welt synchronisiert werden. Hierbei kann die Verwendung von Sensoren eine deutliche Unterstützung bieten (Gellersen, Schmidt & Beigl, 2002).

In aktuellen Arbeiten versuchen wir, diese Ansätze in die Praxis umzusetzen:

Wir entwickeln derzeit ein Museumsinformationssystem auf der Basis von lokalisierbaren PDA's. Hierbei wird die Bewegung des Nutzers im Raum natürlich nur durch das Mitführen des PDA's registriert. Die Lokalisierung erfolgt primär durch ein Wireless-LAN-Positioning-System (Transgo®) der Firma Ekahau. Die Genauigkeit der Lokalisierungsdaten ist auf etwa zwei Meter beschränkt. Für die Lokalisierung im Nahbereich < 0,5 m nutzen wir die RFID-Technologie. Normalerweise wird die RFID-Technologie zur Identifizierung beweglicher Objekte verwendet. Wir gehen hier den umgekehrten Weg und markieren beispielsweise einen unbeweglichen Einrichtungsgegenstand oder ein Exponat (Tafelbild, Vitrine, etc.) und ermöglichen so eine räumliche, kontext- und gegenstandsbezogene Information.

Raum- (Ort) und objekt- (Kontext) bezogene Informationen spannen hier zwei verschiedene Interaktionsebenen auf. Die PDA's sind entsprechend modifiziert, um die Signale beider Systeme lesen zu können. Interessant erscheint dabei der Übergang von einem Lokalisierungsraster, das sich über den gesamten Museumsraum erstreckt (WLAN), in eine kleinteilige Inselstruktur (RFID). Konzeptuell ist diese Struktur mit dem Übergang von GPS gestützten Systemen in kleinteiligere lokale Systeme vergleichbar und kann für diese Anwendungen zukünftig eventuell wertvolle Hinweise liefern.

In Bezug auf Informations- und Unterhaltungssysteme erscheint diese Anwendung ebenfalls interessant, da das Lokalisierungssystem durch ein zusätzliches Server- und Redaktionssystem erweitert wird. Die auf den PDA's verfügbaren Inhalte können so kontinuierlich erweitert werden. Problematisch ist hierbei die Generierung von konsistenten Audio- und Videoinhalten, die unter den gleichen Bedingungen (Sprecher, Aufnahme, ...) produziert werden müssen. Der Nutzer hat in einem getrennten Raum zusätzlich die Möglichkeit, die Daten seines PDA's mit einem lokalen Rechner abzugleichen und so einen persönlichen Ausstellungskatalog zu erstellen oder tiefer in die Informationsschichten einzutauchen. Eine Eingabe von Nutzerdaten über den PDA ist in diesem Projekt nicht vorgesehen, wurde aber, wie bereits erwähnt, in einem anderen Projekt bereits realisiert.

In einer weiteren Arbeitsgruppe untersuchen wir das Potential verschiedener Sensoren. Als natürlichste und einfachste Form der Interaktion betrachten wir die Präsenz einer Person an einem bestimmten Ort sowie die unbewussten und bewussten Bewegungen dieser Person im Raum. Hier verfolgen wir zwei Ansätze die auch miteinander kombiniert werden können:

Intelligente Räume

Um diese Form der Interaktion auszulösen, müssen Räume in der Lage sein, Personen wahrzunehmen. Wir benutzen hierzu überwiegend kontaktlose Sensoren (Ultraschall, Radar, kapazitive Sensoren) bzw. einfache Video-Trackingsysteme, um den Benutzer möglichst wenig mit technologischen Artefakten zu konfrontieren. Die Interaktion mit diesem Typ von Sensoren ist intuitiv erlernbar.

Sensoren die nur Ein- und Ausschaltzwecken dienen oder Daten vermitteln, die auf einer Zahlenskala einzuordnen sind (Temperatur, Luftfeuchtigkeit und ähnliches), werden hier eher zu klassischen Aufgaben des Regelns und Steuerns verwendet.

Tragbare Geräte/Wearables

Der Einsatz berührungsloser Sensoren wird auch in Form von tragbaren Accessoires erprobt. Hier ist die Technik zwar in unmittelbarem Kontakt zum Menschen, erlaubt jedoch die berührungslose Interaktion mit anderen Benutzern und der technologischen Umwelt. Das bedeutet nicht, dass Berührung explizit ausgeschlossen werden soll. Insbesondere kapazitive Sensoren reagieren auch bei Berührungen.

Weitere kontinuierliche, technische Entwicklungen, die einen deutlichen Einfluss auf die Konzeption verteilter Informationsräume haben, sind: die Steigerung der Prozessorleistung, die zunehmende Informationsdichte auf Datenträgern sowie die wachsende Bandbreite in vernetzten Systemen.

Diese allgemein bekannten Fortschritte sind an dieser Stelle erwähnenswert, da sie die Art, wie uns digitale Daten im Alltag begegnen, verändert haben. Wurden digitale Daten in den 1970er Jahren noch überwiegend in Textform ausgegeben[3], trat das Bild in den achtziger Jahren[4] und die zeitbasierten Medien Audio und Video vermehrt in den neunziger Jahren hinzu.

Bei zeitbasierten Medien tritt die Schwierigkeit der Navigation im zeitlichen Verlauf auf. Die Visualisierung der Navigations- und Interaktionsmöglichkeiten muss hier neue Wege gehen. Fortschritte werden auf den Gebieten der automatisierten Inhaltsanalyse und entsprechender Standards, wie z.B. MPEG-21, erzielt. Eigene Arbeiten beschäftigen sich mit dem Potential des interaktiven Fernsehens und der Verknüpfung verschiedener Transportmedien (mobile Dienste, interaktives Fernsehen, Internet).

2.2   Interaktion und Kontext

Einen zentralen Platz in Veröffentlichungen der Bereiche „Ubicomp" und „HCI" nimmt die Frage nach dem Kontext ein. Obwohl die theoretischen Hintergründe bereits im ersten Abschnitt beschrieben wurden, will ich hier einen weiteren Entwicklungsstrang aufzeigen, der auch in der aktuellen Diskussion seinen Platz hat.

Es geht um die Frage, wie kontextuelle Information gesammelt und verarbeitet werden kann und welchen Einfluss diese Information auf Interaktionsprinzipien ausübt. Letztlich geht es also auch darum, was Kontext überhaupt bedeutet.

Paul Dourish (2004) zeigt eine Entwicklung auf, die mit den Begriffen „Ubicomp" (Weiser, 1991), „Context-Aware Computing" (Selker & Burleson, 2000 sowie Dey et al., 2001), „Pervasive Computing" (Ark & Selker, 1999) und seiner eigenen Wortschöpfung „Embodied Interaction" einhergeht.

---

3. Der erste Personal Computer, der XEROX Alto, wird 1973 bei Xerox Parc entwickelt. Er benutzt bereits eine Schreibtischmetapher als GUI und kostet etwa 16.000 $.
4. 1985 führt die Kombination des Apple Macintosh Computers, des Apple LaserWriters und der Software Pagemaker von Adobe zu einer Revolution im Print Bereich, das sogenannte „Desktop Publishing" ist erfunden.

Weiter zurückblickend sei an dieser Stelle ebenfalls auf frühe Arbeiten von Douglas C. Engelbart verwiesen, der im Stanford Research Institute nicht nur mit der Erfindung der Maus Pionierarbeit geleistet hat, sondern auch Mensch-Maschine-Systeme untersuchte, die aus heutiger Sicht als Vorläufer intelligenter, kooperativer Räume betrachtet werden können (Engelbart, 1962 sowie Engelbart & English, 1968). Allen Arbeiten ist die Auseinandersetzung mit dem Begriff des Kontexts gemeinsam.

Dourish begründet dies mit der einfachen Erklärung, dass wenn der Computer von unserem Tisch verschwindet und wir ihn plötzlich in unserer Umgebung suchen, wir etwas von dem Verhältnis zwischen dieser Umgebung und dem Computer erfahren müssen.

Dourish versucht über die klassischen Ansätze hinauszugehen und beschreibt ein Modell, indem Kontext sich grundlegend aus Kontext und Praxis zusammensetzt. Er bezeichnet diese Sichtweise als „Embodied Interaction". Aus dieser Perspektive entsteht die Bedeutung von Artefakten durch ihre Verwendung im praktischen Alltag. Dieser Ansatz versucht sicherlich nicht, die existierenden Ansätze zur Beschreibung von Wahrnehmung und Interaktion zu ersetzen. Er ergänzt sie in meinen Augen jedoch um eine wesentliche Facette – der Blick wird von den technologischen Systemen und ihren Potentialen wieder auf die Ebene der menschlichen Handlungsweisen und ihren Bedeutungskontext gelenkt. In diesem Sinne ist es wiederum ein klassischer Ansatz, der den Benutzer und seine Aktivitäten im Zentrum der Entwicklungsarbeit sieht.

Vergleichbare Thesen finden wir auch in den Arbeiten von Dag Svanaes (Svanaes, 1999 sowie Svanaes & Seland, 2004). Interessant ist auch die Sichtweise auf Systeme bei Herbert A. Simon, der das Verhalten eines Systems als durch seine Zwecke oder Ziele in einer spezifischen Umwelt bestimmt sieht (Simon, 1981).

Diese Ansätze sind nicht als direkte Gestaltungsanleitungen zu verstehen, sie öffnen vielmehr den Blick in eine konzeptionelle Richtung, die als Basis für Gestaltungskonzepte dienen kann.

2.3   Tangible User Interfaces

Der Begriff des „Tangible User Interfaces" ist eng mit dem Namen Hiroshi Ishii verknüpft. Die Wurzeln liegen jedoch schon in den Arbeiten von Fitzmaurice, Ishii und Buxton und ihrer Beschreibung von „Graspable User Interfaces" (Fritzmaurice, Ishii & Buxton, 1995) – greifbaren Benutzer-Schnittstellen – die als physische Artefakte mit Repräsentations- und Funktionseigenschaften beschrieben werden (Ullmer & Ishii, 2000). Auf dieser Grundlage wurden die ursprünglichen Ideen weiterentwickelt und schließlich unter dem Begriff „Tangible Computer Interfaces" (Ishii & Ullmer, 1997) diskutiert, der sich dann auch durchsetzte. Eines der Beispiele, welches den Begriff des „Tangible Computer Interfaces" exemplarisch beschreibt, ist die Rechenmaschine Abakus. Der zentrale Punkt ist, dass der Abakus kein Eingabegerät ist, sondern überhaupt nicht zwischen Eingabe und Ausgabe unterscheidet. Stattdessen sind alle Teile des Abakus als ein manipulierbares System physikalischer Repräsentation von numerischen Werten und Rechenoperationen zu interpretieren. Gleichzeitig dienen diese Komponenten auch als physische Schnittstellen zur unmittelbaren Manipulation ihrer zugrundeliegenden Assoziationen.

Eine der grundlegenden Überlegungen bei der Konzeption und Gestaltung neuer Interaktions-
räume muss die Einbettung der Interaktionsabläufe in menschliche Wahrnehmungs- und
Handlungsabläufe betreffen. Dabei spielen sowohl individuelle als auch soziale und kontextbezogene Prozesse eine wichtige Rolle. Der subjektive Übergang aus der realen Handlungs-
welt in die digitale Welt kann vereinfacht über eine logische Kette verschiedener Schritte
beschrieben werden:

*   Wahrnehmung und Bewusstwerdung des realen Kontexts und der individuellen Absicht.
*   Identifizierung der Interaktionsmöglichkeiten mit dem digitalen Raum.
*   Navigieren und Auswählen.
*   Auslösen der gewünschten Ereignisse.
*   Ausgabe und Einbettung dieser Ereignisse in den realen Raum inklusive möglicher Rück-
    kopplungen.

„Tangible User Interfaces" tragen hierzu bei, indem dieser Kreis sozusagen geschlossen wird.
Ein- und Ausgabe verschmelzen miteinander.

In allen Schritten ist die Gestaltung der jeweiligen Schnittstelle von entscheidender Bedeutung. Dies betrifft sowohl die entsprechende Hardware als auch die dazugehörigen multimedialen Benutzerschnittstellen. Im günstigsten Fall werden die einzelnen Schritte vom
Benutzer nicht mehr als getrennte Abschnitte zum Erreichen seines Ziels wahrgenommen.

3   Individuelle und soziale Auswirkungen

An dieser Stelle soll und kann kein umfassender Ausblick gewährleistet werden. Es handelt
sich vielmehr um fragmentarische Gedanken, die Anlass zu weiterem Nachdenken bieten sollen. Zu Beginn gilt es festzuhalten, dass in einer Welt, in der Menschen kontinuierlich lokali-
siert und ihr Verhalten analysiert werden kann, dem Schutz der Persönlichkeitsrechte eine
maßgebliche Bedeutung zukommt. Nur wenn diese Rechte gesichert sind, werden sich die
entsprechenden Technologien durchsetzen.

3.1   Information und Unterhaltung

Die Bereiche Information und Unterhaltung stehen streng genommen für sich. In den heutigen Massenmedien stellen wir jedoch mehr und mehr ein Verschmelzen dieser Massenmedien
fest. Von den Wetternachrichten über die Bekanntgabe der Lotto-Zahlen oder den Börsen-
Ergebnissen – der Unterhaltungswert spielt eine zunehmende Rolle. Dies will ich nicht kriti-
sieren, es zeigt vielmehr, dass auch Fakten mit einem Ereignis verbunden sein können, das
dem Trägermedium adäquat ist. Mit dem Einsatz neuer Technologien wird also auch die Entwicklung neuer Inhaltsformate nötig. Diese sollten sich zuerst an der gewünschten Wirkung
und Zielgruppe orientieren und einen Mehrwert gegenüber herkömmlichen Medien, wie z.B.
Radio und Fernsehen, aufweisen. Als individuelle Nutzer müssen wir den Umgang mit solchen Formaten erlernen. Der Gesellschaft werden neue Kommunikatiosnwege und Vertriebs-
modelle begegnen.

3.2   Wissen und Vergessen

Stellen wir uns vor, wir würden den Alltagsgegenständen um uns herum ein wenig Intelligenz einhauchen. Gerade eben soviel, wie sie in ihrem normalen Alltags-Kontext benötigen[5]. Sie würden uns das eine oder andere an Erinnerungsarbeit abnehmen. Daraus ergibt sich vermutlich auch eine völlig neue Form des Umgangs mit Wissen. Das proklamierte Zeitalter der „information at your fingertips" wird einen weiteren großen Schritt in Richtung eines ubiquitären Wissens- und Unterhaltungsraums gehen[6]. Michel Serres bemerkt hierzu provokant (Serres, 2002):

„Unser kognitiver Apparat befreit sich von möglichen Erinnerungen, um Raum für Erfindungen zu schaffen. [. . .] Die alten kognitiven Fähigkeiten, die wir für persönlich und subjektiv hielten, werden durch die neuen Technologien kollektiv und objektiv. Wir verlieren die einen und gewinnen die anderen. Reden wir nicht mehr so, als hätte die alte Psychologie der geistigen Fähigkeiten noch Geltung."

Dies gilt zumindest in Teilen aus der Perspektive des Benutzers. Es befreit die Entwickler von Navigationsstrukturen und inhaltlichen Konzepten, jedoch nicht von der Aufgabe, nachvollziehbare Strukturen und redaktionelle Angebote zusammenzustellen sowie existierende Inhalte auf ihre Gültigkeit zu prüfen. Diese Aufgabenbereiche werden vermutlich noch mehr gefragt sein als heute.

Insgesamt bleibt festzuhalten, dass die neuen Technologien das Potential zu einem weiteren großen Schritt zur Verbreitung von Information und Unterhaltung bieten. Dieses Potential sollte sinnvoll verwendet und für den jeweiligen Zwecken maßvoll eingesetzt werden. Insbesondere sollte uns der technikfreie Raum an den Orten erhalten bleiben, die wir besser und schöner mit anderen Dingen des Lebens verbringen.

4   Literatur

Abowd, G. D. & Mynatt, E. D. (2000). Charting Past, Present, and Future Research in Ubiquitous Computing. Transactions on Computer-Human Interaction, Vol. 7(1), 29–58.

Ark, W. & Selker, T. (1999). A look at human interaction with pervasive computers. IBM Systems Journal Vol. 38(4), 504–507.

Clear, T. (1997). The Nature of Cognition and Action. Inroads, SIGCSE Bulletin Vol. 29(4), 25–29.

---

5. Eine Kaffemaschine muss nicht meinen Terminkalender verwalten, angenehm wäre es jedoch, sie wüsste noch, wie stark ich meinen Kaffee gerne trinke.
6. Dies setzt allerdings voraus, dass große Teile des Wissens der Allgemeinheit zugänglich sind und nicht durch urheberrechtliche Einschränkungen in ihrer Verbreitung eingeschränkt sind.

Dey, A.; Abowd, G. & Salber, D. (2001). A conceptual framework and a toolkit for supporting the rapid prototyping of context-aware applications. Human-Computer Interaction Vol. 16(2-4), 97–166.

Dourish, P. (2004). What we talk about when we talk about context. Personal and Ubiquitous Computing, Vol. 8(1).

Engelbart, D. C. (1962). Augmenting Human Intellect: A Conceptual Framework. AFOSR-3233, Summary Report, Stanford Research Institute Menlo Park.

Engelbart, D. C. & English, W. K. (1968). A Research Center for Augmenting Human Intellect. AFIPS Conference Proceedings of the 1968 Fall Joint Computer Conference, San Francisco, Vol. 33, 395–410.

Flusser, V. (1983). Für eine Philosophie der Fotografie. Göttingen: European Photography.

Fritzmaurice, G.; Ishii, H. & Buxton, W. (1995). Bricks: Laying the foundations for Graspable User Interfaces. Proceedings of Computer-Human Interfaces 1995, 442–449.

Geelhaar, J.; Wieneke, L.; Mende, M. & Wille, J. (2004). An Example for Location Sensitive Media Integration: Re-discovering the Place Itself as a Medium by Adding Technology. In: S. Göbel et al. (Hrsg.), Technologies for Interactive Digital Storytelling and Entertainment. TIDSE 2004, LNCS 3105, 270–276. Berlin/Heidelberg, Springer.

Gellersen, H. W.; Schmidt, A. & Beigl, M. (2002). Multi-Sensor Context-Awareness in Mobile Devices and Smart Artifacts. Mobile Networks and Applications Vol. 7, 341–351.

Heidegger, M. (1927). Sein und Zeit. Jahrbuch für Philosophie und phänomenologische Forschung, Bd. VIII (Hg. Husserl).

Ishii, H. & Ullmer, B. (1997). Tangible Bits: Towards Seamless Interfaces Between People, Bits, and Atoms. Proceedings of Computer-Human Interfaces 1997, 234–241.

Maturana, H. R. (1998). Biologie der Realität. Frankfurt: Suhrkamp.

Maturana, H. R. & Varela, F. (1980). Autopoiesis and Cognition. Dordrecht: Reidel Publ.

Merleau-Ponty, M. (1945). Phénoménologie de la Perception, Gallimard Paris (Übersetzung R. Boehm, 1965, Phänomenologie der Wahrnehmung. Berlin: de Gruyter.)

Mingers, J. (1995). Information and Meaning: Foundations for an Intersubjective Account, Information Systems Journal, Vol. 5, 285–306. Oxford: Blackwell.

Mingers, J. (1996). Embodying Information Systems. In: M. Jones, W. Orlikowski, G. Walsham & J. De Gross (Eds.), The Nature of Organizational Work. Chapman Hall.

Selker, T. & Burleson, W. (2000). Context-aware design and interaction in computer systems. IBM Systems Journal Vol. 39(3+4), 880–891.

Serres, M. (2002). Der Mensch ohne Fähigkeiten: Die neuen Technologien und die Ökonomie des Vergessens. Transit 22, 193–206.

Simon, H. A. (1981). The Sciences of the Artificial. Cambridge/Mass. und London: MIT Press (Übersetzung O. Wiener (1994). Die Wissenschaften vom Künstlichen. Wien und New York: Springer)

Sinclair, P.; Martinez, K.; Millard, D. E. & Weal, M. J. (2002). Links in the palm of your hand: tangible hypermedia using augmented reality. Proceedings of the thirteenth ACM conference on Hypertext and Hypermedia, 127–136.

Suchmann, L. (1995). Making work visible. Communications of the ACM, Vol. 38(9), 56ff.

Svanaes, D. (1999). Understanding Interactivity. Zugriff am 13. Juni 2005 unter *http:// www.idi.ntnu.no/~dags/interactivity.pdf*

Svanaes, D. & Seland, G. (2004). Putting the users center stage: role playing and low-fi prototyping enable end users to design mobile systems. Proceedings of the 2004 conference on Human factors in computing systems. Vienna, Austria, 479–486 .

Ullmer, B. & Ishii, H. (2000). Emerging frameworks for tangible user interfaces. IBM Systems Journal, Vol. 39(3+4), 915–931.

Weiser, M. (1991). The computer for the 21st century. Scientific American 265(3), 94–104.

Weiser, M.; Brown, J. S. & Gold, R. (1999). The origins of ubiquitous computing research at PARC in the late 1980s. IBM Systems Journal, Vol. 38(4), 693–696.

Winograd, T. & Flores, F. (1986). Understanding Computers and Cognition: A New Foundation for Design (Language and Being). Ablex Norwood.

Horror Vacui?
Die Leerstelle als Paradigma im
User Interface Design

Axel Platz

„Information Overload" ist das Schlagwort zur Beschreibung einer Problematik, der sich die Konzeption und Gestaltung von digitalen Medien zu stellen hat. Horror vacui!

Nachgerade als dialektischer Gegenpol erscheint hier der in der Literaturwissenschaft entwickelte Begriff der „Leerstelle". Ausgehend von einer Erläuterung des Begriffs, zeigt der nachfolgende Beitrag, dass das Konzept der „Leerstelle" auch in der Gestaltung von User Interfaces eine wichtige Rolle spielt. Der Autor erläutert anhand von Beispielen aus seiner praktischen Arbeit, welche Funktionen Leerstellen hier übernehmen können.

1   Determination versus Überdetermination

Jede Kommunikation ist über Zeichen vermittelt. Es gibt unterschiedliche Zeichensysteme, Lautsprachen, Schriftsprachen und Bildsprachen mit jeweils spezifischen Möglichkeiten und Begrenzungen. Laut- und Schriftsprachen sind linear, Bildsprachen sind nicht notwendig linear.

User Interface Design ist die Konzeption und Gestaltung eines Zeichensystems, in dem sich bildsprachliche, schriftsprachliche und gegebenenfalls lautsprachliche Zeichen zusammenfügen. Es etabliert eigene Kommunikationsbedingungen, d.h. den Rahmen für die kommunikative Vorerwartung des Benutzers.

Zeichen determinieren Bedeutung, und so lautet das gängige Paradigma: Je mehr deutliche Signale gesetzt werden, desto besser wird die Botschaft verstanden und desto mehr Adressaten werden erreicht. Übersehen wird dabei, dass eine Überdetermination auch Verluste bedingen kann. Der Adressat – und das ist bezogen auf User Interfaces der Nutzer – ist dann nicht überfordert, sondern im Gegenteil unterfordert. Ein gutes User Interface wird darauf angelegt sein, Aufmerksamkeit und Motivation wach zu halten. Dieses Bestreben steht aber in einem

Spannungsverhältnis zum eingangs erwähnten Paradigma deutlicher und daher verständlicher Gestaltung – ein Spannungsverhältnis, das in der auf Marshall McLuhan zurückgehenden Formel „When definition is high, participation is low" zum Ausdruck kommt (vgl. McLuhan, 1994, S. 22ff). Sagt ein User Interface Benutzern immer wieder Dinge, die sie schon wissen, verunsichert und irritiert sie dies.

Nach dem Kooperationsprinzip des Linguisten Paul Grice sind Gesprächsbeiträge und Interaktionen allgemein jeweils so zu gestalten, „wie es von dem akzeptierten Zweck oder der akzeptierten Richtung des Gesprächs [...] gerade verlangt wird." (Grice, 1993, S. 248). Drei der Konversationsmaximen von Grice werden durch Überdetermination verletzt: die Quantitätsmaxime, die verlangt, dass ein Beitrag gerade so informativ ist, wie es die Situation des gegenseitigen Austauschs erfordert; die Maxime der Relation, dass nur relevante Aspekte hervorgebracht werden und die Maxime der Modalität, nach der Unklarheit in der Ausdrucksweise, Doppeldeutigkeit oder unnötige Weitschweifigkeit gemieden werden sollen und man stattdessen kurz und auf geordnete Weise sprechen soll (Grice, 1993, S. 249ff).

Benutzer einer Software Applikation wollen bezüglich Funktionsumfang und Darstellung nicht das Mögliche, sondern das Notwendige. Das Notwendige ergibt sich aus den Zielen und Aufgaben der Benutzer. Das Notwendige zu gestalten, erfordert Konzentration auf das Wesentliche, erfordert Reduktion. Nun ist Reduktion ein genuiner Aspekt sprachlicher und auch visueller Gestaltung. Trefflich sagt der Philosoph Maurice Merleau-Ponty „Sprechen heißt nicht, jedem Gedanken ein Wort unterschieben." (Merleau-Ponty, 1967, S. 73ff). In einer Untersuchung zur Leerstellenkonzeption in der Filmtheorie verweist die Literaturwissenschaftlerin Dorothee Kimmich (Kimmich, 2003, S. 12) auf Rudolf Arnheim, der mit Hinweis auf Max Wertheimers Experimente zur Gestaltwahrnehmung betont, dass alle Wahrnehmung immer und grundsätzlich als eine Form der Ergänzung von Leerstellen zu verstehen ist.

Im Folgenden sollen die Grundlagen des Begriffs der Leerstelle erläutert werden, um später die Bedeutung dieses Konzepts in der Gestaltung von User Interfaces zu zeigen.

2   Der Begriff der Leerstelle

Der Begriff der „Leerstelle" ist insbesondere durch die Arbeiten von Wolfgang Iser zum Terminus technicus der Literaturwissenschaft geworden. Es gibt Ansätze, ihn auch für die Kunst- und Filmwissenschaften anzuwenden.

Iser entwickelt seine Theorie mit Verweis auf das verwandte Konzept, das Ingarden unter dem Begriff der Unbestimmtheitsstellen des Textes vorgestellt hat (Iser, 1990, S. 267) und definiert Leerstellen so: „Es ist das ‚Nicht Gesagte', das ‚konstitutiv' (ist) für das, was der Text sagt." (Iser, 1990, S. 283). Eine Leerstelle lässt sich auch als versteckte oder offen markierte Abwesenheit beschreiben (Dotzler, 1999, S. 213) oder, um mit Eco (Eco, 1990, S. 5) zu sprechen, als eine Lücke, wo es gilt, „einem Text das zu entnehmen, was dieser nicht sagt (aber voraussetzt, anspricht, beinhaltet und mit einbezieht)."

„Unbestimmtheit" bei Ingarden stellt den Aspekt der Plastizität des Dargestellten in den Vordergrund. Der Eigenanteil des Lesers an der Konkretisierung bestehe darin, sich die Dinge auszumalen. In Isers Begriff der „Leerstelle" dominiert demgegenüber der Aspekt der Kohärenz der Darstellung. Die Mitarbeit des Lesers bei der Formulierung erfolge mehr auf Seiten der Narration als der Deskription, mehr schlussfolgernd, Bezüge herstellend (Dotzler, 1999, S. 222).

Beide Theorien basieren auf der Grundannahme, dass jedes Kunstwerk gezielt unvollendet ist, um sich im und durch den Betrachter zu vollenden (Kemp, 1992, S. 313). Der Kunsthistoriker Wolfgang Kemp hat Isers literaturwissenschaftliche Theorie auf die Kunstgeschichte übertragen und dadurch gezeigt, dass die sprachtheoretischen Überlegungen auch für eine Bildtheorie gültig sein können. Kemp spricht von „gezielter Unvollendung", also sind Leerstellen Gegenstand der Gestaltung. Es stellt sich die Frage, ob und inwieweit eine gezielte Gestaltung der Leerstellen determinierend wirken kann.

Es wäre verfehlt anzunehmen, das Konzept der Vollendung sähe vor, dass Leerstellen im Sinne eines Nullsummenspiels aufgefüllt werden müssen. Iser verdeutlicht, dass der Rezipient Leerstellen genau so auffüllen kann, wie es seiner Ansicht der Sache gemäß ist, aber diese Ergänzung muss nicht bzw. wird nicht konkret sein: „Wenn daher die Unbestimmtheitsstellen etwas aussparen, so geht von ihnen bestenfalls ein Suggestionsreiz, kaum aber die Aufforderung aus, nun aus unserem Wissensvorrat die notwendigen Ergänzungen bereitzustellen." (Iser, 1990, S. 278)

Rudolf Arnheim hat die Mechanismen der menschlichen Wahrnehmung untersucht und kommt zu einer analogen Schlussfolgerung (Arnheim, 1966, S. 318):

„It is often asserted that when objects are partly hidden, ‚imagination completes' them. Such a statement seems easily acceptable until we try to understand concretely what is meant by it and we compare it with what happens in experience. No one is likely to assert that imagination makes him actually see the whole thing."

3   Von Leerstellen in Literatur und Kunst zu Leerstellen im User Interface Design

Wie oben bereits deutlich geworden ist, gibt es Überschneidungen bei sprachlicher und visueller Gestaltung und Wahrnehmung. Die Begriffe „Kommunikation" und „Sprache" werden im Bereich der visuellen Gestaltung als Metapher verwendet, um Bildgestaltungen als kommunikatives System zu kennzeichnen; dies wird an den Bezeichnungen „Visuelle Kommunikation" und „Bildsprache" deutlich. Daher liegt es nahe, Theorien aus dem Bereich sprachlicher Kommunikation für das Verständnis visueller Gestaltung, respektive der Gestaltung von User Interfaces fruchtbar zu machen.

Im Bereich digitaler Medien ist „Information Overload" das „Buzzword" zur Beschreibung eines Grundproblems, dem sich die Gestaltung zu stellen hat. Es ist ein Problem, das in der Diskrepanz zwischen dem Potential von Software-Applikationen bezüglich Informationsaufnahme bzw. Informationsverarbeitung und der natürlichen Wahrnehmungsfähigkeit des Menschen angelegt ist. Nachgerade als dialektischer Gegenpol erscheint hier der Begriff der „Leerstelle" aus der Literaturwissenschaft.

So wie es in der bildlichen Gestaltung geboten ist, der Figur nicht alleinige Bedeutung zuzumessen und dabei die sich aus deren Verhältnis zum Grund ergebenden gestalterischen Fragen zu vernachlässigen, sondern vielmehr den sich im Negativbild der Figuren ergebenden Raum als gleichberechtigtes Sujet der Gestaltung anzusehen, so ist auch in der Konzeption eines User Interfaces nicht nur anzulegen, was zu zeigen, sondern gleichberechtigt die Frage zu entscheiden, was nicht oder bis zu welchem Grade wegzulassen wäre. Diese Auslassungen sind gezielt im Hinblick auf die Kommunikationsziele zu gestalten. Kurz gesagt, es gilt zu entscheiden, was weggelassen werden kann und wie wegzulassen ist. Der Grad der Detaillierung bestimmt den Rahmen für mögliche Leerstellen.

4   Welche Funktionen übernehmen Leerstellen im User Interface Design?

Leerstellen können im User Interface Design verschiedene Funktionen übernehmen und Wirkungen entfalten. Zunächst eine rein wahrnehmungsphysiologische Funktion, nämlich die, aus Verdichtung und damit einhergehender prägnanter Gestaltung resultierende, einfachere und schnellere Wahrnehmbarkeit von Inhalten.

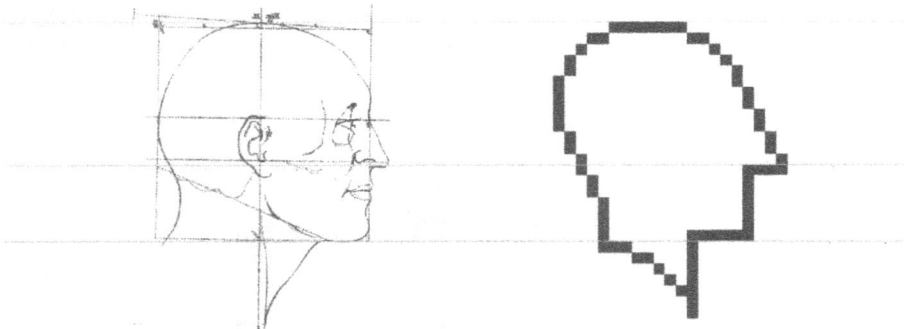

Abb. 1: *Darstellung eines Kopfs im Profil aus der Software Plattform syngo von Siemens.*

Daneben können sie eine konkret inhaltliche Funktion haben, nämlich die gezielte Enthaltung des Gestalters – mehr als nur ein Offenlassen – gegenüber inhaltlichen Aspekten. Die in Abbildung 2 gegebene grafische Darstellung eines Patienten, an der ein Arzt interaktiv die zu untersuchende Körperregion definieren kann, bleibt auf einem Abstraktionsniveau, das etwa keine konkrete geschlechtliche Bestimmung verlangt. Dies geschieht aus dem einfachen Grund, weil diese im Rahmen der hier vom Nutzer zu vollziehenden Aufgabe keinerlei Relevanz hat. Zugleich könnte eine geschlechtliche Bestimmung fundamentalistischen aber auch liberalen Anschauungen zuwiderlaufen. Es ist dabei nicht intendiert, dass der Nutzer diese Unbestimmtheit in irgendeiner Richtung ergänzt: Irrelevantes bleibt irrelevant. Anders ist dies bei inhaltlichen Auslassungen, die gezielt an das Vorwissen des Nutzers anknüpfen, insofern Redundanz vermeiden und nachgerade als Kennzeichen des Expertendiskurses gelten können. Sie sind Botschaften, die dem Nutzer signalisieren, dass seine Anforderungen verstanden sind, dass sein Bedarf, seine Kenntnisse, Erfahrungen und Fähigkeiten ernst genommen werden.

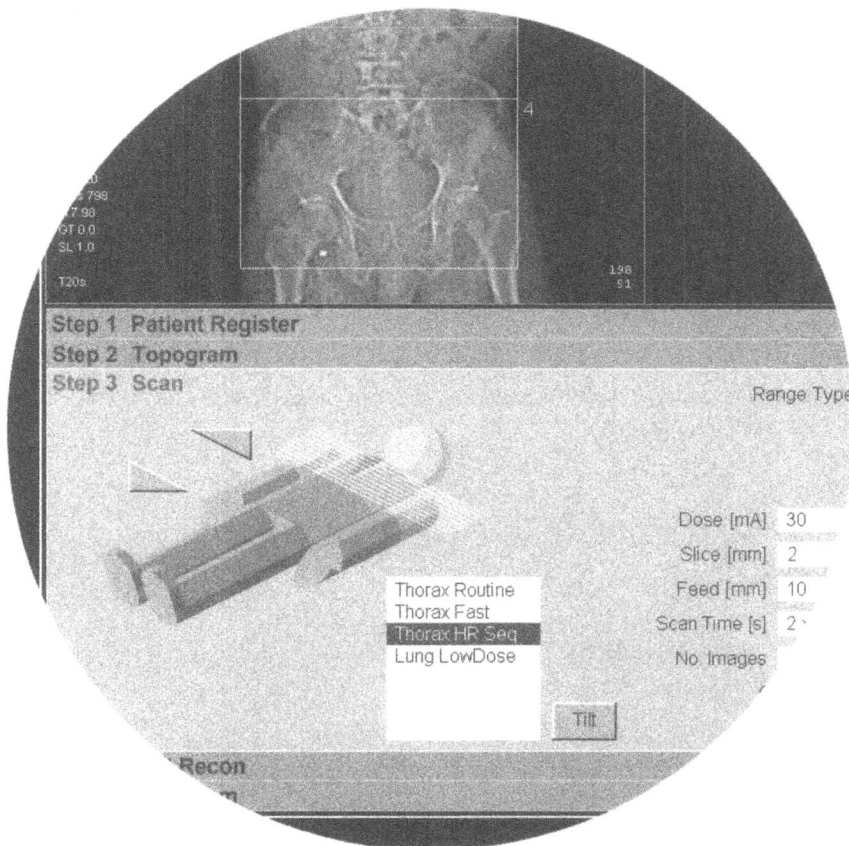

Abb. 2: *User Interface zur Steuerung eines Computertomographen von Siemens (Ausschnitt).*

Leerstellen kommt des Weiteren eine rezeptionsästhetische Funktion zu, insofern sie nach Iser als „eine elementare Matrix für die Interaktion von Text und Leser gelten" können (Iser, 1990, S. 284). Über Leerstellen im User Interface wird die Beteiligung und damit die Motivation des Nutzers erhöht. Nach Eco (Eco, 1990, S. 5) wird die Lust an Texten durch die kooperativen Bewegungen des Lesers an den Leerstellen ausgelöst. Und schon Lessing sagt: „Dasjenige aber nur allein ist fruchtbar, was der Einbildungskraft freies Spiel lässt. Je mehr wir sehen, desto mehr müssen wir hinzudenken können. Je mehr wir dazudenken, desto mehr müssen wir zu sehen glauben." (Lessing, 1974, S. 25f).

Zugleich geht mit der Gestaltung von Leerstellen, oder besser Unbestimmtheiten, immer eine gewisse Verfremdung oder Abstraktion einher. Insofern werden stereotype Wahrnehmungs-muster aufgebrochen und so die Dinge wieder der individuellen, besonderen, ja eigentlichen Wahrnehmung zugänglich gemacht (Kimmich, 2003, S. 14).

Abb. 3: *Hyperrealistische Icons aus dem Siemens Mobiltelefon SX1 (oben) im Vergleich zu abstrahierten Icons, die im Rahmen einer visionären Konzeptstudie gestaltet wurden (unten).*

Unter dem Blickwinkel dieser Funktionen erhält die bis zur Plattitüde abgenutzte Formel „less is more" eine neue Wertigkeit.

5   Voraussetzung und Bedingung für die Gestaltung von Leerstellen

Leere im Sinne des hier beschriebenen Konzepts ist nicht einfach nur durch Weglassen zu erreichen – Weglassen setzt ein Verständnis der Strukturen voraus.

Am Beispiel der Baugeschichte des Eiffelturms lässt sich das gut illustrieren: Die bauge-schichtliche Leistung und ästhetische Wirkung dieses Bauwerks ist ja nicht durch seine abso-lute Höhe bedingt, sondern durch das Verhältnis zwischen seiner Höhe und dem geringen Materialeinsatz bzw. der offenen Struktur. Erst die Kenntnis der wirkenden Prinzipien, näm-lich der Gesetze der Statik, hat dies ermöglicht. Entscheidend ist nicht, was verbaut, sondern gerade was nicht verbaut wurde und leer blieb.

Abb. 4: *Eiffelturm (Detail).*

Ein fruchtbarer Umgang mit und die gezielte Gestaltung von Leerstellen bei der Konzeption von User Interfaces hat unabdingbare Voraussetzungen: Zum einen ein profundes Wissen über die potentiellen Nutzer, ihre Auffassung, ihr Vorwissen und den Nutzungskontext und zum anderen ein Verständnis für die Potentiale visueller Gestaltung.

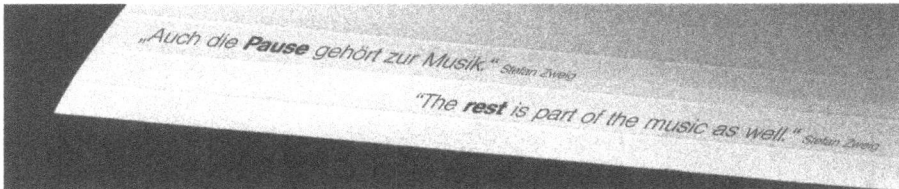

Abb. 5: *Verpackung der Bordverpflegung auf dem Flug LH3861 von Rom nach München am 28.03.2004.*

6   Literatur

Ich danke Claus Knapheide für die Durchsicht des ersten Skripts und Stefanie Marek für Literaturrecherche und Lektorat.

Arnheim, R. (1966): Art and Visual Perception. Berkeley, Los Angeles: University of California Press.

Dotzler, B. J. (1999): Leerstellen. In: Bosse, H. & Renner, U. (Hrsg.), Literaturwissenschaft – Einführung in das Sprachspiel (S. 211–229). Freiburg im Breisgau: Rombach.

Eco, U. (1990): Lector in fabula. Die Mitarbeit der Interpretation in erzählenden Texten. München: Deutscher Taschenbuch Verlag.

Grice, P. (1993): Logik und Konversation. In: Meggle, G. (Hrsg.), Handlung, Kommunikation, Bedeutung. Frankfurt: Suhrkamp.

Iser, W. (1990): Der Akt des Lesens. Theorie ästhetischer Wirkung. München: Fink.

Kemp, W. (1992): Verständlichkeit und Spannung. Über Leerstellen in der Malerei des 19. Jahrhunderts. In: Kemp, W. (Hrsg.), Der Betrachter ist im Bild: Kunstwissenschaft und Rezeptionsästhetik (S. 307–330). Berlin/Hamburg: Reimer.

Kimmich, D. (2003): Die Bildlichkeit der Leerstelle. Bemerkungen zur Leerstellenkonzeption in der frühen Filmtheorie: Béla Bálazs, Sergeji Eisenstein, Siegfried Kracauer. In: Adam, W. & Dainat, H. & Schandera, G. (Hrsg.), Wissenschaft und Systemveränderung: Rezeptionsforschung in Ost und West – eine konvergente Entwicklung? [Beihefte zum Euphorion, Bd. 44] (S. 319–339). Heidelberg: C. Winter.

Lessing, G. E. (1974): Werke. Sechster Band. Kunsttheoretische und kunsthistorische Schriften. München: Hanser.

McLuhan, M. (1994): Understanding Media. The extensions of Man. Cambridge, Mass. u.a.: MIT Press.

Merleau-Ponty, M. (1967): Das Auge und der Geist. Philosophische Essays. Reinbek: Rowohlt.

Interactive Digital Storytelling als eine Methode der Wissensvermittlung

Ulrike Spierling

Interactive Digital Storytelling wird in diesem Beitrag als eine methodische Spezialform des Game Design für die Erstellung zukünftiger elektronischer Wissensmedien betrachtet, deren gestaltbildende Eigenschaften autonomes, initiatives Verhalten bei der Vermittlung von Inhalten einschließen. Zur Feststellung der theoretischen Voraussetzungen werden zunächst einige Charakteristika des Spielens und Geschichtenerzählens und ihre jeweiligen Strukturierungsangebote für Wissen zusammengefasst sowie ihre möglichen Synthesen beschrieben. Weiterhin wird auf mögliche Anwendungen fokussiert, die den Computer als digitale Bühne für dialogische Interaktionen mit virtuellen Charakteren nutzen. Der Aufsatz gibt hierfür einen kurzen Einblick in aktuelle Richtungen von Technologieentwicklungen, die in einem interdisziplinären Forschungsfeld zwischen humanistischen und technischen Wissenschaften stattfinden. Es wird die grundsätzliche These verfolgt, dass diese Technologien sich nicht direkt in nutzbaren Wissensmedien manifestieren werden, sondern durch aktive Beiträge von Gestaltern mit Inhalten und Form gefüllt werden. Abschließend werden konzeptuelle Modelle für diese Autorentätigkeit formuliert.

1 Einführung und Motivation

In diesem Beitrag wird unter *Interactive Digital Storytelling* ein mögliches Paradigma zukünftiger interaktiver Anwendungen im Bereich der elektronischen Wissensmedien verstanden, das multimediale Darbietungen von Erzählinhalten mit Interaktionen des Nutzers koppelt und dabei hohe Immersion erzielt. Wie später vertieft wird, spielt dabei digitale textbasierte Kommunikation mit virtuellen Darstellern eine große Rolle.

Der Aufsatz soll Menschen motivieren, die im weitesten Sinne mit der Wissensvermittlung befasst sind, sich mit einem scheinbaren Oxymoron (einem Widerspruch in sich) zu befassen – der Synthese aus Geschichten und Spielen. Dazu wird später das Augenmerk auf aktuelle Forschungstendenzen und Technologieentwicklungen im Zusammenhang mit Computerspielen gelenkt. Es wird die These formuliert werden, dass Medienautoren mit neuen bzw. anderen Kompetenzen als bisher zentrale verantwortliche Rollen bei der Erstellung interaktiver Wissensmedien einnehmen, die sich durch autonomes Verhalten auszeichnen.

1.1 Interactive Digital Storytelling als eine Spezialform des Game Design

Interactive Digital Storytelling ist unter Computerspiele-Entwicklern seit etwa 15 Jahren ein Diskussionspunkt. Der Ursprung einer zielgerichteten Entwicklung liegt bei Forschungsprojekten am MIT Media Lab (MIT, 2005a; MIT, 2005b) und der Carnegie Mellon University (CMU, 2005) über „Synthetic Characters", „Interactive Cinema" und „Computational Drama". Sowohl von Seite der Filmemacher gab es Bestrebungen, die lineare Filmdarbietung aufzubrechen und eine Publikums-Mitbestimmung zu erzielen, als auch von Seite der Spielentwicklung, die versucht, durch eingebaute Geschichten Spielen mehr „Sinn" zu geben. Auf der einen Seite werden Erwartungen und Potenziale daran geknüpft, auf der anderen Seite ist ein Streitpunkt, inwieweit sich das spannende Geschichtenerzählen – gesteuert durch einen guten Erzähler oder Dramaturg – und Spielfreude mit dem Paradigma absoluter Aktivität des Spielers überhaupt sinnvoll vereinen lassen (Costikyan, 2001). Diese Frage ist aktuell Forschungsgegenstand einer schnell wachsenden, interdisziplinären, wissenschaftlichen Gemeinschaft im Bereich der Medien und der Informationstechnologie. Eine zunehmende Anzahl von Tagungen verdeutlicht dies, z.B. die europäischen Konferenzreihen ICVS (2005) und TIDSE (2004) zum Thema Interactive Storytelling-Technologien sowie entsprechende Workshops auf großen Konferenzen der Bereiche HCI (*Human-Computer Interaction*), E-Learning, Multimedia, CSCW (*Computer-Supported Cooperative Work*), Computer Games, Computergraphik und VR (Virtuelle Realität).

Eine gute Geschichte basiert wesentlich auf interessanten Menschen bzw. Figuren, mit denen sich ein Publikum identifizieren kann, und die menschlich nachvollziehbare Situationen zu bewältigen haben, so dass Spannung erzeugt wird. Emotionale und soziale Darstellungen von Menschen stehen damit im Mittelpunkt. Eine visuelle Vorstellung von Computer-Artefakten, die man mit *Interactive Digital Storytelling* häufig verbindet, geben beispielsweise Rollenspiele, in denen Rechnernutzer oder auch computergenerierte „Bots" (Kurzwort für Roboter) durch künstliche Figuren, sogenannte Avatare, grafisch dargestellt werden und miteinander interagieren.

Nach Chris Crawford (2005), der das Thema als Game Designer seit Ende der 1980er Jahre verfolgt, sind allerdings bislang keine „wirklichen" *Interactive Storytelling*-Anwendungen am breiten Markt verfügbar. Der Grund dafür sei die Tatsache, dass Spiele sehr einfach strukturiert sein können, um stundenlang zu fesseln; Geschichten hingegen, die über längere Zeit das Publikum binden, benötigen ein hohes Maß an Komplexität bei durchzuhaltender kausaler Konsistenz. Im Falle einer interaktiven Geschichte durch Koppelung der Erzählung an Spielhandlungen muss also per Software diese Konsistenz erzielt werden. Die technischen Anforderungen an einen solchen softwarebasierten „virtuellen Geschichtenerzähler" oder auch an eine „Story-Engine" sind entsprechend hoch. Darüber hinaus „emergieren" die resultierenden Geschichten abhängig von durch Autoren während der Spielzeit nicht mehr zu beeinflussenden Parametern, so dass sich die Autoren-Tätigkeit vom Schreiben zum Programmieren hin verändert. Wie dies in der praktischen Umsetzung zukünftiger Projekte aussehen wird, ist auch eine zentrale Frage der stattfindenden Forschungsarbeit über konzeptuelle Modelle des *Interactive Digital Storytelling*.

1.2   Computerspiele werden „salonfähig"

Das Phänomen „Computerspiele" erfährt aktuell rapide Entwicklungssprünge mit sichtbaren zukünftigen Trends. Die Entwicklung von *Interactive Digital Storytelling* ist in dem Zusammenhang undenkbar ohne neue Entwicklungen in mehreren Technologiefeldern, welche die Spieleindustrie forciert und anwendet, wie z.B. Echtzeit-Computergraphik, Sprachverarbeitung oder Künstliche Intelligenz, um nur einige wenige zu nennen. Gleichzeitig finden Computerspiele allgemein neue kulturelle Akzeptanz. Dies hat unter anderem damit zu tun, dass laut Marc Prensky (2001) nachkommende Generationen als digitale Eingeborene („digital natives") in die digital erschlossene Welt hineingeboren werden und deren Begriffe im Sinne einer Muttersprache erlernen. Dadurch besitzen Computer für sie keine mystische Komponente mehr, im Gegensatz zum nicht wenig verbreiteten Empfinden der heutigen Erwachsenengeneration (den „digital immigrants" laut Prensky).

Experimentelle Projekte am MIT haben geholfen, für eine positive Besetzung des Begriffes „Computerspiele" im Bereich der Ausbildung zu sorgen, wie z.B. das vom radikalen Konstruktivisten Seymour Papert initiierte Logo-Projekt (Logo Foundation, 2003) oder die Arbeit von Yasmin Kafai (1995). Im Sinne des Konstruktivismus kann ein individueller Lernvorgang wie jede Art von Erkenntnisgewinn nur durch die aktive Fabrikation einer eigenen Realität stattfinden. In einer Gesellschaft erfahren alle individuellen Wirklichkeiten eine andauernde Überprüfung, indem sie durch Kommunikation mit den Fabrikationen der anderen verglichen werden. Dennoch schließt die Sichtweise des radikalen Konstruktivismus die Möglichkeit der direkten „Vermittlung" von Wissen zwischen Individuen aus.

Bestimmte Genres von am Markt existierenden Computerspielen sind als Mittel geeignet, freiwillig gestartete Lernaktivitäten ganz im Sinne des Konstruktivismus zu ermöglichen, ohne eine Vermittlung von Wissen aufzudrängen. Beispiele sind Plattformen für Rollenspiele und Online-MUDs (Multi-User-Dungeons), auf denen Spieler kreativ fiktive, aber dennoch kohärente soziale Welten aufbauen. Ein kulturelles Phänomen, das mit Computerspielen aufkam, sind „Community"-Websites, wie z.B. für die Familiensimulation „The SIMS" (publiziert von Eletronic Arts) oder gar für kriegerische Shooter-Spiele. Sie bieten ein kreatives Betätigungsfeld für hochmotivierte Spieler: Durch Überschreitung der durch das Spiel einst gesetzten Grenzen erweitern sie die möglichen Varianten um eigene gestaltete virtuelle Bedingungen, die sie dann im Spiel testen und verifizieren. Besonders komplexe Inhalte mit einem signifikanten Anteil an Systemwissen im Vergleich zu Faktenwissen können durch Spiele besser „vermittelt" bzw. besser „erarbeitet" werden als durch andere, rein rezeptive Medien, wie auch der Bereich der Planspiele und Simulationen zeigt. James Paul Gee (2003) sieht dies als Indiz für die generelle Eignung von Videospielen für das Lernen und die Wissenserarbeitung. Im Vergleich hierzu sind herkömmliche E-Learning-Produkte meist sogenannte Lernplattformen zur Bereitstellung und Sammlung von Material, wie z.B. instruktionsbasierte Unterrichtseinheiten mit der Möglichkeit der Lernerkontrolle. Diese betrachten bedauerlicherweise bisher ausschließlich die rein kognitiven Aspekte des Erlernens und Vermittelns von Faktenwissen, ohne emotionale oder soziale Aspekte zu adressieren.

Emotionen können auch schon durch klassische Methoden der Dramaturgie und des narrativen Geschichtenerzählens unter Verwendung von Text und Dialog adressiert werden. Durch Narration können zugleich Fakten und deren kausale Wirkungszusammenhänge als Information effizienter als durch Ausprobieren vermittelt werden. Geschichten, die durch Autoren dramaturgisch aufgebaut und gestaltet sind, binden das Publikum, indem die Inhalte personalisiert präsentiert werden. Durch Identifikation mit den geschilderten Problemen wird zunächst ein emotionales Interesse geweckt, das daraufhin durch Spannungsbögen gehalten und gesteuert wird.

Diese Erkenntnisse lassen die Annahme zu, dass *Interactive Digital Storytelling* – oder mit anderen Worten, Kombinationsformen von einerseits einer Wissensvermittlung durch Erzählen und andererseits des konstruktiven Lernens durch Spielen – zu einem verbesserten Angebot im Bereich der Wissensmedien beitragen werden.

1.3   „Technology Push": Schrift als Informationsträger

Die Schrift ist die heute durch Generationen vereinbarte Form von gesichertem Wissen und von Wissenschaftlichkeit, dagegen wird dem Bild und dem gesprochenen Wort trotz neuer Medien und ihrer Speicherfähigkeit bislang weniger Bedeutung für die Wissensrepräsentation beigemessen. Natürlich ist auch dieser Umstand einer Wandlung unterworfen. Dennoch: In der praktizierenden Wissensvermittlung unserer gegenwärtigen Kultur ist das Lehrbuch oder „Text Book" maßgeblich.

Platon (1957) trieb die Anwendung der Schrift maßgeblich voran, um die Lehren des Sokrates dauerhaft zu speichern (um ca. 400 v.C.). Er wählte dabei überwiegend eine Form von „inszenierten" Dialogen zwischen dem Meister und erfundenen Figuren wie z.B. dem Phaidros, in denen er gleichermaßen die Nachteile der Schrift gegenüber einem Dialog heftig kritisierte. So lässt er Sokrates sagen: „Ebenso auch die Schriften: Du könntest glauben, sie sprächen, als verständen sie etwas, fragst du sie aber lernbegierig über das Gesagte, so bezeichnen sie stets doch nur ein und dasselbe." Er setzte dabei Schrift mit der Malerei gleich, welche auch Lebendigkeit vortäuschen würde. Im Vergleich der neuen „Technologie" der Schrift mit dem gesprochenen Wort wird sie hier vor allem als „tot" kritisiert, da mit ihr ein präsentierter Gedanke nicht auf das Publikum und die Situation eingehen kann. Mit einer weiteren neuen Technologie knapp 2000 Jahre später, nämlich der Vervielfältigung durch den Druck, wurden öffentliche Diskurse mit dem Medium Schrift prinzipiell möglich – wenn auch nicht vergleichbar mit dem gesprochenen Dialog.

Die Technologie der elektronischen Rechenmaschine ist erstmals eine, die auf der Basis von Sprache arbeitet. Ein Charakteristikum des Computers neben der Interaktivität und Multimedialität ist die weite Verbreitung von Textrepräsentationen in der technischen Datenspeicherung und Kommunikation. Schrift als „geschriebene Sprache" dient heute nicht nur der Speicherung von Wissen und Information, sondern auch der direkten zwischenmenschlichen

Kommunikation, die durch die Beschleunigung im Übertragungskanal gegenüber der herkömmlichen Briefkommunikation nun zum zeitgleichen Dialog werden kann. Darüber hinaus dient Schrift besonders bei der indirekten Darstellung anderer medialer Formen wie Beschreibungen von dreidimensionalen Szenen und Bildkoordinaten, Skripte für bewegte Darbietungen und Filme sowie Programm-Codes zur Steuerung interaktiver Welten.

Die Verwendung von Schrift als Programmcode ist für das Geschichtenschreiben revolutionär. Es scheint, als könne Platons Dilemma aufgelöst werden, indem durch Schrift Metainformationen, Subtexte, Alternativszenarien, Verhaltensregeln u.v.m. mitgegeben werden. Durch den Menschen nicht mehr direkt lesbar, aber von der Maschine interpretierbar und nach den Wünschen des Autors und des Publikums darstellbar, wird der Text so zur Schrift, die einen echten Dialog anbietet. Am Ende der Vision steht die neue Form des interaktiven Lehrbuchs: die Schrift, die bei entsprechender Benutzung einen virtuellen interaktiven Dialogpartner darstellt – eine „Abbildung" der Aussagen des Autors auf die Dialogstruktur. Erste Beispiele für solche Schriften „als Rückkanal" sind Chatbots oder Chatterbots (Braun, 2003), die als Nachfolger des bekannten Gespräch-Programmes „Eliza" (Weizenbaum, 1966) gelten und aktuell zunehmend als „Gimmicks" oder als Beantworter erster Kundenfragen in marketing-orientierten Websites angeboten werden. Für die komplexere Wissensvermittlung bedürfen sie aber noch der Weiterentwicklung, wie in Abschnitt 3 vertieft behandelt wird.

1.4 Erkenntnistheoretische Motivation

Was hat die konstruktivistische Sichtweise von individueller Wissenserarbeitung mit Storytelling zu tun? Nach der radikalen Auffassung des Konstruktivismus stellen sich Menschen ihre individuelle Wirklichkeit durch aktive Realitätskonstruktion selbst her, und einen Anspruch auf vollkommen „richtiges" Verstehen kann keiner erheben. Eine „objektive" Realität gibt es nicht. Nach dieser Position ist es auch unmöglich bzw. eine Illusion, fertiges Wissen als solches von einer Person auf die andere zu übertragen – wozu also Geschichten?

Allerdings findet die individuelle Konstruktion in einem gesellschaftlichen Kontext statt, also eingebunden in einen sozialen Konstruktionsprozess von Realität, der auch bei Anerkennung von Perspektivenvielfalt den Austausch ermöglicht und nötig macht (Kriz, 2000). Dies beginnt bereits mit dem Hineingeborenwerden in eine existierende kulturelle Wirklichkeit.

Im Erkenntnisprozess werden Hypothesen über die Wirklichkeit angelegt. Nach der projektiven Erkenntnistheorie besteht dieser Prozess aus einer Abbildung der hypothetischen Wirklichkeit mit Hilfe einer Projektionsvorschrift (bedingt durch unseren Wahrnehmungsapparat) auf den Projektions-„Schirm" unseres Bewusstseins, das zentral durch unsere Sinnesorgane geformt ist. Um zunächst überhaupt etwas wahrzunehmen, müssen unsere Sinne „Unterschiede" ausfindig machen. Bezeichnend ist dafür, dass in unseren Wahrnehmungsorganen nicht nur Rezeptoren vorhanden sind, sondern unter anderem auch verarbeitende Strukturen, die für Kontrastverstärkungen verantwortlich sind.

Gregory Bateson (1982) bezeichnet den „Schirm" als „aufnehmende Matrix" und betont auch, dass es bei jeder Abbildung wie bei der einer Kugel auf eine Fläche naturgemäß zu Informationsverlusten kommt. Ebenso davon betroffen ist unser Erkennen und Konstruieren von komplexen Konzepten, für welche als aufnehmende Matrix u.a. unsere jeweilige Sprache dient sowie bereits vorhandene Strukturen als Vorwissen, wie z.B. tautologische (in sich immer wahre) Netzwerke von Aussagen wie auch Geschichtenstrukturen (s.u.).

Aus Vollmer's evolutionärer Erkenntnistheorie stammt der Begriff des „Mesokosmos", der Bereich jener Größenordnungen, die wir als Menschen uns „anschaulich" vorstellen können, weil wir unseren Erkenntnisapparat während unserer evolutionären Entwicklung auf ihn optimal angepasst haben (Vollmer, 1988). Wir können Größen außerhalb des Mesokosmos (z.B. zu große/kleine Geschwindigkeiten oder Entfernungen) nur anschaulich machen, indem wir versuchen, sie innerhalb eines bestimmten Rahmens durch Apparate in den Mesokosmos zu skalieren (Mikroskope, Flugzeuge etc.), oder wir sind gezwungen, sie auf einer nichtanschaulichen, abstrakt-theoretischen Ebene zu behandeln. Die Annahme liegt nahe, dass unser „Mesokosmos" auch nur für eine bestimmte begrenzte Komplexität an systemischen Zusammenhängen ausgelegt ist. Zur „Skalierung" der hohen Komplexität von Systemen vieler abhängiger Variablen (wie z.B. soziale Systeme) in unserem Mesokosmos sind Geschichten geeignet, und jede Kultur hat bereits ihre eigenen ausgebildet.

Die Relevanz von kulturell tradierten und individuell konstruierten und memorierten Geschichten für das Lernen hat auch Roger Schank (1990) hervorgehoben. Diese Form des Systemwissens bringt durch das Herstellen von Kontrastverstärkungen (und damit dem Erkennen von Unterschieden) und Dualitäten im Anschauungsmodell eine „Trivialisierung" zu Gunsten von Anschaulichkeit mit. Findet dies mit Reflexion statt, ergänzt dieses reduktionalistische, anschauliche Erkennen als komplementärer Ansatz die systemisch-konstruktivistische Methode beim Lernvorgang.

1.5   Zusammengefasste Motivation für Interactive Digital Storytelling

Die in dieser Einführung genannten Umstände begründen ohne Anspruch auf Vollständigkeit die Motivationen für das technische Vorantreiben und Nutzen von *Interactive Digital Storytelling* im Bereich der Wissensmedien. Zusammengefasst sind dies die aktuellen Tendenzen in Richtung einer differenzierteren gesellschaftlichen Akzeptanz von Computerspielen durch ihre Unterstützung der Freiwilligkeit beim Lernen, neue verfügbare technische Möglichkeiten der textlichen Kommunikation und des schriftlichen Ausdrucks inklusive der Computerspiele-Technologien, der Bedarf und das Interesse an konstruktivistischeren Beiträgen zu E-Learning Produkten sowie das Potenzial von Geschichten und Spielen im Bereich der Erkenntnis und Wissensdarstellung.

Es ist unstrittig, dass dieser positiven Haltung naturgemäß Herausforderungen in der verantwortungsvollen Umsetzung gegenüberstehen. Welche Form der Verknüpfung von Games und Storytelling führt zu welchem Effekt, und wie sieht der optimale Kontext für ihren Einsatz bei der Wissensvermittlung aus? Gibt es Risiken und Nebenwirkungen? Die Erwartungen sind noch durch viele Experimente zu prüfen und zu verifizieren. Auch existieren bisher kaum gesicherte Qualitätskriterien, an denen der Erfolg hinsichtlich Akzeptanz und Nutzen messbar ist. Die Parameter erfolgreicher Geschichten und Spiele können sich sogar zuweilen gegenseitig ausschließen. Hier ist nach neuen Formen zu suchen, die zu bewerten sind.

Der nächste Abschnitt gibt einen Ansatz für wichtige Gestaltungsaspekte von Spielen und Geschichten in Bezug auf die Wissensmedien. Im dritten Abschnitt werden Technologietendenzen beschrieben, die Bestandteil der Vision des Interactive Digital Storytelling sind, und im letzten Abschnitt wird über deren gestalterischen Einsatz reflektiert.

2 Geschichten „erzählen" und Spiele „spielen lassen"

Erzählte Geschichten haben in jeder Kultur die Funktion der Wissensvermittlung zwischen Individuen, Gruppen und Generationen. Sie finden in jedem Medium statt, das je erfunden wurde. Das vermittelte Wissen beschränkt sich dabei nicht nur auf Fakten, sondern schließt implizite kulturelle Werte, Meinungen, Emotionen und Problemlösungen mit ein. Eine Erzählung liefert zum einen die Form der narrativen Abbildung von Inhalten in einer Reihenfolge sowie eine Zeitachse und ihre Repräsentation durch lineare Sprache. Zum anderen beruhen erfolgreiche Geschichten auf einer überlieferten dramatischen Strukturierung von Inhalten, die ihre Wurzeln bei alten Mythen haben und Zusammenhänge mit tiefenpsychologisch erklärbaren emotionalen Bedürfnissen des Menschen aufweisen.

Spiele stellen dagegen die Spielenden mit ihren Aktionen in den Mittelpunkt eines eventuell dramatischen Erlebnisses. Die Handlung ist nicht vordefiniert, sondern entsteht erst durch Spielen. Dabei „konstruieren" Spieler eine individuelle und ggf. soziale Realität innerhalb der von Spiel-Designern gesetzten Regeln und Ziele. Im Folgenden wird zusammengefasst, welche Eigenschaften und Implikationen von Geschichten und Spielen für den Aspekt der Wissensvermittlung wichtig sein können. Die auswählende Betrachtung findet aus Sicht des Knowledge Media Designs sowie der Mensch-Computer Interaktion statt. Sie bietet keine vollständige Reflektion narratologischer oder ludologischer Theorien.

2.1 Narrative Präsentation und Vermittlung

Sprache zur Darstellung von gedanklichen Vorgängen

Abhängig vom genutzten Medium verfügen wir heute insgesamt über eine Vielfalt an Ausdrucksmöglichkeiten. Die Visualisierung von Inhalten findet in zunehmendem Maße Beachtung. Beim Geschichtenerzählen sowie für komplexere Wissenszusammenhänge kommt man jedoch in der Regel ohne Worte nicht aus. Die mediale Darstellung von Gedanken – besonders von kognitiven Vorgängen – sowie von Optionen und Kausalitäten ist mit Worten ungleich leichter bzw. expliziter als mit Bildern, welche dafür direkter und unbewusster die emotionale Ebene adressieren. Auf einer Bühne ohne Erzählerfunktion findet Sprache zumeist ausschließlich in durch Darsteller gesprochenen Dialogteilen statt. Für das Vermitteln von individuellen, nicht in der Handlung offen kommunizierten Gedanken müssen spezielle Gestaltungskonventionen angewendet werden (z.B. die „Arie" in der Oper). Reine Aktionsdarstellungen stehen für bestimmte Unterhaltungs-Genres („action") im Mittelpunkt, es ist aber schwerer, mit ihnen vollständiges Faktenwissen zu vermitteln. Ausgelegtes, interpretiertes Wissen wie in der Hermeneutik, z.B. die Darstellung von Meinungsverschiedenheiten zu einem Kunstwerk, ist ohne Sprache nicht denkbar.

Das Nutzen von Sprachdialogen in elektronischen Anwendungen erfordert im Gegensatz zur statischen Visualisierung die explizite Einbindung der Darbietung und auch der Interaktion in einen zeitlichen Horizont. Allein durch das Sprechen der Dialoge eines Drehbuches kann das Minimum für die benötigte Spielzeit bestimmt werden. In vielen modernen Film-Genres wird ein Drehbuch als nicht besonders gelungen eingeschätzt, wenn es Fakten-Informationen überwiegend über den Dialog vermittelt (Schütte, 1999, S. 115). In Lernanwendungen kommt der Faktenvermittlung allerdings eine dominante Rolle zu.

Der Zeitverbrauch für die Kommunikation des Nutzers durch gesprochene oder in Echtzeit geschriebene (getippte) Sprache darf auch nicht unterschätzt werden, was die Usability der unmittelbaren Mensch-Maschine-Kommunikation entsprechend negativ beeinflusst. Auf der anderen Seite kann die aktive sprachliche Beteiligung der Lernenden wiederum eine wichtige Funktion bekommen, nämlich die der aktiven Konstruktion einer Eingabe. Diese unterscheidet sich qualitativ deutlich von einer reinen Auswahl mit Hilfe eines Zeigegeräts aus einem vorgefertigten Angebot und wirkt ggf. einem unbeteiligten „Herumklicken" entgegen.

Die genannten Aspekte führen zu anderen Gestaltungsrichtlinien als bei der Visualisierung, nicht nur für die Gestaltung der Nutzungs-Oberfläche, sondern auch für grundlegende Lernkonzepte.

Funktionale Story-Modelle und Erzählbögen

Für die ersten Ansätze der technischen Konzeption von automatisiertem Geschichtenerzählen durch „Story-Engines" ging man auf die Suche nach Formalisierungen von Geschichtenabläufen und wurde auf die Arbeit des russischen Analytikers Vladimir Propp (1968) aus dem Jahre 1928 aufmerksam, der bei allen russischen Volksmärchen eine gemeinsame, relativ starre Form feststellte. Er hat 31 abstrakte Handlungseinheiten ausfindig gemacht, die je nach Märchen nicht vollständig vorkommen müssen, aber eine gewisse Reihenfolge aufweisen. Diese Morphologie enthält vor allen Dingen Regeln der jeweiligen Verbindung dieser Einheiten, so dass sich Erzählbögen einzelner Handlungen ergeben, die für Spannung sorgen, so lange nach einer erfolgten Eröffnung eines Handlungsbogens dessen zufriedenstellendes Ende noch nicht eingetreten ist. Die eher symbolischen Erzählfunktionen benennen die typischen Vorkommnisse in den untersuchten Märchen. Zum Beispiel resultiert die Eröffnungs-Funktion „D: Prüfung des Helden" in den Funktionen „E–F: Reaktion des Helden (E) führt zur Gewährung einer magischen Hilfe (F)".

Wenn auch das Propp'sche Erzähl-Modell nicht für alle Geschichtenarten gleichermaßen geeignet ist und speziell auf Märchen zugeschnitten ist, so lieferte seine präzise vorliegende Arbeit doch einen brauchbaren Vorschlag für die mögliche Formalisierung durch Computer-Anwendungen, die mit Geschichten-Teilmodulen arbeitet.

Welche zeitlichen Erzählbögen sinnvoll sind, ist für die Wissensvermittlung aber nicht nur eine formalästhetische Entscheidung aus der Narratologie. Laut G. S. Morson (1990) und R. Schank (1990) ist die Erinnerungsfähigkeit an eine gehörte oder gelesene Geschichte auch von deren Länge abhängig bzw. von den zeitlichen Abständen wichtiger Punkte, die beim Erfahren der Geschichte „ge-indext" werden. Diese Punkte müssen miteinander verknüpfbar sein, um wichtige Kausalketten herzustellen, die erst als Ganzes die Erzählung ausmachen. Da es nicht umsonst auch „Spannungsbogen" genannt wird, sollte sich der optimale Erzähl-bogen unter anderem an der Aufmerksamkeitsspanne des Menschen orientieren. Diese vari-iert je nach kulturellem Umfeld und dem aktuellen Kontext wie z.B. Ermüdung und Art der Darbietung.

In linearen Medien wie Hörfunk, Film und Fernsehen haben sich außerdem Standardformate für Laufzeiten herausgebildet, wie z.B. die Länge für Spielfilm oder für Nachrichten. Ganz pragmatisch gesehen garantieren diese Gewohnheiten, dass sich Geschichten-Formate sehr gut in den Tagesablauf, z.B. eines TV-Programms oder auch einer Konferenz, hineinplanen lassen. Interaktive Formate dagegen sind in dieser Hinsicht schwieriger zu planen, und es ist immer eine Moderatorenfunktion von Nöten. Das Urmodell der strukturalistischen Geschichtenanalyse von Aristoteles bildet neben den vorgeschlagenen drei Akten interessan-terweise eine geforderte Spannungskurve ab, die einer direkten Umkehrung der durchschnitt-lichen gemessenen Aufmerksamkeitskurve eines Publikums bei Seminarvorträgen entspricht, wie in Rhetorikseminaren gelehrt wird (Ebeling, 1991).

Beim Vortrag und anderen konventionalisierten Erzählsituationen gilt: Eine erfolgreich erzählte Geschichte bedarf eines überwiegend rezipierenden Publikums, und Interaktionen sind streng geregelt. Dies ergibt sich auch automatisch, falls kurze Geschichten innerhalb eines Dialoges erzählt werden, für die jeweilige kurze Zeit der Erzählung. Eine Geschichten-struktur ist auch bei den kürzesten Erzählungen nötig, um Aufmerksamkeit zu erzielen. Dabei ist Aufmerksamkeit laut Schank immer eine „Handlung" des Publikums, welches beim Zuhö-ren aktiv die Geschichte nachkonstruiert.

2.2 Drama als Strukturierungsangebot für das Lernen

The hero's journey

Es gibt verschiedene publizierte Analysen (Tobias, 1993; Polti, 2003; Propp, 1968; Campbell, 1999), nach denen man annehmen muss, dass es keine „neuen" Geschichten gibt, sondern immer wieder die gleichen erzählt werden. Sie scheinen alle auf eine begrenzte Anzahl an „Strickmustern" zu verweisen. Dies betrifft nicht nur die Gemeinsamkeiten der funktionalen Erzählbögen, sondern eine tiefer liegende symbolische Struktur des Inhalts.

Grundlegend für andere beschriebene Muster erklärt dies Joseph Campbell (1999) in „The hero with a thousand faces". Er vergleicht überlieferte Mythen unterschiedlichster Kulturen, und zeigt auf, dass sie alle einer bestimmten „monomythischen" Struktur folgen. Demnach kann jede Geschichte, die Menschen wirklich zu bewegen im Stande ist, auf eine symbolische „Heldenreise" abgebildet werden:

Aus einem initialen Zustand der Harmonie und Einheit heraus findet durch ein Ereignis eine Trennung dieser Vollkommenheit statt: Der Held wird gegen seinen anfänglichen Widerstand gefordert, auszuziehen und „auf die Reise zu gehen". Symbolisch entspricht dies der „Vertreibung aus dem Paradies", die auch in der Psychoanalyse als Symbol des wichtigen Ablöseprozesses aus der Harmonie des Elternhauses eine Rolle spielt. Der Held besteht Abenteuer und Prüfungen, und findet am Schluss zu sich selbst zurück, in dem er selbst eine Wandlung erfährt, welche die erstrebte Harmonie oder Vollkommenheit wieder herstellt (zumindest kurzfristig, bezüglich dieser einen erzählten Geschichte, denn daraufhin kann eine weitere beginnen).

Wie Campbell besonders eindrucksvoll an der Reise des Buddha schildert, kann man diese Wandlung gemäß einer allgemeinen Mythenstruktur auch als den Prozess eines Erkenntnisgewinns mit einer Anpassung an neue Gegebenheiten interpretieren, die einst die Störung hervorgerufen haben. Auf der ewigen (vergeblichen) Suche nach dem verlorenen Paradies (Gefühl der Vollkommenheit und der Unschuld, Streben nach Einheit) werden wiederholt Heldenreisen durchgeführt, die zu zunehmender Erkenntnis darüber führen, wie die Welt wirklich ist. Im Falle von Buddha möchte dieser am liebsten seine schmerzhaft gewonnenen Erkenntnisse einfach seinen Mitmenschen als Weisheit mitteilen, aber die unzulänglichen Mittel der Kommunikation reichen dafür nicht aus. Denn um wirklich zu verstehen, müssen auch seine Mitmenschen durch den ganzen Prozess hindurch gehen, um zu ihren eigenen Erkenntnissen zu gelangen.

Diese symbolische Heldenreise ist nichts anderes als ein Lernvorgang ganz im konstruktivistischen Sinne, das Erwerben von Wissen. An dessen Anfang steht immer die Vertreibung einer harmonischen Einheit: die Einsicht oder gar bittere Erkenntnis über den eigenen Hochmut oder das eigene Nichtwissen, eine Bedrohung, ein Problem, zumindest eine Frage. Derart dramatisch gestaltete Geschichten führen Lernende durch den emotionalen Prozess einer Lerninitiierung, denn ohne „echte" Fragen findet kein nachhaltiges Lernen statt. Wird die Geschichte in einem geschützten Raum erzählt, kann sie zwar nicht die eigene Erfahrung des Leidensweges ersetzen, erzielt aber dennoch eine ähnliche Wirkung durch das Mit-Leiden, und erhöht die Perspektivenvielfalt „um eine weitere Geschichte". Dies ist ein zentraler Nutzen von nicht selbst erlebten, aber erzählten Geschichten: die Ermöglichung, zeitweise durch die Augen eines Anderen zu schauen – ein wichtiger Wechsel des Blickpunktes.

Dramatis personae

Der russische Analytiker V. Propp hat in seiner genannten Morphologie der Volksmärchen nicht nur diese Heldenreise etwas detaillierter funktional abgebildet. Seine Abstraktion in funktionale Elemente umfasst auch die handelnden Personenfunktionen, die „Handlungstragenden", die er als ein Satz von „dramatis personae" bezeichnet. Typische Handelnde sind demnach mindestens der „Held" („hero") als Protagonist sowie der „Bösewicht" oder „das Böse" („villain") als Antagonist, weiterhin die Prinzessin als „das Glück" was zur Belohnung widerfährt, und andere Rollen wie der Bote, der Wohltäter, die magische Hilfe, der falsche Held, das Opfer. Diese Abstraktion ist keine Darstellung wirklich gemeinter Figuren, sie ist funktional und z.B. auch dadurch geschlechtsneutral einzusetzen.

Damit entsteht ein ganzes System von Kräften, die in der Geschichte zueinander in Bezug gesetzt werden. Dieses System verhält sich in der Hinsicht dualistisch, dass es komplexe Handlungen innerhalb zweier Pole aufspannt, nämlich Gut und Böse, Hilfe und Bedrohung, Sieg und Niederlage. Spannungselemente können u.a. dadurch erzeugt werden, dass auftretende Figuren eine Zeit lang das Publikum (oder auch den Helden unter Mitwissen des Publikums) über ihre wahre Funktion bzw. über ihre Zugehörigkeit zum einen oder anderen Pol im Unklaren lassen. Es ist aber erforderlich, diese Spannung am Ende zu Gunsten eines scheinbar stabilen Zustandes aufzulösen und die wirkenden Kräfte des eigentlich komplexen Systems in den dualistischen harmonischen Zustand zwischen den Polen (gut und böse) wieder herzustellen.

Geschichten stellen damit individuelle Erlebnisse der Handlungtragenden in den Mittelpunkt und stehen beispielhaft für ein komplexeres System. Durch das dualistische Prinzip der Handlungsbedeutungen (Held – Widersacher) findet innerhalb einer Einzel-Geschichte, ganz pragmatisch gesehen, eine hilfreiche Trivialisierung statt, eine Reduktion auf „menschliche" Elemente (Skalierung in den Mesokosmos, s.o.), die emotional erfassbar und damit leichter und intuitiver begreifbar sind als die vollständige Komplexität von Systemwissen mit mehreren abhängigen Variablen.

2.3   Konstruktives Lernen durch Spiele und Simulationen

Spiele-Arten und Computerspiele-Genres

Theorien und Bewertungen zum menschlichen Spielen weisen eine lange Geschichte auf, und bieten vielfältige Ansätze der Einordnung auch von Computerspielen, die hier nicht umfassend behandelt werden können. Ein wichtiger Aspekt des deutschen Begriffs ist, dass er als nur ein Name für die im Englischen differenzierten Bedeutungen „game" und „play" steht. Darüber hinaus gibt es variierende Theorien über die Definition des Unterschiedes und über weitere Detaillierungsgrade, die durchaus auch in den aktuellen Klassifikationen einer Vielzahl von Computer-Game-Genres eine Entsprechung finden. Nach Roger Caillois (2001) ist „paidia" der freie Antrieb für spielerisches Verhalten (*play*), und wird mit zunehmender Disziplinierung und Regelung zu „ludus" (*game*). Der Wettkampf-Aspekt („agon") ist bei den meisten aktuellen Computer-Games gegeben, ebenso die Simulation oder Täuschung (*mimicry*). Weniger zentral (aber nicht undenkbar) für aktuelle Computerspiele sind die Spielaspekte „alea" (Chance bzw. Glücksspiel) und "ilinx" (*vertigo*, bzw. der Reiz von Schwindel und Akrobatik).

Der Computer-Game-Designer Greg Costikyan (2002) definiert Computer-Games wie folgt: „A game is an interactive structure of endogenous meaning that requires players to struggle toward goals." In dieser Definition ist offen gelassen, wie z.B. „struggle" und „goals" gestaltet sind, sei es z.B. durch Wettkampf oder durch einen impliziten Zwang zur Kooperation. Wie vielfältig die qualitativen Ausprägungen von Computerspielen heute sind, wird in der Vielzahl an Genres deutlich, deren Abgrenzungen sich auch allmählich im wachsenden Computerspiele-Literaturangebot der jüngsten Vergangenheit konsolidieren (Rollings & Adams, 2003). Diese Konsolidierung von Klassifikationen ist für die Diskussion und weitere Forschung dringend notwendig, um präzisere Aussagen machen zu können, als es über die generellen „Computerspiele" möglich ist. Für *Interactive Digital Storytelling* muss eine solche Einordnung noch geleistet werden.

Die zuvor geschilderte, innere dramatische Struktur von Geschichten kann man in vielen dieser Spiele-Genres wiederfinden. Zum einen finden sich in klassischen Spielmissionen aus den Bereichen Adventure, Action, Strategie sowie Rollenspiele Gemeinsamkeiten mit der symbolischen Persona-Aufteilung dramatischer Geschichten und Mythen. Zum anderen lässt sich ihr Erleben auch formal auf eine Drei-Akte-Struktur abbilden, wobei die Längen und zeitlichen Anteile variieren können. Beispielsweise kann in einem Kampfspiel der zweite Akt vergleichsweise sehr lange dauern, ohne langweilig zu werden, da er ganz von der Aktivität des Spielers geprägt ist. Bei dieser Frage nach Erzählbögen von Spielen werden Nicht-Kompatibilitäten mit den Prinzipien der narrativen Präsentation deutlich, mehr als mit dramatischen Prinzipien. Narrative und dialogische Strukturen wurden zuerst von Adventure-Games in Spielform dargeboten und finden sich ansonsten am ehesten bei den Rollenspielen. Ein typisches Kriterium von Spielen in diesem Zusammenhang ist die nicht straff strukturierte Zeit im Gegensatz zu linearen Medien. So kann es zu scheinbar nicht enden wollenden „gespielten Geschichten" kommen, die bis zu Jahren an Spieldauer in Anspruch nehmen.

Spielen durch Simulation

Simulationsspiele sind besonders geeignet, das Verstehen von Systemen zu unterstützen. Im Bereich der Planspiel-Disziplin, die mit Computerspielen zunächst nichts zu tun hat, wird vom Lernziel „Systemkompetenz" gesprochen, welches sich zusammensetzt aus „Fachwissen über Erscheinungsformen komplexer dynamischer Systeme" und „kompetentem Handeln bei der Steuerung und beim Eingreifen in komplexe Systeme" (Kriz & Gust, 2003). Planspielmethoden werden unter dem englischen Begriff *Gaming Simulation* zusammengefasst, und bestehen aus Formen wie Teamübungen, Szenariotechniken, Unternehmenstheater, Rollenspielen und eigentlichen Unternehmensplanspielen im engeren Sinne. Typische behandelte Themen sind die optimale Organisation begrenzter Ressourcen, Aspekte der Selbstorganisation von Ökosystemen und sozialen Systemen, die Interessenskonflikte zwischen individueller Erfolgsoptimierung und der Schonung von Allgemeingütern, u.v.m.

Charakteristisch für die Methode ist das „Probehandeln in fehlerfreundlichen Umwelten" sowie der Ablauf der Simulation in Zeitraffer. Dies eröffnet die Chance, Auswirkungen von System-Gestaltungsentscheidungen, die in der Realität oft erst sehr langfristig Resultate zeigen, zu reflektieren und Alternativen zu probieren. „Irrtümer" sind dabei ein notwendiges Durchgangsstadium zur Erkenntnis (Dörner, 1997). Spielen wird hier als Vorbereitung auf den Ernstfall angesehen, wie es auch schon sehr früh im militärischen Bereich als Methode erkannt und durchgeführt wurde. Ein Zusammenhang mit Edutainment bzw. der vergnüglichen Seite des Spielens wird durch die Planspiele-Fachwelt explizit ausgeschlossen.

Die eigentlichen Spielphasen in Gruppen werden eingerahmt von der Vor- und der Nachbereitung. In der Vorbereitung muss bereits nötiges Faktenwissen, die Spielmission und ggf. eine Rollenbeschreibung vermittelt sein. Die Nachbereitung, das sogenannte „Debriefing", ist die Reflexion der Simulation in einer gemeinsamen Auswertung von Spielenden und ggf. Beobachtenden, und sichert den Transfer des Erlernten in die reale Welt. Ein Bestandteil dieser Diskussion ist die Frage nach der Übertragbarkeit der Erkenntnisse aus dem Simulationsmodell in die Realität, um unangemessene Übergeneralisierungen zu vermeiden.

Im Bereich der Computerspiele wurde in neueren Untersuchungen der grundlegende didaktische Aufbau von erfolgreichen SIM-Spielen und Aufbauspielen analysiert (Bos, 2001) und dabei als nützlich hervorgehoben, auch wenn es sich meist um Phantasie-Szenarien handelt. Bemerkenswert ist, wie viel Zeit und Energie durch die Spielenden freiwillig aufgewendet wird, um sich durch die umfangreichen Anleitungsbücher zu „arbeiten" und komplexe Welten aufzubauen. Die Strukturierung des unmittelbaren stimulierenden „Feedback" sei dabei nach Nathan Bos ein wichtiger Aspekt, wobei die intrinsische, auf die Aufgabe bezogene Rückmeldung den eigentlichen Motivationsfaktor ausmache, zu vergleichen mit der unmittelbaren Rückmeldung des Erfolges oder auch Misserfolges beim Klavierspielen. Diese Form der Lernkontrolle hat gemäß dieser Untersuchung mehr Aussicht auf freiwilliges Weiterbeschäftigen der Lernenden, als etwa durch „extrinsisches" Feedback wie Belohnung oder Kritik durch eine Lehrperson.

Innerhalb der SIM-Computerspiele fehlt im Prinzip eine Reflektionsphase wie das Debriefing, was aber bei entsprechend vorbereiteter Verwendung in einer realen Lernumgebung ohne Computer bewerkstelligt werden kann (z.B. durch Lehrende). Fraglich ist für zukünftige Entwicklungen, inwieweit ein Debriefing überhaupt von einem automatischen System verantwortungsvoll zu leisten wäre.

2.4   Ästhetik und emotionale Aspekte des Computer-Spielens

Agency

Janet Murray (1997) hat in ihrem einflussreichen Werk „Hamlet on the Holodeck" einen Grundstein für die Diskussion gelegt, wie die Medienästhetik des Computers das Geschichtenerzählen beeinflusst. Als eine der wichtigsten ästhetischen Dimensionen neben der „Immersion" (mediale Eingebundenheit) und „Transformation" (Wandlung durch Anonymität und Rollenspiel) wird das Erleben von „Agency" hervorgehoben, was am ehesten mit Beeinflussungsfähigkeit oder Wirkungsgrad zu übersetzen ist: „Agency is the satisfying power to take meaningful action and see the results of our decisions and choices." Genannte Beispiele für das Erleben von Agency sind die Freude der aktiven, unangeleiteten Navigation und Exploration virtueller wie realer Räume oder das direkte körperlich erlebte Zusammenspiel zwischen der Bedienung des Game-Controllers und der Drehung des Blickpunktes, einem erfolgten Treffer oder einer sich öffnenden Tür. Agency ist *die* ästhetische Dimension eines Mediums, die ohne Computerunterstützung überhaupt nicht denkbar ist und zentraler Bestandteil eines interaktiven Erlebnisses ist.

In der laufenden ästhetischen Diskussion unter Computerspiele-Designern über die Berechtigung von narrativer Darbietung in Computerspielen, z.B. die in Weblogs geführte „Narratology vs. Ludology Debate" (Frasca, 2003), wird daher häufig beim Begriff von Agency eine Trennlinie gezogen zwischen der erzählten Geschichte, deren Handlung und Spannungsaufbau vom Erzähler vorgegeben ist, und der durch den Spieler erlebten und damit mitbestimmten Geschichte. Jede Forderung nach mediengerechten digitalen Umsetzungen besteht implizit im Einklagen von „mehr Agency", um nicht den Computer zum Playback-Medium zu degradieren.

Die Diskussion um Agency stammt aus einer medienästhetischen Betrachtung, findet aber Parallelen in den pädagogischen Erkenntnissen des abgemilderten Konstruktivismus, und knüpft in den Detailfragen nach ihrer angemessenen Gestaltung an die Strukturierungsvorschläge an, die durch Don Norman (1988) im Bereich HCI formuliert wurden: z.B. die Gestaltung von erlebbar gemachten Interaktionsangeboten eines Artefakts (*affordance*), und dessen direkte, unmittelbare Ergebnis-Rückmeldung (*feedback*). Das direkte Feedback verschafft auch Lernenden das befriedigte Gefühl, selbst Verursacher der betrachteten Aktionen zu sein, bewirkt Handlungssicherheit und stiftet Sinn als ein individuelles Erlebnis. Der meiste Sinn wird natürlich erst dann gestiftet, wenn die Interaktion des Nutzers durch seine realen Bedürfnisse angetrieben ist, wenn also „echte Fragen" gestellt werden können.

Immersion

Der englische Begriff der Immersion ist als einer der wesentlichen Charakteristika von Virtueller Realität (VR) bekannt geworden und bezeichnet die Eingebundenheit durch das Medium. Diese wird durch hochrealistische Darstellungsweisen und die VR-Schnittstellen bedingt, wie z.B. Datenanzüge, Datenhandschuhe, Head-Mounted Displays u.a., die eine komplette Abschottung von der existierenden Umwelt und ein Eintauchen in die virtuelle Welt bewirken. Beispielsweise wird bei Trainingsanwendungen für Spezialeinsätze durch diese rein technische Eingebundenheit in eine virtuelle Szene die Unmittelbarkeit von psychisch belastenden Situationen erhöht.

Zusätzlich zu dieser technischen Immersion im Bereich der virtuellen Welten kann man von der inhaltlichen Immersion sprechen, dem Eintauchen in ein fiktives Szenario inklusive dessen Charaktere, bei Spielen und bei Erzählungen, unabhängig vom Grad des Darstellungsrealismus. Auch in abstrakten Darstellungsformen wie Theater und Zeichentrickfilmen wird die freiwillige Unterdrückung des Unglaubens (Samuel Taylor Coleridge's „Suspension of Disbelief") bewirkt. In diesem Sinne ist es unter Online-Rollenspielern verpönt, „out of character"-Mitteilungen im Chatbereich des Spiels zu äußern, in dem man z.B. die durch den gespielten Charakter gegebenen Sprachkonventionen verlässt und technische Hinweise gibt. Es gilt als guter Stil, dass auch bei profanen Mitteilungen oder Verabredungen zunächst versucht wird, „in character"-Kommunikationsformen zu finden, um die gespielte Illusionswelt nicht zu zerstören.

Gerade für Inszenierungen mit dem Anspruch der Wissensvermittlung wurden schon früh alternative Formen versucht, die aus Gründen der Aufklärung und Reflexion eben dieser Eingebundenheit in eine Geschichte entgegen wirken sollen, wie z.B. der von Bertolt Brecht

(1963) angestrebte „Verfremdungseffekt". Zum Zwecke der kritischen Reflektion einer dargestellten Szene wurde abrupt aus dem Spiel ausgebrochen und Schauspieler wendeten sich
direkt dem Publikum zu, durchbrachen die „vierte Wand" zwischen Bühne und Zuschauer-
raum. Dies ist eine einfache Form der Publikums-Teilnahme an einer Erzählung, wenngleich
sich die Struktur dieser Einbindung unterscheidet von Agency innerhalb der interaktiven Fiktion. Eine bedeutende Motivation für die bewusste Durchbrechung der vierten Wand (eigentlich ein Tabu guter Fiktion) liegt in der Art des Subjekts begründet, da es sich um das
Durchschauen von komplexen sozialen Zusammenhängen (bei Brecht: soziale Unterdrückung) handelt. Dies ähnelt der von Planspielern geforderten Phase des „Debriefing" zur
Nachbesprechung der eigentlichen Spielphase.

Für Lernanwendungen bzw. die Vermittlung von Wissen stellt sich hier eine bedeutende
Gestaltungsfrage, die nur aus jeweiligen Wissensarten und Lernkonzepten heraus situationsabhängig beantwortet werden kann: Wie viel Eingebundenheit in ein fiktives Szenario ist für
das Thema angemessen? Wann muss aus dem Szenario ausgebrochen werden, um mit
Abstand zu reflektieren?

Fun

„Computerspiele machen Spaß" und „Lernen macht Spaß" – besteht deshalb ein Zusammenhang zwischen beiden? Was sind die qualitativen Eigenschaften von „Spaß", wie stellen wir
sie her, und wie finden wir es heraus, ohne das Objekt durch die Untersuchung zu zerstören?
Auch unter erfahrenen Game-Designern ist dies eine nicht einfach zu beantwortende Frage.
Dazu kommt, dass Lernen und Spaß tatsächlich nicht immer gemeinsam auftreten, und zuweilen dem Spaß auf den ersten Blick auch negative Qualitäten beigemessen werden. Im deutschen Forum für Planspiele wehrt man sich durchaus gegen die mögliche Unterstellung, es
gehe bei ihren Planspielen um Spaß am Spielen, da es in ihren Augen einer Abwertung ihrer
Disziplin gleichkäme. Auch der Begriff „Edutainment" ist (gerade in Deutschland) nicht
überall positiv besetzt. Seymour Papert (1998, S. 88) kontert gegen die Edutainment-Kritik,
in dem er nach „Hard Fun" und „Soft Fun" unterscheidet. Er räumt ein, dass Werbetexte wie
z.B. „Our Software Is So Much Fun That The Kids Don't Even Know That They Are
Learning" zu einer massiven Fehleinschätzung der Voraussetzungen für das Lernen beitragen.
Nicht „Making It Easy" charakterisiert für ihn das entscheidende Kriterium bei Edutainment,
sondern die Einstellung der Kinder selbst: „It's fun because it's hard."

An dieser Stelle darf die Erwähnung des „Flow"-Konzeptes von Mihalyi Csikszentmihalyi
(1990) nicht fehlen, nach dem Lernen wie andere kreative Tätigkeiten dann optimal stattfindet, wenn man sich in einem ausbalancierten Fluss der Wechselwirkung zwischen eigenem
Können und daran orientierter Herausforderung bzw. Schwierigkeitsgraden befindet. Diese
Balance zu erzielen, ist die hohe Kunst des Game-Design.

Spaß ist schwer zu formalisieren. Game-Designer Marc LeBlanc (2000) präsentiert eine
Taxonomie des „Fun" als ästhetische Dimension von Computerspielen, nach der er acht
Erlebnisarten im Zusammenhang mit Spielspaß unterscheidet:

1. Sensation (Game as sense-pleasure)
2. Fantasy (Game as make-believe)
3. Narrative (Game as drama)
4. Challenge (Game as obstacle course)
5. Fellowship (Game as social framework)
6. Discovery (Game as uncharted territory)
7. Expression (Game as self-discovery)
8. Masochism (Game as submission)

Diese Aspekte wirken nach LeBlanc positiv auf das Erleben von Spaß beim Spielen, auch wenn nicht alle in jeder Art von Spiel oder in jeder Spielsituation gleichzeitig vorhanden sein müssen. Sie können sich auch gegenseitig ausschließen oder je nach Genre unterschiedlich geformt sein. Man kann unter Menschen auch verschiedene Spieler-„Typen" ausmachen, die bestimmte der genannten Spaßkriterien vor anderen bevorzugen, und daraufhin unterschiedliche Game-Genres präferieren. Es gibt auch hier Aspekte, die überraschend dem „Fun" zugeordnet werden, wie z.B. der „Masochismus" der freiwilligen Unterwerfung unter die Spielregeln, der gemeinsam mit „Challenge" sicherlich bei Papert (1998) unter „Hard Fun" rangiert. Die von LeBlanc genannten Kriterien für „Fun" sind durch eine inhaltliche Übertragung auch als „Lern"-Kriterien denkbar.

2.5   Schlussfolgerungen für Interactive Storytelling

Dass man durch Spiele und Geschichten etwas lernen kann, ist keine allgemeine Neuigkeit. Welche Rolle allerdings *Interactive Digital Storytelling* im Bereich der elektronischen Wissensmedien spielen kann, und welche Ausprägung es annimmt, ist nicht einengend definierbar. Daher wurde in diesem Abschnitt (unter Ergreifung einiger Abkürzungen) dargestellt, welche Projektionsstrukturen für Erkenntnisgewinn, für die Konstruktion von Wissen und die Überprüfung von Wissen durch (unter anderem) Geschichtenaspekte, Computerspiele und ihre verwandten IT-Technologien gemacht werden. Zukünftige Wissensmedien können davon profitieren, dass sie deren Vorteile nutzen und verbinden, durch Anreicherung, Blending oder Integration in einem Medium.

Für die Bereiche der Edutainment-Forschung und des *Interactive Digital Storytelling* wird also der Schluss gezogen, dass durch das Erarbeiten von Kombinationen der genannten Eigenschaften Vorteile erzielt werden können. Dabei ist inzwischen unstrittig, dass nicht der gleichzeitige Einsatz aller genannten Aspekte zu einer sinnvollen Kombination führt. Beispiele für neue digitale Kombinationen von Narrationsaspekten und Spielen, die in der Wissensvermittlung eingesetzt werden können, sind:

• Nutzung von sprachlicher Erzählung und/oder Textdialog für die Mensch-Computer Interaktionsebene verschiedener Wissensanwendungen (z.B. ein Auskunftssystem)
• Simulation von sprachlichen und schriftlichen Erörterungen in einem Formulierungs-Rollenspiel mit virtuellen Charakteren und sprachlicher Eingabe der Interagierenden (in diesem Sinne eine digitale „Konversationspuppenstube")
• Gemeinsames Erstellen von virtuellen Szenen und Dialogen in einer Lerngruppe

- Gemeinsames „Füttern" bzw. Konstruktion einer Dialogdatenbank für einen virtuellen Berater zu einem bestimmten Thema
- Fiktives Spiel-Szenario mit integrierten Fallbeispielen/Missionen und situativer Bereitstellung von Fakteninformation, ohne Unterbrechung der Immersion
- Darstellung von dergleichen, nur mit bewusster Unterbrechung der Immersion und dialogischer Reflektion in einer Metaebene mit Realbezug
- Nutzung von Geschichten als Informations-Ressource für ungesichertes, interpretiertes Wissen durch Darstellung einer inszenierten virtuellen Diskussion unter angemessen modellierten virtuellen Charakteren
- Darstellungen von interaktiven Geschichten mit dramatischer Struktur zur Motivation und Provokation von Meinungsäußerungen und Bewertungen durch die Interagierenden
- Zeitliche Steuerung von Computerpräsentationen mit Hilfe von Drama- und Ablaufstrukturen
- Dto., dabei Variationen im Beeinflussugsgrad (*Agency*) der Interagierenden, z.B. direkte persönliche Ansprache durch Rollenvergabe an Nutzer
- Erlebnisorientierte Präsentation durch Integration und Steuerung multimodaler Schnittstellen, physischer Spielzeuge und Puppen, Sound und Beleuchtung

Ein weiterer Schluss aus den genannten Aspekten ist die Annahme, dass durch ihren bewussten, aktiven und reflektierten Einsatz das gesamte Umgehen mit dem Phänomen „Wissen" inklusive seiner emotionalen Bedingungen auf einer Metaebene in das Blickfeld von Lernenden rückt. Lernen „bei Bewusstsein" ist erfolgreicher und nachhaltiger als das Lernen im unbemerkten Nebeneffekt von Zerstreuung, wie Papert zum Thema „Fun" anmerkte (s.o.). Was nach Wolf Wagner (2002) oft negiert wird, ist der zweiteilige Prozess von Wissenschaft: Der erste Teil ist das nicht zielgerichtete, aber dennoch intensive Explorieren. Der zweite Teil ist der wissenschaftliche Rechtfertigungsprozess im jeweiligen Kontext, was sich in der Art des „Storytelling" dabei ausdrückt. Die spätere Präsentation des Wissens „im Lehrbuch" beschränkt sich meist auf den zweiten Teil und damit „fertiges Wissen", dabei ist „das Werden" inklusive aller Unsicherheiten für Lernende ein wichtiger Erfahrungspunkt, der durch interaktive Anwendungen unterstützt werden kann.

Auch Christopher Vogler (1999) beschreibt in seiner Interpretation der Heldenreise, nämlich in des „Writer's Journey", dass man sich als Lernender häufig durch Täler kämpfen muss, bevor man sich selbst an einer Schwelle stehend wahrnimmt. Das Lernen selbst kann metaphorisch mit dem mythischen Zyklus nach Campbell begriffen werden, was ein positiveres, spielerisches Umgehen mit dem Aspekt des „Nichtwissens" ermöglicht. Nur die Erkenntnis des Nichtwissens setzt einen Lernprozess in Gang. Da sie ureigentlich mit kleinen emotionalen Niederlagen verbunden ist, kann man durch eine spielerische Einstellung („Hard Fun") den Lustgewinn mit dem Lernen verbinden.

3   Aktuelle Technologieforschung im Bereich Interactive Digital Storytelling

Um die in den Schlussfolgerungen des vorigen Abschnitts vorgeschlagenen Verbindungen zwischen spielerischer Interaktion und narrativer Präsentation umsetzen zu können, bedarf es neuer Technologien sowie einer neuen Medien-Gestaltungskompetenz zur Verwendung dieser Technologien. Auf Seite der Wissensmedien-Gestaltung kann sehr wohl bereits mit aktueller Software eine konzeptionelle Berücksichtigung von Dramaturgie und Spielaspekt stattfinden. Ohne technische Neuerungen ist jedoch keine erzählerische, natürlich sprachliche Interaktion zwischen Endnutzer und dem neuen Medium möglich. Dabei geht es nicht um reine KI-Forschung oder den Bau des künstlichen Menschen, sondern um zwischen den Disziplinen gemeinsam gefundene pragmatische Lösungen, die durch Geschichten-Strukturen beeinflusst und geformt werden. Die in diesem Abschnitt dargestellten Technologieentwicklungen stellen weniger eine konkrete Momentaufnahme des Stands der Technik dar, als eher allgemeine Tendenzen des Fachgebiets.

3.1   Spannbreite der Problemfelder

Die technische Herausforderung bei „Interactive Storytelling" liegt im „Interactive"-Teil dieser Verbindung und damit in der Forderung nach Agency (s.o.); nämlich, dass das Publikum den Erzählverlauf beeinflussen kann. Es existieren unterschiedliche Ansichten darüber, wie weit der Einfluss reichen soll. Unabhängig von dieser Reichweite kann die gewünschte Dynamik und Anpassungsfähigkeit auf lange Sicht nur mit einem System erreicht werden, das über ausreichende Autonomie in der Darstellung und über gute Interpretationsfähigkeiten von Nutzereingaben, schlichtweg über „intelligentes" Verhalten verfügt. Darüber hinaus sollte es eine Wissensbasis von Inhalten sowie dramatische Strukturen verarbeiten können. Der Game-Designer Chris Crawford (1993b) beschreibt die Problematik anschaulich und metaphorisch mit drei erforderlichen Eigenschaften der Intelligenz für eine interaktive Erzählmaschine, die einem Automatenprinzip gleichkommt:

- „TALK": Output. Die Anwendung „spricht" zu ihrem Publikum. Dies ist der Bereich, der am ehesten den traditionellen Medien, wie z.B. Film, ähnelt, da es um eine multimediale Ausgabe von Ton, Sprache, Grafik und Animation und dergleichen geht.
- „LISTEN": Input. Die Anwendung „hört zu" und nimmt ihr Publikum wahr, über die Schnittstellen, die sie hierfür zur Verfügung stellt. Traditionell wären dies gestaltete User-Interfaces für die Bedienung mit Maus und Tastatur, oder andere Eingabemethoden.
- „THINK": Processing. Die Anwendung verarbeitet das unter „LISTEN" Wahrgenommene, versteht die Eingaben des Publikums, verarbeitet sie auf Basis ihres eigenen „Wissens" und produziert angemessene Ausgaben, die über „TALK" wieder ausgegeben werden, womit sich der Interaktionszyklus schließt.

Bezüglich des Stands der Technik scheint auf den ersten Blick der „TALK"-Bereich am weitesten fortgeschritten, wie die Entwicklungen der Grafischen Datenverarbeitung seit den 1970er Jahren zeigen (Wikipedia, 2005). Besonders im Bereich des linearen Films, in dessen

Einzelbilder während der Produktion erheblicher zeitlicher Arbeitsaufwand fließen kann, scheint keine Art der denkbaren virtuellen Darstellung noch technische Probleme zu bereiten. Allerdings gibt es noch Herausforderungen bei der nicht vorgefertigten, und damit adaptiven Generierung von Bewegungsabläufen virtueller Charaktere. Forschungsaktivitäten gibt es daher im Bereich der intelligenten Computergrafik, speziell im Anwendungsgebiet der virtuellen Charaktere und deren autonomer grafischer Darstellung in Echtzeit.

Auch im Bereich der Synthese von menschlichen Stimmen gibt es bestehende brauchbare Systeme (Phonetics, 2005), die aber noch Verbesserungsbedarf haben, um zu einer breiteren Akzeptanz auch beim nicht technophilen Publikum zu führen, da sie häufig noch maschinell klingen. Speziell die parametrische Ansteuerung emotionaler Aspekte von Stimmen ist bislang nur begrenzt möglich. Das Ziel für den Bereich des *Interactive Digital Storytelling* ist dabei weniger die Erschaffung eines realistischen Abbildes des Menschen, sondern eher die Glaubwürdigkeit und Akzeptanz eines virtuellen Agenten. Aus diesem Blickwinkel betrachtet existieren aktuell bereits Technologien, mit denen experimentiert werden kann, und deren sinnvoller Einsatz nun Sache von Gestaltern ist.

Im Vergleich zum „TALK"-Aspekt haben die anderen beiden für den Bereich der Wissensmedien einen sehr viel größeren Entwicklungsbedarf. So beherrschen die Tastatur und die Maus und das damit verbundene „Point-and-Click"-Paradigma der Interaktionslogik das Bild interaktiver Anwendungen im Bereich „LISTEN". Die Anforderungen an Genauigkeit bei der Eingabe, um wirklich „verstanden" zu werden, sind noch zu hoch, um menschlich zu sein. Um eine höhere Immersion in digitalen Dialogen zu erzielen, ist der Stand der Technik der maschinellen Erkennung gesprochener Sprache noch weiter zu entwickeln. Ähnlich verhält es sich mit maschinellem Sehen und den wichtigen Kontexterkennungsverfahren, an denen unter den Überbegriffen „Ambient Intelligence" oder „Pervasive Computing" geforscht wird.

Anschließend soll auf natürlich-sprachliche Dialoge und den Aspekt des „THINK" fokussiert werden. Eine scharfe Abgrenzung zwischen den drei Bereichen ist ohnehin nicht zu leisten und auch wenig gewinnbringend, da die geschilderten speziellen Probleme der Eingabe und Ausgabe zu einen großen Teil die erforderliche Intelligenz in der Vor- oder Weiterverarbeitung adressieren.

3.2   Die virtuelle dialogische Erzählmaschine

Automatischer Beantworter

Inwiefern „denkt" die Anwendung tatsächlich? Über welches „Wissen" verfügt sie? Ist der Begriff der „Intelligenz" angebracht oder bringt er Vorteile? In einer vergleichsweise frühen Abhandlung schrieb Crawford, man müsse da hin kommen, die Menge der vom Autor produzierten Elemente für die Darstellung zu reduzieren, und dafür die automatische Generierung dieser Darstellung durch „Intelligenz" zu ermöglichen. Diese Sichtweise ist verständlich vor dem Hintergrund der ersten gescheiterten Versuche, Handlungsalternativen für interaktive Geschichten durch vom Autor fest definierte Verzweigungsoptionen („Branching"-Methode) aufzubauen (Crawford, 2003a).

Aber die „denkende Maschine" ist hier nicht das Forschungsziel, sondern die „erzählende Maschine"; besser noch eine virtuelle Bühne, auf der virtuelle Schauspieler adaptive Darbietungen vollbringen können, die zwischen Autorenskript und Reaktion auf das Publikum etwas „Sinnvoll Erscheinendes" präsentieren. Ergebnisse der KI-Forschung können dabei im Rahmen dieser Forderungen Vorteile bringen. Als Urvater der Überlegungen zu denkenden Maschinen gilt Alan Turing (1950), der 1950 bereits den Vergleich zwischen Mensch und Maschine als „Imitation Game" anstellte. Eine heutige formale Implementierung dieses so genannten Turing-Tests ist der Loebner-Prize (2005). Mit diesem Wettbewerb wird jährlich die „menschlichste" Software mit einer Bronze-Medaille ausgezeichnet. Eine Goldmedaille, für welche die Software nicht von Menschen unterscheidbar sein darf, wurde bis heute noch nie vergeben.

Die Finalisten für den Wettbewerb sind Dialogmaschinen nach dem Vorbild von Eliza bzw. Chatbots, die auf eine per Tastatur eingetippte verbale Äußerung des Nutzers mit einer einzelnen verbalen Äußerung antworten. Ein solcher Chatbot ist z.B. das frei verfügbare Basissystem A.L.I.C.E. (2005), dessen Erfinder bereits dreimal den Loebner-Preis gewonnen hat. Die sogenannte „Wissensbasis" für A.L.I.C.E. ist eine Sammlung von Dialogmustern, beschrieben durch den XML-Dialekt AIML, der durch einen menschlichen „Botmaster" konfiguriert werden kann. Die „Intelligenz" besteht hauptsächlich darin, in einem Suchraum dieser Wortmuster Übereinstimmungen mit der Nutzereingabe festzustellen und eine passende Antwort aus einem vorbereiteten Ausgabe-Template herauszugeben. Ein typischer Dialog könnte so aussehen:

Benutzer: Hi!

Bot: Hallo! Wie geht es Dir?

Benutzer: Na ja

Bot: Schön, dass Du mir zustimmst.

Der Dialog zeigt zugleich Risiken und Grenzen dieses Mustervergleichs. Der Bot hat folgerichtig gehandelt und in seiner offensichtlich zu oberflächlichen AIML-Wissensbasis die am besten passende Ausweichantwort gefunden:

```
<aiml>
    <category>
        <pattern> * JA </pattern>
        <template>Schön, dass Du mir zustimmst.</template>
    </category>
</aiml>
```

Dieser AIML-Fundus für das Pattern Matching besteht in der Regel aus mehreren einzelnen Sets. Einige dieser Muster-Sets sind nur dazu da, Ausdrücke und grammatikalische Strukturen zu verkürzen und auf die wesentliche Aussage zu reduzieren, auf die es eine Antwort geben soll. Etwas Funktionalität im Sinne eines Dialoggedächtnisses ist nur sehr begrenzt vorhanden: *„Über was haben wir gesprochen?"* – Diese Frage des Bots wird vom Nutzer oft als ironisch wahrgenommen, da sie öfters gestellt wird. Am besten funktionieren Dialoge, die aus klaren simplen Auskünften auf klar gestellte Fragen bestehen. Sie werden meist angereichert durch Smalltalk in Plaudermanier, der zur Auflockerung und zum Abfedern von Dialog-Zusammenbrüchen dient, die durch nicht erkannte Eingabemuster auftreten.

Interessant ist, dass durch Nutzer innerhalb von Plauder-Elementen des Dialogs allzu oft eine Bedeutungszuordnung stattfindet, wenn rational gesehen, oder vom Botmaster beabsichtigt, gar keine „wirkliche Bedeutung" eines Gesprächsfadens vorhanden ist. Tatsächlich zeigen die Interaktionen mit solchen virtuellen Sparringspartnern sehr illustrativ, dass Bedeutung in der Kommunikation prinzipiell beim Empfänger erst entsteht. Auch kann kein Botmaster je mit Sicherheit einen bestimmten Gesprächsverlauf vorhersagen oder umgekehrt ausschließen; er erlebt stattdessen ein emergierendes System und muss sich überraschen lassen.

Von Chatbots zu wirklichen Gesprächen

Chatbots sprechen generell nur auf eine Nutzereingabe hin. Um komplexere narrative Strukturen und dramatische Verläufe abzubilden, wie letztlich in Abschnitt 2 gefordert war, sind sie jedoch allein auf Grund ihrer konzipierten Funktionalität nicht geeignet. Daher ist *Interactive Digital Storytelling* mit dem auf diese Art gemessenen Grad der Intelligenz, selbst wenn die Chatbots noch bessere Antworten generieren, allein nicht umzusetzen.

Es fehlt eine proaktive, zielorientiert gesteuerte Präsentation durch die Anwendung, um den Gesprächsfaden auch bei fehlender Nutzereingabe nicht abreißen zu lassen. Auch zeitlich orientierte Gesprächswendungen und -führungen sind mit aktuellen Chatbots noch nicht möglich. Die Abbildung des Subtextes einer verbalen Interaktion, wie z.B. deren Bedeutung auf der Beziehungsebene, wird nicht geleistet. Es fehlt auch ein soziales Zusammenspiel mehrerer Charaktere in einer z.B. dramatischen oder aufgelockerten Auseinandersetzung; stattdessen führt die Eins-zu-Eins-Beziehung „Chatbot – Nutzer" schnell zur Verkrampfung und Konzentration auf die technischen Mängel im gegenseitigen Verstehen. Das Dialoggedächtnis, also eine Bewusstheit über bereits behandelte Inhalte, um darauf aufbauen zu können, ist teilweise im Ansatz konzipiert, aber noch unzureichend umgesetzt. So kann es zwar Variablen über einzelnes Gesagtes speichern, aber es werden keine tieferen Bedeutungen für den weiteren Gesprächsverlauf verarbeitet, wie z.B. Stimmungsumschwünge, Verabredungen, Absichten oder andere zustandsabhängige Situationen.

3.3 Forschungsansätze

Abgeleitet aus den genannten Unzulänglichkeiten von Chatbots ergeben sich grob folgende Themenfelder für Forschungsansätze des „THINK"-Bereichs von *Interactive Digital Storytelling,* jenseits der KI-Themen der natürlichsprachlichen Interaktion und der denkenden Maschine:

- „Believable Characters": Entwicklung von glaubwürdigen emotionalen Charakteren
- „Story Engines": Interaktive kohärente Ablaufplanung auf Grund dramatischer Modelle
- „Discourse Engines": Steuern sprachlicher Dialoge zwischen mehreren Gesprächspartnern

Das gemeinsame Ziel dieser Themenfelder ist die Ermöglichung autonomer Verhaltensweisen der Anwendung in einem gesteuerten planbaren Kontext. Dies ist nur scheinbar ein Widerspruch. Um z.B. Handlungen virtueller Charaktere glaubwürdig, spannend und situativ sinnvoll erscheinen zu lassen, brauchen sie einerseits Anpassungsfähigkeit an das Nutzerverhalten, so dass eine emergierende Situation entsteht. Andererseits brauchen sie aber auch „ein eigenes Rückgrat" bzw. eine Agenda, die z.B. von einem Autor kommen kann, um aus der Emergenz nicht ein dauerndes Abschweifen werden zu lassen. Das Fehlen von einem der beiden Aspekte lässt sie als langweilig erscheinen, entweder „zu beliebig" wie bei den anfänglichen Chatbots, oder „zu steif" wie wohl beim klassischen verworfenen „Branching"-Verfahren.

Im Folgenden werden Forschungs- und Entwicklungsthemen beispielhaft aufgezählt, die in aktuellen Projekten zum Thema behandelt werden:

- Entwicklung von Simulationsmodellen für emotionale Zustände von Figuren einer Geschichte
- Zielsetzungen für Charaktere und Planungsmethoden für die Zielerreichung
- „Emotionsautomaten" – State Machines von möglichen emotionalen Zuständen und ihren Transitionen zwischen den Emotionen durch Ereignisse, die im Gespräch ausgelöst werden
- „Turntaking"-Regelungen zur Klärung von Rederecht und gerichteter Ansprache in einer Gruppe von mehreren Charakteren
- „Sprechakte" – Aufladen von sprachlichen Äußerungen mit Bedeutungen für den Gesprächsverlauf
- Zuordnungen von Sprechakten und Zuständen zu möglichen expliziten nonverbalen Merkmalen
- „Drama Manager" – Implementierungen formaler Story-Modelle (z.B. jenes von Propp) zur Ablauf- und Spannungssteuerung

Zur Lösung werden teilweise traditionelle KI-Techniken angewendet wie Logik, Suche, semantische Netze, Regelsysteme, Wissensrepräsentationen und fallbasiertes Schließen. Einen guten Überblick über den Stand der Forschung geben die Tagungsbände der Konferenzreihen zu diesem Thema (ICVS, 2005; TIDSE, 2004).

Zusammengefasst verfolgt man zwei prinzipielle Ansätze, um den erforderlichen Mittelweg zwischen der Emergenz und der Planung zu gehen. Einer geht von einem Handlungsablauf aus (*plot-driven*) und bricht diesen dann durch Einfügen von Regelsystemen für Alternativen auf. Der Andere (*character-driven*) beginnt bei der Einstellung parametrischer Charaktermodelle und lässt diese „aufeinander los". Die entstehende emergente Situation muss dann wieder kanalisiert werden, um sinnvoll zu sein.

4   Gestaltung von Interactive Digital Storytelling Anwendungen

Interactive Digital Storytelling kann als Wissensmedium verschiedene Ausprägungen annehmen, wie in Abschnitt 2 gefolgert. Dem gemäß werden die Autorenumgebungen und auch die damit verbundenen Detailfragen der Gestaltung variieren. An dieser Stelle sollen daher auf allgemeiner Ebene wesentliche übergeordnete Designfragen zusammengefasst werden, die beim Bau existierender Prototypen offenbar wurden.

4.1   Autoren und andere Dilemmas

Die Erzählerrolle

Vergleichsweise wenig Beachtung findet in der aktuellen technischen Diskussion die Problematik, dass es am Ende Menschen sind, die die Inhalte erstellen mögen, ohne notgedrungen über ein Diplom in „Künstlicher Intelligenz" zu verfügen. Es scheint eine Schwelle zu geben zwischen denen, die die Algorithmen herstellen, wie z.B. automatische Planung, autonome Charaktere, und Vertretern einer Ansicht, diese Algorithmen als neues Kommunikationsmedium für die Allgemeinheit zur Verfügung zu stellen – ähnlich wie eine Theaterbühne ein Kommunikationsmedium sein kann, das von Regisseuren, Darstellern und ggf. Improvisatoren genutzt wird. Ein Grund für diese Schwelle ist zum Beispiel die Tatsache, dass viele Entwicklungen zur Zeit dieses Schreibens noch in einer sehr frühen Phase sind. In dieser gibt es als Resultate entweder nur Prototypen im Sinne eines „Proof-of-Concept", oder es existieren integrierte „Kunstprojekte", welche Software und Inhalt in einer untrennbaren, determinierten Einheit darbieten: Eine Bühne, nur lieferbar im „Bundle" mit fertigen Schauspielern und einem „Stück".

In der Spieledesignergemeinschaft tritt die Meinungsäußerung recht häufig auf, dass man als zukünftiger Autor von *Interactive Digital Storytelling* Anwendungen „eben programmieren können müsse" (Stern, 2001; Crawford, 2002). Dies erscheint nicht prinzipiell abwegig; auch in diesem Artikel wurde eingangs damit motiviert, Schrift als Programmcode zu verwenden, um damit Lehrtexte mit einem echten Dialogangebot zu untersetzen. Ohne prozedurales Systemverständnis kann man dies als Autor nicht bewerkstelligen, auch wenn sich für die Zukunft erwarten lässt, dass der Vorgang der Kodierung selbst in einer dem Geschichtenschreiben angelehnten Hochsprache stattfinden kann. Aktuell wären aber die eigentlichen Autoren die Systemprogrammierer; oder anders betrachtet, Autoren werden gar nicht mehr vorgesehen, denn „die Maschine" würde das Storytelling übernehmen.

Die Diskussion um Autorenschaft hat verschiedene Dimensionen. Zum einen geht es um die „Autorisierung", um die Rechte am Inhalt, und um die Existenzfrage eines bewusst gemachten „Senders" einer Botschaft. Zum anderen ist bei Interactive Storytelling die Frage zu klären, *wer* eigentlich „Story-Teller" bzw. in der Erzählerrolle *ist*: Autor/Designer, Spieler oder gar die programmierte Engine? Laut Rollings und Adams (2003) gilt als schlechtes Game-Design, wenn Designer Opfer des *Frustrated Author Ayndrome* werden, also eigentlich lieber einen Roman erzählen würden und damit Spielern eine restriktive lineare Geschichtenstruktur mit mangelndem Raum für emergente Entwicklungen aufoktroyierten. Im Bereich der Rollenspiele und in Hypertext-Dichtungen wurde Autorenschaft darüber hinaus nicht selten zum tyrannischen Akt erklärt („alle Macht den Spielern" – „Freiheit der Interpretation durch das Publikum").

Im Bereich der Wissensmedien muss es aber noch eine andere Dimension der Autorenschaft geben, nämlich die der Verantwortung für die gewünschte Wirkung – sei es als didaktisches Lernmedium, als szenariobasiertes Spiel, als Konstruktionsplattform für Dialoge, als Nachschlagewerk oder anderes. Die Wahl dieser „Gestalt" ist Bestandteil einer Kette von Entscheidungen, angefangen bei der prinzipiellen Entscheidung für ein solches Genre. Daraufhin kommt dann dieser Verantwortung in den Details unterschiedlich starke Bedeutung zu. Bezüglich einer Frage wird in diesem Artikel daher kein Kompromiss eingegangen: Die Verantwortung für das eigentliche Geschichtenerzählen wird nicht „dem Computer" überlassen. Es sind und bleiben die Menschen, die Geschichten erzählen. Sie tun dies aber mit einem Medium, das sich als autonomes System darstellen kann, z.B. als eine virtuelle Bühne mit konfigurierbaren virtuellen Akteuren, die sich gemäß ihrer Regieanweisungen halb-autonom verhalten und somit auf Nutzer eingehen können. Für den Gestaltungsakt ist das Umgehen mit der Semi-Autonomie eine besondere Herausforderung.

Philosophische Verstrickungen

Als fundamentales intellektuelles Problem taucht in Diskussionen häufig ein weiteres Dilemma in verschwommener Form auf, nämlich das der Dichotomie zwischen konstruktivistischen humanistischen Zielen für neue Lernmedien, und der „banalen" positivistischen Haltung, die Game-Designer und Programmierer notgedrungen an den Tag legen *müssen*, um überhaupt etwas mit Computer-Werkzeugen umsetzen zu können. Aufgaben der Realität müssen für die Verarbeitung durch den Computer derart durch Modelle und Abstraktionen formalisiert werden, dass sie mit Prinzipien der Logik bzw. des Rechnens gelöst werden können. Daher können zum Beispiel konträre Ansichten aufeinander prallen, wenn man die Prinzipien von Computer-Rollenspielen und von Rollenspielen der Planspiel-Gemeinschaften vergleicht.

Die heute im Computer verwendeten Modelle sind „geschlossen" und damit deterministische „Rigid-Rule-Games"; daher eignet sich der Computer auch hervorragend für die Modellierung und Prozessierung von Spielregeln der meisten Spiele. Aus den einfachsten starren Spielregeln können komplexe unerwartete Muster durch das Spielen entstehen. Die freiwillige, komplette Unterwerfung unter Spielregeln sowie die positivistische Befolgung von rechnerischen Lösungswegen sind sich ähnlich. Mit sehr abstrakten Modellen, die von Designern/ Autoren zu verantworten wären, kann man auch hohe Lernerfolge mit oft klaren abstrakten Botschaften erzielen. Werden die zu untersuchenden Themen allerdings menschlicher, dann treten ab einem bestimmten Punkt der Komplexität unmittelbare Vorbehalte gegenüber dem starren und dadurch unvollkommenen Simulationsmodell auf. So setzen einige Vertreter der Planspiele für das konstruktivistische Kompetenzlernen in sozialen Situationen eher auf offene Free-Form-Games in Rollenspielen, als auf durch Designer vorgegebene Regeln (Klabbers, 2003).

Wie die genannten aktuellen Forschungsthemen zeigen, basiert die Verwirklichung von *Interactive Digital Storytelling* als Spezialform des Game-Designs mit autonomen virtuellen Charakteren auf der unterstellten Berechenbarkeit von menschlichen Attributen, wie zum Beispiel durch quantitative Modelle von Emotionen und „Character Traits". Ein wesentliches Ziel ist ja das Adressieren von Emotionen und Empathie beim Publikum, also Attribute, die der rechten Gehirnhälfte zugeordnet werden. Auch wäre daher wünschenswert, wenn der Designprozess durch diese Hälfte und damit durch Intuition zu bewerkstelligen wäre. Das Dilemma ist nun beim reinen Spielaspekt nach Regeln, dass das System aber berechenbar, genauestens beschrieben und geschlossen sein muss, um am Rechner ausführbar zu sein. Den Autoren/Designern kommt damit eine wichtige steuernde Aufgabe zu.

Das Dilemma ist unter anderem auch verwandt mit dem Gefühl des Unwohlseins, das dann eine große Zahl von Menschen befällt, wenn Roboter, Avatare oder anderes Nichtmenschliche im Aussehen oder Verhalten zu menschenähnlich werden. Als abstraktes Modell werden sie ohne Probleme anerkannt, mit steigender Anthropomorphie erhöht sich zunächst die empathische Reaktion auf „das Wesen", aber kurz vor Erreichen der Grenze der Unterscheidbarkeit gibt es irgendwann einen starken Abfall der Akzeptanzkurve. Dieses Kurvental bei der Auswertung von emotionalen Reaktionen auf Roboter wurde von Masahiro Mori schon in den 1970er Jahren als „Uncanny Valley" bezeichnet (Bryant, 2005).

Gestalter in diesem speziellen Medium können das Dilemma nur verantwortlich auflösen, indem mit einer erkennbaren Botschaft und klaren Grenzen (oder gar Überzeichnung!) zwischen Abbildung und dem Gemeinten gearbeitet wird: Nämlich tatsächlich in ihrer Rolle „als Storyteller", und nicht als Erbauer des künstlichen Menschen in einer künstlichen Realität.

4.2   Gegenstand der Gestaltung

Design von Spielmechanik

Interessanterweise gibt es vor dem Hintergrund der Autorendiskussion gerade bei der Computerspiele-Branche eine ähnliche Tendenz wie beim Film, die Ergebnisse eines ganzen Produktionsteams als Kunstform zu betrachten und einzelne Chef-Designer wie individuelle Helden, nämlich als Künstler, zu feiern. Der Game-Designer Marc LeBlanc bringt in eine Formel, worin diese Kunst besteht (Hunicke, LeBlanc & Zubeck, 2004): Die Ästhetik eines Spiels – in der Unterhaltungsbranche nicht selten mit „Fun" gleichgesetzt – resultiert zu einem Großteil aus der speziellen „Dynamik" im *Verhalten* des Artefakts, also in seiner gestalteten Reaktionsweise auf das Spielerverhalten. Dieser Dynamik wiederum liegt das zugrunde, was direkt durch Designer bei der Gestaltungsarbeit zu beeinflussen ist, nämlich die „mechanischen Einstellungsrädchen" des Regelwerks (*game mechanics*). Das Ziel ist bei Entertainment, mit dieser Einstellung der Regeln ein derart ausbalanciertes Spiel zu gestalten, dass für Spieler ermöglicht wird, in einen Zustand des „Flow" zu kommen – weder Langeweile noch Überforderung darf sich breit machen, und das bei einer großen Spannbreite der sich beim Spielen weiter entwickelnden Erfahrungen und Fähigkeiten. Spiele-Designer entwerfen und gestalten ein „Erlebnis" für Spieler, von der ersten Idee bis zur Feingestaltung, dem „Game Tuning". Dieser Designvorgang ist aufwändig, da er eine hohe Anzahl von Iterationen erfordert zwischen „Tuning" und „Testing", bis das Regelwerk auf das beabsichtigte Erlebnis hin richtig eingestellt ist.

Spielmechanik hat für das *Interactive Digital Storytelling* je nach gewünschter Gestalt der Anwendung eine variierende Bedeutung. Virtuelle Charaktere könnten z.B. zwischen dem Befolgen von Regieanweisungen und ihrem regelbasierten autonomen Verhalten eine sinnvolle Spannbreite haben. Im Vordergrund steht aber immer zunächst das Design der Story-Aspekte, wodurch die Parameter zum eventuellen Tuning festgelegt werden.

Story-Design

Einfach eine virtuelle, sprechende Figur auf dem Bildschirm ist noch nicht „Storytelling". Wie im Abschnitt 2 erläutert wurde, gibt es fast stereotype Grundstrukturen für Geschichten, die Interesse wecken sollen. Dazu gehören Figuren mit Charakter, in einer Konstellation, die auf Konflikt hindeutet. Dies ist illustrativer vermittelbar, wenn mehr als eine Figur entwickelt wird, da sich Charakter-Eigenschaften durch deren gespielte Interaktion erst unterschwellig offenbaren. Auch in einer Lernanwendung wird für eine klarere Zielformulierung gesorgt, wenn diese durch Personen mit Widersprüchen dargestellt werden, die ein Problem oder eine dringende Frage formulieren – im Wesentlichen durch Anwendung von Drama-Prinzipien. Je nach Zielsetzung und Zielgruppe können dies zum Beispiel gegensätzliche Archetypen sein, wie „der Konkurrent und der Kunde", „der Schlaue und der Doofe" oder nichtmenschliche, sich gegenüberstehende Phantasiefiguren. Auch dem Nutzer wird damit eine implizite Rolle zugewiesen.

Die Figuren sollten zu Beginn in der Designphase möglichst genau beschrieben sein, insbesondere, wenn mehrere Autoren in einem Team später an Szenen und Dialogen arbeiten. Dazu gehört zum Beispiel eine Hintergrundgeschichte für jede Figur, aus der ihre Motivationen resultieren. Es muss eine Entscheidung über die visuelle Erscheinung getroffen werden – auch wenn sie z.B. so ausfällt, dass man das Visuelle weglässt.

Auch die gestaltete Umwelt oder „Story-World" sollte zum Problem und den Charakteren passen, so dass ein einheitlicher, glaubwürdiger Eindruck (*Suspension of Disbelief*) beim Publikum erreicht wird. Beispielsweise kann durch evtl. Übertragung eines realen Problems in eine Phantasieumgebung eine hilfreiche Verallgemeinerung oder gewollte Überzeichnung erreicht werden, wenn dies durchgestaltet wird. Auch dies ist eine Möglichkeit der Umgehung des „Uncanny Valley"-Effektes. Dabei muss sowohl Effektivität der Anwendung als auch Akzeptanz erreicht werden; dies ist Sache der Gestalter.

Der Anfang der Anwendung sollte besonders sorgfältig gestaltet sein. Von ihm ist abhängig, ob das Publikum oder die Lernenden sofort in den Inhalt hineingezogen werden oder nicht, und ob sie verstehen, was ihr interaktiver Part ist.

Storytelling-Ebenen, Konzeptions- und Produktionsstufen

Zu Story- und Game-Design gehören verschiedene Stufen der Ausgestaltung. Die soeben genannten Story-Design-Fragen betreffen zunächst die oberste Abstraktionsstufe der Gestaltung. Ein klar definiertes Geschichtenmodell und ein zugrundeliegendes dramatisches Prinzip bestimmen nun weitere Aspekte. Es werden die zu spielenden Szenen festgelegt, die dabei einer Aktstruktur zugeordnet sein können (zumindest unterteilt in die drei Akte Eröffnung, Haupthandlung und Finale). Hier wird für jede Szene über das Bühnenbild, die beteiligten

Figuren sowie die Kernfunktion dieser Szene entschieden. Eine Szenenfunktion wäre z.B. ein Streitgespräch zwischen bestimmten Figuren, das über die Auswahl der nächsten Szene entscheidet. Wenn damit die daran Beteiligten und auch der grob umrissene Inhalt feststehen, müssen deren konkrete Dialoge und Aktionen entworfen werden – eine weitere Stufe der Feingestaltung. Diese resultiert in expliziten Regieanweisungen an die virtuellen Figuren. Auf einer untersten Detailstufe findet nun die Bestimmung der eigentlichen Präsentation statt, d.h. die Frage, *wie* die Regieanweisungen audiovisuell ausgeführt werden, inkl. genauer Bewegungsabläufe von Figuren.

Im Bereich der Herstellung von Animationsfilmen für das Storytelling sind die Produktionsabläufe sowie deren Aufteilung an Spezialisten im Team seit deren systematischer Erarbeitung in den 1920er Jahren weitgehend konventionalisiert (Thomas & Johnston, 1984). So wären auf oberster Ebene Autoren und Editoren am Werk, auf mittlerer Ebene Drehbuch- und Dialogschreiber und auf unterster Ebene Animatoren und Sprecher. Alle tragen zum Gesamtergebnis und -erlebnis bei. *Interactive Digital Storytelling* ähnelt nun mehr der Spieleproduktion – das heißt, dass auf den verschiedenen Ebenen die Autorenarbeit auch durch Gestaltung von „Spielmechanik" und intelligenter Verhaltensweisen statt durch festlegende Ablaufdefinitionen vollbracht wird.

Wie in Abbildung 1 illustriert wird, setzt sich also die Autorenarbeit aus Festlegungen (*predefine*) und durch Programmierung (*code*) zusammen – das Ganze denkbar auf allen vorher genannten Konzeptions- und Produktionsebenen des Storytelling, hier in vier Stufen unterteilt. Dabei ist es nun nach diesem Modell auch eine Gestaltungsfrage, inwieweit Autoren etwas durch Erzählen vorbestimmen oder für das Spielen offen lassen – mit anderen Worten, eine gestalterische Entscheidung über den Ausprägungsgrad der Semi-Autonomie des Systems treffen.

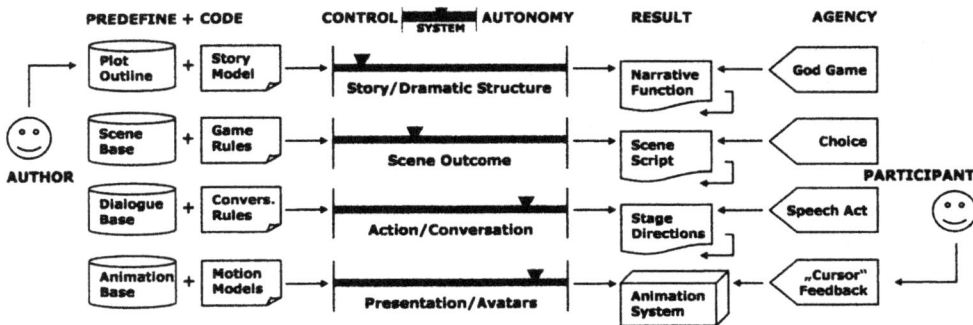

Abb. 1:   *Ebenen der Gestaltung, und zugleich Levels, auf denen Semi-Autonomie stattfinden kann.*

Das „Dazwischen"

Zwischen dem Publikum und den Inhalten, und zwar sowohl den Story-Inhalten als auch der Spielmechanik, liegt nun der zuvor in Abschnitt 3 beschriebene Interaktionszyklus (vgl. Abb. 2). Dieser ist nun selbst auch Gegenstand der Feingestaltung, d.h. des User Interface Designs. Hier können im Prinzip bei gleich bleibendem semantischem Inhalt noch Abstufungen im Erleben von technisch bedingter Immersion gestaltet werden.

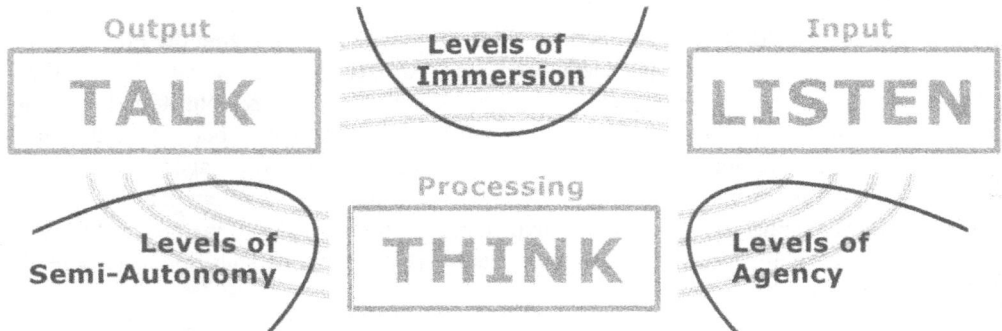

Abb. 2: Interface-Designbereiche des Interaktionszyklus und ihre Wirkzusammenhänge.

Beispielsweise führt eine Interaktionsgestaltung mit Hilfe von Mixed-Reality-Konzepten (Videoerkennung menschlicher Positionen und Zeigegesten, realistische Größenbezüge und Darstellungen, physisches Tasten und Erleben) zu einer höheren technisch bedingten Immersion, als das Erleben der selben dialogischen Inhalte durch konventionelle Interaktionsgeräte mit Desktopmetapher.

Das Interface Design ist wesentlicher Bestandteil der Gesamtgestaltung, und steht nie alleine, bzw. ist verwoben mit Story und Regelwerk. Durch das Schließen dieses Interaktionszyklus verliert jedes einzelne Teilgebiet für das Design an Trivialität, da alle Gestaltungs-Variablen in ihrer Wirkung voneinander abhängig sind. Die Frage z.B., inwiefern Teilnehmer von vornherein ihre Rolle und Möglichkeiten bei der Interaktion verstehen, wird sowohl durch Aspekte der Story als auch durch Feedbackschleifen der Spielmechanik sowie durch die wahrnehmbare Schnittstellengestaltung (also klassische Usability-Aspekte) bestimmt. Im Idealfall sind die Interaktionsstile den jeweiligen Inhalten geschmeidig angepasst.

Semi-Autonomie

Das Stufenmodell der Gestaltung in Abb. 1, und das Modell des Interaktionszyklus in Abb. 2, sollen hier noch einmal aufgegriffen werden, und unter dem Gesichtspunkt der Nutzerinteraktion betrachtet werden. Interaktionen können nämlich wiederum auf mehreren Stufen der Darstellung spürbar werden. So kann Agency z.B. allein auf unterster Ebene (d.h. auf der Repräsentationsebene) einfach so erlebt werden, dass das User Interface auf Nutzer wartet, oder z.B. Figuren sie spürbar visuell wahrnehmen, analog zu dem direktesten Feedback, das in konventionellen Anwendungen ein Cursor geben würde. Auf Dialogebene kann Agency erlebt werden, indem Figuren auf gestellte Fragen eingehen, z.B. Schlüsselwörter aufgreifen, auch wenn es nur Smalltalk im Sinne eines Chatbots ist. Auf Szenen-Ebene wäre Agency so zu verstehen, dass der Ausgang einer Handlung von Handlungen der Anwender abhängt. Auf oberster Ebene würde überhaupt das Publikum alles erzählen – das wäre Agency im Sinne einer Anwendung als „Puppenstube", in manchen Klassifikationen auch als „god game" bezeichnet (Pearce, 2002).

Wie nun das Schema in Abb. 1 verdeutlicht, können sehr differenzierte Gestaltungsentscheidungen getroffen werden, was die qualitative Verteilung von Agency innerhalb des Gefüges betrifft. Es kann zum Beispiel eine vom Autor vorgegebene Geschichte mit durch Spieler unveränderbaren Handlungsbögen gegeben sein, die dennoch auf den unteren Ebenen Nutzerbeteiligung ermöglicht – zum Beispiel durch eine emergierende Konversation darüber. Zum anderen könnten Autoren die Entscheidungsfreiheit über einzelne emergierende Szenen ganz oder teilweise in die Hände des Publikums legen.

Die durch Autoren konfigurierte Story-Engine wäre dafür verantwortlich, innerhalb dieses semi-autonomen Gefüges zu einem kohärenten Abschluss der Konversation in einer bestimmten Zeit zu führen, ohne die Immersion durch abrupte Wendungen zu zerstören. Dies macht die eingangs genannte erforderliche Komplexität der Problemlösung bei *Interactive Digital Storytelling* aus. Wie bei der Gestaltung von Spielmechanik müssen in Experimentierplattformen die Auswirkungen der Emergenz durch einen aufwändigen Tuning-Testing-Zyklus bestimmt werden können.

Geeignete Metaphern für Wissensanwendungen mit Semi-Autonomie

In diesem Sinne müssen auch pragmatische konzeptionelle Modelle und Metaphern für semi-autonome Systeme etabliert werden. In einer berühmt gewordenen Debatte in den Anfängen der Entwicklung von Agentensoftware zwischen Pattie Maes und Ben Shneiderman (1997) wurde die Gegenüberstellung zweier konzeptueller Modelle für Interaktion hervorgehoben: Auf der einen Seite das konventionelle Modell der direkten Manipulation mit der Metapher „Computer als Werkzeug" direkt zu steuern wie ein Fahrzeug, zum anderen die neue Sichtweise der Delegation von Aufgaben an intelligente autonome Agenten gemäß der Metapher „Computer als Assistent". Beide Metaphern in ihrer Reinform bieten nur irreführende konzeptuelle Modelle, um hier nützlich zu sein. Wie in Abschnitt 3 gefolgert wurde, kann z.B. auch ein Modell des „virtuellen Menschen" nicht ausreichend konzeptionell beschreiben, was mit der Bühne des *Interactive Digital Storytelling* im Sinne eines semi-autonomen Mediums erreicht werden kann, und wirkt zudem für einige potenzielle Anwender speziell bei der Wissensvermittlung beängstigend.

Daher sind andere Metaphern notwendig, die spezielle Arten der Mischung aus dem „geskripteten" und dem eigenständigen Verhalten von Akteuren beschreiben sollen:

„Pferd und Reiter": Ein Pferd ist im Vergleich zu einem Fahrzeug ein semi-autonomer Agent, da es unter Umständen alleine navigieren kann, aber auch durch einen erfahrenen Reiter sehr genau gesteuert werden kann. Gemäß dieser Metapher kann man für *Interactive Digital Storytelling* annehmen, dass es Anwendungen gibt, die sich durch erfahrene Nutzer direkt manipulieren lassen, aber bei Unerfahrenen trotzdem einen sinnvollen Weg einschlagen.

„Konversations-Puppenstube": Eine Puppenstube ist ein traditionsreiches Spielzeug, mit dem Kinder Interpretationen ihrer Realität herstellen, ihre eigenen Gedanken verfertigen oder auch unter Freunden kommunizieren. Sprachfähige, nicht vollständig geskriptete Avatare können als Puppen in diesem Sinne dienen, und neue Interpretationen der Realität können unter Hinzunahme von Dialogen „gebastelt" werden. Die Deutung von Avataren als Puppen ist gerade für Lernanwendungen zielführender als deren Deutung als „Virtual Human".

„Stammtisch": Ist man zum ersten Mal als neuer Teilnehmer an einem Stammtisch, bei dem sich die anderen Akteure kennen, kommt man meistens in den Genuss, Geschichten erzählt zu bekommen, bei denen man auch mitreden kann. Dennoch ist es keine gleichwertige Beziehung; man hat in der Regel so lange weniger Redeanteile als die anderen, bis man selbst am Stammtisch etabliert ist – vorher ist man mehr Zuhörer. Die miteinander vertrauten „Stammtischler" hingegen erwecken zuweilen den Eindruck, einem Skript von Geschichten zu folgen. So kann auch eine allmähliche Nutzer-Integration in virtuelle Konversationen konzipiert sein.

„Moderator einer Sitzung": Die meisten Konferenz-Sitzungen sollen zielführend und an einer Agenda orientiert innerhalb einer festgelegten Zeit ablaufen. Wenn auch wünschenswert ist, dass alle Beteiligten sich aktiv einbringen, muss ein Moderator dafür sorgen, dass die Emergenz von Konversationen eingedämmt bleibt, um nicht am Ziel vorbei und über die Zeit zu laufen. Dies ist auch die Rolle von Lehrern bei einem Unterricht, der Diskussionen zulässt – auch ein Modell der Semi-Autonomie von Akteuren bzw. Interactive Storytelling.

Übergeordnete Mediengestalt als Wissensmedium

Die Gestaltung von *Interactive Digital Storytelling* als Wissensmedium bedeutet zusammengefasst auf oberster Ebene die Entscheidung für einen Schwerpunkt in der wahrzunehmenden Form dieses Mediums. Durch die getroffenen Entscheidungen über die Ausprägungen von Spiel- und Story-Aspekten, die Art der Interaktion mitsamt ihren visuellen und auditiven Schnittstellen sowie die resultierende Autonomie des Nutzers wird die Gestalt dieses Artefaktes als Wissensmedium bestimmt.

Durch das Einbinden von Erzählaspekten wird es zum Kommunikationsmedium zwischen Autor und Publikum, oder zwischen Akteuren des Publikums, da über das Medium der Bühne eine Botschaft zwischen Menschen zu vermitteln sein mag. Überwiegen Simulationsaspekte, ist es eher ein Medium, das die Kommunikation eines Einzelspielers mit sich selbst unterstützt, bzw. der Exploration eines Wissensraumes dient. Nicht zuletzt ist das Medium selbst durch seine beschriebene Autonomie ein Interaktionspartner mit seiner eigenen Symbolstruktur. Die erfahrene und angebotene Interaktivität hat also innerhalb dieser Extreme drei unterschiedliche Dimensionen (siehe Abb. 3):

1. Mensch–Mensch (Kommunikation über ein Bühnenmedium, Geschichten-Paradigmen)
2. Mensch–Computer (sinnliches Erleben eigentlicher Aktionen, erlebte Schnittstelle im realen und virtuellen Raum)
3. Mensch–Selbst (Exploration über ein Spielmedium, Verfertigung eigener Gedanken beim Spielen mit dem Medium)

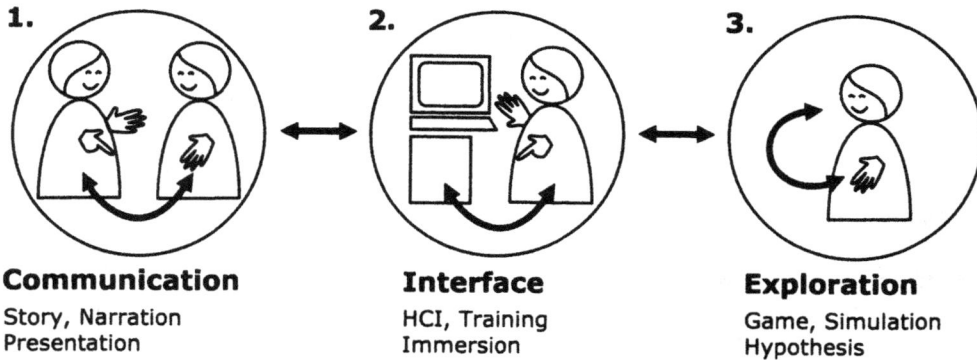

Communication   **Interface**   **Exploration**

Story, Narration   HCI, Training   Game, Simulation
Presentation   Immersion   Hypothesis

Abb. 3: *Dimensionen der Interaktion in interaktiven Wissensmedien.*

Bei *Interactive Digital Storytelling* können Aspekte aller drei Medieninteraktionstypen in sich vereint sein, möglicherweise mit variierender unterschiedlicher Gewichtung. Eine verbale Konversation per Tastatur mit virtuellen Charakteren, welche durch animierte Avatare repräsentiert werden, kann beispielsweise unterschiedliche Wirkungsebenen haben: Auf der kommunikativen Ebene kann ein Autor als lehrende oder beratende Person durch die erzählte Geschichte transparent werden, oder die Avatare können selbst als eigentliche Interaktionspartner „angenommen" werden; auf der Ebene der erlebten Schnittstelle kann das eigentliche Tippen oder das Formulieren von Sprache einen Trainingseffekt haben, oder Nutzer explorieren in Interaktion mit sich selbst die virtuelle Welt als simulierte „Puppenstube" zum fehlerfreundlichen Ausloten von Handlungsalternativen.

Hier wird deutlich, dass mit derselben Technologie, nur durch verantwortliche Gestaltung, vielfältige Formen von Artefakten realisiert werden können, zu klassifizieren durch jeweilige Zielsetzungen (z.B. repetitives Perfomanz-Training oder einmalige Faktenvermittlung) durch mentale Modelle des Mediums (z.B. Puppenspiel oder Trickfilm) oder durch inhaltliche Schwerpunkte (z.B. Lernen von Sprachgebrauch oder von sozialen Interaktionen).

5 Fazit

In diesem Aufsatz wurde motiviert, welche positiven Erwartungen an die Kombination von Aspekten des Computerspielens und des dialogischen Geschichtenerzählens geknüpft sind, und es wurde eine Zusammenfassung aktueller Forschungstendenzen in der Technologieentwicklung gegeben. Die Motivation sowie der aktuelle Stand der Wissenschaft setzen sich aus verschiedenen wissenschaftlichen und unwissenschaftlichen bzw. pragmatischen und erfahrungsbasierten Betrachtungen zusammen.

Wenn auf der einen Seite, positivistisch gedacht, der aktuelle Stand der Technik zur Maschine des „künstlichen interaktiven Erzählens" noch viel Entwicklungsbedarf aufweist, besteht auf der anderen Seite bei der Frage nach der möglichen Handhabung eines solchen autonomen

„Wesens" Uneinigkeit: Zum einen wird zwar der virtuelle Erzähler postuliert, der alles darbieten kann was das Publikum fordert, und ein Autor habe keine „Rechte" mehr daran. Zum anderen wird genau dieser Vision mit Skepsis begegnet, da sie bislang auch in skalierter Form noch keine sinnvollen Geschichten hervorgebracht hat. Schlussendlich wird die Fähigkeit des Erzählens von jener Seite dem Rechner als „Ding" generell abgesprochen.

Daher stellt der Abschnitt 4 über Gestaltung den Ansatzpunkt dar, an dem sich die zukünftige Nutzung von *Interactive Digital Storytelling* als Wissensmedium entscheiden wird. Menschliche Autoren und Computernutzer stehen hier im Zentrum, welche Inhalte für eine neue digitale Bühne gestalten, die mit autonomen Eigenschaften ausgestattet ist. Es wurde gezeigt, dass die Anforderungen an das erfolgreiche Design komplex sind, da Gestaltungskompetenzen aus verschiedenen Domänen integriert werden müssen, die zuvor als getrennte Designdisziplinen fungierten: Erzählen und Drehbuch, Dialoggestaltung, Kommunikationsdesign, Game Tuning, Informationsarchitektur sowie Experience Design als Disziplin des Usability Engineering. Hinzu kommen die erforderlichen technischen Umsetzungskompetenzen: *Interactive Digital Storytelling* wird demnach eines Produktionsteams bedürfen, das dem für Computerspiele und Filmproduktionen ähnelt.

Wird allerdings der hohe Aufwand der Erstellung einer solchen Plattform einmal betrieben, kann darauf aufgesetzt werden, in dem sie zur Experimentierplattform für alle Beteiligten im Wissenskontext wird. Sowohl Lehrende, als auch Lernende selbst können zwischen Erzählen und Spielen zu aktiven Autoren werden. Die gewonnenen Erfahrungen fallen in viele Bereiche des Umgangs mit „Wissen", wie z.B. den Erkenntnisgewinn, die Wissensvermittlung, die spielerische Erarbeitung von Wissen, das Anwenden von Wissen, das Kompetenztraining, das Performance-Training sowie die Wissensbewahrung.

6   Literatur

A.L.I.C.E. (2005). Artificial Intelligence Foundation. Online. Zugriff am 15.6.2005 unter *www.alicebot.org*.

Bateson, G. (1982). Geist und Natur. Eine notwendige Einheit. Frankfurt a.M.: Suhrkamp.

Bos, N. (2001). What Do Game Designers Know About Scaffolding? Borrowing SimCity Design Principles For Education. Playspace – An Examination Of Learning In Multicultural, Digital Play Environments. Online. Zugriff am 15.6.2005 unter *http://playspace.concord.org/papers.html*.

Braun, A. (2003). Chatbots in der Kundenkommunikation. Heidelberg: Springer-Verlag.

Brecht, B. (1963). Das epische Theater. In: Schriften zum Theater 3. Frankfurt a.M.: Online. Zugriff am 15.6.2005 unter *www.uni-essen.de/literaturwissenschaft-aktiv/Vorlesungen/dramatik/epischthea.htm*.

Bryant, D. (2005). The Uncanny Valley. Why are monster-movie zombies so horrifying and talking animals so fascinating? Online. Zugriff am 15.6.2005 unter *http://www.arclight.net/ ~pdb/nonfiction/uncanny-valley.html*.

Caillois, R. (2001). Man, Play and Games. (orig.: Les Jeux Et Les Hommes, 1958). Reprint, University of Illinois Press.

Campbell, J. (1999). Der Heros in tausend Gestalten. (orig.: The Hero of a Thousand Faces, 1946). Frankfurt a.M.: Insel Verlag.

CMU Carnegie Mellon University, School of Computer Science (2005). OZ Project Home Page. Online. Zugriff am 15.6.2005 unter *http://www-2.cs.cmu.edu/afs/cs.cmu.edu/project/ oz/web/oz.html*.

Costikyan, G. (2001). Where Stories End and Games Begin. Online. Zugriff am 15.6.2005 unter *http://www.costik.com/gamnstry.html*.

Costikyan, G. (2002). Game Design Theory, What Is "Good Gameplay"? Online. Zugriff am 15.6.2005 unter *http://www.costik.com/presentations/gmdsthry.ppt*.

Crawford, C. (1993a). Flawed Methods for Interactive Storytelling. In: The Journal of Computer Game Design Volume 7. Online. Zugriff am 15.6.2005 unter *http://www.erasmatazz.com/library/JCGD_Volume_7/Flawed_Methods.html*.

Crawford, C. (1993b). Fundamentals of Interactivity. In: The Journal of Computer Game Design Volume 7. Online. Zugriff am 15.6.2005 unter *http://www.erasmatazz.com/library/ JCGD_Volume_7/Fundamentals.html*.

Crawford, C. (2002). Artists and engineers as cats and dogs: implications for interactive storytelling. Computers & Graphics, Vol. 26, No. 1. Amsterdam: Elsevier.

Crawford, C. (2005). Erasmatazz Interactive Storytelling Tools for Writers. Online. Zugriff am 15.6.2005 unter *http://www.erasmatazz.com/*.

Csikszentmihalyi, M. (1990). Flow: The Psychology of Optimal Experience. New York: Harpercollins Publisher.

Dörner, D. (1997). Die Logik des Misslingens. Strategisches Denken in komplexen Situationen. Rowohlt.

Ebeling, P. (1991). Rhetorik. Wiesbaden: Englisch-Verlag.

Frasca, G. (2003). Ludologists love stories, too: notes from a debate that never took place. In: Level Up, DIGRA Conference, Proceedings, Utrecht.

Gee, J. P. (2003). What Video Games Have to Teach Us About Learning and Literacy. Houndsmill/Basingstoke/Hampshire, UK: Palgrave Macmillan.

Hunicke, R.; LeBlanc, M. & Zubek, R. (2004). MDA: A Formal Approach to Game Design and Game Research. In: Workshop Proceedings, Challenges in Game AI, 19th National Conference on Artificial Intelligence AAAI.

ICVS (2005). International Conference on Virtual Storytelling 05. Online. Zugriff am 15.6.2005 unter *http://www.virtualstorytelling.com/*.

Kafai, Y. (1995). Minds in Play: Computer Game Design as a Context for Children's Learning. New Jersey: Lawrence Erlbaum Associates Publishers.

Klabbers, J. H. G. (2003). The gaming landscape: A taxonomy for classifying games and simulations. In Copier & Raessens (Eds.), Level up: Digital Games Research Conference. Utrecht University.

Kriz, W. C. (2000). Lernziel: Systemkompetenz. Planspiele als Trainingsmethode. Göttingen: Vandenhoeck und Ruprecht.

Kriz, W. C. & Gust, M. (2003). Mit Planspielmethoden Systemkompetenz entwickeln. Wirtschaftspsychologie aktuell, 1/2003.

LeBlanc, M. (2000). Formal Design Tools: Emergent Complexity, Emergent Narrative. Coursenotes, Game Developers Conference San Jose 2000. Online. Zugriff am 15.6.2005 unter *http://algorithmancy.8kindsoffun.com*.

Loebner-Prize (2005). Home Page of The Loebner Prize – "The First Turing Test". Online. Zugriff am 15.6.2005 unter *http:// www.loebner.net/Prizef/loebner-prize.html*.

Logo Foundation (2003). Online. Zugriff am 15.6.2005 unter *http://el.media.mit.edu/logo-foundation/index.html*.

Maes, P.; Shneiderman, B. & Miller, J. (Mod.) (1997). Intelligent Software Agents vs. User-Controlled Direct Manipulation: A Debate. Panel Outline, ACM CHI 1997 conference. In: Extended Abstracts of ACM, CHI '97.

MIT Media Lab (2005a). Synthetic Characters Group. Online. Zugriff am 15.6.2005 unter *http://characters.media.mit.edu/*.

MIT Media Lab (2005b). Interactive Cinema Group. Online. Zugriff am 15.6.2005 unter *http://ic.media.mit.edu/*.

Morson, G. S. (1990). Foreword: Intelligence and the Storytelling Process. In: Schank, R. C. Tell Me A Story. Narrative and Intelligence. Evanston IL: Northwestern University Press.

Murray, J. H. (1997). Hamlet on the Holodeck. The Future of Narrative in Cyberspace. Cambridge, MA: Free Press.

Norman, D. A. (1988). The Design of Everyday Things. New York: Basic Books.

Papert, S. (1998). Does Easy Do It? Children, Games, and Learning. Game Developer Magazine, issue 6/1998 "Soapbox" section.

Pearce, C. (2002). Emergent authorship: The next interactive revolution. Computers & Graphics, Vol. 26, No. 1. Amsterdam: Elsevier.

Phonetics, Institut an der Universität Saarland (2005). Speech Synthesis/Sprachsynthese Bookmarks. Online. Zugriff am 15.6.2005 unter *http://www.coli.uni-sb.de/phonetik/projects/bookmarks.html.*

Platon (1957). Phaidros oder Vom Schönen. Leipzig: Reclam Verlag.

Polti, G. (2003). Thirty-Six Dramatic Situations. Reprint (orig. 1945), Kessinger Publishing.

Prensky, M. (2001). Digital Natives, Digital Immigrants. On The Horizon, NCB University Press, 2001, Vol. 9 No.5. Online. Zugriff am 15.6.2005 unter *http://www.marcprensky.com/writing/.*

Propp, V. (1968). Morphology of the folktale. University of Texas Press, 2nd Edition.

Rollings, A. & Adams, E. (2003). Andrew Rollings and Ernest Adams on Game Design. New Riders.

Schank, R. C. (1990). Tell Me A Story. Narrative and Intelligence. Evanston, IL: Northwestern University Press.

Schütte, Oliver (1999). Die Kunst des Drehbuchlesens. Bergisch-Gladbach: Bastei-Lübbe.

Stern, A. (2001). Deeper conversations with interactive art, or why artists must program. In: Convergence: The Journal of Research into New Media Technologies. Online. Zugriff am 15.6.2005 unter *http://www.quvu.net/interactivestory.net/papers/deeperconversations.html.*

Thomas, F. & Johnston, O. (1984). Disney Animation – The Illusion of Life. New York: Abbeville Press Publishers.

TIDSE (2004). Technologies for Interactive Digital Storytelling and Entertainment. Online. Zugriff am 15.6.2005 unter *http://www.zgdv.de/TIDSE2004.*

Tobias, R. B. (1993). Twenty Master Plots (And how to build them). Cincinatti, OH: Writer's Digest Books.

Turing, A. M. (1950). Computing Machinery And Intelligence. Mind, Volume 59, 433–460. Online. Zugriff am 15.6.2005 unter *http://www.loebner.net/Prizef/TuringArticle.html.*

Vogler, C. (1999). Die Odyssee des Drehbuchschreibers (orig.: The Writer's Journey. Mythic Structure For Writers). Frankfurt a.M.: Zweitausendeins.

Vollmer, G. (1988). Was können wir wissen? Stuttgart: Hirzelverlag.

Wagner, W. (2002). Uni-Angst und Uni-Bluff. (orig. 1977), Hamburg: Europäische Verlagsanstalt.

Weizenbaum, J. (1966). ELIZA – a computer program for the study of natural language communication between man and machine. Communications of the ACM, Vol. 9 No. 1.

Wikipedia (2005). Timeline of CGI in movies – Pioneering uses of computer-generated imagery in film and television. Online. Zugriff am 15.6.2005 unter *http://en.wikipedia.org/wiki/Timeline_of_CGI_in_movies.*

Interkulturelles Knowledge Media Design

Frank Thissen

„Localization is so much more than translating the verbal component in the website. It involves translating content and adapting it to local cultures, changing not only the content, but also graphics, colours, symbols, time and data formats, and so on." (Sun 2001, S. 100)

Der Beitrag geht der Frage nach, warum sich das Knowledge Media Design mit unterschiedlichen Kulturen auseinandersetzen sollte. Aufbauend auf der Erkenntnis, dass Kulturen unterschiedliche Wahrnehmungen von Wirklichkeit zum Ausdruck bringen, werden Arten von interkultureller Kommunikation definiert und in ihrer Umsetzung veranschaulicht.

1 Zum Kulturbegriff

Es gibt keine eindeutige, verbindliche Definitionen des Begriffs „Kultur". Kroeber und Kluckhohn (1952) haben schon 1952 über 150 Definitionen aufgezählt und seitdem sind etliche neue hinzugekommen.

Fragen wir also deshalb zunächst einmal nach der Etymologie des Wortes. Ursprünglich kommt das Wort „Kultur" aus dem Landbau (lat. *cultura*) und bezeichnet die Bestellung und Pflege des Ackers. Es ist etymologisch eng verwandt mit dem Wort Kolonie (lat. *colonia*) (Duden, 2001), das seit dem 16. Jahrhundert für „Ansiedlung, Niederlassung, Ländereien" steht und eine gemeinsame Wurzel hat mit dem lat. Wort *colere*, dem „bebauen, [be]wohnen; pflegen und ehren". Eine weitere Wurzel steckt in dem indogermanischen Wort *kuel*, das „sich drehen, sich herumbewegen", aber auch: „emsig beschäftigt sein; sich gewöhnlich irgendwo aufhalten" bedeutet. Kultur war ursprünglich also die Pflege der Lebensgrundlagen der Menschen, wie die Bebauung des Ackers und der Wohnung und wurde im Laufe der Zeit zur Pflege des Körpers und Geistes erweitert.

Mit dem Ende des 17. Jahrhunderts erhielt der Begriff *Kultur* in Europa eine neue, erweiterte Bedeutung. Das, was man als Kultur bezeichnete, wurde als Mittel zur Abgrenzung und Selbstidentifikation einer sich entwickelnden bürgerlichen Gesellschaft eingesetzt. Die Kultur wurde zur Grenze und zum Gegensatz der Natur (Pufendorf, Rousseau) oder zur qualitativen Unterscheidung gegenüber den „Barbaren", die noch nicht einen ausgereiften Entwicklungsgrad erreicht hatten (Herder). Seit der Aufklärung wird Kultur auch positiv als Ausdruck der menschlichen Schöpfungskraft verstanden, die sich in den Bildenden Künsten, der Musik, Literatur und Architektur zeigt. Für Gottfried Herder stellte Kultur die „Gesamtheit der geistigen und künstlerischen Lebensäußerungen einer Gemeinschaft, eines Volkes" dar. Mit dem Bildungsbürgertum im 19. und frühen 20. Jahrhundert gewann Kultur schließlich einen eigenen Wert, der ihr einen religiösen Status verlieh (Noltenius, 1984).

1.1   Hofstedes Kultur Zwei

Der niederländische Anthropologe Geert Hofstede nennt diese Konnotation des Begriffs Kultur die „Kultur Eins", gegen die er den Begriff der „Kultur Zwei" (Hofstede, 2001, S. 3) abgrenzt. Unter „Kultur Zwei" versteht Hofstede „Muster des Denkens, Fühlens und potentiellen Handelns" (Hofstede, 2001, S. 2), die in der frühen Kindheit erworben werden und als eine Art „mentale Programme" (Hofstede, 2001, S. 3) wirken, die Menschen innerhalb einer Kultur miteinander teilen. Die „Kultur Zwei" umfasst auch Tätigkeiten des alltäglichen Lebens, z.B. „Grüßen, Essen, das Zeigen oder Nichtzeigen von Gefühlen, das Wahren einer gewissen physischen Distanz zu anderen, Geschlechtsverkehr oder Körperpflege" (Hofstede, 2001, S. 4). Verhaltensweisen in der „Kultur Zwei" zeichnen sich dadurch aus, dass sie weder geplant noch von einer Autorität festgelegt worden sind, sondern sich selbstorganisiert entwickelt haben.

„Kultur (Zwei) ist immer ein kollektives Phänomen, da man sie zumindest teilweise mit Menschen teilt, die im selben sozialen Umfeld leben oder lebten, d.h. dort, wo diese Kultur erlernt wurde. *Sie ist die kollektive Programmierung des Geistes, die die Mitglieder einer Gruppe oder Kategorie von Menschen von einer anderen unterscheidet.*" (Hofstede, 2001, S. 4)

Die Entstehung von kulturellem Verhalten und impliziten kulturellen Regeln lässt sich als ein „Phänomen der dritten Art" auffassen. Phänomene der dritten Art sind „Dinge, die Ergebnisse menschlicher Handlungen, nicht aber Ziel ihrer Intentionen sind" (Keller, 1994, S. 85). Es gibt soziale Phänomene, die weder Naturphänomene sind, noch künstlich erzeugt worden sind, wie z.B. die Entstehung der menschlichen Sprache und ihr Wandel. Diese sozialen Phänomene der dritten Art entstehen als chaotische Systeme ungeplant. „Sie entstehen durch Handlungen vieler, und zwar dadurch, dass die das Phänomen erzeugenden Handlungen gewisse Gleichförmigkeiten aufweisen, die für sich genommen irrelevant sein mögen, in ihrer Vielfalt jedoch bestimmte Konsequenzen zeitigen." (Keller, 1994, S. 90)

„Ein Phänomen der dritten Art ist die kausale Konsequenz einer Vielzahl individueller intentionaler Handlungen, die mindestens partiell ähnlichen Intentionen dienen." (Keller, 1994, S. 110)

Kulturen zeichnen sich nun dadurch aus, dass ihre Mitglieder bestimmte Werte und Normen miteinander teilen, die in Praktiken wie religiösen und sozialen Ritualen (z.B. Begrüßung und Verabschiedung, das Feiern von Initiationsritualen wie Geburt, Taufe, Hochzeit, Tod), in der Verehrung bestimmter Helden (z.B. Jeanne d'Arc, Abraham Lincoln, Wilhelm Tell, Mahatma Gandhi) und in kulturellen Symbolen (z.B. die Landesflagge, der Berg Fuji, das Reichstagsgebäude, das World Trade Center) sichtbar werden (Hofstede, 2001, S. 9). Die Werte, die innerhalb einer Kultur eine besondere Bedeutung haben, entstehen durch das gemeinsame Handeln, und etablieren sich durch ihre allgemeine Anerkennung. Sie entstehen prozesshaft und ungesteuert, und sie werden normalerweise in früher Kindheit dadurch erlernt, dass ein Verstoß gegen kulturkonformes Verhalten je nach der Bedeutung der Werte mehr oder weniger stark sanktioniert wird. Somit ist Kultur vorrangig stets ein Orientierungssystem und damit sinnstiftend (Thomas, 2003, S. 22).

Weil aber die Werte, die Mitglieder einer Kultur miteinander teilen, bereits sehr früh erworben und normalerweise nicht hinterfragt werden, sind sie ihren Mitgliedern selten bewusst. Und auch soziale Verhaltensweisen wie der Körperabstand von Individuen während einer Unterhaltung, die Intensität von Blickkontakten oder die subjektive Wahrnehmung von Zeit (Levine, 2001) werden nicht bewusst und gezielt gesteuert, sondern eher intuitiv eingehalten. Erst im Kontakt mit Vertretern einer anderen Kultur kann es zu Irritationen kommen, wenn beispielsweise ein Angehöriger einer arabischen Kultur einem Angehörigen der deutschen Kultur körperlich sehr nahe kommt, was vom Araber als durchaus normal empfunden wird, beim Deutschen jedoch mindestens ein unbehagliches Gefühl hervorruft.

So bieten kulturelle Werte und Praktiken in zweierlei Hinsicht Schutz. Zum einen vermitteln sie der Gruppe Identität, da sie ein relativ einheitliches Verhalten herbeiführen und damit eine gewisse Stabilität und Sicherheit suggerieren. Zum anderen erlauben sie es auch dem Individuum, sich innerhalb der Gemeinschaft so konform zu verhalten, dass es akzeptiert wird und seine Stellung innerhalb der Gruppe finden kann.

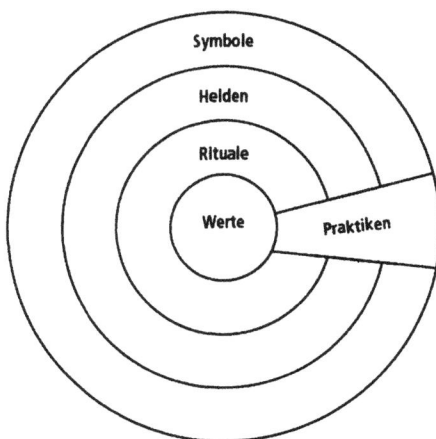

Hofstede hat in seinem *Zwiebelmodell* die Merkmale von Kulturen dargestellt und unterscheidet dabei zwischen den nach außen hin unsichtbaren Werten und den in der Kultur gelebten Praktiken, die sich in Ritualen, in der Kultur allgemein akzeptierten Helden (Vorbildern) und äußerlichen Symbolen widerspiegeln. Bei der Konfrontation mit einer fremden Kultur sind die Praktiken relativ offensichtlich, während die kulturellen Werte unsichtbar und den Mitgliedern der Kultur häufig auch nicht als kulturspezifische Werte bewusst sind.

Abb. 1: „Zwiebelmodell" nach Hofstede, 2001, S. 9.

Ein ähnliches Beschreibungsmodell stellt das *Eisbergmodell* von Brake et al. (1995) dar, das zwischen dem sichtbaren Ausdruck einer Kultur und ihren unsichtbaren Merkmalen unterscheidet.

Tab. 1:   *„Eisbergmodell" von Brake et al., 1995*

Sichtbare Merkmale	Unsichtbare Merkmale
Kleidung, Architektur, Nahrungszubereitung, Feste, Institutionen, sichtbares Verhalten, Umgangsformen, Sprache	Zeit- und Raumwahrnehmung, Kommunikation, implizite Regeln und Gesetze, Status und Anerkennung, Rollenverhalten, Emotionen, Wertvorstellungen, Glaubenssätze

Die hier dargestellten Eigenschaften von Kulturen beziehen sich nicht allein auf Nationalkulturen, sondern ebenfalls auf Unternehmenskulturen und andere Gruppenkulturen (z.B. Jugendkulturen, Vereinskulturen oder auch Berufsstände). Im weitesten Sinne entwickelt jedes soziale System – also jede Gruppe von Menschen – in ihrem gemeinsamen Handeln auch eine eigene Kultur. Und somit gehören Menschen immer auch verschiedenen Kulturen an, die mehr oder weniger miteinander in Einklang gebracht werden können oder sich widersprechen und damit zwangsläufig zu Konflikten führen.

1.2   Arten des interkulturellen Knowledge Media Designs

Ausgehend von diesen Unterscheidungen kulturspezifischer Merkmale lässt sich das interkulturelle Knowledge Media Design in drei Arten unterteilen, die ich als Knowledge Media Design der ersten bis dritten Ordnung bezeichnen möchte. Das interkulturelle Knowledge Media Design der ersten Ordnung beschäftigt sich mit der kulturellen Kodierung von Zeichen, also der Art und Weise, wie Informationen dargestellt und präsentiert werden. Demgegenüber berücksichtigt das interkulturelle Knowledge Media Design der zweiten Ordnung die unterschiedlichen Formen kultureller Wahrnehmung. Zusätzlich dazu lässt sich noch das interkulturelle Knowledge Media Design der dritten Ordnung definieren, bei dem es um die Auseinandersetzung mit Kultur in ihrer Gesamtheit und Komplexität geht.

Während sich beim interkulturellen Knowledge Media Design der ersten Ordnung noch sehr konkrete Hinweise auf die Gestaltung von Informationen geben lassen, wird es mit zunehmender Stufe komplexer, komplizierter und immer weniger auf konkrete Regeln reduzierbar.

2   Interkulturelles Knowledge Media Design der ersten Ordnung

Interkulturelles Knowledge Media Design der ersten Ordnung beschäftigt sich mit den Zeichensystemen eine Kultur. Für Ernst Cassirer ist Kultur ein System der „symbolischen Formen" (1994), und die Zeichenebene einer Kultur ist Ausdruck ihrer innersten Werte, denn „jede Kultur stellt sich dar" (Sundermeier, 1996, S. 159), muss sich darstellen, um sichtbar zu sein – für ihre Mitglieder zur Identifikation durch Schaffung eines *Wir*-Gefühls und für Menschen fremder Kulturen zur Abgrenzung als eine Art Revierverhalten – die Ethnologie spricht hier von „limitischen Symbolen" (Sundermeier, 1996, S. 160).

Kulturelle Symbole sind Sprache und Körpersprache, die Art und Weise, sich zu kleiden, die Gestaltung von Wohn- und Arbeitsräumen und öffentlichen Orten, die Verehrung bestimmter Helden als Ikonen der Kultur (Barthes, 2003), die Art und Weise, zu schreiben, die Verwendung von Typographie, von Bildern und Symbolen, der Einsatz von Farben und vieles andere mehr.[1]

Zeichen haben keine Bedeutung an sich. Auch im Bereich der Semiotik gilt das Paradigma der pragmatischen Kommunikationstheorie von Watzlawick, Beavin & Jackson (1996), dass nicht der Sprecher, sondern der Hörer die Bedeutung einer kommunikativen Botschaft bestimmt. Denn seine Vorerfahrungen, seine Vorkenntnisse, seine Erwartungen, aber auch seine Einschätzung der Quelle der Botschaft (Glaubwürdigkeit) und der aktuellen Situation beeinflussen die Bedeutungszuweisung. Das Verkehrszeichen „STOP" hat für den Autofahrer eine andere Bedeutung als für das Kindergartenkind, ein Brief des Vorstandsvorsitzenden eines großen Automobilunternehmens hat für den um seine Entlassung bangenden Mitarbeiter dieses Unternehmens eine andere Bedeutung als für den Kunden dieses Unternehmens. Die amerikanische Flagge, die am Highway 66 an der amerikanischen Westküste hängt, wird vom amerikanischen Patrioten anders „verstanden" als von einen strenggläubigen Muslimen, der sie in der irakischen Hauptstadt hängen sieht. Nun gibt es innerhalb einer Gruppe von Menschen Konventionen, die definieren, wie Zeichen normalerweise zu verstehen sind. Jedes Mitglied eines bestimmten Fußballvereins kennt die Farben des Fußballvereins und „versteht" die Gesänge im Stadion. Europäer interpretieren das Schütteln des Kopfes normalerweise als Ablehnung, während die gleiche Bewegung in Indien ein Zeichen der Zustimmung darstellt.

Die konventionelle Bedeutung von kommunikativen Zeichen erleichtert den Umgang mit ihnen, können die Mitglieder der Gruppe, in der das jeweilige Zeichen in seiner Bedeutung festgelegt ist, doch zunächst davon ausgehen, dass diese konventionelle Bedeutung zum Ausdruck gebracht werden soll. Somit stellt die Kultur (d.h. die Summe der Normen und Ausdrucksformen einer Gruppe von Menschen) einen Kontext dar, in dem Botschaften und Zeichen zunächst verstanden werden können.

Und gerade weil die spezifischen Zeichen einer Kultur ihren Mitgliedern geläufig und vertraut sind, werden sie nicht als *kulturspezifische* Zeichen wahrgenommen. Vielmehr gehen die Mitglieder einer Kultur von ihrer universellen Gültigkeit aus, und auch die Symbole der anderen Kultur werden „nur durch einen Filter wahrgenommen. Der Vereinfachungsmechanismus hilft, den Feind oder Freund auszumachen und Zuordnungen vornehmen zu können. Stereotypenbildungen, Etikettierungen sind schnell bei der Hand und gehören zum Mechanismus der Grenzziehung und Ausgrenzung." (Sundermeier 1996, S. 160)

Bei der interkulturellen Kommunikation der ersten Ordnung gilt es, durch den Einsatz kulturspezifischer Zeichen das kognitive Verständnis von Informationen zu erleichtern (Rot z.B. ist in China eben keine Warnfarbe, sondern die Farbe des Glücks), aber auch, Vertrauen zu erzeugen, indem die Gestaltung von Informationen nicht fremd sondern vertraut erscheint.

---

1. In diesem Zusammenhang spielen auch Gerüche eine wesentliche Rolle. USA-Besucher z.B. kennen den spezifischen Geruch in Bürogebäuden, der durch die verwendeten Reinigungsmittel erzeugt wird. Oder auch der typische Geruch in englischen Häusern, der durch die Verwendung von Gas zum Heizen und Kochen zustande kommt.

Kulturspezifische Zeichen haben zwei Arten von Bedeutungen. Die erste Art vollzieht sich auf der emotionalen Ebene und spricht das Zugehörigkeitsgefühl zur und die Identität mit der Kultur an. Die zweite Form der Bedeutung ist eine semantische, indem die Zeichen für etwas stehen. Informationsdesigner sollten diese Ebenen nicht verwechseln und sie beide gleichberechtigt berücksichtigen.

Im Folgenden möchte ich anhand von Web Sites einige Beispiele für diese symbolische Ebene geben. Da wären zunächst einmal die Sprache und Schrift zu nennen. Bei der Gestaltung von Web Sites sollte die unterschiedliche Leserichtung verschiedener Sprachen berücksichtigt werden. Läuft eine Schrift von rechts nach links (z.B. das Hebräische), wird auch der Bildschirminhalt von rechts nach links visuell abgetastet, was bei der räumlichen Gestaltung der Seiten eine Rolle spielt (siehe Abbildungen 2 und 3).

Abb. 2: *Hebräische Website, http://www.haaretz.co.il; Zugriff: 26.5.2005.*

Abb. 3: *Englische Website, http://www.haaretz.com; Zugriff am 26.5.2005.*

Auch bei Zahlen und Datenformaten kann es zu kulturellen Missverständnissen kommen. So ist *one billion* in den USA 1 Million und in Großbritannien 1 Milliarde. Und das Datenformat *9/11* bezeichnet in den USA den 11. September, in Europa aber den 9. November.

2.1 Farben

Farben haben ebenfalls eine kulturspezifische Bedeutung. So ist der generelle Umgang mit der Kombination von Farben ebenso kulturell geprägt wie die Semantik bestimmter Farben. Was in der indischen Kultur akzeptabel ist (siehe Abbildung 4), erscheint für Europäer oft kitschig bunt.

Die einzelnen Farben sind mehr oder weniger in ihrer Bedeutung festgelegt und beim Transfer eines Informationsprodukts in einen anderen Kontext sollte die Farbkodierung geprüft werden, damit keine Missverständnisse auftreten. Wo z.B. die Farbe Rot in Bedienungsanleitungen in der westlichen Kultur als Warnfarbe eingesetzt werden kann, gibt es damit in China Probleme, weil sie dort auch die Farbe des Glücks und der Freude ist. Die Farbe Weiß steht in Europa und Amerika für Reinheit und Unschuld, in Japan und China wird sie allerdings mit dem Tod und der Trauer in Verbindung gebracht und in Israel ist Weiß die Farbe der Freude. Und Grün als die Farbe der Religion in vom Islam geprägten Kulturen steht bei den Hindus für den Tod, in Japan für Jugend und Energie, in Europa für Hoffnung und Natur und in der hebräischen Kultur für den Sieg (Coe, 1996).

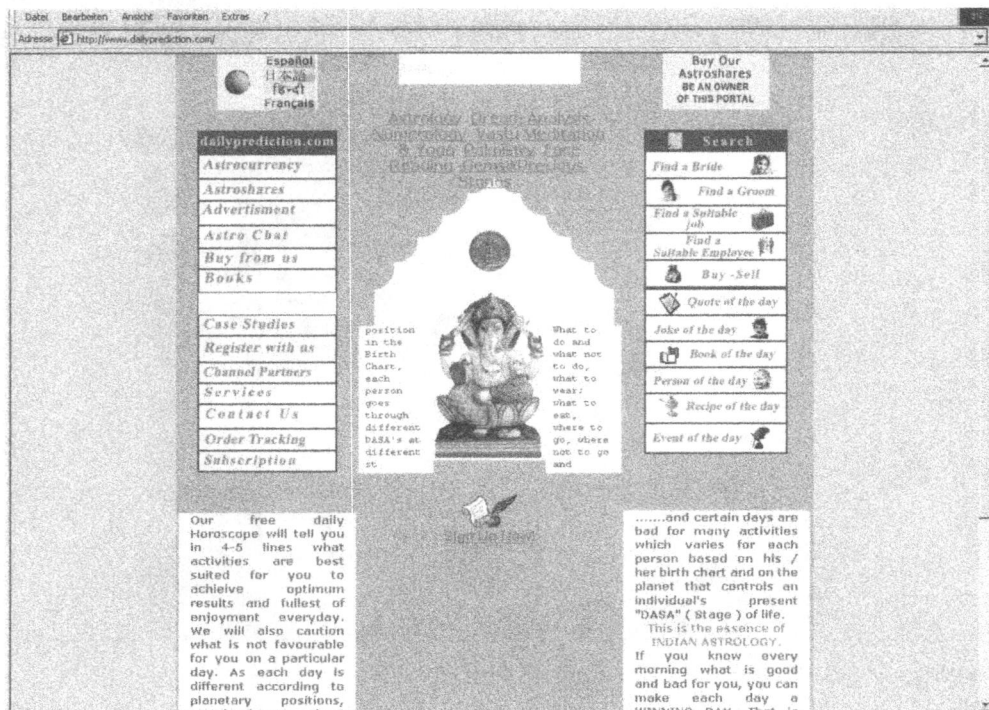

Abb. 4: Indische Website, http://www.dailyprediction.com; Zugriff: 4.7.2001.

2.2   Ikonen

 Noch größere Sorgfalt sollte bei der Verwendung von Symbolen aufgebracht werden. Schon die Verwendung des Briefkasten-Symbols im Betriebsystem kann zu Verwirrung führen, weil Briefkästen in verschiedenen Ländern sehr unterschiedlich aussehen. (Galo, del 1990, S. 1–10) Die Gefahr, dass eine dargestellte Handgeste in einer Kultur eine obszöne oder beleidigende Bedeutung hat, ist recht groß (Kresse & Feldmann, 1999).· So stellt die flache Hand, in der Online-Hilfe einer Software verwendet, in Ägypten eine große Beleidigung dar: „jemandem Kamelmist ins Gesicht schmieren".

Abb. 5: Siemens AG. Tutorium STEP 7. 1995.

Symbolisierte Tierdarstellungen – z.B. als Tutoren in Lernprogrammen – können ebenfalls zu Missverständnissen führen. Die Eule beispielsweise steht sowohl für Weisheit (westliche Kultur, amerikanische Indianer) als auch für Tod und Nacht (Belgien, Japan, China, Hindus) und die Blindheit (Hebräer). Oder der Hund ist im Islam etwas Unreines, in Japan und im Buddhismus der Wächter, bei den Kelten der Kriegsgott, für Afrikaner der Feuerbringer und bei den amerikanischen Indianern der Regenbringer und Bote. Es empfiehlt sich also, bei der Verwendung von Ikonen die kulturellen Bedeutungen genau abzuklären (vgl. Horton 1994).

2.3 Cultural Markers

Barber & Badre (1998) haben sogenannte *Cultural Marker* definiert, worunter sie Elemente des Interface Designs verstehen, die innerhalb einer kulturellen Gruppe weit verbreitet und bevorzugt sind und die eine kulturelle Verbundenheit anzeigen. Für ihre Studie der *Culturability Inspection Method* identifizierten sie kulturelle Marker und Muster auf Web Sites wie die Verwendung von Icons und Metaphern (z.B. Uhr, Zeitung, Buch, Seite, Stempel, Musiknote etc.), Farben, den Einsatz von Bildern und nationalen Symbolen (z.B. Flaggen), die Gruppierung von Elementen auf einer Web Site (symmetrisch, asymmetrisch, zentriert etc.), die verwendeten Sprachen, geographische Elemente (z.B. Landkarten, Umrisse, Erdkugeln), die generelle Richtung (von links nach rechts, von rechts nach links, zentriert), den Einsatz von Ton (Sprache oder Musik), die Verwendung von typographischen Elementen, die Markierung von *Links*, den Einsatz von geometrischen Elementen (Quadrat, Kreis, Dreieck, Linie, Pfeile) und die Darstellung von Gebäuden (Regierungsgebäude, Wohnhaus, Kirche, Büro, Skyline einer Stadt). In ihrer Analyse mehrerer hunderter Web Sites (Barber & Badre, 1998) haben sie nachgewiesen, dass *cultural markers* die Nutzbarkeit von Software Interfaces und Informationsprodukten stark beeinflussen. „Ultimately, we argue, cultural markers can directly impact user performance, hence the merging of culture and usability." (Barber & Badre, 1998) Dabei unterscheiden sie zwischen *culturally deep sites*, also jenen Seiten, die die Landessprache verwenden und auf Seiten der eigenen Kultur verlinken, und den *culturally shallow sites*, den Seiten, die eine Fremdsprache (meistens Englisch) verwenden und auf Seiten außerhalb der Kultur verweisen.

In ihrer Studie wird der spezifische Einsatz der Seiten allerdings vernachlässigt, also die Frage, ob eine Regierungs-Site anders mit nationalen Symbolen wie beispielsweise Flaggen und spezifischen Farben umgeht als eine Tourismus-Site oder die Site einer Computerfirma.

Aufbauend auf dem Konzept der *cultural markers* haben Sheppard und Scholtz (1999) mit Hilfe einer kommerziellen Site die kulturellen Unterschiede zwischen Nutzern im Mittleren Osten und Nordamerika untersucht. Dabei wurden aus der Original-Site zwei Ausgaben entwickelt, die kulturspezifische *cultural markers* enthielten, für den Mittleren Osten waren das verschnörkelte Bildschirmschriften, ein grüner Hintergrund und die Anordnung der Navigationsmenüs auf der rechten Seite. Mit Hilfe von Aufgaben wurde der Umgang von Nutzern beider Kulturen mit den beiden Sites untersucht. Es zeigte sich, dass die Versuchspersonen in ihrer Nutzung generell sehr ähnlich vorgingen, aber im Umgang mit der Site der eigenen Kultur ihre Ziele etwas besser erreichten.

Eine ähnliche Untersuchung führte Huangton Sun im Jahre 2001 durch, indem er die landesspezifischen Seiten der Firmen Lotus und Adobe in den Ländern USA, Deutschland, Brasilien und China testen ließ, (Sun, 2001). Seine Ergebnisse bestätigen die ursprünglichen Grundannahmen von Barber und Badre (Sun, 2001, S. 99):

- Kultur spielt eine wichtige Bedeutung im multilingualen Web-Site-Design.
- Cultural Markers sind im multilingualen Web-Design erkennbar.
- Cultural Markers können die Usability von multilingualen Web Sites steigern.
- Wenn Kulturelle Marker mit ergonomischen Elementen konkurrieren, entscheiden sich mehr Nutzer für die Usability.
- Nutzer aus verschiedenen Kulturen bevorzugen verschiedene Arten von kulturellen Markern.
- Der aktuelle [d.h. Oktober 2001] Gebrauch von kulturellen Markern auf multilingualen Web Sites ist bisher wenig effektiv.

Sun weist abschließend darauf hin, dass im gezielten Einsatz von kulturellen Markern die besondere Herausforderung der Zukunft liegt (Sun, 2001, S. 101).

Auf der symbolischen Ebene geht es also beim interkulturellen Knowledge Media Design darum, Zeichen in ihrer kulturspezifischen Symbolik angemessen zu verwenden. Dabei hilft neben der einschlägigen Literatur (Cooper, 1978; Whittick, 1960; Frutiger, 1978) auch die Beobachtung und Analyse der Nutzung von Symbolsystemen in den Medien und Artefakten der entsprechenden Kultur. Wie werden Farben, Zeichen und Schriften eingesetzt und welche Symbole sind in welchem Bereich sichtbar? Auf dieser Basis sollten die im Knowledge Media Design eingesetzten Zeichen von einem Vertreter der Zielkultur in Bezug auf ihre Bedeutung geprüft werden.

3   Interkulturelles Knowledge Media Design der zweiten Ordnung

Das interkulturelle Knowledge Media Design der zweiten Ordnung geht über die reine Zeichenebene hinaus und versucht, kulturelle Wahrnehmungs- und Verhaltensmuster (*pattern*) zu definieren.

Die Anthropologen Ruth Benedict (1887–1948) und Margaret Mead (1901–1978) entwickelten die These, dass sich alle Gesellschaften und Kulturen mit den gleichen sozialen Grundproblemen auseinandersetzen, auch wenn ihre Antworten auf diese Fragen sehr unterschiedlich sind. Die erste Konkretisierung dieser These geschah durch Alex Inkeles und Daniel Levinson in einer Untersuchung im Jahre 1954, in der die Autoren folgende anthropologischen Grundprobleme identifizierten:

• das Verhältnis des Individuums zur Autorität,
• die Beziehung des Individuums zur Gruppe,
• die Wahrnehmung von Maskulinität und Feminität,
• die Art und Weise des Umgangs mit Konflikten und Aggressionen sowie der Ausdruck von Gefühlen.

Dieses Konzept hat Geert Hofstede in den 90er Jahren des 20. Jahrhunderts aufgegriffen und mit Hilfe einer Studie zu verifizieren und zu detaillieren versucht. Mittels Fragebögen, die er an Mitarbeiter der Firma IBM in über fünfzig Ländern verteilte, untersuchte er die kulturellen Ausprägungen folgender anthropologischer Grundprobleme:

• „Soziale Ungleichheit, einschließlich des Verhältnisses zur Autorität.
• Die Beziehung zwischen Individuum und der Gruppe.
• Vorstellungen von Maskulinität und Feminität: die sozialen Auswirkungen, als Junge oder Mädchen geboren zu sein.
• Die Art und Weise, mit Ungewissheit umzugehen, und zwar in bezug auf die Kontrolle von Aggression und Ausdrücken von Emotionen." (Hofstede 2001, S. 17)

Hofstede nennt diese Grundprobleme „Kulturdimensionen" und führt neben den Dimensionen Machtdistanz, Kollektivismus versus Individualismus, Femininität versus Maskulinität und Unsicherheitsvermeidung noch langfristige Orientierung versus kurzfristige Orientierung auf. Mit Hilfe dieses Rasters ist es möglich geworden, Kulturen miteinander zu vergleichen und kulturspezifische Besonderheiten herauszukristallisieren. Dabei darf nicht unerwähnt bleiben, dass es in jeder Kultur eine gewisse Streuung hinsichtlich der Ausprägung dieser Kulturdimensionen gibt. Selbstverständlich beschreiben diese Dimensionen lediglich Tendenzen und es gibt stets einige Ausnahmen, aber grob gesehen sind diese Tendenzen doch signifikant. Richard Lewis argumentiert für diese Betrachtungsweise, wenn er schreibt: „Stereotypisierungen sind gefährlich, bieten aber auf nationaler Ebene einen brauchbaren Leitfaden. Ein bestimmter Däne ähnelt vielleicht einem bestimmten Portugiesen, aber ein dänischer Chor oder eine dänische Fußballmannschaft sind leicht von ihren portugiesischen Pendants zu unterscheiden. Bei Individuen erweisen sich Verallgemeinerungen von nationalen Eigenheiten als nicht haltbar, aber bei größeren Gruppen sind sie durchaus tragfähig." (Lewis, 2000, S. 44)

Fons Trompenaars hat Hofstedes fünf Dimensionen erweitert und unterteilt sie in Universalismus versus Partikularismus (*universalism* versus *particularism*), Individualismus versus Gemeinschaft (*individualism* versus *communitarianism*), Neutralität versus Emotionalität (*neutral* versus *emotional*), spezifisch versus diffus (*specific* versus *diffuse*), Leistungsorientierung versus Statusorientierung (*achievement* versus *ascription*), Wahrnehmung von Zeit (*attitudes to time*) sowie Wahrnehmung des Raumes und der Umgebung (*attitudes to the environment*) (Trompenaars & Hampden-Turner, 1993, S. 8–10).

Die Konzepte der Kulturdimensionen können als hilfreiches Raster dienen, kulturspezifische Verhaltensweisen wahrzunehmen und grob einzuordnen. Sie helfen bei der skizzenhaften Unterscheidung von kulturellen Eigenarten und bieten einen Rahmen für die Auseinandersetzung mit Kulturen. Allerdings darf man sie nicht überstrapazieren, nicht die Speisekarte mit dem Gericht verwechseln (Bateson, 1985).

Die Kulturdimensionen konzentrieren sich im Allgemeinen auf Landeskulturen und berücksichtigen dabei kaum die kulturellen Unterschiede innerhalb eines Landes, wie z.B. regionale Unterschiede oder Unterschiede in der sozialen Herkunft, im Alter, in der Ausbildung oder des Geschlechts. So zog beispielsweise Geert Hofstede für seine Untersuchung ausschließlich die Daten von Mitarbeitern der Firma IBM heran, „in 72 nationalen Tochtergesellschaften, 38 Berufen, 20 Sprachen und zu zwei Zeitpunkten: um 1968 und um 1972. Insgesamt wurden über 116 000 Fragebögen mit jeweils mehr als 100 einheitlichen Fragen eingesetzt" (Hofstede, 2001, S. 373). Für ihn stellte diese Situation aber das Optimum der quantitativen Auswertung dar, denn „Stichproben für ländervergleichende Untersuchungen [müssen] nicht repräsentativ [...] sein, sondern nur funktional äquivalent. IBM-Mitarbeiter sind eine kleine, aber sehr gut zusammengesetzte Stichprobe." (Hofestede, 2001, S. 373) Dabei geht er nicht der Frage nach, inwieweit die spezifische Firmenkultur von IBM, beeinflusst durch die Firmenphilosophie, das Führungsverhalten, die speziellen Kommunikationswege und die Produkte, die Beantwortung der Fragebögen beeinflusst haben könnten. Auch Alters- und Geschlechtsunterschiede wurden nicht berücksichtigt. Im Anhang seines Buches *Lokales Denken, globales Handeln* rät Hofstede dann auch „allen Wissenschaftlern, die nationale oder ethische Kulturunterschiede untersuchen wollen, ihre eigenen Erhebungsinstrumente zu entwickeln und sie auf die spezielle Art von Menschen abzustimmen, der die Studie gilt. Viel interessanter als Wiederholungsstudien mit dem IBM-Fragebogen, der für andere Gesamtheiten von Befragten möglicherweise wenig geeignet ist, sind Vergleiche zwischen den dimensionalen Strukturen, die mit verschiedenen Instrumenten bei verschiedenen Gesamtheiten, aber in denselben Ländern ermittelt wurden." (Hofstede, 2001, S. 383)

Trotz der Problematik der Studie von Hofstede erfreut sich seine Einteilung und Definition der Kulturdimensionen nach wie vor einer großen Beliebtheit und wird häufig recht unreflektiert als Untersuchungsraster angewendet. So führt der amerikanische Designer und Ergonom Aaron Marcus in verschiedenen Artikeln (Marcus & Gould, 2000; Marcus, 2001; Marcus, 2003) die fünf Kulturdimensionen von Hofstede als Basis für die konkrete Gestaltung von Web Sites an und wird darin auch von anderen Autoren gefolgt. Wegen der starken Verbreitung der Kulturdimensionen als praktische Anleitung zur Gestaltung von Web Sites und Interfaces werden im Folgenden einige Kulturkriterien in der Anwendung kurz skizziert.

3.1   Machtdistanz

Die Dimension der Machtdistanz definiert Hofstede als „das Ausmaß, bis zu welchem die weniger mächtigen Mitglieder von Institutionen bzw. Organisationen eines Landes erwarten und akzeptieren, dass Macht ungleich verteilt ist." (Hofstede, 2001, S. 33) In Kulturen mit einer hohen Machtdistanz – Hofstede ermittelte die Länder Malaysia, Guatemala, Panama, die Philippinen und Mexico an der ersten Spitze seiner Hierarchie – werden die Insignien der Macht sehr deutlich hervorgehoben. Soziale und hierarchische Unterschiede sind offensichtlich, Statussymbole alltäglich und die gesellschaftlichen Unterschiede werden von dem meisten Mitgliedern der Kultur akzeptiert oder wenigstens geduldet. Häufig ist die Bürokratie sehr groß und der Kontakt zu Institutionen und Amtspersonen zeichnet sich durch einen großen Formalismus aus.

In Kulturen mit geringer Machtdistanz – Niederlande, Österreich, Israel, Dänemark – versucht man, soziale und hierarchische Unterschiede nicht offensichtlich werden zu lassen, ja man vermeidet diese, wenn irgend möglich. Es wird eher Gewicht auf die Gleichheit der Menschen gelegt und die Abhängigkeit der Menschen voneinander wird so gering wie möglich gehalten. Statussymbole und bürokratische Hürden werden vermieden oder nur sehr dezent eingesetzt. Was zählt, ist nicht die Machtposition einer Person oder Organisation, sondern ihre aktuellen Kompetenzen.

Als Beispiel für die kulturell unterschiedliche Darstellung von Web Sites in Kulturen mit sehr unterschiedlicher Machtdistanz führt er im Vergleich zueinander die Startseiten zweier Universitäten in Malaysia (hohe Machtdistanz) und den Niederlanden (geringe Machtdistanz) auf, die allein durch ihre Darstellung die kulturellen Unterschiede verdeutlichen. Die Web Site der Universität einer Kultur mit hoher Machtdistanz stellt die Insignien, Traditionen, Institutionen und Gebäude besonders hervor, während auf der Seite der Universität mit geringer Machtdistanz die Studenten im Vordergrund stehen. Ebenso steht dem sehr strengen und stark strukturieren Auftritt ein verspieltes Design gegenüber (siehe die Screenshots auf der folgenden Seite).

Diese Analyse berücksichtigt aber nicht, dass auch andere kulturelle und institutionelle Faktoren gibt, die die Gestaltung beeinflussen und dass sich in den aufgeführten Kulturen auch gegensätzliche Beispiele finden lassen, auch wenn sich die beschriebene Tendenz belegen lässt (Thissen, 2005).

Für die Gestaltung von Sites für eine Kultur mit hoher Machtdistanz empfehlen Marcus & Gould (2000, S. 36) eine starke, tiefe Strukturierung der Informationen, die Betonung sozialer und moralischer Ordnungen und ihrer Symbole, die Fokussierung auf Fachkenntnisse, Autoritäten, Experten und Zertifikate, die Verwendung offizielle Signets und Logos, die optische Hervorhebung der Führungspersonen und die Organisation der Informationen gemäß der sozialen Ordnungen. Für die Kulturen mit geringer Machtdistanz wird eine weniger streng strukturierte, flache Darstellung der Informationen, allenfalls eine sehr dezente Darstellung von Symbolen, Logos und Würdenträgern der Organisation und der uneingeschränkte Zugriff für alle Nutzer sowie die Orientierung am Nutzer empfohlen (Marcus & Gould, 2000, S. 36).

Gould, Zakaria & Yusof (2000) schlagen für die Gestaltung von Websites für eine Kultur mit hoher Machtdistanz (in ihrer Untersuchung ist dies Malaysia) die Einhaltung folgender Richtlinien vor: Durch die Darstellung von Organigrammen sollte die Hierarchie einer Organisation klar und deutlich zum Ausdruck gebracht werden. Titel sollten genau angegeben und die Informationen gemäß der Hierarchie dargestellt werden, d.h., sie sollten der organisatorischen Zuständigkeit zugeordnet sein, damit ihre Relevanz deutlich ist. Und für eine Kultur mit geringer Machtdistanz (USA) empfehlen Gould, Zakaria & Yusof (2000) die Konzentration auf den individuellen Nutzer und dessen Bedarf. Die Darstellung der Organisation reicht nicht aus, ja sie schreckt eventuell sogar ab. Es sollten alle Informationen vermieden werden, die für die Nutzer überflüssig sind. Dies bedeutet vor allem den Verzicht auf umfangreiche Darstellungen der Organisation und ihrer Geschichte. Der konkreten Nutzen des Angebots muss im Mittelpunkt stehen und nicht das Prestige und der Reputation der Organisation.

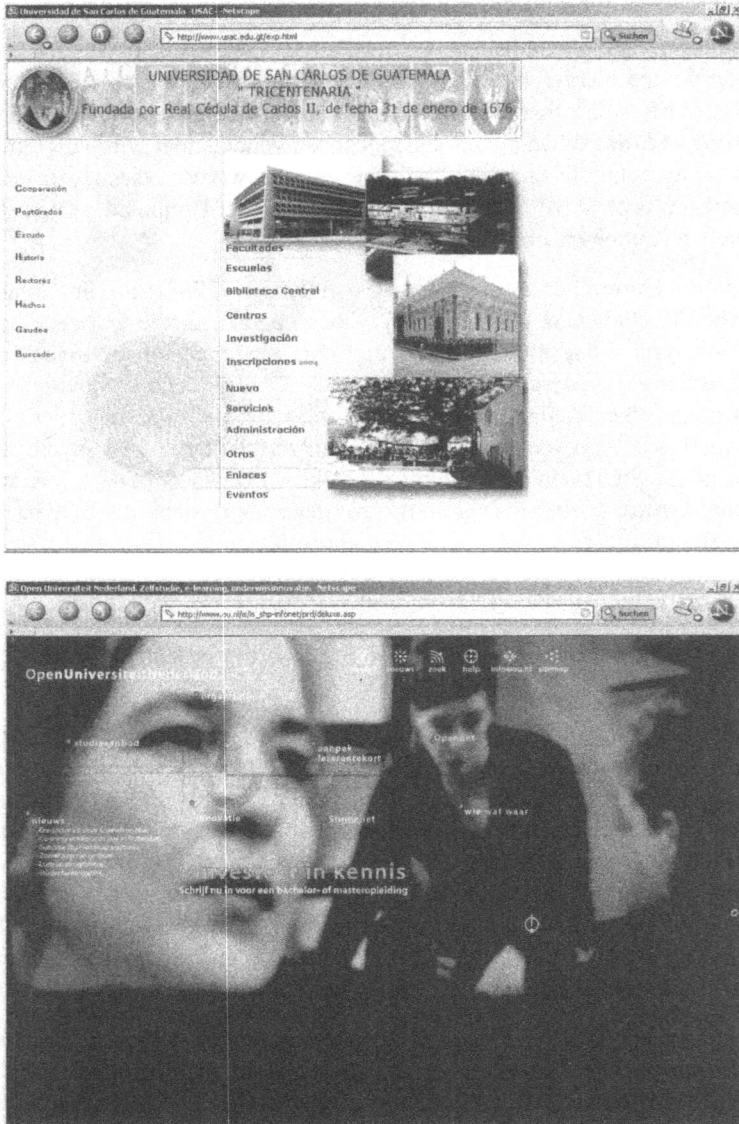

Abb. 6: *Vergleich unterschiedlicher Startseiten von Universitäten: Die von Marcus zitierte malaysische Web Site http:// www.uum.edu.my ist inzwischen überarbeitet worden und belegt durch ihre Darstellung Marcus' Argumentation wenig offensichtlich. Auch die home page der niederländischen Universität http://www.tue.nl hat sich stark verändert und es lässt sich beobachten, dass sich die Web-Auftritte einander angenähert haben. Zur Veranschaulichung habe ich zwei ähnliche Startseiten einer Universität aus Guatemala http://www.usac.edu.gt/exp.html (Zugriff: 02.08.2004) und einer niederländischen Universität http://www.ou.nl (Zugriff: 02.08.2004) dargestellt.*

3.2   Individualistisch versus kollektivistisch

In *individualistisch geprägten Kulturen* sind „die Bindungen zwischen den Individuen locker [...]: man erwartet von jedem, dass er für sich selbst und seine unmittelbare Familie sorgt" (Hofstede, 2001, S. 66). Die Identität eines Menschen ist in seinen Leistungen, seiner Persönlichkeit und seiner Außerordentlichkeit begründet und weniger in der Zugehörigkeit zu einer Gruppe. Das Kennzeichen eines „aufrichtigen" Menschen ist es, seine Meinung zu äußern und dazu zu stehen. Verstöße gegen Regeln und Normen führen zu Schuldgefühlen und dem Verlust der Selbstachtung. Die Erziehung hat das Ziel, aus Kindern eigenständige, selbstbewusste Individuen zu machen. Die persönliche Leistung ist wichtiger als die Herkunft eines Menschen (Hofstede, 2001, S. 92). Zu den stark individualistisch geprägten Kulturen gehören laut Hofstede die USA, Australien, Großbritannien, Kanada und die Niederlande. Der Screenshot der Web Site einer niederländischen Universität stellt gezielt einzelne Personen heraus und betont deren individuelle Möglichkeiten zur Gestaltung des Studiums: „ [...] developed my own individual working style".

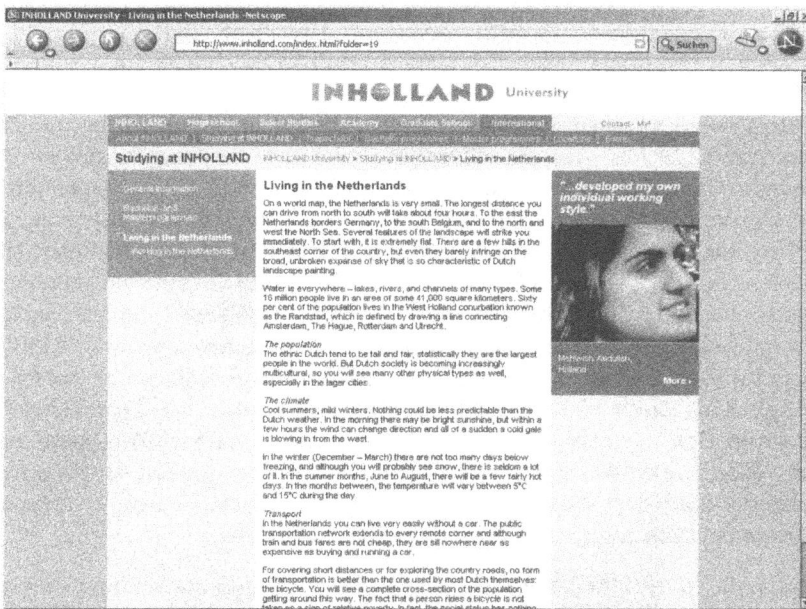

Abb. 7: Holländische Website einer Universität mit Betonung individueller Möglichkeiten; http://www.inholland.com (Zugriff: 02.08.2004).

Mitglieder einer individualistischen Kultur sind eher fakten- als beziehungsorientiert. Deshalb spielt der Kontext einer Information eine geringere Rolle als in einer beziehungsorientierten Kultur. Man spricht hier von einer *low context*-Kommunikation, d.h., die Informationen stecken in den verbalen Aussagen und weniger in der Art und Weise, *wie* oder unter welchen Umständen etwas gesagt wird.

Für eine individualistisch geprägte Kultur (USA) empfehlen Gould, Zakaria & Yusof (2000) den Nutzern eine große Bandbreite an Service-Möglichkeiten einzuräumen und Informationen so effizient wie möglich darzubieten und dabei auf alles „Überflüssige" zu verzichten. Die Nutzer sollten sehr direkt und aktiv angesprochen werden und Fotos sollten Menschen zeigen, die ihr Ziel erreicht haben. Alle Ansprüche der Nutzer sind sehr intensiv zu berücksichtigen. Aaron Marcus empfiehlt auf Web Sites den Einsatz von Bildern, die erfolgreiche Menschen darstellen, eine argumentative Sprache und die Tolerierung von extremen Behauptungen (Marcus & Gould, 2000, S. 37f.). Fernandes (1995, S. 92) weist darauf hin, dass *User Interfaces* sehr stark individuell anpassbar sein sollten, um dem Bedarf der individualistisch geprägten Nutzern zu entsprechen.

3.3   Beziehungsorientiert versus faktenorientiert

Eine weitere Unterscheidung ist die in kollektivistisch und individualistisch geprägte Gesellschaften (Hofstede, 2001; Parsons, 1987; Kluckhohn & Strodtbeck, 1961; Adler, 2002; Condon & Yousef, 1981). In einer *kollektivistisch ausgerichteten Kultur* ist der Mensch „von Geburt an in starke, geschlossene Wir-Gruppen integriert [...], die ihn ein Leben lang schützen und dafür bedingungslose Loyalität verlangen" (Hofestede, 2001, S. 67). Die Identität eines Menschen ist im sozialen Netzwerk, dem er angehört, begründet und weniger in seiner Individualität. Anpassung ist wichtiger als Originalität, denn es kommt darauf an, dem kulturellen Standard zu entsprechen. Die Menschen denken oft in Wir-Begriffen und haben ein großes Harmonie-Bedürfnis, was dazu führt, dass direkte Auseinandersetzungen normalerweise vermieden werden und der Verstoß gegen implizite und explizite Regeln zu Beschämung und Gesichtsverlust führt. Beispiele hierfür sind die Länder Guatemala, Ecuador, Pakistan, Thailand, Chile und Japan. Menschen in kollektivistischen Kulturen sind stark beziehungsorientiert, im Gegensatz zur Faktenorientierung individualistisch geprägten Kulturen. Der persönliche Umgang miteinander spielt eine viel höhere Rolle als „Sachzwänge" oder nüchterne Fakten (Hofstede, 2001, S. 92). Die Kommunikation in kollektivistischen Kulturen geschieht oft indirekt, d.h. durch Andeutungen, Anspielungen oder äußere Zeichen, die vom Mitglied der Kultur entschlüsselt und verstanden werden. Die Inhalte einer Kommunikation, also ihr Gehalt, steckt weniger in den eigentlichen verbalen Aussagen, sondern in der Art und Weise, *wie* etwas kommuniziert wird. Die Beziehungsebene der Kommunikation dominiert hierbei besonders stark die Inhaltsebene (Watzlawick, Beavin & Jackson, 1996). Man spricht hierbei auch von einer *high context*-Kommunikation.

Gould, Zakaria & Yusof (2000) raten für die beziehungsorientierten Kulturen, vor allem die *Beziehungen* zwischen den Menschen zu betonen und nicht die Produkte. Außerdem sollten die Mitarbeiter der Organisation präsentiert werden (wer ist für was verantwortlich, wo befindet sich die Firma, welche anderen Produkte und Services sind verfügbar, welche sozialen Angebote gibt es), um eine vertrauensvolle Beziehung zu ermöglichen. Eine formale, sehr höflichen Sprache und indirekte Statements werden empfohlen.

Neben Hofstede (2001) und Trompenaars et al. (1993) haben einige andere Autoren kulturelle Dimensionen definiert, z.B. Nancy J. Adler (2002)[2], John C. Condon & Fathi S. Yousef (1981)[3], Edward T. Hall (1989; 1990)[4], Hall et al. (1990) [5], Florence Rockwood Kluckhohn & Freed Strodtbeck (1961)[6], Talcott Parsons (1987)[7], David A. Victor (o.J.)[8], Quincy Wright (1955)[9] und Jacques Demorgon et al. (1996).[10]

3.4   Drei Kulturen nach R. Lewis

Der Brite Richard Lewis entwickelte eine Dreiteilung von Kulturen, die er in die Gruppen linear-aktiv, multi-aktiv und reaktiv einteilt.

„Für *linear-aktive Kulturen* ist charakteristisch, dass man aufeinander folgende Handlungsschritte plant, organisiert und durchführt und immer nur eine Sache zurzeit erledigt. In diese Kategorie fallen zum Beispiel Deutsche und Schweden.

Zur Gruppe der *multi-aktiven Kulturen* gehören jene lebhaften, redseligen Völker, die viele Dinge gleichzeitig tun und ihre Prioritäten nicht nach einem festen Zeitplan setzen, sondern nach der relativen Unterhaltsamkeit oder Bedeutung der einzelnen Verabredung. In dieser Gruppe findet man zum Beispiel Italiener, Lateinamerikaner und Araber.

In *reaktiven Kulturen* legt man großen Wert auf Höflichkeit und Respekt, hört seinem Gesprächspartner ruhig und aufmerksam zu und geht einfühlsam auf die Vorschläge der anderen Seite ein. Zu dieser Gruppe gehören Chinesen, Japaner und Finnen." (Lewis, 2000, S. 13)

Kommunikationsprobleme entstehen, wenn Vertreter dieser drei sehr unterschiedlichen Kulturgruppen zusammentreffen. Weil sich ihre Erwartungen und Wertmaßstäbe nicht decken, wird es zwangsläufig Probleme geben. Während beispielsweise ein Vertreter einer linear-aktiven Kultur sehr zielstrebig versucht, einen Zeitplan einzuhalten und sich an Termine und Absprachen zu halten, zeigt der Mensch einer multi-aktiven Kultur eine wesentlich größere Flexibilität und kann viel spielerischer mit „Störungen" und Veränderungen umgehen. Die Beziehungen zu Personen sind wichtiger als vorgegebene Termine und Fakten. Beide Seiten halten ihr Vorgehen für das effizientere und kommen oft schwer mit dem Verhalten des Anderen klar, so entstehen zwangsläufig Irritationen.

---

2. The Nature of the Individual, The Relationship of People to Their World, Individualism versus Collectivism, Doing versus Being, Time Orientation, and Space Orientation.
3. 25 Kategorien.
4. Context, Polychronic or Monochronic Time, Preferred Message Speed.
5. Space.
6. Relationship to Nature, Time, Character of Human Nature, Human Action, and Relationships to Others.
7. Affectivity – Affective Neutrality, Universalism – Particularism, Diffuseness – Specificity, Ascription – Achievement, and Instrumental – Expressive Orientation.
8. LESCANT-Modell: Language, Environment and Technology, Social Organization, Contexting and Face-Saving, Authority Conception, Nonverbal Communication and Face-to-Face Negotiations, and Conceptions of Time.
9. Rate of Economic Progress, Rate of Political Decentralization, Degree of Power, Rate of Development of International Trade and Communication, Rate of Technological Development, and Resources.
10. Eine gute Übersicht über die verschiedenen Weisen der Definition von Kulturdimensionen findet sich in der Diplomarbeit von Valentina-Johanna Baumgartner (2003).

Tab. 2:   *Überblick über die drei Kulturgruppen nach Lewis, 2000, S. 53f.*

linear-aktiv	multi-aktiv	reaktiv
introvertiert	extrovertiert	introvertiert
geduldig	ungeduldig	geduldig
ruhig	gesprächig	schweigsam
kümmert sich um eigene Angelegenheiten	neugierig	respektvoll
mag Zurückgezogenheit	gesellig	aufmerksamer Zuhörer
plant methodisch voraus	plant nur in groben Zügen	achtet auf allgemeine Grundsätze
erledigt eine Sache zur Zeit	tut mehrere Dinge gleichzeitig	reagiert
hat festgesetzte Arbeitszeiten	ist immer im Einsatz	flexible Arbeitszeiten
pünktlich	unpünktlich	pünktlich
beherrscht von Zeitplänen und Terminkalendern	hat unvorhersagbaren Zeitplan	berücksichtigt Zeitplan des Partners
erlegt Projekte in Einzelteile	verbindet verschiedene Projekte	sieht das Gesamtbild
hält sich an Pläne	ändert Pläne	nimmt kleinere Veränderungen vor
hält sich an Fakten	jongliert mit Fakten	Äußerungen sind Versprechen
bezieht Informationen aus Statistiken, Nachschlagewerken und Datenbanken	besorgt sich (mündliche) Informationen aus erster Hand	verwendet beides
aufgabenorientiert	menschenorientiert	menschenorientiert
sachlich	emotional	fürsorgliches Interesse
arbeitet innerhalb der Abteilung	umgeht alle Abteilungen	arbeitet mit allen Abteilungen
hält sich an die korrekte Vorgehensweise	zieht Fäden	unergründlich, ruhig
akzeptiert Gefälligkeiten nur widerstrebend	sucht aktiv nach Gefälligkeiten	schützt andere vor Gesichtsverlust

Tab. 2, Fortsetzung: *Überblick über die drei Kulturgruppen nach Lewis, 2000, S. 53f.*

linear-aktiv	multi-aktiv	reaktiv
delegiert an kompetente Kollegen	delegiert an Verwandte und Freunde	delegiert an zuverlässige Personen
vervollständigt Handlungsketten	führt menschliche Interaktionen zu Ende	reagiert auf Partner
mag festgesetzte Agenden	verbindet alles mit jedem	nachdenklich
hält sich am Telefon kurz	redet stundenlang	fasst gut zusammen
nutzt Memoranden	schreibt selten Memos	plant langsam
respektiert Bürokratie	wendet sich an (höchsten) Entscheidungsträger	ultra-ehrlich
verliert ungern das Gesicht	ist nie um eine Ausrede verlegen	darf Gesicht nicht verlieren
argumentiert logisch	argumentiert emotional	vermeidet Kontroversen
eingeschränkte Körpersprache	reiche Körpersprache	subtile Körpersprache
unterbricht Gesprächspartner selten	unterbricht häufig	unterbricht andere nicht
trennt zwischen Sozialem und Beruflichem	verknüpft Soziales und Berufliches aufs Engste	verbindet Soziales und Berufliches

Zu Beginn der 90er Jahre des 20. Jahrhunderts entwickelte Shalom Schwartz mit seiner Theorie der universellen Werte (*values*) ein weiteres Raster zur Beschreibung von kulturellen Unterschieden. Im Gegensatz zu Hofstede, Trompenaars, Hall, Lewis und anderen untersucht er nicht die *Verhaltensweisen* von Vertretern bestimmter Kulturen, sondern deren *Wertvorstellungen*. Für ihn sind Werte „conceptions of the desirable that guide the way social actors [...] select actions, evaluate people and events, and explain their actions and evaluations" (Schwartz, 1999, S. 24f.). Er unterscheidet zehn verschiedene Typen, die in allen Kulturen auffindbar sind:

Tab. 3:   *Wertetypen (Zusammenfassung der Tabellen 1 und 2 aus Bardi & Schwartz, 2003)*

Types of Values	Items That Represent and Measure Them	Examples of Behavior Items Expressive on Each Value
Power	Social status and prestige, control or dominance over people and resources (social power, authority, wealth)	Pressure others to go along with my preferences and opinions Choose friends and relationships based on how much money they have
Achievement	Personal success through demonstrating competence according to social standards (successful, capable, ambitious, influential)	Study late into the night before exams even if I studied well in the Semester Take on many commitments
Hedonism	Pleasure and sensuous gratification for oneself (pleasure, enjoying life)	Take it easy and relax Consume food or drinks even when I'm not hungry or thirsty
Stimulation	Excitement, novelty, and challenge in life (daring, a varied life, an exciting life)	Watch thrillers Do unconventional things
Self-direction	Independent thought and action-choosing, creating, exploring (creativity, freedom, independent, curious, choosing own goals)	Examine the ideas behind rules and regulations before obeying them Come up with novel set-ups for my living space
Universalism	Understanding, appreciation, tolerance and protection of the welfare of all people and of nature (broadminded, wisdom, social justice, equality, a world at peace, a world of beauty, unity with nature, protecting the environment)	Use environmentally friendly products Make sure everyone I know receives equal treatment

Tab. 3, Fortsetzung: *Wertetypen (Zusammenfassung der Tabellen 1 und 2 aus Bardi & Schwartz, 2003)*

Types of Values	Items That Represent and Measure Them	Examples of Behavior Items Expressive on Each Value
Benevolence	Preservation and enhancement of the welfare of people with whom one is in frequent personal contact (helpful, honest, forgiving, loyal, responsible)	Agree easily to lend things to neighbors Keep promises I have made
Tradition	Respect, commitment and acceptance of the customs and ideas that traditional culture or religion provide the self (humble, accepting my portion in life, devout, respect for tradition, moderate)	Observe traditional customs an holidays Show modesty with regard to my achievements and talents
Conformity	Restraint of actions, inclinations, and impulses likely to upset or harm others and violate social expectations or norms (politeness, obedient, self-discipline, honoring parents and elders)	Obey my parents Avoid confrontations with people I don't like
Security	Safety, harmony and stability of society, of relationships, and of self (family security, national security, social order, clean, reciprocation of favors)	Refrain from opening my door to strangers Buy products that were made in my country

Diese Wertetypen ergänzen sich oder stehen einander konträr gegenüber. Ihre Beziehungen zueinander lassen sich mit Hilfe eines Kreisdiagramms darstellen, das auch ihre generelle Einteilung in zwei bipolare Dimensionen verdeutlicht – Offenheit gegenüber Veränderung versus Bewahrung sowie Selbstverwirklichung versus Gemeinschaftsdenken (Bardi & Schwartz, 2003).

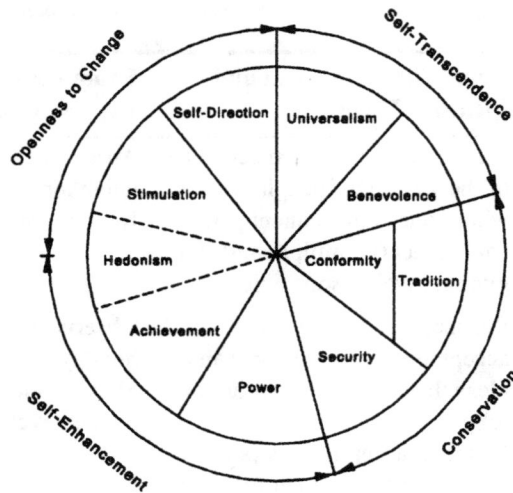

Abb. 8: *Theoretical model of relations among motivational value types and two basic bipolar value dimensions (Bisky & Koch, 2000, S. 2).*

In verschiedenen Untersuchungen (Schwatz, 1999; Bardi & Schwartz, 2003) hat Schwartz die Wertgewichtung in unterschiedlichen Kulturen erforscht, um zugleich die allgemeine Gültigkeit der Wertetypen nachzuweisen.

Im Rahmen des *European Social Survey* (ESS)[11], einer repräsentativen Erhebung von Werten, Meinungen und Verhalten von Bewohnern verschiedener europäischer Länder, haben Mohler & Wohn (2005) die Wertetheorie von Schwartz überprüft, konnten aber seine Annahme, ein universelles Wertesystem gefunden zu haben, nicht bestätigen.

Wie Schwartz untersuchte auch Ronald Inglehart et al. (1998) den Einfluss von Werten und Glaubensvorstellungen auf Kulturen und Menschen und geht dabei der Frage nach, inwiefern die Globalisierung traditionelle Wertesysteme verändert. Er kommt dabei zu dem folgenden Ergebnis:

„Economic development is associated with pervasive, and to some extent predictable, cultural changes. Industrialization promotes a shift from traditional to secular-rational values, while the rise of postindustrial society brings a shift toward more trust, tolerance, well-being, and postmaterialist values." (Inglehart, Ronald & Baker, Wayne E., 2000, S. 49)

3.5   Konsequenzen für Informationsdesigner

Auf der Verhaltens- und Werteebene sollte sich ein Informationsdesigner unbedingt mit spezifischen Kulturdimensionen auseinandersetzen und seine Produkte darauf abstimmen. Ein Verstoß gegen die in der Kultur dominanten Kulturdimensionen wird unweigerlich dazu führen,

---

11. http://www.europeansocialsurvey.org, Zugriff: 28.5.05.

dass das Knowledge Media Design-Produkt mindestens als fremdartig empfunden, wenn nicht gar ablehnt wird. Ein Beispiel mag dies verdeutlichen: Die Firma Nestlé hat ihre Web Sites kulturspezifisch aufbereitet und versucht, die Menschen der jeweiligen Kultur in ihrer kulturellen Eigenart anzusprechen. So sind beispielsweise die finnischen Seiten[12] eher nüchtern und faktenorientiert (reaktive Kultur), die deutschen[13] und Schweizer[14] Seiten sehr klar strukturiert und geordnet (hohe Unsicherheitsvermeidung) und die südafrikanischen Seiten[15] zeigen verschiedene Gruppen von Menschen (Kollektivismus).

Besonders offensichtlich werden die kulturellen Unterschiede bei der Präsentation der jeweiligen Firmenleitung.

Der finnische Chef der Firma Nestlé stellt sich im Gesichtsausdruck emotionsarm und in Kleidung und Haltung sehr formal dar. Dies entspricht durchaus den Erwartungen, denn die finnische Kultur zeichnet sich durch Schweigsamkeit, Schüchternheit, „Abneigung gegen jede Form von Exhibitionismus" (Lewis, 2000, S. 291) aus. Auch große Aufgaben werden bewältigt, „ohne viel Wirbel darum zu machen" (Lewis, 2000, S. 290). Jede andere Darstellung des finnischen Nestlé-Chefs würde zu einem Vertrauensverlust führen.

Abb. 9: *Website von Nestlé Finnland; http://www.nestle.fi (Zugriff: 28.5.2005).*

Ganz anders stellt sich der US-amerikanische Nestlé-Manager dar. Als individualistisch und pragmatisch geprägte Kultur ist hier die Ansprache der Web-Seiten-Besucher sehr direkt und informell („Dear Friends") und man kommt rasch zur Sache. Das zugehörige Foto verstärkt den Eindruck der Unbefangenheit und bestätigt damit die Beschreibung von Richard Lewis: „Amerikaner geben sich sofort locker und ungezwungen: Sie ziehen das Jackett aus, benutzen Vornamen und geben Einblick in ihr Privatleben, indem sie zum Beispiel von ihrer Familie erzählen. Manchmal erwecken sie den Eindruck von Naivität, weil sie aus-

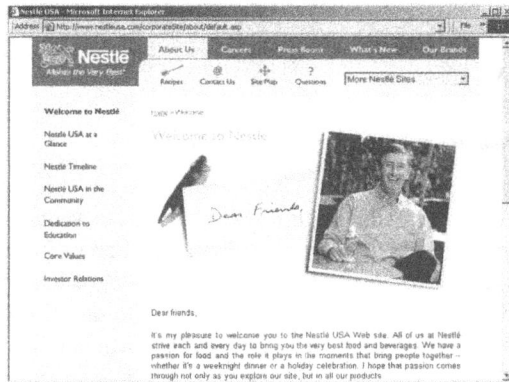

Abb. 10: *Website von Nestlé USA; http://www.nestle-usa.com (Zugriff: 28.5.2005).*

---

12. Nestlé Finnland: *http://www.nestle.fi* (Zugriff: 28.5.2005).
13. Nestlé Deutschland: *http://www.nestle.de* (Zugriff: 28.5.2005).
14. Nestlé Schweiz: *http://www.nestle.ch* (Zugriff: 28.5.2005).
15. Nestlé Südafrika: *http://www.nestle.co.za* (Zugriff: 28.5.2005).

schließlich Englisch sprechen und durch ihre Ultra-Kumpelhaftigkeit sofort vertrauensselig wirken." (Lewis, 2000, S. 193) Nicht allein durch den Text der Seite wird hier die amerikanische Kultur (Gelfert, 2002; Wanning, 1992; Faul, 1994) zum Ausdruck gebracht, sondern auch durch das Layout, die Art der Darstellung, durch Farben und Bilder. Und genau dies schafft vertrauen und gibt dem US-amerikanischen Besucher der Site das Gefühl der Vertrautheit. Die finnische Seite ins Englische übersetzt würde nicht funktionieren, weil sie unterschwellig die Werte der finnischen Kultur kommuniziert und als fremd wahrgenommen wird.

Ein weiteres Beispiel ist der Auftritt des philippinischen Nestlé-Chefs, der sich im Vergleich zu den beiden anderen Beispielen noch einmal ganz anders präsentiert. Richard Lewis beschreibt die Philippinos als „auf romantische Art gesprächig" (Lewis, 2000, S. 393) und sehr warmherzig. Ihre Kultur ist neben den asiatischen Einflüssen nach 350jähriger Kolonialzeit stark von den Spaniern und nach 100jährigem Austausch mit den USA amerikanisch beeinflusst. Direkte Kritik oder Auseinandersetzung wird im Allgemeinen vermieden (Lewis, 2000, S. 395) und eine gute Führungspersönlichkeit sollte väterlich-fürsorglich auf seine Mitarbeiter wirken. „Die übliche Kleidung bei den Männern ist der *barong tagalog*, ein lockeres, gekräuseltes, weißes oder cremefarbenes Hemd, das über der Hose getragen wird. Auf Jacket

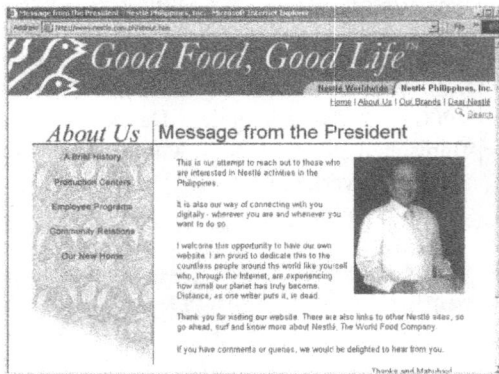

und Schlips wird verzichtet." (Lewis, 2000, S. 395) Genauso stellt sich der Manager auf der Web Site dar und erfüllt damit die Erwartungen, die Philippinos an ihn stellen.

Allein diese drei Vergleiche machen deutlich, dass durch die Darstellung von Informationen mehr kommuniziert wird als nur Inhalte und Äußerlichkeiten. Durch die Art der Darstellung dieser Inhalte werden ebenfalls kulturelle Werte und Verhaltensweisen zum Ausdruck gebracht, wird auf einer Beziehungsebene (Watzlawick, Beavin & Jackson, 1996) intensiv unterschwellig kommuniziert.

Abb. 11: Website von Nestlé Philippinen;
http://www.nestle.com.ph (Zugriff: 28.5.2005).

Ähnliche Erfahrungen machte auch ein weltweit tätiger Pharmakonzern, der eigene Lernprogramme ins Chinesische übersetzen ließ und daraufhin feststellen musste, dass die Programme nicht „funktionierten". Es war eben nicht allein die Gestaltung der Programme (z.B. die Verwendung der Farben Rot, Grün und Gelb, die in China eine andere Bedeutung als in Mitteleuropa haben), sondern auch das zugrundeliegende didaktische Konzept, das nicht übertragen werden konnte. Wo man in Europa häufig kollaboratives Arbeiten auch in virtuellen Lernangeboten findet und in der Didaktik „Authentizität und Situiertheit", „multiple Kontexte", „multiple Perspektiven", die Berücksichtigung des „sozialen Kontextes" (Gerstenmaier & Mandl, 1994, S. 37f.), vor allem aber die Lerneraktivierung (Krapp & Weidenmann, 2001) gefordert und auch inzwischen praktiziert wird, stoßen diese Konzept in China in der Regel auf Unverständnis.

Denn in der chinesischen Tradition wird Lernen mit der Entenmast (Weggel, 2002, S. 45) verglichen, was das Einpauken von Faktenwissen in den Mittelpunkt des Lernprozesses stellt.

„Ist Lernen und das Gelernte immer wieder zu wiederholen nicht wunderbar!?" (Weggel, 2002, S. 44), heißt es bei *Lun-yu*. Und der Ausdruck für das Lernen – *jin-xin* – steht für das Lernen „bis zum Umfallen" (Weggel, 2002, S. 47), ein sich „im Lernen verausgaben" (Weggel, 2002, S. 45) und ist geprägt von der Tradition im kaiserlichen China, in der die Beamten sich in ihrer Ausbildung einem permanenten Drill mit ständigen Prüfungen auszusetzen hatten, um in der Hierarchie nicht abzusteigen. Dieser Auffassung vom Lernen steht das Analysieren – *ken gu* – gegenüber, das sich mit „am Knochen herumnagen" übersetzen lässt (Weggel, 2002, S. 117) und einen eher geringen Stellenwert hat. Verstärkt wird diese Auffassung noch zusätzlich durch die starke kollektivistische Prägung der chinesischen Kultur, die Anpassung und Harmonie in der Gruppe wesentlich mehr schätzt als jede Form von Individualismus, Spontaneität und Kreativität (Gan, 1997; Gernet, 1988).

4 Interkulturelles Knowledge Media Design der dritten Ordnung

Das interkulturelle Knowledge Media Design der dritten Ordnung basiert auf der intensiven Begegnung mit einer Kultur und ihren Menschen. Während sich das interkulturelle Knowledge Media Design der ersten Ordnung mit Kulturen auf der Zeichenebene analysierend und wahrnehmend auseinandersetzt und das der zweiten Ordnung mit dem sozialen Verhalten in einer Haltung der Analyse und des Verstehens, geht das Knowledge Media Design der dritten Ordnung weiter. Es sucht den unmittelbaren Zugang zur fremden Kultur durch eine Haltung der Empathie, die auf dem existentiellen Erleben der Lebenswirklichkeit dieser Kultur beruht. Während man bei den ersten beiden Stufen noch Distanz halten und sich rein kognitiv nähern kann, muss diese Erkenntnishaltung auf der dritten Stufe ergänzt werden durch das gemeinsame Handeln, das nach Maturana und Varela (1987) die notwendige Voraussetzung für die Erkenntnis ist.

Im interkulturellen Knowledge Media Design der dritten Ordnung ist es das Ziel, die Welt mit den Augen des Anderen zu sehen und dadurch eine humane Begegnung der Kulturen zu ermöglichen. Das Sich-Einlassen auf den Anderen kann dazu führen, dass sich mehr ereignet, als die Zeichen oder sozialen Wertsysteme der fremden Kultur wahrzunehmen. Es kann dazu führen, dass die andere Kultur zum Teil zur eigenen Kultur wird und die Kommunikation nicht nur vor dem eigenen kulturellen Hintergrund geschieht, sondern auch auf der Folie der jeweils anderen Kultur selbst.

Theo Sundermeier hat in Anknüpfung an die Forschungen von Tzvetan Todorov (1982) vier Modelle der Begegnung mit dem Fremden definiert. Der erste Typus ist der, den Fremden als eigentlich Gleichen wahrzunehmen, der höchstens vorübergehend fremd ist. Dieses Modell basiert auf dem Gleichheitsprinzip, dessen Grundlage die Menschenwürde ist. „Kulturelle Unterschiede, religiöse Differenzen, rassische Fremdheiten können und dürfen nicht zählen, auch wenn sie im faktischen Umgang miteinander eine Rolle spielen und im Verstehensprozess beachtet und in ihrer Bedeutung gewichtet werden müssen." (Sundermeier, 1996, S. 129f.) Doch eigentlich negiert dieses Modell die Fremdheit und ermöglicht deshalb auch nicht ein Verstehen einer vermeintlich nicht vorhandenen Andersartigkeit.

Im zweiten Modell – dem Alteritätsmodell – respektiert man die Andersartigkeit und strebt nicht die kulturelle oder zivilisatorische Gleichheit der Menschen an. „Es geht darum, die Vielfalt wahrzunehmen und in ihr die Andersheit des anderen zu akzeptieren und den Verstehensprozess zu initiieren. Dass Fremdheit Angst weckt und Neugier, sind Alltagserfahrungen, die beachtet werden müssen." (Sundermeier, 1996, S. 130) Allerdings führt die „einseitige Betonung der asymmetrischen dualen Begegnung" (Sundermeier, 1996, S. 130) dazu, dass die Trennung bestehen bleibt und es keinen echten dialogischen Austausch gibt.

Das dritte Modell – das Komplementaritätsmodell – sieht den Anderen als Ergänzung und Erweiterung der eigenen Person und der eigenen Kultur an. Somit wird es zum Material, das die eigene Kultur erweitert. Für Sundermeier ist dies eine typisch abendländische Wahrnehmungsweise „Das Fremde kann offenbar als Fremdes nicht wahrgenommen werden. Wohin der Europäer auch blickt, er schaut in einen Spiegel und sieht den anderen als Spiegelbild seiner selbst oder aber spiegelverkehrt, als die Negation seiner selbst. [...] Die daraus folgende ethische Haltung dem Fremden gegenüber lautet: Assimilation oder Unterwerfung, resp. Vernichtung. In Beidem war das Abendland effektiv." (Sundermeier, 1996, S. 24) Der Fremde wird zum „alter ego in positiver oder negativer Gestalt". (Sundermeier, 1996, S. 24)

In Abgrenzung zu den ersten drei Modellen schlägt Sundermeier ein viertes Modell der Begegnung mit dem Fremden vor, das sogenannte Frontmodell, „das zum Verstehen führt, indem ein Dreifaches festgehalten wird: Die Identitäten der sich Begegnenden, ihre unaufkündbare Zusammengehörigkeit und ein Aufeinanderangewiesensein, das zur Anerkennung führt. Das kommt der Verwirklichung eines Paradoxes gleich: Bei sich selbst und gleichzeitig beim Fremden sein, Fremdheit akzeptieren, die dennoch Vertrautheit nicht unmöglich macht, Distanz halten, die Nähe ist und ein Mitsein mit dem anderen einschließt." (Sundermeier, 1996, S. 132)

Sundermeiers Modell basiert auf dem buddhistischen Ansatz der Kyoto-Schule (Nishintani, 1982, S. 4ff.), der über die Definition des Begriffs *sunyata*[16] die Beziehung zweier Dinge zueinander veranschaulicht. „Wenn zwei Zimmer A und B durch eine Wand (W) abgeteilt sind [...], so ist die Wand (W) eine unentbehrliche Komponente beider Zimmer, da ein Zimmer ohne Wände nicht möglich ist." (Yagi, 1988, S. 23)

In diesem buddhistischen Modell der „Front-Struktur" (Yagi, 1988) wird die Beziehung von Kulturen als bewegliche Wand angesehen, wobei das deutsche Wort „Front", das auch im japanischen Originaltext verwendet wird, im komplexen Bedeutungszusammenhang verstanden werden muss: die repräsentative Gebäudefront, das menschliche Gesicht, aber auch die militärische Front. Die folgende Abbildung (Sundermeier, 1996, S. 133) verdeutlicht dieses Konzept: die eigene Konstitution und Identität hängt von dem Vorhandensein des Anderen ab, die Wand trennt und verbindet zugleich, sie verdeutlicht sowohl Differenz als auch Zusammengehörigkeit. Sie ist durchlässig, verbindet und trennt zugleich. Es findet ein Austausch statt, aber keine Synthese. So wird der Fremde zum Mitkonstituenten der eigenen Wirklichkeit.

---

16. *sunyata* ist einer der zentralen Begriffe des buddhistischen Denkens. Wörtlich bedeutet *sunyata* Leerheit, Nullheit, bezeichnet aber im buddhistischen Denken Non-Substantialität alles Seienden: Nichts hat den zureichenden Grund in sich selbst. (Yagi, 1988, S. 23)

Wand (W)

a	b
A	B

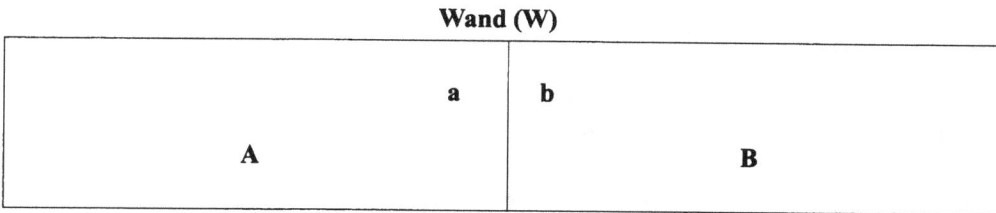

Abb. 12: Modell nach Sundermeier, 1996, S. 133.

Diese Begegnung ist von starker Empathie geprägt und von einer Haltung der Hörenden und Lernenden auf der Basis von Geduld und Bescheidenheit (Sundermeier, 1996, S. 165). Die Grundlage davon ist der grenzenlose Respekt vor der Andersartigkeit. „Respekt kennt noch das Erstaunen über den Anderen und Fremden. Im Erstaunen schlägt mein Herz. Staunen ist die Mutter der Philosophie, sagen die Griechen. Das Erstaunen jedoch ist der Urgrund der Hermeneutik. Im Erstaunen bin ich offen für das Geringe, Unansehnliche und entdecke darin Andersartigkeit, Schönheit, Vielfalt. Wer erstaunt ist, kann Dissonanzen gelassen ertragen und sucht nicht vorschnell nach Harmonie, denn auch die Dissonanz gehört zum vollen Klang des Lebens." (Sundermeier, 1996, S. 184f.)

Wir sagten schon, dass dieses empathische Verstehen letztlich nur durch gemeinsames Handel möglich ist und dies bedeutet, dass ich das Milieu, die gelebte Lebenswirklichkeit des Anderen aufsuche und mich auf sie einlasse. Dabei erlebe ich den Menschen einer fremden Kultur aber nicht nur als Teil seiner Kultur, sondern auch als Individuum, das zwar kulturell geprägt ist, aber mir auch in seiner Einzigartigkeit begegnet. Aber gerade darin ist es mir möglich, die konkret gelebte, „angewandte" Kultur kennenzulernen. Sundermeier (1996, S. 144) spricht vom „Raum des Verstehens", dessen intensivstes Ereignis das *Fest* als „andere Seite des Alltags" (S. 146), die entgrenzte Begegnung ist.

Eine Weise der Begegnung liegt im Dialog, wie er von Buber (1994), Bohm (1998), Isaacs (2002), Hartkemeyer, Hartkemeyer & Dhority (1998) als eine Form des „Miteinander Denkens" (Hartkemeyer, Hartkemeyer & Dhority, 1998) entwickelt worden ist. Dialog bedeutet, eine lernende Haltung des Zuhörens und Nachfragens im Gespräch und der Begegnung einzunehmen und nicht darüber zu streiten, wie die Dinge sind und wer Recht hat, sondern welche geistigen und kulturellen Wurzeln und Erfahrungen hinter den Ansichten, Meinungen und Aussagen des Dialogpartners stecken. „Der Dialog befasst sich mit den Denkprozessen hinter den Annahmen, nicht mit den Annahmen selbst." (Bohm, 1998, S. 36)

Hartkemeyer, Hartkemeyer & Dhortity (1998, S. 78ff.) haben die zehn Kernfähigkeiten im Dialog beschrieben:

1. Die Haltung eines Lerners verkörpern
In der Rolle des Lerners, der nicht weiß, sondern lernen und erkennen will, erreiche ich eine Offenheit, die Vorurteile und Verstehensraster bewusst ablegt, um aus einer Haltung des „Anfängergeistes" (Suzuki, 2002) heraus die Dinge neu wahrzunehmen. Das Gegenteil dieser Haltung ist die Arroganz, vom Lateinischen a-rogare (nicht fragen).

2. Radikaler Respekt

Radikaler Respekt bedeutet, die Position des Anderen „in ihrem Wesen als legitim anzuerken-nen", was soweit führen kann, „dass wir uns vorstellen können, wir würden genau so denken und handeln, wie er – wenn wir genau sein Leben hätten leben müssen, sein Schicksal erfahren hätten" (Hartkemeyer, Hartkemeyer & Dhority, 1998, S. 79). Und aus dieser Position heraus erfährt auch der Partner die eigene Weltsicht. Die Grenze des oben beschriebenen Front-Modells bleibt zwar bestehen, bewegt und verwandelt sich allerdings in der dialogischen Begegnung.

3. Offenheit

Offenheit bedeutet, dass ich mich und meine Lebens- und Kulturwirklichkeit dem Anderen mitteile, wo ich mich von meinen eigenen Überzeugungen bewusst löse und bereit bin, mich auf das Abenteuer einzulassen, Neues zu erleben und zu denken. Die Grundlage hierfür ist das Vertrauen, das wachsen muss.

4. „Sprich von Herzen"

Diese Kernfähigkeit ist aus der Tradition der Indianer Nordamerikas und der Tradition ihrer Zusammenkünfte (*councils*) übernommen worden und bedeutet ein authentisches Reden, das Reden von dem, „was mir wirklich wichtig ist, was mich wesentlich angeht" (Hartkemeyer, Hartkemeyer & Dhority, 1998, S. 80).

5. Zuhören

Hiermit ist nicht bloße Aufnahme von Informationen gemeint, sondern das aktive, mitfüh-lende Zuhören, das konzentrierte Wahrnehmen dessen, was der Andere sagt und lebt und die gleichzeitige Beobachtung dessen, was dabei in mir emotional und kognitiv geschieht. Es ist auch ein *Zwischen-den-Zeilen-Hören*, das verändernde Kraft hat (Hartkemeyer, Hartkemeyer & Dhority, 1998, S. 83).

6. Verlangsamung

Die authentische Begegnung braucht Zeit, viel Zeit und Ruhe. „Wenn wir das Denken beob-achten wollen, müssen wir versuchen, es zu verlangsamen." (Hartkemeyer, Hartkemeyer & Dhority, 1998, S. 84) Deshalb ist die empathische Begegnung mit Menschen fremder Kultu-ren nur möglich, wenn sie einen zeitlichen Raum hat, in dem Vertrauen wachsen kann.

7. Annahmen und Bewertungen „suspendieren"

Die systemische Kommunikationstheorie unterscheidet zwischen der Beobachtung und der Interpretation dessen, was wir erleben und wahrnehmen. Aufgrund von Vorerfahrungen, Ein-stellungen, impliziten Werten und Erwartungen interpretieren wir unbewusst, d.h., wir neh-men die Wirklichkeit nicht so wahr, wie sie ist, sondern konstruieren sie für uns ständig neu (Maturana, 1987; Watzlawick, 1978). Der Versuch, sich dessen bewusst zu werden und zu beobachten statt zu bewerten gibt die Möglichkeit, die eigene Wirklichkeitskonstruktion als solche zu erkennen und sich ihrer Relativität bewusst zu werden.

8. Produktives Plädieren

„Die wesentliche Botschaft eines produktiven Plädierens liegt in folgender Haltung: Ich kann die Situation nur aus meiner Perspektive sehen, die begrenzt ist durch meine Filter und mein *mentales Modell*. Ich glaube nicht, dass meine Sichtweise die einzig mögliche ist, um das zu erklären, was los ist. Ich lade euch ein, teilzuhaben an meinen Beobachtungen, Gedanken und Interessen, und möchte eure mit berücksichtigen. Gemeinsam werden wir sicher ein Bild über die Situation gewinnen, das vollständiger ist als das, zu dem ich allein in der Lage wäre." (Hartkemeyer, Hartkemeyer & Dhority, 1998, S. 92)

9. Eine erkundende Haltung üben

Stets dazu bereit sein, Neues zu entdecken, genau hinzusehen und nachzufragen sowie eine erforschende Offenheit bieten Gelegenheit zur Erkundung der Lebenswirklichkeit des Anderen.

10. Den Beobachter beobachten

Sich selbst zu beobachten, während wir beobachten, führt nicht nur dazu, dass wir uns besser kennenlernen, sondern führt auch dazu, dass sich die beobachteten Gedanken verändern (Hartkemeyer, Hartkemeyer & Dhority, 1998, S. 94). Es ist die Reflexion der eigenen Denk- und Erlebensprozesse auf einer Metaebene, die es ermöglicht, einen Abstand zur eigenen Sichtweise, zu eigenen Emotionen und Verhaltensweisen einzunehmen, um diese besser zu verstehen.

Das interkulturelle Knowledge Media Design gestaltet aus dieser inneren dialogischen und empathischen Haltung heraus Informationsprodukte für die Menschen fremder Kulturen. Es ist die höchste Form des Knowledge Media Designs, aber auch die anspruchsvollste, weil sie Zeit und Kraft braucht – und Begegnung. Sie ist aber auch gerade deshalb so lohnenswert, weil eben nicht mehr für eine *fremde* Kultur gestaltet wird, sondern für eine Kultur, die wenigstens teilweise zur eigenen Lebenswirklichkeit geworden ist.

5 Fazit

Interkulturelles Knowledge Media Design ist eine äußerst anspruchsvolle Tätigkeit, die sowohl Kenntnisse, Wissen, Erfahrung und Fertigkeiten voraussetzt als auch Empathie, Leidenschaft und Lernbereitschaft. Es reicht in der globalisierten Weltgemeinschaft eben nicht mehr aus, Informations- und Lernprodukte in fremde Sprachen zu übersetzen und die äußerliche Gestaltung ein wenig anzupassen, denn das Verstehen dieser Produkte findet nicht nur auf der kognitiven Ebene statt, sondern stets auch vor dem Hintergrund der eigenen kulturellen Erlebenswirklichkeit, die bestimmt ist von Emotionen, tiefgreifenden Erfahrungen und oft unbewussten Wertesystemen.

Dass diese anspruchsvolle Aufgabe zugleich aber auch eine extrem befriedigende und bereichernde Aufgabe ist, sollte durch diesen Artikel deutlich geworden sein.

6   Literatur

Adler, Nancy J. (2002). International dimensions of organizational behaviour. Cincinnati, Ohio: South-Western/Thomson Learning.

Barber, Wendy & Badre, Albert (1998). Culturability. The Merging of Culture and Usability. *http://www.research.att.com/conf/hfweb/proceedings/barber* (Zugriff: 12.05.2005).

Bardi, Anat & Schwartz Shalom H. (2003). Values and Behavior. Strength an Structure of Relations. In: PSPB. Vol. 29, No. 10. October 2003, pp. 1207–1220.

Barthes, Roland (2003). Mythen des Alltags. Frankfurt a.M. Suhrkamp.

Bateson, Gregory (1985). Ökologie des Geistes. Anthropologische, psychologische, biologische und epistemologische Perspektiven. Frankfurt a.M.: Suhrkamp.

Baumgartner, Valentina-Johanna (2003). A Practical Set of Cultural Dimensions for Global User-Interface Analysis and Design. Graz. *http://mavas.at/val/publications00.asp*, (Zugriff: 19.6.2005).

Bilsky, W. & Koch, M. (2000). On the content and structure of values: Universals or methodological artefacts? Paper presented at the Fifth International Conference on Logic and Methodology, October 3–6, 2000. Cologne, Germany.

Bohm, David (1998). Der Dialog. Das offene Gespräch am Ende der Diskussionen. Stuttgart: Klett-Cotta.

Brake, Terence; Walker, Danielle Medina & Walker, Thomas Tim (1995). Doing Business Internationally. New York: McGraw-Hill.

Buber, Martin (1994). Das dialogische Prinzip. 7. Aufl. Darmstadt: Wissenschaftliche Buchgesellschaft.

Cassirer, Ernst A. (1994). Philosophie der symbolischen Formen. 2. Aufl. Darmstadt: Wissenschaftliche Buchgesellschaft.

Coe, Marlana (1996). Human Factors for Technical Communicators. New York: John Wiley.

Condon, John C. & Yousef, Fathi S. (1981). An Introduction to Intercultural Communication. Indianapolis: Bobbs-Merrill.

Cooper, J. C. (1978). An Illustrated Encyclopedia of Traditional Symbols. London: Thames and Hudson.

Demorgon, J. & Molz, M. (1996). Bedingungen und Auswirkungen der Analyse von Kultur(en) und interkulturellen Interaktionen. In: Thomas, A. (Hg.). Psychologie interkulturellen Handelns. Göttingen: Hogrefe. S. 43–86.

DUDEN (2001). Herkunftswörterbuch. Etymologie der deutschen Sprache. 3. Aufl. Mannheim: Dudenverlag.

Faul, Stephanie (1994). Xenophobe's guide to the Americans. London: Oral Books.

Fernandes, Tony (1995). Global Interface Design. A Guide to Designing International User Interfaces. San Diego, CA: Academic Press.

Frutinger, Adrian (1978). Der Mensch und seine Zeichen. Wiesbaden: Fourier.

Galo, E. del (1990). Internationalisation and translation. Some guidelines fort he design of human-computer interfaces. In: Nielsen, J. (ed.). Designing User Interfaces for International Use. Amsterdam: Elsevier.

Gan, Shaoping (1997). Die chinesische Philosophie. Darmstadt: Wissenschaftliche Buchgesellschaft.

Gelfert, Hans-Dieter (2002). Typisch amerikanisch. München: Beck.

Gernet, Jacques (1988). Die chinesische Welt. Frankfurt a.M.: Suhrkamp.

Gerstenmaier, Jochen & Mandl, Heinz (1994). Wissenserwerb unter konstruktivistischer Perspektive. München: LMU.

Gould, Emilie W.; Zakaria, Norhayati & Yusof, Shafiz Affendi Mohd (2000). Applying Culture to Website Design. A Comparison of Malaysian and US Websites. In: *Jones*, Susan B. & *Moeller*, Beth Weise & *Priestley*, Michael & *Long*, Bernadette (eds.). Proceedings of IEEE Professional Communication Society International Professional Communication Conference and Proceedings of the 18th Annual ACM International Conference on Computer Documentation. Technology & Teamwork, Cambridge, Massachusetts, USA, September 24–27, 2000. IEEE 2000, pp. 161–171.

Hall, Edward T. (1989). Beyond culture. New York: Doubleday.

Hall, Edward T. (1990). The hidden dimension. New York: Anchor Books.

Hall, Edward Twitchell & Reed Hall, Mildred (1990). Understanding Cultural Differentes. Germans, French and Americans. Yarmouth, ME: Intercultural Press.

Hampden-Turner, Charles & Trompenaars, Fons (1993). The Seven Cultures of Capitalism. Value systems for Creating Wealth in the United States, Britain, Japan, Germany, France, Sweden and The Netherlands. New York: Doubleday.

Hartkemeyer, Martina; Hartkemeyer, Johannes F. & Dhority, L. Freeman (1998). Miteinander Denken. Das Geheimnis des Dialogs. Stuttgart: Klett-Cotta.

Helfman, E. S. (1967). Signs and Symbols Around the World. New York: Lothrop, Lee & Shepard Company.

Hofsteede, Geert (2001). Lokales Denken, globales Handeln. 2. Aufl. München: Beck.

Horton, W. (1994). The Icon Book. Visual Symbols for Computer Systems and Documentation. New York: John Wiley & Sons.

Inglehart, Ronald & Baker, Wane E. (2000). Modernization, cultural change, and the persistence of traditional values. In: American Sociological Review, 2000, Vol. 65, pp. 19–51. *http://wvs.isr.umich.edu/papers/19-51_in.pdf* (Zugriff: 19.6.2005)

Inglehart, Ronald; Basañez, Miguel & Moreno, Alejandro (1998). Juman Values and Beliefs. Michigan: The University of Michigan Press.

Isaacs, William (2002). Dialog als Kunst gemeinsam zu denken. Bergisch-Gladbach: EHP.

Keller, Rudi (1994). Sprachwandel. 2. Aufl. Tübingen: Francke.

Kluckhohn, Florence Rockwood & Strodtbeck, Fred L. (1961). Variations in value orientations. Evanston: Row, Peterson.

Krapp, Andreas & Weidenmann, Bernd (Hg.) (2001). Pädagogische Psychologie. Ein Lehrbuch. 4. Aufl. Weinheim: Beltz.

Kresse, Doro & Feldmann, Georg (1999). Handbuch der Gesten. Wien/München: Deuticke.

Kroeber, A. L. & Kluckhohn, C. (1952). Culture. A critical review of concepts and definitions. Cambridge, Vol. 47 (1).

Lévinas, Emmanuel (1987). Die Spur des Anderen. Untersuchungen zur Phänomenologie und Sozialphilosophie. 2. Aufl. Freiburg/München: Alber.

Levine, Robert (2001). Eine Landkarte der Zeit. Wie Kulturen mit Zeit umgehen. München/Zürich: Piper.

Lewis, D. Richard (2000). Handbuch internationale Kompetenz. Frankfurt a.M.: Campus.

Marcus, Aaron (2001). Cross-Cultural User-Interface Design for Work, Home, Play, and on the Way, In: SIGDOC '01, October 21–24, 2001, proceedings, pp. 221–222.

Marcus, Aaron & Gould, Emilie West (2000). Crosscurrents. Cultural Dimensions and Global Web User-Interface Design. In: Interactions, July/August 2000, pp. 32–46.

Maturana, Humberto R. & Varela, Francisco J. (1987). Der Baum der Erkenntnis. Bern: Scherz.

Mohler, P. P. & Wohn, K. (2005). Persönliche Wertorientierung im European Social Survey. ZUMA-Arbeitsbericht Nr. 2005/01. Mannheim.

Nishintani, Keiji (1982). Ku to Soku. In: Saisagu, M. (Hg.). Bukkyo Shiso (Buddhistische Gedanken). Tokyo: Risosha. Bd. 5.

Noltenius, Rainer (1984). Dichterfeiern in Deutschland. Rezeptionsgeschichte als Sozialgeschichte. München: Fink.

Parsons, Talcott (1987). Talcott Parsons on institutions and social evolutions. Selected Writings. Edited by Leon R. Mayhew, Chicago: University of Chicago Press.

Rousseau, Jean-Jacques (1998). Emile oder Über die Erziehung. Stuttgart: UTB

Schwartz, Shalom H. (1999a). A Theory of Cultural Values and Some Implications for Work. In: Applied Psychology. An International Review, Vol. 48 (1), pp. 24 f.

Schwartz, Shalom H. (1999b). Cultural Values and Work. In: Applied psychology. An International Review, Vol. 49 (1), pp. 24 ff.

Sheppard, Charles & Scholtz, Jean (1999). The Effects of Cultural Markers on Web Site Use. *http://zing.ncsl.nist.gov/hfweb/proceedings/sheppard* (Zugriff: 28.7.2004).

Sun, Huantong (2001). Building a culturally-competent corporate web site. An exploratory study of cultural markers in multilingual web design. In: Proceedings of the 19th annual international conference on Computer documentation. Sante Fe, New Mexico, USA.

Sundermeier, Theo (1996). Den Fremden verstehen. Eine praktische Hermeneutik. Göttingen: Vandenhoeck.

Suzuki, Shunryu (2002). Zen-Geist, Anfänger-Geist. Berlin: Theseus.

Thissen, Frank (2005) (in print). Do Web Sites Represent Cultural Dimensions? Culture and Interface Design.

Thomas, A. (2003). Kultur und Kulturstandards. In: Thomas, A. et al. (Hg.). Handbuch Interkulturelle Kommunikation und Kooperation. Bd. 1. Göttingen. Vandenhoeck & Ruprecht.

Todorov, Tzvetan (1982). Die Eroberung Amerikas. Das Problem des Anderen. Frankfurt a.M.: Suhrkamp.

Trompenaars, Fons & Hampden-Turner (1993). Riding the Waves of Culture. Understanding Cultural Diversity in Business. London: Nicholas Brealey.

Valentina-Johanna Baumgartner (2003). A Practical Set of Cultural Dimensions for Global User-Interface Analysis and Design. Graz. *http://mavas.at/val/de/ausbildung05_diplomarbeit00.asp* (Zugriff: 28.5.2005).

Victor, David A. Cross-Cultural Awareness. In: The ABA Guide to International Business Negotiations. pp. 30–61 *http://www.negotiations.com/Demo/ibndemo.pdf* (Zugriff: 28.5.2005).

Vondung, Klaus (Hg.) (1976). Das wilhelminische Bildungsbürgertum. Zur Sozialgeschichte seiner Ideen. Göttingen: Vandenhoeck & Ruprecht.

Wanning, Esther (1992). Culture Shock! USA. London: Kuperard.

Watzlawick, Paul (1978). Wie wirklich ist die Wirklichkeit? München: Piper.

Watzlawick, Paul; Beavin, Janet H. & Jackson, Don D. (1996). Menschliche Kommunikation. 9. Aufl. Bern: Huber.

Weggel, Oskar (2002). China. 5. Aufl. München: Beck.

Whittick, Arnold (1960). Symbols, signs and their meaning. London: Leonard Hill.

William Horton (1994). The Icon Book. Visual Symbols for Computer Systems and Documentation. New York: John Wiley & Sons.

Wright, Quincy (1955). The Study of International Relations. New York: Appleton-Century-Crofts.

Yagi, Seiichi (1988). Die Front-Struktur als Brücke vom buddhistischen zum christlichen Denken. München: Chr. Kaiser.

Information design and cultural understanding

Carla G. Spinillo

This paper attempts to give the topic "information design for understanding" a broaden sense. It takes the point of view in which to make a message understandable, one – in fact – needs to know, to consider and to respect the intended audience and their cultural background. Accordingly, we assume that information design not only regards the information words, graphs, diagrams and images may convey but also, the cultural messages they communicate. In the view of that, this paper focuses on the *cultural understanding* of information design. It initially highlights the design process as a participatory practice; and what to take into account in order to produce responsible and effective design. Then, we will look at the cultural appropriateness of information design; and finally, to bring the discussion to the research ground, we will briefly present some findings of a study on the effectiveness of visual instructions on how to use male and female condoms conducted in Brazil.

Before going further, it is important to stress that, though the issues discussed here may also apply to verbal and schematic modes of symbolization, the examples presented regard the use of images in communication as our work mostly concern the pictorial language.

1 The design process

Let us begin by presenting a concept for information design. According to IIID, "information design is the defining, planning, and shaping of the contents of a message and the environments it is presented in with the intention of achieving particular objectives in relation to the needs of users" (*http://www.iiid.net*). Thus, we may conclude that information design moulds the content and the graphic presentation of a message whether verbal, pictorial or schematic, in a way that readers – the information users – play a major role in the design process.

The design process is an interactive and non-linear procedure (Zwaga, Boersema & Hoonhout, 1999). Depending on the complexity of the message to be represented, the design process may involve distinct expertise – such as applied researchers, technical writers – and it certainly requires the participation of the client and readers to achieve its communicational aims. Thus, the design process demands an attitude of cooperation between the designer and the parties involved in such process. The designer can be said to have the role of "information manager", working with the information provided by the client and taking into account the readers' characteristics and needs. In addition, the designer has to manage constraints of time and budget. As an information manager, the designer has to make decisions not only about the graphic presentation but also about the content of a message. How complete a content should be, is a crucial issue. The content of a message can be considered complete to the extent that the necessary and appropriate information is represented to make it understandable to the reader. The degree of completeness is decided by the parties involved in the design process, who might consider constraints posed by readers' profile as well as costs and characteristics of the artefact (e.g. leaflet, package) and its circumstances of use.

2   A responsible and effective design

In order to produce a responsible and effective design, three aspects of readers' domain should be taken into account: their information needs, their familiarity with and acceptability of the graphic presentation. These are considered relevant because a representation of a message which does not meet readers' information needs and uses unfamiliar or inadequate features can jeopardise it success in communicating (e.g. Spaulding, 1956; Fuglesang, 1973; Bratt, 1978). As an attempting to illustrate this, figure 1 shows a diagram in which the information content and graphic presentation of a message are surrounded by the readers' effects.

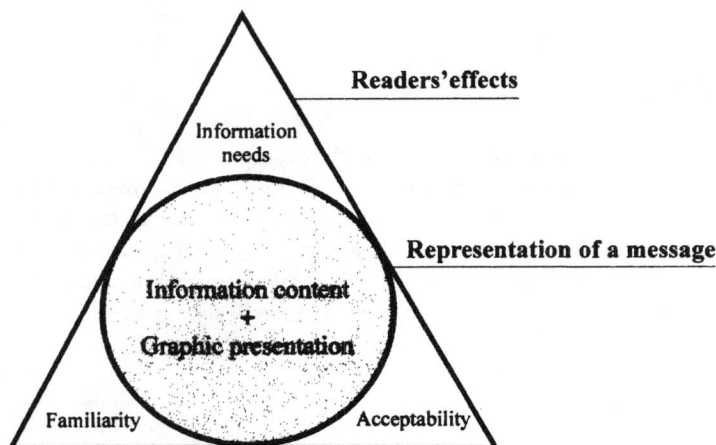

Fig. 1:   *The representation of a message and the readers' effects.*

It is important to stress that, readers' attitudes towards a message, which involves attention, motivation as well as cognitive and performance skills are also of great relevance to the effectiveness of information design, and therefore should be taken into account in the design process (e.g. Fleming, 1987; Wogalter, DeJoy & Laughery, 1999; Wright, 1999).

2.1 Readers' information needs

Regarding readers' information needs, they involve looking at how much readers already know about the topic that will be represented, as well as how readers would respond to it. The latter may provide designers with information about unexpected aspects of the message comprehension. For instance, in instructional design, by observing the operation of a device, the designer can be aware of possible errors that may occur when the procedure is carried out, or of hazardous situations that might be involved in the performance of the steps. This is in agreement with Richards (2000), when discussing the design of users' documentation: "Knowing something of the users' expectations and the working context is therefore essential to designers of handbooks, and the diagrams they contain, as indeed it is with all instructional material" (p. 89).

Being aware of readers' information needs may help designers to make decisions on the completeness of the content and its graphic representation. In this way, the risk of having too little or too much information in the message representation may be avoided.

2.2 Familiarity with the graphic presentation

Another aspect that plays an important part in message comprehension is readers' familiarity with graphic features, which is related to their characteristics, such as age, culture, training and interests (e.g. Cahill, 1975, 1976; Goldsmith, 1984; Linney, 1995; Gombrich, 1999; Spinillo & Dyson, 2001). Readers' experience with symbolic devices, for instance, may determine the success or failure of a pictorial message in communicating.

In case of sequence of pictures – such as comic strips and visual instructions –, readers must be acquainted with the notion of sequencing implied by the series of pictures, as well as with the orientation proposed for the pictures, to be able to "read" the sequence (e.g. Cook, 1980; Liddel, 1996). For instance, Dreyfuss (1972) comments that in South Africa a sequence of three pictures instructing a certain group of mine workers on keeping the mine tracks free of rocks, (figure 2) was designed to be read according to our Western writing system (from left to right). However, the workers it was intended to are used to a different writing system, in which the reading direction is from right to left... Thus, by not taking into account readers' familiarity with the direction of reading proposed, the message was understood as "dumping the stones on the track". This demonstrates how mistakenly a message representation can be, when its efficacy is taken for granted, overlooking constraints that may be posed by readers.

Fig. 2:   *Pictorial sequence on collecting stones from the mine tracks (Dreyfuss, 1972, p. 79).*

2.3   Acceptability of the graphic presentation

The graphic representation of a message may also play an affective role in communication. This relates to readers' preference as well as to the socio-cultural values implied in the message design (e.g. Levie & Lentz, 1982; De Lange & Hugo, 1999; Van der Waarde, 1999; Spinillo, 2002). For instance, Garland's project in Egypt (1982) reports that pictorial messages may provoke negative emotional responses from the intended audience when they are not in agreement with readers' cultural customs. Similarly, in a study with South African children, De Lange and Hugo (1999) found that readers, although understanding the message, tend to prefer pictures adapted to their culture.

To best realize the effect of culture on the efficacy of messages, let us look at some pictures of Garland's project in the 1980's about women healthcare in Egypt. The first picture shows a Muslim woman being examined by a nurse (figure 3a). Its audience (female Muslim community) has no difficulties in understand the picture. However, it was not well accepted by them as it is not in agreement with the women's religious attitudes. The picture was not considered appropriated for the reason that it showed too much of the woman's body, and the pictorial context does not observe the privacy required to such medical situation. In addition, they found the nurse not properly represented as so, and her position in relation to the patient not accurate. Based on the women's responses to this picture, several adjustments were made to reach a satisfactory version. As a result, the Muslim woman is now depicted with the legs partially covered by a long dress, and with her *dark* hair covered with a veil. The nurse wears gloves, a hat, and has her hair tied – these modifications were also required for hygiene reasons. A curtain was also added to the picture background to make privacy evident as it happens in real situation (figure 3b).

Fig. 3:   *a) Picture about women healthcare in Egypt (Garland, 1982, p. 71)*
               b) Re-designed picture about women healthcare in Egypt (Garland, 1982, p. 71).

These examples show that pictorial representations, even when understood, may not have a positive response from readers if the representation is not culturally appropriate or does not correspond to readers' expectations. As a result, a pictorial representation may be unwelcome, or its credibility questioned.

The use of humour in pictorial representation is another example of how a message design affects its acceptability by readers. Although humour is intended to amuse readers, making the message more attractive, it may have communicational implications. Dudley and Haaland (1993) comment that people can feel patronised if educational messages are conveyed in a cartoon-like presentation with "funny" characters. They can be seen by adults as not representing the message with the seriousness expected, which may affect its credibility. For instance, the use of anthropomorphic figures in instructional material seems to amuse rather than instruct readers. To illustrate this, let us see a picture (figure 4) published in a book on visual instructions by Mijksenaar and Westendorp (1999). The picture warns users about the maintenance of photocopy machines. In the foreground, it shows the machine with (a) a "troubled face" being pushed away, (b) a black cross above this image and (c) a red arrow on the right, pointing to the lower part of the machine. We should ask how effective this image is to convey the message "do not push the machine by the top side, but by the bottom side". The same picture, at the background, shows the machine with an "unpleasant face" making a "stop gesture" with its hand pointing towards three "agitated" fixing tools. Again, we should ask how effective this image is to convey the message "do not fix yourself the photocopy machine" – or would it be the message "do not use these tools to fix the machine"? Well – to figure out the exact meaning of these depictions, readers should indeed make an effort (or take a guess) to interpret such "displeased photocopy machine".

Fig. 4:   *The "displeased photocopy machine" (Mijksenaar & Westendorp, 1999, p. 61).*

Thus, if humour is to be used to represent a message, the designer should consider its communicational implications, as its misuse will possibly do more harm than good to the proposed message (Pettersson, 1999).

The issue of acceptability is therefore important, not only because it may affect the success of a message in communicating, but also because it is part of the designers' social responsibility.

3   Cultural appropriateness of information design

The designer social responsibility involves making decisions about cultural, racial, and gender aspects in the pictorial representation, which may affect readers' acceptance of such representations. Intentionally or not, the designer uses stereotypes to represent people, professions and social situations through pictures. For instance, how can a "man/woman" be represented without a certain type of hair, facial features and clothes being portrayed? These are cultural and racial attributes, which the designer attaches to the representation, whether consciously or otherwise. In this sense, there seems to be no "neutral", "cultureless" or "general" pictures, as pointed out by Twyman (1985) when discussing pictorial language.

For argument sake, let us illustrate this with an example from NASA (*www.nasa.gov*) space communication efforts. In the 1980's the Voyager project sent several pictures to outer space to inform alien civilizations about mankind. In an attempt to be "neutral" some of these pictures show outline colourless drawings and silhouette drawings. The one depicting life evolution on earth, for instance, shows – from bottom to top – fishes, reptiles, a bird, a mammal, and humans represented by an undressed couple. Despite the effort one may make (not only aliens!) in order to understand this image as an evolution line, the reader is supposed to follow the sequence from bottom to top to understand the message, otherwise it could be interpreted as "life in earth begun with humans, who evolved into fishes". It is also interesting to note that, the depicted couple in the picture is clearly a Caucasian couple. In addition, the woman has her hand up in a gesture of "Hello". Although the intention was of sending a cultureless image, it depicted in fact a couple with particular racial features, doing a very Western gesture of salutation. Thus, one may wonder what impression such pictorial message would make on visitors from an alien culture who happened to land their aircraft on Papua New Guinea. They probably would say: "Ups! Wrong planet!" when seeing native warriors with their dark skin, black hair and colourful costumes.

Other pictures of the Voyager show silhouette drawings of family age, a man and a pregnant woman; and a hunting scene. Considering that, not only aliens, but any person not familiarised with silhouette drawings might not be able to infer the intended meaning from these images… They will, perhaps, see them as meaningless black spots… Style of illustration is another important aspect in pictorial communication as certain image styles may lack information which would make it possible for readers to interpret them.

NASA is not alone in attempting to communicate through "neutral" images. In everyday life, we can find several cases like this, whether in sign systems, educational books, or instructional material. For instance, Smith-Jackson and Wogalter (2000) in their paper on safety information research report that in a U.S. shipment of grain sent to Kurd villages, a pictogram for poison (the skull and crossbones) was displayed on the seed packages to communicate hard hazards and toxicity. As this warning pictogram was not part of their visual repertoire, it was associated to a U.S. company logo by the villagers. As a result, several people got poised by eating the seeds. This is a fine example of how dangerous the misinterpretation of an image can be, if it is not culturally appropriate to its audience.

4   Research perspective

Now, to bring the discussion to the research ground I would like to briefly present some findings of a study carried out on the effectiveness of pictorial instructions – named Procedural Pictorial Sequences, PPSs (Spinillo, 2000) – in the Information Design Research Group at The Federal University of Pernambuco, Brazil. The study looked at the comprehension of PPSs on using male and female condoms by adults with low level of literacy in Brazil. These methods of contraception and prevention of STDs (Sexually Transmitted Diseases) and AIDS are distributed among the poor population by the Brazilian government.

The study examined 54 pictorial sequences on using the male condom and 17 on using the female condom. The results showed drawbacks in the pictorial sequences design whether regarding the representation of conditional situations or the omission of relevant information to the task performance, both may affect comprehension of the pictorial sequences. Among the sequences analysed, some are particularly worth commenting here as they relate to cultural understanding. Before going further, let us acknowledge that these procedures concern a sensitive theme that may involve taboos and prejudice. Hence, it is not easy to find the appropriate design approach to the message. In an attempt to avoid or minimise possible distress caused by the theme, some of the PPSs on male condoms analysed made use of humour and visual metaphors to represent the procedure. An interesting example of the former is a PPS (figure 5) in which the procedure is performed by funny lively characters. As the man's body does not appear in the pictures, it results in a representation without context, to say the least. In addition, the misuse of partial depiction makes the pictures seem unfinished (and quite bizarre!). In other PPS (figure 5) the designer used visual metaphor in which the male condom is put on a banana (!). It is interesting to note that the texts accompanying the pictures do not refer to bananas… but to the real situation.

In these examples, readers' cultural values are indeed considered by designers when representing the procedures. However, the alternatives found are not satisfactory as they may jeopardise effectiveness in communicating. Thus, the great design challenge is not only in considering the readers' cultural aspects, but in putting together in a balanced way, readers' information needs and the cultural appropriateness of a message.

Regarding the PPSs on female condom, the use of visual codes to convey detailed information about the procedure is an interesting aspect. In the majority of the sequences analysed, sectional views of the woman's body were employed to show how to place the condom. Such technical drawing requires a sophisticated visual repertoire, what is not common among women with low level of literacy in Brazil. Thus, misinterpretation of the pictures might occur as they, again, were not in accordance with the audience profile.

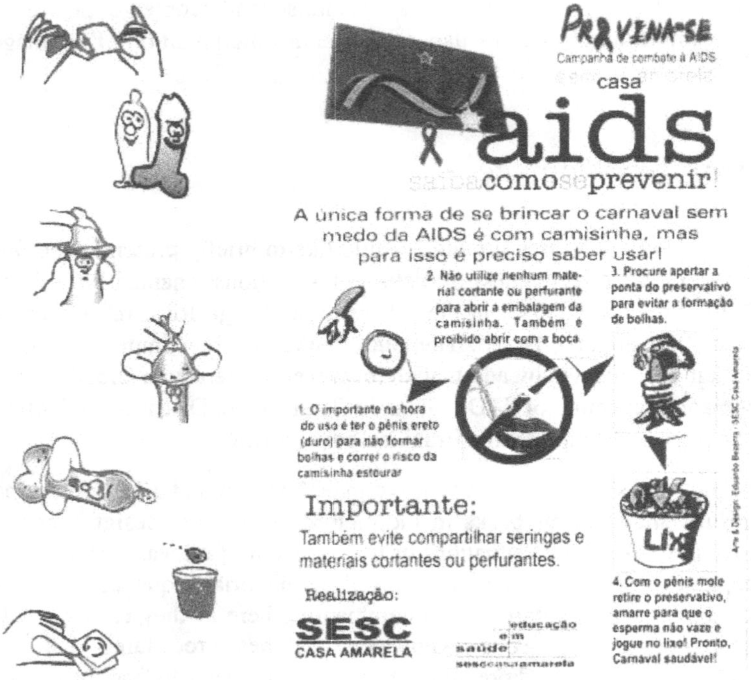

Fig. 5:   *Examples of the use of humour and visual metaphor in PPSs.*

5   Final remarks

Considering all the aspects discussed here, we could conclude that the representation of a message is a complex issue, which involves not only aspects of its information content and graphic presentation but also constraints posed by readers' characteristics. Communicational drawbacks can be a result of weaknesses in the message design as well as of overlooking readers' effects on its graphic representation. In any case, to design successfully two prime actions should be taken. First, readers should be involved in the design process to ensure the outcomes meet their needs. Second, and equally important, the designed material should be tested to verify readers' understanding and acceptance of the representation proposed. Making assumptions about readers' responses may jeopardize its success in communicating. Overconfidence about a graphic representation based only on designers' expertise may be an arrogant and patronising way of designing.

Finally, to be socially responsible the designer should adapt the message representation to the differences and particularities of the audience, in respect of their cultural characteristics. In this sense, it can be said that the internationalisation of graphic representations may be perhaps a communicational goal not easy to achieve. The globalisation of graphic material is not only a matter of effectiveness, but cultural appropriateness, as stated by Frascara (2000):

"In information design today, I see the great challenges not being those posed by the need for efficiency: the great challenges are to recognize, respect and adapt to cultural differences' (p.126)." Let us push further by claiming that for a cultural understanding of information design we should customise the message design by acknowledging our cultural diversity. We should design with an *accent*, a cultural accent.

6   References

Bratt, J. (1978). Pictorial prescription labels. *Educational Broadcasting International*, 2/3, pp. 143–148.

Cahill, M.-C. (1975). Interpretability of graphic symbols as a function of context and experience factors. *Journal of Applied Psychology*, 60/3, pp. 376–380.

Cahill, M.-C. (1976). Design features of graphic symbols varying in interpretability. *Perceptual and Motor Skills*, 42, pp. 647–653.

Cook, B. L. (1980). Picture communication in Papua New Guinea. *Educational Broadcasting International*, 13/2, pp. 78–83.

De Lange, R. W. & Hugo, J. (1999). *The efficacy of pictures as a cueing agent in an assessment test*. Paper presented in The 5th International Symposium on Verbo-visual Literacy: Information Design Eskilstuna, Sweden.

Dreyfuss, H. (1972). *Symbol Sourcebook: an authoritative guide to international graphic symbols*. New York: McGraw-Hill.

Dudley, E. & Haaland, A. (1993). *Communicating building for safety*. London: Intermediate Technology Publications.

Fleming, M. L. (1987). Displays and communication. In R. M. Gagne (Ed.), *Instructional Technology Foundations* (pp. 233–260). Hillsdale, N. J.: Erlbaum.

Frascara, J. (2000). Information design and cultural difference. *Information Design Journal*, 9, 2/3, pp. 119–127.

Fuglesang, A. (1973). *Applied communication in developing countries: ideas and observations*. Uppsala, Sweden: The Dag Hammarskjold Foundation.

Garland, K. (1982). The use of short term feedback in the preparation of technical and instructional illustration. In E. Goldsmith (Ed.), *Research in illustration: conference proceedings part II*, 6 (pp. 73–80). Brighton: Brighton Polytechnic.

Goldsmith, E. (1984). *Research into illustration: an approach and a review*. Cambridge: Cambridge University Press.

Gombrich, E. H. (1999). *The uses of images: studies in the social function of art and visual communication*. London: Phaidon Press.

Levie, W. H. & Lentz, R. (1982). Effects of text illustration: a review of research. *Educational Communication Technology Journal*, 30/4, pp. 195–232.

Liddel, C. (1996). Every picture tells a story: South African and British children interpreting pictures. *British Journal of Developmental Psychology*, 14/3, pp. 355–363.

Linney, B. (1995). *Pictures, people and power: people-centred visual aids for development*. London: Macmillan Education Ltd.

Mijksennar. P. & Westendorp, P. (1999). *Open here: the art of instructional design*. London: Thames and Hudson.

Pettersson, R. (1999). Attention: an information design perspective. *Proceeding of the Vision Plus 6, Drawing the Process: visual planning and explaining*. Vienna.

Richards, C. (2000). Getting the picture: diagram design and the information revolution. *Information Design Journal*, 9, 2/3, pp. 87–110.

Smith-Jackson, T. L. & Wogalter, M. S.(2000). Application of cultural ergonomics to safety information research. *Proceedings of the 14th Triennial Conference of IEA/HFES*, 2000. pp. 150–153.

Spaulding, S. (1956). Communication potential of pictorial illustrations. *AV Communication Review*, 4/1, pp. 31–46.

Spinillo, C. (2000). *An analytical approach to procedural pictorial sequences*. Unpublished PhD. Thesis. Department of Typography & Graphic Communication, The University of Reading, UK.

Spinillo, C. (2002). Are visual instructions successful messages? Some considerations in the analysis of procedural pictorial sequences. *Visual Literacy in Message Design, Selected Readings of the International Visual Literacy Association*, pp. 1–10.

Spinillo, C. & Dyson, M. (2001). An exploratory study of reading procedural pictorial sequences. *Information Design Journal*, No 10, v. 2, pp. 154–168.

Twyman, M. (1985). Using pictorial language: a discussion of the dimensions of the problem. In T. M. Dufty & R. Waller (Eds.), *Designing usable texts*. Orlando, Florida: Academic Press, pp. 245–312.

Waarde, K. van der (1999). The graphic presentation of patient package inserts. In H. J. G Zwaga, T. Boersema & H. C. M. Hoonhout (Eds.), *Visual Information for everyday use: design and research perspectives* (pp. 75–81). London: Taylor & Francis.

Wogalter, M. S.; DeJoy, D. & Laughery, K. (1999). (Eds.), *Warnings and risk communication*. London: Taylor & Francis.

Wright. P. (1999). Printed instructions: can research make a difference? In H. J. G Zwaga, T. Boersema, H. C. M. Hoonhout (Eds.), *Visual Information for everyday use: design and research perspectives*. London: Taylor & Francis, pp. 45–67.

Zwaga, H. J. G.; Boersema, T. & Hoonhout, H. C. M. (1999). By way of introduction: guide-lines and design specifications in information design. In H. J. G Zwaga, T. Boersema & H. C. M. Hoonhout (Eds.), *Visual Information for everyday use: design and research perspectives* (pp. XVII–XXXIV). London: Taylor & Francis.

III. Praxis

Einleitung
Wissensmedien in Aktion

Maximilian Eibl

1 Ausgangspunkte

Ähnlich wie im Methodik-Teil behandelt auch der Praxisteil Themen im Spannungsfeld zwischen Mensch und Computer. Zentrale Fragestellungen sind hier: Wie kann die Handhabung des Computers durch den Menschen optimiert werden? Wo liegt die Grenze in der Aufgabenteilung: Welches Wissen kann im Computer sinnvoll repräsentiert werden, und wo eignet er sich besser, um Metawissen über den Kenntnisstand von Menschen zu verwalten? Wie kann der Computer eingesetzt werden, um Wissen zu vermitteln? Wie kann der Computer sinnvoll als Schnittstelle zwischen kooperierenden Menschen eingesetzt werden?

2 Die Beiträge im Einzelnen

Zu diesen Fragestellungen werden exemplarisch Ansätze und Lösungen aus den Disziplinen Informatik, Didaktik, Design und Psychologie vorgestellt. Die Beiträge beschreiben Erfahrungen mit in den letzten Jahren entstandenen Systemen, die sich durchgängig in der Praxis bewährt haben. Interessant werden die beschriebenen Ansätze aber vor allem dadurch, dass sie auf sehr innovativen Ideen basieren und gegenüber dem Forschungs-Mainstream zum Teil recht unorthodoxe Wege beschreiten.

Ein gutes Beispiel für einen solchen unorthodoxen Ansatz ist das *Das Knowledge Broker Network* von **Udo Bleimann**, dem geschäftsführenden Direktor des Instituts für Angewandte Informatik der FH Darmstadt (aida), und **Robert Löw**. Während die üblichen aktuellen Systeme zum Wissensmanagement nur allzu oft die Fehler der frühen Künstlichen Intelligenz mit ihren Expertensystemen wiederholen und versuchen, menschliches Wissen möglichst vollständig eins-zu-eins auf dem Computer zu modellieren, haben sie erkannt, dass dies so nicht möglich ist. Zu flüchtig, veränderlich und assoziativ ist das Wissen, als dass eine strenge Formalisierung sinnvoll erscheint. Bleimann und Löw gehen daher einen anderen Weg. Sie beschreiben nicht: „Was weiß man?", sondern „Wer weiß was?", wobei die eigentliche assoziativ-kreativ operierende Informationseinheit bei ihnen nicht etwa der Computer wird. Vielmehr steht der Mensch als *Information Broker* im Mittelpunkt, der innerhalb einer großen Firma, beispielsweise als Ansprechpartner für Probleme, zur Verfügung steht. Er kann diese Probleme zwar nicht lösen, weiß aber genau, wer es kann – eine institutionalisierte Tratsch-Ecke sozusagen, die logische Konsequenz aus dem von Arbeitspsychologen längst bewiesenen Vorteil von Kaffeeküchen in Betrieben. Um sich dieses notwendige Metawissen über laufende Projekte und Mitarbeiterkompetenzen anzueignen, um als Ansprechpartner zur Verfügung zu stehen, um fehlende Kompetenzen zu eruieren und um die einzelnen Kompetenzfelder intellektuell-assoziativ miteinander in Verbindung zu bringen, steht ihm der Computer als Werkzeug zur Verfügung.

Während Bleimann und Löw sich mit der Frage beschäftigen, wie vorhandenes Wissen genutzt und erhalten werden kann, befassen sich die beiden folgenden Beiträge mit der Wissenskonstruktion in der Lehre. **Franz Kluge**, Professor für Design und neue Medien an der FH Trier, und **Marcus Haberkorn** beschreiben in ihrem Beitrag *Handlungsfeld E-Learning: Akzeptanz und Resonanz, Integration und Transfer am Beispiel von movii – moving images & interfaces* Wege, mit Hilfe der Synergie von Didaktik und Design die üblichen Akzeptanzprobleme herkömmlicher Lehr- und Lernsysteme zu überwinden. In der Folge ist auch das zunächst augenfälligste Merkmal des Systems *movii* die ansprechende Gestaltung. Dennoch sehen die Autoren die Aufgaben des Designs nicht nur in einer attraktiven Gestaltung, sondern gehen von einem erweiterten Design-Verständnis aus: gestalterisches Design, IT-Design, Kommunikations-Design, didaktisches Design, Interaktions-Design vereinen sich bei movii zum synergetisch-integrativen Konzept des Mediendesigns.

Designs für audiovisuelle Hypermedien – Kognitive und kollaborative Perspektiven betiteln **Carmen Zahn, Uwe Ostermeier** und **Matthias Finke** vom Forschungszentrum für Wissensmedien der Universität Tübingen ihren Beitrag. Sie stellen ihn ebenfalls in den Kontext Wissenserwerb und beschreiben zwei unterschiedliche Design-Perspektiven: Zum einen zeichnen sie den kognitionspsychologischen Blick auf den individuellen Wissenserwerb, zum anderen untersuchen sie die sozio-kognitive Perspektive auf die gemeinschaftlich-kooperative Wissenskonstruktion. Die Autoren beschreiben die psychologisch-pädagogischen Grundlagen zu den beiden Perspektiven des Wissenserwerbs und zeigen die Umsetzungsmöglichkeiten anhand des Anwendungsbeispiels audiovisueller Hypermedien bzw. Hypervideos. Analog zu Hypertext bietet Hypervideo verschiedene Videoclips an, die untereinander verknüpft sind. So wird die Navigation zwischen den einzelnen Videofragmenten ermöglicht, aber auch andere Interaktionsformen wie das Aufrufen von Annotationen zu bestimmten Szeneobjekten oder Detailansichten zu einzelnen Bildelementen werden realisierbar. Abgerundet wird der Beitrag durch ein ausgeprägtes empirisches Fundament, welches theoretisch-wissenschaftliche Grundlagen und exemplarische Anwendungen verbindet.

Ein anderer Vertreter eines stark empirisch geprägten Ansatzes ist **Harald Reiterer,** Leiter der Arbeitsgruppe Mensch-Computer-Interaktion an der Universität Konstanz. Er beschäftigt sich seit einiger Zeit sehr erfolgreich mit den Vorteilen von Visualisierung zur Exploration großer Datenmengen. Und eben dort, wo die meisten der in den letzten 15 Jahren produzierten Ideen der Informationsvisualisierung scheiterten und publikationstechnisch in der Versenkung verschwanden, beginnt Reiterer: Sämtliche aus seinem Haus stammenden Visualisierungen müssen sich von Anfang an strengen empirischen Nutzertests unterziehen. Diese Vorgehensweise ist zweifelsohne Reiterers Herkunft aus der Evaluationstheorie geschuldet. In seinem Beitrag *Visuelle Exploration Digitaler Datenbestände* befasst er sich mit den Vorteilen und Möglichkeiten von Visualisierung bei der Gewinnung von Wissen und Erkenntnis aus großen Datenbeständen. Er geht dabei speziell auf die Gestaltungsmöglichkeiten von Informationssystemen ein und stellt sie in den Kontext der Wissensverarbeitung. Als eigentliche Kernfrage wird hier die Problematik identifiziert, in großen Datenbeständen einerseits genügend generelle Information für eine allgemeine Orientierung zu bekommen, andererseits aber auch genügend detaillierte Information für eine genaue Interpretation zu einzelnen Datensätzen zu zeigen. Reiterers Ansatz weicht dabei interessanterweise von klassischen Fokus-Kontext-Darstellungen wie Split-Windows oder Level-of-Detail-Verzerrungen ab, indem er sich auf das semantische Zooming stützt. Die Interaktionsmetapher basiert auf der Arbeit an großen Schaubildern: Der Anwender tritt an das Schaubild heran, um Details zu erkennen, und tritt zurück, um das Gesamtbild zu betrachten.

Den Abschluss des Praxisteils wie auch des gesamten Buches bildet der Beitrag *The Knowledge Media Design Institute: An Adventure in Interdisciplinarity* von **Gale Moore** und **Ron Baecker** vom Knowledge Media Design Institute (KMDI) der Universität Toronto. Dieser Beitrag fällt innerhalb des Praxisteils etwas aus dem Rahmen, da hier kein spezielles System beschrieben wird, sondern gleich der Werdegang eines ganzen Instituts. Dieses wurde 1998 nach dreijährigem Vorlauf offiziell an der University of Toronto, Canada, etabliert und ist neben dem Knowledge Media Institute der Open University in Milton Keynes, England, eine der ältesten Institutionen im KMD-Bereich. Wie so oft hinkt die deutsche Forschungslandschaft hier hinterher, fand der Terminus KMD doch erst mit der Gründung des KMD-Forums 2003 in Deutschland Einzug. Der Leser wird hoffentlich den etwas anekdotischen Kommentar verzeihen, dass die Gründer des Forums bei der Definition ihrer Ziele noch keine Ahnung von der Existenz dieses Instituts hatten und erst bei der anschließenden Recherche darauf stießen, dass hier bereits Vorarbeiten existieren. Glücklich traf sich dabei die inhaltliche Ähnlichkeit beider Unternehmungen: sowohl Art und Umfang der Interdisziplinarität sowie Zielsetzung und Inhalte decken sich weitgehend. Moores und Baekers Beitrag beweisen die internationale Anschlussfähigkeit von Knowledge Media Design und machen Mut für weitere Anstrengungen in diesem interessanten Arbeitsfeld.

Das Knowledge Broker Network

Udo Bleimann, Robert Löw

Der Beitrag geht aus von der Frage „Wie kann man Wissen effizient kommunizieren?" hervor. Er schlägt eine neue Möglichkeit für das innerbetriebliche Knowledge Management vor, die Mensch-Mensch-Kommunikation. Die Lösung besteht nicht in der Interaktion eines Benutzers mit einem möglichst intelligenten System, sondern in der Kommunikation zwischen Menschen, die von intelligenten Systemen unterstützt werden. Der „Knowledge Broker" stellt von der Grundidee her ein hybrides Mensch-Maschine-System dar. Die Maschine entlastet hierbei den Knowledge Broker soweit als möglich – einen Großteil der Tätigkeiten muss jedoch der Mensch übernehmen, der flexibler und kreativer Entscheidungen treffen kann. Suche nach Informationen und Kommunikation zwischen Personen wird durch den Knowledge Broker unterstützt und damit eine innerbetriebliche Wissensvermittlung tatsächlich und nicht nur theoretisch ermöglicht.

1   Einleitung

Eine unüberschaubare Menge an Informationen und Informationsdiensten bieten das Internet und firmeninterne IT-Systeme an. Die Halbwertszeit dieser Informationen wird immer geringer, d.h., eben noch neues Wissen ist kurz darauf schon wieder veraltet. Die Bereitschaft der Mitarbeiter, mit Systemen zur Verwaltung des „Unternehmenswissens" zu arbeiten, ist oft nur gering (Bullinger, Wörner & Pieto, 1998), obwohl allen Beteiligten klar ist, dass Wissen eine grundlegende Voraussetzung für effektives Handeln ist (Senge, 2001).

Die theoretisch günstigste Herangehensweise bei der Suche nach Problemlösungen ist die strukturierte Suche nach entsprechenden Informationen in Dokumenten. Wir gehen davon aus, dass man die Lösung komplexerer Probleme nicht allein in Dokumenten finden, sondern letztlich nur in Zusammenarbeit mit anderen Personen erarbeiten kann.

Das hier beschriebene Forschungsprojekt wurde 2001 in internationaler Partnerschaft gestartet. Die zentrale Idee, Menschen Hilfestellung zur Bewältigung anfallender Aufgaben durch ein hybrides Mensch-Maschine-System anzubieten, findet sich gleichermaßen in den drei Teilprojekten „Personal Assistant Network (PAN)" (Loew, Bleimann et al., 2002), „eGovern-

ment – Mentor für die Kommunikation zwischen Bürger und Behörde" und dem hier
beschriebenen „Knowledge Broker Network (KBN)" als Unternehmenslösung wieder.

Der Beitrag erläutert zunächst, wie Wissen kommuniziert und effizient verwaltet werden kann
und stellt dann unser Konzept des „Knowledge Broker Network" dar. Abschließend werden
eine prototypische Realisierung und verwandte Entwicklungen vorgestellt.

2   Was ist Wissen?

Unter *Wissen* verstehen wir „Informationen im Zusammenhang mit Menschen", während
Informationen unabhängig vom Menschen „Daten in einem Kontext" darstellen und somit
auch entsprechend gespeichert werden können.

Menschliches Verstehen erzeugt aus Daten Informationen und ordnet diese einem Kontext zu.
Es reicht also nicht aus, Daten einfach mittels Dokumenten in einem IT-System verfügbar zu
machen. Erst die auf die Bedürfnisse eines Mitarbeiters eingehende Aufbereitung der Informationen, d.h. die Möglichkeit des Einordnens in seinen Kontext, macht diese für ihn zu
einem wertvollen Gut.

Unsere Auffassung von Wissen schließt das sogenannte explizite Wissen (z.B. in Büchern)
aus. Viele Autoren sehen dies anders (z.B. Wiegand, 1996 oder Nonaka & Takeuchi, 1995).
Andere Autoren trennen hier nicht so scharf: „Entstehung und Anwendung von Wissen findet
im Kopf statt. Wissen ist in Dokumenten, Routinen, Prozessen, Praktiken und Normen enthalten" (Davenport & Prusak, 2000). Probst u.a. stützen unsere Sicht: „Wissen ist die Gesamtheit
der Kenntnisse und Fähigkeiten, die Individuen zur Lösung von Problemen einsetzen. Wissen
stützt sich auf Daten und Informationen, ist im Gegensatz zu diesen jedoch an Personen
gebunden" (Probst, 1997).

2.1   Wie wird Wissen kommuniziert?

Weitergabe von Wissen in Schriftform

Bei der „Wissens"-Weitergabe in Schriftform, d.h. bei der Externalisierung durch einen Autor
und der darauf folgenden Internalisierung durch einen Interessenten, also durch das Lesen
und Einordnen des Textes in den Kontext des Lesers, sehen wir eine ganze Reihe von Problemen:

* Fehlende Interaktionsmöglichkeiten (Asmus & Stephan, 2000).
* Hoher Zeitaufwand für den Autor hinsichtlich der Erstellung und evtl. Pflege.
* Eine falsche Interpretation durch den Leser ist möglich und wird nicht erkannt.
* Der Autor geht von seinem Verständnis aus und lässt aus seiner Sicht triviale Teile weg.

Weiterhin können auch psychologische Probleme bei der Artikulation des eigenen Wissens hinzukommen:

- Fehlende Bereitschaft, Wissen verfügbar, und sich selbst dadurch überflüssig zu machen.
- Ängste, fehlerhafte Informationen zu liefern oder Fehler bei Rechtschreibung und Grammatik zu machen.
- Angst vor Überwachung durch Vorgesetzte und Kollegen.

Weitergabe von Wissen durch Interaktion zwischen Menschen

Der von Nonaka & Takeuchi (1995) als Sozialisation bezeichnete Prozess, bei dem Personen direkt miteinander kommunizieren, kann sowohl in Form artikulierter Kommunikation als auch durch Nachahmen erfolgen – wobei die Weitergabe insbesondere von handwerklichem Know How häufig einen relativ kleinen Anteil artikulierter Kommunikation enthält. Die reine Sozialisation zur Weitergabe von Wissen hat aber auch große Nachteile:

- Wie finde ich den richtigen Kommunikationspartner?
- Die Weitergabe von Wissen ist später nicht mehr nachvollziehbar.

Kombination von Interaktion und Schriftform

Eine optimale Lösung beschreiben Nonaka & Takeuchi (1995) nun in der Schleife aus den vier Wissensprozessen: Zuerst wird bei der Sozialisation ein Sachzusammenhang durch Personeninteraktion weitergegeben und durch die Weitergabe immer exakter durchdacht. Danach werden die Zusammenhänge schriftlich niedergelegt und damit externalisiert. Nun kann ein Kombinationsprozess zur Umformung geschehen (dies ist unseres Erachtens nicht unbedingt notwendig). Interessierte Personen können externalisierte Informationen internalisieren und in ihren eigenen Kontext einordnen. Folgt nun eine weitere Sozialisation – im idealen Fall zwischen dem Interessenten und dem ursprünglichen Autor – so werden einige der o.g. Schwachstellen sowohl der rein schriftlichen Wissensweitergabe als auch der direkten persönlichen Interaktion eliminiert.

2.2   Verwaltung von Wissen?

Je größer ein Unternehmen wird, desto schwieriger wird die Verwaltung des „Unternehmenswissens". Ein „Knowledge Management System (KMS)" für ein Unternehmen entsteht i.d.R. nicht auf einer „grünen Wiese", sondern auf Basis bereits vorhandener IT-Systeme (Föcker, Goesmann & Striemer, 1999). Prinzipiell wäre es nun denkbar, alle firmenrelevanten Informationen innerhalb dieser Systeme zu verwalten.

Da wir unter Wissen Informationen im Kontext eines Menschen verstehen, ist ein „Knowledge Management System" ohne die Beteiligung von Menschen nicht möglich. Folglich bezeichnen wir solche Systeme als „Information Management System (IMS)".

In einem solchen Unternehmens-IMS können auch Kontext-Informationen verwaltet werden, z.B. Beziehungen zwischen Informationen, beispielsweise durch Hyperlinks zwischen Dokumenten bzw. Teilen von Dokumenten.

Eine sehr flexible Möglichkeit zur Darstellung von Beziehungen zwischen Informationseinheiten stellen Ontologien dar, die wiederum mittels semantischer Netze abgebildet werden können.

Zur Implementation eines Unternehmens-IMS empfehlen wir den Aufbau einer Art Lexikon der unternehmensrelevanten Objekte in Form eines semantischen Netzes, das mit den bereits vorhandenen IT-Systemen verknüpft wird. Beispielsweise können Personaldaten aus dem entsprechenden Modul der Personaldatenverwaltung mit dem IMS verknüpft werden, so dass diese weiterhin in der Personalverwaltung gepflegt werden können.

Eine große Hürde bleibt im Unternehmensalltag nach wie vor der hohe Zeitaufwand für die Abfassung von Dokumenten und deren regelmäßige Aktualisierung. Auch die oben aufgeführten psychologischen Probleme werden durch die Kombination von Sozialisation und Artikulation/Internalisierung nicht gelöst. Einen großen Fortschritt in Richtung einer Unternehmenslösung stellt sicherlich die starke Reduktion der in Systeme einzupflegenden Informationen dar. Hier erscheint uns die Beschränkung auf reine *Metainformationen* sinnvoll. Zu diesen Metainformationen zählen dann insbesondere Informationen darüber, welcher Mitarbeiter zu welchen Themengebieten über Erfahrungen verfügt.

3   Das Knowledge Broker Network

Die grundsätzliche Idee des KBN ist: Jeder Mitarbeiter eines Unternehmens kann sich mit seinen Problemstellungen an einen Knowledge Broker (KB) wenden. Dieser findet für den Anfragenden einen oder mehrere andere Mitarbeiter („Experten") heraus, die bei der Problemlösung behilflich sein können.

An allen Standorten des Unternehmens, wo kreative Prozesse ablaufen (z.B. Produktentwicklung), sollten KBs positioniert sein. Um auch auf Fragestellungen außerhalb ihres fachlichen Schwerpunkts Antworten geben zu können, stehen alle KBs eines Unternehmens miteinander in Kontakt – sie bilden das Knowledge Broker Network (KBN). Ist ein KB nicht in der Lage, einen Experten für ein Thema zu finden, so fragt er über ein spezielles Kommunikationssystem bei seinen Broker-Kollegen nach.

Das in 2.2 vorgeschlagene Unternehmens-IMS als „Lexikon der unternehmensrelevanten Begriffe" wird von den KBs in Form eines semantischen Netzes gepflegt. Innerhalb des IMS werden weiterhin die Interessensprofile der Mitarbeiter gepflegt, die auch zur Identifizierung von Experten dienen. Bei der Pflege des Profils wird ein Mitarbeiter von seinem KB unterstützt, kann aber einen Großteil des Profils auch eigenverantwortlich pflegen. Teile des Profils verweisen hierbei auf Objekte, die im IMS von den KBs gepflegt werden – so erhält der Mitarbeiter auch Zugriff auf ein vorgegebenes Vokabular. Teilbereiche des IMS können von Mitarbeitern selbständig erweitert werden (insofern sie dazu berechtigt sind, was wiederum in dem Bereich sinnvoll ist, in dem ein Mitarbeiter als Experte eingestuft wurde).

In Abbildung 1 wird das Knowledge Broker Network und die Vorgehensweise beispielhaft dargestellt:

- Interessentin wendet sich mit einer Problemstellung an KB a.
- KB a fragt nach bei seinen Kollegen KB b und KB c.
- KB c identifiziert einen Experten und kontaktiert ihn.
- Der Experte nimmt Kontakt zur Interessentin auf.

Abb. 1:   *Knowledge Broker Network.*

3.1   Mensch – Maschine – Kooperation

Zur Entlastung der Knowledge Broker werden Anfragen an diese in den ersten Schritten bzw. wann immer möglich von einem automatisierten System beantwortet – der KB ist also ein Hybrid-System mit einer automatisierten und einer menschlichen Komponente.

Einen Großteil der typischen Fragen in Unternehmen kann man mit Hilfe einer Art interaktiven FAQ beantworten: „Suche Experte zu Themengebiet ...!", „Gibt es ein Projekt im Bereich ...?". Weitere automatisierte Antworten kann der Interessent durch eine gut gestaltete Navigation im IMS erhalten (siehe auch unseren Prototyp im Abschnitt 4).

Zentrale Fragen unseres Konzeptes sind:

•   Ab welchem Zeitpunkt sollte einem Suchenden die Kontaktaufnahme zum (menschlichen) KB angeboten werden?
•   Sollte zwischen verschiedenen Benutzer-Kategorien unterschieden werden und wie?

Es ist offensichtlich, dass sich Unternehmens-Mitarbeiter sehr verschieden verhalten, abhängig von Vorbildung, Status im Unternehmen, Dringlichkeit etc. Hierüber sollten also Daten erhoben werden, um Suchende in einem Benutzer-Profil „Typisieren" zu können, z.B. durch Auswertung der bereits im IMS zurückgelegten Schritte mittels eines Tracking-Systems.

Das Tracking-System erfasst die Navigation eines Benutzers innerhalb des IMS. Bewegt sich der Benutzer innerhalb eines Themengebietes (was in einem semantischen Netz relativ einfach durch die Entfernung zwischen den bereits angewählten Knoten und dem als Zentralknoten eines Themengebiets gekennzeichneten Knoten ermittelt werden kann), so wird die Anzahl der Navigationsschritte mitgezählt.

Zur Typisierung stehen im unternehmensinternen Einsatz schon viele Informationen über den Benutzer zur Verfügung: das Interessensprofil des Mitarbeiters und seine Rolle im Unternehmen bzw. Position in der Hierarchie. Der Status einer Person beeinflusst sicherlich stark die Anzahl der zurückzulegenden Schritte bis zur möglichen Kontaktaufnahme mit einem KB. In der Regel wird diese Schrittzahl kleiner, je höher die Person positioniert ist. Ebenso kann die Auswahl des zur Kontaktaufnahme angebotenen KBs durch die Rolle des Mitarbeiters beeinflusst werden. So kann z.B. in höheren Positionen durch das Konzept „one face to the customer" einem Mitarbeiter fest ein KB quasi als Assistent zugeordnet werden.

Mit Hilfe des Interessensprofils kann überprüft werden, ob ein Mitarbeiter innerhalb eines Themengebiets navigiert, in dem er selbst als Experte gilt. Hierfür ist die Wahrscheinlichkeit eher gering, dass er in diesem Fall Interesse an der Kontaktaufnahme zu einem KB hat. Folglich wird diese Möglichkeit dem Mitarbeiter nur mit geringer Priorität angezeigt.

Die von uns angestrebte weitere Typisierung in ein Raster aus sieben bis zehn Personentypen, die dann vom IT-System automatisch vorgenommen und immer weiter verfeinert werden kann, ist stark vom Unternehmensziel abhängig. Ein erarbeiteter Kriterienkatalog kann bei der Ermittlung der Personentypen in einem Unternehmen als Hilfestellung verwendet werden. Bei der Umsetzung des KBN-Konzepts in einem konkreten Unternehmen wird dann jeder Mitarbeiter einem Personentyp zugeordnet. Dies kann im ersten Schritt automatisch erfolgen. Die Optimierung geschieht sowohl durch das System als auch durch die Knowledge Broker selbst, die die mit ihnen in Kontakt stehenden Mitarbeiter beurteilen können – dies ist i.d.R. besser als ein Automatismus.

3.2   Experten Communities

Erkennt das Kommunikationssystem des KBN über eine Vielzahl von Anfragen eine Interessenshäufung, kann es die Bildung einer Community zu diesem Themengebiet vorschlagen. Eine solche Community sollte von einem Menschen gegründet werden, d.h. idealerweise von einem KB mit ähnlichem Themenschwerpunkt. Mit Hilfe der Interessensprofile (abgelegt im IMS) wird eine Liste mit potenziellen Interessenten erstellt, die dann vom KB zum Beitritt zur Community eingeladen werden.

Die Erfahrung mit Communities im Internet zeigt, dass es relativ einfach ist, eine Community zu einem Thema aufzubauen. Nach kurzer Zeit nimmt dann aber das Interesse der Beteiligten ab. Deshalb ist die Pflege der Community sehr wichtig, z.B. durch Einladen neuer Mitglieder. Dabei ist für den KB die zentrale, moderierende Rolle vorgesehen.

Besitzt das Thema der Community eine hohe Relevanz im Unternehmen, so sollten neben rein elektronischen Kommunikationswegen auch persönliche Treffen, beispielsweise durch regelmäßige Konferenzen, angeboten werden. Dies erhöht die Akzeptanz der Community und fördert den regen Austausch zwischen den Mitgliedern.

4 Prototyp für das Portal der FH Darmstadt

Eine Umfrage unter Studierenden und Mitarbeitern ergab, dass auf der bisherigen Website der Fachhochschule Darmstadt ca. 70% der Befragten bei der Beantwortung komplexer Fragen nicht zum Ziel kamen. Dies war der Ausgangspunkt für die prototypische Realisierung eines KBN für ein neues Portal der FH Darmstadt, das mittels der Struktur eines semantischen Netzes ein FH-IMS aufbaut. Ziele sind die Gewinnung von Erfahrungen und die Optimierung des gesamten Konzeptes.

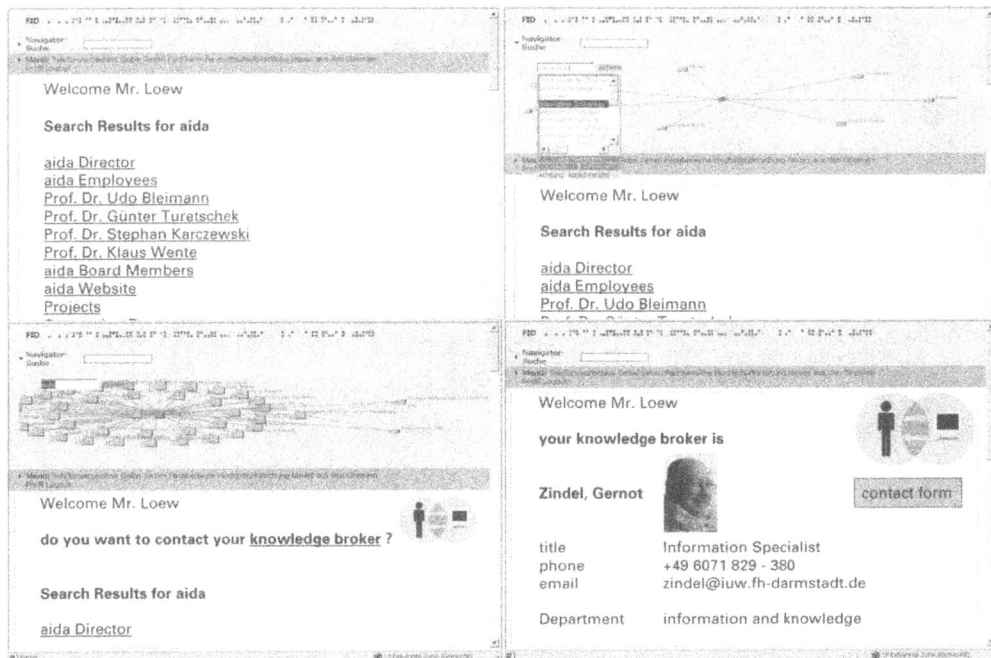

Abb. 2: *KBN-Prototyp, integriert in das Portal der FH Darmstadt.*

Jeder Benutzer kann wie mit einer Standard-Internet-Suchmaschine suchen (siehe Abbildung 2, links oben) oder auch grafisch durch das IMS navigieren (siehe Abbildung 2, rechts oben). Hat der Benutzer eine gewisse Anzahl von Navigationsschritten unternommen, wird ihm eine Kontaktaufnahme zu einem KB angeboten (siehe Abbildung 2, links unten). Je nach Themengebiet wird ein KB identifiziert und dessen Kontaktinformationen auf Wunsch angezeigt, so dass der Benutzer Kontakt zu dem KB aufnehmen kann (siehe Abbildung 2, rechts unten). Der KB wird dann entweder die gesuchte Information selbst bereitstellen oder er kontaktiert einen Experten, den er bittet, mit dem Interessenten direkt Kontakt aufzunehmen.

5   Verwandte Entwicklungen

Semantic Web

Das Semantic Web basiert auf dem Resource Description Framework (RDF) Standard, der *Web Ontology Language* (OWL) und anderen noch zu definierenden Standards (W3C Website, 2004). Die Vision hinter dem Semantic Web ist es, Informationen maschinenlesbar so zu beschreiben und zu verlinken, dass sie nicht nur zur Anzeige mittels Webbrowser sondern auch zur automatisierten Verarbeitung genutzt werden können. Mit Hilfe der OWL können sowohl Beziehungen zwischen Informationen in Form einer Ontologie als auch die Bedeutung eines Ausdrucks explizit beschrieben werden.

Mit der Verabschiedung des RDF und der OWL im Februar 2004 durch das W3C wurde ein großer Schritt in diese Richtung getan (W3C Website, 2004). Dennoch wird es noch einige Zeit dauern, bis sich diese Technologien durchsetzen. Bei der Auswahl eines IT-Systems zur Implementierung eines IMS sollte jedoch darauf geachtet werden, dass eine Migration möglich ist – d.h., die o.g. Standards genutzt werden können. Dies würde die Zukunftsaussichten des IMS unserer Meinung nach erheblich verbessern.

Communities

Eine ganze Reihe von Projekten gehen in Richtung Bildung von Communities, um Netzwerke zwischen Menschen abzubilden und zu unterstützen. Der Gedanke, dass man jemanden kennt, der wiederum jemanden kennt usw. wird technisch abgebildet. In dem Netzwerk kann man eine geeignete Person zur Lösung seines Problems finden. Danach sucht man den kürzesten Weg zu dieser Person und nimmt Kontakt auf zu der auf diesem Weg nächstliegenden Person, die dem eigenen Bekanntenkreis zuzuordnen ist. So wird den ganzen Weg entlang vorgegangen, bis man Kontakt zur Zielperson hat. Eines der ersten Projekte dieser Art war Friendster, eine Online Community, die Personen über ein Netz von Freunden verbindet (*http://www. friendster.com/*).

Eine Liste von Umsetzungen dieser Idee ist zu finden in Loew (2004), u.a. auch einige Umsetzungen dieses Prinzips im professionellen Umfeld, z.B. Spoke, ZeroDegrees und VisiblePath. Zur Bildung der Experten-Communities in unserem Konzept wird sowohl auf diese Ideen zurückgegriffen als auch versucht, Tools einzusetzen, die sich als hilfreich erwiesen haben.

Multimodal Human Computer Interaction

Eine andere Herangehensweise ist die Vereinfachung der Mensch-Computer-Interaktion. Hierzu entwickeln Projekte wie SmartKom (Wahlster, 2002) intelligente User Interfaces, die natürliche menschliche Kommunikationsformen unterstützen bzw. als Ein- und Ausgabemedium nutzen. Ansätze dieser Art sind in der Zukunft wahrscheinlich in der Lage, die Akzeptanz sowohl eines IMS zu verbessern, als auch das Interface zu einem Knowledge Broker zu vereinfachen.

Die Rolle von „Information Professionals"

Ausgehend von der Wissensspirale von Nonaka & Takeuchi (1995) wird die Rolle von „Information Professionals" untersucht, wie sie mit Wissen umgehen und einen Lernprozess durchführen. Die Schlussfolgerung hieraus ist meist, dass bei der Aufarbeitung von Wissen Information Professionals die Prozesse unterstützen sollten (Goodall, 2003).

In einigen Wissensgebieten bietet sich der Einsatz eines Information Professionals als Knowledge Broker in unserem KBN an, da er sowohl die Pflege des IMS übernehmen als auch die Beurteilung vornehmen kann, wer Fach-Experte zu einem angefragten Problem ist.

Hypertext-Organisation

Aus Sicht der Organisationslehre wurde ein unserem KBN-Konzept verwandter Ansatz im Verbundprojekt *Inno-how* in der Praxis bei verschiedenen Industriepartnern umgesetzt (Reinhardt & Schnauffler, 2004). Das Prinzip der „Hypertext-Organisation" (Nonaka & Takeuchi, 1995) als wünschenswerte Organisationsform wird durch verschiedene Maßnahmen unterstützt, wie Förderung und Strukturierung der direkten Kommunikation zwischen Mitarbeitern als auch durch Aufbau von „Metawissen" durch Wissenspromotoren. Werden die in unserem KBN-Konzept vorgeschlagenen Communities genutzt und gefördert, so entsteht automatisch eine Hypertext-Organisation – zumindest innerhalb gewisser Themenschwerpunkte.

6   Fazit und Ausblick

Die Suche nach dem optimalen Zeitpunkt des Übergangs vom automatisierten auf das menschliche „System" beschäftigt uns auch zukünftig. Wie viele Navigationsschritte können einem Benutzer im IMS zugemutet werden?

Eine weitere Aufgabe ist die optimale Gestaltung der Schnittstelle zwischen Benutzer und Knowledge Broker System, bei der von vornherein allen Beteiligten klar ist, dass es sich um ein hybrides System handelt, welches die Interaktion mit einem Computer und einem Menschen beinhaltet.

7   Literatur

Asmus, S. & Stephan, P. F. (2000). wissensdesign – mit neuen medien wissen gestalten. Zugriff am 01.06.2005 unter *http://www.wissensdesign.de/wissensdesign.pdf.*

Bullinger, H.-J.; Wörner, K. & Pieto, J. (1998). Wissensmanagement – Modelle und Strategien für die Praxis. In H. Bürgel (Hrsg.), Wissensmanagement – Schritte zum intelligenten Unternehmen. S. 21–40. Berlin: Springer.

Davenport, T. H. & Prusak, L. (2000). Working Knowledge. Boston: Harvard Business School Press.

Föcker, E.; Goesmann, T. & Striemer, R. (1999). Wissensmanagement zur Unterstützung von Geschäftsprozessen. In: H. Heilmann (Hrsg.), HMD – Praxis der Wirtschaftsinformatik Heft 208. S. 36–43. Heidelberg: dpunkt.

Goodall, G. (2003). The Profession of Knowledge Conversion: Continued relevance for information professionals. Zugriff am 01.06.2005 unter *http://www.deregulo.com/facetation/pdfs/continuedRelevanceInfoProf.pdf.*

Loew, R. (2004). Projects of Community Relationships. Zugriff am 01.06.2005 unter *http://www.aida.fh-darmstadt.de/projects/infobroker/knowledge_broker_network/community_relationships.*

Loew, R.; Bleimann, U.; Murphy, B. & Preuss, J. (2002). My Information Broker. In: S. Furnell (Ed.), Proceedings of the 3rd International Network Conference. S. 539–546. Plymouth.

Maier, R. (2001). Knowledge Management Systems. Berlin: Springer.

Nonaka, I. & Takeuchi, H. (1995). The knowledge-creating company: How Japanese companies create the dynamics of innovation. New York: Oxford University Press.

Probst, G. (1997). Wissen managen: Wie Unternehmen ihre wertvollste Ressource optimal nutzen. Wiesbaden: Gabler.

Reinhardt, K. & Schnauffler, H.-G. (2004). Vom innovativen System zur systematischen Innovation – die Hypertext-Organisation in der Praxis. In: Unternehmensberater 1/2004. S. 25–29. Heidelberg: Dr. Curt Haefner.

Senge, R. (2001). Reflection on A Leader's New World: Building Learning Organizations. In: D. Morey, M. Maybury & B. Thuraisingham (Eds.), Knowledge Management – Classic and Contemporary Works. S. 54–60. Cambridge: MIT Press.

W3C Website (2004). Semantic Web. Zugriff am 01.06.2005 unter *http://www.w3.org/2001/sw.*

Wahlster, W. (2002). SmartKom: Fusion and Fission of Speech, Gestures, and Facial Expressions. In: Proceedings of the 1st Int. Workshop on Man-Machine Symbiotic Systems. Kyoto.

Wiegand, M. (1996). Prozesse Organisationalen Lernens. Wiesbaden: Gabler.

Winston, P. H. (1993). Artificial intelligence. Reading: Addison-Wesley.

Handlungsfeld E-Learning

Oder: Akzeptanz und Resonanz, Integration und Transfer am Beispiel von movii – moving images & interfaces

Franz Kluge, Marcus Haberkorn

Dieser Beitrag begreift E-Learning als eine mediengestützte Form von Wissenskonstruktionen, die sich in einem offenen Handlungsfeld ereignen. Diese Prozesse vollziehen sich in hypermedialen Wissens- und Lernsystemen und befinden sich in einem ständigen Austausch mit ihrer Umgebung und ihren Akteuren. Dabei ergeben sich Problematiken der Akzeptanz und Resonanz, der Integration und des Transfers, deren Lösung für die Vitalität dieser Systeme von entscheidender Bedeutung ist. Hierbei stellen sich insbesondere neue Entwurfs- und Gestaltungsaufgaben, die durch innovative Konzepte des Knowledge Media Designs bearbeitet werden müssen. Am Beispiel der hypermedialen Lernumgebung movii – moving images & interfaces werden gangbare Wege aufgezeigt.

1 Einführung

Konzepte des Knowledge Media Designs (KMD) machen Prozesse der Wissenskonstruktion, der Wissensaneignung und der Wissensvermittlung zum Gegenstand einer umfassenden Gestaltungsaufgabe mit und in den Neuen Medien. Damit ist einerseits das Design von Mediensystemen angesprochen, welche den Aufbau, die Verknüpfung und Erneuerung (Forschung und Entwicklung), die Vermittlung (Lehre) und Aneignung (Lernen) von Wissen systematisch unterstützen. Neben dem Systemdesign geht es andererseits aber auch um die Gestaltung dieser Wissensprozesse *mit* oder *in* diesen Systemen, dieses in einer neuen multimedialen Qualität der Interaktivität und Vernetzung und mit einer – jedenfalls prinzipiell – unbeschränkten Reichweite. In der Praxis zeigt sich darüber hinaus, dass nachhaltige KMD-Konzepte nicht allein auf die Gestaltung von Wissensmediensystemen zielen, sondern immer auch die Resonanzwirkung dieser Systeme mit in den Blick nehmen sollten. D.h., Knowledge Media Design sollte also ebenso die notwendige Um-Gestaltung der Produktions-, Verteil- und Rezeptionsstrukturen mit-initiieren, in denen Wissensmedien schließlich ihre Wirkung entfalten müssen.

Knowledge Media Design bliebe folgenlos, wenn es sich in seiner pragmatischen Perspektive nicht explizit auf anhaltende Wirkungen in übergeordneten Organisationskontexten, also auf Nachhaltigkeit hin orientieren würde. Dieser Beitrag bespricht deshalb ausgewählte Aspekte des Systemdesigns und nachhaltiger Prozessgestaltung am Beispiel von movii – moving images & interfaces[1], einem virtuellen Wissens-, Lern- und Erfahrungsraum für die partizipative wie kooperative Konstruktion, Aneignung und Vermittlung von multimedial und interaktiv aufbereitetem Wissen. Die Ausführungen haben dabei immer auch das Integrations-, Veränderungs- und Transferpotenzial im Blick, welches movii in bestehende Strukturen einzubringen hat. Dabei kommt der – exemplarischen – Zusammenschau des Designs und der Didaktik an den Grenzflächen zwischen hypermedialem Wissens- und Lernmanagement eine hervorgehobene Bedeutung zu; denn in diesem Zwischenraum wird in besonderem Maße über die Anpassungsfähigkeit von Wissensmedien als wichtige Voraussetzung für Integration und Transfer entschieden.

Die Synergie von Didaktik und Design wird bei movii am Beispiel der hochadaptiven Lernobjekte dieses Systems besonders augenfällig. Diese plastischen Objekte führen mittels einer modularisierten, thematisch-mehrschichtigen enzyklopädischen Struktur kleinste Wissenseinheiten, Informations-, Interaktions- und Navigationsfunktionen unter Wahrung maximaler didaktischer Flexibilität effektiv zusammen. Die diesen Ansatz tragende Visualität, also die medienspezifisch geprägte Bildhaftigkeit von Wissens- und Handlungsstrukturen, von Vernetzungs- und Lernprozessen erweist sich dabei als ein movii-Alleinstellungsmerkmal, welche die ganzheitliche Rezeption und damit einhergehend, die Beherrschbarkeit komplexer Mediensysteme begünstigt. KMD auch als eine umfassende Visualisierungsaufgabe zu begreifen, ist im Rahmen dieser sich neu konstituierenden Design-Disziplin von besonderem Interesse.

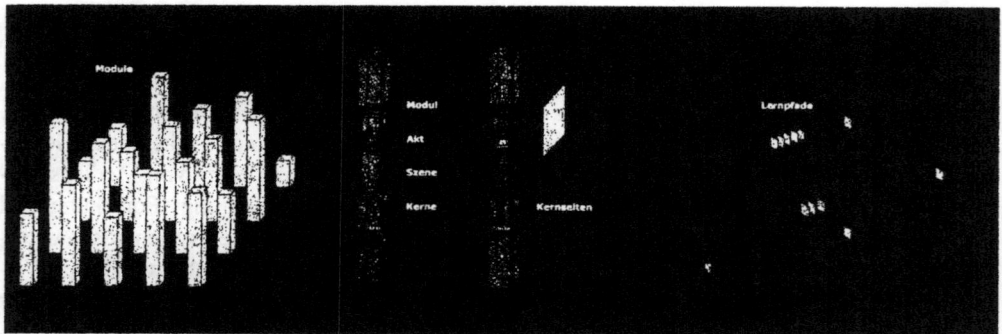

Abb. 1: *Die movii-Inhaltswelt wird in zwei prinzipiell unterscheidbaren Darstellungs- und Zugriffsformen organisiert. Als eine thematisch mehrschichtig gegliederte Enzyklopädie der movii-Module nach dem „MASKE-Prinzip" (MASKE = Modul, Akt, Szene, Kerne, Elemente) werden die Kerninhalte in ausbaufähigen Containern vorgehalten und können über freies Browsen erschlossen werden. Dem steht die raum-zeitliche Organisation dieser Inhalte gegenüber, denen als Lernobjekte eine didaktisch-logische Wissensstruktur unterlegt ist.*

1. movii – moving images & interfaces, eine virtuelle Lernumgebung für die Gestaltungsgrundlagen in den zeitbasierten Medien, wurde im Rahmen des BMBF-Förderprogramms „Neue Medien in der Bildung" von den Hochschulen FH Brandenburg, FH Mainz, Johannes Gutenberg-Universität Mainz, FH Osnabrück, FH Trier und Universität Trier realisiert. Die Entwicklung wird von den Fachhochschulen Trier und Brandenburg fortgeführt.

Der ebenso weitgespannte wie verbindende Bogen von der Visualität des Wissens bis hin zur Vision einer zukünftigen Wissensgesellschaft ist für die Rolle der neuen, audiovisuellen Medien schon etymologisch[2] vorgezeichnet. „Envisioning Knowledge" (Kluge, 1999) in und mit den Neuen Medien zielt nicht allein auf den heuristischen Zirkel zwischen Sehen und Wissen, sondern ebenso auf sichtbar gemachte Visionen, in denen Medienwerkzeuge der Wissenschaft und der Wissensvermittlung als Motor für Erneuerung anschaubar, begreifbar und schließlich handhabbar, operativ gemacht werden. Solche Erneuerungen, die die Industrie- und Informationsgesellschaft in eine weitere Etappe der gesellschaftlichen Entwicklung führen, zielen auf mediengestützte Produkt- und Prozessinnovationen, welche die Interaktivität, die Interdisziplinarität, die Interkulturalität und die Internationalität des Wissens in eine neue kooperative Dynamik bringen. Knowledge Media Design muss sich deshalb nicht nur als taktisch-operatives Application Design optimierter Wissensmedien positionieren, sondern durch die Bereitstellung motivierender Leitbilder auch als eine gestaltgebende, strategische Triebfeder der drängenden Innovations- und Veränderungsprozesse fordern lassen. Von Veränderungsprozessen, deren Notwendigkeit – beispielsweise – im Lern- und Forschungsraum der Hochschulen unabweisbar geworden sind.

Vor diesem Hintergrund sind aktivierende hypermediale Wissens- und Lernumgebungen gefragt, die – weil weitgehend offen strukturiert – den Nutzern ein hohes Maß an Selbstbestimmung und Selbstorganisation in ihren Konstruktions-, Aneignungs- und Vermittlungsabsichten überantworten. Die Integration solcher offenen Systeme in die Entwurfs-, Konstruktions- und Gestaltungsabläufe dynamischer Wissensordnungen begünstigen den effizienten Austausch mit anderen offenen Systemen der Umwelt (z.B. mit lernenden Menschen) aufgrund ihrer besonderen Flexibilität und wechselseitigen Anpassungsfähigkeit. Die Offenheit des movii-Systems ergibt sich dabei aus den weitgehenden kombinatorischen Freiheiten aller seiner Teilfunktionen, die zu unterschiedlichsten situativen Arrangements zusammengestellt werden können. Wegweisend ist hierbei der Idealtypus einer Wissens- und Lernumgebung, „die es gestattet, dass Lernende („als Wissenskonstrukteure", Anm. der Autoren) im Bewusstsein ihrer individuellen Eigenarten sich an die Umgebungen anpassen oder umgekehrt die Umgebungen an sich und ihre Bedürfnisse anpassen können" (Schulmeister, 2004, S. 23).

In diesem Zusammenhang stellt sich schnell die weiterführende Frage, in welcher Weise KMD als User Centered Media Design die kognitiven Voraussetzungen für die Interaktion und Navigation mit und in offen strukturierten Hypermediasystemen in den Gestaltungsprozess einbeziehen und hierfür tragfähige Leitvorstellungen anregen kann. Am Beispiel von movii wird gezeigt, wie solche kognitiven Voraussetzungen durch die Ausbildung geeigneter mentaler Modelle beim Nutzer geschaffen werden können und wie sich durch solche Modelle die internen kognitiven Repräsentationen der Funktionalität und des Gebrauchs komplexer Mediensysteme wirkungsvoll vermitteln lassen. Die orientierende und handlungsleitende Qualität dieser Modelle entscheidet schließlich auf einer primären Rezeptionsebene über die

---

2. Vision (= Traum = frz., zu lat. videre ‹sehen›), Wissen (ahd. *wizzan*, gesehen haben). „Dieses drückt den am Subjekt erreichten Zustand aus, der durch die Handlung finden (erkennen, erblicken) erreicht wird" (Kluge/Seeboldt, 2002, S. 895).

grundsätzliche Beherrschbarkeit und damit auch ganz wesentlich über die Akzeptanz komplexer Hypermediasysteme.

Die Akzeptanz von Wissensmedien ist notwendige Voraussetzung für die Integration in übergeordnete Organisationszusammenhänge und für die Entfaltung der Innovations- und Transferpotenziale dieser Medien in den gewachsenen und etablierten Strukturen des Bildungs- und Wissenschaftssystems. Konsequenterweise muss KMD die Akzeptanzproblematik vorrangig unter Designaspekten bearbeiten. In jedem Falle greift hierbei ein erweiterter bzw. integrierter Designbegriff, der auch bei dem Entwurf des movii-Systems wirksam geworden ist: Das IT-Design, die Inhaltsgestaltung, das didaktische Design der Konstruktions-, Aneignungs- und Vermittlungsformen, die Gestaltung der Kommunikations- und Interaktionsabläufe müssen sich auf ein funktionelles Optimum hin verstärken und in einem integrierten Mediendesign zusammengeführt werden. Dabei geht es immer auch um die Optimierung der Rezeption und des Gebrauchs, nicht nur nach rationalen, sondern auch nach affektiven Kriterien, die die Usability des Systems mit dem – zumeist ästhetisch, also sinnlich motivierten – „Joy of Use", also dem Vergnügen, es auch gebrauchen zu wollen, zusammen bringen.

2 Akzeptanz und Resonanz von Lern-und Wissensmedien

Es ist zu beobachten, dass die für gängige virtuelle Wissens- und Lernumgebungen eher untypische hohe Designqualität von movii zu einer bemerkenswert großen Erstakzeptanz dieses Systems führt. Damit aus solchem erstem Zuspruch weiter wirkende Resonanzeffekte erwachsen können, die die beteiligten Menschen, angrenzenden Systeme und involvierten Organisationen zum „Mitschwingen" bringen und Motivationen für die Erneuerung erstarrter Strukturen freisetzen, muss die Nutzenbilanz der Anwendung gerade angesichts des bestehenden Reformdrucks im Bildungs- und Wissenschaftssystem ebenso überzeugen und hierfür einen tatsächlichen Beitrag leisten können. Wenn heute über den Einsatz von Lernsystemen in der Lehre entschieden wird, spielen neben affektiven primär rationale und wirtschaftlich motivierte Erwägungen eine erhebliche Rolle. Das System muss die jeweiligen Strukturen und gängigen Prozesse virtuell repräsentieren und diese funktionell so „abbilden" können, dass sich die Abläufe idealerweise vereinfachen oder effizienter gestalten. Unter dem Diktum der Ökonomie der Mittel zielt KMD also immer auch auf Kostenminimierung, Effizienzgewinne, Zusatz- oder Mehrfachnutzen im Wissenschafts- und Lehrbetrieb, dem Kerngeschäft jeder Hochschule. Die Gefahr, dass dieser Kostendruck eigentlich überkommene Lehr-/Lernformen affirmiert, weil es das Naheliegendste ist, diese medial zu kopieren, ist dabei nicht von der Hand zu weisen. Im Gegenzug richtet sich Hoffnung deshalb immer auch darauf, durch den Einsatz von E-Learning die Not allgegenwärtiger Sparzwänge in reformerische Tugenden zu transformieren.

Neue Medien in der Bildung müssen Studium und Lehre, also die Kernprozesse der Hochschule, wirkungsvoll unterstützen und dabei zugleich sowohl quantitative wie qualitative Effizienzsteigerungen realisieren, um seitens der Entscheidungsgremien die notwendige

Zustimmung zu erhalten. Folgerichtig müssen hypermediale Lern- und Wissensmedien zu allererst qualifizierte Inhalte bereitstellen und diese nicht nur (medien)didaktisch überzeugend vermitteln, sondern zugleich auch bildungsökonomisch rechtfertigen können. Da die medienadäquate Erstellung multimedialer Inhalte (auch das ist eine Voraussetzung ihrer Akzeptanz) jedoch mit einem erheblichen Aufwand verbunden ist, ist systemseitig eine grundlegende Anforderung zu erfüllen: Inhalte müssen zu späteren Zeitpunkten oder in anderen inhaltlichen wie auch in anderen system- bzw. medientechnischen Kontexten (Re-use bzw. Rekontextualisierbarkeit) wieder verwertbar sein. Hieraus ergeben sich eine Reihe weiterer Anforderungen an das informationstechnische Rahmenwerk solcher Systeme: Innerhalb einer modularen Serverarchitektur, in der Einzelkomponenten jederzeit aktualisiert oder ausgetauscht werden können, ist ferner die Granularität der Datenhaltung, ihre Medienneutralität, wie die situative Rekonfigurierbarkeit von Lernobjekten von größter Bedeutung. Das movii-System bietet hier auf jeder seiner funktionellen Ebenen nicht nur maximale didaktisch-methodische Flexibilität, sondern erlaubt auf Grundlage der XML-Datenhaltung auch ein konsequentes Cross-Media-Publishing auf den verschiedensten Ausgabemedien.

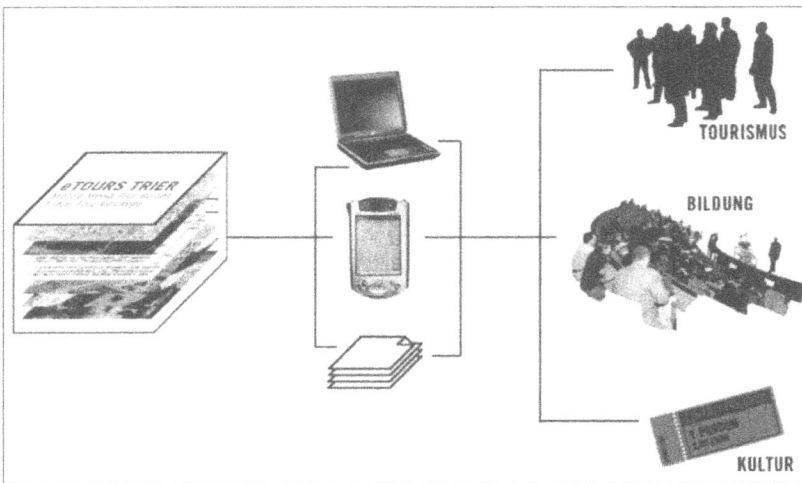

Abb. 2: *Nachhaltigkeit für verschiedene Nutzungen und Medien. Die Verwendbarkeit einmal erstellter Inhalte für andere Nutzungen und Zusammenhänge sichert Nachhaltigkeit. Das movii-Autorenwerkzeug stellt die Inhalte für ein medienneutrales Publizieren in beliebigen Ausgabemedien und für beliebige Nutzungen und Transfers bereit. Hier: für Anwendungen im Bereich Kultur und Tourismus.*

Neben solchen grundsätzlichen Anforderungen an das IT-Design von Lern- und Wissensmedien erfüllen die movii-Werkzeuge für die Inhalteerstellung eine Reihe weiterer wichtiger Leistungsmerkmale wie Plattformunabhängigkeit, intuitive Bedienbarkeit, Kompatibilität zu bereits eingesetzten Produktionswerkzeugen und standardisierten Formaten (insb. zu den E-Learning-spezifischen Standards wie SCORM, LOM, u.a.). Sowohl Autoren, die bisher vorwiegend Textverarbeitungssoftware verwendet haben, Power-Point-Experten aber auch Design- und Layoutspezialisten müssen ihre Inhalte mithilfe der Content-Editoren in eine überzeugende Form bringen und ihren eigenen Ansprüchen gerecht werden können. Das movii-Autorenwerkzeug als WYSIWIG-Editor verwendet deshalb einen variablen Satz an Templates, die in einem feingegliederten Raster auch Unerfahrenen die Erstellung einfacher Layouts ermöglichen und zugleich der Experimentierfreudigkeit kaum Grenzen setzen.

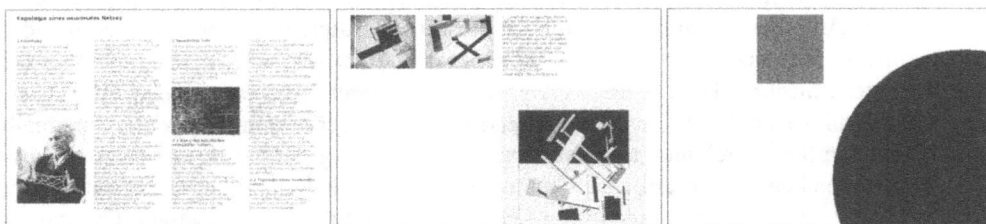

Abb. 3:   *Variable Gestaltung der Inhalte. Geschlossene oder offene Bild-Textkombinationen bis hin zu bilddominanten, experimentellen Layouts unterstützen die Instruktion, Interpretation und Konstruktion von Bedeutungsbeziehungen in Hypermedien.*

Ebenso vielfältig wie die formalen Anforderungen an die medienspezifische Gestaltung der Inhaltelayouts sind auch die Schreibstrategien, um den originären Prozess der Inhaltegenerierung, also der Erstellung „multimedialer und interaktiver Texte", als neue Herausforderung zu bewältigen. Das Spektrum reicht hier vom „Mozart-Typ", – der äußerst strukturiert nach Plan vorgeht und zunächst einen Rahmen erstellt, in den er Schritt für Schritt hineinarbeitet –, bis hin zum „Beethoven-Typ" – der eher eine intuitive, sprunghaft-spielerische „patchworkartige" Vorgehensweise kultiviert, bei der sich Struktur und Inhalt eines Textes erst während des Arbeitsprozesses, im Laufe eines wechselhaften „inneren Dialogs" endgültig herausbilden. Hier deutet sich an, dass Struktur und Funktionalität der neuen Hypermedien auch neue Autorenrollen und damit einhergehend auch neue Modelle und Formen des Wissensaufbaus induzieren. Im movii-Workspace (= movii-Schreibtisch) und der movii-Community können individuelle, kooperative, crossmediale oder integrierende Autorenschaften als Teilstrategien des hypermedialen Schreibens verfolgt, kombiniert und ausdifferenziert werden. Die Möglichkeit zeichnet sich ab, dass komplexe, hochadaptive Lern- und Wissensmedien wie movii nicht nur bewährte Lehr-/Lernformen optimieren oder funktionell erweitern, sondern bereits auf der primären Ebene der Inhalteerstellung tiefgreifende Paradigmenwechsel in Studium und Lehre initiieren: Reader werden Writer, Writer werden Reader. Lehrende und Lernende werden zu interagierenden und kooperierenden Konstrukteuren und Produzenten von Informationsarchitekturen und Wissensnetzwerken.

Die Freiheit und Flexibiliät des Mikro-Informationsdesigns auf der Ebene der Inhaltegestaltung ist eine in der Sache notwendige, aber auch psychologisch wichtige Voraussetzung für die Akzeptanz von Lern- und Wissensmedien. Eine Flexibilität, die sich auf der Ebene der raum-zeitlichen, also der didaktisch-methodischen Organisation dieser Inhalte fortsetzen muss. Dazu werden im movii-System die Kerninhalte als kleinste Wissenseinheiten auf elementare movii-Marker abgebildet. Diese Marker sind Schaltflächen und zugleich Bausteine, die nun zu raumbildenden interaktiven Komplexen zusammengefügt werden können. Auf diese Weise entstehen plastische, polyvalente Lernobjekte, die wiederum in einer Vielzahl von Freiheitsgraden ausgestaltet werden können. Das Makrodesign dieser interaktiven 3-D-

Objekte erzeugt einen „semantischen Raum" (van den Boom & Romero-Tejedor, 2000), der didaktisch interpretierbar und visuell zugänglich ist. Diese Visualisierung der movii-Lern-objekte hat einen doppelten Effekt: Die didaktische Orientierung des räumlich organisierten Lernmaterials zeigt sich auf einen Blick. Und zugleich ermöglichen die Lernmaterialien als Interaktionsobjekte den organisierten Zugriff auf die dahinter liegende Inhaltswelt.

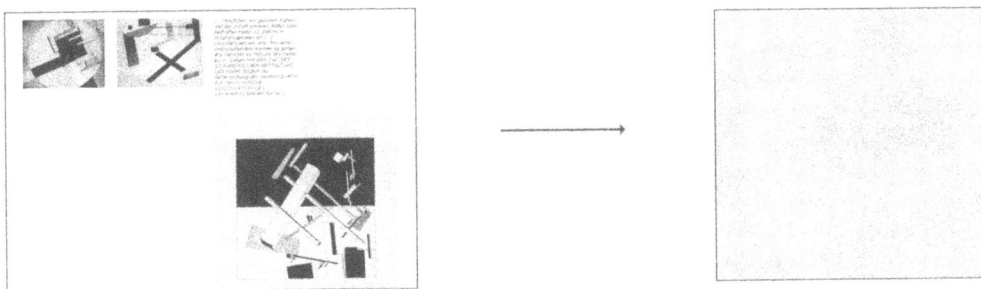

Abb. 4:   *Die Kerninhalte werden als kleinste Wissenseinheiten des movii-Systems auf elementare movii-Marker abgebildet. Diese Marker sind Schaltflächen und zugleich Bausteine, die nun zu raumbildenden interaktiven Komple-xen (Lernobjekte) zusammengefügt werden können.*

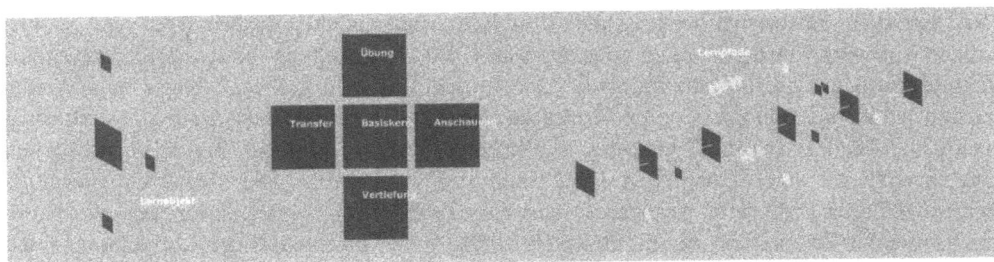

Abb. 5:   *L-Vis-movii-Lernobjekte entfalten sich in den Raum. Sie eröffnen Haupt- und Nebenwege mit unterschiedli-cher didaktischer Orientierung. Für wechselnde Verwendungszwecke sind Ergänzungen oder Umbauten dieser Objekte möglich. Instruktionalistische wie auch konstruktivistische Didaktikkonzepte lassen sich realisieren.*

Die movii-Kerninhalte finden sich im Navigationsdesign dieser Lernumgebung als movii-Icons in jeweils spezifischen Zuordnungen repräsentiert. Die Anordnung dieser interaktiven Marker im didaktisch-räumlichen Koordinatensystem der movii-Applikation gibt Aufschluss über die – variable – methodische Positionierung der dahinter stehenden Kerninhalte: Handelt es sich um die Vermittlung von Basiswissen, um eine Veranschaulichung oder um vertiefende Aspekte von Sachverhalten? Werden mögliche Vernetzungen des angebotenen Materials auf-gezeigt oder führen Aufgabenstellungen zu seiner weiterführenden Befragung? Das didakti-sche Basiskonzept von movii überträgt elementare Aneignungsformen von Wissen in das elementare Orientierungsraster einer x/y-Ebene: tätig-praktischen stehen kognitiv-diskursive, ästhetisch-sinnlichen stehen transferierende Aneignungsformen gegenüber. Sie werden in ein räumlich gegliedertes oben-unten-, rechts-links-Schema eingefügt, das sich auch noch in die Tiefe des medialen Raums zu Lernobjekten und Lernpfaden arrangieren lässt.

Abb. 6: *Der Vorgang der Entfaltung hat als Metapher und Prozessmuster den Entwurf und die Entwicklung der movii-Lernumgebung nachhaltig geprägt.*

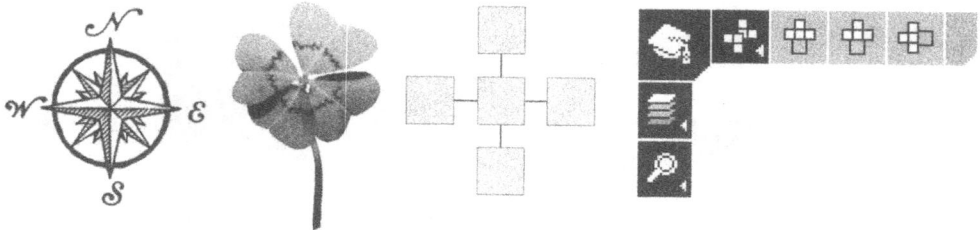

Abb. 7: *Windrose und Kleeblatt standen bei der Entwicklung des Strukturmusters für die Organisation und Navigation der movii-Inhaltswelt Pate. Die Entfaltung eines Inhaltes führt als einprägsame Kreuzform, ausgehend von der Basisinformation (Zentrum), in vier Richtungen zu weiterer Veranschaulichung (rechts), Vertiefung (unten), zu Transfers oder Vernetzungen (links) und schließlich zu Aufgaben und Fragen (oben), die sich auf das angebotene Material beziehen.*

Die aus dem Entwurfsprocedere der Entfaltung entstandene Basisstruktur der movii-Inhaltswelt wird von dem Navigationsinterface L-Vis, (Lerninhalts- bzw. Lernobjektvisualisierung) aufgegriffen und als räumliche Darstellung „ins Bild gerückt". Knowledge Media Design ist an dieser Stelle Cognition Design (Romero-Tejedor, 2002), weil es die Bildung mentaler Modelle über die Topologie, die Struktur- und Prozesslogik des zu vermittelnden Gegenstands als eine „Geometrie der Lernobjekte" unterstützt. Die „Strukturgrammatik" der movii-Lerninhalte wird transparent und als expliziter, bildhaft-funktioneller wie handlungsleitender Bestandteil der Inhalteerschließung zum Gegenstand der Vorstellungs- und Einbildungskraft des Rezipienten bzw. Nutzers. Hier wurden innovative Design- und Visualisierungsansätze verfolgt, die dem didaktischen Experiment neue Spielräume eröffnen und praxisbezogene, multimodale Didaktikanforderungen zum Gegenstand der Gestaltung machen. Die Visualisierung der movii-Lernobjekte, formuliert in einer ebenso elementaren wie intuitiv rezipierbaren „Pattern Language"[3], hat einen doppelten Effekt: Die didaktische Orientierung des räumlich-organisierten Lernmaterials zeigt sich auf einen Blick und zugleich ermöglicht die Modellierung des Materials zu Interaktionsobjekten den organisierten Zugriff auf die dahinter liegende Inhaltswelt. Dieser Zugriff kann seitens des Lernenden in Kenntnis der zugrundeliegenden Struktur nun in hohem Maße selbstgesteuert erfolgen, weil er sich durch seine „inneren Bilder" leiten lassen kann und in seinem zur Anschauung gekommenen internen Modell des Systems mental navigieren kann.

---

3. Das Konzept der Pattern Language geht auf den Architekten und Mathematiker Christopher Alexander zurück. Als Entwurfsmuster (engl. *design pattern*) beschreibt es eine in der Praxis erfolgreiche Lösung für ein mehr oder weniger häufig auftretendes Entwurfsproblem und stellt damit eine wiederverwendbare Vorlage zur Problemlösung dar. Entstanden ist der Ausdruck in der Architektur, von wo er für die Softwareentwicklung übernommen wurde. Siehe Alexander, C. (1977).

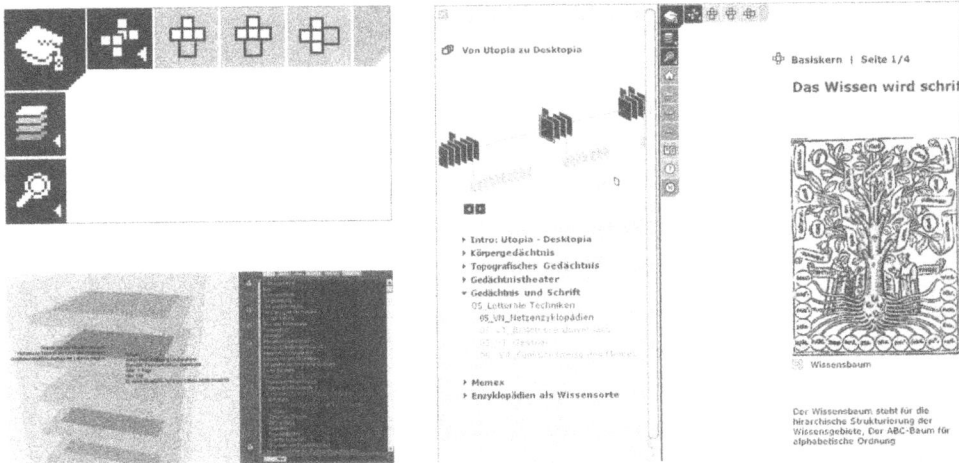

Abb. 8: *Die auf den movii-Markern basierende Integration von Informations-, Navigations- und Interaktionsdesign ermöglicht den Blick aufs Ganze und ist wichtige Voraussetzung für die Teilhabe am Gesamtsystem und dessen Beherrschbarkeit.*

Das dem movii-System zugrundeliegende Informations-, Navigations- und Interaktionsdesign ermöglicht ein hohes Maß an Adaptivität an unterschiedlichste Interessenslagen sowohl bei den Lehrenden wie bei den Lernenden. Das damit verbundene erhebliche Nutzungspotenzial kann allerdings erst dann in nachhaltige Akzeptanz und in tätige Praxis umschlagen, wenn sich ein System dieser Komplexität nicht nur als gebrauchsfähig, sondern auch als beherrschbar erweist. Die Beherrschbarkeit offener – und deshalb notwendigerweise auch komplexer – Lern- und Wissensmanagementsysteme setzt Wissen über diese Systeme voraus, muss also – idealerweise im Verlauf seiner Handhabung – relevantes Metawissen[4] und Formen der Metakognition über ihren sinnvollen Gebrauch erzeugen. Movii geht hierbei den Weg der Visualisierung, auf dem es sich in seinen konstitutiven Aspekten selbst zur Anschauung bringt. Lern- und Wissensmedien wie movii machen – wie schon eingangs vermerkt – sowohl die Inhalte ihrer Vermittlung wie auch sich selbst als Instrument dieser Vermittlung zum Gegenstand einer umfassenden Visualisierungsaufgabe. Die Flexibilität des Systems wird einer ganzheitlichen Sichtweise unterworfen, wird dadurch beherrsch- und handhabbar.

---

4. „Das Wissensmanagement als Ganzes entwickelt seine Struktur nach eigenen Gesetzmäßigkeiten, es ist selbstreferentiell und reproduziert seine eigene Struktur – und damit auch seine eigenen Spielregeln – kontinuierlich selbst. Selbstreferentielle Systeme müssen nach Luhmann (1993) eine Beschreibung ihrer selbst erzeugen und auch benutzen. Hierdurch sehen wir eine Möglichkeit zu erkennen, ob soziale Strukturen und technische Komponenten zu der Einheit eines soziotechnischen Systems zusammengefügt sind: Das Wissensmanagementsystem selbst muss als Einheit in diesen Selbstbeschreibungen thematisiert werden und diese müssen als Inhalte in dem System selbst wieder zu finden sein. Diese Inhalte können als Metawissen angesehen werden, das sich damit befasst, wie das Wissensmanagement eines konkreten Systems bzw. Unternehmens funktioniert. Solche Beschreibungen können auch dazu beitragen, das gemeinsame Verständnis von Prozessen der Koordination, Kooperation und Kommunikation im Rahmen des Wissensmanagements zu unterstützen und auch die Bildung einer Vertrauensbasis sowie einer sozialen Identität der Gemeinschaft der am Wissensmanagement Beteiligten zu fördern." (Herrmann, Kienle & Reiband, 2003, S. 34).

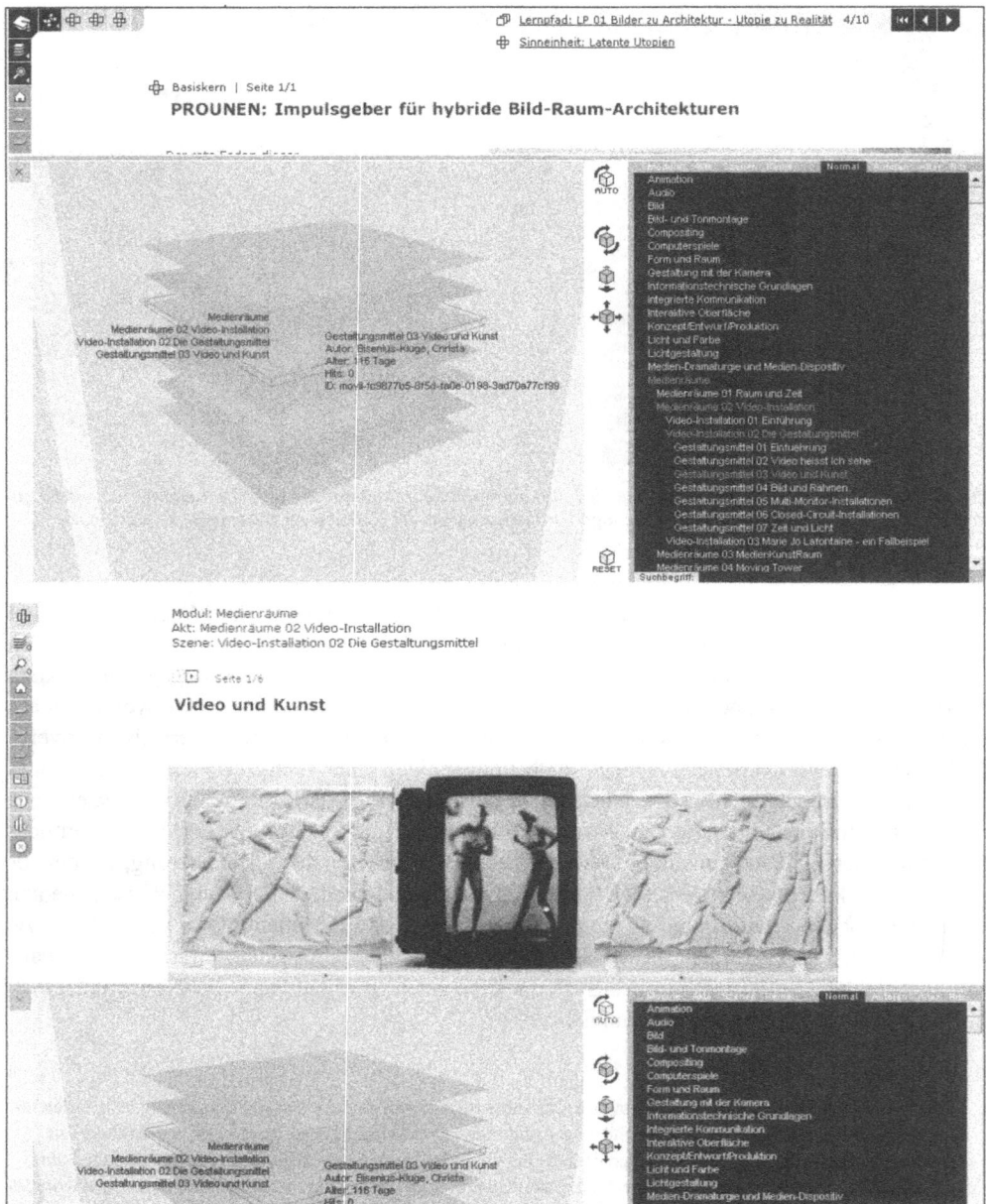

Abb. 9: *M-Vis, die interaktive 3-D-Visualisierung der movii-Module gibt einen umfassenden Überblick über die thematische Gliederungsstruktur des Systems und macht alle darin enthaltenen Inhalte auf einen Blick, nicht nur visuell, sondern auch interaktiv, zugänglich. Das hierbei umgesetzte Konzept der Multi-Layer-Interfaces ermöglicht immer den parallelen Blick auf die primäre und die sekundäre Schicht des Systems. Die sekundäre Schicht des Systems repräsentiert seine Metaebene, ist Metadesign. Metadesign unterstützt Metakognition und erzeugt Metawissen.*

Beherrschbarkeit, Anpassungsfähigkeit und überprüfbarer Nutzen entscheiden über die Akzeptanz komplexer Mediensysteme, wie Lern- und Wissensmedien es notwendigerweise sind. Inwieweit diese Akzeptanz bei den benachbarten bzw. interagierenden Systemen in positive Resonanz umschlägt und auf diese Weise weiterreichende Impulse für Veränderungen, Mobilisierungen und Innovationen im Bildungs- und Wissenschaftssystem freizusetzen vermag, wird nicht zuletzt von der dispositiven Struktur dieser Mediensysteme beeinflusst. Bezogen auf movii ist damit die Frage angesprochen, in welchen räumlich geprägten, fundamentalen Anordnungsformen die Rezipienten, Nutzer und Institutionen mit dem Inhalts- und Funktionsangebot des Systems in Beziehung gesetzt werden. Für das movii-Dispositiv greifen hier elementare, gleichsam archetypische Muster der Entfaltung, der Orientierung, der Schichtung und der Nachbarschaft. Weiterführende Designforschung und Designentwicklung muss zeigen, ob der Entwurf solcher oder anderer leistungsfähiger Mediendispositive[5] produktive, strukturelle Kopplungen zwischen offenen Lernumgebungen und ihrem Umfeld anzuregen vermag und auf diese Weise auf einer kognitiv wie affektiv gestalteten Ebene Integration und Innovation bewirken kann.

3 Integration und Innovation als Voraussetzung für Transfers

Ein reiches, darstellbares kognitives Potenzial ist wichtige Voraussetzung für die Akzeptanz hypermedialer Wissens- und Lernsysteme. Damit diese Systeme aber auch in bestehende organisatorische Strukturen integriert werden können (und dieses auch gewünscht wird), müssen sie darüber hinaus differenzierte kommunikative und kollaborierende Austauschformen aktivieren und unterstützen können. Schulmeister weist darauf hin, dass erst im produktiven Zusammenwirken der Triade Kognition, Kommunikation und Kollaboration die Wissenskonstruktion (Kognition), die „sich verständigende" Konventionalisierung des Wissens (Kommunikation) und seine intersubjektiv festigende Ko-Konstruktion (Kollaboration), durch ein gemeinsames Bearbeiten von Lernobjekten zu nachhaltigen Lernerfolgen führen wird (Schulmeister 2004, S. 26). Diese sozio-medial motivierte Interaktion, Partizipation und Kooperation erhält hier als ein produktiver Faktor für die Implementierung und Integration von mediengestützten Wissens- und Lernprozessen ein besonderes Gewicht, sowohl hinsichtlich der Selbstorganisation des lernenden Menschen wie bezüglich der Systemorganisation der ihn umfangenden Institutionen.

---

5. „Der Begriff *Dispositiv* hat sich in der letzten Zeit immer mehr durchgesetzt als Bezeichnung für die räumliche An-Ordnung, in der ein Betrachter zu einer bestimmten Ordnung der Dinge so in Beziehung gesetzt wird, dass seine Wahrnehmung dieser Situation dadurch verändert wird. Unsere gegenständliche Welt befindet sich in einem ständigen Prozess der dispositiven Strukturierungen, ihrer ständigen Re-Organisation; dass es sich dabei um unsere An-Ordnung zur Welt handelt, erfahren wir aus den interpretativen Diskursen über die Welt [...]. In diesem Zusammenhang spielen Bilder eine ganz besondere Rolle: Es sind Dinge dieser Welt, die bestimmten Ordnungen unterliegen; darüber hinaus stellen sie nicht nur etwas dar, sondern stellen es ihren Betrachtern auch vor, indem sie ihn vor sich hinstellen bzw. sich zuordnen. Wenn sie etwas bedeuten, dann nicht nur, indem sie es (symbolisch) darstellen, sondern auch, indem sie es dispositiv vorstellen" (Paech, 1991/2, S. 43). Weiterführend: Paech, 1991, S. 779ff.

Diese Dimension, herunter gebrochen auf Medienpraxis und Medienfunktionalität, führt zu der Notwendigkeit eines Mediendesigns, in dem vielfältige Anforderungen an Interaktions-, Kommunikations- und Kooperationsprozesse praktikabel gemacht werden müssen. Die Möglichkeit, im Umgang mit dem Material direkte Annotationen anlegen zu können und diese gruppenintern zu kommunizieren, gruppenspezifisch eingerichtete Foren zu gemeinsamen Lerngegenständen und Bearbeitungsthemen zu nutzen, Feedbackmechanismen anzubieten, Nachrichten an variable Adressatenkreise schnell zu versenden, Termine zu planen und zu fixieren sowie Dokumente, persönliche Notizen und Materialsammlungen zu verwalten, sind hierfür nur Beispiele.

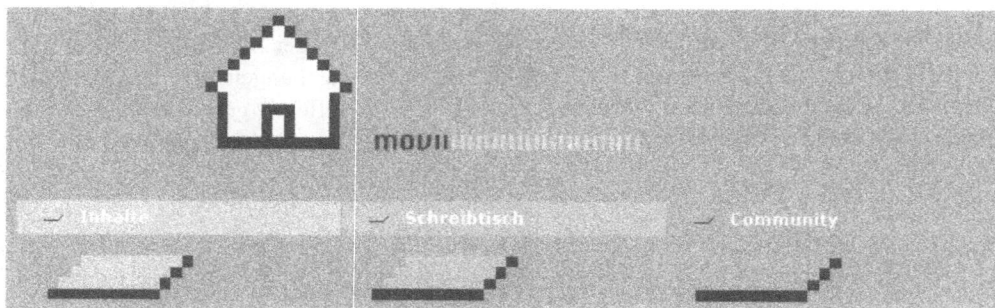

Abb. 10: *Erst im Zusammenwirken der drei großen Funktionskomplexe „Inhalte", „Schreibtisch" und „Community" wird ein hypermediales Wissens- und Lernsystem zu einer komplexen virtuellen Umgebung, zu einem Erfahrungsraum, der Synergien, Selbstorganisation und Innovation ermöglicht.*

Die Unterstützung der vorgenannten und weiterer Arbeits-, Interaktions-, Kommunikations- und Kollaborationsprozesse wird im Rahmen von movii durch eine enge Verzahnung der drei großen Funktionsbereiche „Inhalte", „Schreibtisch" und „Community" gewährleistet. Neben dem Inhaltsbereich repräsentieren „Schreibtisch" und „Community" zwei ebenfalls weit ausdifferenzierte Funktionskomplexe, welche in ihrer Wechselwirkung die Herausbildung von virtuellen sozialen Identitäten der beteiligten Akteure unterstützen. Im Zusammenwirken aller dieser drei Komplexe gilt es, ein dynamisches und nachhaltiges Wachstum der movii-Wissensbasis anzuregen und zu sichern. Nutzer können selbständig ihre Arbeitsergebnisse in der Lernumgebung veröffentlichen und diese – wie auch sich selbst – bestimmten Kompetenzen (Sachgebieten) zuordnen. Sie werden auf diese Weise als Kompetenz- und Wissensträger für andere Nutzer identifizierbar und werden so für kreative Partnerschaften ansprechbar. Gerade medialisierte Wissensbereiche, in denen kognitives Erklärungswissen mit einem notwendigerweise individuell geprägten (medien)ästhetischen Erfahrungswissen bzw. Rezeptionsverhalten in den produktiven Dialog treten soll, verlangen ein inspirierendes Lernumfeld, welches soziale Interaktion und Kooperation als konstruktiven Faktor in Lern- und Wissensprozessen unterstützt. Und dieses Umfeld muss dem Einzelnen genügend Freiraum zur selbstbestimmten Konstruktion relevanten Wissens wie auch zur Darstellung seiner Wissensarbeit innerhalb wie auch außerhalb des jeweiligen Studienrahmens bieten.

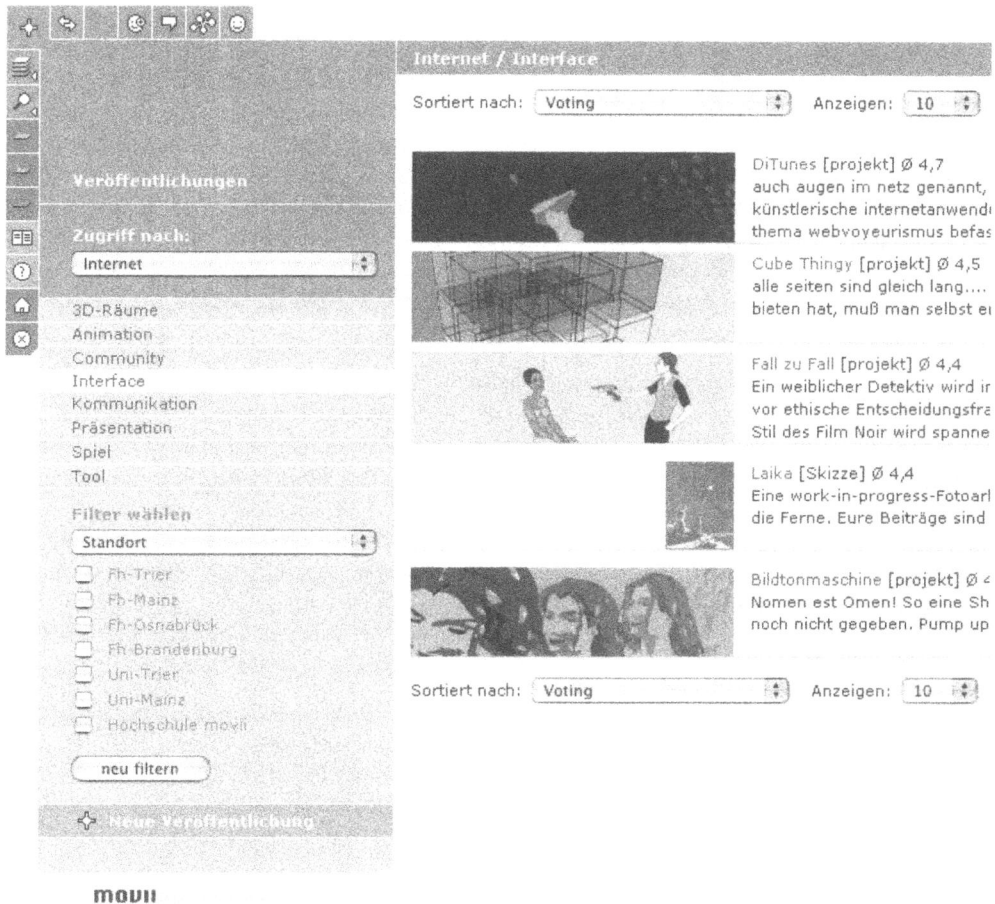

Abb. 11: Im Rahmen der movii-Community ergeben sich vielfältige Möglichkeiten der Selbstdarstellung von Einzelnen, von Gruppen, von Standorten und Institutionen, die auf der Plattform agieren. Im günstigen Fall entwickelt sich hier eine vitale Kultur der Medienereignisse, die der spezifischen Rezeption von Computer-Medien „als Theatermedien" (Laurel 1993) entgegen kommt und emotionale Bindungen mit dieser Medienumgebung positiv verstärkt.

movii-Arbeitsgruppen können sich temporär für die Erfüllung einer speziellen Aufgabe (Projektarbeit im Semester, Tutorien u.a.) zusammenfinden, aber auch mittel- und langfristige Interessenverbünde definieren so ihren eigenen Raum innerhalb des Systems. Eine gruppenbasierte Präsenzindikation („wer ist online") mit integrierten, annähernd synchronen Kontaktmöglichkeiten (Instant-Nachrichten und Chat) unterstützt die Bildung sozialer Kleingruppen weiterhin. Über interne Gruppenbildungsprozesse hinaus können einmal entwickelte Identitäten auch nach außen getragen werden: Gruppen wie auch einzelne Akteure präsentieren ihr mit Texten und Bildern informativ unterlegtes Profil, das über zentrale Verzeichnisse im Community-Bereich von anderen eingesehen werden kann. Schließlich steht die Möglichkeit offen, Arbeitsergebnisse im Bereich „Veröffentlichungen" der Community zu präsentieren und hierüber verschiedene Austauschformen und kommunikative Settings zu initiieren.

Bis hierhin sollte deutlich geworden sein, dass sich hypermediale Wissens- und Lernsysteme in ihrer Funktion nicht auf die Bereithaltung von strukturierten Informationen und auf das Abspulen von zielfixierten Lernprogrammen reduzieren lassen. Wenn diese Systeme nachhaltig funktionieren sollen, dann muss das in einer „vitalen" Weise geschehen. Darum konstituieren diese Systeme sinnvoller- aber auch notwendigerweise Handlungsfelder, in denen die „lernende" Wissenskonstruktion als ein modellierbarer und gestaltbarer Prozess *aller* daran Beteiligten erfahren werden kann. movii steht hierfür als Beispiel für einen Konzeptansatz, der es im ersten Schritt darauf anlegt, mit seiner auf Ganzheitlichkeit gerichteten, inhärenten ästhetischen Dimension Motivation, Interesse und ersten Zuspruch zu gewinnen. Dies ist eine notwendige aber keineswegs hinreichende Voraussetzung für die unverzichtbare Akzeptanz, ohne die solche Systeme chancenlos bleiben werden.

Damit aus Zuspruch Zustimmung werden kann, wurde die unbedingte Notwendigkeit der Beherrschbarkeit, der Anpassungsfähigkeit und damit einhergehend des überprüfbaren Nutzens, welcher sich insbesondere als ein „didaktischer Mehrwert" darzustellen vermag, entlang der modularen movii-Struktur ins Feld geführt. Vor diesem Hintergrund hat die sich dann anschließende Notwendigkeit der vielbeschworenen „Implementation in den Regelbetrieb" von Studium und Lehre wie auch die Integration in das gesamte Selbstverständnis einer Hochschule wiederum bessere Chancen, wenn sich der Akzeptanz nicht nur die technisch gegebene Möglichkeit von Kommunikation und Kollaboration hinzufügt (vgl. Cohen/Prusak 2001). Das System muss aufgrund seiner Funktionalität wie seines Erscheinungsbildes auf vielfältigste Möglichkeiten mediengestützter sozialer Interaktion Lust machen.

Dass neben der Usability auch der „Joy of Use" das movii-Entwurfsprinzip von anspruchsvollem Mediendesign verknüpft mit Anschaulichkeit nachhaltig prägte, hat allerdings nicht allein mit Vergnügungslust oder purem ästhetischem Wohlgefallen zu tun, sondern verfolgt darüber hinaus weiterreichende, durchaus strategische Ziele. Ziele, die angesichts der Alltagswirklichkeit in unseren Bildungsinstitutionen allerdings als blanke Utopie erscheinen mögen. Systemtheoretisch gesprochen geht es um die Möglichkeit struktureller Kopplungen[6], um mentale und organisationale Resonanz autoreflexiv operierender, offener Mediensysteme, die die Kraft haben, in ein erstarrtes institutionelles Umfeld hineinzuwirken, hierbei Veränderungen und schließlich sogar Innovationen zu initiieren, zumindest jedoch zu katalysieren (vgl. Earl, 1996, S. 21; Fountain, 2001, S. 196). Es geht um die Frage, ob ein vitales Lehren und Lernen als die eigentliche Kernaufgabe der Schulen und Hochschulen eine Chance hat, sich auf die Selbstorganisationsprozesse dieser Institutionen zu übertragen und sich die Organisation des Lernens auf diese Weise selbst zu einer lernenden Organisation transformiert. Gegen Skepsis sei gute Architektur für die Möglichkeit positiver Kopplungen ins Feld geführt. Sie erhöht die Chancen erheblich, darin ein gutes Leben zu führen und bewirkt Resonanz weit

---

6. Unter „struktureller Kopplung" versteht Luhmann in seiner funktionalen Systemtheorie die nicht-ontologische Beziehung zwischen Systemen: Soziale Systeme sind sowohl offen als auch geschlossen. Alle Elemente, aus denen die Systeme bestehen, produzieren sie selbst (Autopoiesis). Gedanken werden von psychischen Systemen (Menschen) erzeugt, wobei psychische Systeme selbst nicht kommunizieren können. Kommunikation wird von sozialen Systemen erzeugt, wobei soziale Systeme hingegen nicht denken können. Psychische Systeme gehören deshalb zur Umwelt sozialer Systeme. Sprache, die selbst kein System stellt eine strukturelle Kopplung zwischen sozialen und psychischen Systemen her (Luhmann, 1997, S. 92ff).

über diesen Ursprung hinaus. Warum sollten gut gemachte Medien- und Informationsarchitekturen nicht ähnliche Wirkungen zeitigen? Vielleicht standen die Chancen hierfür noch nie so gut wie heute, weil die auf Wirksamkeit angelegte, operative Abbildung von Wissenskonstruktionsprozessen in Hypermediasystemen ein neues Bewusstsein über die Möglichkeit „das Lernen zu lernen" (Heinz von Foerster) erzeugen könnte (Müller & Grössing, 2001).

Der von dem movii-Projekt möglicherweise ausgehende Impuls für Resonanz und Innovation dürfte vor allem darin bestehen, dass sich dieses System in seinen wesentlichen Eigenschaften zum Gegenstand einer Selbstabbildung macht, dafür eine systematische Bildsprache – mit der Option auf Varianten und neue Pattern – entwickelt und hierüber Selbstreflexion und Selbststeuerung initiiert. Damit sind die grundlegenden Umrisse eines Dispositivs hypermedialer Wissens- und Lernsysteme skizziert, für die sich vielfältigste Transfers auch in anders gelagerte Nutzungszusammenhänge denken lassen. movii positioniert sich in dieser Sicht als ein Programm und Projekt der Grenzüberschreitung und des Übergangs. Für eine Theorie des Knowledge Media Designs mag es von besonderem Interesse sein, Phänomene des Phasenübergangs, der Emergenz und der Selbstorganisation komplexer Systeme unter Gestaltungsaspekten genauer ins Visier zu nehmen.

4 Literatur

Alexander, C. (1977). Eine Mustersprache – A Pattern Language. Wien: Löcker.

Boom, H. van den & Romero-Tejedor, F. (2000). Design – Zur Praxis des Entwerfens. Hildesheim: Olms.

Cohen, E. & Prusak, L. (2001). In Good Company. How Social Capital Makes Organisations Work. Boston: Harvard Business School Press.

Earl, M. J. (1996) (Ed.). Information Management: The Organizational Dimension. New York: Oxford University Press.

Fountain, J. (2001). Building the Virtual State. Information Technology and Institutional Change. Washington: Brookings.

Herrmann, T.; Kienle, A. & Reiband, N. (2003). Metawissen als Voraussetzung für den Wissensaustausch und die Kooperation beim Wissensmanagement. Zeitschrift für Medienpsychologie, 15 (1).

Kluge, F. (1999). Der blinde Fleck. Der Freitag, (10), Zugriff am 28.5.2005 unter *http://www.freitag.de/1999/10/99101701.htm*

Kluge, F. & Seebold, E. (2002). Etymologisches Wörterbuch der deutschen Sprache. 24. Auflage. Berlin: de Gruyter.

Laurel, B. (1993). Computers as Theatre. New York: Addison Wesley.

Luhmann, N. (1997). Die Gesellschaft der Gesellschaft. Frankfurt am Main: Suhrkamp.

Müller, K.-H. & Grössing, G. (2001). Das Gestalten gestalten, das Lernen lernen. Der Standard 19.10.2001., Zugriff am 28.5.2005 unter *http://www.univie.ac.at/heinz-von-foerster-archive/etexte/khmsta.htm*

Paech, J. (1991). Eine Dame verschwindet. Zur dispositiven Struktur apparativen Erscheinens. In Gumbrecht, H.-U. & Pfeiffer, K. L. (Hrsg.). Paradoxien, Dissonanzen, Zusammenbrüche. Situationen offener Epistemologie (S. 773–798). Frankfurt am Main: Suhrkamp.

Paech, J. (1991/2). Nähe durch Distanz – Anmerkungen zur dispositiven Struktur technischer Bilder. In HDTV – ein neues Medium, ZDF Schriftenreihe Technik, (41), Mainz.

Romero-Tejedor, F. (2002). Topologische Aspekte im Cognition Design. Öffnungszeiten, (16), S. 27–30.

Schulmeister, R. (2004): Didaktisches Design aus hochschuldidaktischer Sicht – Ein Plädoyer für offene Lernsituationen. In Rinn, U. & Meister, D. M. (Hrsg.). Didaktik und Neue Medien. Konzepte und Anwendungen in der Hochschule (S. 19–49). Münster: Waxmann.

Designs für audiovisuelle Hypermedien – Kognitive und kollaborative Perspektiven

Carmen Zahn, Uwe Oestermeier und Matthias Finke

Im folgenden Kapitel skizzieren wir – am konkreten Beispiel audiovisueller Hypermedien (Hypervideo) – zwei Design-Perspektiven: a) eine kognitionspsychologische Perspektive für den *individuellen* Wissenserwerb, und b) eine sozio-kognitive Perspektive für die *kooperative* Wissenskonstruktion. Für beide Sichtweisen stellen wir die wesentlichen psychologisch-pädagogischen Grundlagen sowie zentrale Design-Anforderungen vor und zeigen Interface-Designs, die diesen Anforderungen Rechnung tragen. Unter anderem werden exemplarisch die Ergebnisse eines psychologischen Experiments zum individuellen Lernen mit verschiedenen Designvarianten diskutiert.

1 Einleitung

In jüngerer Zeit werden videogestützte Informationsangebote (wie etwa interaktive Dokumentarfilme) immer häufiger für den Wissenserwerb genutzt (Schwan, 2000). Ein aktuelles Beispiel für diese Entwicklung sind audiovisuelle Hypermedien (oder: „Hypervideos"), die neben der sequenziellen Anordnung von Bild und Ton in einzelnen Videoclips auch Querverweise (Hyperlinks) innerhalb eines Films bzw. Verknüpfungen mit weiteren Informationsbausteinen enthalten. Mit steigender Anzahl an technischen Realisierungsmöglichkeiten für diese Form der medialen Wissensdarstellung rückt auch das Spannungsfeld zwischen den möglichen Vorteilen audiovisueller Hypermedien für den Wissenserwerb und der tatsächlichen interaktiven Nutzung dieses Potenzials beim individuellen und beim kooperativen Lernen in den Vordergrund. Mit anderen Worten: Es stellen sich Fragen des adäquaten Designs für Hypervideosysteme im Kontext des Wissenserwerbs.

Im Folgenden werden wir zwei mögliche Design-Perspektiven näher beleuchten: eine kognitionspsychologische Perspektive des Designs von Wissensmedien für den *individuellen* Wissenserwerb, und eine sozio-kognitive Perspektive des Designs von Wissensmedien für die *kooperative* Wissenskonstruktion. Beide genannten Perspektiven bzw. Designs sind aus einer „nutzeninspirierten" und empirisch-psychologisch orientierten Forschung zu Designfragen hervorgegangen. Der nutzeninspirierte Ansatz (vgl. Fischer et al., 2003) zeichnet sich durch ein komplexes Wechselspiel zwischen psychologischer (empirischer) Forschung und der Entwicklung neuer Informationsdesigns aus, das zusammen mit Innovationen in der pädagogischen Anwendungspraxis in sehr frühen Forschungsphasen – sozusagen „von der ersten Stunde an" – interdisziplinär in Angriff genommen wird. Der nutzeninspirierte Ansatz betont die prinzipielle Offenheit pädagogisch-psychologischer Grundlagenforschung gegenüber neuen Impulsen aus der medientechnischen Entwicklung und deren möglichen (oder notwendigen) Konsequenzen für reale Lernumwelten: Computertechnische Innovationen, zum Beispiel, werden frühzeitig aufgegriffen und deren komplexe Kausalzusammenhänge mit Wissenserwerbsprozessen prognostiziert und empirisch erforscht. Parallel dazu werden bestehende Lernparadigmen neu überdacht und gegebenenfalls gemäß den neuen technologischen Möglichkeiten überarbeitet. Diese Forschungsarbeit im Sinne einer Ko-Evolution pädagogisch-psychologischer und technischer Entwicklungen (vgl. Pea, 1985), bezieht pädagogische Konzepte und technische Konzepte aufeinander, setzt sie in Dialog und entwickelt hieraus Systemdesigns für den computergestützten Wissenserwerb.

In unserem Beispiel werden wir Designs für audiovisuelle Hypermedien vorstellen die aus mehrjähriger interdisziplinärer Zusammenarbeit im Sinne des Ko-Evolutionsgedankens entstanden sind. Wir tragen dem nutzeninspirierten Ansatz in diesem Kapitel Rechnung, indem wir ausgehend von der innovativen Informationstechnologie „Hypervideo" spezifische Designvarianten für Wissensmedien vorstellen, und exemplarisch über eine experimentelle Arbeit in diesem Kontext berichten.

2   Audiovisuelle Hypermedien – „Hypervideo"

Die „Hypervideo"-Idee definiert sich über zwei Grundprinzipien (Zahn et al., 2002): Erstens bilden dynamisch-audiovisuelle Medien (Videos und Animationen) das „Rückgrat" der Informationsdarstellung, zweitens sind dynamische Hyperlinks in die Bildinformationen eingebunden, die die Video-Information nicht-linear strukturieren. Hypervideo-Strukturen öffnen also die audiovisuellen Medien für eine interaktive, nicht-lineare Exploration nach individuellen Nutzerbedürfnissen – ähnlich wie Hypertexte (Guimarães et al., 2000; Zahn et al., 2002). Die potenziellen Anwendungsfelder für Hypervideos erstrecken sich von multimedialen Lernsystemen über „online" Lehrveranstaltungen, bis hin zu virtuellen Ausstellungen und Museen oder auch Web-TV-Angeboten.

Ein klassisches Beispiel ist das Lernprogramm *Citizen Kane* (Spiro & Jehng, 1990), das aus „Mini"szenen des Spielfilms *Citizen Kane* aufgebaut und so mit Textbausteinen kombiniert wurde, dass Lernende verschiedenen inhaltlichen Perspektiven folgen können, um die Vielschichtigkeit des Spielfilms zu begreifen. Mit *Citizen Kane* setzten die Autoren – aufbauend auf den Thesen ihrer „cognitive flexibility theory" (Spiro & Jehng, 1990) – die konstruktivistische Idee einer multidimensionalen Computerlernumgebung um, die die Nutzer nach eigenen kognitiven Zielen „erkunden" können, um flexibles Wissen zu erwerben.

Neuere Hypervideo-Systeme beruhen auf ähnlichen Grundideen, verwenden aber erweiterte technische Optionen, wie etwa grafische Video-Hyperlinks, die die Verknüpfung *einzelner* Bildobjekte im Video mit Zusatzmaterialien (Finke, 2000), die Vernetzung vieler Videoszenen untereinander oder das Einfügen von chat-Funktionen für den kollaborativen Wissenserwerb (Chambel, Zahn & Finke, 2004) erlauben. Auf Basis dieser Entwicklungen wollen wir im nächsten Abschnitt die Bedeutung des Hypervideo-Designs für den individuellen Wissenserwerb diskutieren.

3   Hypervideo-Design für den individuellen Wissenserwerb

Hypervideos integrieren unterschiedliche Zeichensysteme (dynamische Bilder und Ton bzw. Text), sind interaktiv und nicht-linear strukturiert (Guimarães et al., 2000). Hypervideos verbinden also die Qualitäten der audiovisuellen Informationsdarstellung mit den Qualitäten selbst gesteuerten, interaktiven Lernens (Zahn, 2003). Die Vorteile der audiovisuelle Präsentation von Wissen bestehen in der hohen Authentizität und Anschaulichkeit der Filmbilder sowie deren Dynamik, die kognitive Verarbeitungsprozesse so unterstützen oder lenken kann, dass das Verstehen komplexer dynamischer Prozesse erleichtert wird (vgl. Schwan, 2000). Zusätzlich können nach der Theorie des multimedialen Lernens (Mayer, 2001) audiovisuelle Wissensmedien so gestaltet werden, dass sie die individuelle kognitive Informationsverarbeitung durch die gezielte Kombination verschiedener Zeichensysteme, die über verschiedene Sinneskanäle wahrgenommen werden, unterstützen. Die interaktive und selbst gesteuerte Informationsverarbeitung bietet darüber hinaus den Vorteil, dass auch individuelle Lernerbedürfnisse (etwa im Zusammenhang mit Konzentration und Aufmerksamkeitsspanne oder individuellem Vorwissen) gezielt berücksichtigt werden können (vgl. Schwan, 2000; Schwan & Riempp, 2004). Die Kombination der Dynamik des Mediums Film mit der Interaktivität hypermedialer Informationsstrukturen eröffnet also neue Perspektiven für die computergestützte Wissenskommunikation, die vor allem mit Blick auf die Lernenden der zukünftigen „play generation" besonders interessant sind (Guimarães et al., 2000).

Andererseits kommen in Hypervideos Gestaltungskonzeptionen zum Einsatz, die weit über die klassischen Montage- und Präsentationstechniken des linearen Films hinausgehen (vgl. Locatis et al., 1990) und die für Lernende zunächst ungewohnt sind. Für eine effektive Nutzung der nicht-linearen Auswahloptionen sind eventuell neue Interaktionsparadigmen seitens der Nutzer erforderlich (Sawhney et al., 1996), die unter Umständen hohe kognitive Anforderungen stellen und die im Design mitberücksichtigt werden sollten. Außerdem kann die Komplexität des Mediums, das den Lernenden durch seine Multimedialität (Bild–Ton, Bild–Bild, Bild–Text) viele mentale Integrationsleistungen abverlangt, und diese über dynamische Hyperlinks zu Navigationsentscheidungen zwingt, kognitiv überfordernd wirken. Nach der so genannten „Cognitive Load Theorie" (Sweller, 1999) ist daher eine Unterstützung des Wissenserwerbs durch die technische Realisierung der Hypervideo-Idee alleine noch nicht gewährleistet, da die kognitiven Kapazitäten von Lernenden begrenzt sind und die Verarbeitung zu vieler verschiedener zeitabhängiger Informationen bei gleichzeitiger Navigation durch ein komplexes Lernsystem zu kognitiver Überforderung führen kann.

Das wichtigste Fazit aus diesen Überlegungen besteht darin, dass, wo immer möglich, die Interface-Gestaltung bei komplexen Hypervideos unnötige kognitive Belastung vermeiden und kognitive Entlastung bringen sollte. Wie lässt sich aber dieser Anspruch umsetzen? Über die Effektivität des Designs für Hypervideo ist so gut wie nichts bekannt. Ein Ausweg besteht darin, Forschungsergebnisse zu Multimediadesignkriterien zu verwenden, die sich aus den kognitiven Theorien multimedialen Lernens ableiten lassen (Mayer, 2001). Nach diesen Kriterien zu urteilen, würde zum Beispiel eine ungünstige Anordnung von assoziierten Informationen auf der Bedienungsoberfläche den Lernerfolg negativ beeinflussen, weil Ablenkungseffekte provoziert würden (split-attention effect vgl. Chandler & Sweller, 1994; Sweller, 1999). Eine Unterstützung des Wissenserwerbs ist dagegen zu erwarten, wenn die von Mayer (2001) formulierten Kohärenz- und Kontiguitätsprinzipien beachtet werden: Das Kohärenzprinzip (coherence principle) besagt, dass Informationen, die im gegenwärtigen Lernkontext keinen relevanten Beitrag leisten, auch nicht dargestellt werden dürfen, da sie den Nutzer vom Lernen ablenken können. Die Kontiguitätsprinzipien (spatial and temporal contiguity principles) fordern, dass inhaltlich assoziierte Informationseinheiten (z.B. Texte und Illustrationen) raum-zeitlich eng miteinander verbunden sein müssen, um dem Nutzer unnötige mentale Integrationsleistungen zu ersparen und einen effektiven Zugriff auf die zu vermittelnden Wissensressourcen zu gewährleisten.

Abbildung 1 zeigt, wie diese Prinzipien die Entwicklung eines User Interface und des zugrundeliegenden Interaktionsmodells für ein Hypervideo-Lernsystems beeinflusst haben (für Details zur Systemarchitektur vgl. Finke, 2000).

Das Interface ist in einen Videobereich (links) und einen Informationsbereich (rechts) angeordnet. Im Videobereich befindet sich ein Video mit eingebetteten sensitiven Regionen (weiße rechteckige Umrandung im Videofenster). Die primäre Aufgabe dieser Hyperlinks ist die Verbindung von Objekten und Details im Video (hier zum Beispiel die Mikroskopaufnahme) mit weiterführenden Zusatzinformationen. Die Links werden durch Mausklick auf eine sensitive Region im Videobild aktiviert, um die verknüpfte Zusatzinformation (hier zum Beispiel ein weiterführender Text) im Informationsbereich aufzurufen.

Das Kohärenzprinzip wird dadurch erfüllt, dass das im linken Bereich abgespielte Video sofort stoppt, wenn im rechten Bereich Zusatzinformationen aufgerufen werden, die die Aufmerksamkeit der Nutzer von der Videopräsentation ablenken können. Umgekehrt wird bei laufenden Videos die Zusatzinformation aus dem rechten Fenster ausgeblendet.

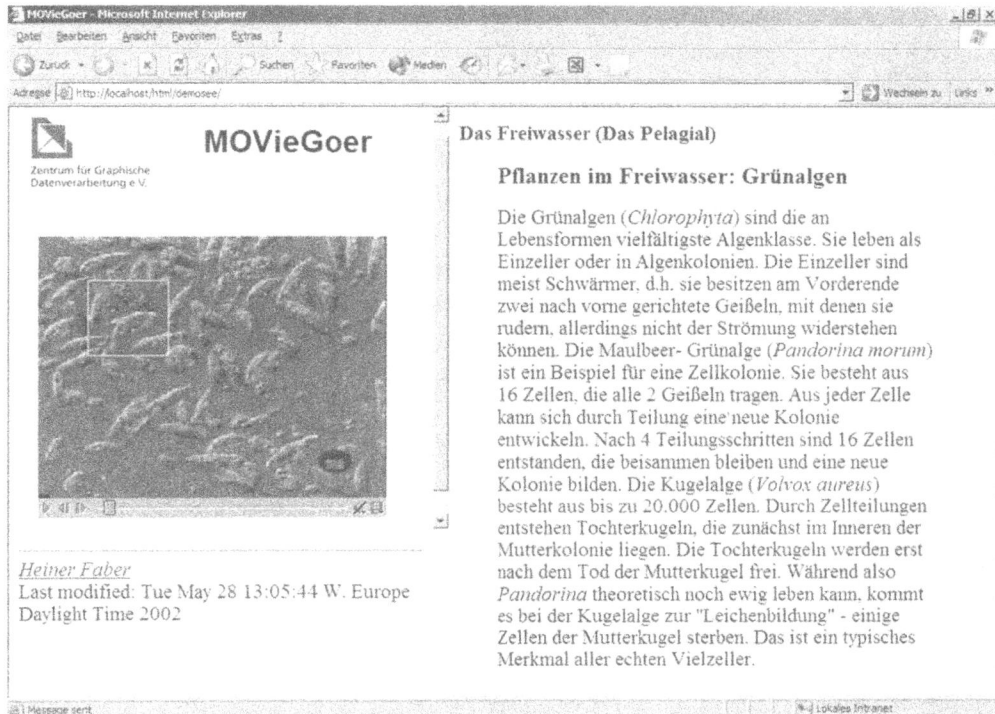

Abb. 1: *MovieGoer – User Interface eines Hypervideo-Systems für den individuellen Wissenserwerb.*

Außerdem erfolgt die Visualisierung der sensitiven Regionen im Video als Kennzeichen vorhandener Hyperlinks gemäß dem Kohärenzprinzip nur auf „Anfrage" bzw. wird durch den Nutzer eingeleitet, indem der Mauszeiger in der Videobildfläche positioniert wird. Würden die Links dauerhaft visualisiert, bestünde die Gefahr, dass die Aufmerksamkeit von der Videopräsentation abgelenkt wird oder Details im Videobild überdeckt würden. Folglich wird den Nutzern die Entscheidung überlassen, wann die Visualisierung der Links im Video für die Linkselektion relevant wird.

Die Prinzipien der räumlichen und zeitlichen Kontiguität werden dadurch erfüllt, dass das Videobild und die jeweilige Zusatzinformation beim Anklicken von Hyperlinks stets in enger räumlicher Nähe sichtbar sind und bewusst darauf verzichtet wird, das Videobild mit Zusatzinformation in einem neuen Fenster zu überdecken bzw. das Video im „Vollbildmodus" abzuspielen. Zudem wird dem Prinzip der raum-zeitlichen Kontiguität Rechnung getragen, indem die Hyperlinks punktgenau an das betreffende Videoobjekt im Videobild angebunden sind. Die Hyperlinks (und die verknüpften Zusatzinformationen) sind somit stets räumlich und zeitlich eng an die inhaltlich passende visuelle Inhaltsinformation im Video gebunden.

Diese Designentscheidungen sind von Multimedia-Designprinzipien abgeleitet, deren tatsächliche Gültigkeit für Hypervideo-Designs (bzw. die Einflüsse auf das Lernen mit Hypervideos) nicht belegt ist. Zudem konnten einige Detailfragen vorerst nicht beantwortet werden (wie etwa die Fragen zur optimalen Anzahl und Position der Hyperlinks im Video), weil sich aus den vorhandenen Prinzipien teilweise widersprüchliche Hypothesen ableiten lassen (vgl. Zahn, 2003). Deshalb wurde das vorgestellte Interface Beispiel zusätzlich in einem Lernexperiment untersucht (Zahn, Barquero & Schwan, 2004): Vier Varianten eines umfangreichen Hypervideos, das Videos und Texte zum Thema „Ökosystem See" enthielt, waren inhaltlich identisch gestaltet, und unterschieden sich lediglich in der Anzahl an eingebetteten Hyperlinks und deren Position. 74 Versuchspersonen erhielten die Aufgabe, in 90-minütigen Einzelsitzungen Fakten zum Thema „Ökosystem See" zu lernen. Während der Lernphase wurden alle Nutzungsaktivitäten in Log-Dateien erfasst. Im Anschluss wurde der Wissenszuwachs erhoben. Dabei zeigte sich im Vergleich der vier verschiedenen Hypervideoversionen, dass der Wissenszuwachs insgesamt substantiell war, die Parameter „Anzahl" und „Position" der Hyperlinks den Wissenszuwachs und die Navigation aber nicht signifikant beeinflusst haben. Die individuellen Navigationskennwerte dagegen waren signifikant positiv mit dem Wissenszuwachs korreliert. Die Ergebnisse deuten also darauf hin, dass das Interface in allen vier Variationen gleichermaßen gut für das Lernen geeignet war, wobei offenbar die Handlungen der Nutzer eine große Bedeutung für den Lernerfolg hatten.

Heißt das, dass einzelne Designentscheidungen bei komplexen Hypervideos keine Rolle spielen? Diese Schlussfolgerung wäre vereinfacht, denn es handelt sich um die Ergebnisse eines einzelnen Experiments mit spezifischen Bedingungen und auch hier hat das globale Interface-Design den Handlungs*rahmen* vordefiniert. Das Ergebnis weist aber deutlich auf die zentrale Rolle der *Interaktivität* beim Wissenserwerb mit Hypervideos hin, die offenbar bedingt, dass die Nutzerinnen und Nutzer (im konstruktivistischen Sinn) selbst entscheiden, welche Handlungen sie ausführen und welche nicht. Dabei muss akzeptiert werden, dass der tatsächliche individuelle Lernerfolg nicht nur durch das Design sondern wesentlich durch die *selbst gesteuerten Aktivitäten der Lernenden innerhalb des Designs* bestimmt wird.

Diese Aktivitäten beschränken sich nicht nur auf die Interaktion von Einzelnnutzern mit dem System, sondern können auch soziales Handeln und Lernen umfassen. Die Grundlagen und Anforderungen an Hypervideo-Designs für solche „kollaborative" Szenarien werden in den nächsten Abschnitten diskutiert.

4   Hypervideo-Design für die kooperative Wissenskonstruktion

Wenn mehrere Lernende gemeinsam Hypervideos bearbeiten, erstrecken sich ihre Handlungsmöglichkeiten auf ein umfangreiches sozio-technisches Gesamtsystem, in dem sich vorhandenes Wissen auf mehrere Personen und auf die mediale Informationsdarstellung bzw. die Informationstechnologie verteilt. Aus dieser „kollaborativen[1]" Perspektive nach dem Modell der *distributed intellligence* (Pea, 1993) können Hypervideos neben der kognitiven Informa-

---

1. Übersetzt aus dem Englischen „collaborative", konnotiert mit Wissensaustausch, Kooperation und gemeinsamem Lernen und Arbeiten.

tionsverarbeitung des Individuums auch die aktive Zusammenarbeit und gemeinsame Wissenskonstruktion von Lernenden fördern. Die Zusammenarbeit kann sowohl im Wissensaustausch (themenspezifische Diskussion bzw. Diskurs) als auch in der kooperativen Ausgestaltung des „Informationsraums Hypervideo" (gemeinsame Designaktivitäten) bestehen. Zum Beispiel könnten Lernende die Aufgabe haben, bestimmte visuelle Details, die in einem Video dargestellt sind, hervorzuheben, zu analysieren und zu diskutieren. Oder sie könnten die Aufgabe haben, in einer Gruppe gemeinsam ein Medienprodukt „Hypervideo" zu einem bestimmten Thema zu konstruieren (Zahn, et al., 2002; Stahl, Zahn & Finke, 2005), ähnlich wie man Textanalysen betreibt oder Texte schreibt, um sich ein Thema inhaltlich zu erarbeiten. Aus konstruktivistischer Perspektive sind solche aktiven kooperativen Lernformen (Dialog und Wissenskonstruktion) prinzipiell dazu geeignet, einerseits ein vertieftes und nachhaltiges Verständnis zum jeweiligen Thema und andererseits zusätzliche übergreifende sozio-kognitive Fähigkeiten zu vermitteln (*design skills*, Carver et al., 1992).

Andererseits wurde aber auch gezeigt, dass im Dialog und während der Konstruktion von Medienprodukten nur dann gelernt wird, wenn bestimmte mentale Elaborationsprozesse stattfinden, bzw. durch die Aufgabenstellung und die verwendeten Medien initiiert werden. Nach dem „Knowledge Transforming Model" von Scardamalia & Bereiter (1987) beispielsweise funktioniert das Lernen durch Schreiben oder das Lernen durch Multimedia-Produktion nur dann, wenn kognitive Problemlöseprozesse stattfinden, die mental anstrengend sind und deshalb nicht immer spontan angewandt werden. Deshalb sind instruktionale oder technisch implementierte Hilfestellungen nötig, die gezielt solche kognitiven Problemlöseprozesse auslösen.

Als Fazit für die Unterstützung sozialen Lernens durch Hypervideo-Designs ergeben sich also im Vergleich zum Design für den individuellen Wissenserwerb zusätzliche Anforderungen: Beim kollaborativen Wissenserwerb stehen – neben dem individuellen Verstehen der dargestellten Information – der Wissensaustausch und der wechselseitige Diskurs im Mittelpunkt (Schulmeister, 2001). Folglich müssen Hypervideo-Strukturen in kooperativen Lernszenarien neben der Präsentation von Informationen auch die Dimensionen des Informations- und Wissensaustauschs sowie der interpersonellen Kommunikation enthalten. Diese Dimensionen können durch einen drei-dimensionalen Informationsraum, der das gesamte Wissen einer lernenden Gruppe (Inhalte und Gruppenkommunikation) repräsentiert, abgebildet werden. Der Informationsraum ist als dynamisch zu sehen (*dynamic information space*, Zahn & Finke, 2003), da sich sowohl die filmisch dargestellte Information, als auch das Gruppenprodukt „Hypervideo" über die Zeit verändert.

Auf die Benutzerschnittstelle bezogen bedeutet das, dass Funktionalitäten einer Autorenumgebung und Kommunikationstools integriert werden müssen. Dies erhöht jedoch gleichzeitig die (oben beschriebene) kognitive Belastung beim Wissenserwerb und kann zu allgemeiner Desorientierung führen. Und zwar besonders dann, wenn die Lernzielvorgaben unklar sind und den Nutzern kein Überblick über die Gesamtstruktur des Mediums gegeben wird (Schnotz & Zink, 1997). Solche Desorientierung wiederum, kann sich in Resignation oder auch ungezielten Aktionismus der Lernenden niederschlagen, mit negativen Konsequenzen für Wissenserwerbs- und Kommunikationsprozesse. Kollaborative Hypervideo-Designs sollten daher die Nutzer eines Hypervideosystems zu gemeinsamem Arbeiten und zur Diskussion einladen, *ohne* sie kognitiv zu überfordern.

Wie können diese Anforderungen im Rahmen *einer* räumlich begrenzten Hypervideo-Bedie-nungsoberfläche erfüllt werden?

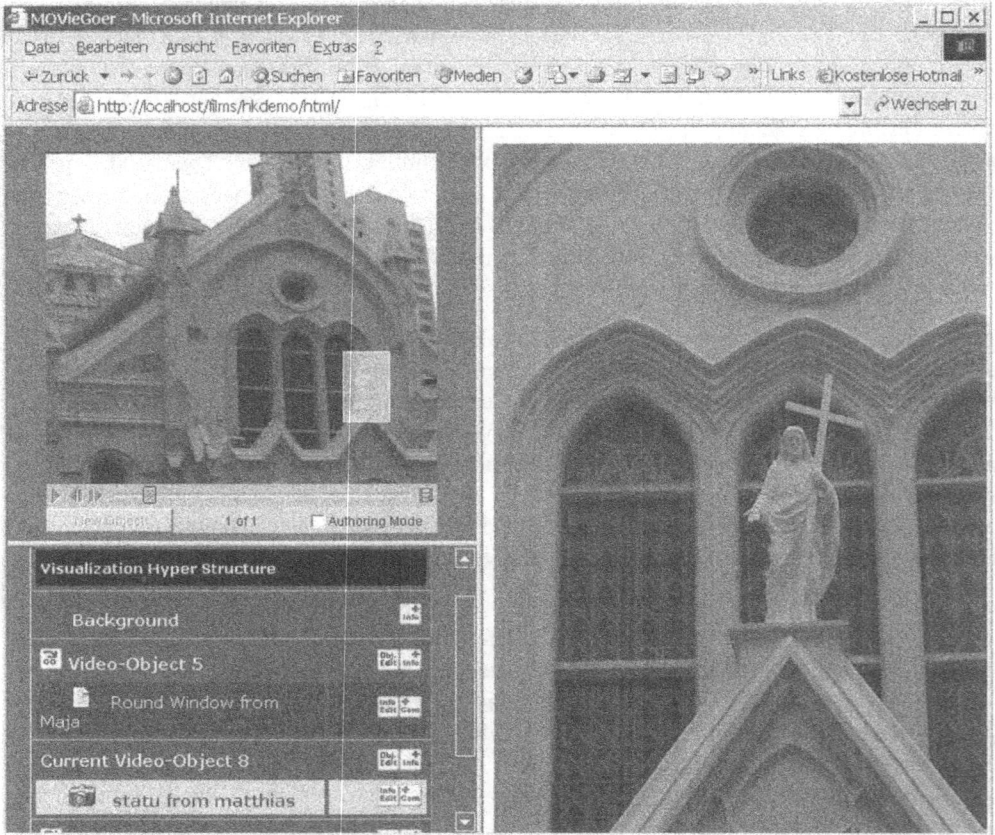

Abb. 2: *Hypervideo-Interface für die kooperative Wissenskonstruktion – Ansicht: Videofenster mit sensitiven Regio-nen (links, oben), Zusatzinformation (rechts), Übersichtsfenster (links, unten).*

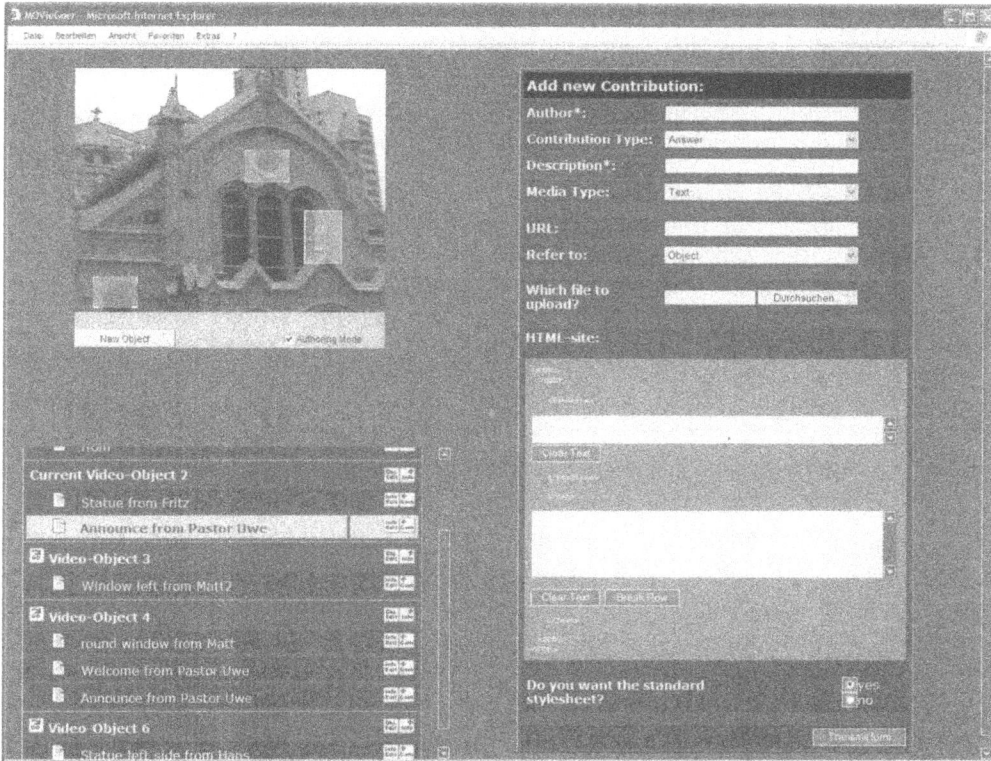

Abb. 3: *Hypervideo-Interface für die kooperative Wissenskonstruktion – Ansicht: Videofenster mit sensitiven Regionen (links, oben), Eingabemaske für eigene Beiträge (rechts), Übersichtsfenster (links, unten).*

Abbildungen 2 und 3 zeigen das Interface eines Hypervideo-Systems für die kooperative Wissenskonstruktion. Neben den Bereichen zur Darstellung der Videoinhalte (in beiden Abbildungen, links oben) und der Zusatzinformationen (in Abbildung 2, rechts) sind auch Bereiche für die Darstellung und Eingabe eigener Annotationen und Kommunikationsbeiträge durch die Nutzer (in Abbildung 3, rechts) sowie für die Darstellung der Gesamtstruktur des Hypervideos (links unten in beiden Abbildungen) in das Interface integriert. Die Funktionalitäten zur Modifikation des dynamischen Informationsraumes (kollaborative Funktionen) sind als erweiterter Funktionsumfang des Videoplayers realisiert. Ausgangspunkt sind die sensitiven Regionen (sichtbar als weiß schattierte Rechtecke in den Videobildern). Für das kollaborative Arbeiten am Hypervideo wurden *multiple* Hyperlinks eingeführt, die die Verknüpfung eines Videoobjekts mit mehreren Zusatzinformationen durch verschiedene Nutzer ermöglichen (1-zu-n Verknüpfung). Damit können unterschiedliche Nutzer ihre Annotationen mit demselben Objekt im Video verknüpfen. Diese werden dann in der Hypervideo-Struktur (in beiden Abbildungen, links unten) aufgelistet und können zur Diskussion gestellt werden. Die Aktivierung der multiplen Hypervideo-Links erfolgt direkt durch Klicken auf die sensitiven Regionen im Videobild oder auch durch die Aktivierung der Links innerhalb der Hypervideo-Struktur.

Zudem ist eine Kommunikationsfunktion angegliedert, die es erlaubt, identifizierbare Diskussionsbeiträge bzw. Gruppendiskussionen in die Hypervideo-Struktur zu integrieren. Die Kommunikationsfunktion ist derzeit asynchron und offen gestaltet (etwa für eine globale Internet-„Community"). Eine Offenlegung der Medienstruktur gibt Aufschluss über die inhaltliche Strukturierung des Themenfeldes und dient als Orientierungs- und Navigationshilfe.

Bei diesen Überlegungen bleiben die besonderen Bedürfnisse spezifischer Zielgruppen oder Aufgabenstellungen noch unberücksichtigt. Realitätsnahe Beispiele sind etwa virtuelle Seminare sowie schulische bzw. universitäre Projektarbeiten, bei denen Kleingruppen gemeinsam ein Hypervideo editieren. Auf die speziellen Anforderungen für solche abgeschlossenen Arbeits- bzw. Lerngruppen gehen wir im nächsten Abschnitt ein.

5   Hypervideo-Design für definierte Gruppen – eine pragmatische Perspektive

Einzelarbeit bedeutet Wissen um eigene Intentionen und zumindest rudimentäre Erinnerung an eigenhändig durchgeführte Änderungen des bearbeiteten Gegenstandes. Kollaboration in einer Gruppe bedeutet demgegenüber Unsicherheit bezüglich der Intentionen der anderen Lernenden und Nichtwissen hinsichtlich der Änderungen, die die gemeinsam bearbeiteten Objekte durchlaufen haben. Viele kollaborative Umgebungen enthalten deshalb Visualisierungsformen wie Buddy-Listen, Icons für gesperrte bzw. aktuell bearbeitete Dateien, Protokolllisten oder Zeitleisten. Doch der Bildschirm ist ein räumlich relativ eng begrenztes Medium, so dass all diese potentiell relevanten Informationen in der Regel über verschiedene Bildschirmseiten oder Fenster verteilt sind und epistemische Handlungen (vgl. Kirsh & Maglio, 1994) wie Suchen, Einblenden oder Wegblenden erfordern, die die Arbeit am Gegenstand unterbrechen. Die Kunst des Interface-Designs für eine kollaborativen Applikation besteht somit darin, ausschließlich *wichtige* Gruppeninformationen, die für die aktuelle Situation kennzeichnend sind, in die Bearbeitungsansicht zu integrieren. Für das Design einer kollaborativen Hypervideo-Benutzerschnittstelle muss daher gefragt werden:

Welche gruppenspezifischen Informationen sind relevant?

- Welche dieser relevanten Informationen sind für die aktuelle Bearbeitung essentiell und direkt in der Bearbeitungsansicht zu kodieren?
- Wie können die unmittelbar relevanten Informationen unmissverständlich in die Bearbeitungsansicht integriert werden?
- Welche anderen Informationen sind in zusätzlichen weiteren Bildschirmbereichen auf Benutzerwunsch hin einzublenden?
- Wie kann technisch sichergestellt werden, dass die angezeigten Informationen korrekt und verlässlich sind?

Abbildung 4 zeigt den Entwurf für ein kollaboratives Hypervideo-Design mit Bezug zu diesen Fragen[2]:

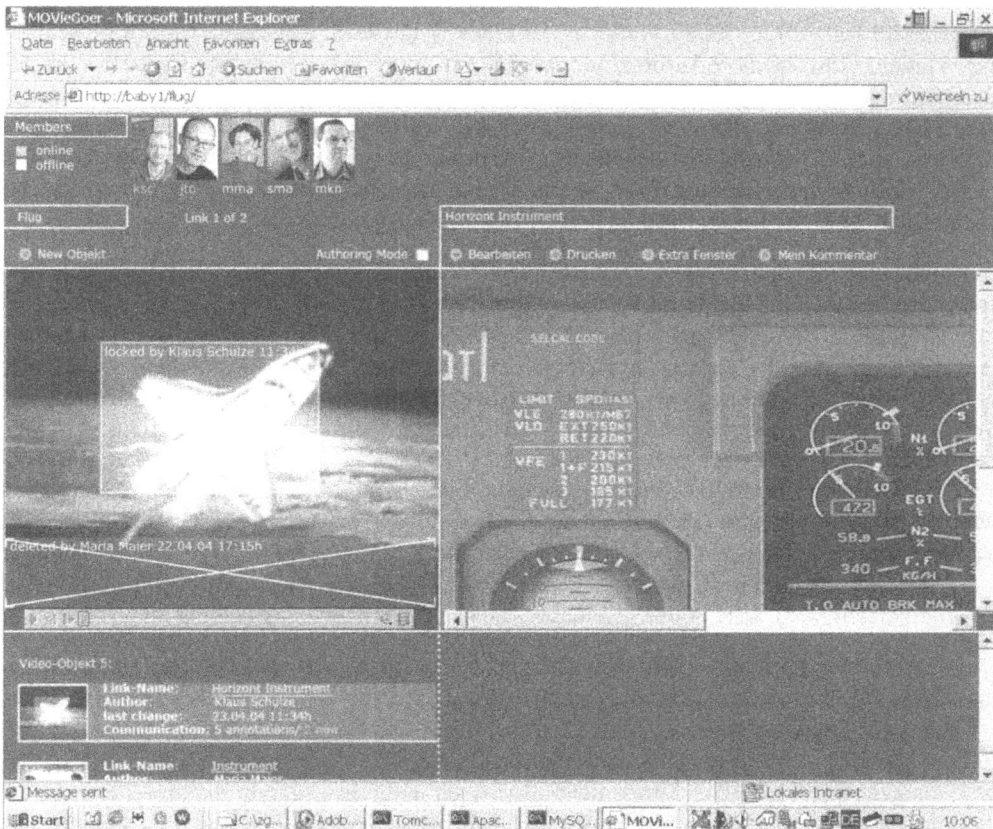

Abb. 4: *Entwurf für ein kollaboratives Hypervideo-Design unter Einbeziehung der Gruppenperspektive.*

Auf explizit im System dargestellte Rollenzuschreibungen (z.B. Lehrer vs. Schüler), die oft sehr prominent dargestellt werden, wurde hier verzichtet, weil diese Rollen in schulischen bzw. universitären Kontexten als bekannt vorausgesetzt werden können. Zwar spielen Unsicherheiten über eigene Rollen in Gruppensituationen oft eine wichtige Rolle und können somit nicht a priori zurückgewiesen werden, Benutzerinterviews zeigen jedoch schnell, dass die Unsicherheiten der Benutzer in überschaubaren Gruppen praktische Fragen betreffen: „Was passiert, wenn zwei gleichzeitig oder kurz hintereinander abspeichern?", „Geht meine Arbeit nicht verloren, wenn mehrere Benutzer parallel arbeiten?" usw. Wir haben deshalb bewusst das Hauptaugenmerk auf Kopräsenz- und Änderungsanzeigen gelegt.

---

2. Unser besonderer Dank gilt hierbei Frau Sylvia Bayertz (Hochschule der Medien, Stuttgart) für ihre im Rahmen ihrer Diplom-Abschlußarbeit entstandenen Ideen.

Die Visualisierung des Online-Status des Gruppenmitgliedes (Abb. 3, links oben) enthält implizit die wichtige Information, ob aktuell bei der Bearbeitung überhaupt Änderungskonflikte zu befürchten sind. In Kleingruppen ist es sehr häufig der Fall, dass nur eine Person überhaupt am System angemeldet ist und deshalb ungestört arbeiten kann. Ohne die Online-Information kann diese Gefahr von dem einzelnen Benutzer hingegen nie ganz ausgeschlossen werden. Obwohl diese Information wichtig ist, muss sie aber nicht unmittelbar in der Bearbeitungsansicht eingeblendet werden, da die bloße Kopräsenz allein ja noch nicht besagt, dass es konfligierende Absichten gibt, gleichzeitig ein Objekt zu bearbeiten. Diese zentrale Information wird deshalb über gesonderte Sperrmarkierungen transportiert, die direkt in die Linkdarstellung integriert sind. Damit werden Bearbeitungskonflikte, die zum Teil erhebliche Mehrarbeit zur Folge haben würden, von vorneherein ausgeschlossen.

Ein nicht unwichtiges Detail sind zudem die Löschmarkierungen. In vielen Systemen verschwinden gelöschte Objekte im wahrsten Sinne des Wortes einfach von der Bildfläche. Der hier vorgestellte Designentwurf benutzt stattdessen die von Textverarbeitungsprogrammen und aus dem Alltag bekannten Durchstreichungen als Änderungsmarkierungen, die textlich um Personen- und Zeitangaben ergänzt werden. Es wurde hier bewusst auf Icons (z.B. Schloss und Mülleimer) verzichtet, die in vielen anderen Systemen als platzsparende Alternative zu Textfragmenten bevorzugt werden. Zwar sind diese Visualisierungen gut etabliert, aber sie werden in der Regel sonst in nicht rein-bildlichen Darstellungskodes eingesetzt und heben sich daher gut vom Hintergrund ab. In Hypervideos dominieren jedoch bildliche Darstellungskodes mit nicht vorhersagbarer visueller Struktur, die je nach Thema unterschiedlich ist. Die Wahrscheinlichkeit, dass ein kleines Icon vor einem realistischen Videobild nicht erkannt werden kann, scheint uns gegenüber einer rein textlichen Darstellung zu groß.

Die oben formulierten Anforderungen und Leitfragen für Hypervideo-Designs greifen letztlich etwas auf, was in der Sprachpragmatik als Analyseraster für kooperative Diskurse angewendet wird: Die Griceschen Maximen der Relevanz, Qualität, Quantität und Art und Weise (Grice, 1975). Nach diesen Maximen müssen kooperative Sprecher sich auf das Wichtige beschränken: den Gesprächspartner nicht absichtlich in die Irre führen; bei unsicheren Informationen die Unsicherheit kennzeichnen und sich für den Partner klar und verständlich ausdrücken. Diese Maximen lassen sich auf das Grafik-Design (Oestermeier, Reinhard-Hauck & Ballstaedt, 2001) und auf das Interface-Design übertragen, wobei über den normativen Rahmen hinaus in Einzelfragen empirische Daten hinzugezogen werden müssen, um Designalternativen auf ihre Praxistauglichkeit hin zu testen.

6   Fazit

Im vorliegenden Beitrag wurden Entwürfe für Hypervideo-Designs für den individuellen und den kooperativen Wissenserwerb vorgestellt. Die Designs bieten Lösungen für die Unterstützung von sowohl kognitiven als auch sozialen Aspekten des Wissenserwerbs mit Hypervideo-Strukturen an und beziehen die kognitiven Vorraussetzungen potentieller Nutzerinnen und Nutzer (z.B. begrenzte kognitive Kapazität) mit ein. Der Fokus des Design-Ansatzes liegt damit eindeutig auf den (sozio-)kognitiven Bedingungen des Lernens. Die hier dargestellten

Lösungen mögen auf den ersten Blick bezüglich der kreativen Design-Leistung unspektakulär wirken, sind aber bewusst einfach gehalten, weil Video an sich sehr viel Aufmerksamkeit bindet und die Aufgaben für Lernende, die auf Hypervideos basieren, ebenfalls komplexer Natur sind, so dass die Gefahr kognitiver Überlastungsreaktionen (mit negativen Konsequenzen für Verstehen und Wissenserwerb) nicht zu unterschätzen ist. Die Designs wurden teilweise auf der Basis aufwändiger experimenteller Studien im Rahmen eines nutzeninspirierten Forschungsansatzes auf ihre Effektivität für den Lernprozess hin geprüft und weiterentwickelt. Parallel dazu wurden die Möglichkeiten des Wissenserwerbs mit audiovisuellen Hypermedien aus psychologisch-pädagogischer Perspektive erforscht, woraus sich neue potentielle Anwendungen für das kooperative Lernen mit Hypervideos ergeben. Das Ergebnis dieser Arbeit sind Interface-Designs, die einer empirischen Überprüfung standhalten und die gleichzeitig neue pädagogische Anwendungen ins Leben rufen können: In unserem Fall zum Beispiel Hochschulseminare nach der Idee des „Lernens durch Hypervideo-Design" (Stahl, Zahn & Finke, 2005) oder kreativer Schulunterricht auf der Basis von Hypervideotechnologien (Zahn et al., 2005).

7   Literatur

Carver, S. M.; Lehrer, R.; Connell, T. & Erickson, J. (1992). Learning by Hypemedia Design: Issues of assessment and implementation. *Educational Psychologist*, 27 (3), 385–404.

Chambel, T.; Zahn, C. & Finke, M. (2004). *Hypervideo design and support for contextualised learning*. Paper presented at the IEEE 2004.

Chandler, P. & Sweller, J. (1991). Cognitive load theory and the format of instruction. *Cognition and Instruction*, 8 (4), 293–332.

Chandler, P. & Sweller, J. (1994). Why some material is difficult to learn. *Cognition and Instruction*, 12, 185–233.

Finke, M. (2000). Ein interaktives Videosystem für Broadcasting und Internet. *http://www.zgdv.de/zgdv/departments/z3/Z3Veroeffentlichungen/Interaktives_Videosystem*.

Fischer, F.; Bouillion, L.; Mandl, H. & Gomez, L. (2003). Scientific principles in Pasteur's quadrant: Integrating goals of understanding and use in learning environment research. In B. Wasson, S. Ludvigsen & U. Hoppe (Eds.), *Designing for Change in Networked Learning Environments- Proceedings of the International Conference on Computer Support for Collaborative Learning*. Dordrecht, Boston, London: Kluwer Academic Publishers.

Grice, H. P. (1975). Logic and conversation. In P. Cole & J. L. Morgan (Eds.), *Syntax and semantics 3: Speech acts*, (pp. 41–58). New York: Academic Press.

Guimarães, N.; Chambel, T. & Bidarra, J. (2000). From cognitive maps to hypervideo: Supporting flexible and rich learner-centred environments. *Interactive Multimedia Electronic Journal of Computer-Enhanced Learning*, 2 (2).

Kirsh, D. & Maglio, P. (1994). On distinguishing epistemic from pragmatic action. *Cognitive Science*, 18, 513–549.

Locatis, C.; Charuhas, J. & Banvard, R. (1990). Hypervideo. *Educational Technology Research and Development*, 38 (2), 41–49.

Mayer, R. E. (2001). *Multmedia Learning*. Cambridge, UK: Cambridge University Press.

Oestermeier, U.; Reinhard-Hauck, P. & Ballstaedt, S.-P. (2001). Gelten die Griceschen Maximen auch für visuelle Argumente? In K. Sachs-Hombach (Hrg.), *Bildhandeln* (S. 207–223). Magdeburg: Scriptum.

Pea, R. (1985). Beyond amplification: Using the computer to reorganize mental functioning. *Educational Psychologist*, 20, 167–182.

Pea, R. (1993). Practices of distributed intelligence and designs for education. In G. Salomon (Ed.), *Distributed cognitions. Psychological and educational considerations*. New York: Cambridge University Press.

Sawhney, N.; Balcom, D. & Smith, I. (1996). HyperCafe: Narrative and aesthetic properties of hypervideo. Paper presented at the 7th ACM Conference on Hypertext.

Schnotz, W. & Zink, T. (1997). Informationssuche und Kohärenzbildung beim Wissenserwerb mit Hypertext. *Zeitschrift für Pädagogische Psychologie*, 11 (2), 95–108.

Schulmeister, R. (2001). *Virtuelle Universität – Virtuelles Lernen*. München: Oldenbourg Verlag.

Schwan, S. (2000). Video in Multimedia-Anwendungen. Gestaltungsanforderungen aus kognitionspsychologischer Sicht. In: C. Krampen & H. Zayer (Hrg.), *Psychologiedidaktik und Evaluation II: Neue Medien und Psychologiedidaktik in der Haupt- und Nebenfachausbildung* (S. 55–72). Bonn: Deutscher Psychologenverlag.

Schwan, S. & Riempp, R. (2004). The cognitive benefits of interactive videos: Learning to tie nautical knots. *Learning & Instruction*, 14 (3), 293–305.

Spiro, D. & Jehng, J. C. (1990). Cognitive flexibility, random access instruction, and hypertext: Theory and technology for non-linear and multidimensional traversal of complex subject matte. In D. Nix & R. J. Spiro (Eds.), *Cognition, education and multimedia: Exploring ideas in high technology* (pp. 163–205). Hillsdale, NJ: Lawrence Erlbaum.

Stahl, E.; Zahn, C. & Finke, M. (2005). How Can We Use Hypervideo Design Projects to Construct Knowledge in University Courses? In: T. Koschmann, D. Suthers & T-W. Chan (Eds.), *Computer Supported Learning 2005. The next 10 years*. Mahwah, NJ: Lawrence Erlbaum Associates, Inc.

Sweller, J. (1999). *Instructional Design in Technical Areas*. Australian Council for Educational Research: Melbourne.

Zahn, C. (2003). *Wissenskommunikation mit Hypervideos – Untersuchungen zum Design nicht-linearer Informationsstrukturen für audiovisuelle Medien*. Münster: Waxmann.

Zahn, C.; Barquero, B. & Schwan, S. (2004). Learning with hyperlinked videos – Design criteria and efficient strategies for using audiovisual hypermedia. *Learning and Instruction*. 14 (3), 275–291.

Zahn, C. & Finke, M. (2003). Collaborative knowledge building based on hyperlinked video. Paper presented at the CSCL, Bergen/Norway.

Zahn, C.; Pea, R.; Hesse, F.W.; Mills M.; Finke M. & Rosen, J. (2005). Advanced Digital Video Technologies to Support Collaborative Learning in School Education and Beyond. In: T. Koschmann, D. Suthers & T-W. Chan (Eds.), *Computer Supported Learning 2005. The next 10 years*. Mahwah, NJ: Lawrence Erlbaum Associates, Inc.

Zahn, C.; Schwan, S. & Barquero, B. (2002). Authoring hypervideos: Design for learning and learning by design. In R. Bromme & E. Stahl (Eds.), *Writing hypertext and learning: Conceptual and empirical approaches* (pp. 153–176). Amsterdam, Boston, London, New York, Oxford, Paris, San Diego, San Francisco, Singapore, Sydney, Tokyo: Pergamon/Elsevier Science.

Visuelle Exploration
digitaler Datenbestände

Harald Reiterer

Dieser Beitrag fasst Erfahrungen bei der Konzeption und Entwicklung von Wissensmedien (Knowledge Media) zusammen. Es handelt sich dabei um visuelle Recherchesysteme, die zur Exploration digitaler Datenräumen genutzt werden können. Sie spielen im Prozess der Wissensverarbeitung eine wichtige Rolle, da sie dem Wissensverarbeiter (Knowledge Worker) dabei helfen, die für seine Fragen- bzw. Aufgabenstellung relevanten Informationen zu finden, um beispielsweise Entscheidungsprozesse vorzubereiten. Es wird gezeigt, dass das Medium Computer durch die Kombination von interaktiven Visualisierungen und leistungsfähigen Retrieval- bzw. Data Mining Techniken ein großes Potential bietet, den Wissensgewinnungsprozess effektiver und effizienter zu gestalten. Entscheidend für den Erfolg derartiger Systeme ist dabei der medienadäquate Designprozess, der durch Vorgehensweisen wie „Denken am Modell", das systematische Anknüpfen an und die Übertragung von bisherigen Designideen sowie eine strikt benutzerzentrierte Entwicklung gekennzeichnet ist. Unsere bisherigen Erfahrungen mit visuellen Recherchesystemen haben uns ermutigt, die dahinter stehenden Konzepte und Ideen weiterzuentwickeln und auf verschiedenartigste digitale Datenbestände zu übertragen.

1   Einführung

Eines der Ziele des vom Autor mitgegründeten Knowledge Media Design (KMD-)Forums (siehe *www.kmd-forum.de*) besteht darin, Informationssysteme für die Wissensverarbeitung zu entwickeln, die sich in einigen wichtigen Aspekten von herkömmlichen Informationssystemen unterscheiden. Ein solcher Aspekt ist der Einsatz von *innovativen Visualisierungen*, die den Wissensverarbeitungsprozess in neuartiger Weise unterstützen und dabei dem Anspruch „The purpose of visualization is insight, not pictures" folgen (Card, Mackinlay & Sheiderman, 1999). In den letzten Jahren sind eine Vielzahl von innovativen Visualisierungen im Rahmen von zahlreichen Forschungsprojekten entwickelt worden, die ein großes Potential zur Gewinnung neuer Einsichten im Wissensgewinnungsprozess bieten. Die Herausforderung besteht nun darin, geeignete Visualisierungen für die jeweiligen Zielgruppen und deren Aufgabenstellungen sowie den damit verbundenen zu explorierenden Datenbestand zu entwickeln.

Ein weiterer Anspruch des KMD-Forums besteht darin, bei der Entwicklung von wissensverarbeitenden Systemen den Erkenntnissen der Forschungsdisziplin Mensch-Computer Interaktion (Human-Computer Interaction) besonderes Augenmerk zu schenken. Hier wird vor allem die *benutzerzentrierte Entwicklung* von *gebrauchstauglichen Systemen* adressiert. Dazu gilt es, neuartige Interaktions- und Navigationskonzepte zu entwickeln, die in Kombination mit innovativen Visualisierungen den Benutzer in die Lage versetzen, eine neue Qualität im Wissensverarbeitungsprozess zu erfahren.

Der Beitrag folgt in seiner Darstellung den drei Gestaltungsgegenständen des KMD-Forums: Wissen, Medien und Design. Im Abschnitt 2, „Von digitalen Datenräumen zum Wissen", wird auf die Bedeutung von digitalen Datenräumen für den Wissensverarbeitungsprozess eingegangen (2.1). Die wesentlichen Phasen des Wissensverarbeitungsprozesses werden kurz vorgestellt. Es wird gezeigt, dass Metadaten in diesem Prozess eine wichtige Rolle spielen (2.2). Als wissenschaftliche Disziplinen bieten Information Retrieval und Data Mining hier wichtige Beiträge (2.3). Im Abschnitt 3, „Der Computer als neues Medium der Wissensverarbeitung", werden die Möglichkeiten des Mediums Computers aufgezeigt, Wissen visuell und interaktiv erfahrbar zu machen (3.1). Hierzu hat die Wissenschaftsdisziplin Information Visualization in den letzten Jahren eine Reihe von wichtigen Beiträgen geleistet, die kurz vorgestellt werden, bevor dann eine Reihe von visuellen Recherchesystemen erläutert werden (3.2). Diese entstanden im Rahmen von Forschungsprojekten in der Arbeitsgruppe des Autors und sollen exemplarisch das Potential von Visualisierungen zur Unterstützung der Exploration von digitalen Datenräumen verdeutlichen. Im Abschnitt 4, „Das Design von visuellen Recherchesystemen", werden Praktiken für die *medienadäquate* Entwicklung von visuellen Recherchesystemen dargestellt wie „Denken am Modell" (4.1), das „Anknüpfen an und Übertragen von bisherigen Designideen" (4.2) sowie eine benutzerzentrierter Entwicklung (4.3). Diese Praktiken sind grundlegend für die Entwicklung von Wissensmedien und in diesem Sinne verallgemeinerbar. Im letzten Abschnitt wird ein Resümee gezogen und ein kurzer Ausblick auf weiterführende Entwicklungen gegeben.

2   Von digitalen Datenräumen zum Wissen

Das Schlagwort von der „Wissensgesellschaft" prägt nun schon seit vielen Jahren die wissenschaftliche Diskussion in der Informatik und Informationswissenschaft. Damit soll zum Ausdruck gebracht werden, dass für den Menschen des 21. Jahrhunderts der Rohstoff Wissen zum wichtigsten Produktionsfaktor geworden ist. Gerade in rohstoffarmen Ländern wie Deutschland ist ein Bestehen im internationalen Wettbewerb entscheidend davon geprägt, ob die Bevölkerung in professioneller Art und Weise mit diesem „Produktionsfaktor" umzugehen in der Lage ist und ob sie leistungsfähige Werkzeuge – von uns als Knowledge Media bezeichnet – zur Verfügung gestellt bekommt. Ausgangspunkt für Wissen ist heute vielfach ein oft recht umfangreicher digitaler Datenbestand, etwa in Form von Online-Datenbanken oder Dokumenten im Web.

2.1   Der Prozess der Wissensverarbeitung

Es gibt eine Fülle von Modellen, die den Prozess der Wissensverarbeitung in idealtypischer Weise darzustellen versuchen. Exemplarisch seien hier die Modelle von Davenport und Prusak (1998) sowie Nonaka und Takeuchi (1997) erwähnt. Diese Modelle stammen aus der betriebswirtschaftlichen Literatur und sind naturgemäß stark an ökonomischen Aspekten im Zusammenhang mit der Wissensverarbeitung interessiert. Im Folgenden wird ein Modell vorgestellt, das aus der Sicht der Forschungsdisziplin Informationsvisualisierung (siehe Abschnitt 3.1, „Informationsvisualisierung") den Wissensverarbeitungsprozess beleuchtet und dabei den Beitrag von Visualisierungen zur Steigerung der Erkenntnisfähigkeit behandelt. Das Modell steht in der Tradition der Disziplin Mensch-Computer Interaktion, wie dessen explizite Benutzer- und Aufgabenorientierung zeigt.

Das von Card (2003) unter der Bezeichnung „Knowledge Crystallization Tasks" vorgestellte Modell hat Aufgabenstellungen im Fokus, die sich durch eine Reihe von Eigenschaften auszeichnen. Es wird oft ein schlecht strukturierbares Ziel verfolgt (z.B. das Schreiben eines wissenschaftlichen Beitrages; die Durchführung einer Investitionsentscheidung; die Auswertung von Kundendaten zur Ableitung von Marketingmaßnahmen); die Beschaffung und Auswertung von umfangreichen Datenbeständen ist erforderlich (z.B. Recherchen im Web oder in digitalen Bibliotheken; Analyse großer Unternehmensdatenbanken; Auswertung von umfangreichen Logdateien der Webnutzung); die Ergebnisse finden ihren Niederschlag in einem Wissensprodukt (z.B. einem wissenschaftlichen Artikel), in einer Entscheidung (z.B. konkrete Investitionsentscheidung die Anlage A zu beschaffen) oder in einer Reihe von Aktionen (z.B. Veranlassen von kundenspezifischen Marketingmaßnahmen). Das Modell gliedert den Wissensverarbeitungsprozess grob in vier Phasen:

*   Informationsbeschaffung (*acquire information*): Beispielsweise die Suche in bzw. das Überwachen von meist sehr großen Datenbeständen.
*   Auswertung und Aufbereitung der Daten (*make sense of it*): Beispielsweise das Zusammenführen verschiedener Datenquellen, das Finden eines Auswertungsschemas, das Abbilden der beschafften Daten in das Auswertungsschema oder die Extraktion von Information aus den Daten.
*   Erstellen eines neuen Wissensartefakts (*create something new*): Beispielsweise einen wissenschaftlichen Beitrag oder ein Buch, eine Entscheidungstabelle für eine Investitionsentscheidung oder einen Aktionsplan.
*   Weiterverarbeitung des Wissensartefakts (*act on it*): Beispielsweise das Halten eines Referates über einen wissenschaftlichen Beitrag oder ein Buch, oder das Weiterleiten einer Entscheidungstabelle via Email an die Entscheidungsträger.

In all diesen Phasen können Visualisierungen eine wertvolle Hilfestellung für den Wissensverarbeiter bieten. So können beispielsweise in der Phase der Informationsbeschaffung die thematischen Schwerpunkte einer digitalen Bibliothek visualisiert werden oder die Topographie eines Ausschnittes des Internets (z.B. durch Platzierung der verschiedenen Web Sites hinsichtlich des Umfangs des Datenaustauschs mit anderen Web Sites bei gleichzeitiger Visualisierung des Umfangs, gemessen in Seiten der jeweiligen Web Sites oder der Anzahl der Outlinks der jeweiligen Web Sites). Dieser außerhalb des (digitalen) Arbeitsplatzes des

Wissensverarbeiters (*information workspace*) liegende Bereich wird oft als Informationsraum (*infosphere*) bezeichnet. Die Auswertung und Aufbereitung der Daten, die Erstellung von Wissensartefakten und die Weiterverarbeitung dieser Artefakte kann durch eine Reihe weiterer Visualisierungen unterstützt werden. Beispielsweise kann durch den Einsatz von visuellen Metaphern der Zugriff auf die beschafften Daten effizienter gestaltet werden, zumal im Laufe der Zeit hier große Mengen an jedem Arbeitsplatz eines Wissensverarbeiters anfallen. So werden beispielsweise im Workspace des Systems „Web Forager" (Card, Robertson & York, 1996) die Ergebnisse einer Suche im Internet bzw. Intranet als 3-D-Web Book dargestellt. Der Wissensverarbeiter kann in diesem Buch, das wiederum die Suchergebnisse automatisch verschiedenen thematischen Kategorien zuordnet, blättern wie in einem normalen Buch. Thematisch zusammengehörige Suchergebnisse können in einem Buchregal abgestellt werden (für jedes Suchergebnis ein Buch). Die Bücher und das Regal können frei im Raum platziert werden (z.B. wichtigere Artefakte weiter vorne, unwichtigere weiter hinten). Innerhalb des Workspace spielen sogenannte visuelle Wissenswerkzeuge *visual knowledge tools*) eine wichtige Rolle. Dabei handelt es sich um spezielle Werkzeuge, die vor allem bei der Auswertung und Aufbereitung von Daten helfen, indem sie bestimmte visuelle Schemata anbieten, die beispielsweise einen schnellen Vergleich von Daten oder das Erkennen von Ähnlichkeiten bzw. Besonderheiten innerhalb eines Datenbestandes ermöglichen. Der in diesem Beitrag vorgestellte visuelle Metadaten-Browser VisMeB (siehe Abschnitt „Visuelle Recherchesysteme") gehört zu dieser Kategorie von Werkzeugen und bedient sich verschiedener Schemata (z.B. Tabelle, 2-D- bzw. 3-D-Punktdiagramm).

2.2   Digitale Daten als wichtiger Rohstoff für das Wissen

Im Rahmen der Gewinnung von Wissen spielt die Erkundung bereits existierender Daten zu einer bestehenden Problemstellung eine wichtige Rolle. Dies hat beispielsweise im heutigen Sprachgebrauch dazu geführt, dass sich für die Durchführung einer Recherche der Begriff „googeln" eingebürgert hat. Dabei stand der Name einer populären Suchmaschine des Webs Pate (*www.google.de*). Dies zeigt in sehr anschaulicher Weise, welchen Stellenwert man heute der Recherche in digitalen Datenräumen – im Besonderem dem Web – zubilligt. Dies gilt sowohl für berufliche Zwecke (z.B. Recherchen über Produkteigenschaften von Mitbewerbern, Informationen über mögliche Geschäftspartner) als auch für private Zwecke (z.B. Reiseinformationen, Produktinformationen). Wenngleich das Internet mit seinem umfassenden Datenbestand sicher eine herausragende Informationsquelle darstellt, so existieren heute auch eine Vielzahl von digitalen Daten in unterschiedlichen Datenbanken bzw. Dokumentenmanagementsystemen, die ebenfalls für viele Problemstellungen hilfreich sind. Vielfach verfügen diese Datenbanken bzw. Dokumentenmanagementsysteme über eine Webschnittstelle, sodass der Benutzer über seinen Web Browser auf diese Datenbestände via Internet bzw. Intranet zugreifen kann.

Hinsichtlich der Art der Daten in digitalen Datenbeständen kann man grob in Originaldaten (oft auch als Rohdaten bezeichnet) und in Metadaten unterteilen. Originaldatenbestände umfassen das eigentliche Datenobjekt (z.B. ein Dokument, eine digitale Landkarte, ein digitalisiertes Video). Metadaten beschreiben diese Originaldaten (z.B. Titel und Autor des Dokuments; grafische Region und Name des Anbieters der digitalen Landkarte; Titel, Schauspieler und Regisseur eines digitalen Videos).

Die Originaldatenbestände müssen aber nicht zwangsläufig in digitaler Form vorhanden sein. Beispielsweise werden in Bibliotheken die vorhandenen Medien (z.B. Bücher, Zeitschriften, Videos) anhand von Metadaten in elektronischen Datenkatalogen beschrieben, die Medien selbst aber traditionell in Regalen aufbewahrt. Die digitalen Metadaten helfen den Besuchern einer Bibliothek dabei, in der großen Masse an Medien, das für ihre Fragestellungen relevante Medium zu finden. Damit übernehmen digitale Metadaten heute eine wesentliche Funktion beim Finden von nicht digitalen Originaldaten. Diese „Stellvertreterfunktion" wird sicher auch noch in Zukunft bedeutsam sein, da man auch mittelfristig nicht davon ausgehen kann, dass alle für den Wissensverarbeitungsprozess interessanten Daten in digitaler Form vorliegen werden und die Recherchen unmittelbar in den Originaldatenbeständen erfolgen können (z.B. Volltextsuche in einer digitalen Bibliothek). Ein weiterer wichtiger Grund bezüglich der Bedeutung von Metadaten besteht darin, dass die digitalen Originaldaten oft sehr umfangreich sind (z.B. oft Hunderte MBs oder sogar GBs an Datenvolumen aufweisen) und ein Online-Zugriff darauf sich aus Kapazitätsgründen verschließt (z.B. bedingt durch die geringe Bandbreite des Zugangs zum Internet). Damit übernehmen die Metadaten – ähnlich wie bei den traditionellen Medien in Bibliotheken – die Funktion der Rechercheunterstützung („Stellvertreterfunktion"). Hat der Wissensverarbeiter die für seine Fragestellung relevanten Daten gefunden, werden diese auf traditionellem Wege (z.B. auf CD-ROMs oder DVDs) übermittelt.

2.3   Information Retrieval und Data Mining – oder, wie findet man relevante Daten

Der Web Browser ist heute für die meisten Benutzer von Computertechnologie das „Fenster" zur Welt der elektronischen Datenbestände geworden. In den Browser eingebettet, bieten dann entweder Suchmaschinen die notwendige Funktionalität, um im Web selbst suchen zu können, oder eingebettete Suchformulare ermöglichen die Abfrage von über das Web zugänglichen Datenbanken. Ein wesentlicher – die Relevanz von Suchergebnissen maßgeblich beeinflussender – Faktor ist die Qualität der von einer Suchmaschine oder einer Datenbank angebotenen Verfahren zum Finden der Ergebnisse, basierend auf dem Informationsbedürfnis des Benutzers. Mit den wissenschaftlichen Disziplinen Information Retrieval (Baeza-Yates & Riberiro-Neto, 1999) und Data Mining (Han & Kamber, 2000) haben sich im Bereich der Informatik und Informationswissenschaft Forschungsdisziplinen entwickelt, die derartige Verfahren entwickeln. Unter Rückgriff auf Verfahren aus der Mathematik und Statistik (z.B. Boolesche Algebra, Mengentheorie, Neuronale Netze, Wahrscheinlichkeitsrechnung, Entscheidungsbäume) sowie der Künstlichen Intelligenz (z.B. maschinelles Lernen) wurden eine Reihe von Algorithmen entwickelt, die mittlerweile für die Exploration großer Datenbestände unerlässlich sind.

Bei der Exploration eines Datenbestandes unterscheidet man im Information Retrieval im Wesentlichen zwischen der zielgerichteten Suche, basierend auf einem konkreten Informationsbedürfnis, und der freien Erkundung, basierend auf einem oft recht vagen Bedürfnis oder Interesse. Letzteres kann auch nur neugiergeleitet sein, beispielsweise die Fragestellung: „Was bietet mir denn dieser Online-Produktkatalog für interessante Produkte (ohne bereits an ein konkretes Produkt gedacht zu haben)?". Die zielgerichtete Exploration soll im Weiteren als *Suche* bezeichnet werden, die freie Exploration soll mit dem Begriff *Browsen* beschrieben werden. In der Praxis wechselt ein Benutzer im Rahmen einer Recherche häufig zwischen beiden Explorationsstrategien (Olston & Chi, 2003). Beispielsweise beginnt er mit einer gezielten Suche im Web mittels einer Suchmaschine und verwendet dann konkrete Ergebnisse seiner Anfrage als Ausgangspunkt, um frei das Web zu explorieren. Durch die Hypertextstruktur des Webs ergeben sich eine Vielzahl von Möglichkeiten, dies zu tun. Umgekehrt kann sich ein Benutzer zuerst einen Überblick über die Inhalte einer Dokumentenkollektion verschaffen, indem er sich die Verteilung der Dokumente nach verschiedenen Kategorien mittels einer grafischen Darstellung (z.B. Kreisdiagramm) ansieht. Anhand dieses visuellen Überblicks kann er dann beurteilen, ob diese Kollektion für ihn von prinzipiellem Interesse ist, um in einem zweiten Schritt eine konkrete Suchanfrage zu formulieren.

Data Mining Verfahren kommen in der Regel dort zum Einsatz, wo wenig über die Originaldaten bekannt ist und man nicht genau weiß, wonach man suchen soll. Der Wissensverarbeiter kann am Anfang oft erst undeutlich eine Struktur in den Daten erkennen. Beispielsweise über das typische Benutzungs- oder Kaufverhalten von Besuchern einer E-Commerce Web Site, basierend auf umfangreichen Logdatei-Auswertungen, die ihm von einem visuellen Werkzeug präsentiert werden. Er kann nun eine andere Präsentationsform wählen, die diese Struktur klarer zeigen soll, erkennt daraufhin mehr Struktur in den Daten, und so weiter. Dadurch stellt er Hypothesen über die Daten auf, die das Data Mining Verfahren, das dem visuellen Werkzeug zugrunde liegt, bestätigt – oder auch nicht. In diesem Prozess ist die schnelle und bequeme Interaktion mit dem Computer außerordentlich wichtig. Visuelle Datenexploration (*visual data mining*) ist somit ein Prozess zur Erzeugung von Hypothesen im Wissensgenerierungsprozess (Keim, 2002).

3   Der Computer als neues Medium der Wissensverarbeitung

Wissensmedien haben eine lange Tradition – von den mit Keilschrift versehenen Steinplatten der Sumerer (3500 v. Chr.) bis hin zu den digitalen Medien der Gegenwart. Sie waren für die kulturelle Weiterentwicklung der Menschheit von entscheidender Bedeutung. Was sind nun die neuen Möglichkeiten zur Unterstützung der Wissensverarbeitung, die das Medium Computer bieten kann? Der Computer hat im Vergleich zu den herkömmlichen Medien vor allem einen entscheidenden Vorteil – seine Interaktivität – die ihm eine neue Qualität als Wissensmedium verleiht. Neben der Interaktivität ist die Möglichkeit zur Simulation von Sachverhalten ein weiteres wesentliches Merkmal des Computers. So können Benutzer bestimmte Szenarien mit unterschiedlichen Eingabeparametern durchspielen (z.B. eine Suche mit verschiedenen Suchbegriffen oder eine Überprüfung der Plausibilität von verschiedenen Hypothesen) und sie bekommen anschließend ein unmittelbares Feedback, welche Folgen damit verbunden sein könnten[1].

---

1. Die mit dem Computer als neues Medium verbundenen Potentiale zur Beeinflussung (im Sinn von Überzeugung bzw. Überredung) von Benutzern werden sehr anschaulich im außerordentlich lesenswerten Buch von Fogg (2003) geschildert. Unter der Bezeichnung „Captology" (*computer as persuasive technology*) wird eine neue Wissenschaftsdisziplin vorgeschlagen.

Die mit der Interaktivität bzw. Simulation verbundenen Möglichkeiten, in Kombination mit den Möglichkeiten der Informationsvisualisierungen, werden in den weiteren Ausführungen im Mittelpunkt stehen.

3.1 Informationsvisualisierung – oder, wie kann man Wissen visuell und interaktiv erfahrbar machen

Neben der Qualität der verwendeten Retrieval- und Data Mining Verfahren ist auch die Art und Weise der Präsentation der Ergebnisse einer Suchanfrage oder der Inhalte eines Datenbestandes für das Finden der, für den Benutzer relevanten, Daten bzw. das Generieren von Hypothesen von maßgeblicher Bedeutung. Dieser Umstand hat dazu geführt, dass sich im Bereich der Informatik und Informationswissenschaft mit der Disziplin Information Visualization (Informationsvisualisierung) eine wichtige Schwesterdisziplin zu den Disziplinen Information Retrieval und Data Mining entwickelt hat. Wobei in den letzten Jahren eine starke Zusammenarbeit dieser Disziplinen unten dem Begriff „Visual Data Mining" zu verzeichnen ist[2]. Damit soll zum Ausdruck gebracht werden, dass die, durch die Zusammenführung der Erkenntnisse dieser Disziplinen entstehenden Synergieeffekte eine, dem Medium Computer adäquate Wissensverarbeitung ermöglichen.

„Information visualization is the use of computer-supported, interactive, visual representations of abstract data in order to amplify cognition." (Card, Mackinlay & Shneiderman, 1999). Aus dieser Definition ergibt sich zwangsläufig eine Orientierung an den Zielen und Aufgaben des Benutzers bei der computerbasierten interaktiven Aufbereitung von abstrakten Daten, denn nur der Nutzungskontext (bestehend aus dem Benutzer, seiner Aufgaben und deren Einbettung in einen bestimmen Arbeitskontext) kann schlussendlich entscheiden, ob die gewählten visuellen Darstellungen auch tatsächlich in der Lage sind, neue Einsichten und Erkenntnisse zu vermitteln. Damit zeigt sich eine starke Orientierung an den allgemeinen Zielen der Mensch-Computer Interaktion. Card, Mackinlay und Shneiderman haben dies auch sehr anschaulich im sogenannten Referenzmodel der Visualisierung zum Ausdruck gebracht (siehe Abbildung 1).

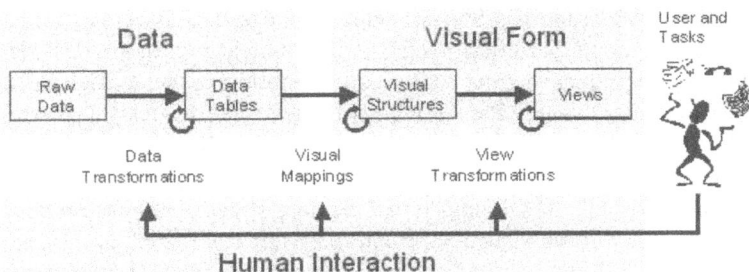

Abb. 1: *Referenzmodell der Visualisierung (Card et al., 1999).*

---

2. So besteht im Fachbereich Informatik und Informationswissenschaft der Universität Konstanz ein Graduiertenkolleg namens „Exploration und Visualisierung von großen Informationsräumen", das genau diese Zusammenarbeit der Disziplinen fördert und entsprechenden wissenschaftlichen Nachwuchs ausbildet (siehe *www.inf.uni-konstanz.de/gk*).

Ausgangspunkt aller Überlegungen bei der Erstellung von Visualisierungen sind einerseits die Eigenschaften des Benutzers, hier vor allem die physiologischen Eigenschaften der visuellen Wahrnehmung und die sich daraus ergebenden Gestaltungsprinzipien (Ware, 2000), andererseits die konkreten Aufgabenstellungen und Handlungsziele des Benutzers. Benutzer und Aufgaben zusammen bilden gemeinsam mit den Umgebungsbedingungen der Nutzung (z.B. welche Hardware steht zur Verfügung, findet die Aufgabe im Freien statt) den sogenannten Nutzungskontext. Die Gebrauchstauglichkeit (*usability*) einer Visualisierung wird daher maßgeblich dadurch definiert, ob der Benutzer seine Aufgabenstellungen unter den vorhandenen Umgebungsbedingungen effektiv, effizient und zu seiner subjektiven Zufriedenstellung erbringen kann. Im Abschnitt 2.1, „Der Prozess der Wissensverarbeitung", wurden ja einige typische Beispiele von wissensintensiven Aufgaben vorgestellt. Die Durchführung dieser Aufgaben und die damit verbundenen Ziele sollten durch den Einsatz von Visualisierungen in optimaler Weise unterstützt werden.

Wie im Abschnitt „Der Prozess der Wissensverarbeitung" beschrieben, beginnt der Wissensverarbeitungsprozess in der Regel mit der Informationsbeschaffung. Dazu muss ein oft sehr umfangreicher Datenraum entweder durchsucht oder überwacht werden. Um den Zugang zu den Inhalten dieser Daten benutzergerecht zu gestalten, werden diese nun mit Hilfe von sogenannten Data Tables beschrieben. Ähnlich einem konzeptionellen Datenmodell bei der Modellierung einer Datenbank werden hier die für die jeweilige Aufgabenstellung interessierenden Attribute der Wissensobjekte (z.B. demographische Kundendaten, Titel und Autoren von wissenschaftlichen Publikationen, wesentliche Produktmerkmale) definiert. Dabei helfen vor allem sogenannte Metadaten-Standards (z.B. Dublin Core bei Web Dokumenten[3], MAB 2 bei Bibliotheken[4], EDIFACT bei Produktdaten[5]) bei der Beschreibung der Wissensobjekte. Der anspruchsvollste Schritt besteht in der Überführung dieser Schemata (*data tables*) in konkrete visuelle Strukturen (*visual structures*). Dieser visuelle Abbildungsvorgang (*visual mapping*) repräsentiert die verschiedenen Attributwerte der Wissensobjekte mit Hilfe eines Vokabulars an visuellen Elementen – wie Platzierung im Raum, Grafikprimitive (Punkte, Linien, Flächen, Volumen) oder grafische Eigenschaften (Form, Farbe, Textur). Schlussendlich wird dem Benutzer die Möglichkeit geboten, verschiedene Sichten (*views*) auf die visuellen Strukturen einzunehmen, wie beispielsweise durch das Zoomen in ein 2-D-Punktdiagramm oder durch die Änderung des Standpunktes in einem 3-D-Punktdiagramm. Der entscheidende Vorteil der computerbasierten Visualisierung besteht nun darin, dass der Benutzer die verschiedenen Abbildungsvorgänge *interaktiv* beeinflussen kann. Beispielsweise kann durch visuelle Filter oder dynamische Abfragen (*dynamic queries*) festgelegt werden (Shneiderman, 1994), welche Daten überhaupt angezeigt werden sollen (beeinflusst die Datentransformation – *data transformation*). Durch die Veränderung der Achsenbelegung eines Punktdiagramms kann die visuelle Abbildung (*visual mapping*) bzw. durch das Zoomen in eine Punktwolke kann die Sicht auf die visuellen Strukturen (*view transformation*) beeinflusst werden. Damit muss man als Benutzer nicht mit vorgefertigten visuellen Darstellungen das Auslangen finden, sondern kann interaktiv die visuellen Darstellungen an seine konkreten

---

3. *http://dublincore.org/*, Zugriff am 6.2.2004.
4. *http://www.ddb.de/professionell/mab.htm*, Zugriff am 6.2.2004.
5. *http://www.unece.org/trade/untdid/welcome.htm*, Zugriff am 6.2.2004.

Bedürfnisse anpassen bzw. kann visuelle Simulationen durchführen. Dies ist ein wesentlicher Vorteil gegenüber den statischen, nicht computerbasierten Darstellungen von abstrakten Daten, wie man sie aus Grafiken in Zeitungen, Unternehmensberichten oder Statistischen Jahrbüchern kennt.

3.2   Visuelle Recherchesysteme – Werkzeuge zur Unterstützung des Wissensverarbeitungsprozesses

Anhand von Ergebnissen, die im Rahmen von verschiedenen Forschungsprojekten der Arbeitsgruppe Mensch-Computer Interaktion erzielt worden sind, soll nun exemplarisch gezeigt werden, welche Möglichkeiten visuelle Recherchesysteme bei der Unterstützung der Phasen des Wissensverarbeitungsprozesses bieten. Dabei wird durch die Darstellung der erzielten Ergebnisse und der gewählten Vorgehensweise versucht, Denkanstöße für die weitere Entwicklung derartiger Systeme zu geben.

Welche Konsequenzen ergeben sich nun aus oben genannten Anforderungen an die Gestaltung eines visuellen Recherchesystems:

*   Es muss sowohl ein such- als auch ein browsingorientierter Zugang ermöglicht werden, wobei ein Übergang zwischen beiden Explorationsstrategien jederzeit und fließend möglich sein muss.
*   Das System muss über leistungsfähige Retrieval- bzw. Data Mining Verfahren verfügen, die an die speziellen Bedürfnisse der Anwendungsdomäne angepasst werden können.
*   Sowohl die Präsentation der Inhalte des Datenbestandes (z.B. Verteilung der Dokumente auf verschiedene Kategorien) als auch die der Ergebnisse einer Recherche (z.B. Ähnlichkeiten von Dokumenten zueinander) sollten durch Visualisierungen unterstützt werden.
*   Die Ergebnisse einer Recherche sollten als Ausgangspunkt für neue Suchanfragen bzw. Hypothesen genutzt werden können.

3.2.1 Die Darstellung von Rechercheergebnissen mit Hilfe unterschiedlicher visueller Repräsentationen

Das erste Forschungsprojekt[6], das hier vorgestellt werden soll, hatte die Entwicklung eines visuellen Suchsystems für das Web zum Gegenstand (Reiterer, Tullius & Mann, 2005). Zielgruppe dieses INSYDER genannten Systems waren professionelle Rechercheure in Unternehmen, die sich unter Verwendung eines speziellen visuellen Suchsystems Informationen aus dem Web beschaffen konnten (z.B. Informationen über Mitbewerber, aktuelle Ausschreibungen, technische Fachinformationen). Nachdem der Benutzer des visuellen Suchsystems seine Suchanfrage mit Hilfe konkreter Suchbegriffe spezifiziert hatte, wurde unter Verwendung eines Thesaurus eine Suchanfrage an das Netz gestartet. Der jeweils anwendungsdomänenspezifische Thesaurus wurde mit Hilfe eines semantischen Netzes modelliert. Durch diese leistungsfähige Retrievaltechnik konnten dem Benutzer relevantere Suchergebnisse für seine Anwendungsdomäne geliefert werden, als dies mit herkömmlichen Suchmaschinen der Fall

6. INSYDER, EU Eureka Project No. 29232, *www.insyder.com*, Zugriff am 6.2.2004.

war (Mußler, 2002). Die Ergebnisse der Suchanfragen wurden nicht als traditionelle Liste dargestellt, wie man dies von konventionellen Suchmaschinen her kennt, sondern es wurde stattdessen eine Reihe visueller Darstellungen der Treffermenge angeboten. Ein besonderes Anliegen des Projekts war es, die Gebrauchstauglichkeit von verschiedenen, alternativ dargebotenen Visualisierungen zu erkunden. Wie die Abbildungen 2 bis 5 zeigen, bot das System in seiner Endversion neben einer tabellarischen Darstellung der Suchergebnisse, eine Darstellung der Ergebnisse mit Hilfe eines Punktdiagramms, eines Balkendiagramms und schließlich mittels sogenannter TileBars (Hearst, 1995). Die Tabelle, das Punktdiagramm und die Balkendiagramme ermöglichten vor allem einen raschen Überblick über die oft umfangreiche Treffermenge einer Suchanfrage und standen damit in unmittelbarer Konkurrenz zueinander. Die Balkendiagramme hatten gegenüber den beiden anderen überblicksartigen Visualisierungen den Vorteil, dass sie sehr anschaulich die Verteilung der Gesamt- und Einzelrelevanzen (Relevanzen der einzelnen Suchbegriffe) über alle gefundenen Treffer darstellen konnten, weiter interessante Metadaten (z.B. Datum, Größe des Dokumentes, etc.) konnten jedoch nicht unmittelbar dargestellt werden. Die TileBars hingegen zeigten vor allem die Verteilung der Einzelrelevanzen der verschiedenen Suchbegriffe innerhalb eines Dokumentes. Damit wurde die gezielte Erkundung von Einzeldokumenten unterstützt, ohne dass man das gesamte Dokument lesen musste.

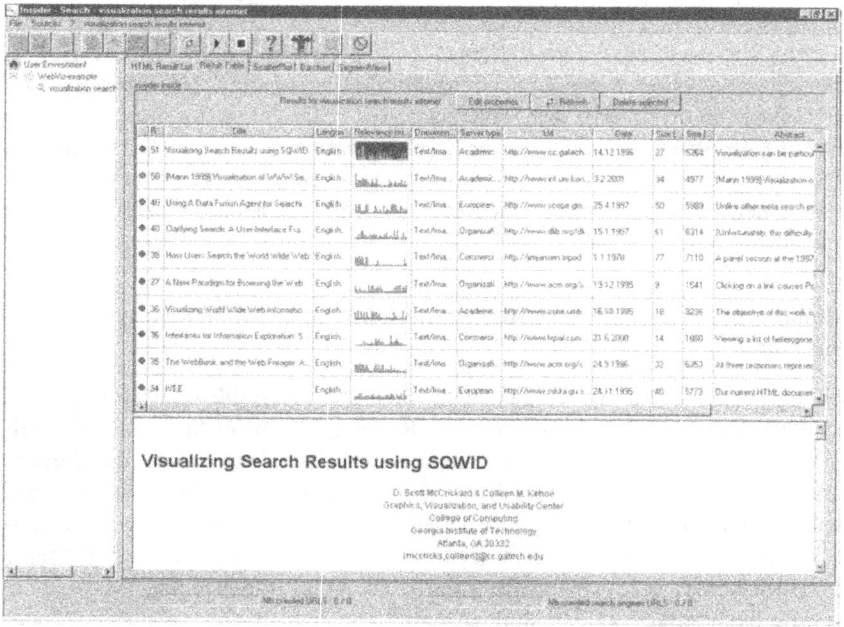

Abb. 2:   *Tabelle*

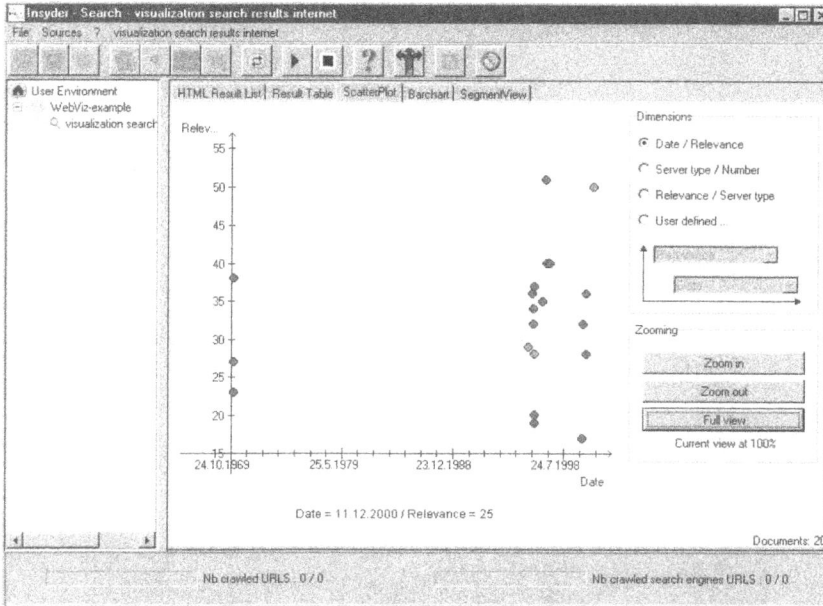

Abb. 3:   *Punktdiagramm*

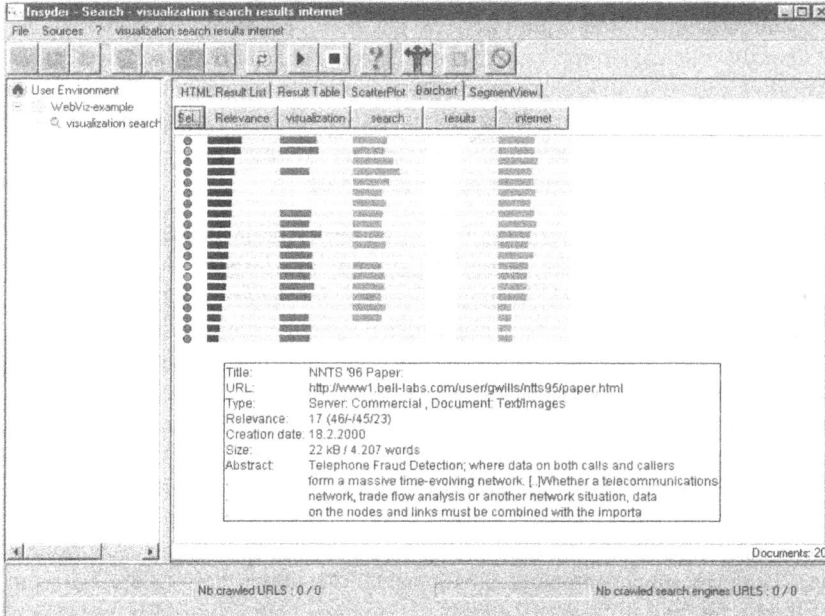

Abb. 4:   *Balkendiagramm*

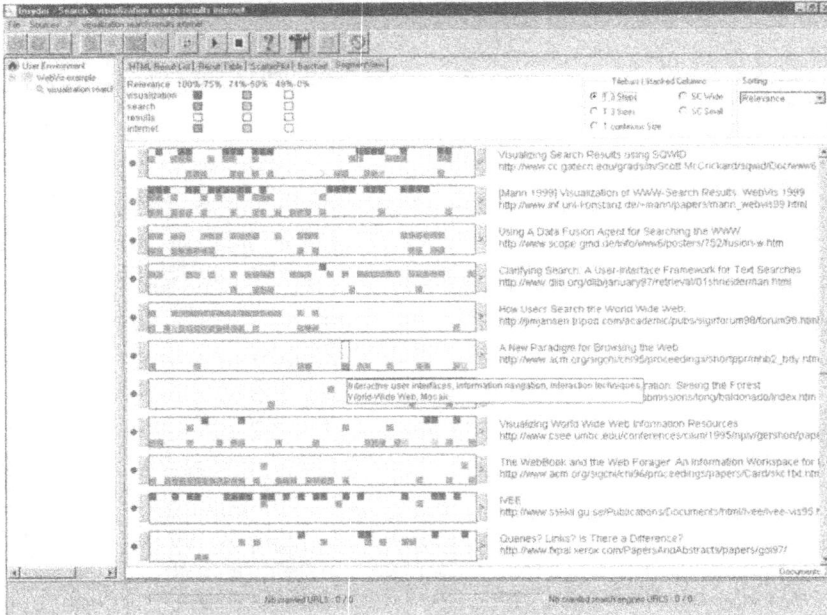

Abb. 5: TileBars

Der Weg zum Originaldokument führte somit über eine der oben genannten Visualisierungen. Dieser „Umweg" über die Visualisierungen sollte dazu führen, dass die Benutzer die für ihre Fragestellungen wirklich relevanten Dokumente auch tatsächlich (im Sinne von Effektivität) und vor allem auch schneller (im Sinne von Effizienz) finden können. Zusätzlich sollte die Benutzung des visuellen Suchsystems „hedonische" Qualitäten im Sinne des Joy of Use-Konzeptes aufweisen (Hassenzahl, Platz, Burmester & Lehner, 2000).

Um nun zu empirisch gesicherten Erkenntnissen bezüglich der Gebrauchstauglichkeit dieser verschiedenen visuellen Darstellungen zu kommen, wurden im Usability Labor der Forschungsgruppe Mensch-Computer Interaktion ein umfassender Benutzertest mit 40 Benutzern durchgeführt (Mann, 2002). Neben den oben dargestellten Visualisierungen enthielt das getestete System auch eine traditionelle Listendarstellung der Suchergebnisse, wie man sie von herkömmlichen Suchmaschinen des Webs kennt. Dies wurde zu Vergleichszwecken vorgenommen, um eine vergleichende Aussage hinsichtlich Effektivität, Effizienz und subjektiver Zufriedenstellung vornehmen zu können. Die Ergebnisse der Evaluation waren sehr aufschlussreich. Bei der subjektiven Beurteilung hatten die visuellen Darstellungen der Suchergebnisse durchwegs signifikant besser abgeschnitten, als die Listendarstellung. Die Benutzer hatten deutlich mehr Spaß (im Sinne von Joy of Use) mit den Visualisierungen zu arbeiten. Damit wiesen die Visualisierungen durchaus „hedonische" Qualitäten auf. Allerdings vom Standpunkt der Effektivität und Effizienz betrachtet, konnten keine signifikanten Unterschiede zur Listendarstellung erzielt werden. Im Gegenteil, in absoluten Zahlen (Aufgabenerfüllungsgrad, Zeit im Verhältnis zum Aufgabenerfüllungsgrad) schnitt die Listendarstellung

am besten ab. Betrachtet man das Ergebnis allerdings im Lichte der Tatsache, dass alle Benutzer über keinerlei Erfahrung in der Benutzung des visuellen Recherchesystems verfügten,
aber sehr wohl über teilweise sehr ausgeprägte Erfahrungen im Umgang mit traditionellen
Suchmaschinen (und deren Listendarstellung), so kann man dieses Ergebnis durchaus als
ermutigend betrachten. Zumal den Benutzern nur eine sehr kurze Trainingsphase vor Beginn
der Tests (max. 20 Minuten) zugestanden wurde. Grundsätzlich bleibt festzuhalten – und dies
deckt sich auch mit andern empirischen Evaluation von komplexen visuellen Suchsystemen
(vgl. Sebrechts, Vasilakis & Miller, 1999) – benötigen komplexe Visualisierungen einen
gewissen Trainingsaufwand, bis sie von Benutzern auch wirklich effektiv und effizient
genutzt werden können. Hier ist die vertraute Listendarstellung sicher klar im Vorteil. Ein
weiteres interessantes Ergebnis war, dass alle Benutzer die tabellarische Ergebnisdarstellung
sehr gut bewerteten und damit auch sehr effektiv und effizient arbeiten konnten. Was von den
Benutzern als irritierend empfunden wurde, war der Umstand, dass die verschiedenen visuellen Darstellungen nur alternativ angeboten wurden (im Sinne eines entweder oder) und nicht
parallel bzw. integriert.

3.2.2 Die Darstellung von Rechercheergebnissen mit Hilfe integrierter visueller Repräsentationen

Die Erkenntnisse der vorhin beschriebenen Evaluation führten zu einem totalen Re-Design
unseres visuellen Recherchesystems INSYDER. Das neu entwickelte System namens Vis-
MeB (Visueller Metadaten Browser) wurde im Rahmen eines von der EU geförderten Projekts[7] entwickelt (Reiterer, Limbach, Müller, Klein & Jetter, 2003). VisMeB ist als visuelles
Suchsystem konzipiert, das nicht zur unmittelbaren Suche im Web genutzt werden kann, son-
dern dem Benutzer bei der Exploration von digitalen Datenräumen unterschiedlichster
Anwendungsdomänen (z.B. Geometadatenbank, Filmdatenbank, Bibliotheksdatenbestand,
lokal verwaltete Webdokumente) unterstützt. Die Daten sind in einer Datenbank oder einer
Datei gespeichert. Die im Rahmen von VisMeB neu entwickelten Visualisierungen zur
Rechercheunterstützung greifen ein klassisches Thema der Informationsvisualisierung auf:
Einerseits soll ein einzelnes Datenobjekt detailliert dargestellt werden, um es interpretieren zu
können. Andererseits sollte das jeweilige Datenobjekt im Kontext des gesamten Datenraumes
sichtbar bleiben, um Vergleiche mit anderen Datenobjekten durchführen zu können. Nur
dadurch kann eine Interpretation eines Datenobjektes im Kontext ermöglicht werden. Die
größte Herausforderung hinsichtlich der Gestaltung der Visualisierungen besteht nun darin,
die konzeptionelle Verknüpfung zwischen der Detailansicht (ein bzw. wenige Datenobjekte)
und dem Überblick (möglichst alle Datenobjekte) in einer intuitiven Art und Weise zu ermöglichen. Dieses grundlegende Problem der Informationsvisualisierung hat viele Lösungsansätze erfahren, wie beispielsweise Focus & Context Techniken, Multiple-Window User
Interfaces und viele weitere mehr.

Da bei der empirischen Evaluation des visuellen Recherchesystems INSYDER die Tabelle
zur Darstellung der Suchergebnisse sehr gut bewertet worden war, wurde nun der Ansatz der
weitgehenden Integration von unterschiedlichen Visualisierungen in dieser Tabelle verfolgt.

---

7.   INVISIP, EU Project No. IST-2000-29640, *www.invisip.de,* Zugriff am 6.2.2004.

Die von uns gewählte Vorgehensweise zur Entwicklung neuer innovativer Designideen wird im Abschnitt 4, „Das Design von visuellen Recherchesystemen", näher dargestellt. Die von uns neu entwickelte Tabelle – von uns als SuperTable bezeichnet – folgt dem Lösungsansatz der Focus & Context Techniken und wurde von der TableLense (Rao & Card, 1994) inspiriert. Nach Möglichkeit werden alle Ergebnisse einer Suchanfrage in kompakter Art und Weise in der SuperTable angezeigt, um einen Gesamtüberblick zu ermöglichen. Um dies zu erreichen, müssen die auf der ersten Darstellungsebene genutzten Visualisierungen eine kompakte, wenige Pixel an Höhe benötigende Darstellung ermöglichen. Dazu werden Balkendiagramme genutzt (siehe Abbildung 6), die numerische Werte darstellen können, wie beispielsweise Relevanz oder Größe des Datensatzes. Beim Überfahren der jeweiligen Zeilen der Tabelle mit der Maus (Fokus) ermöglicht eine Art Vorschaufunktion das Einblenden der zweiten Darstellungsebene (die mehr Details bietet), wobei aber der Kontext mit den anderen Datenobjekten der Tabelle erhalten bleibt (siehe Abbildung 6, erste Zeile oben). Jede weitere Detaillierungsebene bringt neue, in die Zelle der Tabelle integrierte Visualisierungen, die eine immer detailliertere Darstellung der Daten ermöglichen, allerdings um den Preis des höheren Platzbedarfes. Die Balkendiagramme (siehe Abbildung 6) bzw. TileBars (siehe Abbildung 10) wurden in die Zellen der Tabelle integriert und stehen daher nicht mehr alternativ zur Verfügung. Die ersten Spalten der Tabelle zeigen somit die Gesamtrelevanz und die Einzelrelevanzen der Suchbegriffe in grafischer Form. All diese Visualisierungen vermitteln einen schnellen Überblick über die Ergebnismenge.

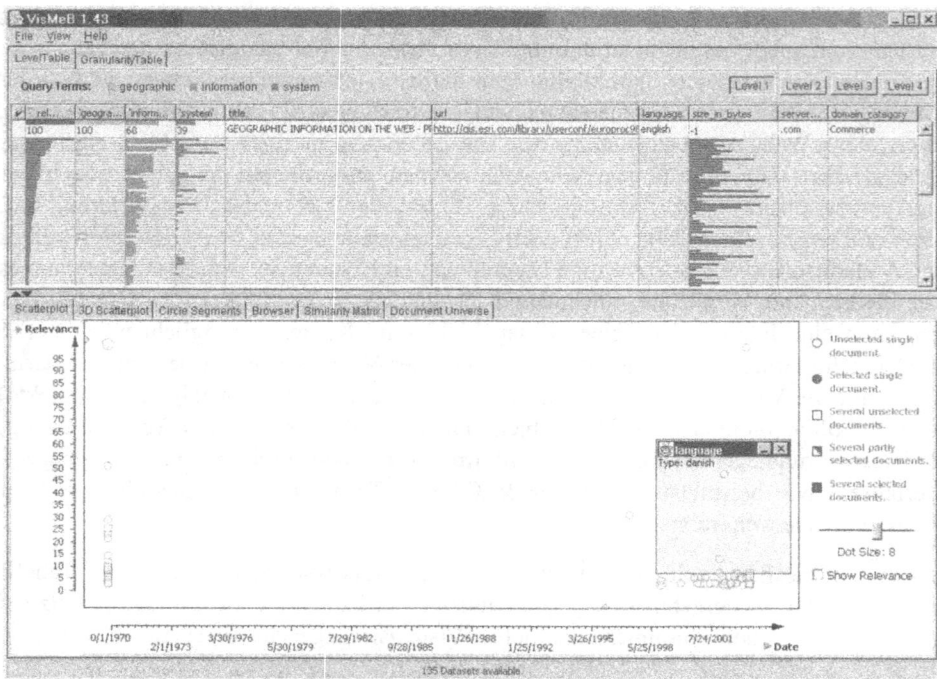

Abb. 6: *LevelTable (1. Detaillierungsebene) + 2-D-Punktdiagramm.*

Der Weg vom Überblick zum eigentlichen Datenobjekt wird nun durch eine visuelle Drill-Down Funktionalität unterstützt. Diese Drill-Down Funktionalität ist ein mehrstufiger Prozess, in welchem dem Benutzer immer mehr Detailinformation geboten wird, um schlussendlich zu entscheiden, ob er dieses Datenobjekt als interessant empfindet und damit zum Originalobjekt vordringen möchte oder ob er den Weg verlassen möchte, um ein anderes Datenobjekt in Betracht zu ziehen. Diese unterschiedlichen Detaillierungsgrade – von uns als Granularitätsgrade bezeichnet – ermöglichen den Benutzern eine auf das jeweilige Informationsbedürfnis angepasste Informationspräsentation. Die Idee des Granularitätskonzepts entstand in Diskussionen mit Maximilian Eibl und basiert auf seinen Erfahrungen bei der Entwicklung des visuellen Recherchesystems DEViD (Eibl, 2002) und ist vergleichbar mit der Idee des Semantic Zoom, die beispielsweise im System Pad++ konsequent umgesetzt wurde (Bederson & Hollan, 1994). Der von uns gewählte Begriff Granularität orientiert sich an der Terminologie von Data Warehouses[8]. Hier werden die Daten in dem, vom späteren Benutzer gewünschten Detaillierungsgrad – auch Granularitätsgrad genannt – vorgehalten, damit eine Drill-Down Funktionalität zur Datenexploration möglich ist.

In dem neu entwickelten visuellen Recherchesystem werden jetzt die Tabelle und das Punktdiagramm parallel angeboten (und nicht alternativ, wie bei INSYDER) und mittels „Brushing and Linking"-Techniken miteinander synchronisiert. Wenn der Benutzer bestimmte Veränderungen in einer visuellen Darstellung vornimmt, wirkt sich dies auf die anderen visuellen Darstellungen unmittelbar aus. Beispielsweise werden in Abbildung 3 mittels eines beweglichen Filters (grünes Rechteck) Dokumente im Punktdiagramm herausgefiltert, die nicht in der Sprache „Dänisch" verfasst sind. Die unter der Linse noch sichtbaren, dänischsprachigen Dokumente werden in der Tabelle grün eingefärbt.

Für die SuperTable wurden zwei Design-Varianten des Granularitätskonzepts entwickelt, die *LevelTable* und die *GranularityTable*.

Bei der LevelTable können die Suchergebnisse (z.B. Dokumente) in vier verschiedenen Detaillierungsgraden betrachtet werden, wobei ein Wechsel des Detaillierungsgrades die Darstellung aller Suchergebnisse betrifft. Abbildung 7 zeigt die Inhalte der LevelTable der Abbildung 6 auf der Detailebene 2, Abbildung 8 auf Detailebene 3. Die geringste Granularität und damit die wenigsten Details, aber dafür einen Gesamtüberblick, bietet die erste Ebene (siehe Abbildung 6). Die höchste Granularität bietet die vierte Detailebene (siehe Abbildung 9), wobei auch hier in der Tabelle nur Metadaten zum Dokument dargestellt werden. Das jeweils korrespondierende Dokument wird im unten integrierten Browser vollständig dargestellt. Die in der Spalte „Detailed Relevance Curve" integrierte Visualisierung erlaubt es dem Benutzer nun, die Inhalte des Dokumentes im Browser selektiv zu lesen, indem er sich beispielsweise nur Abschnitte näher ansieht, die sich durch eine hohe Relevanz hinsichtlich der Suchbegriffe auszeichnen. Durch Überfahren der farblich unterschiedenen Abschnitte des gestapelten Balkendiagramms werden die korrespondierenden Textabschnitte im Browser visuell hervorgehoben. Zusätzlich sind auch die Suchbegriffe im Browser farblich hervorgehoben.

---

8. Ein Data Warehouse ist eine, von den operativen DV-Systemen isolierte, unternehmensweite Datenbasis, die anhand einer konsequenten Themenausrichtung auf unternehmensrelevante Sachverhalte (z.B. Absatzkanäle, Kunden- und Produktkriterien) speziell für Endbenutzer aufgebaut ist (Muksch, 1998).

Ein interessantes Potential dieses Granularitätskonzepts besteht nun darin, dass man als Designer auf jeder Ebene der Informationsdarstellung entscheiden kann, welche Art von Visualisierung bietet man in den Zellen der Tabelle an. Während die Balkendiagramme vor allem für Überblicksdarstellungen geeignet sind (Detailebene 1 und 2, siehe Abbildungen 6 und 7), bieten beispielsweise die Relevanzkurven bzw. gestapelte Balkendiagramme wesentlich mehr Detailinformationen und sind daher sinnvollerweise in einer feingranularen Stufe anzubieten (Detailebene 3 und 4, siehe Abbildung 8 und Abbildung 9). Man kann sich aber auch vorstellen, die Darstellung eines Metadatums (z.B. des Autors) zuerst abstrakt vorzunehmen (z.B. durch Darstellung des Namens), um es dann immer detaillierter und konkreter werden zu lassen (z.B. auf den Namen folgt ein Bild des Autors, dann ein kurzer Lebenslauf, schließlich eine filmische Szenen mit Bild und Ton – alles eingebettet in die Zelle der Tabelle, wobei sich die Zelle der Tabelle automatisch größenmäßig an die darzustellende Information anpassen muss).

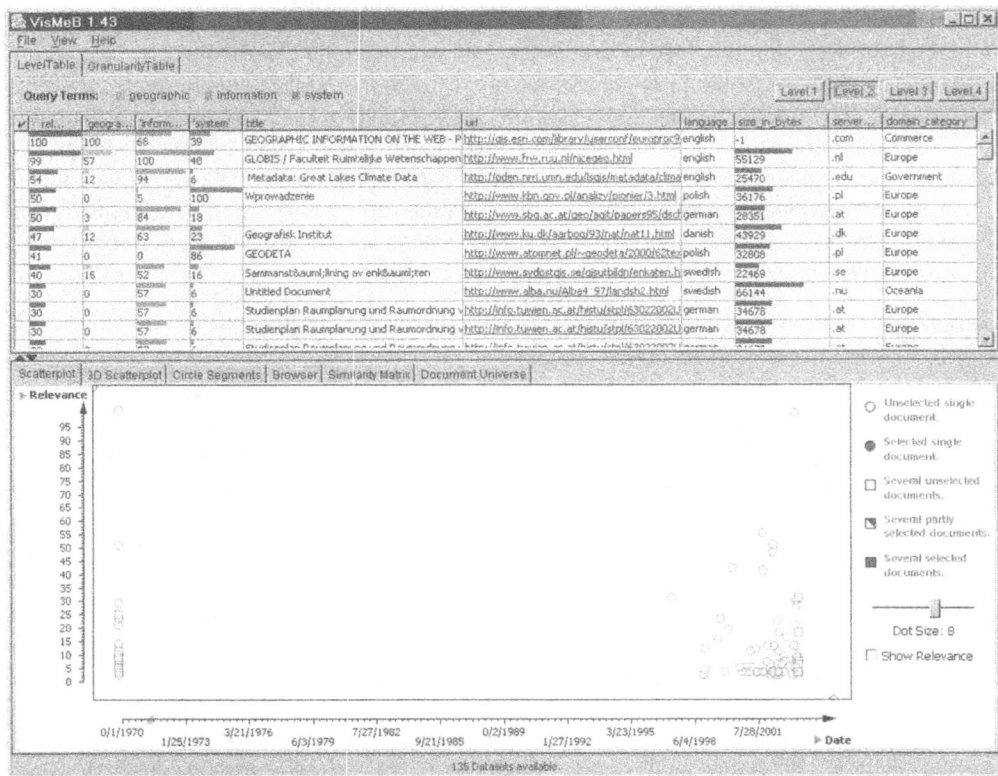

Abb. 7: *LevelTable (2. Detaillierungsebene) + 2-D-Punktdiagramm.*

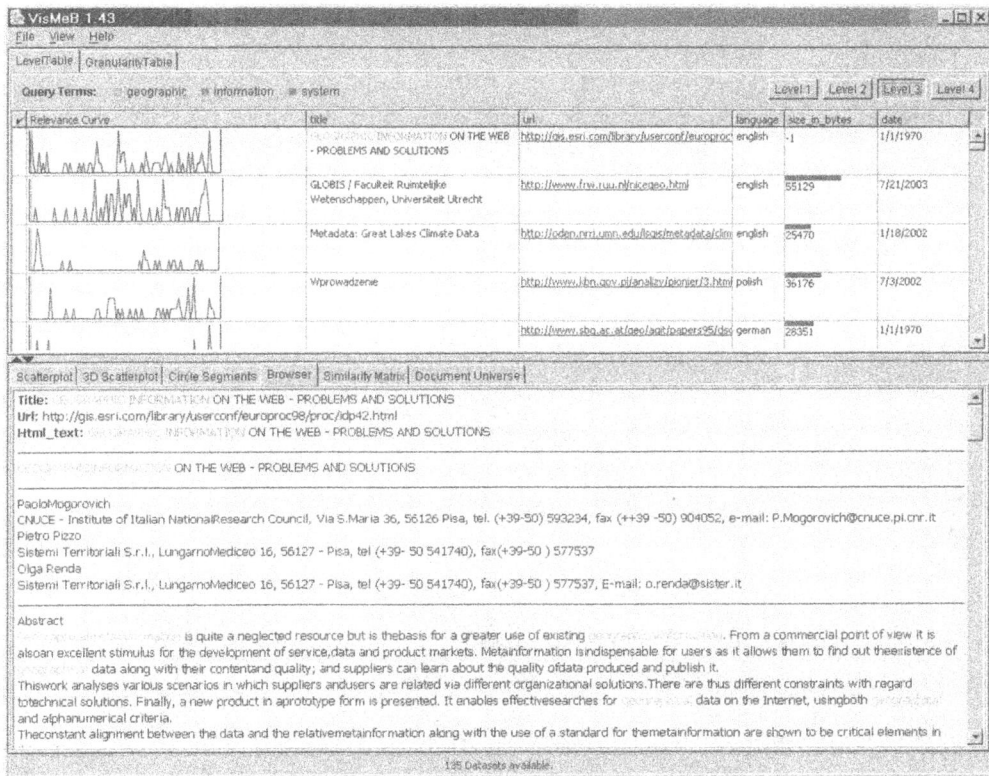

Abb. 8:   *LevelTable (3. Detaillierungsebene) + Browser.*

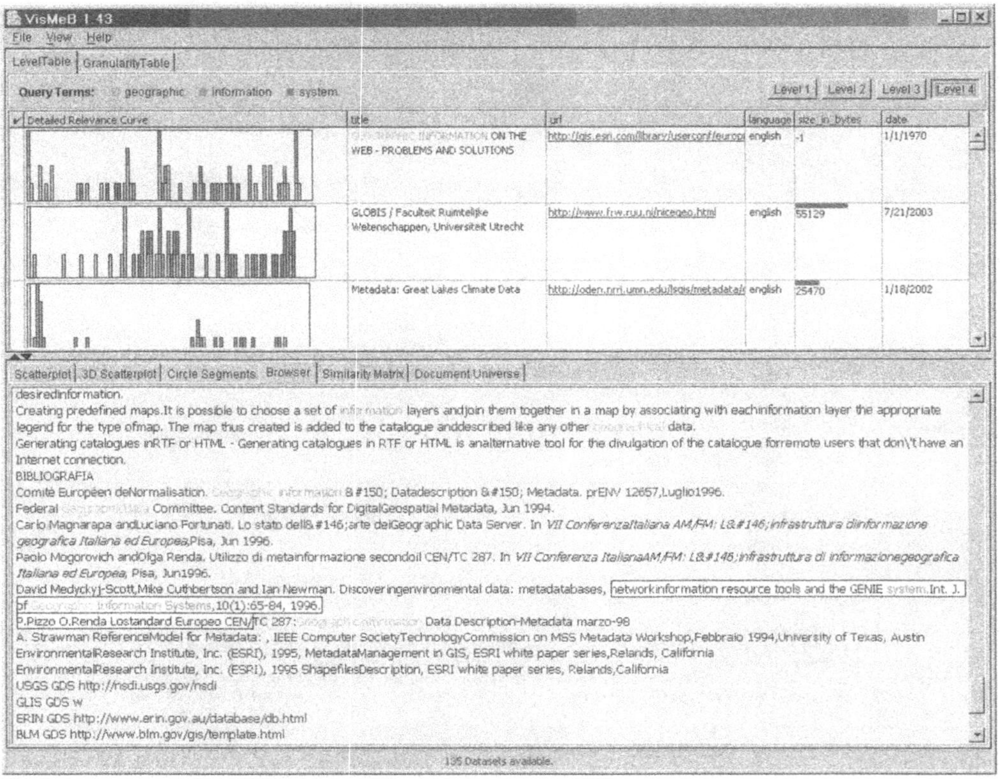

Abb. 9: *LevelTable (4. Detaillierungsebene) + Browser.*

Die zweite Design-Variante, von uns GranularityTable genannt, ermöglicht die gleichzeitige Betrachtung von Suchergebnissen in unterschiedlichen Detaillierungsgraden (siehe Abbildung 10). Zwischen der ersten Ergebnisvisualisierung (geringe Granularität) und dem letztendlichen Darstellen des Originaldatensatzes (höchste Granularität) gibt es je Datenobjekt *unterschiedliche* Detaillierungsgrade: die Visualisierungen wandeln sich ständig und können, wenn von den Benutzern gewünscht, in verschiedenen Schritten dem Originaldatensatz entgegen gehen.

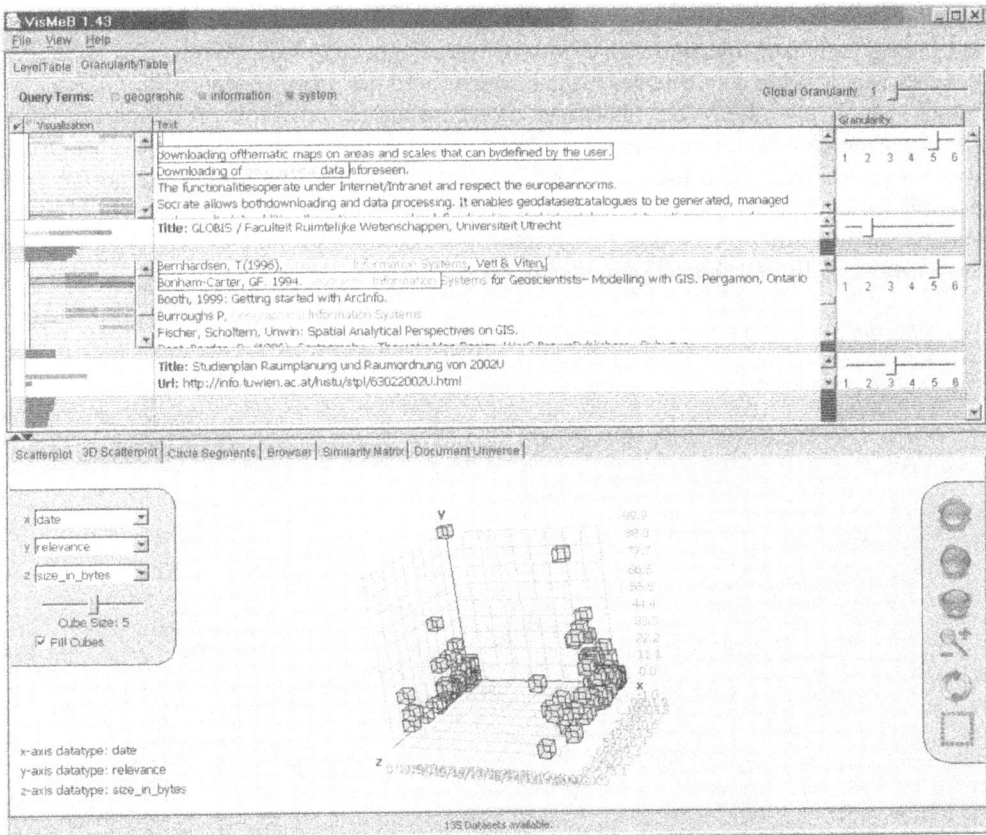

Abb. 10: GranularityTable (verschiedene Detaillierungsebenen) und 3-D-Punktdiagramm.

Abbildung 10 zeigt, dass VisMeB als Alternative zum 2-D-Punktdiagramm auch ein 3-D-Punktdiagramm anbietet. Die Idee, ein 3-D-Punktdiagramm zur Darstellung von Suchergebnissen zu nutzen, basiert auf dem Three-Keyword Axes Display des visuellen Recherchesystems NIRVE (Cugini, Laskowski & Sebrechts, 2000). Der Benutzer kann mittels Karteireiter wählen, ob er komplementär zur Tabelle das 2-D- oder 3-D-Punktdiagramm angeboten bekommt. Das 3-D-Punktdiagramm ermöglicht die gleichzeitige Betrachtung von 3 Dimensionen, beispielsweise in Abbildung 10, das Datum (x-Achse), die Relevanz (y-Achse) und die Größe des Dokuments (z-Achse). Der Vorteil der Betrachtung von mehreren Dimensionen geht aber mit dem Nachteil des komplexeren Interaktionsaufwandes einher. Im Rahmen von Benutzertests soll geklärt werden, ob und unter welchen Bedingungen das 3-D-Punktdigramm der 2-D-Variante überlegen ist.

Abbildung 11 zeigt ein weiteres, interessantes Beispiel für die Möglichkeiten der Brushing-and Linking Techniken, die zwischen dem 2-D-Punktdiagramm und der GranularityTable realisiert wurden. Möchte der Benutzer mehr Informationen zu einem Datenpunkt im Punktdiagramm, kann er über die rechte Maustaste ein Kontextmenü aktivieren und darin mit Hilfe eines Schiebereglers die gewünschte Granularität der Darstellung dieses Datenobjektes in der Tabelle wählen. Damit übernimmt die Tabelle die Funktion eines Tooltips, allerdings mit dem wesentlichen Unterschied, dass der Benutzer selbst das Ausmaß der dargebotenen Information bestimmen kann. Er kann dies für verschiedene Datenpunkte im Punktdiagramm durchführen und dann die gewählten Datenobjekte in der Tabelle vergleichen.

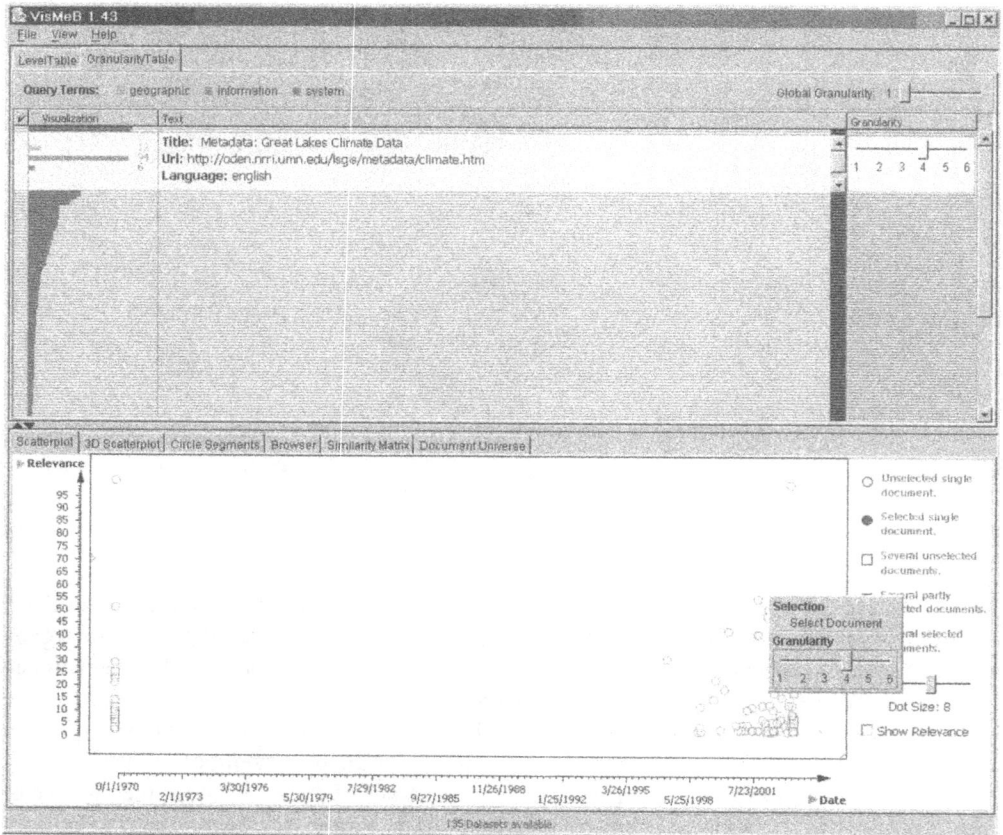

Abb. 11: GranularityTable und 2-D-Punktdiagramm.

Das Granularitätskonzept in Kombination mit der Tabelle und den, in dieser eingebetteten, visuellen Darstellungen, jeweils in Abhängigkeit von der gerade gewählten Granularitätsstufe, bieten eine interessante Möglichkeit, dem Benutzer die Inhalte eines digitalen Datenbestandes nahe zu bringen. Der Benutzer entscheidet schlussendlich selbst, wie weit er in den digitalen Datenbestand „eintauchen" möchte. Wird er eher zielgerichtet an die Thematik herangehen, so wird er möglichst schnell anhand der dargebotenen Information entscheiden wollen, ob das Datenobjekt für ihn relevant ist oder nicht. Ist der Benutzer eher auf eine freie Erkundung des Datenbestandes aus, kann er die dargebotene Information dazu nutzen, den digitalen Datenbestand anhand der immer konkreter werdenden Metadaten explorativ zu erkunden, ohne dabei aber gleich auf das Originaldatenobjekt zugreifen zu müssen.

3.2.3 Visuelle Kategorisierung des Datenraumes zur Unterstützung der Recherche

Um den Recherchevorgang schon möglichst frühzeitig visuell zu unterstützen, kann man dem Benutzer Visualisierungen anbieten, die ihm einen raschen Überblick über die Inhalte des Datenraumes verschaffen, bevor er mit der Formulierung seiner Suchanfrage beginnt. Neben einer Überblicksfunktion kann damit auch eine frühzeitige Einschränkung des zu durchsuchenden Datenraumes geleistet werden. Damit wird das Problem der oft sehr großen Treffermengen eingegrenzt (in der Literatur als „Megahit-Problem" bekannt). Gleichzeitig kann aber auch das Risiko minimiert werden, dass der Benutzer keine Treffer bekommt (in der Literatur als „Zerohit-Problem" bekannt), da er ja bereits frühzeitig erkennen kann, ob es zu bestimmten Themengebieten überhaupt Datenobjekte gibt.

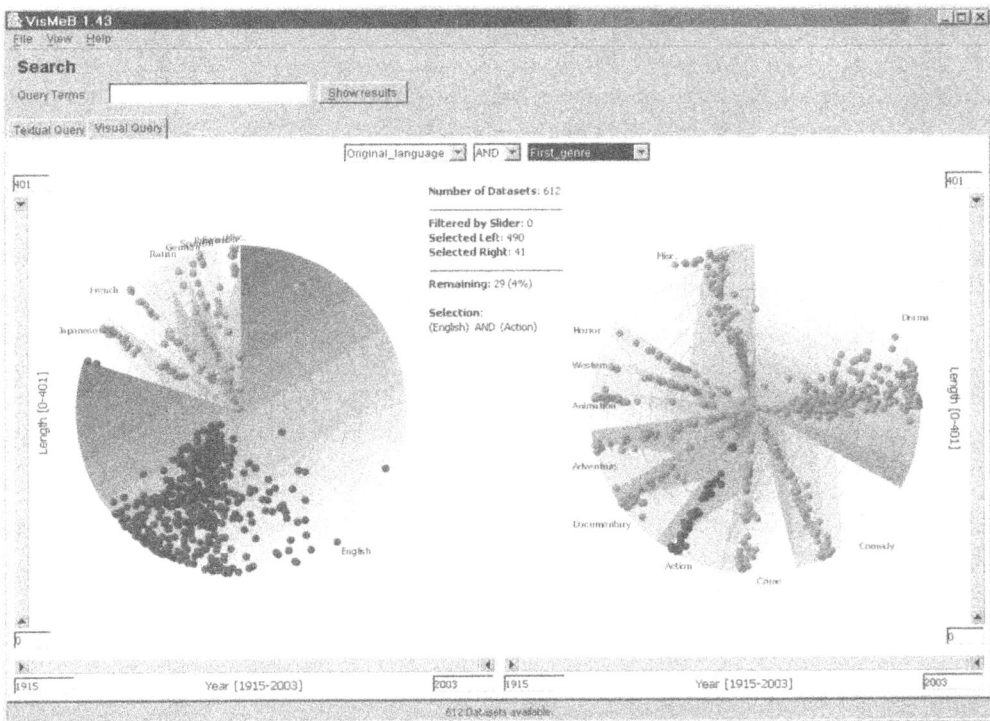

Abb. 12: *Visuelle Kategorisierung des Datenraums mit Kreisdiagrammen.*

Dazu kann man beispielsweise die Inhalte einer Datenbank in bestimmte thematische Kategorien zusammenfassen (die ebenfalls eine Art von Metadaten darstellen) und die Verteilung der Daten bezüglich dieser Kategorien zeigen. Abbildung 12 zeigt eine Art grafische Vorschaufunktion, welche die Verteilung der Inhalte einer Filmdatenbank für die beiden Kategorien „Originalsprache (Original_language)" und „Hauptgenre (First_genere)" angibt. Zur Visualisierung der Kategorien werden zwei durch einen logischen Operator (logisches UND oder logisches ODER – vom Benutzer über eine Klappliste frei wählbar) verknüpfte Kreisdiagramme genutzt (von uns auch als „Circle Segment View" bezeichnet). Der Einsatz von Kreisdiagrammen wurde von Ankerst, Keim und Kriegel (1996) inspiriert, die sogenannte Circle Segments zur Darstellung großer Datenmengen nutzen. Sie verwenden allerdings einen anderen Platzierungsalgorithmus.

Das linke Kreisdiagramm in Abbildung 12 zeigt die Inhalte der Datenbank, kategorisiert nach ihrer Originalsprache, das rechte zeigt die nach dem Hauptgenre kategorisierten. Der Benutzer ist nun beispielsweise nur an englischsprachigen Actionfilmen interessiert und wählt daher im linken Kreis per Mausklick das Segment „English" aus (alle englischsprachigen werden dann dunkelblau dargestellt) und im rechten Kreis das Genre „Action". In der Mitte bekommt er nun die textuelle Information, dass in der Datenbank 612 Filme beschrieben werden, wobei 490 englischsprachige Filme und 41 Actionfilme sind. 29 Filme sind den beiden Kategorien zuzuordnen.

Die Platzierung der Kreissegmente erfolgt so, dass das größte Segment beginnend bei der 12 Uhr Position angeordnet wird, die anderen folgen in absteigender Reihenfolge im Uhrzeigersinn. Die Anzahl der Segmente wird aus Gründen der Übersichtlichkeit auf die 10 größten beschränkt. Alle restlichen Segmente werden zu einem elften zusammengefasst. Die Größe der Segmente resultiert aus der Anzahl der Datensätze, die dem Wertebereich des Segments zuzuordnen sind. Die Segmente innerhalb eines Kreises sind mit einem logischen ODER verknüpft, d.h. wenn neben „English" auch noch „Japanese" im rechten Kreisdiagramm selektiert wird, dann werden alle englisch- und japanischsprachigen Filme ausgewählt.

Die Platzierung der Datenpunkte innerhalb der Segmente erfolgt nach folgenden Prinzipien: Das durch den vertikalen zweiseitigen Schieberegler repräsentierte Metadatum „Length" (Dauer des Filmes) platziert die Datenpunkte bezüglich des Winkels des Kreisdiagramms. Wird nun beispielsweise der vertikale zweiseitige Schieberegler so verändert, dass der dargestellte Wertebereich zwischen 60 und 120 Minuten liegt, verschwinden alle Punkte, die dieses Kriterium nicht erfüllen, aus dem sichtbaren Bereich und der Abstand zwischen den visuell dargestellten Winkeln wird größer (siehe Abbildung 13). Dies entspricht einer visuellen Zoomfunktion in den Datenraum. Lange dauernde Filme (Punkte) stehen an höchster Stelle, da der Winkel innerhalb des Segmentes gegen den Uhrzeigersinn abgetragen wird.

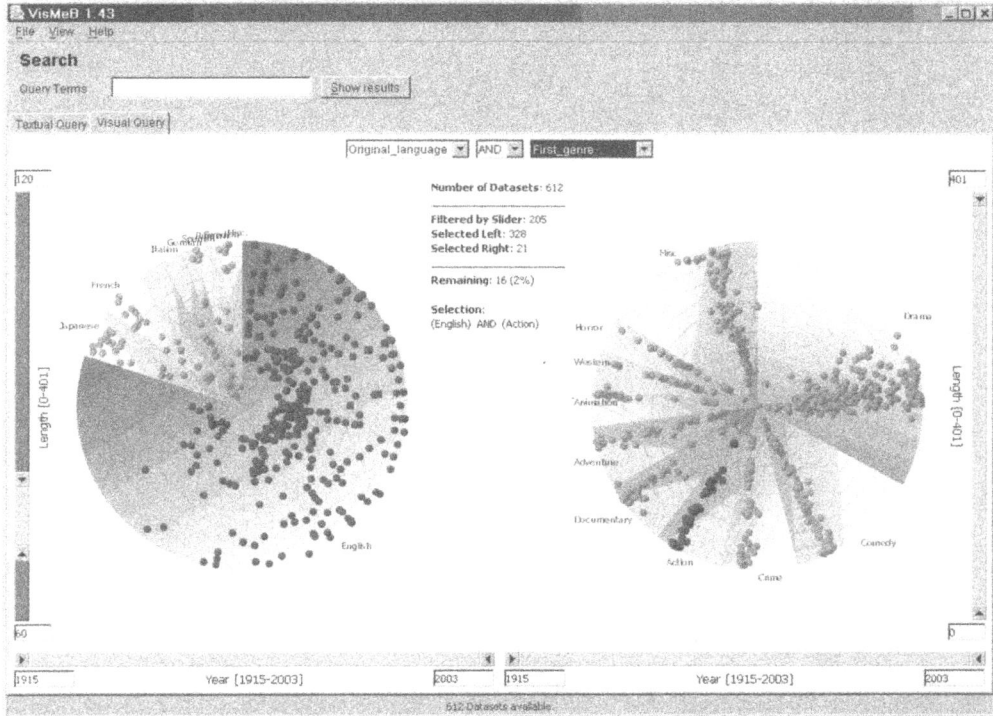

Abb. 13: *Visuelles Zoomen in den Datenraum mittels eines vertikalen Schiebereglers.*

Das durch den horizontalen Schieberegler repräsentierte Metadatum „Year" (im Wertebereich zwischen 1915 bis 2003) platziert die Datenpunkte in Abhängigkeit des Radius innerhalb des Kreissegmentes (Nullpunkt im Zentrum). Dementsprechend sind die aktuellsten englischsprachigen Filme im äußeren Bereich des Kreissegments des linken Kreises platziert und haben den größten Abstand vom Zentrum. Damit wird der knappe Platz für die, vom Standpunkt des Benutzers, interessanten Punkte optimal genutzt. Bei einer Platzierung im Inneren würde es schnell zu Überlagerungen der Datenpunkte kommen. Wird nun der horizontale zweiseitige Schieberegler so verändert, dass der Wertebereich eingeschränkt wird (z.B. nur Filme im Zeitraum von 1960 bis 2003), dann verschwinden die außerhalb dieses Wertebereichs liegenden Datenpunkte (in unserem Beispiel wandern sie nach Innen aus dem Kreissegment hinaus) und die verbleibenden werden über das Kreissegment verteilt (siehe Abbildung 14).

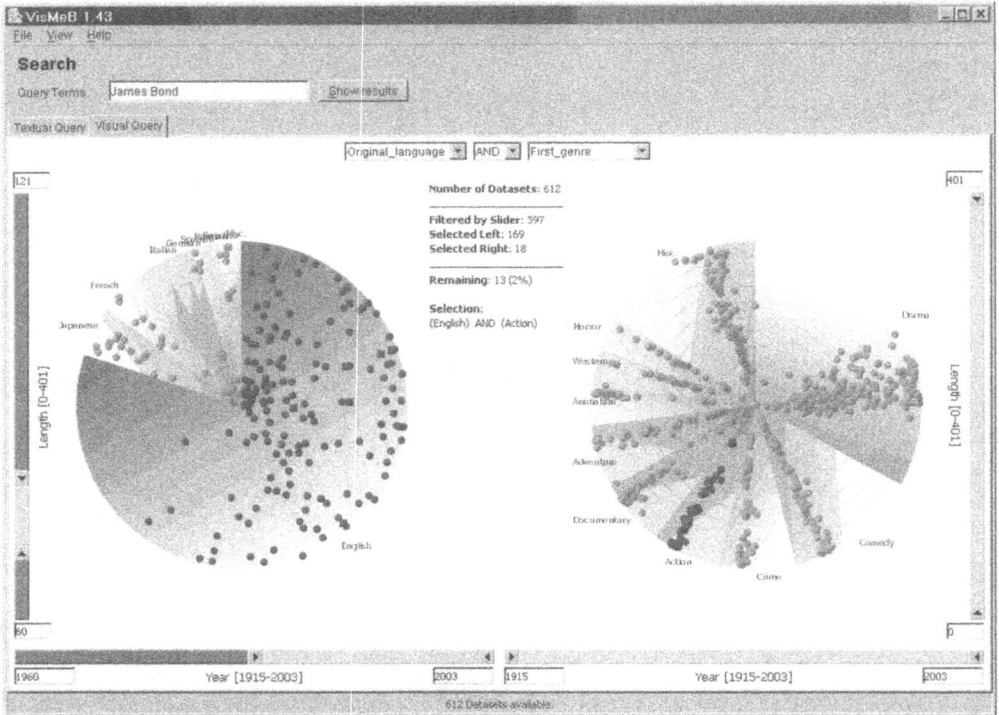

Abb. 14: Visuelles Zoomen in den Datenraum mittels eines horizontalen Schiebereglers.

Durch diese visuelle Vorschaufunktion hat der Benutzer in unserem Beispiel den für ihn interessanten Datenbereich der Filmdatenbank eingegrenzt. Jetzt kann die weitere Recherche innerhalb dieser eingegrenzten Datenmenge durchgeführt werden. Der Benutzer kann nun Suchbegriffe eingeben, um sein Informationsbedürfnis näher zu charakterisieren (z.B. „James Bond", da er nur an englischsprachigen Actionfilmen interessiert ist, in denen dieser Actionheld vorkommt). Die Ergebnismenge der Suchanfrage (d.h. alle Datensätze mit einem Relevanzwert größer Null) wird nun, nach Aktivierung des Druckknopfes „Show results", standardmäßig in den oben beschriebenen tabellarischen und punktdiagrammartigen Visualisierungen repräsentiert. Die Berechnung aller Relevanzwerte erfolgt im gesamten System nach dem klassischen Vektor-Modell, auch als tf/idf Modell bezeichnet (Salton & Lesk, 1968).

4   Das Design von visuellen Recherchesystemen

Im Folgenden werden drei erprobte Vorgehensweisen (im Sinne von *Best Practices*) des von uns verfolgten Designprozesses bei der Entwicklung von visuellen Recherchesystemen beleuchtet, die für eine benutzer- und aufgabenzentrierte Entwicklung unverzichtbar sind. Methodisch basieren die vorgeschlagenen Vorgehensweisen auf den Erkenntnissen der Forschungsdisziplin Mensch-Computer Interaktion[9], neuerdings auch als Interaction Design bezeichnet (Preece, Rogers & Sharp, 2002). Diese Disziplin hat es sich zum Ziel gesetzt, interaktive Produkte zu entwickeln, deren Benutzung von den Benutzern sowohl als gebrauchstauglich (*usable* im Sinne von *Usability*) als auch als erfreulich (*pleasurable* im Sinne von *Joy of Use*) empfunden wird.

Die empfohlenen Vorgehensweisen versuchen Antworten auf folgende Fragen zu geben:

*   Wie strukturiere ich am Beginn des Designprozesses den Problemraum? – Denken am Modell.
*   Wie entstehen im Designprozess innovative Visualisierungen? – Anknüpfen an Übertragen von Designideen.
*   Wie stelle ich während des Designprozesses die Gebrauchstauglichkeit der Visualisierungen sicher? – Benutzerzentriertes Design.

4.1   Denken am Modell

Am Beginn eines Designprozesses ist es außerordentlich hilfreich, sich ein Modell über das zu entwickelnde System zu verschaffen. Stephan (2000) zeigt die Möglichkeiten, die der methodisch geleitete Umgang mit Modellen im Gestaltungsprozess bietet und spricht von „Gestaltung als Denken am Modell".

Im Falle der hier beschriebenen visuellen Recherchesysteme haben wir uns am Referenzmodell der Visualisierung (siehe Abbildung 1 im Abschnitt „Informationsvisualisierung") orientiert. Es bietet alle notwendigen Voraussetzungen für ein „Denkmodell", da es alle wesentlichen Gestaltungskomponenten beinhaltet. Es ermöglicht einerseits eine Gliederung des komplexen Gestaltungsbereichs in überschaubare Einzelkomponenten, gleichzeitig beinhaltet es auch eine sinnvolle Vorgehensweise beim Gestaltungsprozess. Ausgangspunkt des Modells sind die Charakteristika der Benutzer und die von ihnen verfolgten Handlungsziele bzw. Aufgaben (Schritt 1). Die sich daraus ergebenden Anforderungen beeinflussen maßgeblich alle weiteren Gestaltungskomponenten. Als nächstes muss der Datenbereich gestaltet werden (Schritt 2). Mit Hilfe von Metadaten wird eine benutzer- und aufgabengerechte Modellierung des Datenraumes vorgenommen. Anhand dieser Metadaten, ergänzt um leistungsfähige Verfahren aus dem Bereich Information Retrieval und Data Mining, kann der Benutzer für ihn relevante Datenobjekte erkennen bzw. Zusammenhänge in den Daten entdecken. Der nächste Schritt ist der vom Standpunkt des visuellen Designs interessanteste, nämlich die Abbildung der Charakteristika des Datenraumes auf visuelle Darstellungen, die expressiv sind und eine effektive und effiziente Nutzung ermöglichen (Schritt 3). Dieser

---

9. Im deutschen Sprachraum auch unter dem Begriff „Software-Ergonomie" bekannt.

hochgradig kreative Prozess kann durch das Anknüpfen an bisherige Designerfahrungen unterstützt werden (siehe dazu den folgenden Abschnitt). Im letzten Schritt gilt es, die gewählten visuellen Darstellungen durch geeignete Interaktionstechniken für den Benutzer in vielfältiger Art und Weise manipulierbar zu machen (Schritt 4). Hier spielt das Designparadigma der direkten Manipulation (Shneiderman, 1998), das sich im Bereich der Gestaltung von grafischen Benutzeroberflächen hervorragend bewährt hat, eine wesentliche Rolle. Die meisten der heute eingesetzten Interaktionstechniken ermöglichen es dem Benutzer, durch direkte Manipulation der Visualisierungen (z.B. mittels Computer-Maus oder berührungsempfindlichem Bildschirm) den Datenraum explorativ zu erkunden.

4.2   Anknüpfen an und Übertragen von Designideen

Eine bewährte Strategie von Designern besteht darin, die kreative Phase des Designprozesses durch Rückgriff auf erprobte Ideen, Techniken, Materialien bzw. Produkte zu unterstützen. Diese Vorgehensweise hat die bekannte amerikanische Designagentur IDEO (siehe *www.ideo.com*) geradezu perfektioniert[10]. Sie haben eine sogenannte TechBox entwickelt, in der ca. 200 verschiedene Artefakte (z.B. konkrete Produkte, Materialien) aufbewahrt werden. Sie sind in verschiedene Kategorien eingeteilt (z.B. amazing materials, cool mechanisms, interesting manufacturing processes, electronic technologies) und werden noch zusätzlich auf einer umfassenden Web Site dokumentiert. Diese Web Site nutzt IDEO primär für interne Zwecke, stellt sie aber interessierten Kunden auch gegen Bezahlung zur Verfügung. Die Tech-Box hat sogar eigene Kuratoren, die für die Pflege und Erweiterung derselben verantwortlich sind. Im Rahmen des Designprozesses (z.B. bei Brainstorming Sitzungen aber auch vom einzelnen Designer) werden dann unter Rückgriff auf die TechBox konkrete Artefakte in den Designprozess eingebracht und deren Anwendbarkeit für das konkrete Designproblem überlegt. Die umfassenden Informationen auf der Web Site zum jeweiligen Artefakt stellen dabei die notwendigen Hintergrundinformationen zur Verfügung. Damit stellen die Artefakte eine wichtige Inspirationsquelle dar, wobei nach Auskunft der Agentur die wirklich spannenden Lösungen durch die Übertragung von Ideen, Techniken und auch Materialen auf neue – vorerst als unmöglich erscheinende – Anwendungsdomänen entstehen.

Die Arbeiten von Mann (2002) bildeten den Grundstock für eine umfassende Sammlung von erprobten Ideen im Zusammenhang mit der Realisierung visueller Recherchesysteme. Diese Sammlung wurde im Rahmen von nachfolgenden wissenschaftlichen Abschlussarbeiten weiterentwickelt und steht uns heute als ausführliche Dokumentation von Visualisierungsideen zur Verfügung. Jede von uns als interessant erachtete Lösung wurde nach einem einheitlichen Schema beschrieben (z.B. Metaphern, Visualisierungen, Interaktionstechniken, Systeme) und durch eine Vielzahl von Abbildungen erläutert. Wir greifen auf diese „Box full of Ideas" immer dann zurück, wenn wir uns für einen konkreten Datenraum neue visuelle Abbildungen und innovative Interaktionstechniken überlegen. Auch wir haben dabei die Erfahrung gemacht, dass gerade die Übertragung von Lösungen aus oft ganz anderen Anwendungsbereichen zu neuen kreativen Lösungen führen kann.

---

10. IDEO hat beispielsweise eine der ersten, kommerziell verfügbaren Computermäuse entwickelt sowie das Design für den PalmPilot V gemacht.

4.3 Benutzerzentriertes Design

Ein bekanntes Defizit bei der Entwicklung von visuellen Suchsystemen, ja bei Systemen im Bereich der Visualisierung ganz allgemein, ist die mangelnde Benutzerzentrierung bei deren Entwicklung. Däßler (1999) kommt bei seiner Kritik der Informationsvisualisierung zu dem Schluss: „Fest steht jedoch, dass viele prototypische Systeme auf dem Gebiet der Informationsvisualisierung am Benutzer vorbei entwickelt wurden." Die meisten Systeme entstanden im Rahmen von Forschungsprojekten, bei denen die technische Machbarkeit einer Visualisierungsidee im Vordergrund stand. Inwieweit die Systeme auch gebrauchstauglich sind, stand oft nicht im Mittelpunkt des Forschungsinteresses.

Im Gegensatz dazu wurde bei der Entwicklung der vorhin vorgestellten visuellen Recherchesysteme ein stringent benutzerzentrierter Entwicklungsprozess verfolgt. Die Umsetzung der Ideen erfolgte in einem iterativen und evaluationszentrierten Entwicklungsprozess unter Verwendung von Methoden und Techniken des Usability Engineering[11]. Gerade bei der Entwicklung von Anwendungen im Bereich von Wissensmedien ist ein stringent benutzer- und aufgabenzentrierter Entwicklungsprozess von entscheidender Bedeutung für den späteren Erfolg der Systeme. Dies gilt insbesondere, wenn die Benutzer dieser Medien Computerlaien sind (z.B. Benutzer von Bibliotheken). Hier muss von Anfang an ein möglichst intuitiver Zugang zu den Wissensinhalten möglich sein.

Umfassende Benutzertests – 40 Benutzer testeten das Vorläufersystem INSYDER – und deren Ergebnisse standen am Anfang der Entwicklung von VisMeB. Die umfassenden Erkenntnisse aus diesen Benutzertests führten zu einer völligen Neuentwicklung. Zur Überwindung von erkannten Defiziten ließen wir uns von bisherigen Designideen inspirieren (siehe vorherigen Abschnitt). Die von uns neu konzipierten Visualisierungen wurden zuerst mittels Papierprototypen veranschaulicht und mit 8 Benutzern getestet. Daraus ergaben sich weitere Ideen für neue Designvarianten. Anschließend wurden alle Designvarianten als elektronische Prototypen (basierend auf HTML-Technologie) erstellt. Auch diese wurden mit 8 Benutzern im Labor getestet und boten vor allem die Möglichkeit, die jeweiligen Interaktionskonzepte zu beurteilen. Die ersten Prototypen waren von Anfang an als Wegwerfprototypen konzipiert und dienten nur dazu, die prinzipielle Machbarkeit und Gebrauchstauglichkeit der verschiedenen Designideen zu überprüfen. Der nächste Prototyp (entwickelt in der Programmiersprache Java) war dann ein vollfunktionsfähiges System und wurde ebenfalls einer Reihe von Benutzertests im Usability Labor unterzogen. Zusätzlich wurde das System via Web einem ausgewählten Benutzerkreis zu Testzwecken zugänglich gemacht. Dazu wurde ein Online-Fragebogen entwickelt, der eine Testanleitung beinhaltete und eine Reihe von Fragen zu ausgewählten Aspekten des Systems stellte. Die Ergebnisse der verschiedenen Tests führten

---

11. Innerhalb der Forschungsdisziplin Mensch-Computer Interaktion (MCI) hat sich im Laufe der 1990er Jahre eine Teildisziplin unter der Bezeichnung Usabililty Engineering etabliert. Ziel dieser Forschungsdisziplin ist die Entwicklung von Methoden, Werkzeugen und Vorgehensweisen (im Sinne von Prozessmodellen) zur Gestaltung von gebrauchstauglichen Softwareprodukten. Beispiele für typische Vorgehensmodelle und Methoden des Usability Engineering finden sich in Mayhew (1999), Rosson & Carroll (2002), Constantine & Lockwood (1999) und Beyer & Holtzblatt (1998).

jeweils zu einem Re-Design bestimmter Bereiche des Systems. So erfolgte eine inkrementelle Weiterentwicklung des in Java implementierten Prototyps.

Bei den Benutzertests des Java-Prototyps standen jeweils unterschiedliche Fragestellungen im Vordergrund. Bei einer Evaluationsstudie (Gerken, 2004) erfolgte ein Vergleich zwischen einer herkömmlichen Listendarstellung (wie man sie von Suchmaschinen wie Google kennt) und der SuperTable in der Designvariante LevelTable (siehe Abschnitt 3.2.2). Vom Testdesign handelte es sich um einen „Between Subject"-Test, da die Testpersonen nach Zufallsgesichts-punkten in zwei etwa gleiche große Gruppen aufgeteilt wurden und nur mit der Listen- oder der Tabellendarstellung arbeiten durften. Die Ergebnisse waren außerordentlich ermutigend. So konnten die 32 Benutzer die 13 vorgegebenen Testaufgaben mit der LevelTable signifikant schneller lösen (einfaktorielle Varianzanalyse bei einem Signifikanzniveau von 5%, nach Ausschluss von Ausreißern). Bei einer anschließenden Befragung mittels Fragebogen sagten 80 Prozent der Benutzer, dass sie täglich mit einer derartigen Visualisierung arbeiten wollten. Angesichts dieser Ergebnisse stellt sich die Frage, inwieweit eine listenbasierte Darstellung der Treffermengen bei Recherchesystemen in Zeiten von umfangreichen Visualisierungsmög-lichkeiten noch zeitgemäß ist und ob nicht dem Benutzer eine zwar komplexere, aber nach gegebener Einarbeitungszeit effizientere Visualisierung, wie beispielsweise die LevelTable, angeboten werden sollte.

Bei einer weiteren Evaluationsstudie (Bey, 2004) des Java-Prototyps erfolgte ein Vergleich zwischen einem herkömmlichen Suchformular und der visuellen Kategorisierung mittels Kreisdiagrammen zur Rechercheunterstützung (siehe Abschnitt 3.2.3). Bei dem Testdesign wurde ein „Within Subjects"-Design gewählt, d.h., die 20 Testpersonen mussten mit beiden Untersuchungsgegenständen arbeiten. Um Lerneffekte zu minimieren, wurden die Testaufga-ben variiert. Auch diese Ergebnisse waren durchaus ermutigend. Trotz der wesentlich höheren Interaktionskomplexität und den ungewohnten und für alle Benutzer unbekannten Visualisie-rungen mittels zweier logisch verknüpfter Kreisdiagramme, waren die Testpersonen bei der Durchführung von neun Testaufgaben nicht signifikant langsamer, als mit dem für sie gewohnten Formular (Vorzeichen-Rang-Test von Wilcoxon bei einem Signifikanzniveau von 5 %). Bei einigen Aufgaben waren sie sogar mit der Visualisierung signifikant schneller. Der Test zeigte aber auch deutlich, dass komplexere Visualisierungen einen gewissen Lernauf-wand vom Benutzer verlangen, dem er sich nur dann stellen wird, wenn der zu erwartende Nutzen dies gerechtfertigt erscheinen lässt. Um diese Frage abschließend zu klären, sind noch weitere Benutzertests, die einen längeren Benutzungszeitraum umfassen, erforderlich.

5   Fazit und Ausblick

Visuelle Recherchesysteme können einen wichtigen Beitrag zum Wissensverarbeitungspro-zess leisten. Sie stellen damit ein typisches Beispiel für, von uns so bezeichnete, Wissensme-dien (*Knowledge Media*) dar. Sie helfen den Wissensverarbeitern (*Knowledge Worker*), die für ihre Frage- bzw. Aufgabestellung relevanten Informationen zu finden, um beispielsweise Entscheidungsprozesse vorzubereiten. Die hier vorgestellten visuellen Recherchesysteme belegen, dass die Kombination von innovativen Visualisierungen und leistungsfähigen Retrieval- bzw. Data Mining Techniken ein großes Potential bieten, den Wissensverarbeitungsprozess effektiver und effizienter zu gestalten. Entscheidend für den Erfolg derartiger Systeme ist der medienadäquate Designprozess. Hier haben sich aufgrund unserer Erfahrungen Vorgehensweisen wie „Denken am Modell", das Anknüpfen an und die Übertragung von bisherigen Designideen sowie ein strikt benutzerzentrierter Entwicklungsprozess als erfolgsversprechend erwiesen. Diese Praktiken sind unserer Einschätzung nach grundlegend für die Entwicklung von Wissensmedien und in diesem Sinne verallgemeinerbar.

Unsere bisherigen Erfahrungen mit visuellen Recherchesystemen haben uns ermutigt, die dahinter stehenden Konzepte und Ideen weiterzuentwickeln und auf verschiedenartigste digitale Datenräume zu übertragen. Interessante Möglichkeiten bieten hier Anwendungsdomänen, in denen sowohl das Datenobjekt als auch die es beschreibenden Metadaten als digitale Datenbestände verfügbar sind und man daher das Granularitätskonzept von den abstrakten Metadaten bis hin zum eigentlichen Datenobjekt in vielschichtiger Weise umsetzen kann. Dazu experimentieren wir gerade mit Daten der Mediothek der Bibliothek der Universität Konstanz, um mit dem neu zu entwickelten System MedioVis eine neue visuelle Zugangsmöglichkeit zum Bestand an Medientiteln zu schaffen. Durch unseren visuellen Browser kann eine zielgerichtete Suche nach interessanten Videos, DVDs, CD-ROMs, Tonträgern, etc. unterstützt werden, gleichzeitig bietet er aber auch das Potential, den Metadatenraum selbst zu erkunden. In diesem Sinne werden dem Benutzer neben Visualisierungen zur Unterstützung des Entscheidungsprozesses („Ist das Medium für mich von Interesse oder nicht?") auch noch zusätzliche Visualisierungen und Informationen angeboten. Die Darstellung des physischen Standorts eines Titels – Ort des Regals – (siehe Abbildung 15, unteres Bild) hilft bei der Orientierung innerhalb der Mediothek bei der Ausleihe. Auch Informationen zur Verfügbarkeit, zur Handhabung des Mediums oder zu Standorten von Abspielgeräten erleichtern die notwendigen Schritte zur Umsetzung der Entscheidung.

MedioVis greift die grundlegenden Ideen von VisMeB auf, versucht aber die Möglichkeiten der Visualisierung noch umfassender zu nutzen. So kann beispielsweise ein digitaler Film in Form einer DVD durch eine Vielzahl von ihn charakterisierenden digitalen Metadaten beschrieben bzw. ergänzt werden. Beispiele für solche Metadaten sind der Regisseur, die Schauspieler, eine Kurzbeschreibung der Handlung, ein Trailer, der Titel der Filmmusik, das Filmplakat, Bilder von Schauspielern, The Making of Story, Interviews mit Schauspielern, etc. Da Metadaten dieser unterschiedlichen Ausprägungen weit über die Metadatenstandards für Bibliotheken hinausgehen, werden Informationen unterschiedlichster Anbieter aus dem Netz (Filmdatenbanken, Online-Rezensionen, Zeitschriften etc.) in der Visualisierung zusammengeführt. In Abbildung 15 fallen beispielsweise das Filmplakat, in der oberen Darstellung, und der Trailer, in der unteren Darstellung, unter diese Kategorie. Somit stellt MedioVis eine integrative Schnittstelle für heterogene Daten aus verschiedensten Quellen dar, wobei die Kerndaten aus dem Titelkatalog der Bibliothek nur als Ausgangspunkte für die Exploration des Datenraums dienen.

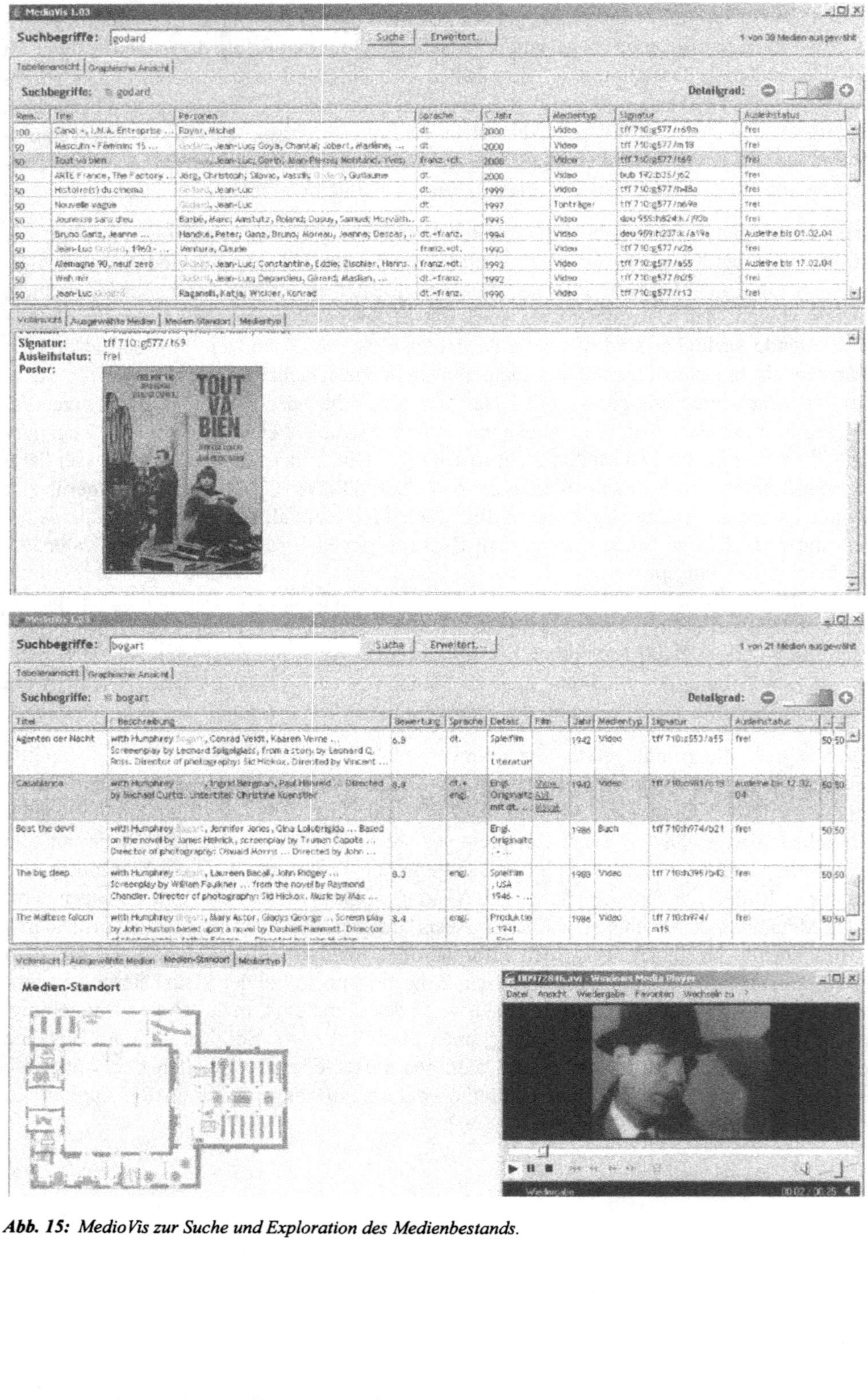

Abb. 15: *MedioVis zur Suche und Exploration des Medienbestands.*

Die umfangreichen zusätzlichen digitalen Metadaten spannen um das eigentliche Objekt – der Film als Ausgangspunkt – einen weiteren Datenraum auf, der sowohl dem Benutzer bei der Einschätzung, ob er diesen Film sehen möchte, dienen kann als auch für Cineasten oder Medienwissenschaftler einen Wert an sich darstellt (z.B. Entstehungsgeschichte des Films, ausgefallene Plakate, besondere Filmmusik). Unsere Vision für die Zukunft von MedioVis ist eine komplette Integration dieses Datenraums in die Tabellenvisualisierung. Die tabellarische Darstellung spannt dabei den Datenraum in Form von Spalten (Metadaten) und Zeilen (ein Metadatensatz zu einem konkreten Film gehörend) auf.

Um diese Vision Realität werden zu lassen, wurde im Unterschied zum ersten Design von MedioVis (siehe Abbildung 15), bei dem Teile der Daten (z.B. der Trailer und der Standort) noch in einer getrennten Sektion unter der Tabelle dargestellt wurden, eine neue Designvariante der Tabelle namens „HyperGrid" entwickelt (Reiterer et al., 2005), die diese Informationen während des vom Benutzer durchgeführten Drill-Down Prozesses innerhalb der Tabelle immer direkt am Ort des Interesses darstellt. Im Unterschied zu VisMeB, bei dem die Wahl des Detailgrades, bezogen auf einzelne Zeilen oder die Gesamttabelle, über Schieberegler oder Schaltflächen erfolgte, dient bei der HyperGrid von MedioVis die einzelne Zelle der Tabelle als Ausgangspunkt des Drill-Down Vorgangs.

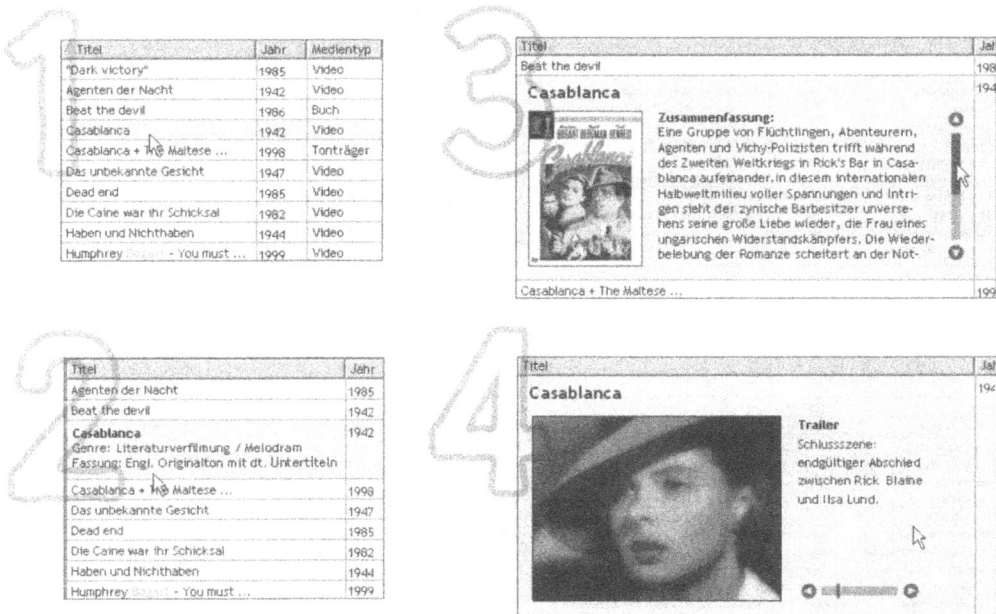

Abb. 16: Tabellenzelle als Ausgangspunkt des Drill-Down Prozesses.

Die konkrete Ausprägung des jeweiligen Metadatums in dieser Zelle variiert nun in Abhängigkeit von der aktuellen Granularitätsebene. Beispielsweise erfolgt der Einstieg in eine Zelle über den Filmtitel: z.B. „Casablanca" (siehe Abbildung 16, Bild 1). Nach einem direktmanipulativen Vergrößern der Zelle (Drücken der rechten Maustaste) werden auf der nächsten Ebene zusätzliche Erläuterungen (Metadaten) wie Genre und Fassung eingeblendet (siehe Abbildung 16, Bild 2). Durch weiteres Vergrößern der Zelle wird nun das Filmplakat mit einer Kurzfassung der Handlung dargestellt (siehe Abbildung 16, Bild 3), und schlussendlich endet die Darstellung mit einem Trailer des Filmes (siehe Abbildung 16, Bild 4). Durch geeignete Interaktionstechniken, beispielsweise in Form eines mehrstufigen semantischen Zoomkonzeptes, vergleichbar mit der DateLens von Bederson et al., (2004), kann der Benutzer durch diese verschiedenen Detailebenen navigieren.

Um den erweiterten Datenraum auch weiterhin für den Benutzer beherrschbar zu machen, werden neue, intuitiv zugängliche Filterfunktionen entwickelt, die eine schnelle Eingrenzung auf die gewünschte Teilmenge ermöglichen. Die untenstehende Abbildung 17 zeigt, wie eine in der Tabelle integrierte Filterzeile auf der Basis von Pulldown Menüs es ermöglichen könnte, die gefundenen Titel einer Suchanfrage auf die Titel mit dem Medientyp „Video" zu reduzieren. Besonders mächtig wird dieses Instrument bei der Kombination von Filtern für mehrere Spalten, um beispielsweise mit drei Klicks (Sprache: Englisch; Jahr: 1970–1979; Medientyp: Video) die Anzeige auf die Teilmenge der englischsprachigen Filme aus den 1970er Jahren zu reduzieren.

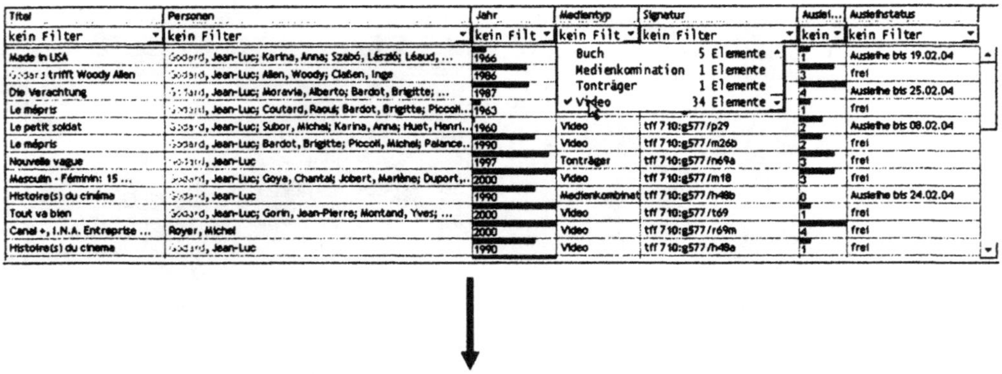

Abb. 17: Filterfunktionalität für die Tabelle.

6 Danksagung

Die hier beschriebenen Arbeiten sind über Jahre hinweg in meiner Forschungsgruppe Mensch-Computer Interaktion an der Universität Konstanz entstanden. Dafür möchte ich zuallererst meinen Mitarbeitern danken, die im Rahmen ihrer Dissertationen maßgeblich an der Umsetzung dieser Forschungsideen mitgewirkt haben: Thomas Mann, Gabriela Mußler (verheiratete Tullius), Peter Klein und Frank Müller. Mein besonderer Dank gilt aber auch den im Folgenden genannten Bachelor- und Masterstudenten des Studiengangs Information Engineering an der Universität Konstanz, die im Zuge ihrer Abschlussarbeiten wesentliche Beiträge zur Entwicklung und Evaluation der hier vorgestellten visuellen Recherchesysteme geleistet haben: Thomas Memmel, Fredrik Gundelsweiler, Werner König, Philipp Liebrenz, Christian Jetter, Jens Gerken, Alina Bey, Christian Grün und Sebastian Rexhausen.

7 Literatur

Ankerst, M.; Keim, D. & Kriegel, H.-P. (1996). Circle Segments: A Technique for Visually Exploring Large Multidimensional Data Sets. In: R. Yagel, G. Nielson, (Eds.), Proceedings of IEEE Visualization 96 Conference. Hot Topic Session. Los Alamitos: IEEE Computer Soc. Press. Zugriff am 14.06.2005 unter *http://www.dbs.informatik.uni-muenchen.de/dbs/ projekt/papers/Vis96.ps.*

Baeza-Yates, R. & Ribeiro-Neto, B. (1999). Modern Information Retrieval. Essex: Addison Wesley Longman.

Bederson, B.; Clamage, A.; Czerwinski, M. & Robertson, G. (2004). DateLens: A Fisheye Calendar Interface for PDAs. ACM Transactions on Computer Human Interaction, 11, 90–119.

Bederson, B. & Hollan, J. (1994). Pad++: A zooming graphical user interface for exploring alternate interface physics. In: UIST 94: 7th ACM Symposium on User Interface Software and Technology (pp. 17–27). New York: ACM Press.

Bey A. (2004). Der CircleSegmentView: Design und Evaluation einer Query Preview. Unveröffentlichte Bachelorarbeit, Universität Konstanz. Arbeitspaper. Zugriff am 14.06.2005 unter *http://hci.uni-konstanz.de/index.php?a=research&b=theses&lang=de*

Beyer H. & Holtzblatt K. (1998). Contextual Design. San Francisco: Morgan Kaufmann.

Card, S. (2003). Information Visualization. In: J. Jacko & A. Sears (Eds.), The Human-Computer Interaction Handbook (pp. 544–582). Mahwah: Lawrence Erlbaum.

Card, S.; Mackinlay, J. & Shneiderman, B. (Eds.) (1999). Readings in Information Visualization. Using Vision to Think. San Francisco: Morgan Kaufmann.

Card, S.; Robertson, G. & York, W. (1996). The WebBook and the Web Forager: An Information Workspace in the World Wide Web. In: Proceedings of the CHI 1996 Conference on Human Factors in Computing Systems (pp. 111–117). New York: ACM Press.

Constantine L. & Lockwood L. (1999). Software for use. Reading: Addison-Wesley.

Cugini, J. V.; Laskowski, S. L. & Sebrechts, M. M. (2000). Design of 3-D Visualization of Search Results: Evolution and Evaluation. In: Proceedings of IST/SPIE's 12th Annual International Symposium: Electronic Imaging 2000: Visual Data Exploration and Analysis (SPIE 2000) (pp. 23–28), Bellingham: International Society for Optical Engineering.

Davenport T. H. & Prusak L. (1998). Working Knowledge. Watertown: Harvard Business School Press.

Däßler R. (1999). Informationsvisualisierung – Stand, Kritik und Perspektiven. In Methoden/ Strategien der Visualisierung in Medien, Wissenschaft und Kunst. Trier: Wissenschaftlicher Verlag. Zugriff am 08.03.2004 unter *http://fabdp.fh-potsdam.de/daessler/publications.htm*.

Eibl, M. (2002). DEViD: a media design and software ergonomics integrating visualization for document retrieval. Information Visualization, 1, 139–157.

Fogg B. J. (2003). Persuasive Technology – Using Computers to Change What We Think and Do. San Francisco: Morgan Kaufmann.

Gerken J. (2004). Evaluation eines Metadaten-Browsers – Liste vs. Leveltable. Bachelorarbeit, Universität Konstanz. Zugriff am 14.06.2005 unter *http://www.ub.uni-konstanz.de/ kops/volltexte/2004/1224/*

Han J. & Kamber M. (2000). Data Mining: Concepts and Techniques. San Francisco: Morgan Kaufmann.

Hassenzahl, M.; Platz A.; Burmester M. & Lehner K. (2000). Hedonic and Ergonomic Quality Aspects Determine a Software's Appeal. In: Proceedings of the CHI 2000 Conference on Human Factors in Computing Systems (pp. 201–208). New York: ACM Press.

Hearst, M. (1995). TileBars: Visualization of Term Distribution Information in Full Text Information Access. In Proceedings of the CHI 1995 Conference on Human Factors in Computing Systems (pp. 59–66). New York: ACM Press.

Keim D. (2002). Information Visualization and Visual Data Mining. IEEE Transactions on Visualization and Computer Graphics, 8, 1–8.

Mann, T. M. (2002). Visualization of Search Results from the World Wide Web, Dissertation, Universität Konstanz. Zugriff am 14.06.2005 unter *http://www.ub.uni-konstanz.de/kops/ volltexte/2002/751/*

Mayhew D. (1998). The Usability Engineering Lifecycle, San Francisco: Morgan Kaufmann.

Mucksch H. (1998). Das Data Warehouse als Datenbasis analytischer Informationssysteme. In: P. Chamoni & P. Gluchowski (Hrsg.), Analytische Informationssysteme (S. 123–140). Berlin: Springer.

Mußler, G. (2002). Retrieving Business Information from the WWW. Dissertation, Unversität Konstanz. Zugriff am 14.06.2005 unter *http://www.ub.uni-konstanz.de/kops/volltexte/2002/844/*

Nonaka I. & Takeuchi H. (1997). Die Organisation des Wissens. Frankfurt am Main: Campus.

Olston C. & Chi Ed H. (2003). Scent Trails: Integrating Browsing and Searching on the Web. ACM Transactions on Computer-Human Interaction, 10, 177–197.

Preece J.; Rogers Y. & Sharp H. (2002). Interaction design: beyond human-computer interaction. New York: John Wiley & Sons.

Reiterer, H.; Jetter, H.-C.; König, W.; Gerken, J. & Grün C. (2005). Zoomtechniken zur Exploration komplexer Informationsräume am Beispiel „HyperGrid". In: C. Stary, (Hrsg.), Mensch & Computer 2005. München: Oldenburg.

Reiterer H.; Limbach T.; Müller F.; Klein P. & Jetter C. (2003). Ein visueller Metadaten Browser für die explorative Erkundung großer Datenmengen. In: J. Ziegler & G. Szwillus (Hrsg.), Mensch & Computer 2003 (S. 165–176). Stuttgart: Teubner.

Reiterer, H.; Tullius, G. & Mann, T. (2005). INSYDER: a content-based visual-information-seeking system for the Web. International Journal on Digital Libraries, 5, 25–41.

Rosson M. & Carroll J. (2002). Usability Engineering – Scenario-based Development of Human-Computer Interaction. San Francisco: Morgan Kaufmann.

Salton G. & Lesk M. E. (1968). Computer evaluation of indexing and text processing. Journal of the ACM, 15(1), 8–36.

Sebrechts, M.; Vasilakis, J. & Miller, M. (1999). Visualization of Search Results: A Comparative Evaluation of Text, 2D, and 3D Interfaces. In Proceedings of the 22nd Annual International ACM SIGIR Conference on Research and Development in Information Retrieval Conference (pp. 3–10). New York: ACM Press.

Shneiderman B. (1994). Dynamic Queries for Visual Information Seeking. IEEE Software, 11(6), 70–77.

Shneiderman B. (1998): Designing the User Interface. (3rd Edition) New York: Addison-Wesley.

Stephan P. F. (2000). Denken am Modell – Gestaltung im Kontext bildender Wissenschaft. In: B. E. Bürdek (Hrsg.), Der digitale Wahn (S. 109–129). Frankfurt am Main: Suhrkamp.

Ware C. (2000). Information Visualization: Perception for Design. San Francisco: Morgan Kaufmann.

The Knowledge Media Design Institute: An Adventure in Interdisciplinarity

Gale Moore & Ron Baecker

1   Introduction

Over the last ten years, research groups have been established in universities to take seriously issues raised by the idea of the "knowledge society"[1] and the central role of information and communication technologies (ICT) in this transformation. The specific research foci, agendas and practices of these groups vary, but each is in some way concerned with understanding how people interact with one another, their artifacts and their environment; the design, development, use, and evaluation of ICTs; or the implications of these developments in the broader social and cultural context. Research of this nature requires a broad base of collaboration across the disciplines. Interdisciplinarity, however, is not readily accommodated in traditional university structures where disciplinary and departmental boundaries tend to coincide. It is ironic that universities – traditional institutions for the creation of knowledge – are structured in ways that militate against innovation when emergent fields cross traditional disciplinary boundaries. This raises several interesting questions. For example, how, and in what way, have the communities of scholars whose research is situated at the centre of the debates about the knowledge society been accommodated? How, and in what ways, have the activities of these communities been understood as relevant, even strategic, to the future of the university?

This paper reflects on these questions in relation to the Knowledge Media Design Institute (KMDI). This is a narrative about an adventure that began in 1995 when a small group of colleagues came together to look for a way to support their shared and growing interest in the design of technologies grounded in a respect for people's experience of everyday life and

---

1. We acknowledge the problematic nature of this phrase when used analytically. It used here to draw attention to the significant changes that occur across economic, cultural and social structures as knowledge is recognised as a key resource. Central to this shift is a cluster of innovations in which a particular type of technologies, namely information and communication technologies (ICTs) play a central role. Today, our engagement with these technologies is influencing the way we work, the way we learn, the way we live, and even the way we think.

practice. The authors are not unbiased, but are well positioned to tell the tale. Ron Baecker, who convened the group, is the founder of KMDI and was its first Director; Gale Moore, a sociologist and founding member, is the current Director.

We begin by sketching the historical context that made the University of Toronto a fertile ground for such an initiative. We then explain what we mean by *knowledge media design,* and describe our research, teaching program and community building activities. The article concludes by summarizing our achievements and contributions, our future plans and the challenges still ahead.

2   The beginnings: 1995–1998

2.1   The organizational context – a traditional university

Founded in 1827, the University of Toronto (UofT) is Canada's largest and most distinguished university.[2] As in many universities, disciplinary and departmental boundaries are often virtually synonymous. Departments and faculties remain the site of scholarly legitimacy, evaluation and reward. University structures are hierarchical; interdisciplinary initiatives highlight the incompatibility between existing structures and the needs of interdisciplinary groups to create a space for their work and to be granted faculty positions for this work. While interdisciplinarity as a form of academic practice is not new,[3] the institutionalisation of interdisciplinarity continues to be a challenge. Much can be accomplished informally, but less progress has made in the organisational innovation needed to take interdisciplinary agendas forward.

2.2   Historical antecedents to Knowledge Media Design at U of T

KMDI did not arrive *sui generis* on the intellectual landscape of the University of Toronto. The strands out of which its fabric would be woven in the 1990s go back over 65 years.

KMDI draws upon the communications history tradition initiated at Toronto in the late 1940s by Harold Innis and continued from the early 1960s to the 1980s by Marshall McLuhan and his associates in the Centre for Culture and Technology. McLuhan attracted global attention for his original contributions toward "understanding media". In 1963, the Centre for Culture and Technology was created to keep McLuhan at Toronto. Following his death in late 1980, the McLuhan Program in Culture and Technology was set up to carry on his work. In the summer of 1994, the Program moved to Faculty of Information Studies, where today it operates as a semi-autonomous research and teaching unit under the leadership of Dean Brian Cantwell Smith.

---

2. The main campus occupies several square kilometers. Two satellite campuses are located 25 km to the east and west. There are 64,000 students, 10,000 faculty and staff, 17 academic divisions, 85 doctoral programs and nine affiliated teaching hospitals.
3. See for example, Klein (1966) and Fairburn and Fulton (2000).

The late 1960s was a time of intellectual ferment at the University of Toronto as it was in universities across North America and in Europe. During this period a Department of Computer Science (CS) emerged out of the Mathematics Department. Despite the strong theoretical orientation that continues to this day, the first chair, Calvin Gottlieb,[4] was personally committed to the importance of the social impacts of computing. When an Institute that that took seriously the notion that people are at the centre of practice was proposed (i.e., KMDI), Gottlieb was among its first members.

One group within CS is particularly relevant to the development of KMDI. The Dynamic Graphics Project (DGP) has been carrying out pioneering computer graphics and human-computer interaction research since it was founded by Leslie Mezei almost 40 years ago. Ron Baecker, a founder of the fields of interactive computer graphics, computer animation, and software visualization brought this expertise into KMDI. A Human-Computer Interaction (HCI) group formed within DGP in the early 1980s to design, develop, use and test novel interactive techniques and systems. The group was originally led by Baecker, William Buxton, and Marilyn Mantei. In the 1990s Buxton led the Ontario Telepresence Project (OTP) and later went on to become Chief Scientist of Alias®.

While design, as a field, has not received much prominence at the University of Toronto, the program, *Art as Applied to Medicine*, created by Nancy Joy 53 years ago received international recognition. Today, biomedical communications is an interdisciplinary field that bridges the disciplines of science, medicine, art, and communication, and Linda Wilson-Pauwels and her team are active members of KMDI.

Barry Wellman in the Department of Sociology in a now classic 1979 article (Wellman & Leighton, 1979) proposed a network analytic approach to the community question to separate the study of "communities" from the study of "neighborhoods". This paper made an important contribution to the debate about the fate of communities in modernity. He continued to use social network analysis to conduct research on how non-local communities are connected by communication technologies such as telephone or transportation systems. These interests have migrated naturally to the study of online communities and Internet studies and how computer-mediated communication networks can be understood as social networks.

John Senders, a psychologist in the Human Factors Group (HFG) of the Department of Mechanical and Industrial Engineering was a pioneer in the 1970s in the development of the electronic journal, and an expert on human error. HFG has for several decades been developing principled methods of using data about human capabilities in the design of technologies and systems, including Mark Chignell's work on hypermedia and spatialised audio, Paul Milgram's work on augmented reality, and Kim Vicente's work on ecological interface design.

The Centre for Landscape Research (CLR) at the Faculty of Architecture, Landscape, & Design led by John Danahy and Rob Wright, has for over a decade carried out world-class research in the applications of interactive computer graphics to three-dimensional visualiza-

---

4. In Professor Gottlieb's long and illustrious career he built the first computer in Canada, wrote the first book on the social impact of computers, and received the Order of Canada in recognition of his lifetime of achievement.

tion, design, and planning. Their work provides leading edge insights into the nature of the design process itself; a process central to many of the disciplines represented in KMDI.

The previously mentioned Ontario Telepresence Project[5] ran from 1992 through 1994. Under the scientific directorship of Buxton, a team of scholars came together from across the university. This included Baecker and Mantei from Computer Science; Wellman, Moore and Janet Salaff from Sociology; Chignell from Mechanical & Industrial Engineering, and Andrew Clement from Information Studies. The mission was to investigate the user-centred design and application of novel collaborative technologies, especially "media spaces" (Finn, Sellen & Wilbur, 1997). The OTP provided first hand experience of the potential for working virtually, but also an understanding of the complexity involved in supporting interpersonal relations and collaborative practice.

2.3   The founding of KMDI

In February 1995, under the leadership of Ron Baecker, a group of faculty from the departments of Computer Science, Electrical Engineering, Psychology, and Sociology, and the faculties of Information Studies, Mechanical and Industrial Engineering, Architecture, Landscape, & Design, and the Ontario Institute for Studies in Education (OISE/UT), began to explore the idea of developing a collaborative distributed community. The broad focus was on the design, application, and implications of digital media. Choosing the name was the first challenge. Everyone agreed that it should be an Institute, "media" was evocative of historical antecedents, and "design" gave prominence to an approach that we felt was critical but that was often unrecognized at the university. But the "Media Design Institute" still needed a modifier. "New" was too transitory (what's new today is old tomorrow). "Digital" excluded analog. The group was considering the phrase "knowledge media", as supporting the creation of knowledge and knowledge mobilization was central to the vision. In March 1995 we heard from Marc Eisenstadt that he had formed the Knowledge Media Institute at the Open University in Milton Keynes, England in late 1994. We had company. Thus began our new venture – the Knowledge Media Design Institute.[6]

We define *knowledge media* (KM) as a specific class of media and media technologies designed to enhance human thinking, creativity, learning, communication, and collaboration. System examples include the educational system and libraries. Technology examples include the pen, the telephone, and writing. Knowledge media artifacts include encyclopedias, the works of Mozart, and religious texts and commentaries on them. Digital knowledge media incorporate computer and communications technology and are often interactive. Examples include the World Wide Web and web-based courseware; programming environments, symbolic mathematics systems, and computer-aided design systems; educational video games; email, instant messaging, blogs, wikis, group decision support systems, webcasting, and interactive digital storytelling systems; and human genomic data bases and digital cadavers.

---

5. A $6M cross-disciplinary university research project supported by government and industry to design, deploy and evaluate an audio-video mediated communication environment in multiple contexts of use.
6. Creating a new name for the field allowed us to define what it included, but had the disadvantage (and advantage) that the phrase could be interpreted in various ways.

Knowledge media design (KMD) is the human-centred design of knowledge media. In KMDI, we are typically concerned with the design of digital knowledge media, and we shall be speaking of digital knowledge media throughout and use this article unless we explicitly state otherwise.

A memo from Ron Baecker dated 21 April 1995 expressed the vision and mission of the new Institute as follows:

> "*Vision Statement*: Throughout history, human thinking and creativity has been aided and influenced by the media available for communication and for the expression, representation, storage, and retrieval of facts and ideas....
>
> Recent decades have seen an unprecedented acceleration in the creation and development of new knowledge media... The most significant of these are computers, for they are metamedia capable of simulating all other media and of carrying out active interaction with their users, and networking, for it allows the interconnection and synergistic functioning of people and knowledge independent of where they are located in time and in space.
>
> A number of distinguished University of Toronto researchers and educators are active in the design, development, use, and study of novel knowledge media, their applications, and their impacts on individuals and on society. They share a commitment to creativity and innovation, to the design and development of technology responsive to human needs and values, and to a critical stance to technology developed only for its own sake. Yet the fact that they are scattered in many departments and faculties limits possible synergy and reduces their contribution to the university community.
>
> *Mission and Objectives:* The mission of the Knowledge Media Design Institute will be advanced research and education in the knowledge media arts and sciences. The objectives include:
>
> • the nurturing of an intellectual community of scholars , researchers, and students ... working on knowledge media design
> • the facilitation of interdisciplinary research in these areas
> • affording the discipline of design a more prominent place and role within the University of Toronto community ...
> • the creation of additional relevant courses, and the more effective use of existing courses across disciplinary boundaries
> • the creation of new degree programs where appropriate ..."[7]

A formal proposal to establish KMDI was submitted to the Graduate School on December 20, 1995. We proceeded to organize our first major event, an international conference entitled *The Internet: Beyond the Year 2000*. From April 28 through May 1,1996, 900 people came to University of Toronto's Convocation Hall to hear, among others, Tim Berners Lee, father of

---

7. Other objectives dealt with creating lecture series and professional development courses, and funding visiting scholars and endowed professorships.

the WWW. This was one of the first international, multidisciplinary conferences on the Internet. In July 1996, probationary status as an Institute in the Graduate School was granted. In July 1998, following an extensive review, KMDI officially became an Institute in the Graduate School.

2.4 KMDI – a virtual organization – U of T's first virtual institute

With few resources, no faculty appointments and no space, the challenge was how "to turn these bugs into a feature". Launching one of the earliest local websites, KMDI declared itself the U of T's first Virtual Institute; and used the metaphor of a fishnet recognizing that while strength and the flexibility come from the interconnections, there is an identifiable boundary and structural integrity (Johansen & Swigart, 1994). Today, KMDI has a small cluster of offices and a lab, but the majority of Institute members remain distributed. And while we have more technological capacity to work together over distance, the challenges to support and sustain a social network remain, and continue to be a subject of our research.

3 The tension between innovation and legitimation: 1998–2002

In these next years we consolidated our community; developed significant research agendas;[8] designed and deployed our first knowledge media prototype, ePresence[9], using a cross-disciplinary team; designed and had approved by the Ontario Council on Graduate Studies a graduate master's and doctoral program in KMD; appointed a part-time director of the graduate program; and received our first base budget. Despite the growing recognition of the role of interdisciplinarity in the university and a better understanding of KMDI's vision and goals, there is an inherent incompatibility in "fitting" interdisciplinary, extra-departmental units into existing institutional structures. In fact, one aspect of KMDI's research agenda is to experiment with organisational form. Moore's preliminary study (Moore, 2003) of six interdisciplinary university units in Ireland, Italy and Great Britain suggests this is a common challenge. The academic founders of the institute sought to create to create a space for research unconstrained by traditional institutional structures, but sustainability depended, at least in the short term, on the university.

The university places relatively onerous ongoing reporting requirements on new institutes. In a Provostial Seminar on Interdisciplinarity in 2004, Moore would characterize this as a tension between *innovation* and *legitimation*.[10] It was not easy for KMDI with minimal staff to

---

8. Research funding amounted to over a million dollars in 1999–2000.
9. The ePresence Project carries out research on interactive webcasting, including novel architectures and multimedia system implementations, user interface research, and speech and natural language processing. See *http://epresence.tv*.
10. *http://www.provost.utoronto.ca/userfiles/HTML/nts_6_5445_1.html*.

handle demands from the university while at the same time trying to secure additional research funding. While universities increasingly embrace the need for innovation, the need for organisational innovation is less well recognized. It is particularly difficult when a distributed network organisation such as KMDI meets a centralised hierarchy.

4   Moving forward: 2002–2005

In the summer of 2002, KMDI moved into our first office space in the new Bahen Centre for Information Technology; we were no longer exclusively a "virtual institute".

4.1   Teaching

KMDI launched its Collaborative Master's and Doctoral Program in KMD (CP) in 2002 with the Faculties of Information Studies, and Architecture, Landscape, and Design, and the departments of Computer Science, Mechanical and Industrial Engineering, and Sociology. The academic program is unique in Canada, and one of a select group internationally.[11] The Toronto model is also innovative in that it accommodates interdisciplinarity within traditional university structures.[12] Students are first accepted in one of the participating departments or faculties, and then apply to enter the KMD Collaborative Program, which has a number of additional requirements including a portfolio. With 65 U of T faculty members from 25 departments affiliated with the Institute, KMDI has the expertise and experience to allow students to complement their disciplinary training with focused learning across the disciplines. The result is a unique form of interdisciplinarity that we call *disciplined interdisciplinarity*. Students graduate with a degree in a recognised discipline, and a specialisation in knowledge media design – a positioning which protects them from challenges about a poorly understood qualification, but at the same time prepares them for leadership in an emergent field and its practice.

There are currently 22 students enrolled in the Collaborative Program – seven PhD and 15 master's students. The CP broadens master's students' marketability to both public and private sectors. They are positioned to contribute to further innovations in the development and use of knowledge media as well as to critical engagement with significant issues in contemporary society and the shaping of public policy and debate. Doctoral students are key partners in the research programs carried out in the institute; through the Institute's extensive network

---

11. There are a number of graduate programs in the US and Europe that have grown out of traditional HCI departments or labs – e.g., the MIT Media Lab, the Carnegie Mellon HCI Institute, the Georgia Tech Center for Graphics, Visualization, and Usability. More recently, some new programs in interaction design have been developed (e.g., the Interaction Design Institute at Ivrea). Some social science departments now consider the social impacts of technology, politics of technology and public policy. This may be under the rubric of Internet studies (e.g., the Oxford Internet Institute), or under science and technology studies (STS). Others focus on design aspects (e.g., the Royal College of Art, London). All groups conduct research, but not all offer teaching programs – e.g., the Oxford Internet Institute and the Knowledge Media Institute at the Open University in England].

12. This is not to suggest that this is an ideal model, but it a way of accommodating a new and emerging focus or field.

they have access to faculty, courses, seminars and events that connect them to an international community.

KMDI also launched a Graduate Fellows program in 2002. This Fellowship Program makes it possible for senior students who are working with KMDI faculty, but who are outside the participating units or too late in their academic program to take required CP courses, to be integral members of the community. Many KMDI faculty currently serve on PhD committees across the departments and faculties in which we have members.

4.2   Research

While continuing to respect the broad research agendas of our members and our stated goal of being in the vanguard of ideas in the knowledge society, we have identified two areas of specialization in which we have acknowledged leadership, substantial research programs and broad participation across departments, faculties and divisions. These are:

- *Collaboration: people, practices and technology*: The study of the nature of collaboration, the organisational and management challenges and the design of technologies to support collaboration in eLearning, eHealth, and eBusiness – locally and at a distance – have been central to the activities of the Institute from the outset. This has been extended in the last year to include the "open source" process of the collective production and sharing of knowledge.
- *Public policy and citizen engagement in the knowledge society*: As knowledge media are increasingly woven into the everyday practices of work and domestic life, issues of public policy increasingly require a blend of social and technical expertise to address adequately. This specialization builds on existing expertise and experience both with governments at the local, national and international level as well as expertise in engaging citizen interest in such contemporary public policy debates as: universal access to the internet, disability access, intellectual property, on-line civil liberties, privacy, digital identity, and new media regulation.

KMDI has been instrumental in providing a meeting ground for scholars and researchers from different disciplines to develop collaborations that would not likely have happened otherwise. For example, a SSHRC Initiative on the New Economy (INE) Research Alliance $1M program led by Andrew Clement (FIS) brings together leading Canadian and world community informatics researchers to review the progress of community-based information and communications technology development, to strengthen relations in and between communities, and more generally to strengthen community-focused social and economic development. A $4.4 MNSERC award (plus $1.1M from industry) was received for NECTAR, a network of Canada's leading researchers in computer-supported cooperative work (CSCW) led by Baekker (CS). The goal is to investigate technological and social issues to make computer-supported collaboration more efficient, more productive, and more natural.

KMDI also works with industry, public and non-profit sector partners. Because of its focus on real problems in communication and collaboration, KMDI has a long-standing relationship with the Ontario Centre of Excellence, CITO, which helps build linkages between industry and researchers. These relationships required continuous nurturing and participation on the part of members that goes beyond the actual research funded.

KMDI has also forged an effective research partnership with the Bell University Laboratories[13] (BUL), which includes sharing of research space and joint sponsoring of events. There is a BUL/KMDI Chair in HCI held by Ron Baecker; KMDI members lead or participate in most of BUL's Labs; and KMDI researchers are consistently recognised with research awards from BUL. On the other side, KMDI has been a strong partner for BUL, creating an identifiable source of interdisciplinary talent that BUL has frequently drawn upon in its research projects.

4.3   Community building and knowledge mobilisation

The building of community is one of KMDI's greatest achievements. Several activities support this – the publication of a monthly newsletter, KMDiary (with over 1000 subscribers), a weekly KMDigest of events in the Toronto area, and a Working Paper and Technical Report series. An annual lecture or seminar series, organized around a theme such as *Humanizing Technology*, is an important vehicle for building community. Many of these events are webcast using ePresence.

A Visiting Professors program began in 2002/2003. Lucy Suchman was our first scholar, followed in 2003/2004 by Aaron Marcus, and in 2004/2005 by William Buxton.

But perhaps of greatest interest are the ad hoc collaborations that would not have happened had KMDI not existed. For example, linguist Dominique Scheffel-Dunand responded to a need that arose in the research project mentioned previously by offering a summer reading course on Conversation Analysis for two graduate students from Computer Science and Mechanical and Industrial Engineering. Professors Barry Wellman from Sociology, Professor Steve Mann from Electrical and Computer Engineering, and KMDI Visiting Scholar Jason Nolan (Ph.D. in Education) met through KMDI. The resulting discussions led to an investigation into the sociology and ethics of sousveillance technology (Mann, Nolan & Wellman, 2004).

4.4   Towards the future

In 2002/2003, KMDI had its first 5-year SGS Review and received a strong vote of confidence from the external reviewers who recommended that the Institute be continued and strengthened.

"...with few resources, KMDI has grown to become an interdisciplinary research centre with a very broad base and an international research reputation. If the University of Toronto deems it important to support interdisciplinary research then a modest expansion of KMDI providing core faculty should be a high priority..."[14]

---

13. Bell University Laboratories was established in 1999 and is Bell Canada's most significant investment in external R & D. BUL at the University of Toronto is a collaborative research program funded by Bell Canada and the University of Toronto.
14. Report of the External Review Committee for KMDI's 5-Year SGS Review, 2002/2003.

In spring 2003 the university began a five year planning cycle, so in 2003-4 KMDI developed an academic plan that sets its course for 2005-10. With open source on the agenda, we held an international conference in May entitled *Open Source and Free Software: Concepts, Controversies, and Solutions,* with speakers including Eben Moglen and Bob Young. Multimedia proceedings of the event, attended by 250 people, are available on the web.[15]

5   Achievements and contributions

KMDI continues to be an intellectual incubator bringing leading edge ideas into the university.

Intellectual

KMDI has been a leader in identifying emerging themes and issues in the Knowledge Society and its members have a role in public policy at the provincial, national and international level. Examples include the internet, online communities, privacy, e-health, identity technologies, accessibility, and universal design. The Institute is also a leader in exploring new models for distribution of intellectual property, creating the first U of T Open Source Consortium.

Interdisciplinarity

KMDI practices interdisciplinarity that is both *wide* – including the sciences, social sciences and humanities – and *deep* – extending beyond the university to liaise with government, industry, cultural institutions, citizens and others (Frodeman, Mitcham & Sacks, 2001). This formulation not only opens a space for a range of disciplinary and institutional border crossings, but, most significantly, does not privilege one way of knowing, respects synthetic as well as analytic approaches, and acknowledges the need for a reflexive engagement of social, humanistic and scientific practices.

Organisational and Institutional

KMDI was the U of T's first Virtual Institute and is at the forefront in exploring new organisational forms to accommodate interdisciplinarity and collaboration across disciplines and spatially distributed settings.

Human-centred Design

KMDI has been a leader in adopting a philosophy of human-centredness in design. It is now beginning to be accepted more broadly that understanding people and their interactions with each other, their artifacts and their environments is critical to the successful design of technologies and media. The institute is also committed to the principle of universal design and the goal of producing technologies that are adaptive and accessible to all.

---

15. *http://osconf.ePresence.kmdi.utoronto.ca.*

Technology

Members of the institute have created a number of technologies, including ePresence, an interactive webcasting and archiving system distributed locally, nationally and internationally.

Building Community – Inside U of T and Beyond

KMDI has been instrumental in providing an environment for developing collaboration that would likely not have happened otherwise. This attracts both students and faculty to the community. KMDI members are part of an extensive loosely-coupled network of colleagues and institutions around the globe. This network of networks is a key resource.

6   The future

KMDI has reached a critical stage in its development as an institute. Over the next few years, we expect to strengthen our position as an authoritative voice for constructive, critical commentary and reflection on technology and society, and to take an active role in the shaping of public debate and the development of public policy around these changes. We will continue through our practice to be an exemplar for the design, production and sharing of knowledge in the university, in particular, illustrating how human-centred design practices can make a difference in people's everyday experience of technology. We will continue to build on our international relationships to strengthen our world-class reputation. In collaboration with our academic partners, we will work to improve our ability to admit qualified students who increasingly choose U of T because of KMDI. A series of shared faculty appointments with other academic units to support our graduate program could be mutually beneficial. We shall also soon assess the potential of a stand-alone PhD in Human-centred Design.

Interdisciplinarity and innovation are both on the agenda on many of the major North American universities. As Kanter (1983) noted some time ago in *The Change Masters*, innovation requires that organizations avoid segmentalism, as this is precisely what stifles innovation. Universities today need to find new ways of accommodating what may be one of the most dynamic, flexible and responsive parts of their organization – groups whose practice is grounded in teamwork and collaboration, who are in touch with their disciplinary depths, yet bridge these differences, and also connect with the broader community. When interdisciplinarity is not well accommodated institutionally, the university as an institution is losing an important opportunity. This is both in terms of leadership and in terms of their relationship with and relevance to the broader community in which they are situated.

We close with a question we continue to debate. Is KMD an emerging discipline? Unlike some interdisciplinary initiatives our goal from the outset was not *necessarily* to create a new discipline. As time passes there are clearly pulls, both intellectual and institutional, to move in this direction. Yet, on the other hand, the dynamic nature of this field suggests that our greatest strength may lie in resisting this. This is part of the creative tension that defines KMDI.

7   Literature

Fairburn, B. & Fulton, M. (2000). Interdisciplinairity and the Transformation of the University. University of Saskatchewan, Centre for the Study of Co-operatives.

Finn, K. E.; Sellen, A. J. & Wilbur, S. B. (Eds.), (1997). Video-Mediated Communication. Lawrence Erlbaum Associates.

Frodeman, R.; Mitcham, C. & Sacks, A. B. (2001). Questioning interdisciplinarity. Science, Technology, and Society Newsletter, No. 126 & 127, 1–5.

Johansen, R. & Swigart, R. (1994). Upsizing the Individual in the Downsized Organization. Addison-Wesley.

Kanter, R. (1983). The Change Masters. Simon & Schuster.

Klein, J. T. (1966). Crossing Boundaries: Knowledge, Disciplinarities and Interdisciplinarities. Virginia: University Press.

Mann, S.; Nolan, J. & Wellman, B. (2004). Sousveillance: Inventing and Using Wearable Computing Devices for Data Collection in Surveillance Environments. Surveillance and Society, 1(3), 331–355.

Moore, G. (2003). Researching the Knowledge Society: Interdisciplinarity and Innovation in the University. 7th International Conference on Technology Policy and Innovation, Monterrey.

Wellman, B. & Leighton, B. (1979). Networks, Neighborhoods, and Communities: Approaches to the Study of the Community Question. Urban Affairs Quarterly, 14 (3). March 1979, 363–390.

Verzeichnis der Autoren und Herausgeber

1 Herausgeber

Maximilian Eibl

Prof. Dr. Maximilian Eibl studierte Informationswissenschaft, Geschichte und Philosophie an der Universität Regensburg sowie Computer Science an der University of Illinois at Urbana-Champaign (USA) und an der University of Sheffield (UK). Er promovierte 2000 in Informatik (Computervisualistik) an der Universität Koblenz-Landau und wurde anschließend Leiter der Internetgruppe am Informationszentrum Sozialwissenschaften, Bonn und Berlin. Ferner war er Lehrbeauftragter an der Universität Koblenz-Landau (FB Informatik, Institut für Computervisualistik), an der Universität Hildesheim (Internationales Informationsmanagement) und der Universität der Künste, Berlin (Institute of Electronik Business). Seit dem Wintersemester 2004/05 vertritt er die Professur Medieninformatik der TU Chemnitz. Maximilian Eibl ist Sprecher der Fachgruppe Knowledge Media Design der Gesellschaft der Informatik.

Harald Reiterer

Prof. Dr. Harald Reiterer ist seit 1997 Professor für Informationssysteme an der Universität Konstanz im Fachbereich Informatik und Informationswissenschaft und leitet dort die Arbeitsgruppe Mensch-Computer Interaktion (*hci.uni-konstanz.de*). Nach dem Studium der Betriebsinformatik an der Universität Wien war er von 1987 bis 1995 am Institut für Angewandte Informatik und Informationssysteme der Universität Wien in Forschung und Lehre tätig und promovierte 1991 zum Doktor der Sozial- und Wirtschaftswissenschaften an der Universität Wien. Von 1990 bis 1995 war er Gastforscher in der Forschungsgruppe Mensch-Maschine-Kommunikation der GMD, St. Augustin/Bonn (heute FIT Fraunhofer Institut für Angewandte Informationstechnik). Im Jahre 1995 habilitierte er an der Universität Wien im Fachgebiet Mensch-Maschine-Interaktion. Harald Reiterers Forschungsschwerpunkte liegen im Bereich der Gestaltung der Mensch-Computer Interaktion, der Entwicklung von Methoden und Techniken des Usability Engineering sowie in der Gestaltung von visuellen Recherchesystemen für Wissensmedien. Harald Reiterer ist Mitbegründer der Fachgruppe Knowledge Media Design.

Peter Friedrich Stephan

Jahrgang 1959, seit 1997 Professor für Theorie und Design der Hypermedien an der Kunsthochschule für Medien Köln. Projekte und Veröffentlichungen auf den Gebieten Designtheorie, Unternehmenskommunikation und experimentelle Mediengestaltung, u.a. Events und E-Commerce, Kundenbindung und Markteinführung im Internet, Heidelberg: Springer. Forschung im Bereich der Wissensmedien (u.a. 2000–2003: Projekt *Medienquadrat*, gefördert vom Bundesministerium für Bildung und Forschung – BMBF).

Peter Friedrich Stephan gehört zu den Mitbegründern des Wissensdesigns in Deutschland und ist an der internationalen Entwicklung des *cognitive designs* beteiligt. Er war Mitbegründer und 2003–2005 Co-Geschäftsführer des Forums Knowledge Media Design sowie Mitinitiator und Co-Vorsitzender des Programmkommitees des Knowledge Media Design Tracks, der erstmals bei der internationalen Konferenz Mensch und Computer 2005 eingerichtet wurde. Außerdem war er 1999–2005 Mitglied im wissenschaftlichen Beirat der Deutschen Gesellschaft für Semiotik sowie in Beratungsgremien des BMBF und Juror bei Wettbewerben wie *e-talents* und *netzspannung*.

Er studierte Design, Musik und Marketing sowie Gesellschafts- und Wirtschaftskommunikation in Berlin, Hamburg und New York, 1989 Dipl.-Designer. Seit 1983 arbeitet er als Autor, Designer, Produzent und Berater für Medienproduktionen im Umfeld der Unternehmenskommunikation. Gastdozenturen an der Universität der Künste Berlin und der Universität St. Gallen, Schweiz.

Frank Thissen

Frank Thissen beschäftigt sich seit Mitte der 1980er Jahre mit den Möglichkeiten des computerunterstützten Lernens. Nach Tätigkeiten an der Heinrich-Heine-Universität Düsseldorf und in der Industrie (Siemens, SAP) unterrichtet er seit 1997 an der Hochschule der Medien Stuttgart die Fächer Multimedia-Didaktik, Informationsdesign und Interkulturelle Kommunikation. 2001 wurde der von ihm konzipierte Studiengang Informationsdesign als völlig neuer interdisziplinärer Studiengang gegründet.

Schwerpunkte seiner Forschungsaktivitäten sind neue Methoden des e-Learnings, die Rolle von Emotionen auf Lernprozesse und die Bedeutung von kulturellen Einflüssen auf Lernprozesse und das Informationsdesign. Er ist an der LearnTec (Europäischer Kongress für Bildungstechnologie und betriebliche Bildung Karlsruhe) beteiligt und Mitglied verschiedener Expertengremien im Umfeld des lebensbegleitenden Lernens. Sein im wissenschaftlichen Springer-Verlag, Heidelberg, erschienenes „Screen-Design-Handbuch" erscheint bereits in der 3. Auflage, eine englischsprachige Version ist in New York erschienen.

Im Januar 2005 startete er den Aufbau einer internationalen Community zur Erforschung von interkulturellen Einflüssen auf Lernprozesse und das kulturelle Informationsdesign (*www.jilid.org*).

2   Autoren

Ron Baecker

Ronald Baecker studierte am Massachussets Institute of Technologie (B.Sc., M.Sc., Ph.D.) und ist Professor für Computer Science der Universität Toronto. Er ist vielfach ausgezeichneter Experte für Computer Graphik und Mensch-Maschine-Interaktion.

Ron Baeker hält mehrere Patente und ist unter anderem Autor von folgenden Büchern:
* Readings in Human-Computer Interaction: A Multidisciplinary Approach
* Human Factors and Typography for More Readable Programs
* Readings in Groupware and Computer-Supported Cooperative Work: Facilitating Human-Human Collaboration
* Readings in Human-Computer Interaction: Toward the Year 2000

Johannes D. Balle

Jahrgang 1969; Studium der Philosophie, Germanistik, Altgriechisch und Komparatistik in Tübingen, Bordeaux und Berlin; Promotion in Philosophie; Forschungsaufenthalt an der Harvard University; Journalist, Wissenschaftlicher Mitarbeiter, Gymnasiallehrer sowie Universitätsdozent für Philosophie in Berlin, Bochum und Köln.

Schwerpunkte von Forschung und Lehre: Sprachphilosophie, Hermeneutik, Philosophie des Geistes, Handlungstheorie, Ethik, Erkenntnistheorie, Metaphysik.

Publikationen (Auswahl): „Gedanken in Bewegung. Zur Phänomenologie dynamischen Sachbezuges", Würzburg, 2003; „Indexikalität, kognitive Dynamik und praktisches Überlegen" Kirchberg, 2004.

Steffen-Peter Ballstaedt

Prof. Dipl.-Psych. Steffen-Peter Ballstaedt ist Professor für Kommunikationswissenschaft an der Fachhochschule Gelsenkirchen im Studiengang „Journalismus und Public Relations". Er arbeitet als Experte für angewandte Kognitionspsychologie an Problemen der sprachlichen und bildlichen Kommunikation in verschiedenen Medien. Als Industriedozent für didaktisches Design hat er in zahlreichen Firmen Seminare und Workshops zu diesem Thema durchgeführt. Es liegen zahlreiche Veröffentlichungen vor, das wichtigstes Buch: „Wissensvermittlung. Die Gestaltung von Lernmaterial".

Udo Bleimann

Professor Dr. Udo Bleimann lehrt Wirtschaftsinformatik an der FH Darmstadt. Nach dem Studium der Mathematik und Betriebswirtschaftlehre und der Promotion zum Dr. rer. pol. an der
Universität Frankfurt/Main war er einige Jahre als Berater im Bankenumfeld, als Vorstands-
assistent eines großen Konzerns, als Controller und verantwortlich für den Aufbau von welt-
weiten Informationssystemen tätig. Prof. Bleimann leitete viele Fachtagungen und F&E-
Projekte sowohl mit der Industrie als auch mit internationalen Forschungspartnern. Seit 2002
ist er geschäftsführender Direktor des Instituts für Angewandte Informatik Darmstadt (aida)
und Gründungsmitglied des Forums für Knowledge Media Design.

Michael Burmester

Prof. Dr. Michael Burmester studierte Psychologie an der Universität Regensburg. Er begann
seine Karriere als Wissenschaftler am Fraunhofer-Institut für Arbeitswirtschaft und Organisation (IAO) in Stuttgart. 1997 wechselte er als Usability Consultant und Forscher für Usability
Engineering zu Siemens Corporate Technology – User Interface Design. Ab März 2000 leitete
er das Münchner Büro ebenso wie den Bereich Usability Engineering der User Interface
Design GmbH, eines beratenden Software- und Usability-Unternehmens. Seit September
2002 hat Michael Burmester die Professur für Ergonomie und Usability im Studiengang
Informationsdesign an der Hochschule der Medien in Stuttgart übernommen. Parallel dazu
betreut er den Bereich Research & Innovation bei der User Interface Design GmbH. Neben
der Arbeit als Usability Consultant war Herr Burmester in mehreren nationalen und europäischen Forschungsprojekten als Projektmanager beteiligt. Ergebnisse und Erfahrungen seiner
Forschungsarbeit und Arbeit als Usability Consultant sind in über 60 wissenschaftlichen Veröffentlichungen und mehreren Büchern dokumentiert. Seine Forschungsinteressen liegen in
der Weiterentwicklung des Usability Engineerings in Richtung auf eine umfassende Gestal-
tungsdisziplin, die die Mensch-Technik-Interaktion zu einem für den Menschen positiven
Erlebnis macht. Er ist Mitglied der European Association for Cognitive Ergonomics (EACE),
der Deutschen Gesellschaft für Informatik (GI), der Usability Professionals Association
(UPA) und der Association for Computing Machinery (ACM).

Matthias Finke

Seit 1999 ist M. Sc. Matthias Finke wissenschaftlicher Mitarbeiter am Zentrum für Graphische Datenverarbeitung in der Abteilung „Mobile Informationsvisualisierung" in Darmstadt.
Gegenwärtig beschäftigt er sich intensiv mit der Entwicklung computerunterstützter kooperativer Lernumgebungen. Der Schwerpunkt seiner momentanen Forschungsaktivitäten beschäftigt sich insbesondere mit der Entwicklung von kooperativen Hypervideo-Anwendungen zum
Zweck des Wissenserwerbs in verteilten Umgebungen auf Basis von Videoinhalten. [*http://
www.zgdv.de/zgdv/departments/z3*]

Jens Geelhaar

Prof. Jens Geelhaar studierte Chemie in Karlsruhe und Heidelberg. Nach der Promotion 1995 in Heidelberg nahm er das Studium der Freien Kunst an der Hochschule der Bildenden Künste Saar auf und war 1998–1999 Stipendiat der Akademie der Künste Berlin, Abteilung Bildende Kunst. Seit 1999 ist er Professor für „Interface Design" an der Bauhaus-Universität Weimar.

Marcus Haberkorn

Studium der Germanistik, Politikwissenschaft und Ethnologie. Tätigkeit: Realisationsleitung movii-Trier, bereichsübergreifende Konzeption, Entwicklungskoordination, Umsetzungsprüfung und lokales Projektmanagment.

Marc Hassenzahl

Marc Hassenzahl hat 1998 sein Studium der Psychologie mit Nebenfach Informatik an der Technischen Universität Darmstadt abgeschlossen. Im Anschluss arbeitete er als Usability Engineer im Fachzentrum User Interface Design der Siemens AG und als Senior Usability Consultant bei der User Interface Design GmbH in München. Seit 2001 ist er wissenschaftlicher Mitarbeiter am Institut für Psychologie der Technischen Universität Darmstadt und dort in den Bereichen Sozialpsychologie, Forschungsmethodik und Urteilen und Entscheiden tätig. Er leitete und arbeitete in zahlreichen Gestaltungsprojekten, wie z.B der Gestaltung eines Computertomographen für den chinesischen Markt. Seine Forschungsinteressen liegen im Bereich Usability Engineering, attraktive Produkte (hedonische Qualität, Joy of Use, Schönheit) und neue Analyse- und Evaluationstechniken. Seit 1997 hat er über 50 Artikel in internationalen Fachzeitschriften, Büchern und Konferenzbeiträgen publiziert. Seit 2004 ist er Vizepräsident des German Chapters der Usability Professionals' Association.

Wolfgang Jonas

Wolfgang Jonas, geboren 1953. Schiffbaustudium 1971–76 an der Technischen Universität Berlin, 1983 Promotion über die rechnergestützte Formoptimierung von Strömungskörpern. 1984–87 Consulting im Bereich Computer Aided Design für Firmen der Automobilindustrie und das DIN. Seit 1988 Entwurfsarbeit (Kunst + Computer, Industrial Design, Ausstellungen, Buchprojekte) an der Hochschule der Künste Berlin, freiberuflich und an der Universität Wuppertal. Habilitation 1993 und Erwerb der Lehrbefähigung für das Fach Designtheorie. 1994–2001 Professor für Prozessdesign an der Hochschule für Kunst und Design Halle, Burg Giebichenstein. 1998 Gastaufenthalte an der Carnegie Mellon University und der Université de Montréal. Von 2001 – 2005 Professor für Designtheorie an der Hochschule für Künste Bremen. Seit 1.10. 2005 Professor für Systemdesign – man + systems an der Universität Kassel.

Forschungsschwerpunkt: Designtheorie als Metatheorie, Designmethodik unter systemtheoretischem Gesichtspunkt, vernetztes Denken und Scenarioplanung.

Zahlreiche Veröffentlichungen über theoretische und praktische Aspekte des ingenieurwissenschaftlichen und gestalterischen Entwerfens, z.B. „Design – System – Theorie: Überlegungen zu einem systemtheoretischen Modell von Designtheorie" (1994) sowie „Mind the gap!" (2004), außerdem Publikationen zur Geschichte des Schiffbaus in Nordfriesland (1990) und zur Ästhetik moderner Schiffe (1991).

Gesche Joost

Gesche Joost studierte Design an der FH Köln und Rhetorik an der Universität Tübingen. 1999–2001 arbeitete sie als Interface-Designerin mit Prof. Dr. h.c. Gui Bonsiepe zusammen. 2001–2003 war sie am Seminar für Allgemeine Rhetorik an der Universität Tübingen bei Prof. Dr. Gert Ueding tätig, u. a. für das Jahrbuch der Rhetorik. Seit 2003 hat sie Lehraufträge zu Designtheorie und „Audio-visuelle Rhetorik" an der KISD (Köln International School of Design) inne und ist Mitglied des Vorstandes der DGTF (Deutsche Gesellschaft für Designtheorie und Forschung e.V.). Sie promoviert zum Thema „Filmrhetorik. Theorie, Systematik und Praxis der audio-visuellen Rhetorik". Seit 2005 arbeitet sie als Senior Research Scientist an den Telekom Laboratories an der TU Berlin.

Franz Kluge

Prof., Dipl. Math., Studium der Mathematik und Bildenden Kunst, Hochschullehrer an der FH Trier mit dem Lehrgebiet Design/Neue Medien. Leiter des x_m, institut für neue medien an der FH Trier. Arbeitsgebiete: Kunst im öffentlichen Raum, Hochschule und Medien, Design hypermedialer Lernsysteme, Beiträge zur Theorie und Praxis des Mediendesigns.

Robert Löw

MSc Robert Löw studierte Informatik an der FH Darmstadt (Dipl. Inf.) und schloss danach mit dem Research Master in Informatik am Cork Institute of Technology (CIT) in Irland ab. Seit 1996 ist er wissenschaftlicher Mitarbeiter am Institut für Angewandte Informatik (aida) der FH Darmstadt und Mitglied des Vorstandes des Zentrums für Angewandte Informatik e.V. (Z.A.I.). Derzeit arbeitet er an seinem Dissertationsprojekt zum Thema „Knowledge Brokerage" in Zusammenarbeit mit dem CIT.

Gale Moore

Gale Moore ist Direktorin des Knowledge Media Design Institute (KMDI), einem interdisziplinären Forschungs- und Lehrinstitut, und Professorin am Soziologie-Department an der Universität Toronto.

Als Sozio-Designerin fokussiert sie ihre Interessen seit 15 Jahren auf die sozialen Auswirkungen der Computerisierung der Alltagswelt und der Integration des Alltagsverständnisses von Technologie in ihre Gestaltung. Gale Moore ist Mitentwicklerin von „ePresence Interactive Media", einem Webcasting und Media Production System, das am KMDI entwickelt wurde. Zurzeit leitet sie das Projekt „Open Source/Open Access".

Als Arbeits- und Organisationssoziologin erforscht sie das Verständnis von Zusammenarbeit als Geflecht von Menschen, Praxis und Technologie sowie an interdisziplinärer Innovation moderner Universitäten.

Gale Moore ist ferner ausgebildete Biologin und Informationswissenschaftlerin.

Mihai Nadin

Mihai Nadin hat eine gemeinsame Stiftungsprofessur der School of Arts and Humanities an der Ashbel Smith University und der School of Engineering and Computer an der University of Texas, Dallas, inne. Er ist Direktor des anté-Instituts (Institute for Research in Anticipatory Systems).

Vorher war Mihai Nadin Professor für Computational Design an der Universität Wuppertal und nahm zahlreiche Forschungsaufenthalte an verschiedenen Hochschulen wahr (Stanford University, University of California at Berkeley, etc.). Er ist Pionier in Computer-Graphik, Initiator der angewandten Semiotik in der Mensch-Maschine-Interaktion und verfasste grundlegende Arbeiten im Bereich antizipatorischer Systeme. Mihai Nadin hat 24 Bücher und über 150 Aufsätze publiziert und zahlreiche Forschungsmittel eingeworben (multimedia navigation, anticipatory hybrid control mechanisms, anticipatory computing, etc.).

Detlev Nothnagel

Detlev Nothnagel, Studium der Ethnologie, Soziologie und Biologie; 1988 Promotion; 1998 Habilitation in Kommunikationswissenschaften. 1998–2001 Privatdozent für Kommunikationswissenschaften, ab 2001 Professor an der Kunsthochschule für Medien Köln. Seit 1984 Forschungen auf dem Gebiet des Kulturvergleichs von personaler und medialer Kommunikation. 1988–1992 Feldforschung in der Hochenergiephysik mit dem Schwerpunkt situierte Kommunikation und Kognition. Verschiedene Projekte in der Organisations- und Politikberatung mit dem Schwerpunkt Identitätsbildung und Kommunikation sowie – in Zusammenarbeit mit der Informatik – zu Schnittstellendesign, Nutzermodellierung und Erfolgsparametern in virtuellen Arbeitsumgebungen. Weitere Interessen: Semiotik und Soziolinguistik, Medienanalyse, Zeit und Kulturwandel, Kreativität. Zahlreiche Publikationen und Lehraufträge.

Uwe Oestermeier

Dr. Uwe Oestermeier ist wissenschaftlicher Mitarbeiter am Institut für Wissensmedien in Tübingen. Er leitet den Entwicklungsbereich der Medientechnik des Instituts. Die Promotion in Philosophie an der Universität Tübingen erfolgte zum Thema „Anschauliches und logisches Denken". Aktuelle Forschungsschwerpunkte sind Fragen der Entwicklung von Groupwaresystemen, der Softwareergonomie, der Visualisierung von Argumenten sowie kognitive Aspekte des Mediengebrauchs. Er veröffentlichte u.a. „Bildliches und logisches Denken. Eine Kritik der Computertheorie des Geistes." Wiesbaden: DUV, 1998 sowie mit F. W. Hesse, „Verbal and Visual Causal Arguments", In: Cognition 75, 2000, 65–104. [*http://www.iwm-kmrc.de/uoe.html*]

Axel Platz

Axel Platz studierte Kommunikations-Design. Als Interface Designer in der zentralen Designabteilung der Siemens-AG befasste er sich im Rahmen von Designprojekten insbesondere im Bereich Medizintechnik mit Fragen der Gestaltung der Mensch-Maschine-Interaktion. Heute ist er im Forschungsbereich des Unternehmens tätig und verantwortet dort das Thema „UI Concepts and Visual Design". Seine Arbeiten wurden mehrfach prämiert, zuletzt wurde 2004 die von ihm gestaltete Bedieneinheit eines Röntgengenerators mit dem „red dot award" des Design Zentrums Nordrhein-Westfalen ausgezeichnet.

Ulrike Spierling

Ulrike Spierling ist seit 2002 Professorin für Mediendesign an der Fachhochschule Erfurt. Dort unterrichtet sie Gestaltungsaspekte von interaktiven Medien mit den Schwerpunkten Digital Storytelling, Interaction Design und Game Design sowie Design und Produktion von Computeranimationen für Film, Virtuelle Realität und Spiele. Von 1998 bis 2002 leitete die studierte Kommunikationsdesignerin die Forschungsabteilung „Digital Storytelling" am Zentrum für Graphische Datenverarbeitung (ZGDV) e.V. in Darmstadt, ein interdisziplinäres Team aus Informatikern und Designern. Innerhalb ihres Forschungsgebietes „Interactive Digital Storytelling" bearbeitete Ulrike Spierling zahlreiche Projekte zur Entwicklung von Konzepten und Technologien, speziell für die Konversation mit virtuellen Figuren sowie für neue Metaphern zur natürlichen Interaktion mit alltäglichen Infrastrukturen. Ihr Interesse gilt der Nutzbarmachung und Erschließung von Interactive-Storytelling-Technologien für Gestalter und Autoren aus dem Bereich der „Nichtprogrammierer", speziell für das Design von Wissensmedien und ihren Einsatz im Bereich des Lernens. Ulrike Spierling ist Gründungsmitglied des Forums für Knowledge Media Design (KMD-Forum) sowie Mitglied in Fachgruppierungen der GI und ACM, und ist im fachlichen Kontext als Chair und Reviewer von wissenschaftlichen Veranstaltungen und Projekten tätig.

Carla G. Spinillo

Dr. Carla Galvão Spinillo (PhD, University of Reading – UK), Professorin an der Federal University of Paraná, unterrichtet Information Design im Master Kurs des Prostgraduierten-Programms der Federal University of Pernambuco, Brazil. Sie ist Mitherausgeberin von Info-Design, einer brasilianischen Zeitschrift zum Informationsdesign. Carla Spinillo untersucht graphische Ausdrucksmöglichkeiten und Informationsdesign für den Spezialfall der Gesundheitslehre und der Sozialentwicklung in Brasilien. Ihre Forschungsinteressen liegen insbesondere in der visuellen Instruktion im Printbereich. Im Jahr 2002 wurde ihr der Editor's Choice Award of the Selected Readings der IVLA – International Visual Literacy Association (USA) – verliehen. Sie ist ferner Präsidentin der SBDI – Brazilian Society of Information Design – und Mitglied des Direktoriums der IVLA.

Carmen Zahn

Dr. Carmen Zahn ist wissenschaftliche Mitarbeiterin am Institut für Wissensmedien in Tübingen und leitet dort das Projekt „Kooperativer Wissenserwerb mit audiovisuellen Hypermedien". Ihr aktueller Forschungsschwerpunkt liegt im Bereich des kooperativen und aktiven Lernens durch Designprozesse. In ihrer Promotion im Fach Psychologie an der Universität Tübingen beschäftigte sie sich mit dem Thema „Wissenskommunikation mit Hypervideos". Das Promotionsprojekt wurde durch ein DFG-Stipendium im Rahmen des Virtuellen Graduiertenkollegs (VGK) gefördert. Carmen Zahn ist Mitglied in der Gesellschaft für Kognitionswissenschaft, der European Association for Research on Learning and Instruction (EARLI) und der Deutschen Gesellschaft für Publizistik und Kommunikationswissenschaft (DGPuK).

www.ingramcontent.com/pod-product-compliance
Lightning Source LLC
Chambersburg PA
CBHW081226220326
41598CB00037B/6891